Manfred Rasch
Das Ruhrgebiet im Ersten Weltkrieg
Technik und Wirtschaft

MANFRED RASCH

DAS RUHRGEBIET IM ERSTEN WELTKRIEG
TECHNIK UND WIRTSCHAFT

Einbandabbildungen:

Vorderseite: Kaiser Wilhelm II. im Gespräch mit einem Krupp-Arbeiter während seines Besuchs in Essen am 9./10. September 1918. Geschosspresse der Essener Krupp-Werke, 1917. Rückseite: Arbeiterinnen bei Krupp, siehe S. 77 bzw. 256. Alle Aufnahmen: Historisches Archiv Krupp.

© 2022 Aschendorff Verlag GmbH & Co. KG, Münster

www.aschendorff-buchverlag.de

Das Werk ist urheberrechtlich geschützt. Die dadurch begründeten Rechte, insbesondere die der Übersetzung, des Nachdrucks, der Entnahme von Abbildungen, der Funksendung, der Wiedergabe auf fotomechanischem oder ähnlichem Wege und der Speicherung in Datenverarbeitungsanlagen bleiben, auch bei nur auszugsweiser Verwertung, vorbehalten. Die Vergütungsansprüche des § 54 UrhG Abs. 1 werden durch die Verwertungsgesellschaft Wort wahrgenommen.

Printed in Germany

ISBN 978-3-402-13334-7

INHALT

1. Vorbemerkung 7
2. Kriegsbeginn und erste wirtschaftliche Sofortmaßnahmen 11
3. Sprengstoffvorprodukte Schwefel- und Salpetersäure sowie Ersatzsprengstoffe 24
4. Gewinnung flüssiger Treib- und Schmierstoffe 35
5. Munitionserzeugung 50
6. Geschützproduktion 85
7. Marinerüstung 119
8. Luftrüstung und Luftverteidigung 137
9. Sonstige Kriegserzeugnisse 148
10. Eisenbahnmaterial 160
11. Energieversorgung: Kohle, Strom und Gas 170
12. Rohstoffversorgung der Hüttenwerke und Roheisen-/Rohstahlerzeugung 199
13. Lebensmittelversorgung: Werksküchen, Schrebergärten und anderes 231
14. Zivile und „militärische" Bautätigkeit, Verkehrsinfrastruktur 243
15. Dienstleistung für das Militär: Instandsetzung bzw. Neubau kriegszerstörter Brücken 262
16. Anlagen- und Maschinenbau für die Rüstung 281
17. Ersatzstoffforschung und andere Forschungsaktivitäten 293
18. (Ingenieur-)Technische Probleme des Hindenburg-Programms 319
19. Ersatzarbeitskräfte: Frauen, Jugendliche, Kriegsgefangene, Zwangsarbeiter, Strafgefangene, zivile Ausländer, (Bau-)Soldaten und Kriegsversehrte 324
20. Wirtschaft – Politik: Von den Beziehungen der Ruhrindustrie zur (Berliner) Politik während des Krieges 361
21. Besuche in der „Waffenschmiede" des Reichs 373
22. Kriegsgewinne 386
23. Unternehmenskonzentration an der Ruhr? 416

24. Demobilmachung, wirtschaftliche Neuausrichtung und
montanindustrielle Interessengemeinschaften 429

25. Resümee 451

26. Anhang 465

    26.1   *Hindenburgs Wunschzettel in imperativer Form:*
            Das Hindenburg-Programm, kein Wirtschaftsprogramm,
            sondern militärisches Wunschdenken 465

    26.2   *Hochöfen im Ruhrgebiet und ihre Produktion*
            im Sommer 1918 492

    26.3   *Eisen- und Stahlgießereien im Ruhrgebiet 1918* 493

    26.4   *Bilanzen rheinisch-westfälischer Unternehmen im*
            Ersten Weltkrieg 497

27. Quellen- und Literaturverzeichnis 511

28. Namensregister 531

29. Abkürzungsverzeichnis 551

1. VORBEMERKUNG

Warum wird die Wirtschafts- und Technikgeschichte einer Region im Ersten Weltkrieg erzählt? Das Ruhrgebiet war kein einheitlicher Gebietskörper, sondern als industrieller Ballungsraum Teil der beiden preußischen Provinzen Westfalen und Rheinland, verwaltet durch die Regierungspräsidien in Düsseldorf, Arnsberg und Münster. Jedoch wurde sein Steinkohlenbergbau – bis auf das linksrheinische Gebiet – einheitlich vom Westfälischen Oberbergamt in Dortmund betreut und, für die Kriegszeit besonders wichtig, das Ruhrgebiet gehörte vollständig zum Befehlsbereich des stellvertretenden Generalkommandos des VII. Armeekorps in Münster, das mit Kriegsbeginn (Erklärung des Belagerungszustands) die vollziehende Gewalt in seinem Bereich übernahm. Sollte diese Organisation über die beiden Provinzen- und die verschiedenen Regierungsbezirksgrenzen hinweg auch über die Zeitspanne des Kriegs hinaus strukturbildend gewesen sein? Liegt hier eventuell eine bisher noch nicht ausreichend beachtete Wurzel des 1920 gegründeten Siedlungsverbands Ruhrkohlenbezirk?

Welche Unterschiede werden erwartet zu einer allgemeinen Geschichte aus der Perspektive der Mittelmächte, des Deutschen Reichs, Preußens, Bayerns oder einer einzelnen Groß- oder Mittelstadt? Welche Veränderungen gab es während des Ersten Weltkriegs für diese Region, die eventuell über das Kriegsende hinaus wirkten? War das Ruhrgebiet tatsächlich die Waffenschmiede des Deutschen Reichs oder wurde die bedeutende Rolle der Firma Fried. Krupp [AG] auf dem Rüstungssektor nur auf die Region übertragen. Also ganz allgemein gefragt: Wie und was veränderte der Erste Weltkrieg im Ruhrgebiet?

Der Schwerpunkt lokalgeschichtlicher Untersuchungen lag bisher eher auf den sozialen Veränderungen im städtischen Leben während des Kriegs, nicht aber auf technik- oder wirtschaftsgeschichtlichen Fragestellungen zu einer Region. Welche technischen Entwicklungen fanden während des Kriegs im Ruhrgebiet statt? Wie wirkte sich der Krieg auf die rheinisch-westfälische Montanindustrie aus, förderte er horizontale oder vertikale Konzentrationsprozesse? Was bedeutete die jeweilige Kriegsstrategie für die hiesige Rüstungsproduktion? Welche Auswirkungen hatte das sogenannte Hindenburg-Programm[1] auf das Ruhrgebiet, das zusätzlich mehrere zehntausend Menschen in die Region brachte, sie hier arbeiten und leben ließ? Es wird erstmals – um im Bild zu bleiben – ein wichtiger Abschnitt der sogenannten Heimatfront dargestellt.

---

[1] In einem Schreiben an den preußischen Kriegsminister hatte von Hindenburg als Chef der neu benannten 3. Obersten Heeresleitung (= OHL) am 31. August 1916 gefordert, dass innerhalb der nächsten 6–8 Monate die Produktion von Sprengstoff von 6.000 t/m auf 14.000 t/m, die der Feldgeschütze von 800 auf 3.000 Stück/m und die der Feldartillerie-Munition von 2,5 Mio. auf 9 Mio. Stück/m zu steigern sei. Dies war unrealistisch, s. Kapitel 26.1.

1. Vorbemerkung

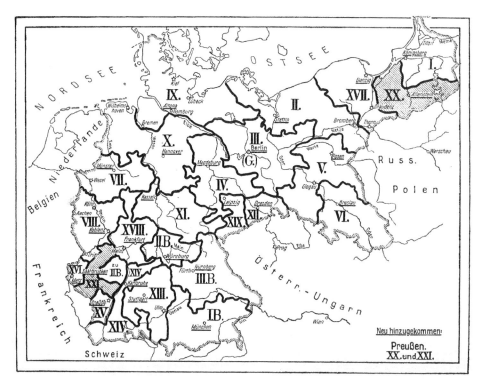

Die bayerischen, preußischen, sächsischen und württembergischen Truppen waren in verschiedene Armeekorps mit den dazugehörigen Korpsbereichen eingeteilt, den Generalkommandos. Die Kommando- und Verwaltungsbehörde des VII. Generalkommandos war in Münster beheimatet. Sein Korpsbereich umfasste das gesamte Ruhrgebiet und reichte im Westen bis an die niederländische Grenze, Stand 1912. Quelle: Reichsarchiv (Hg.): Der Weltkrieg 1914 bis 1918. Kriegsrüstung und Kriegswirtschaft, Bd. 1 und Anlagenband, Berlin 1930, S. 534.

Dank der Kontroverse um Fritz Fischers Kriegsschuld-These, in der sich 1963 mit Lutz Hatzfeld auch ein Archivar der rheinisch-westfälischen Montanindustrie (Phoenix-Rheinrohr, ab 1972 Leitung Mannesmann-Archiv) zu Wort meldete,[2] rückte seit den 1970er-Jahren insbesondere die Schwerindustrie in den Blick der Geschichtswissenschaft, aufbauend auf Gerald D. Feldmans Studie „Army, Industry and Labour" (1966, deutsche Ausgabe erst 1985). Immer blieb der Blick auf die politische oder soziale Makroebene gerichtet, auch wenn sich insbesondere Forscher der Bochumer Ruhr-Universität durchaus in den 1970er- bis 2000er-Jahren dem Ruhrgebiet widmeten, als letzter von ihnen Klaus Tenfelde.[3] Die imposante Ausstellung „1914 – Mitten in Europa" präsentierte zur 100sten Wiederkehr des Kriegsbeginns zum Teil spektakuläre Exponate und eröffnete neue Blickwinkel.[4] Sie beschäftigte sich aber kaum mit der

[2] Wessel: Karl Ludwig Hatzfeld; Hatzfeld: Thyssens Denkschriften.
[3] Köllmann: Ruhrgebiet; zuletzt Tenfelde, Urban: Das Ruhrgebiet.
[4] Grütter, Hauser: 1914.

Geschichte des Ruhrgebiets aus technik- oder wirtschaftsgeschichtlicher Perspektive.[5] Viele bisher unbekannte Fakten sind noch zu erschließen, so die Rolle der späteren Chemischen Werke Lothringen in der Munitionskrise 1914/15, die Bedeutung der 1912 entdeckten nichtrostenden Stahlsorten (V2A, V4M) für die chemische Industrie (Ammoniak-Synthese) und die Kriegsmarine, die Fortführung von Friedrich Bergius' Versuchen zur Kohleverflüssigung in Essen, um den Treibstoffmangel zu beheben, und die kriegsbedingte Entwicklung neuer Stahlsorten infolge von Chrom- und Nickelmangel. Das Ende des Tiegelstahls für die Geschützrohr- und Lafettenherstellung wurde in dieser Zeit eingeleitet, kam jedoch erst in den 1920er-Jahren, während es dem Thomasstahl schon vor dem Hindenburg-Programm gelang, in den bisherigen Qualitätsstahlbereich der Munitionsfertigung vorzudringen.

Lehrstühle mit regionalgeschichtlichen Forschungsschwerpunkten, die sich der Erforschung solcher Themen annehmen, gibt es im Ruhrgebiet nicht mehr. Ebenso sind viele Aspekte der Geschichte der deutschen Kriegswirtschaft im Ersten Weltkrieg unter wirtschafts- und technikgeschichtlichem Blickwinkel – trotz einiger jüngerer Arbeiten von Regina Roth und Stefanie van de Kerkhof und eines Aufsatzes von Werner Plumpe[6] sowie dem umfangreichen Sammelband von Marcel Boldorf[7] – noch ein Forschungsdesiderat.[8] Den aktuellsten Literaturüberblick geben der zuletzt genannte Marcel Boldorf[9] und Markus Pöhlmann[10] Da das sogenannte Hindenburg-Programm eine wichtige Rolle für die Entwicklung des Ruhrgebiets in der zweiten Kriegshälfte spielte, nicht aber für diese Region, sondern für das gesamte Deutsche Reich gedacht war, wird das Hindenburg-Programm, auf das sich im Text mehrfach bezogen wird, nicht im das Ruhrgebiet betreffenden Hauptteil behandelt, sondern erst im Anhang (s. Kapitel 26.1) ausführlich gewürdigt.

Im Folgenden werden einige dieser regionalen Entwicklungen vorgestellt, ohne dass ein Anspruch auf Vollständigkeit erhoben wird. Der Beitrag ist daher weder ein Überblick noch eine Einführung, sondern ein erster Zugang zum Thema. Die Quellen- und Literaturlage ist besser als es die bisherigen Forschungen erwarten lassen, wobei der Autor sich vor allem auf einige seiner früheren Arbeiten sowie auf Unterlagen aus dem Historischen Archiv Krupp, dem thyssenkrupp Corporate Archives sowie den umliegenden Archiven stützen konnte. Besonders zu erwähnen ist hier die von dem Krupp-Archivar und Historiografen Wilhelm Berdrow verfasste Arbeit „Die Firma Krupp im Weltkrieg und in der Nachkriegszeit", oft nur kurz als Kriegsdenkschrift bezeichnet. Das Ende der 1920er-Jahre fertiggestellte, über 300 Seiten starke

---

[5] Die Zeit der Forschungsmuseen mit eigenem Forscherstab scheint vorbei, nur noch einige solcher Museen sind übriggeblieben, zusammengeschlossen in der Leibniz-Gemeinschaft, darunter das Bergbau-Museum in Bochum.
[6] Roth: Staat und Wirtschaft; Kerkhof: Von der Friedens- zur Kriegswirtschaft; Plumpe: Logik.
[7] Boldorf: Deutsche Wirtschaft. Der Band versammelt meist Überblicksartikel, aber auch einige Archivstudien, jedoch keine Beiträge zur Munitions- oder Geschützproduktion.
[8] Eine lokalgeschichtliche Studie zu Mülheim/Ruhr bietet Nierhaus: Kriegsbegeisterung, zu Bochum Wölk: Heimat.
[9] Boldorf: Forschungsfragen.
[10] Pöhlmann: Waffen- und Munitionswesen, S. 176–183.

Typoskript fußt vor allem auf annähernd 30 Einzelstudien von Fachleuten aus den einzelnen Betrieben und Abteilungen und stellt die subjektive Sicht Berdrows ohne Quellenangaben dar.[11] Auch hier sind noch weitere Studien notwendig.

Der chronologischen wurde die thematische Darstellung vorgezogen, wodurch sich Doppelungen, aber auch Querverweise nicht vermeiden ließen. Dafür ist jedoch jedes Kapitel für sich lesbar und baut in der Regel nicht auf dem vorhergehenden auf, auch wenn die Abfolge der einzelnen Abschnitte durchaus einer inneren Logik sowie die Anfangs- und Schlusskapitel einer Chronologie folgen. Möge der Leser Neues zur Kriegswirtschaft und zur Region erfahren. Er darf sich aber auch melden, wenn er Fehler, Defizite feststellt oder weitere, nicht erwähnte, bemerkenswerte Beispiele für die regionale Entwicklung benennen kann.

Die Arbeiten zu dieser Studie begannen 2015 und haben aus den Quellen manches herausgearbeitet, was sich in den drei Studien der Wissenschaftlichen Kommission des Preußischen Kriegsministeriums von 1919 bis 1922, herausgegeben 2016 von Marcel Boldorf und Rainer Haus, auf allgemeiner Ebene wiederfindet.[12] Die Lektüre dieser aus volkswirtschaftlicher Sicht unmittelbar nach dem Krieg entstandenen Untersuchungen ist in vielfacher Hinsicht erhellend. Diese hier vorgelegte Studie ist dennoch nur ein erster Schritt in ein historisches Neuland, dem weitere Spezialuntersuchungen folgen müssen.

Danken möchte ich den Archivarinnen und Archivaren sowie den Kolleginnen und Kollegen, die mir bei meiner Studie geholfen haben. Dass diese Darstellung so reich bebildert werden konnte, ist u. a. dem Historischen Archiv Krupp mit seinem exzeptionellen Bestand an Industriefotografien zu verdanken.[13] Die renommierte Photographische Anstalt Krupp hat im Ersten Weltkrieg die Bildpropaganda des Deutschen Reichs durch zahlreiche Aufnahmen unterstützt, die – nach der militärischen Zensur – u. a. über den Ullstein Bilderdienst und ab 30. Januar 1917 über das Bild- und Filmamt (Bufa) verbreitet wurden. Mein besonderer Dank für diese Bildrecherche gilt Magistra Manuela Fellner-Feldhaus und Prof. Dr. Ralf Stremmel für ihre Unterstützung bei dieser reich bebilderten Studie. Aber auch im thyssenkrupp Corporate Archives fanden sich mehr Kriegsfotografien als erwartet. Dort ist besonders Dipl.-Archivarin Astrid Dörnemann zu danken. Zu danken gilt natürlich auch den anderen Archiven und manchem Helfer/mancher Helferin im Hintergrund sowie dem Verlag für seine Geduld und sein Engagement. Aus drucktechnischen Gründen wurden Bilder beschnitten.

Im Winter 2021/22   Manfred Rasch

---

[11] Es wird im Folgenden nur als Berdrow: Krupp im Weltkrieg zitiert. Die vollständige Signatur des Typoskripts ist: Berdrow, Wilhelm: Die Firma Krupp im Weltkrieg und in der Nachkriegszeit. Bd. 1, 1914–1918, in: HAK FAH 4 E 10.1.
[12] Boldorf, Haus: Die deutsche Kriegswirtschaft.
[13] S. allgemein den Katalog Alfried Krupp von Bohlen und Halbach-Stiftung: Krupp.

2. KRIEGSBEGINN UND ERSTE WIRTSCHAFTLICHE SOFORTMASSNAHMEN

Mit Beginn des Kriegs riefen die deutschen Bundesstaaten ihre jungen, gedienten Männer und vor allem die Reserveoffiziere zu den Waffen. Zusätzlich meldeten sich viele freiwillig zu den Waffen, darunter sowohl Schüler und Studenten als auch Ältere, die das 45. Lebensjahr überschritten hatten (II. Aufgebot Landsturm). Unter den Kriegsfreiwilligen der ersten Augusttage befanden sich auch Mitarbeiter der Fried. Krupp AG, die aufgrund ihrer Schlüsselqualifikation für die Rüstungsproduktion bei einer Mobilmachung freigestellt worden waren. Ihre Vorgesetzten ließen sie in der ersten Kriegseuphorie dennoch ziehen, zumal das Unternehmen die Länge des Kriegs nicht erahnte und damit auch seinen zukünftigen Bedarf an Arbeitskräften, vor allem auch an qualifizierten Fachkräften nicht richtig abschätzten. Krupp gewährte seinen Angestellten sogar das Gehalt für die nächsten drei Monate unter Beibehaltung aller Ansprüche an die Pensions- und Krankenkasse.[14]

In den großen Werken an Rhein und Ruhr bedeutete die Mobilmachung, dass ungefähr ein Viertel bis ein Drittel der jeweiligen Belegschaft zum Kriegsdienst eingezogen wurde. Viele nicht rüstungsrelevante Firmen drosselten ihre Produktion, sodass – trotz Einberufungen – die allgemeine Arbeitslosigkeit zunahm, zumal die nationale ebenso wie die internationale Nachfrage abnahm. Wegen des Aufmarschs im Westen stockte zudem der Bahnverkehr im Ruhrgebiet, da zwischen dem 4. und 20. August 1914 der zivile Güter- und Personenverkehr zu großen Teilen eingestellt war. Kohle wurde nicht angeliefert bzw. von den Zechen abgefahren, der Transport der Halbfabrikate zwischen den Werken fand nicht statt, Produkte wurden nicht an die Kunden ausgeliefert. Statt der 30.000 Waggons, die die Königlich Preußische Eisenbahn-Verwaltung üblicherweise im Ruhrgebiet arbeitstäglich zur Verfügung stellte, waren es am Sonntag, den 2. August 1914 gerade mal 258 Güterwagen, statt sonst üblicher 5.000 Wagen. Auch fünf Tage später lag die Wagengestellung erst bei 13 Prozent. In der ersten Augusthälfte verfügten die Ruhrzechen nur über knapp 15 Prozent der üblichen Waggongestellung (s. Tabelle) mit der Folge, dass selbst die deutlich weniger geförderte Menge an Kohle auf Halde gelegt werden musste und manche Kokereien und vor allem die südwestlichen und südlichen deutschen Industriegebiete nicht mit Kohle beliefert wurden. In Preußen erreichte der Güterverkehr im September nur 42 Prozent und im Oktober 1914 erst wieder 72 Prozent seines Friedens-

---

[14] Tenfelde: Krupp in Krieg und Krise, S. 18. Sollte der Krieg früher enden, so natürlich nur entsprechend.

volumens, bevor er sich im November 1914 normalisierte.[15] Zudem trafen die Einberufungen die jeweiligen Zechen recht unterschiedlich. Die in der Mitte des Ruhrgebiets in Ost-West-Richtung gelegenen Fettkohlenzechen mussten zu Kriegsbeginn mehr Hauer und andere Arbeiter an den Heeresdienst abgeben als die südlicher gelegenen Magerkohlenzechen. Am stärksten traf es jedoch die nördlicher gelegenen Gasflammkohlenzechen. Dies hing mit dem Entstehungszeitpunkt der Zechen und der Altersstruktur ihrer jeweiligen Belegschaft zusammen. Trotz Einberufungen musste der Ruhrbergbau im August/September fast 200.000 Feierschichten wegen Waggonmangels einlegen.[16]

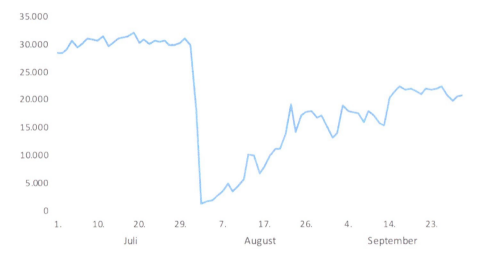

Eisenbahn-Wagengestellung im Ruhrbezirk in den ersten beiden Kriegsmonaten 1914[17]

Förderausfall und Einberufungsquote auf den Hibernia-Zechen von August bis Dezember 1914

Monat	Einberufungsquote	Förderausfall
August	25,9	47,5
September	26,4	36,8
Oktober	27,0	33,8
November	28,0	31,4
Dezember	28,3	32,7

[15] Kopper: Transport, S. 110 f.; Böse, Ziegler: Ruhrkohle, S. 432.
[16] Burghardt: Mechanisierung, S. 164 f., 170, 187.
[17] Nach Burghardt: Mechanisierung, S. 170.

Wegen Einberufung von Spezialkräften, vor allem Hauern, kam es z. B. auf den Hibernia-Zechen zu einem Förderausfall, der deutlich über der Einberufungsquote lag und sich erst gegen Jahresende anglich als Folge von Personalumsetzungen und Ausfall von Feierschichten infolge Wagenmangels.[18]

Der Generalstab hatte den Aufmarsch detailliert sowohl im Westen als auch im Osten geplant und jährlich die Planungen aktualisiert sowie für rüstungsrelevante Firmen wie Krupp eine Mobilmachung vorgesehen, um den Verbrauch an Munition und den vermuteten Verlust an Kriegsmaterial in einem Krieg von erwartet kurzer Dauer zu ersetzen. Manche Annahmen sollten sich sehr rasch als falsch erweisen, so z. B. der langsame Aufmarsch der zaristischen Truppen im Osten oder der Munitionsverbrauch insbesondere der Artillerie, sodass die Realität ursprünglich vorgesehene Ersatzbeschaffungsfristen von über zwei Jahren recht schnell überholte. Offensichtlich auch nicht ausreichend berücksichtigt waren mögliche Folgen einer britischen Seeblockade, z. B. für die Importe von Legierungsmetallen wie Chrom und Sprengstoffvorprodukten wie Salpeter oder Mineralöl.

Das Deutsche Reich trat rohstoffmäßig und energiewirtschaftlich unvorbereitet in den Ersten Weltkrieg ein. Eine Kommission für wirtschaftliche Mobilmachungsfragen hatte am 25./26. Mai 1914 erstmals im Reichsamt des Innern getagt. Aufgrund einer absehbaren kritischen Versorgungslage und dem völligen Fehlen von Plänen für eine Rohstoffversorgung im Krieg hatten Wichard von Moellendorff[19] und Walther Rathenau, beide von der AEG, letzterer ihr Aufsichtsratsvorsitzender, Anfang August 1914 die Gründung einer hierfür zuständigen Abteilung im preußischen Kriegsministerium angeregt. Aufgrund ihrer beruflichen Tätigkeit, von Moellendorff leitete das zentrale Metall-Laboratorium bei der AEG, war ihnen die Importabhängigkeit ihres Unternehmens aber auch Deutschlands – z. B. beim Kupfer – bekannt. Kupfer wurde im Krieg u. a. für die Produktion von Führungsringen und Kartuschen vermehrt benötigt. Ungefähr 40 Prozent der industriellen Rohstoffe wurden importiert und mussten z. T. kurzfristig substituiert werden.[20] Die am 15. August 1914 errichtete Kriegsrohstoff-Abteilung (KRA) entwickelte sich unter Leitung Rathenaus in den folgenden Wochen zur wichtigsten kriegswirtschaftlichen Planungsinstanz des Deutschen Reichs für Metalle, Chemikalien und Textilien.[21] Durch die britische Seeblockade war das Deutsche Reich u. a. vom Bezug an Chile-Salpeter abgeschnitten. Salpetersäure wurde als Nitrier- und Oxidationsmittel bei der Sprengstoffherstellung benötigt und ebenso zur Produktion von Nitratdüngemitteln. Der Engpass der deutschen Chemieproduktion betraf darüber hinaus Schwefelsäure, Glyzerin, Toluol u. a., weshalb die KRA am 28. September 1914 die Gründung der Kriegschemikalien AG betrieb. Als Zusammenschluss führender Chemieunternehmen unter Beteiligung einzelner Ministerien (Kriegs-, Landwirtschafts-, Handelsministerium) diente sie der

[18] Ebd., S. 170.
[19] Evers u. a.: Wichard von Moellendorff.
[20] Mai: Das Ende des Kaiserreichs, S. 80 ff.
[21] Burchardt: Friedenswirtschaft, S. 173; ders.: Walther Rathenau; ders.: Eine neue Quelle; Feldman: Armee; Boldorf: Ordnungspolitik.

14 | 2. Kriegsbeginn und erste wirtschaftliche Sofortmaßnahmen

Der Aufmarsch preußischer Truppen im Westen lief zu großen Teilen durch das Ruhrgebiet und blockierte den regulären Güterverkehr des Industriegebiets. Truppentransport auf dem Bahnhof Herne mit kriegseuphorischen Sprüchen an den Güterwaggons wie: „Wir machen einen Spaziergang nach Paris.", 6. August 1914. Quelle: Flottmann Archiv.

Am gleichen Tag wurde in Herne auch ein Zug mit Militärgerät aufgenommen. Ziviler Güterverkehr fand so gut wie nicht statt. Quelle: LWL-Industriemuseum, Dortmund.

2. Kriegsbeginn und erste wirtschaftliche Sofortmaßnahmen | 15

„Beschaffung, Verteilung und Verwertung von chemischen Rohstoffen und Erzeugnissen, soweit sie zur Sicherstellung des industriellen Bedarfs für Heer und Marine erforderlich sind".[22] Das privat-kapitalistische Wirtschaftssystem blieb zunächst erhalten, dem Militär wurden nur gewisse Vorrechte beim Bezug von Rohstoffen und Waren eingeräumt, aber keine zentralistische Befehls- oder Planwirtschaft eingeführt.

Parallel zur Industrie erkannten auch Wissenschaftler Probleme der deutschen Kriegsführung. Schon am 12. August 1914 traf sich der Verwaltungsausschuss der Kaiser-Wilhelm-Gesellschaft mit den Direktoren der in Berlin ansässigen Kaiser-Wilhelm-Institute. Der Ausschuss besprach vor allem humanitäre Maßnahmen, billigte aber auch kriegstechnische Aktivitäten einzelner Institutsdirektoren durch Bereitstellung von Geldern. Eine Koordination oder weitergehende Förderung einzelner kriegstechnisch-wissenschaftlicher Arbeiten fand seitens der Kaiser-Wilhelm-Gesellschaft zunächst nicht statt.[23]

Emil Fischer,[24] Deutschlands erster Chemie-Nobelpreisträger und die „graue Eminenz" der Kaiser-Wilhelm-Gesellschaft, in deren Senat er saß, und der die Gründung der meisten Kaiser-Wilhelm-Institute initiiert oder zumindest begleitet hatte, gewann im August 1914 aus Gesprächen mit Fachkollegen, Militärs und Industriellen recht schnell ein Bild vom Ernst der kriegswirtschaftlichen Lage im Chemiesektor und ergriff umgehend die Initiative. Er erkannte, dass die gedrosselte deutsche Industrieproduktion kurzfristig Mangelsituationen in rüstungsrelevanten Bereichen der Chemie hervorrufen musste. Die Stilllegung von Hochöfen mangels Fachkräften – beispielsweise legte die GHH vier ihrer sieben Hochöfen still und betrieb drei „gedämpft", d. h. reduziert weiter[25] – führte dazu, dass die Kokereibetreiber ihre Produktion der gesunkenen Nachfrage anpassten. Bei den mit Nebenproduktgewinnungsanlagen ausgestatteten Kokereien bedeuteten Stilllegung oder verlangsamter Betrieb einen Ausfall an Nebenprodukterzeugung wie Ammoniak und Benzol. Insbesondere ersteres wurde für die Sprengmittelproduktion, aber auch in der Landwirtschaft benötigt. Letzteres war ebenfalls für die Fertigung von Sprengstoffen geeignet, ließ sich aber auch für die Farbherstellung einsetzen oder als Treibstoff für Verbrennungsmotoren. Auf einer Besprechung der Kriegsrohstoff-Abteilung mit Vertretern der Militärs sowie der Groß- und Sprengstoffchemie waren am 17. September 1914 Salpeterman-

---

22 Zitat aus § 2 des Gesellschaftsvertrags der Kriegschemikalien AG, vorhanden in: Geheimes Staatsarchiv Preußischer Kulturbesitz (GStA) Rep. 120 C VIII Fach 1 Nr. 84 adh. 22 A; Braun: Konservatismus, S. 55 f.; Müller: Kriegsrohstoffbewirtschaftung, S. 75–87.
23 Rasch: Geschichte Kaiser-Wilhelm-Institut für Kohlenforschung, S. 63.
24 Emil Fischer (09.10.1852–15.07.1919) Chemiker, Professor in Erlangen und Würzburg, seit 1892 in Berlin. Seine wissenschaftlichen Arbeitsgebiete erstreckten sich u. a. auf Farbstoffe, Kohlenhydrate, Purinderivate, Gerb- und Eiweißstoffe. Für seine Zucker- und Purinuntersuchungen erhielt er 1902 den Chemie-Nobelpreis. Neben seinen fachwissenschaftlichen Arbeiten sind besonders sein Anteil an der Herausbildung neuer Formen der Wissenschaftsorganisation (Verein Chemische Reichsanstalt, KWG) und sein Anteil an der Förderung einzelner Teilwissenschaften der Chemie (Anorganiker Ruff, Stock, Radiumforschung Hahn, Meitner) zu nennen. Siehe Feldman: Scientist; Flachowsky: Heeresverwaltung, S. 107–119.
25 Langer: Macht und Verantwortung, S. 97.

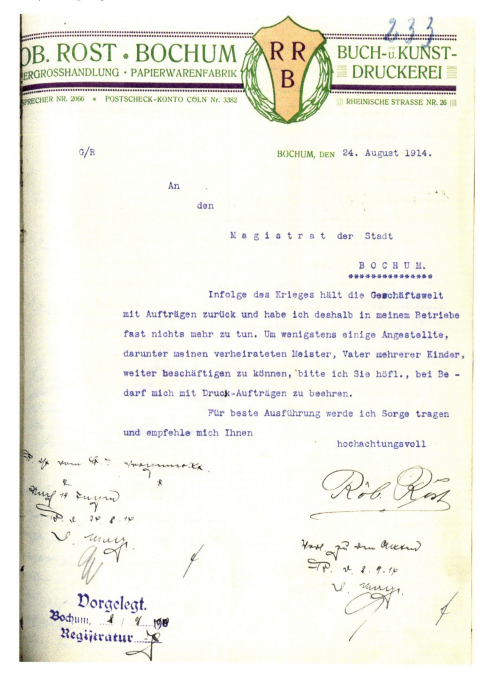

Schon in den ersten Kriegstagen stockte die private, nicht kriegswichtige Wirtschaft aufgrund fehlender Nachfrage, wie dieser Brief einer Bochumer Druckerei vom 24. August 1914 zeigt. Quelle: Stadtarchiv Bochum.

gel und ein entsprechender Handlungsbedarf festgestellt worden.[26] Um die für die Sprengstofferzeugung wichtige Ammoniakproduktion zu erhöhen, bereiste Emil Fischer Ende September 1914 das Ruhrgebiet und besprach am 22. September beim Rheinisch-Westfälischen Kohlen-Syndikat (RWKS) mit Ruhrindustriellen, wie die Kokserzeugung – und die daran gekoppelte Benzol- und Ammoniakgewinnung – auf dem Vorkriegsniveau zu halten sei. Die GBAG hatte Ende 1914 443 ihrer 1890 Koksöfen stillgesetzt, was mehr als einem Fünftel ihrer Kokereikapazität entsprach. Die Koksproduktion entsprach im 2. Halbjahr 1914 nur noch 75 Prozent der des ersten Halbjahres, wobei noch Koks auf Lager genommen werden musste.[27] Seit Emil Fischer 1912 in Mülheim/Ruhr in einem Vortrag vor Industriellen für die Gründung eines Kaiser-Wilhelm-Instituts für Kohlenforschung geworben hatte, kannte er zahlreiche bedeutende rheinisch-westfälische Montanindustrielle, die er zuletzt am 27. Juli 1914 bei der Einweihung dieses Instituts gesehen hatte (Foto s. Kapitel 22). So ermöglichte Emil Kirdorf als Vorsitzender des RWKS Emil Fischer, statt vor dem Ausschuss des KWI für Kohlenforschung vor der „Zechenbesitzer-Versammlung" zu sprechen, „um das Verständnis für die Kriegsbedürfnisse zu wecken". Finanzielle Überlegungen (unverkäuflicher Koks) scheinen etliche Montanunternehmer bei ihren Entscheidungen den eigentlich erwarteten patriotischen Motiven vorgezogen zu haben. Emil Fischer machte deutlich, dass die Nebenprodukte der Kokserzeugung kriegswichtig seien, da aus dem Benzol 12 Prozent Toluol für die Sprengstoffindustrie zu gewinnen sei. Die Teeröle benötigte die Kriegsmarine und das schwefelsaure Ammoniak sowohl die Landwirtschaft als auch die Sprengstoffindustrie, die es zu Salpetersäure umarbeitete. Ohne Salpeter habe das Deutsche Reich in 9 Monaten weder Sprengstoffe noch Schießpulver. Wenn Deutschland zudem Österreich-Ungarn mit „Explosivstoffen" unterstützen müsse, würde der Vorrat noch eher aufgebraucht sein. Um die weggebrochene Koksnachfrage der Hüttenwerke zu substituieren, sollte die Eisenbahn – nicht für den Rangierbetrieb, wohl aber für die Fernzüge – zu zwei Drittel mit Koks befeuert werden, um so den notwendigen Absatz zu schaffen. Der Einsatz größerer Mengen Koks hätte wegen der hohen Verbrennungstemperatur bei den Lokomotiven zur Zerstörung der Feuerungsbuchsen geführt. Der preußische Minister für öffentliche Arbeiten und zugleich Leiter des Reichseisenbahnamts, Paul von Breitenbach, hatte den Kokseinsatz gegen den Rat seiner Techniker zugesagt, und das RWKS lieferte den Koks zum vereinbarten, niedrigeren Preis für Lokomotivkohle. Zudem wurden alternative Verfahren der Salpetersäure- bzw. Ammoniakgewinnung (s. Kapitel 3) besprochen.[28] Koks sollte Kohle möglichst überall als Verbrennungsmaterial substituieren, um so trotz geringerer Roheisenproduktion die vorhandenen Kokserzeugungs-

[26] Fehr: Ersatz, S. 244.
[27] Geschäftsbericht der GBAG für 1914, S. 9. Die Anzahl der Koksöfen (23,4 Prozent) sagt nur relativ etwas über die Kapazität aus, da neuere Öfen eine höhere Kapazität besaßen. Andererseits dürften auch ältere Öfen in Betrieb geblieben sein, wenn entsprechende örtliche Kokereigaslieferverträge bestanden.
[28] Vortrag von Exzellenz Fischer vom Kaiser-Wilhelm-Institut (!) in Berlin am 22.09.1914, Typoskript in: BBA 8/495.

18 | 2. Kriegsbeginn und erste wirtschaftliche Sofortmaßnahmen

Vom Kokereibauer Dr. C. Otto & Comp., Bochum, im Ersten Weltkrieg errichtetes städtisches Gaswerk Kiel-Wick: Gesamtansicht der Ofenanlage mit Kohlenturm und Nebenproduktengewinnung, ca. 1917. Quelle: thyssenkrupp Corporate Archives.

kapazitäten mit Nebenproduktgewinnung voll auszunutzen. Koks war jedoch nicht ohne weiteres in Industriefeuerungen einsetzbar, da er einen geringeren Heizwert bei gleichzeitig höherem Aschegehalt besaß. Durch Mischung mit Kohle ließen sich diese Probleme jedoch beheben, auch wenn die Magerkohlenzechen um ihren Absatz fürchteten. Im Laufe des Kriegs mussten deshalb – in Fortführung der um die Jahrhundertwende einsetzenden Entwicklung – weitere Kokereien auf staatliche Anordnung mit Nebenproduktgewinnungsanlagen ausgestattet bzw. neue Kokereien gleich mit diesen Nebenbetrieben ausgerüstet werden. So errichtete der Kokereibauer Dr. C. Otto & Comp. GmbH im Krieg ein städtisches Gaswerk (Kiel-Wik II) und acht entsprechende Kokereien, allein fünf Anlagen in 1916.[29] Die letzten Vorbehalte der Hochöfner gegen die Koksqualität aus Kokereien mit Nebenproduktgewinnung scheinen in dieser Zeit überwunden worden zu sein. In den Nebenproduktenanlagen wurden u. a. Benzol und Teeröle gewonnen, die als Treibstoff und Schmiermittel einsetzbar waren. Die Schmier- und Treibstoffversorgung hatten aber weder Emil Fischer noch Wichard von Moellendorff oder Walther Rathenau zu Beginn des Kriegs thematisiert.

[29] Verzeichnis der von der Firma Dr. C. Otto & Comp. GmbH Dahlhausen a. d. Ruhr in Deutschland entworfenen und gebauten Koksofenanlagen, in: thyssenkrupp Corporate Archives, Duisburg (im Folgenden tkA) TSO/113/1.

2. Kriegsbeginn und erste wirtschaftliche Sofortmaßnahmen | 19

Zwar war der Krieg in Deutschland Weihnachten 1914 noch kein „totaler", aber die Feiertage auch nicht mehr „heilig", denn das Kriegsministerium bat um Feiertagsarbeit. Quelle: thyssenkrupp Corporate Archives.

Dies lag zunächst außerhalb ihres eigenen Interessenbereichs, obwohl das Deutsche Reich beim Mineralöl in hohem Maße von Importen abhängig war (s. Kapitel 4).

Zu den Koppelprodukten der Nebenproduktenkokereien gehörte auch das Koksgas, das die Kokereibetreiber seit der Jahrhundertwende an die umliegenden Gemeinden gewinnbringend als Heiz- und Beleuchtungsstoff veräußerten. Das Kokereigas substituierte – ebenso wie das in städtischen Gaswerken gewonnene Stadtgas – seit geraumer Zeit das Beleuchtungspetroleum. Diese Entwicklung wurde im Krieg durch die Beschlagnahme des Petroleums forciert. Städtische Gaswerke mussten jedoch nicht mehr zusätzlich mit Nebenproduktgewinnungsanlagen ausgestattet werden, da diese bei der Stadtgasgewinnung von Anfang an zum Produktionsverfahren gehörten, und zwar nicht aus ökonomischen Gründen, sondern um die Kunden vor Geruchsbelästigung (Schwefel, Ammoniak) zu schützen und Verstopfungen der Rohrleitungen durch Kondensation höherer Kohlenwasserstoffe zu vermeiden (s. Kapitel 11).

Bei seinen Gesprächen mit Ruhrindustriellen Ende September 1914 besuchte Emil Fischer auch Gustav Krupp von Bohlen und Halbach in der Villa Hügel, der ihn auf den neu entwickelten V2A-Stahl und dessen Säurebeständigkeit hinwies,[30] was für die Stickstoffproduktion nach dem Haber-Bosch-Verfahren von Bedeutung werden sollte (s. Kapitel 17).

---

30   Berdrow: Krupp im Weltkrieg, S. 28 f.

2. Kriegsbeginn und erste wirtschaftliche Sofortmaßnahmen

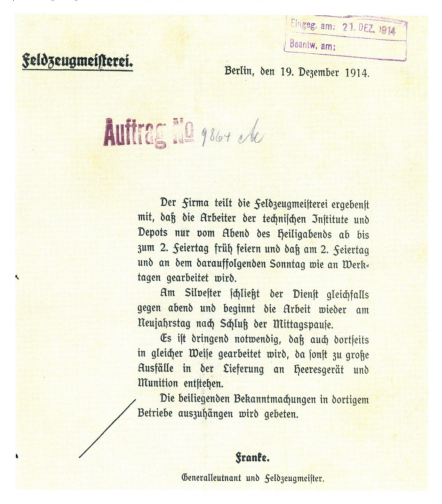

Damit keine Unklarheiten über die Dauer der Feiertagsruhe an Weihnachten bzw. Silvester entstehen konnten, teilte die Feldzeugmeisterei am 19. Dezember 1914 die jeweiligen Arbeitszeiten ihrer technischen Institute und Depots mit und bat die Privatfirmen, dem zu folgen. Quelle: thyssenkrupp Corporate Archives.

Fazit

Das Deutsche Reich trat wirtschaftlich unvorbereitet in den Ersten Weltkrieg. Bei zahlreichen Rohstoffen, Halbfabrikaten und Produkten bestand eine hohe Importabhängigkeit. Die Manager Walther Rathenau und Wichard von Moellendorff der AEG, die z. B. beim Kupfer auf solche Rohstoffeinfuhren angewiesen waren, initiierten noch im August 1914 die Gründung der Kriegsrohstoff-Abteilung im preußischen Kriegsministerium, um selbst den Mangel unter militärischem Primat zu verwalten. Weniger bekannt ist hingegen, dass der Berliner Professor und Chemie-Nobelpreis-

2. Kriegsbeginn und erste wirtschaftliche Sofortmaßnahmen | 21

Da in den ersten Kriegswochen das Militär bis zu 30 Prozent der Belegschaft zu den Soldaten einzog, standen bei den großen Montanunternehmen die für die jüngeren unverheirateten Arbeiter errichteten Ledigenheime leer und wurden als Hilfslazarette genutzt, wie im Fall des Ledigenheims Josefstraße der Gewerkschaft Deutscher Kaiser in Hamborn, welches das Deutsche Rote Kreuz betreute. Die Aufnahme entstand am 14. Oktober 1914 und dokumentiert zugleich den hohen Anteil an Verwundeten in den ersten Kriegswochen. Quelle: montan.dok.

träger Emil Fischer die Importabhängigkeit auf dem Chemie-Sektor wahrnahm und im September 1914 das Ruhrgebiet bereiste, um die Kokereiproduktion zu erhöhen, damit notwendige Vorprodukte für die Sprengstofferzeugung zur Verfügung standen. Mit Gustav Krupp von Bohlen und Halbach besprach er auch die Einsatzmöglichkeiten des neu entwickelten, säurefesten Edelstahls V2A. Zunächst nicht wahrgenommen zu haben scheint Emil Fischer jedoch den sich abzeichnenden Mineralölmangel.

Die Ledigenheime der großen Montanunternehmen leerten sich schnell, da das Militär insbesondere jüngere Arbeiter einzog. Dies traf beispielsweise überdurchschnittlich die nördlichen Zechen des Ruhrgebiets, deren Förderung überproportional – auch zum Anteil der eingezogenen Belegschaft – zurück ging, da das Militär – wie schon gesagt – insbesondere jüngere Hauer einzog. Dennoch kam es zu vielen sogenannten Feierschichten, da die Staatsbahn in den ersten Kriegswochen den militärischen Personen- und Güterverkehr zu Lasten des zivilen bevorzugte, sodass z. B. Kohle nicht abtransportiert werden konnte, auch wenn sie in kriegswichtigen Betrieben fehlte. Hingegen füllten sich die Ledigenheime bald wieder, nun genutzt als Reservelazarette, denn in den ersten Kriegsmonaten fielen nicht nur viele nicht ausreichend ausgerüstete Soldaten, ebenso viele erlitten Kriegsverletzungen, die in der Heimat behandelt wurden.

Der Bochumer Verein gedachte seiner gefallenen Mitarbeiter in einer Zeitungsannonce am 30. November 1914 getrennt nach Werken bzw. Zechen mit dem Vermerk des jeweiligen Berufs. Quelle: Stadtarchiv Bochum, Todesanzeigen, MS.

2. Kriegsbeginn und erste wirtschaftliche Sofortmaßnahmen | 23

In den ersten Kriegsmonaten gedachte man der Gefallenen in großen Zeitungsanzeigen, wie am 6. Januar 1915 der Direktor und das Lehrerkollegium der Bochumer Bergschule in der Westfälischen Volkszeitung vom 7. Januar 1915, Ausgabe 4, Seite 7. Quelle: Stadtarchiv Bochum.

3. SPRENGSTOFFVORPRODUKTE SCHWEFEL- UND SALPETERSÄURE SOWIE ERSATZSPRENGSTOFFE

Der mit Kriegsbeginn steigende Sprengstoffverbrauch für militärische Zwecke wurde zunächst dadurch gedeckt, dass das Militär den zivilen Bedarf durch Beschlagnahme deutlich reduzierte; außerdem förderte es den Ausbau der großen Sprengstoffhersteller Vereinigte Köln-Rottweiler Pulverfabriken AG, Westfälisch-Anhaltische Sprengstoff AG Chemische Fabriken und Wolff & Co. in Bomlitz bei Walsrode.[31] Große zivile Verbraucher waren der Bergbau und die Steinbrüche, zum Teil auch der Eisenbahn- und Wegebau. Diese mussten ihren bisherigen zivilen Sprengstoffverbrauch substituieren. Teile des rheinisch-westfälischen Bergbaus hatten sich schon vor dem Krieg an Sprengstofffabriken beteiligt bzw. versucht, den Eigenbedarf auf andere Weise zu decken. Der Ruhrbergbau erfuhr so recht früh, dass die bisherigen Bezugsquellen sie nicht mehr beliefern durften. Zu denjenigen, die sich früh für die Sprengstofferzeugung aus den Nebenprodukten ihrer eigenen Kokereien interessierten, zählte Carl Funke, ein Vorreiter der Kohleveredlung im Ruhrgebiet. Er erwarb Anfang des Jahrhunderts das Ostwald'sche Geheimverfahren zur Salpetersäuregewinnung aus Koksgas, nachdem Chemieunternehmen wie die Chemische Fabrik Griesheim-Elektron, die Badische Anilin- und Soda-Fabrik (BASF) und die Farbwerke vorm. Meister Lucius & Brüning (Hoechst) eine Lizenznahme, u. a. wegen fehlender Patentfähigkeit, als zu riskant abgelehnt hatten. Das Verfahren war in den Jahren 1902/03 von der Zentralstelle für wissenschaftlich-technische Untersuchungen in ihrer Außenstelle Königswusterhausen im Technikumsmaßstab erprobt worden. Funke ließ 1908 auf der Gewerkschaft Lothringen in Bochum die erste halbindustrielle Anlage errichten, um den Eigenbedarf seiner Bergwerke an Sicherheitssprengstoff zu decken.[32] Salpetersäure – u. a. zur Sprengstoffherstellung benötigt – wurde vornehmlich aus Chile-Salpeter gewonnen, der infolge der britischen Seeblockade Deutschland nicht mehr erreichte. Mit Beginn des Kriegs wurde die Anlage auf der Zeche Lothringen, die eine Jahresproduktion von 1.500 t Ammoniak-Salpeter hatte,[33] deutlich erweitert, um den militärischen Bedarf an

---

[31] Leider geht Plumpe: Chemische Industrie nicht auf diese Probleme ein. Einen Überblick über die großtechnisch betriebenen Verfahren bietet Fehr: Ersatz.

[32] Gerstein: Funke; Welsch: Bemerkungen über die Zusammenarbeit; Farbwerke Hoechst: Dokumente Bd. 5: Wilhelm Ostwald; Brunswig: Zentralstelle, S. 255. Eine ausführliche Darstellung des Verfahrens s. Ullmann: Enzyklopädie, S. 660 f. Nach dem Ostwald'schen Verfahren wird noch heute Salpetersäure industriell gewonnen.

[33] Angabe nach: Vortrag von Exzellenz Fischer vom Kaiser-Wilhelm-Institut [!] in Berlin am 22.09.1914, Typoskript in: BBA 8/495, S. 5.

Sprengstoffvorprodukten mit zu decken. Der Direktor des Kaiser-Wilhelm-Instituts (KWI) für Kohlenforschung, Franz Fischer, erstellte dem preußischen Kriegsministerium ein Gutachten über das Verfahren, auf dessen Grundlage das Ministerium mit dem Steinkohlenbergwerk Lothringen nach langwierigen Verhandlungen im Dezember 1914 einen Vertrag über den Bau einer Salpeterfabrik abschloss. Unter Leitung von Paul Hilgenstock und unter Mithilfe des von der Front zurückbeorderten Ingenieurs Friedrich Uhde sowie des Ingenieurs Max Kelting (bis zum 30. Juni 1917 Mitarbeiter der Dr. C. Otto & Comp.) entstand eine industrielle Salpetersäureanlage, deren Destillierkolonnen die Firma Dr. C. Otto & Comp. unter Verantwortung von Alfred Pott entwarf. Für den Betrieb einer erneut erweiterten Anlage gründeten das Deutsche Reich und die Gewerkschaft Lothringen 1916 die Chemische Werke Lothringen GmbH.[34] Baufortschritt und technische Ausgestaltung der Anlage beaufsichtige Franz Fischer, den das Kriegsministerium zum Kommissar für die Salpetersäureanlage ernannt hatte.[35] Paul Hilgenstock, Friedrich Uhde[36] und Max Kelting versuchten mit unterschiedlichem Erfolg, die ursprünglich mit Ton und Steinzeug ausgekleideten Apparaturen und Rohrleitungen durch den neuartigen Chrom-Nickel-Stahl (V2A) der Fried. Krupp AG zu ersetzen.[37] Seit dem Tod von Carl Funke 1912 fehlte seinen Firmen jedoch eine Unternehmerpersönlichkeit, die sich – trotz finanzieller Risiken – in gleicher Weise für die Anwendung neuer Verfahren zur chemischen Verwertung der Kohle und ihrer Veredelungsprodukte eingesetzt hätte.

Eine weitere Anlage zur Stickstoffgewinnung stand in Herringen bei Hamm und arbeitete nach einem Verfahren von Friedrich Häusser, Professor am Königlich Bayerischen Technikum in Nürnberg. Dieser hatte beobachtet, dass in Verbrennungsmotoren Stickoxide entstehen, ein uns heute allgemein bekanntes Phänomen der Automobilität. Er wollte aus einem schwach komprimierten Gemisch aus Koksofengas und Luft durch Explosion in „Bomben", also Hochdruckbehältern oder Explosionsmotoren, technisch verwertbare Mengen Stickoxid gewinnen. Nach Kooperationen mit dem Kokereibauer Dr. C. Otto & Comp., Bochum, sowie dem Inhaber der Diesel-Patente, der Maschinenfabrik Augsburg-Nürnberg AG, wurde im Juni 1912 auf der Zeche de Wendel bei Hamm die erste Luftsalpetersäure-Fabrik zur Umsetzung

---

[34] Hilgenstock, Paul: Salpeter – Salpetersäure? Meine Kriegserinnerungen. Typoskript Bochum 1932, S. 39, 41 in: MPI-Archiv 99-016; Rasch: Geschichte, S. 67. Die Anlage wurde 1918 in die Chemische Werke Lothringen GmbH eingebracht, an der neben der Gewerkschaft Lothringen das Deutsche Reich maßgeblich beteiligt war. Ende der 1920er-Jahren übernahm die IG Farbenindustrie AG die Anteile des Deutschen Reichs und legte die Anlage während der Weltwirtschaftskrise 1931 wegen bestehender inländischer Stickstoffüberproduktion still. S. Nedelmann: Ein Jahrhundert Chemie, S. 9; Rasch: Kohlechemie, S. 13.
[35] Rasch: Geschichte Kaiser-Wilhelm-Institut für Kohlenforschung, S. 67; ders.: Uhde.
[36] Friedrich Uhde war vor und nach dem Krieg selbstständig, s. Kapitel 16.
[37] Hilgenstock, Paul: Salpeter – Salpetersäure? Meine Kriegserinnerungen. Typoskript Bochum 1932, S. 30 in: MPI-Archiv 99-016; Rasch: Nichtrostender Stahl.

Oben: Salzlager, Benzolfabrik und alte Kokerei der Chemische Werke Lothringen, Bochum, o. D. Quelle: thyssenkrupp Corporate Archives.

Links: Innenansicht der Ammoniakfabrik der Chemische Werke Lothringen, Bochum. Blick von der Zentrifugenbühne auf die Destillierkolonne für Ammoniakwasser (links), 1926. Quelle: thyssenkrupp Corporate Archives.

3. Sprengstoffvorprodukte Schwefel- und Salpetersäure sowie Ersatzsprengstoffe | 27

des Häusser'schen Verfahrens errichtet. Die Stickstoffwerke AG besaß das beachtliche Aktienkapital von 1 Mio. M, davon entfielen 60 Prozent auf die Zeche de Wendel. Häusser, seit 1910 aus dem Staatsdienst beurlaubt, wurde zum Vorstand ernannt. Die Anlage konnte anfangs 5.000 cbm/d, später 7.000 cbm/d Koksgas verarbeiten. Das Koksgas wurde nach Gewinnung von Teer, Benzol und Ammoniak in die Häusser'sche Versuchsfabrik geleitet, um – nach einer Gasreinigung – die Stickoxide zu erzeugen. Die beim Verbrennungsprozess anfallende Energie blieb hingegen ungenutzt. Diese Anlage kam bis Ende des Ersten Weltkriegs jedoch über einen Versuchsbetrieb nicht hinaus. Hierfür waren neben technischen Problemen verantwortlich: die zeitweise Einberufung Häussers (1915 - Mitte 1918) sowie die Tatsache, dass die Les Petits-Fils de François de Wendel & Cie, Hayingen/Lothringen, als ausländische Kapitalgesellschaft (französische Muttergesellschaft) während des Kriegs unter Zwangsverwaltung stand (s. Kapitel 12). Das deutsche Werk konnte notwendige Investitionen nicht tätigen.[38] Da die Unternehmen der Firma de Wendel in Deutschland im Sommer 1918 liquidiert und unter konkurrierenden Unternehmensgruppen völkerrechtswidrig aufgeteilt werden sollten, veranlasste Häusser, sich nach neuen Geldgebern für seine Versuche umzusehen. Er wandte sich an die Phoenix AG für Bergbau und Hüttenbetrieb in Hörde bei Dortmund, die sich interessiert zeigte, zumal einzelne ihrer Direktoren die Errichtung eines firmeneigenen wissenschaftlichen Forschungslaboratoriums wünschten. Phoenix wollte jedoch nicht allein aktiv werden, sondern – falls eine Sanierung der Stickstoffwerke AG fehlschlage – ein Konsortium gründen, um die Häusser'sche Idee in die industrielle Produktion umzusetzen.[39] Schließlich bemühte sich eine Gruppe von rheinisch-westfälischen Montanunternehmen um die Fortführung dieser. Sie wollte das Häusser'sche Verfahren technisch so weit entwickeln, dass es nach Ablauf des regulären Patentschutzes 1922 sofort industriell genutzt werden konnte, denn die Schutzrechte gehörten nicht mehr Friedrich Häusser, sondern der vom französischen Kapital majorisierten Stickstoffwerke AG, die Ende 1918 ihren Betrieb einstellte. Außerdem sollten wegen kriegsbedingten Schwefelmangels die Gasschwefelgewinnung bearbeitet und das bisherige Ammonsalpeter-Herstellungsverfahren modifiziert werden. Das bisher produzierte Kokerei-Ammonsalpeter nahm zu viel Feuchtigkeit auf, um gegenüber den BASF-Produkten nach dem Haber-Bosch-Verfahren weiterhin konkurrenzfähig zu sein. Gleichzeitig wollten die in der Nichtigkeitsklage gegen das Haber'sche Ammoniakpatent zusammengeschlos-

---

[38] Ress: Kokereitechnik, S. 580; Farbwerke Hoechst: Dokumente Bd. 18: Griesheimer Versuche und Bd. 25: Gewinnung von Stickoxyden; Schreiben Christian Dütting an Hauptverwaltung Phoenix AG für Bergbau und Hüttenbetrieb vom 16.07.1918, in: Salzgitter AG-Konzernarchiv/Mannesmann-Archiv (MA) P 8 25 91/3. Zum Verfahren s. Ullmann: Enzyklopädie, S. 657–659; Häusser: Darstellung der Luftsalpetersäure; Dobbelstein: Ausnutzung. Es wäre interessant zu erfahren, ob Häusser seinem Vaterland lieber mit der Waffe in der Hand dienen wollte, oder ob eine Rückberufung daran scheiterte, dass die Firma, für die er arbeitete, formal französischen Kapitalgebern gehörte; Rasch: Kohlechemie, S. 15 f.

[39] MA P 82591/3; zur beabsichtigten Liquidation s. Schätzung der Werte des Erz- und Kohlenwerkbesitzes, Rasch: Kohlechemie, S. 45 f.

senen Bergbauunternehmen eine „Patentabwehrstelle" zur Verteidigung ihrer chemischen Interessen einrichten.[40]

Um den Teilnehmerkreis für diese kohlechemischen Aktivitäten ausschließlich auf Bergbauunternehmen des Oberbergamtsbezirks Dortmund zu beschränken, wurden die oben genannten Aufgaben nicht dem 1912 gegründeten KWI für Kohlenforschung übertragen, dessen Kuratorium u. a. die Farbenfabriken Friedrich Bayer & Co. angehörten. Stattdessen sollte eine neue Gesellschaft diese übernehmen. Wegen des letztlich überraschend schnellen Kriegsendes konnte diese Vereinigung nicht – wie ursprünglich geplant – im November 1918, sondern erst am 21. Dezember 1918 als „Gesellschaft für Kohlentechnik mbH" gegründet werden (s. Kapitel 17). Zwanzig Bergbauunternehmen – darunter jedoch weder die zum Stinnes-Konzern noch die zur Thyssen-Gruppe gehörenden Zechen – und der Kokereipionier Carl Still[41] errichteten diese Forschungsgesellschaft, die keine unabhängige Forschungseinrichtung war, sondern ihre Forschungsergebnisse in erster Linie nur den beteiligten Gesellschaften mitteilte, denn sowohl die Kokereibetreiber als auch der Kokereibauer sahen durch das Haber-Bosch-Verfahren ihre ökonomischen Grundlagen gefährdet. Neben dem Technologen Häusser wurde der Chemiker Wilhelm Gluud vom KWI für Kohlenforschung als gleichberechtigter Geschäftsführer für die neue Unternehmung gewonnen.[42] Die ursprünglich geplanten Stickstoff-Arbeiten führten auch in der Nachkriegszeit nicht zum Erfolg.

Zur Herstellung von Sprengstoffen und Düngemitteln auf Stickstoffbasis waren Schwefel- und Salpetersäure wichtige technische Chemikalien. Die im Ersten Weltkrieg gebräuchlichen deutschen Militärsprengstoffe waren Trinitro-Toluol (TNT), Dinitro-Benzol, Trinitro-Anisol sowie Pikrinsäure. Schwefelsäure wurde damals aus elementarem Schwefel (Sizilien), Schwefelkies (zu über 80 Prozent aus Portugal, Spanien und Frankreich) oder schwefelhaltigen Erzen (Kupfer, Zink und Blei) gewonnen, weshalb die Duisburger Kupferhütte als ein wichtiges Nebenprodukt auch Schwefelsäure herstellte. Da die britische Seeblockade Importe unterband, wurde nach entsprechenden Ersatzmöglichkeiten gesucht. Schwefelsäure wurde benötigt zur Herstellung von Salpetersäure aus Salpeter, zur Nitrierung von Toluol und Kampfer sowie zur Herstellung von Pikrinsäure bei der Sprengstofferzeugung, in der Farbenindustrie sowie in den Kokereien zur Ammoniakgewinnung. In letzteren diente es zur Absorption von Ammoniak unter Bildung von Ammoniumsulfat, das die Landwirtschaft als Düngemittel verwandte. Versuche am KWI für Kohlenforschung mit Kohlensäure und Gips zur Bindung des Ammoniaks schlugen ebenso fehl wie mit Natriumhydrogensulfat ($NaHSO_4$), das in den Sprengstofffabriken anfiel und zunächst keiner Verwendung zugeführt werden konnte. Weniger technische Schwie-

---

[40] Brief Christian Dütting an Hauptverwaltung Phoenix vom 16.07.1918, Original, in: MA P 82591/3, s. a. Montanhistorisches Dokumentationszentrum (montan.dok) beim Deutschen Bergbau-Museum (Bergbau-Archiv, BBA) 55/1896; Rasch: Kohlechemie, S. 46 f.
[41] Rasch: Still.
[42] Rasch: Geschichte Kaiser-Wilhelm-Institut für Kohlenforschung, S. 98; ders.: Kohlechemie, S. 47 f.

3. Sprengstoffvorprodukte Schwefel- und Salpetersäure sowie Ersatzsprengstoffe | 29

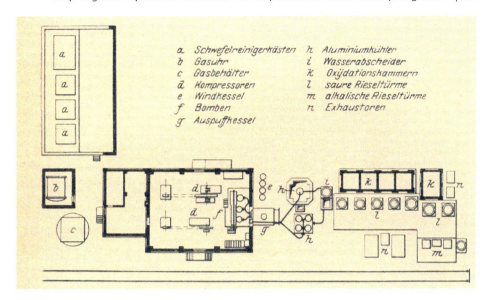

Grundriss der Stickstoffoxidation auf der Zeche de Wendel bei Hamm, vor 1921. Quelle: Stahl und Eisen 41 (1921), S. 960.

Die Versuchsbomben der Häusser'schen Versuchsanlage, ca. 1912. Quelle: Stahl und Eisen 41 (1921), S. 960.

rigkeiten als vielmehr die Konkurrenz der Chemischen Industrie mit den Bergbau-Kokereien und sich daraus ergebender Preiskampf verzögerten die Einführung des Natriumhydrogensulfat-Verfahrens zur Ammoniakneutralisation, das zum Ersatz von 100.000 t/a Schwefelsäure geführt hätte.[43] Dagegen wurde ein anderes von Franz Fischer entwickeltes Verfahren angewandt, das eigentlich vom Le Blanc Soda-Verfahren her bekannt war, dann aber in Vergessenheit geraten war, da es ein im wahrsten Sinne des Wortes „energiefressender" Prozess war. Aus Gips bzw. Anhydrit (einem wasserfreien Gips, der beispielsweise in Staßfurt vorkam) konnte mittels Steinkohlenkoks bzw. Grude (einem kaum genutzten Braunkohlenschwelkoks) bei 1.000 °C zu Calciumsulfid reduziert werden, das in einem weiteren Prozess mit der beim Kalibergbau anfallenden Abfalllauge, einer 30-prozentigen Magnesiumchloridlösung unter Erhitzung zu Schwefelsäure zersetzt wurde. Nach Begutachtung durch mehrere Kommissionen stellten schließlich Kriegschemikalien AG, Metallgesellschaft AG und Chemische Fabrik Hönningen AG zu gleichen Teilen insgesamt 30.000 M für einen Großversuch zur Verfügung. Trotz der im Krieg dramatisch zunehmenden Energienot wurden mehrere „Fabriken für künstlichen Schwefel aus Gips" in Betrieb genommen. Einmal mehr verschoben sie den Mangel von einem Bereich (Schwefelsäure) auf einen anderen (Kohle).[44] Die Rauchgasentschwefelung als Alternative war noch nicht technisch entwickelt. Jedoch ließ sich aus den Waschbergen der Steinkohlenzechen Schwefelkies gewinnen. Das Verfahren war unrentabel und wurde nach dem Krieg sofort wieder aufgegeben.[45] Die Deutsche Ammoniak-Verkaufs-Vereinigung hatte schon vor dem Krieg eine Abteilung Schwefelsäureversorgung eingerichtet, um für ihre Mitgliedszechen einen kostengünstigen Gemeinschaftseinkauf zu organisieren (auch Bau eigener Anlagen). Mit dem Hindenburg-Programm übernahm die Kriegsrohstoff-Abteilung die Initiative und ließ auf mehreren Schachtanlagen im Ruhrgebiet Schwefelkieswäschen errichten, um den erhöhten Bedarf der Sprengstofffabriken an Schwefelsäure zu decken, so z. B. auf der Schachtanlage 3/4 der Gewerkschaft des Steinkohlenbergwerks Friedrich der Große in Herne.[46] Es fanden aber auch privatwirtschaftliche Initiativen statt. So errichtete die Rombacher Hüttenwerke AG auf der von ihr 1914 gepachteten Zeche Concordia in Oberhausen 1917 die Chemische Werke Rombach GmbH, um Natriumsulfat und Salzsäure zu erzeugen.[47] Im gleichen Jahr nahm auch die Zeche Fröhliche Morgensonne in Wattenscheid eine Versuchsanlage zur Gewinnung von Schwefelsäure in Betrieb.[48]

---

[43] Rasch: Geschichte Kaiser-Wilhelm-Institut für Kohlenforschung, S. 67 f. Die jeweiligen Positionen der Kriegschemikalien AG und der Deutschen Ammoniak-Verkaufs-Vereinigung sind noch nicht erforscht.
[44] Ebd., S. 68–70; Vaupel: Ersatzstoffe, S. 65. In den Kriegsjahren 1916–1920 gewannen die Deutsche Claus-Schwefel-GmbH in Bernburg und die Sulfur GmbH in Walbek ca. 26.000 t Schwefel aus Gips.
[45] Burghardt: Mechanisierung, S. 190 f.
[46] Gebhardt: Ruhrbergbau, S. 184.
[47] Ebd., S. 104.
[48] Burghardt: Mechanisierung, S. 191.

3. Sprengstoffvorprodukte Schwefel- und Salpetersäure sowie Ersatzsprengstoffe | 31

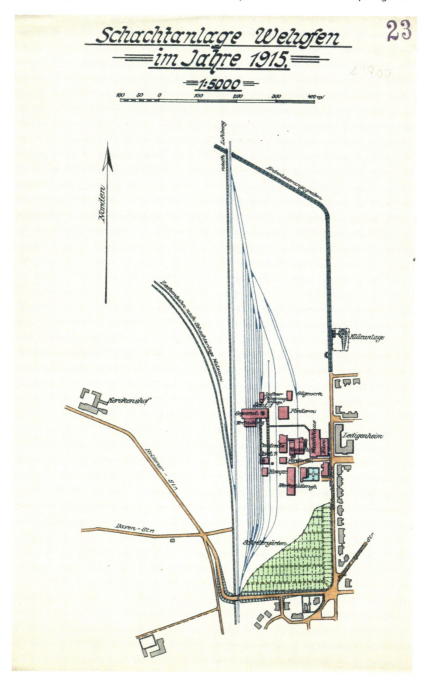

Lageplan der Zeche Wehofen im Jahre 1915. Die Sprengluftfabrik lag direkt neben den Gleisanlagen (Bildmitte), um einen Transport der verflüssigten Luft auch zu anderen Schachtanlagen des Thyssen-Bergbaus zu ermöglichen. Auffällig sind die am unteren Kartenrand eingezeichneten Schrebergärten zur Selbstversorgung der Belegschaft. Quelle: thyssenkrupp Corporate Archives.

Der Sprengstoffmangel in den ersten Kriegswochen führte nicht nur zur Reduktion des zivilen Verbrauchs, sondern auch zur Substitution bisheriger Sprengstoffe und zur Erhöhung der bisherigen Produktion auf allen erdenklichen Wegen, dazu zählt auch der Einsatz von Gas- anstatt Sprenggranaten. Diese Idee war im September 1914 von Major Max Bauer, Artilleriefachmann und Leiter der Sektion II für schwere Artillerie, Minenwerfer, Festungen und Munition der OHL unter Erich von Falkenhayn vorgeschlagen worden. Er wollte eine bei längerer Kriegsdauer zu erwartenden Sprengstofflücke durch mit Chlor gefüllte Gasgranaten kompensieren. Chlor fiel bei der Sprengstoffproduktion als unerwünschtes, bisher nicht weiter verwendbares Nebenprodukt an. In dieses Geschäft stiegen Ruhrgebietfirmen nicht ein, wohl aber die von Carl Duisberg geleiteten Farbenfabriken Friedrich Bayer & Co. in Leverkusen.[49]

Neben den Nitrat-Sprengstoffen standen weniger effektive Sprengstoffe auf Chloratbasis zur Verfügung, zu deren Herstellung chlorsaure Salze, Kaliumchlorat und Natriumchlorat verwendet wurden. Außerdem gab es die Möglichkeit, Sprengverfahren mit flüssigem Sauerstoff einzusetzen, seitdem Carl von Linde 1895 die technische Luftverflüssigung gelungen war und seit 1902 auch ein wirtschaftliches Verfahren zur Verfügung stand. Carl von Linde selbst war auf die Idee gekommen, gepulverte Holzkohle und flüssige Luft (ca. 85 Prozent Sauerstoff wurde als betriebswirtschaftlich ideal angesehen) zu mischen und als Sprengmittel einzusetzen. Schon 1897 hatte er sich das Verfahren unter dem Namen Oxyliquit patentieren lassen, auch wenn die durchgeführten Versuche beim Bau des Simplon-Tunnels in der Schweiz keinen praktischen Erfolg zeigten. Probleme waren anfangs Fragen der Speicherung und Beförderung flüssiger Luft von hohem Sauerstoff-Gehalt, dass ein Teil der flüssigen Luft bereits außerhalb des Bohrlochs vergaste, und dass die Wärme des Gesteins die Sprengpatronen im Bohrloch vorzeitig zur Explosion brachte. Verschiedene Firmen versuchten, diese Erfindungsidee zu modifizieren, z. B. durch Befüllung der Patrone erst im Bohrloch.

Mit Beginn des kriegsbedingten Sprengstoffmangels wandte sich auch das Oberbergamt Dortmund den Luftsprengverfahren zu und untersuchte verschiedene von ihnen auf der Zeche Tremonia in Dortmund-Derne. Zur gleichen Zeit errichtete die Privatwirtschaft schon erste Anlagen und zwar die Gräflich Henckel von Donnersmarck'sche Grubenverwaltung auf der Zeche Gottessegen in Antonienhütte in Oberschlesien sowie die August Thyssen gehörende Gewerkschaft Deutscher Kaiser auf Schacht Wehofen in [Duisburg]Hamborn. Interessanterweise wurden die Luftverflüssigungsanlagen nicht von den großen, bekannten Maschinenbauanstalten errichtet, sondern von kleinen Firmen wie der Maschinen- und Apparate-Fabrik Ahrendt & Co., Berlin, und der Maschinenfabrik Sürth bei Köln. Vermutlich waren die großen, bekannten Maschinenbauanstalten mit Kriegsaufträgen ausgelastet und hatten lange Lieferfristen. Die Versuche im Westen des Ruhrgebiets waren anfangs nicht sehr erfolgreich. Doch im Laufe der Zeit konnte beispielsweise die Gewerkschaft Deutscher Kaiser den Betrieb wesentlich verbessern, sodass am 15. Mai 1916 bulga-

---

49 Plumpe: Carl Duisberg, S. 466 ff.

rischen Parlamentariern das Luftsprengverfahren sogar offiziell vorgestellt wurde.[50] Den Parlamentariern des bulgarischen Zarenreichs, das 1915 auf der Seite der Mittelmächte in den Krieg eingetreten war, sollte durch eine Rundreise im Deutschen Reich die wirtschaftliche Kampfkraft Deutschlands gezeigt werden, dazu gehörte auch eine Grubenfahrt auf der Zeche Wehofen in [Duisburg-]Hamborn, bei der sie u. a. die dortige Sprengluftfabrik besichtigten (Aufnahme von der Grubenfahrt s. Kapitel 21).

Die verflüssigte Luft wurde mit einem Kohlenstoffträger gemischt; diesen stellte u. a. die Rußfabrik der Gesellschaft für Teerverwertung in Duisburg-Meiderich her. Die Gesellschaft für Teerverwertung gewann jedoch auch Toluol und Kresol aus dem ihr angelieferten Teer für die Erzeugung der „klassischen" Sprengstoffe.[51]

Die Substitution von Nitratsprengstoffen durch Erzeugung flüssiger Luft für Sprengzwecke stellt ein kriegstypisches Ersatzverfahren dar, bei dem damals noch nicht versucht wurde, den höheren Stickstoffgehalt der „Abluft" der Luftverflüssigung zu fixieren. August Thyssen erwarb zwar Firmenanteile an der Sprengluft-GmbH, Essen, stieß diese aber nach dem Krieg sofort wieder ab, da sich das Verfahren nicht gegen die nach dem Krieg wieder verfügbaren, leicht handhabbaren Sprengstoffe behaupten konnte. Sprengluft war teurer und weniger effektiv als herkömmliche Sprengmittel.[52] Als die vor dem Krieg üblichen Sicherheitssprengstoffe wieder zur Verfügung standen, sanken auch wieder die Unfallzahlen durch die z. T. zweifelhaften und nicht erprobten Sprengmittel und -verfahren.[53]

Die für die neu entstandenen Pulverfabriken und für die veränderten Sprengstoffe notwendigen Kalt- und Warmpressen, Pulverschneidemaschinen, Walzwerke und Hilfsmaschinen lieferte zum großen Teil das Krupp'sche Grusonwerk in Magdeburg, sogar bis in die österreichisch-ungarische Doppelmonarchie.[54]

Fazit

Ab Herbst 1914 mangelte es den deutschen Truppen an der Front an Munition, in der Heimat mangelte es vor allem an Sprengstoff und Sprengstoffvorprodukten wie Schwefel- und Salpetersäure, z. B. zur Gewinnung von Stickstoffverbindungen aus Kokereigasen. Durch das Dämpfen bzw. Ausblasen von Hochöfen wurde weniger Koks benötigt, was wiederum die Kokereiproduktion und die damit verbundene Nebengewinnung von Ammoniak, Toluol und Kresol sinken ließ. Daraufhin beschlagnahmte das Militär Sprengstoff sowohl im Inland als auch im besetzten Ausland und forderte und förderte die Erhöhung der Sprengstofferzeugung. Schon im September 1914

---

50   Bernstein: Anlage zur Erzeugung; Diederichs: Erzeugung und Verwendung, tkA A/900.
51   Spilker: Entwicklung der Gesellschaft, hier S. 22.
52   Beteiligung an der Sprengluft-Gesellschaft mbH, s. tkA A/515/3, zum Sprengluftverfahren s. auch ebd., A/690/2. Schon während des Kriegs hatte August Thyssen den Verkauf der Beteiligung erwogen. Gründung siehe Chemiker-Zeitung 39 (1915), S. 732.
53   Burghardt: Mechanisierung, S. 173.
54   Berdrow: Krupp im Weltkrieg, S. 264.

setze sich der Chemie-Nobelpreisträger Emil Fischer beim Rheinisch-Westfälischen Kohlen-Syndikat für die Erhöhung der Koksproduktion mit Nebengewinnung ein. Die ersten Maßnahmen im Revier halfen den Sprengstoffmangel der deutschen Truppen zu lindern, den Rückgang an Kokereiammoniak auszugleichen, sie stellten aber keine Alternative dar. Zunächst gewannen die energiefressenden Kalkstickstoff-Verfahren die Oberhand, die mit Hilfe preiswerter und zudem verfügbarer Braunkohlenenergie Stickstoff erzeugten, bevor ab 1916 in Leuna bei Merseburg das Haber-Bosch-Verfahren ebenfalls auf Basis von Braunkohlenstrom mit teurer und industriell kaum erprobter Hochdrucktechnik industriell umgesetzt wurde. Während des gesamten Kriegsverlaufs erzielte die Stickstoffindustrie nie eine ausreichende Bedarfsdeckung, worunter vor allem die Landwirtschaft – und damit die Lebensmittelversorgung – litt, obwohl das preußische Landwirtschaftsministerium schon ab Oktober 1914 eigene Produktionsförderung betrieb, vor allem beim Kalkstickstoffverfahren.[55]

Übrigens reduzierte das Füllen von Granaten mit Gaskampfstoffen den Sprengstoffbedarf, doch dieser stieg allein schon durch den Einsatz immer größerer Artilleriekaliber und dem Wunsch weiter zu schießen zusätzlich an.

Um ihren Bedarf an Sprengstoff für den Ausbau der Bergwerke dennoch decken zu können, wandten sich sowohl das Oberbergamt Dortmund als auch einige Privatunternehmen dem Sprengen mit flüssiger Luft zu. Das waren typische kriegsbedingte Ersatzverfahren, die sofort nach dem Krieg aufgegeben wurden. Ihre Kosten waren zu hoch und ihre technische Durchführung zu schwierig im Vergleich zu herkömmlichen Nitratsprengstoffen.

Die im Krieg aufgebaute zusätzliche Stickstofferzeugung wurde nach dem Waffenstillstand hauptsächlich für die Düngemittelproduktion eingesetzt. Die vor dem Krieg den deutschen Stickstoffmarkt dominierende Kokereiindustrie, zusammengefasst in der Deutschen Ammoniak-Verkaufs-Vereinigung, musste ihre führende Rolle an die BASF mit ihrem Haber-Bosch-Verfahren abgeben, baute aber die synthetische Stickstofferzeugung auf Basis ihres Kokereigases durch Errichtung weiterer Werke zur synthetischen Erzeugung von Stickstoffverbindungen nach Konkurrenzverfahren zur Haber-Bosch-Synthese deutlich aus.[56] Die Überproduktion wurde – zum Teil zu deutlich niedrigeren Preisen – auf dem ausländischen Markt verkauft.

---

55 Fehr: Ersatz, S. 247, 254–256.
56 Rasch: Kohlechemie, S. 39–56.

4. GEWINNUNG FLÜSSIGER TREIB- UND SCHMIERSTOFFE

Mit Beginn des Ersten Weltkriegs schnitt die britische Flotte das Deutsche Reich von seinen bisherigen überseeischen Importen ab. Der Krieg wurde auf die Wirtschaft ausgedehnt. Die Blockade traf auch den Treibstoffbereich. Beim Mineralöl bestand eine hohe Abhängigkeit von Importen aus Nordamerika. Vor dem Krieg wurden pro Jahr 700.000 t aus den USA, 230.000 t aus Österreich-Ungarn, 150.000 t aus Russland und 110.000 t Mineralöl aus Rumänien eingeführt, davon waren Schmiermittel: USA 102.000 t, 38.000 t aus der österreichisch-ungarischen Doppelmonarchie, 90.000 t aus dem russischen Zarenreich und 30.000 t aus dem Königreich Rumänien. Dagegen betrug die inländische Jahresförderung nur 150.000 t Rohöl minderer Qualität vornehmlich aus Wietze bei Hannover und aus Pechelbronn im Elsaß.[57] Außerdem gewann man in den Nebenproduktgewinnungsanlagen der Kokereien und den städtischen Gasanstalten Benzol sowie Teeröle, die zu Treib- und Schmierstoffen weiterverarbeitet werden konnten, u. a. bei der 1905 in Duisburg-Meiderich gegründeten Gesellschaft für Teerverwertung. Vergleichsweise geringe Mengen an Paraffinen, Montanwachs und Teeröl lieferte zudem die Braunkohlenschwelindustrie im sächsisch-thüringischen Raum. Zudem wurde auch Ölschiefer – beispielsweise auf der Gewerkschaft Messel bei Darmstadt – geschwelt.[58]

Noch war die Entgrenzung des Kriegs gegen Zivilbevölkerung und Privatwirtschaft nicht total. So zerstörten die zaristischen Truppen bei ihrem Rückzug im Frühjahr 1915 noch nicht systematisch die zuvor besetzten galizischen Ölfelder. Dennoch bedeutete der Krieg für die österreichisch-ungarische Erdölförderung in den Jahren 1914 und 1915 einen Rückgang auf 60 Prozent der Förderung des Jahres 1913. Auch in den Jahren 1917/18 konnten nur knapp 84 Prozent der Vorkriegsförderung erreicht werden und den eigenen Bedarf nicht decken.[59] In der Mineralölversorgung blieb das Deutsche Reich in den ersten Kriegsmonaten auf seine eigenen Rohölquellen und Produktionsmöglichkeiten sowie auf die eigenen und im Westen erbeuteten Lagerbestände angewiesen, aber die waren für den bisherigen Verbrauch unzureichend.

Mit Kriegsbeginn stockte die gesamte Mineralölzufuhr: Während die britische Blockade die überseeischen Importe zum Erliegen brachte, behinderten mangelnder Transportraum und die Einstellung des zivilen Güterverkehrs in der verbündeten österreichisch-ungarischen Monarchie die Einfuhr aus deren Ölfördergebieten sowie die Umleitung der rumänischen Lieferungen, die bisher über See nach Hamburg ver-

---

[57] Laut Denkschrift Kurt Wiedenfeld vom Oktober 1917 „Deutschlands Rohstofflage und Rohstoff-Aufgabe", S. 13, in: Bundesarchiv Koblenz (im Folgenden BA Koblenz), NL Saemisch Nr. 78; Angaben zu den Schmiermitteln nach Hilger: Schmiermittel, S. 342.
[58] Rasch: Geschichte Kaiser-Wilhelm-Institut für Kohlenforschung, S. 75.
[59] Genauere Zahlen bei Rumpler: Habsburgermonarchie, S. 292; Weitensfelder: Metalle, S. 240 f.

schifft worden waren. Außerdem besetzten russische Truppen zu Kriegsbeginn die galizischen Ölfelder. Somit blieb das Deutsche Reich in der Mineralölversorgung vorerst auf seine eigenen Rohölquellen und Produktionsmöglichkeiten angewiesen. Die Gesellschaft für Teerverwertung in Duisburg-Meiderich musste das gesamte bei ihr lagernde Teeröl, noch mit Pech vermischt, als Heizstoff für die Kaiserliche Marine abgeben. Der Abtransport zu den Marinehäfen erfolgte über den Rhein-Herne-Kanal und den schon 1912 eröffneten Werkshafen. 1917 erwarb die Gesellschaft für Teerverwertung ein geeignetes Kanalschiff mit beheizbaren Tanks für solche Transporte.[60]

Die Th. Goldschmidt AG, Essen, eine anorganische chemische Fabrik, groß geworden durch die Entzinnung von Weißblechabfällen und das Verfahren der Aluminothermie (z. B. zum Schweißen von Eisenbahnschienen), und nicht auf dem Treibstoffmarkt tätig, sah mit Kriegsbeginn sofort die Möglichkeit und Notwendigkeit der technischen Entwicklung der Kohleverflüssigung. Ihr zum 1. Januar 1914 eingestellter Forschungsleiter Privatdozent Dr. Friedrich Bergius hatte sich nämlich schon 1913 ein entsprechendes Verfahren per Patent schützen lassen.[61] Bergius[62] hatte zunächst eine akademische Karriere als Chemiker angestrebt und sich 1912 an der TH Hannover habilitiert mit einer Arbeit über „Die Anwendung hoher Drucke bei chemischen Vorgängen und eine Nachbildung des Entstehungsprozesses der Steinkohle."

Die Hochdruckchemie war ein neues Forschungsgebiet der Chemie. Seit der Jahrhundertwende wurden chemische Reaktionen unter hohem Druck studiert und industrielle Anwendungsmöglichkeiten gesucht, z. B. Wasserstofferzeugung, Ammoniaksynthese und Fetthärtung, ersteres u. a. für die Zeppelin-Luftschiffe, letzteres z. B. zur Gewinnung geruchloser Fette aus Fischtran. In seiner Habilitationsschrift hatte Bergius den Prozess der Entstehung natürlicher Kohle durch Anwendung erhöhter Temperatur und erhöhter Drücke im Laboratorium nachvollzogen. Aus diesen Erkenntnissen schloss er auf die Umkehrung der Reaktion, dass sich (künstliche) Steinkohle bei hoher Temperatur und hohem Druck mit Wasserstoff hydrieren lasse und dabei flüssige Produkte bilde. Zunächst konnte er nachweisen, dass sich dickflüssi-

---

[60] Spilker: Entwicklung der Gesellschaft, S. 22.
[61] Rasch: Bergius und die Kohleverflüssigung; ders.: Bergius.
[62] Friedrich Bergius (1884–1949) studierte 1903–1907 Chemie in Breslau und Leipzig, dort Promotion 1907, anschließend Postdoc bei Walther Nernst in Berlin und Fritz Haber in Karlsruhe, 1909 Übersiedlung nach Hannover zu Max Bodenstein und Errichtung eines Privatlabors zur Hochdrucktechnik mit der Erbschaft seiner Eltern, 1912 Habilitation für reine und angewandte physikalische Chemie, 1914 Wechsel zur Th. Goldschmidt AG als deren zeitlich erster wissenschaftlicher Forschungsleiter, 1918 Geschäftsführer der Erdöl- und Kohleverwertungs-AG zur Weiterentwicklung seiner Erdöl- und Kohlehydrierungsverfahren im halbtechnischen Maßstab in Mannheim-Rheinau, 1925 Verkauf der meisten Patentrechte an die BASF, deren Forschungsleiter Matthias Pier die schwefelresistenten Hydrierkatalysatoren entdeckt hatte (deshalb auch Bergius-Pier-Verfahren); Fortführung der 1916 bei Goldschmidt aufgenommenen Versuche zur Holzverzuckerung. 1931 Nobelpreis für Chemie zusammen mit Carl Bosch für ihre hochdrucktechnischen Arbeiten. Mit dem „Dritten Reich" erhalten Bergius' Arbeiten Autarkiecharakter und wurden von den Nationalsozialisten unterstützt. Ein industrieller Durchbruch der Holzhydrolyse gelang nicht. Nach dem Krieg Arbeiten für die autoritären Regime in der Türkei, Spanien und Argentinien, wo Bergius verstarb. S. Rasch: Friedrich Bergius.

ge Petroleumrückstände zu leichtflüssigen Benzinen hydrieren ließen. Angesichts einer ständig steigenden Motorisierung schien dies ein kommerziell durchaus interessantes Verfahren, war doch zeitgleich 1913 in den Vereinigten Staaten von Amerika das Crack-Verfahren entwickelt worden. Die mittelständische AG für Petroleumindustrie, Nürnberg, kaufte sich in die entsprechende Patentanmeldung ein. Zusammen mit seinem Assistenten, dem Schweizer John Billwiller, meldete Friedrich Bergius am 9. August 1913 das „Verfahren zur Herstellung von flüssigen oder löslichen organischen Verbindungen aus Steinkohle und dergleichen" zum Patent an. Eine industrielle Anwendung dieses Verfahrens war zunächst nicht in Sicht. Die ersten Laborversuche in Hannover zeigten zudem, dass die industrielle Umsetzung der Hochdruckhydrierung von Kohlen, Teeren und Mineralöl eine technisch schwer

Friedrich Bergius gelang während des Kriegs der Aufstieg vom Forschungsleiter zum stellvertretenden Vorstandsmitglied der Th. Goldschmidt AG, Essen, 1917. Quelle: Evonik Services GmbH, Konzernarchiv.

lösbare Aufgabe sein würde, deren Finanzierung die Mittel eines Privatgelehrten überstieg. Für eine industrielle Durchführung mussten z. B. feste Stoffe wie Kohlen kontinuierlich in ein unter Druck stehendes Gefäß eingebracht werden.[63]

Als die chemische Fabrik Th. Goldschmidt AG Bergius zum 1. Januar 1914 anstellte, spielte die Entdeckung der Kohleverflüssigung keine Rolle, da er in Essen auf anderen Gebieten – der Chlor- und Glykolherstellung – forschen sollte. Erst mit Kriegsbeginn, im August 1914, sah die Firmenleitung – angesichts der britischen Seeblockade und dem Wegfall der bisherigen Weißblechimporte – in der Kohleverflüssigung neue unternehmerische Möglichkeiten. Friedrich Bergius wurde schon in den ersten Augusttagen 1914 beim zuständigen Generalkommando VII in Münster für die Entwicklung einer Benzinfabrik reklamiert. Mit seinen Mitarbeitern plante er im Herbst 1914 eine erste, kleine Demonstrationsanlage für 9 t/d Rohöldurchsatz und berechnete deren Energieverbrauch als erste Stufe einer Wirtschaftlichkeitsbetrachtung.[64]

Das sofortige Interesse des preußischen Kriegsministeriums an dem neuen Verfahren ist insofern erstaunlich, als man deutscherseits bei Kriegsbeginn allgemein von einer kurzen Dauer ausging, die in jedem Fall nicht lang genug gewesen wäre, um das noch industriell zu entwickelnde Hydrierverfahren anwendbar zu machen.

63 Rasch: Technische und chemische Probleme, S. 82.
64 In meinen bisherigen Publikationen ging ich davon aus, dass diese Anlage schon zur Kohleverflüssigung dienen sollte. Dies ist falsch, wie eine erst kürzlich aufgefundene Personalakte Friedrich Bergius eindeutig belegt. Es war die Hydrierung von Rohöl[rückständen] geplant, s. Evonik Industries AG, Standortarchiv Marl, Personalakte Friedrich Bergius.

DEUTSCHES REICH.

AUSGEGEBEN
AM 26. NOVEMBER 1919

REICHSPATENTAMT

PATENTSCHRIFT

— № 301231 —

KLASSE **12**o GRUPPE 1

Dr. FRIEDRICH BERGIUS in HANNOVER
und Dipl.-Ing. JOHN BILLWILLER in ESSEN, Ruhr.

Verfahren zur Herstellung von flüssigen oder löslichen organischen Verbindungen aus Steinkohle u. dgl.

Patentiert im Deutschen Reiche vom 9. August 1913 ab.

Die Gewinnung technisch wertvoller organischer Verbindungen aus der Kohle geschieht bisher ausschließlich durch Destillation oder Vergasung; hierbei wird die Kohle auf Temperaturen erhitzt, bei denen die meisten Kohlenstoffverbindungen unstabil sind und unter Kohlenstoffabscheidung zerfallen. Man kann daher nur wenige Hundertstel vom Kohlengewicht in Form von Teer gewinnen, aus dem nachher die organischen Verbindungen isoliert werden, die man entweder chemisch verarbeitet oder für Feuerungs- oder motorische Zwecke verbrennt.

Das vorliegende Verfahren zeigt einen neuen Weg, auf welchem es möglich ist, ohne Verkokung oder Vergasung flüssige, organische Verbindungen aus der Kohle zu gewinnen, und zwar in einer weit größeren Menge.

Das Verfahren besteht darin, daß man die Kohle unter hohem Druck und bei erhöhter Temperatur mit Wasserstoff zur Reaktion bringt. Hierbei wird der größte Teil der angewendeten Kohle — und zwar ist es gegenwärtig schon bis zu 85 Prozent gelungen — je nach den Arbeitsbedingungen in lösliche oder flüssige Verbindungen übergeführt, die neben Kohlenstoff hauptsächlich Wasserstoff, teilweise auch Sauerstoff, enthalten.

Es ist bereits bekannt, Kohlenstoff, wie z. B. Bogenlampenkohle, bei hohen Temperaturen von etwa 1200° mit Wasserstoff zur Reaktion zu bringen. Dieses geschieht aber bei Atmosphärendruck und es entstehen dabei keine flüssigen Verbindungen, sondern vielmehr Gase, wie Azetylen und Methan. Es ist ferner bereits vorgeschlagen worden, während des Vergasungsprozesses Wasserstoff einzuleiten, aber unter Bedingungen, die dem Wasserstoff die Rolle eines inerten Gases zuweisen.

Nach dem vorliegenden Verfahren wird der Wasserstoff unter erhöhtem Druck, z. B. mit 200 Atm., bei einer Temperatur von etwa 300 bis 400° zur Reaktion gebracht. An Stelle von Wasserstoff kann man auch wasserstoffhaltige Gase oder Substanzen und Gemische benutzen, die Wasserstoff abgeben.

Als Ausgangsmaterial kommt neben Steinkohle, Braunkohle, Torf, Holz und ähnliche Stoffe in Betracht, die entweder als solche mit dem Wasserstoff unter gleichzeitigem Fortschritt der Verkohlung zur Reaktion gebracht werden können, oder die nach vorheriger Umwandlung in der Kohle nahestehende Produkte der Hydrierung unterworfen werden können.

Kennzeichnend für den wirklichen Eintritt der Hydrierungsreaktion ist die Beobachtung, daß eine Verflüssigung der Kohlensubstanz nicht eintritt, wenn man an Stelle des Wasserstoffes ein inertes Gas, wie z. B. Stickstoff, unter denselben Druck- und Temperaturbedingungen zur Einwirkung kommen läßt. Es entstehen dann nur die kleinen Mengen von Destillationsprodukten, die man auch bei

DEUTSCHES REICH

AUSGEGEBEN
AM 17. SEPTEMBER 1919

REICHSPATENTAMT
PATENTSCHRIFT
— № 304348 —

KLASSE 22h GRUPPE 1/05

Dr. F. BERGIUS in HANNOVER
und AKTIENGESELLSCHAFT FÜR PETROLEUM-INDUSTRIE
in NÜRNBERG.

Verfahren zum Spalten hochsiedender Kohlenwasserstoffe in Benzine unter gleichzeitiger Überführung der ungesättigten Kohlenwasserstoffe in gesättigte.

Patentiert im Deutschen Reiche vom 6. Mai 1913 ab.

Die Erfindung betrifft ein Verfahren zum Spalten hochsiedender Kohlenwasserstoffe, wie Erdöl, dessen schwere Destillationsprodukte, Residuen, Bitumen und ähnliche Stoffe, in Benzine durch Erhitzen unter gleichzeitiger Überführung der ungesättigten Kohlenwasserstoffe in gesättigte und bezweckt, sowohl die Eigenschaften der erhaltenen Benzine zu verbessern, als auch die Ausbeute zu erhöhen.

Das Verfahren besteht darin, daß man die Ausgangsstoffe unter einem durch komprimierten Wasserstoff erzeugten Druck von mindestens 20 Atm. erhitzt.

Die Anwendung von Wasserstoff bei der Spaltung von schweren Kohlenwasserstoffen ist bereits bekannt. Jedoch kommt bei diesem bekannten Verfahren der Wasserstoff nicht mit den Kohlenwasserstoffen zur Reaktion, sondern spielt nur die Rolle eines indifferenten Gases oder Transportmittels, wie Stickstoff, Kohlensäure, Methan usw. Daß der Wasserstoff hierbei chemisch wirkungslos bleibt, findet seinen Grund darin, daß er unter viel zu niedrigem Druck angewendet wurde, nämlich 11 bis 12 Atm. Eine Hydrierung tritt aber nur ein, wenn der Druck während der Erhitzung mindestens 20 Atm. beträgt.

Nach den bisher vorliegenden Beobachtungen konnte eine Spaltung hochsiedender Kohlenwasserstoffe in Benzine unter gleichzeitiger Überführung der ungesättigten Kohlenwasserstoffe in gesättigte nur in Gegenwart eines Katalysators, wie Eisen, Nickel, Nickeloxyd, Nickelsalzen, Palladium und ähnlichen Wasserstoffkatalysatoren, durchgeführt werden. Eine technische Anwendung dieser Hydrierungsart ist kaum möglich, weil das unreine Petroleum ein schnelles Nachlassen der katalysierenden Wirkung bedingt und demzufolge der Prozeß viel zu kostspielig sein würde.

Es ist ferner bereits bekannt, bei der Zersetzung von Mineralölen in schwer kondensierbares Ölgas eine Hydrierung mit gasförmigem Wasserstoff durchzuführen. Dieser Prozeß verläuft aber erst bei Temperaturen von etwa 500° und führt deshalb nicht zu benzinartigen Kohlenwasserstoffen, die bei Zimmertemperatur und Atmosphärendruck flüssig sind, sondern vielmehr zu äußerst niedrig siedenden, bei Zimmertemperatur gasförmigen Zersetzungsprodukten, die höchstens durch Anwendung hohen Druckes verflüssigt werden können und natürlich nicht als Ersatzmittel für Benzin technisch Verwendung finden können. Der Wasserstoff

Die technische Entwicklung einer Erfindung bis zum industriell durchführbaren Verfahren dauerte andererseits oft Jahre. Dieses Wissen dürfte den Militärs auf alle Fälle gefehlt haben. Was sie aber wussten, war, dass sich der Deutsch-Französische Krieg 1870/71 nach der Schlacht bei Sedan noch über Monate hingezogen hatte und dass im gegenwärtigen Krieg mit dem Eintritt Großbritanniens eine neue Situation entstanden war. Die optimistischen Annahmen des Schlieffen-Plans, der von einigen Militärs schon seit Jahren hinterfragt wurde, dürften zumindest beim Generalkommando des VII. Armeekorps in Münster nicht ungebrochen gewesen sein, wie man aus der Freistellung von Friedrich Bergius für (langwierige) Forschungsarbeiten folgern kann.[65]

Technische Probleme ließen die Euphorie des Firmenmitinhabers Karl Goldschmidt für das neue, komplizierte Verfahren jedoch bald deutlich abkühlen. Die Versuche wurden in Essen zwar weitergeführt, besaßen aber nicht mehr die einstige Bevorzugung der ersten Kriegsmonate. Nun wurden für das Militär industriell anwendbare Verfahren zur Herstellung von Glykol erarbeitet, um Glycerin zu ersetzen. Erst durch die rumänische Kriegserklärung im August 1916 und den damit verbundenen Verlust der rumänischen Mineralölzufuhr erlangte die Kohleverflüssigung erneut Interesse. Als sich die deutschen Truppen Ende 1916 im Besitz der zerstörten rumänischen Erdölfelder befanden, nahm das Interesse des preußischen Kriegsministeriums folgerichtig wieder ab und der Wiederaufbau der rumänischen Erdölindustrie und der Ausbau der Transportwege nach Deutschland schienen für die Kriegsführung günstiger. Dabei unterschätzten die zuständigen Militärs die notwendigen Wiederaufbauarbeiten und den in Deutschland herrschenden Mangel an Material und Arbeitskräften, wie ein Schreiben der Militärverwaltung in Rumänien, Wirtschaftsstab, Mineralöl-Abteilung, Zentralstelle für Oelleitungen [!] an das Röhrenwalzwerk Thyssen & Co. in Mülheim/Ruhr vom 26. Februar 1918 zeigt. Ein Hauptmann Müller, vor dem Krieg als Ingenieur stellvertretender Direktor bei der Hamburgischen Elektricitäts-Werke AG und seit Januar 1917 Leiter der Arbeiten der Eisenbahn-Baukompanien und Pionier-Kompanie im rumänischen Erdölgebiet sowie seit Oktober 1917 von der kaiserlichen Militärverwaltung in Rumänien mit der Leitung der Zentralstelle für Oelleitungen [!] und damit mit dem Bau einer Doppelleitung Campina-Giurgiu beauftragt, fragte folgende Materialien nach:

> *„Werkzeugmaschinen und Werkzeuge für allgemeinen Maschinenbau und für Rohrleitungs- und Tankbau, ferner Antriebsmaschinen (Dampf, Gas, Oel, Elektricität), Kesselanlagen, elektrische Licht- und Kraftanlagen, ferner Bohrgeräte mit Specialwerkzeugen, Bohrtürme, Riemen, Drahtseile, ferner Pumpen, Gebläse, Hebezeuge, Bleche, Profileisen, Rohre, Fittinge, Armaturen, Stahl, Nieten, Schrauben, Nägel, Draht, endlich Kesselwagen und Lastautos".*[66]

---

[65] Auf diesen Kontext habe ich erstmals 1985 in der Veröffentlichung „Zur Vorgeschichte der Kohlenverflüssigung" hingewiesen.

[66] Zitat aus Schreiben Militärverwaltung in Rumänien, Wirtschaftsstab, Mineralöl-Abteilung, Zentralstelle für Oelleitungen an Thyssen & Co., Röhrenwalzwerk vom 26.02.1918, Original in: tkA A/609/3.

Deutsche Banken, Deutsche Erdöl AG und Deutsche Petroleum AG hatten sich schon im Oktober 1916 um die Aufteilung des rumänischen Ölbesitzes bemüht, an dem ausländisches Kapital maßgeblich beteiligt war. Am 13. März 1917 erhielten sie das Recht, die rumänischen Erdölanlagen in Betrieb zu nehmen. Militärs wie deutsche Unternehmen planten im Friedensvertrag eine Aufteilung der rumänischen Erdölindustrie, deren ausländische Gesellschaften zwangsliquidiert werden sollten. Da deren Werkstätten nicht die alliierten Zerstörungen im gewünschten Tempo beseitigen und das geförderte Erdöl nach Deutschland schaffen konnten, planten die Militärs entsprechende Kriegsgesellschaften für Reparaturen und Bau von Ölleitungen sowie für Lagerung und Transport von Erdöl. Hugo Stinnes, der keine rumänischen Förderkonzessionen besaß, hatte in Konkurrenz zu den militärischen Plänen und den Interessen deutscher Großbanken am 20. Dezember 1917 in Hamburg gemeinsam mit Albert Ballin, Hamburg-Amerikanische Packetfahrt-Actien-Gesellschaft (HAPAG), dem Privatbankier Max Warburg, Heinrich Riedemann, Deutsch-Amerikanische Petroleum-Gesellschaft sowie mehreren Erdölgesellschaften und Raffinerien aus Hamburg und Bayern die Mineralöl-Handels- und Beteiligungsgesellschaft mbH mit dem HAPAG-Direktor und späteren Reichskanzler Wilhelm Cuno als Geschäftsführer gegründet. Das Reichwirtschaftsamt jedoch wünschte eine gemischtwirtschaftliche „Mitteleuropäische Erdölgesellschaft" mit deutschen (56 Prozent), österreichisch-ungarischen (24 Prozent) und rumänischen (20 Prozent) Anteilseignern. Das Militär hingegen plante noch vor Abschluss des Bukarester Friedensvertrags (Mai 1918) eine Petroleum-Hilfs-Industrie AG als Kriegsgesellschaft mit einem Kapital von 1,5 Mio. Lei zu gründen. Diese sollte eine „Werkstätte für Reparaturen von Maschinen aller Art und Bau von Rohrleitungen und Tankanlagen einschließlich umfangreichen Lagers" errichten. Mit dem Hinweis auf den Bohrfachmann und Unternehmer Anton Raky, mit dem August Thyssen schon seit längerem zusammenarbeitete, erhoffte sich Müller eine Beteiligung des Thyssen-Konzerns an Wiederaufbau und Ausbeutung der rumänischen Erdölindustrie nicht nur durch ein kapitalmäßiges Engagement, sondern auch durch Aufbau eines großen Speziallagers an Maschinen und Baustoffen, war doch Thyssen in Deutschland der größte Röhrenfabrikant.[67] Das Thyssen-Management sah eine Beteiligung in Rumänien wegen dessen Entente-freundlicher Haltung auch nach einem deutschen Friedensdiktat als riskant an und plädierte daher für ein Engagement in Galizien, unabhängig ob dieses Erdölgebiet in Zukunft zu Österreich-Ungarn oder zu einem noch zu gründenden Königreich Polen gehöre, denn letzteres würde sich an Deutschland orientieren, dem es seine Entstehung verdanken werde.[68]

Als 1917 die vorhandene Erdölförderung den mittlerweile enorm angestiegenen Treibstoffbedarf weiterhin nicht decken konnte, wandte sich das Kriegsministerium erneut dem Bergius'schen Hydrierverfahren zu, um vor allem Mineralölrückstände zu hydrieren. Nun kommandierte das Kriegsministerium Soldaten sogar zum Bau

---

[67] Zitat in: ebd.; Karlsch, Stokes: Faktor Öl, S. 107–110; Günther: Petroleumabkommen, Rasch: August Thyssen; Feldman: Hugo Stinnes, S. 471–476.
[68] Aktenvermerk Hansa Erdöl-Produktionsgesellschaft, o. D. in: tkA A /609/3.

42 | 4. Gewinnung flüssiger Treib- und Schmierstoffe

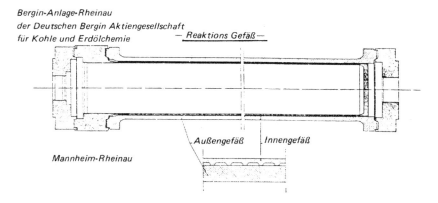

1916 bei der Fried. Krupp AG hergestelltes, doppelwandiges Hochdruckgefäß der Rheinauer Hydrieranlage (Skizze, Längsschnitt). Quelle: Bergius: Nobelvortrag, S. 25.

einer „Benzinfabrik" ab.[69] Das Großtechnikum zur Hydrierung von Kohlen, Mineralölen und Teeren wurde nicht im Ruhrgebiet errichtet, das innenstadtnahe Werksgelände bot nicht ausreichend Raum, sondern in Mannheim-Rheinau, wo das Essener Unternehmen Th. Goldschmidt AG über ein am Industriehafen gelegenes großes Fabrikgelände verfügte. Dieser Standort war zwar kohlefern, aber näher gelegen zur TH Karlsruhe und zur BASF in Ludwigshafen, wo (industrielle) Erfahrungen mit der Hochdrucktechnik vorlagen. Diese wurden jedoch nicht genutzt. Mannheim war der Verkehrsknoten (Eisenbahn – Rhein) für den süddeutschen Raum, über den via Donau (bis Regensburg schiffbar) Mineralöle und deren Rückstände aus Rumänien angeliefert wurden. Diese sollten zunächst hydriert werden. Das große, liegende Hydriergefäß für die Rheinauer Anlage stellte schon 1915 Krupp in Essen her.[70] Es entsprach den Reaktoren[71] für die Haber-Bosch-Synthese, wie sie für Leuna ebenfalls bei Fried. Krupp – aber auch auf der Henrichshütte[72] in Hattingen – geschmiedet wurden, und die bis zu 200 bar Druck standhalten konnten.

Hatte die Th. Goldschmidt AG anfangs das Hydrierverfahren auch aus patriotischen Gründen unterstützt, so trafen im Laufe des Kriegs immer mehr ökonomische Überlegungen in den Vordergrund. Ende 1916 stieß die Th. Goldschmidt AG auf den ihr bis dahin völlig fremden Treibstoffmarkt vor, indem sie die AG für Petroleumindustrie, Nürnberg, aufkaufte, um die Bergius-Hydrierpatente für Mineralöl und Kohle vollständig zu kontrollieren und zudem weitere Raffinerien, u. a. bei Berlin, erwarb, um eine Mineralölverkaufsorganisation aufzubauen. Doch schnell erkannten Vorstand und Aufsichtsrat in Essen, dass das Mineralölgeschäft für sie zu groß

69 Rasch: Bergius und die Kohleverflüssigung, S. 17–19; ders.: Technische und chemische Probleme.
70 Ders.: Verschollenes Meisterwerk.
71 In der Chemie übliche Bezeichnung für Reaktionsgefäß.
72 Rasch: Granaten, S. 17.

war. Nur die Entwicklungskosten einschließlich Versuchs- und Personalkosten beliefen sich am 31. Dezember 1917 auf über 3,2 Mio. M. Ein Jahr später hatte sich der Aufwand sogar verdoppelt. Im Frühjahr 1918 gründeten sie deshalb ein Konsortium für Kohlechemie mit einem Stammkapital von 30 Mio. M. Einen Anteil von 25 Mio. M brachte allein die Fürstliche Henckel-Donnersmarck'sche Verwaltung der oberschlesischen Industriellenfamilie auf.[73] Dennoch reichten die Mittel nicht zur industriellen Umsetzung des Verfahrens, da sie in der Nachkriegsinflation schnell an Wert verloren.

Der liegende Hochdruckzylinder in Mannheim-Rheinau, frühe 1920er-Jahre. Quelle: Privatbesitz.

Erst nach dem Weltkrieg sollte die Gesellschaft für Teerverwertung auf ihrem Werksgelände in Duisburg-Meiderich die erste großindustrielle Steinkohlenverflüssigungsanlage nach dem Bergius-Verfahren bauen. Die 1926 gegründete AG für Steinkohleverflüssigung und Steinkohleveredlung konnte ihre 1929 fertiggestellte Anlage aus technischen und ökonomischen Gründen nicht in Betrieb nehmen. Mittlerweile besaß die IG Farbenindustrie AG nicht nur die meisten Erfahrungen in der industriellen Hochdrucktechnik, sondern auch fast alle Schutzrechte Friedrich Bergius' zur Hydrierung von Kohlen, Teeren und Mineralölen.[74]

Während des Kriegs machte sich die Gesellschaft für Teerverwertung unter ihrem Generaldirektor Adolf Spilker um die Entwicklung von Schmierölen (Meiderole) verdient (s. Kapitel 17), während die Wasserstoffanlagerung an Naphthalin von Dr. Hans von Gwinner und Prof. Georg Schroeter im Labormaßstab in Berlin und industriell in Rodleben bei Dessau von der Tetralin GmbH vorangetrieben wurde. Erst nach dem Krieg sollte sich die Gesellschaft für Teerverwertung an diesem Unternehmen beteiligen, das zunächst von der Deutschen Bank dominiert wurde, war doch Hans von Gwinner der Sohn Arthur von Gwinners, des Vorstandssprechers der Deutschen Bank.[75]

Außer den frühen Aktivitäten der Th. Goldschmidt AG, bei denen es auch – wenn nicht gar vorrangig – um die Freistellung des Forschungsleiters Friedrich Bergius vom Kriegsdienst ging, bemühten sich noch andere um die Gewinnung flüssiger Treibstoffe aus inländischen Rohstoffen. Hier sind nochmals die Aktivitäten von Emil Fischer im September 1914 zu erwähnen. Das Deutsche Reich richtete Kommissionen

---

[73] Ders.: Donnersmarck Skizze, S. 214 f.
[74] Ders.: Kohlechemie im Revier, S. 23.
[75] Ders.: Flüssige Treib- und Schmierstoffe.

zur Beschaffung von Kokereiprodukten sowie von Schmierölen ein.[76] Die von Staat und Mineralölwirtschaft Anfang 1915 zur Kontrolle und Verteilung von Schmierstoffen gegründete Kriegs-Schmieröl-Gesellschaft errichtete ab 1916 regionale Verteil- und Kontrollzentren, um schneller auf lokale Bedürfnisse reagieren zu können. Die „Beratungs- und Freigabestelle für Schmiermittel der Rheinisch-Westfälischen Montanindustrie" in Düsseldorf betrieben der Verein deutscher Eisenhüttenleute, die Nordwestliche Gruppe des Vereins deutscher Eisen- und Stahlindustrieller und der Bergbau-Verein gemeinsam. Die Abteilung „Ölberatung für den Bergbau" teilte 1916 40 Prozent ihres Kontingents den bergmännischen Maschinenbetrieben über Tage, ein Drittel der Achslagerschmierung von Förderlokomotiven und jeweils ca. 10 Prozent dem Grubenbetrieb und den Nebenanlagen über Tage zu.[77] Im Laufe des Kriegs wurden die meisten deutschen noch in Betrieb befindlichen Kokereien, sofern sie solche noch nicht besaßen, mit Nebenproduktgewinnungsanlagen ausgestattet, ebenso die Generatorgasanlagen, in denen sogenanntes Generatorgas zur Beheizung von industriellen Anlagen, z. B. von Siemens-Martin-Öfen gewonnen wurde. Die städtischen Gaswerke verfügten schon über solche Nebenproduktegewinnungen. Als Nebenprodukte fielen an Benzol, Teeröl und vieles mehr. Bei Kriegsbeginn stillgelegte Kokereien durften ab 1915 nur dann wieder in Betrieb gesetzt werden, wenn sie auch die kriegswichtigen Nebenprodukte gewinnen konnten (s. Kapitel 11).[78]

Das KWI für Kohlenforschung, vier Tage vor Kriegsbeginn feierlich eröffnet, eigentlich um die direkte Verstromung der Kohle zu erforschen, änderte seine Forschungsaufgaben angesichts des Kriegs und der blockadebedingten Wirtschaftsmängel. Sein Institutsleiter, der Anorganiker und Elektrochemiker Franz Fischer, studierte zusammen mit seinen Mitarbeitern u. a. die Tieftemperaturverkokung, die Destillation der Kohle bei niedrigen Temperaturen. Er entwickelte 1916 mit der Drehtrommel eine effektive Apparatur, die große Mengen eines Teeres erzeugte, der reich an Benzinen, Naphthenen und hochmolekularen Phenolen war (s. auch Kapitel 17). Der sogenannte Tieftemperaturteer, von Fischer auch Urteer genannt, war ohne weiteres als Heizöl für die Kriegsmarine verwendbar, aus ihm ließen sich aber auch die dringend benötigten Schmieröle und Benzine gewinnen. Im Herbst 1916 nahm Fischer Verhandlungen mit der Industrie über den Bau einer Versuchsanlage auf. Der Zeitpunkt hätte nicht besser gewählt werden können. Durch den Kriegseintritt Rumäniens Ende August 1916 auf Seiten der Entente entfielen die wichtigen, schon reduzierten Mineralölimporte aus Südosteuropa, sodass sich der schon bestehende Treibstoff- und Schmierölmangel des Deutschen Reichs verschärfte. Als im Laufe des Jahres 1917 die rumänische Erdölförderung wieder in Gang kam und sich die einzelnen deutschen Interessengruppen anschickten, die bisher von britischen und französischen Firmen beherrschte rumänische Erdölwirtschaft untereinander aufzuteilen, nahm das Interesse der Industrie an Fischers Verfahren merklich ab. Nur die Maschinenfabrik

---

[76] Allgemein Roth: Staat und Wirtschaft; Flachowsky: Kohle – Koks – Kanonen; Szöllösi-Janze: Fritz Haber, S. 282.
[77] Burghardt: Mechanisierung, S. 206.
[78] Marx: Paul Reusch, S. 91.

4. Gewinnung flüssiger Treib- und Schmierstoffe | 45

Die von der Maschinenfabrik Thyssen & Co. AG in Mülheim/Ruhr während des Kriegs auf eigenem Gelände errichtete industrielle Steinkohlenschwelanlage mittels Drehofen diente zur erhöhten Ausbringung von Teeren. Die Halle stammt vermutlich aus den besetzten Westgebieten, vor 1918. Quelle: thyssenkrupp Corporate Archives.

Thyssen unter ihrem technischen Vorstandsmitglied Edmund Roser errichtete auf dem Mülheimer Firmengelände eine erste halbindustrielle Anlage, jedoch ohne Einbindung der Erfinder Franz Fischer und Wilhelm Gluud. Zahlreiche Verbesserungen und Weiterentwicklungen zu diesem Schwelverfahren machte jetzt Edmund Roser.[79] Erst 1922 errichtete die Deutsche Erdöl AG (DEA) auf der ehemaligen GBAG-Zeche Graf Bismarck in Gelsenkirchen eine industrielle Doppel-Drehofen-Anlage.[80] Wegen mangelnder Rentabilität wurde sie in der Weltwirtschaftskrise stillgelegt. Ebenfalls wegen mangelnder Wirtschaftlichkeit stillgelegt wurde in den 1920er-Jahren die am 6. April 1918 in Dauerbetrieb gegangene Trigas-Anlage auf der Zechenkokerei Mathias Stinnes III/IV in Gladbeck, die neben einem energiereichen Gas auch Ammoniak und Tieftemperaturteer gewinnen sollte und die von der MAN gebaut worden war. Innerhalb der Stinnes-Gruppe war die treibende Kraft Alfred Pott, der noch lange Zeit nach dem Krieg die Anwendung von Schwelverfahren für ökonomisch sinnvoll hielt.[81]

---

[79] Rasch: Auch beim Bau, S. 215.
[80] Rasch: Geschichte Kaiser-Wilhelm-Institut für Kohlenforschung, S. 77 f.
[81] Rasch: Pott, S. 283–287, siehe auch Kapitel 17.

4. Gewinnung flüssiger Treib- und Schmierstoffe

Im Bau befindlicher Thyssen'scher Drehofen (Doppelanlage) zur Tieftemperaturverkokung von Steinkohle auf der Zeche Graf Bismarck in Gelsenkirchen, um 1922. Quelle: thyssenkrupp Corporate Archives.

Um die Ausbeute von Teer zu steigern, wurden ab 1917 auch spezielle Tieftemperaturgeneratoranlagen, eine Modifikation der bisherigen Generatorgasanlagen, gebaut, vornehmlich eingesetzt zur Beheizung der Siemens-Martin-Öfen in Stahlwerken. Der Verein deutscher Eisenhüttenleute hatte die Bedeutung des Verfahrens für die Kriegswirtschaft und die eigene Industrie erkannt und lud Franz Fischer zum Hauptvortrag auf seiner Jahreshauptversammlung am 4. März 1917 über den Stand der Kohlenforschung ein. Am 14. Juni 1918 folgte sogar im großen Kreis von über 160 Teilnehmern eine Aussprache in Düsseldorf über die verschiedenen Verfahren, ohne dass diese Aussprache noch Relevanz für die deutsche Kriegswirtschaft erlangte. Zu viele Firmen hatten Ingenieure und knappe Rohstoffe eingesetzt für die Entwicklung eigener Verfahren. Eine Modifikation des Fischer'schen Verfahrens entwickelte unter Umgehung der Erfinderansprüche die Maschinenfabrik Thyssen & Co. während des Kriegs. Sie hatte schon vor dem Krieg Drehrostgeneratoren in Lizenz (System Anton Kerpely) bzw. eigener Bauart hergestellt zur Vergasung von Steinkohle bzw. Braunkohlenbrikett. Vom modifizierten Drehrostgenerator nach dem System Anton Kerpely mit zusätzlicher Gewinnung von Schwelteer gingen bis 1920 über 400 Stück in Betrieb. Die von Roser entwickelte Konstruktion eignete sich jedoch nicht zur Nachrüstung von vorhandenen Anlagen, weshalb seine Konstruktion während des Kriegs keine größere Verbreitung fand.[82]

Die Arbeiten des KWI für Kohlenforschung zur Gewinnung flüssiger Treibstoffe mittels Gassynthesen, die 1925 zur Entdeckung der Fischer-Tropsch-Synthese führen sollten, nahmen im Krieg zwar ihren Anfang, kamen aber zunächst nicht über ein Literaturstudium hinaus.[83] Im Gegensatz zu Fritz Haber, dessen militarisiertes KWI für physikalische Chemie und Elektrochemie über 1.000 Mitarbeiter beschäftigte, arbeiteten für Franz Fischer nur fünf Chemiker, acht Hilfskräfte und sechs Lehrlinge, obwohl dessen Arbeiten auch als kriegswichtig eingeschätzt wurden.[84]

---

[82] Rasch: Auch beim Bau, S. 215.
[83] Ebd.
[84] Rasch: Geschichte Kaiser-Wilhelm-Institut für Kohlenforschung, S. 83.

Unbekannte Kohleentgasungs- und -vergasungsanlage der Thyssen & Co. AG, hier: Generatorgasanlage von der Antriebsseite der Drehroste, um 1923. Quelle: thyssenkrupp Corporate Archives.

Im Krieg mussten zudem organische Öle, die vor dem Krieg für technische Zwecke eingesetzt worden waren, durch Mineralöle ersetzt werden. So hatte Krupp zur Stahlvergütung Rüböle eingesetzt, die ab 1915 ausschließlich zur Lebensmittelversorgung der deutschen Bevölkerung genutzt wurden.[85]

Fazit

Die bei Kriegsbeginn initiierten Arbeiten zur Erzeugung flüssiger Treibstoffe aus heimischen Rohstoffen blieben im Ruhrgebiet bis Kriegsende ohne Erfolg, sieht man einmal von der zunächst zurückgegangenen Treibstoffgewinnung der Kokereien (Benzol, Teeröle) ab, die im Laufe des Kriegs anstieg. Ab 1916 wurde mehr Benzol gewonnen als im letzten Friedensjahr 1913 (s. Kapitel 11), weil stillgelegte Kokereien ab 1915 nur dann wieder in Betrieb gesetzt werden durften, wenn sie über entsprechende Nebenproduktgewinnungsanlagen verfügten. Der Treibstoffmangel veranlasste die OHL zu Kriegsbeginn, zur Verbesserung der Transportverhältnisse in der Heimat Elektrolastwagen herstellen zu lassen. Zwar stand Strom ausreichend zur Verfügung, aber der Bau der Elektromotoren und Batterien führte an anderen Stellen zu Engpässen (s. Kapitel 11). Ausreichend Erfahrungen im Bau von Elektrofahrzeugen lagen jedoch schon vor dem Krieg vor.[86] Jedes Ersatzstoffverfahren besaß Nachteile, so z. B. die Tieftemperaturverkokung zur Gewinnung zusätzlicher flüssiger Kohlenwasserstoffe, die mehr Kohle und Arbeitskräfte benötigte, um die gleiche Gasmenge wie bisher zu erzeugen. Die Tieftemperaturgewinnung war also ein Danaergeschenk, das zwar den Schmierölmangel reduzierte, allerdings musste für die Gewinnung der vorrangig benötigten Gasmengen mit einem entsprechend hohen Heizwert 15 bis 18 Prozent mehr Kohle eingesetzt werden.[87] An Kohle aber mangelte es dem Deutschen Reich!

85 Berdrow: Krupp im Weltkrieg, S. 174 f.
86 Accumulatoren-Fabrik AG: 50 Jahre, S. 80.
87 Verein deutscher Ingenieure: Kriegserfahrungen, S. 103 f.

4. Gewinnung flüssiger Treib- und Schmierstoffe

Gegen Kriegsende war der Treibstoffmangel in Deutschland überall sichtbar, so auch bei Krupp in Essen. Wurden in den Kriegsjahren zuvor die Besucher auf dem Firmengelände noch mit Autos befördert, so standen am 29. Juni 1918 für die Militärattachés neutraler Staaten nur Kutschen zur Verfügung. Der zivile Gebrauch war weiter eingeschränkt worden. Quelle: Historisches Archiv Krupp.

Das Deutsche Reich war im hohen Maße auf Mineralölimporte angewiesen. Es selbst verfügte nur über minderwertige und nicht so ergiebige Erdölquellen in Pechelbronn im Elsaß und in Wietze bei Hannover sowie über die Nebenproduktgewinnung der Kokereien und städtischen Gaswerke, die u. a. Benzol und Teeröle gewannen. Letztere beschlagnahmte die Kaiserliche Marine zu Kriegsbeginn. Um den Treibstoffmangel zu beheben, schlug der Forschungsleiter der Th. Goldschmidt AG, Essen, Privatdozent Friedrich Bergius vor, die von ihm und seinen Mitarbeitern entwickelten Verfahren zur Hydrierung von Kohlen, Mineralölrückständen und Mineralölen in die industrielle Produktion zu überführen. Für diese Arbeiten wurde er noch im August 1914 vom Militärdienst freigestellt. Die damit verbundenen Hoffnungen erfüllten sich jedoch nicht. Bis Kriegsende gelang es trotz Bau einer Technikumsanlage in Mannheim-Rheinau nicht, ein funktionierendes kontinuierliches Verfahren zu entwickeln. Die bei der Umsetzung eines diskontinuierlichen Laborversuchs in ein kontinuierliches Produktionsverfahren auftretenden chemischen und technischen Probleme (Hochdrucktechnik) waren zu zahlreich. Dennoch wurde Friedrich Bergius 1931 für seine hochdrucktechnischen Arbeiten – zusammen mit Carl Bosch von der BASF/IG Farben – mit dem Chemie-Nobelpreis ausgezeichnet.

Zeitgleich beschäftigte sich der Direktor des KWI für Kohlenforschung, Professor Franz Fischer, mit der Schwelung der Kohle bei „tiefen" Temperaturen, auch Tieftemperatur-Schwelung genannt, um beim Einsatz von Gasgeneratoren höhere Ausbeuten an flüssigen Kohlenwasserstoffen zu erzielen. Zahlreiche Maschinenbaufirmen sahen einen Bedarf und entwickelten Modifikationen des Verfahrens, die aber alle einen höheren Bedarf an Kohle und Bedienungsmannschaft hatten, um die gleiche Gasmenge zu erzeugen. Das Verfahren, im Krieg in Mülheim/Ruhr in einer protoindustriellen Demonstrationsanlage realisiert, wurde erst nach dem Krieg in mehreren Schwelanlagen – auch im Ruhrgebiet – industriell umgesetzt. Diese mussten jedoch alle wegen fehlender Rentabilität – spätestens in der Weltwirtschaftskrise 1929 – aufgegeben werden. Die verschiedenen Kohleschwelverfahren erlebten in der nationalsozialistischen Autarkie- und Kriegswirtschaft noch einmal eine Renaissance, auch im Ruhrgebiet.

Im Krieg deckte das Ruhrgebiet durch Teer- und Schmieröle aus Kohle den Bedarf der Militärs und der Heimat an Treib- und Schmierstoffen nur in ganz geringem Umfang, da diese nur als Koppel- oder Nebenprodukte der Kokereien und Gasanstalten anfielen (Zahlen s. Kapitel 11). Gegen Kriegsende musste manche militärische Aktion wegen Treibstoffmangels unterbleiben, obwohl die Erdölquellen in Galizien mittlerweile wieder und in Rumänien ab Ende 1916 zum Einflussbereich der Mittelmächte zählten. Treib- und Schmierstoffe waren trotz aller erfinderischen und militärischen Aktivitäten bis Kriegsende ein Engpass für Deutschlands Militär und Wirtschaft, dennoch war der Erste Weltkrieg eine erste Hochzeit der autarkiebedingten Kohleveredelung.[88]

---

[88] Rasch: Industrielle-chemische Kohlenveredelung, S. 48–50.

5. MUNITIONSERZEUGUNG

Schon vor dem Ersten Weltkrieg war das Ruhrgebiet die „Waffenschmiede"[89] des Deutschen Reichs, und dies nicht etwa ausschließlich wegen der Fried. Krupp [AG]. Außer Krupp waren in Preußen zur Produktion von Granaten neben den staatlichen Geschossfabriken in Spandau und Siegburg zunächst nur die Firmen Gussstahl-Werk Witten [AG] in Witten, Phoenix AG für Bergbau und Hüttenbetrieb mit den Produktionsstandorten im Ruhrgebiet in Duisburg-Ruhrort und [Dortmund-]Hörde, der Bochumer Verein für Bergbau und Gussstahlfabrikation, der 1906 einen Neubau für die Geschossfabrik errichtet hatte,[90] sowie Rheinmetall in Düsseldorf berechtigt. Der Schwerpunkt der deutschen Munitionsfertigung aus hochwertigem Stahl lag im Ruhrgebiet. Erst wenige Jahre vor Beginn des Ersten Weltkriegs wandte sich auch die oberschlesische Stahlindustrie der Rüstungsfertigung zu. Hier ist insbesondere die Bismarckhütte AG zu nennen, die Panzerplatten, Schiffsbleche für Kriegsschiffe, Compound-Panzerbleche, beschusssichere Bleche und Blenden für Schutzschilde und gepanzerte Kriegsfahrzeuge, aber auch Patronenrahmen, Gewehrlaufstahl und sonstigen Waffenstahl z. B. für Granaten, u. a. in ihrem Tiegelgussstahlwerk herstellte.[91]

Titelblatt der Publikation Jakob W. Reichert: Aus Deutschlands Waffenschmiede, Berlin 1918. Quelle: thyssenkrupp Corporate Archives.

Zu den traditionsreichen Rüstungslieferanten des Ruhrgebiets gehörte – neben Krupp – die Gussstahl-Werk Witten [AG], die schon seit 1857 als Berger & Co. und seit 1873 unter dem Namen Gussstahl- und Waffenfabrik Witten vormals Berger & Co. Geschütze, Gewehre und Munition fertigte.[92] Nach einer Liquidation 1881 als Gussstahl-Werk Witten fortgeführt, reduzierten die neuen Eigentümer die einst weitgespannte Produktion von Waffen auf die Herstellung von Jagd-

---

[89] Der Begriff wurde erst 1937 allgemein verwandt, s. Rasch: Waffenschmiede, geht aber letztlich auf Jakob W. Reichert: Aus Deutschlands Waffenschmiede, Berlin 1918 zurück. Budraß: Essen.
[90] Laut Däbritz: Bochumer Verein, S. 322, 367, lieferte die Firma fertige Geschosse, aber auch Rohlinge.
[91] N. N.: Bismarckhütte.
[92] Rasch: Zur Geschichte der Ruhrstahl-Gruppe, S. 34–43.

Stand der Gussstahl-Werk Witten [AG] auf der Industrieausstellung in Düsseldorf 1902: In der Mitte sichtbar das um 1900 entwickelte 7,5 cm-Gebirgsgeschütz, rechts Granaten diverser Kaliber. Die Absperrpfosten bestanden aus abgedrehten Geschossen. Quelle: Stiftung Westfälisches Wirtschaftsarchiv.

gewehren und konzentrierten sich auf die Erzeugung von Qualitätsstählen und deren Weiterverarbeitung für zivile Zwecke in eigenen Walzwerken, Gießereien und Schmieden. Der Rüstungsfertigung wandte sich die Wittener Fabrik erneut um 1890 zu, u. a. der Herstellung von Pressgranaten. Ein neues Verfahren ermöglicht die Herstellung von Rohlingen aus einem gewalzten dicken Blech unter Pressen bei vergleichsweise geringem Anfall an Schrott. Die Erfindung (1889) geht auf Heinrich Ehrhardt zurück. Um den Armeen des Deutschen Reichs nach diesem Verfahren Munition zu liefern, gründete der Hoerder Bergwerks- und Hütten-Verein 1889 Rheinmetall in Düsseldorf, die Heinrich Ehrhardt bis 1920 als Aufsichtsratsvorsitzender leitete.[93] Das Ehrhardt'sche Verfahren wurde auch noch von anderen Firmen – in Lizenz – angewandt.

Das Gussstahl-Werk Witten lieferte vor dem Krieg vor allem Granaten, Stahlkerne und Schrapnelle sowie Schilde und Panzerbleche aber auch Gewehrteile für den Karabiner K 98 für die preußische,[94] sächsische und bayerische Armee sowie Spezialbleche

---

[93] Racine: Ehrhardt; Leitzbach: Rheinmetall, S. 29 f.
[94] Vertrag mit der Geschossfabrik Spandau über Lieferung von Stahlkernen, 1911, in: Westfälisches Wirtschaftsarchiv (WWA) F 81 Nr. 285, 487.

Für ein Werbefoto stellte das Gussstahl-Werk Witten in seiner Dreherei Granaten der Kaliber 7,5 cm bis 27 cm auf, 1904. Quelle: Stiftung Westfälisches Wirtschaftsarchiv.

und Geschosse für die Kaiserliche Werft in Danzig.[95] Um die Wende zum 20. Jahrhundert stand das Werk in dem Ruf, eine leistungsfähige Erzeugungsstätte hochwertiger Qualitätsstähle zu sein. Es besaß drei Siemens-Martin-Öfen, ein Tiegelstahlwerk und eine Stahlgießerei mit angeschlossenen Weiterverarbeitungsstätten. 1907 erbaute das Wittener Unternehmen ein neues Siemens-Martin-Werk, dem 1909 neu errichtete Block-, Grob- und Feineisenwalzwerke, eine Drahtstraße und Schmiedepressen folgten.[96] Produziert wurden laut Katalog zur Industrie-, Gewerbe- und Kunstausstellung Düsseldorf 1902 Geschosse der Kaliber 7,5 cm bis 27 cm,[97] d. h. 10 cm-, 15 cm-, 21 cm- und später auch 30 cm-Granaten sowie im Krieg zusätzlich für die „Dicke Bertha" 42 cm-Granaten und 24 cm-Sprenggranaten für die Marine. Das Wittener Werk fertigte während des Kriegs auch Gasmunition sowie Fliegerbomben aus Stahlguss, befüllte diese jedoch nicht selbst.[98]

Die ersten Gefechte deutscher Truppen führten 1914 zu einem enormen Munitionsverbrauch. Es wurden mehr Granaten verschossen als geplant. Die nachgeführte

[95] WWA F 81 Nr. 306, 302, 71.
[96] Rasch: Zur Geschichte der Ruhrstahl-Gruppe, S. 37.
[97] Ruhrstahl Werkzeitschrift 15 (1940) vom 07.06.1940, S. 129–131.
[98] WWA F81 Nr. 234; Ruhrstahl Werkzeitschrift 14 (1939) vom 10.11.1939, S. 388.

Munition leerte die Lager schneller als erwartet. Das Militär bestellte nach. In den ersten Kriegswochen nahmen die privaten Munitionsfabriken viele staatliche Aufträge an, für die sie aufgrund ihrer Hochöfen und Stahlwerke zwar über die entsprechenden Mengen an Roheisen und Rohstahl verfügten, für die sie jedoch nicht die Bearbeitungskapazitäten besaßen, um die Aufträge zeitnah abzuwickeln. Neben den Pressgranaten musste das Militär nun auch Stahl- und Graugussgranaten akzeptieren, um den hohen Bedarf zu decken. Dabei griffen die preußischen Geschossfabriken auch auf Gießereien zurück, die bisher keine Erfahrung mit dem Munitionsguss besaßen.[99] Rohrkrepierer nahmen zu und die gewünschte Splitterwirkung ab.

Das Kriegsministerium hatte schon vor dem Krieg die Produktion „einfacher Ersatzgranaten" ins Auge gefasst, forderte aber erst am 19. August 1914 zunächst die beschleunigte und massenhafte Fertigung von Pressgeschossen, obwohl die Berliner Vertretung von Krupp aufgrund des hohen Munitionsverbrauchs der Front schon eine Woche zuvor, am 12. August, Hinweise auf den sich abzeichnenden Munitionsmangel

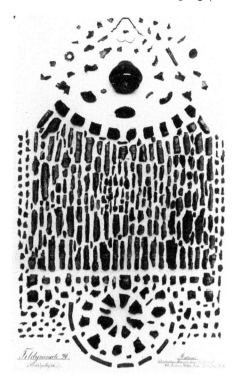

Splitter einer explodierten Feldgranate 96, hergestellt von der GBAG aus Roheisen ihrer Luxemburger Adolf-Emil-Hütte. Oben sind noch Teile des Zünders und des Gewindes zu sehen, 1914–1918. Quelle: thyssenkrupp Corporate Archives.

– so der Krupp-Historiograf Wilhelm Berdrow – gegeben hatte. Krupp besaß damals eine Leistungsfähigkeit von 154.000 Geschossen und 250.000 Zündern pro Monat.[100] Im Dezember 1914 nahm das Essener Unternehmen schließlich die Produktion von zusätzlich täglich 1.500 Stahlgussgranaten auf.[101] Deren Verwendung war bisher vom Militär abgelehnt worden wegen der Gefahr von Rohrkrepierern aufgrund von Gussfehlern, was Verluste an Soldaten und Geschützen bedeutete. Außerdem lieferten die Kruppwerke Gruson in Magdeburg und Annener Stahlwerk bei Witten ebenfalls Stahlgussgranaten. Im Sommer 1916 erwarb Krupp zudem eine Fabrik bei Dresden zur Munitionsfertigung. Krupp war der größte Munitionshersteller des Deutschen Reichs.[102]

Im Herbst 1914 begann im Deutschen Reich die Zeit des „Stahl-Tourismus". Gesucht wurden Gießereien und Firmen mit freien Kapazitäten an Bearbeitungsmaschinen für

---

[99] Siehe Stiftung zur Industriegeschichte Thyssen (SIT) FWH/1375.
[100] Berdrow: Krupp im Weltkrieg, S. 66.
[101] Ebd., S. 24 f., 66.
[102] Ebd., S. 67, 47, 115.

die Munitionsfertigung. Selbst Krupp nahm die Produktion von Stahlgussgranaten auf, ohne über ausreichende Bearbeitungswerkstätten zu verfügen, stellte den Guss jedoch wieder ein, als genügend Pressen angeschafft waren, um die eigene Stahlerzeugung zu verarbeiten.[103] Ein weiterer Fertigungsengpass waren die Drehbänke. Neben den staatlichen Geschosswerkstätten, die Rohlinge fertig bearbeiteten, beschäftigte allein Krupp im ersten Kriegsjahr mehr als 30 private Firmen sowie einige staatliche Eisenbahnwerkstätten mit dem Abdrehen ihrer Stahlgussgranaten.[104] Da Verträge mit Unterlieferanten nach privatem Handelsrecht und nicht nach staatlichen Vorgaben abgeschlossen wurden, lagen die beauftragten Werkstätten nicht unbedingt in unmittelbarer Nähe zu den Hochöfen und Gießereien, sondern derjenige erhielt einen Zuschlag, der preisgünstig war, freie Kapazitäten besaß und schnelle Ausführung versprach, oder mit dem man schon seit längerem Geschäftsbeziehungen unterhielt. So vergab Krupp Aufträge an Blohm & Voss in Hamburg ebenso wie an die Siemens-Schuckertwerke in Nürnberg. Von Ende Dezember 1914 bis Ende März 1917 drehte die Firma André Puchscher & Cie. aus Wecker/Luxemburg täglich 80 bis 100 15 cm-Granaten für Krupp ab. Erst dann wurde dieser Vertrag auf behördliche Anordnung Preußens gekündigt.[105] Zur Charakterisierung dieser ungewöhnlich langen, volkswirtschaftlich keinesfalls sinnvollen Transportwege kann man durchaus von „Stahltourismus" sprechen.

Im ersten Kriegsjahr lieferte Krupp insgesamt 2,46 Mio. Granaten, zumeist Pressgeschosse und schwere Kaliber, im zweiten Kriegsjahr waren es sogar 7,6 Mio. Stück.[106] Ab Herbst 1915 musste Krupp auch Munition für das Osmanische Reich und Bulgarien fertigen,[107] was die Logistik der Eisenbahn weiter belastete. Mit dem Hindenburg-Programm nahm die Anzahl der Bearbeitungswerkstätten für die Granatenproduktion bei Krupp auf 75 zu. Von 1916 bis Kriegsende wurden 13 Mio. Feldgeschosse bei Fremdfirmen fertigbearbeitet, was einen Wert von 66 Mio. M entsprach, einschließlich der Bearbeitung der schweren Granaten stieg der Wert sogar auf 100 Mio. M.[108] Während einige Unterlieferanten mehrere 100.000 bis zu 1 Mio. Granaten fertig bearbeiteten, drehten kleinere Werkstätten nur einige tausend Geschosse bzw. Geschossköpfe ab.

Im vierten Kriegsjahr lieferte Krupp einschließlich Grusonwerk ca. 20 Mio. Granaten aller Kaliber. Diese Steigerung war möglich, weil die Geschossdreherei VII (Hindenburg-Werkstatt) mit ihren 1.600 Maschinen und 5.400 Mitarbeitern in Betrieb gegangen war und im März 1918 ihre Höchstleistung – wenn auch nicht Volllast – erreichte. Der Wert dieser Munitionslieferungen im vierten Kriegsjahr betrug 528 Mio. M. Insgesamt verarbeitete Krupp 1,7 Mio. t Stahl zu Granaten. Da die Fried-

---

[103] Ebd., S. 98.
[104] Ebd., S. 28.
[105] Archives National de Luxembourg AE 00554, Dokument 0063, 0046, zitiert nach Hamdi: „Ihre herrlichen Granaten aus Esch", S. 46–49.
[106] Berdrow: Krupp im Weltkrieg, S. 25.
[107] Ebd., S. 66.
[108] Ebd., S. 115 f.

5. Munitionserzeugung | 55

Vor Beginn des Kriegs arbeiteten bei Krupp in der Granatenfertigung keine Frauen, wohl aber gab es eine nahezu handwerkliche Fertigung der unterschiedlichen Kaliber, 1906. Quelle: Historisches Archiv Krupp.

In der Geschossdreherei III setzte Krupp schon 1909 moderne, d. h. elektrisch betriebene Deckenkrane zum Transport der Geschosse ein. Quelle: Historisches Archiv Krupp.

rich-Alfred-Hütte diese Menge an Granatstahl nicht hatte liefern können, musste Krupp Stahl zukaufen, reglementiert vom Staat.[109]

Eine Darstellung der Geschossproduktion des Krupp-Konzerns (ohne Bayerische Geschützwerke Fried. Krupp AG) gibt die folgende Tabelle sowohl hinsichtlich der Geschossarten als auch der Produktionsorte, jedoch ohne die jeweils eingeschalteten Unterlieferanten zu erwähnen. Eine Differenzierung nach Kalibern wäre noch wünschenswert mit Prozentangaben zum Anteil der Gesamtproduktion des Deutschen Reichs, unterteilt nach Jahren, sofern dies überhaupt noch ermittelbar ist. Diese würde sehr wahrscheinlich zeigen, dass Krupp mit dem Hindenburg-Programm seine bisherige Monopolstellung bei den schweren Kalibern zu diesem Zeitpunkt einbüßte. Eine Differenzierung nach Kalibern ist auf jeden Fall notwendig, da die Herstellung einer 42 cm-Granate zeit- und materialintensiver war als die eines 7,6 cm- oder 15 cm-Geschosses.

Geschossproduktion des Krupp-Konzerns 1914 bis 1918 in Stück[110]

Geschäfts-jahr	1914/15	1915/16	1916/17	1917/18	1. Juli bis Nov. 1918	Summe
Stahlgeschosse als Pressgeschosse						
Essen	3.443.000	8.678.000	18.683.000	22.528.000	8.600.000	61.932.000
Grusonwerk	400.000	838.000	1.003.000	638.000	328.000	3.207.000
Stahlgeschosse aus vollen Stangen gedreht						
Grusonwerk	9.000	44.000	21.000	17.900	-	91.900
Stahlgussgranaten						
Essen	495.000	1.230.000	715.000	-	-	2.440.000
Stahlwerk Annen	140.000	400.000	350.000	-	-	890.000
Grusonwerk	39.000	360.000	219.000	647.000	321.000	1.577.000
Summe	4.526.000	11.550.000	20.991.000	23.830.900	9.249.000	70.137.900

Ein Unterlieferant für die Munitionsfertigung war, wenn auch nicht für Krupp, das Werk Dahlhausen bei Bochum der Vereinigte Press- und Hammerwerke Dahlhausen-Bielefeld AG. Die Firma besaß sowohl veraltete als auch moderne Bearbeitungsmaschinen für die Radreifenfertigung nach den Vorgaben des Königlichen Eisenbahn-Zentralamts, die sie mit Kriegsbeginn zur Munitionsfertigung einsetzte. Andererseits suchten Firmen wie die Vereinigte Press- und Hammerwerke Dahlhausen-Bielefeld AG auch bewusst solche „staatlichen" Aufträge, da sich in den

---

[109] Ebd., S. 251.
[110] Tenfelde: Krupp in Krieg und Krise, S. 47.

Zu den Maschinenfabriken mit freien Bearbeitungskapazitäten, die zum Abdrehen von Granaten herangezogen wurden, gehörte auch die Borbecker Maschinenfabrik und Eisengießerei in Essen. Die Mitarbeiter der Abteilung Abnahme (6 Frauen, 3 Männer, 1 Jugendlicher) zeigten sich durchaus stolz, aber auch lässig (hinten links) mit ihren Produkten. Quelle: Ruhr Museum.

ersten Kriegsmonaten die zivile Kundschaft mit Aufträgen zurückhielt, sie keine ausreichende Auslastung ihrer Anlagen mehr besaßen. Sie wollten zudem an der Kriegskonjunktur partizipieren, hatten aber auch ihre Probleme u. a. wegen eingezogener Mitarbeiter, im Fall des Dahlhausener Unternehmens insbesondere eines Ingenieurs. Das Protokollbuch des Aufsichtsrats dieses Unternehmens hält für Oktober 1914 Gespräche mit dem Bochumer Verein und der Gelsenkirchener Gussstahl- und Eisenwerke AG fest, für die man Preise vorgedrehter Stahlgranaten kalkulierte. Man wollte – und konnte – vermutlich die Granaten nicht passgenau abdrehen. Der Vorstand hatte für das Dahlhausener Werk schon sogenannte „Kriegsaufträge zweiter Hand" für „Motorwellen" akquiriert, wollte weitere Aufträge hereinnehmen, da die allgemeine Auftragslage unbefriedigend war, im Gegensatz zum Werk Brackwede bei Bielefeld, wo die Firma schon zahlreiche „Kriegsartikel" fabrizierte. Die Unternehmensstrategie dieser in zwei weit auseinander liegenden Werken produzierenden Fabrik wurde Ende Oktober 1914 für den Ruhrgebietsstandort wie folgt beschrieben:

> „Die Waffenfabrik Ehrhardt[111] wird von Herrn Bungardt [= Vorstandsmitglied, d. V.] besucht werden. Generell muss bemerkt werden, dass wir infolge unserer hohen Generalia und der nicht genügenden Besetzung unserer mechanischen

[111] Gemeint ist Rheinmetall in Düsseldorf.

58 | 5. Munitionserzeugung

Modell und Form einer Gussgranate des Werks Schalker Verein der GBAG, 1914-1918. Quelle: thyssenkrupp Corporate Archives.

> *Werkstatt nur für das Vordrehen nicht für das Fertigdrehen von Schmiedestücken konkurrenzfähig sind; d. h., es ist für uns vorteilhafter, wenn wir lediglich vorgearbeitete, nicht vollkommen fertiggedrehte Schmiedestücke liefern. Infolgedessen hat Herr Bungardt sich bereits mit einer kleinen Maschinenfabrik Foerster in Essen in Verbindung gesetzt, damit diese das Weiterdrehen besorgt, und wird in dieser Richtung hin noch mehr tun".*[112]

Die Weiterbearbeitung der Geschossrohlinge fand nicht nur im unmittelbaren Umfeld der Hochöfen und Stahlwerke des Ruhrgebiets statt, sondern – wie gesagt – auch in entfernten Städten wie Hamburg, Nürnberg und selbst in Luxemburg. Dies bedeutete eine zusätzliche Belastung der Eisenbahn verbunden mit einem erhöhten Kohlenverbrauch für den Transport. Es ist zu vermuten, dass zahlreiche Bearbeitungswerkstätten näher lagen, schaut man allein, wie viele Eisen- und Stahlgießereien es im Ruhrgebiet gab (s. Anhang 26.3). Diese mussten jedoch nicht unbedingt über entsprechende Bearbeitungsmaschinen verfügen. Dies war eher der Fall, wenn die Gießerei Teil einer Maschinenfabrik – oder umgekehrt – war. Als Ende August 1914 die deutsche Munitionskrise offenbar wurde und nicht mehr genügend Pressgranaten erzeugt werden konnten, akzeptierte das Militär auch Stahl- und Graugussgranaten,[113] bei denen häufiger Rohrkrepierer auftraten. Aber nicht nur die Fertigbearbeitung stellte einen Engpass dar, sondern auch die Produktion von Granatstahl, weshalb Unternehmen Aufträge übernahmen, die bisher keine Erfahrung auf diesem

---

[112] Zitat aus Aufsichtsratsprotokoll der Vereinigte Press- und Hammerwerke Dahlhausen-Bielefeld AG vom 27.10.1914, in: tkA TUB/1; s. a. Protokoll vom 16.10.1914, in: ebd.
[113] Grauguss hat im Gegensatz zu Stahl einen hohen Kohlenstoffanteil von über zwei Prozent.

Gebiet besaßen und deshalb Probleme sowohl mit der Kostenkalkulation als auch der Qualität besaßen.[114]

Ende 1914 begann die große Stunde der Gießereien. Diese bewarben sich zum Teil selbst um den Munitionsguss, ohne über ausreichende Erfahrungen und Kapazitäten in ihren mechanischen Werkstätten/Dreherein zu verfügen. Das Problem der Fertigbearbeitung blieb bestehen, zusätzlich traten Gussmängel auf. So lieferte die Bochumer Eisenhütte Heintzmann & Dreyer angeblich keinen einzigen brauchbaren Rohling im Winter 1914/15.[115] Der Staat jedoch besaß nicht die ausreichenden Kenntnisse auf diesem Wirtschaftsgebiet, um lenkend einzugreifen bzw. um sich gegenüber der Großindustrie durchzusetzen. Das kapitalistische Wirtschaftssystem blieb zunächst bestehen. Der Staat griff kaum ein, unterband unnötige Transporte von Halbfabrikaten nicht. Nach der Marne-Schlacht (5.–12. September 1914), als sich herausstellte, dass nicht nur der Krieg erheblich länger dauern, sondern auch in Zukunft mehr Kriegsmaterial benötigt werde als von den meisten Militärs zunächst angenommen, investierten etliche private Geschossfabriken und Gießereien in die Erweiterung ihrer Bearbeitungsstätten. Der Roheisen-Verband als Kartell konnte die zahlreichen an die Gießereien vergebenen Aufträge nicht befriedigen und musste 1915 im Ausland Roheisen auf eigene Rechnung zukaufen. Dennoch gelang nicht eine zufriedenstellende Koordination der Aufträge, weshalb die Geschossfabrik Spandau 1915 bei sich eine Roheisen-Verkaufsstelle unter Leitung des Eisenhüttenmanns und Professors Franz Eichhoff von der TH Berlin-Charlottenburg errichtete. Gleichzeitig wurde im Frühjahr 1915 Florian Klöckner, der jüngere Bruder von Peter Klöckner, ein gelernter Kaufmann zum „Beauftragten des Kriegsministeriums" beim Roheisen-Verband in Essen ernannt.[116] Selbst das Hindenburg-Programm mit seinem neu geschaffenen Kriegsamt sollte solche Dualismen nicht beseitigen. Ab Juli 1916, also noch vor dem sogenannten Hindenburg-Programm, begannen sie sogar, komplett neue Hallenkomplexe mit modernen, meist elektrisch betriebenen Bearbeitungsmaschinen und wenn nötig zusätzlichen Energiezentralen bzw. Trafostationen zu errichten, hatte doch der Kriegsminister Wild von Hohenborn eine Steigerung der Munitionsfertigung angeordnet.[117] Dennoch blieb bis Kriegsende das System der Unterlieferanten mit seinen logistischen Problemen und zeitlichen Verzögerungen nicht nur bestehen, sondern wurde sogar noch ausgeweitet.

Das Gussstahl-Werk Witten besaß eine Überproduktion seines Stahlwerks und seiner Schmiede- bzw. Pressbetriebe; kontinuierlich fiel ein Überschuss an Rohlingen an, der in den eigenen Dreherein nicht fertigbearbeitet werden konnte. Selbst im Geschäftsjahr 1917/18, als die Erzeugung der Stahlwerke von 150.440 t/a im Vorjahr auf

---

[114] Die Gewerkschaft Deutscher Kaiser forderte von der konzerneigenen Maschinenfabrik Thyssen einen um 30 M höheren Preis pro Tonne und erhielt schließlich 25 M/t Mehrpreis genehmigt, s. Briefwechsel zwischen beiden Unternehmen, 19./23.11.1915, in: tkA A/760/5.

[115] Erwähnt im Protokoll der Ausschusssitzung des Zweckverbands Deutscher Stahlgießereien vom 24.03.1915, in: SIT FWH/1375.

[116] Klotzbach: Roheisen-Verband, S. 220 f.

[117] Feldman: Armee, S. 135

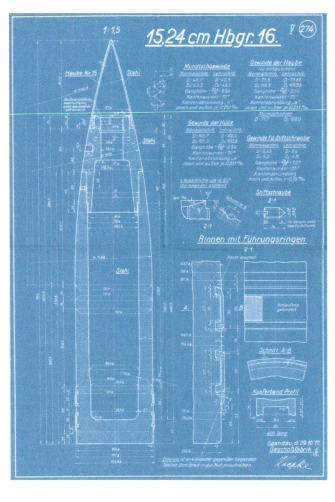

Querschnitt einer 15 cm-Granate mit Bearbeitungshinweisen der Geschossfabrik Spandau, 19. Oktober 1917. Quelle: Stiftung Westfälisches Wirtschaftsarchiv.

135.451 t/a zurückfiel, musste das Unternehmen eingestehen: „Die Verarbeitung der Rohstahlproduktion in eigenen Werkstätten zu Fertigfabrikaten hat weitere Fortschritte gemacht",[118] d. h. Witten benötigte weiterhin Subunternehmer. Für die 15 cm-Granate Modell 1916 wurden die Rohlinge mit den dazugehörigen Sprengköpfen an einen Unterlieferanten zur Fertigbearbeitung inklusive Druckprüfung bei 200 bar und vom Militär vorgegebenen Farbanstrich vergeben. Dieser musste die bei der Bearbeitung anfallenden Späne zurücksenden und erhielt dafür pro Tonne 48 M vergütet. Zum Teil wurden die Granaten noch aus dem Vollen gedreht und waren nicht durch Pressen schon auf Form gebracht, weshalb beim Abdrehen einer Wittener 15 cm-Granate 32 kg Späne als Schrott anfielen, der wieder eingeschmolzen werden musste. Dem Unterlieferanten war ein Ausschuss von nur zwei Prozent gestattet.[119] Bei der 21 cm-Granate 96 n/A fielen bei einem Endgewicht von 75 kg ohne Sprengstoff sogar 65 kg Späne an![120] Die Gießereien der Friedrich Wilhelms-Hütte in Mülheim/Ruhr, die auch über eine lange Gießerfahrung verfügten, besaß mit 75 bis 115 kg Kopfschrott zeitweise sogar noch deutlich höhere Werte. Insgesamt lag der Schrottanfall, inklusive Ausschuss, bei den einzelnen Kalibern der Granatenproduktion zwischen 100 bis über 350 Prozent der fertigen, nicht befüllten Granate. Die Werte

[118]   Geschäftsbericht Gussstahl-Werk Witten 1917/18, S. 5, vorhanden in: tkA.
[119]   Bedingungen für die Bearbeitung von 15 cm-Hbgr. 16, in: WWA F 81 Nr. 310.
[120]   S. Bedingungen für die Bearbeitung von 21 cm-Granaten 96 n/A, Typoskript o. D. in: WWA F81 Nr. 304. Dieser hohe Anfall von Spänen – im Vergleich zur Fertigung auf der FWH – deutet auf unterschiedliche Gießverfahren hin, da nicht davon auszugehen ist, dass der Gießkopf nicht vor dem Versand der Granaten zum Abdrehen abgetrennt wurde. Dies wäre nämlich eine unnötige Belastung der Transportkapazitäten gewesen.

konnten sich jedoch innerhalb eines Werks unterscheiden, was den Einfluss des Menschen, des Gießers bzw. Produktionsingenieurs, auf den Produktionsprozess und den Materialverbrauch zeigt.

Materialverbrauch der Friedrich Wilhelms-Hütte bei der Granatenproduktion einzelner Kaliber in kg 1916/17[121]

Kaliber	7,6 cm		9 cm		15 cm Gießerei I		15 cm Gießerei IV		20,3 cm	21 cm	
Monat	Aug. 1916	Feb. 1917	Jul. 1916	Feb. 1917	Jul. 1916	Feb. 1917	Jul. 1916	Jan. 1917	Jul. 1916	Jul. 1916	Jan. 1917
Rohgewicht	20	18	20	20	100	90	100	85	200	200	150
Kopfschrott	10	7	10	8	42	32	42	27	85	85	35
Fertig bearbeitet	6	6	6	6	38	38	38	38	78	75	75
Ausschuss der Dreherei und Gießerei in %	28	23	28	28	20	20	20	20	26	13	13
Schrottanfall auf 100 brauchbare Rohlinge[122]	1.640	1.090	1.640	1.360	6.010	4.760	6.010	4.135	13.503	10.750	5.000
Gewicht anfallender Späne pro 100 Stück[123]	400	500	400	600	2.000	2.000	2.000	2.000	3.700	4.000	4.000
Tatsächlicher Schrottanfall/ Fertigproduktion pro 100 Stück	2.040/ 600	1.590/ 600	2.040/ 600	1.960/ 600	8.010/ 3.800	6.760/ 3.800	8.010/ 3.800	6.135/ 3.800	17.203/ 7.800	14.750/ 7.500	9.000/ 7.500

Der Granatenguss war eine frühe, ungewollte Form der „Kreislaufwirtschaft". Über 50 Prozent, zum Teil bis zu über 70 Prozent des Gusses fielen als Schrott inklusive Späne und Ausschuss an und mussten im Siemens-Martin-Ofen erneut eingeschmolzen werden. Je nach gewählter Gussform fiel deutlich mehr sogenannter Kopfschrott an als Fertigerzeugnis. Dieser Kopfschrott war reichlich bemessen, da die Gießer hofften, dass die im flüssigen Gussstahl befindlichen Verunreinigungen und Gase aufstie-

[121] Berechnungen nach Angaben in: SIT FWH/908.
[122] Angaben der Friedrich Wilhelms-Hütte in ihren Berechnungen. Der Wert der Späne wurde bei der Kostenberechnung nicht aufgeschrieben, eine bewusste Unterlassung zur Verschleierung eines zusätzlichen Gewinns. Bei Fertigung durch Dritte wurden die Späne zurückgekauft, um hochwertigen Schrott für das Siemens-Martin-Verfahren zu haben. Ob der Rücknahmepreis für die Späne deren tatsächlichem Wert entsprach, lässt sich nicht ermitteln.
[123] Inklusive der Späne bei Ausschuss.

gen und sich im Kopf (= Kopfschrott) sammelten, sodass das eigentliche Gussteil rein und homogen sei. Leider belegen die Zahlen von bis zu 28 Prozent Ausschuss, dass dem nicht so war. Nach Verkündung des sogenannten Hindenburg-Programms verbesserte die Friedrich Wilhelms-Hütte im Januar/Februar 1917 ihre Gussverfahren, reduzierte durch Änderung des Gusses das notwendige Rohgewicht und verringerte damit den beim Guss zwangsläufig anfallenden Kopfschrott, ohne dass der Ausschuss prozentual anstieg, was eine Erhöhung der Produktion ermöglichte bei gleichbleibender Einsatzmenge Stahl eines Ofenabstiches. Bei den 7,6 cm- und 9 cm-Granaten wurde trotz reduzierten Einsatzgewichts der Anteil des Kopfschrotts in kg erhöht, d. h. in der Dreherei musste weniger abgedreht werden, die Bearbeitungszeit verkürzte sich, da der Kopf einfach abzutrennen war. Offensichtlich nur bei den 7,6 cm-Granaten gelang der Friedrich Wilhelms-Hütte 1917 zudem, den Ausschuss von 28 auf 23 Prozent zu senken. Der Ausschuss lag in der Regel deutlich über 20 Prozent, d. h. jede fünfte Granate war unbrauchbar. Nur bei den 21 cm-Granaten gelang ein Guss mit um die 13 Prozent Ausschuss. Im Laufe des Kriegs reduzierte die Friedrich Wilhelms-Hütte den Ausschuss. Im Januar 1918 waren von 20.910 Granaten (7,6 cm) „nur noch" 3.255 Ausschuss, was einer Quote von 16 Prozent entsprach.[124] Leider liegen keine Zeitreihen über die gesamte Kriegsdauer vor, die Hinweise auf zusätzliche technische, nicht weiter bekannte Innovationen geben. Auch für den Vergleich mit den anderen kriegsführenden Nationen fehlen statistische Angaben. War der Ausschuss nur in Deutschland so hoch?

Der hohe Preis für Granaten orientierte sich üblicherweise an den im Frieden ausgehandelten Preisen, dem hohen Schrottanfall und den zahlreichen notwendigen Arbeitsschritten, berücksichtigte aber weder die im Krieg mittlerweile durch Massenfertigung erfolgte Kostenreduktion noch die vom Unternehmen zum Teil schon realisierten Rationalisierungsgewinne durch Vollauslastung der Produktionsmittel. Dieser „Friedenspreis" ermöglichte überdurchschnittliche Gewinnmargen (s. Kapitel 22). Schon gegen Jahresende 1914 kam es zu weitergehenden Preisabsprachen unter den an den Munitionsaufträgen beteiligten Gießereien, da sie befürchteten, von den „Maschinenfabriken" bei der Bearbeitung der Granaten übervorteilt zu werden. Den kapitalistischen Marktgesetzen folgend stellten diese nämlich deutlich höhere Bearbeitungskosten in Rechnung, als sie den Gießereien bei eigener Weiterverarbeitung entstünden. Der Zweckverband Deutscher Stahlgießereien ging jedoch nicht gegen den Verein Deutscher Maschinenbau-Anstalten vor, da er glaubte, dass genügend Bearbeitungsfirmen zur Verfügung stünden, um seine eigenen Preisvorstellungen durchzusetzen.[125] Im Frühjahr 1915 kam es zu Kartellabsprachen, an denen auch zahlreiche Außenseiter teilnahmen. Der Zweckverband Deutscher Stahlgießereien wollte den Verkauf von Rohlingen an Maschinen- sowie die staatlichen Geschossfabriken verhindern und folgende Preise für fertig bearbeitete Granaten durchsetzen, musste aber feststellen, dass einerseits die Niederrheinische Hütte der Eisenwerk Kraft AG

---

[124] SIT FWH/908.
[125] Protokoll der Ausschusssitzung des Zweckverbands Deutscher Stahlgießereien am 02.06.1915, Druck in: SIT FWH/1375.

aus dem vollen gegossene Rohlinge für 7,6 cm-Granaten für 6,50 M an die staatliche Geschossfabrik lieferte, und dass andererseits der Bochumer Verein sogar 90 M für seine fertig bearbeiteten 21 cm-Granaten erhielt, also mehr als der Zweckverband forderte.[126] Die Geschossfabrik Spandau stellte ihrerseits Kostenrechnungen auf, die nicht stringent waren und einige Positionen der Privatwirtschaft nicht aufführte, weshalb der Zweckverband seinen Geschäftsführer Dr. Brand am 2. Juni 1915 beauftragte, „mündliche Rücksprache zu nehmen, den Nachweis für die Unvergleichbarkeit mit den Selbstkostenrechnungen der Privatindustrie zu erbringen und besonders dabei zu betonen, daß man eine vorübergehende hastig aufgenommene Granatenproduktion der Privatindustrie überhaupt nicht mit einer Dauerproduktion der Geschossfabrik vergleichen könne."[127]

7,6 cm-Granate	16 M
10 cm-Granate	30 M
15 cm-Granate	46 M
21 cm-Granate	80 M

Die Durchschnittskosten für 15 cm-Granaten lagen bei den Ausschussmitgliedern bei 41,44 M. Nach einer mündlichen Aussprache am 5. Juni 1915 in der Geschossfabrik Spandau, auf die der Leiter der Feldzeugmeisterei, Generalmajor Carl-Friedrich Coupette[128], Einfluss genommen hatte, musste der Direktor der Geschossfabrik Spandau Oberst Koepke den Gelsenkirchener Gussstahl- und Eisenwerken vormals Munscheid und Co. schreiben:

> „Nach Ihren Darlegungen erkennt die Geschossfabrik an, dass der von Ihnen geforderte Stückpreis von 25 M keinen übermäßigen Gewinn zulässt. Der im Vorgang […] erhobene Vorwurf wird daher nicht aufrecht erhalten, da er bedauerlicher Weise [!] von einer falschen Voraussetzung ausging. Um Bestätigung, dass die Angelegenheit hiermit erledigt ist, wird ergebenst gebeten."[129]

Selbst die Schokoladenfabrik Wilh. Schmitz-Scholl (Wissoll-Schokolade) suchte weibliche Hilfsdreherinnen „in der Munitionsdreherei bewandert" laut einer undatierten Anzeige in einer Mülheimer Zeitung. Quelle: Stadtarchiv Mülheim an der Ruhr.

---

[126] Protokoll der Hauptversammlung des Zweckverbands Deutscher Stahlgießereien vom 13.04.1915, in: ebd., Ausschusssitzung 30.07.1915, in: ebd.
[127] Protokoll der Ausschusssitzung des Zweckverbands Deutscher Stahlgießereien am 02.06.1915, Druck in: ebd.
[128] Eine Biografie fehlt leider noch.
[129] Brief des Direktors der Geschossfabrik Spandau an Gelsenkirchener Gussstahl- und Eisenwerken, vormals Munscheid & Co. am 16.06.1915, Abschrift in: SIT FWH/1375. Die Einflussnahme Coupettes erwähnt im Protokoll der Ausschusssitzung vom 30.07.1915, in: ebd.

Dass die Bedenken der Geschossfabrik dennoch berechtigt waren, zeigen die exorbitanten Gewinne der Gelsenkirchener Firma schon im ersten Kriegsjahr. Bei den Verhandlungen zur Verlängerung der Lieferverträge im Herbst 1915 argumentierte der Zweckverband weiterhin:

> „… dass die Entwickelung der Rohstoffpreise, die unerwartet und dauernd hohen Ausschussziffern, die kurze Dauer der Lieferungen von Stahlgussgranaten, sowie die stark verschärften Abnahmevorschriften eine Erhöhung der zur Zeit gültigen Preise, auf keinen Fall aber eine Ermäßigung rechtfertigen."[130]

Er musste sich schließlich doch mit Preisnachlässen abfinden.[131] Die weiterhin hohen Gewinne der Gießereien (s. Kapitel 22) belegen, dass durchaus weitere Preisnachlässe möglich gewesen wären. Die Gießereien nutzten jedoch die Gunst der Stunde weiterhin. Es wäre zu erforschen, ob die einstigen Außenseiter sich dem Zweckverband anschlossen. Der Bochumer Verein zumindest tat es.[132]

7,6 cm-Granate	15 M
10 cm-Granate	26 M
13 cm-Granate	47 M [!]
15 cm-Granate	44 M
21 cm-Granate	75 M

Die deutsche Granatenproduktion bestand aus einem Netzwerk von Auftragnehmern und Unterlieferanten, bei denen die jeweilige Position durchaus wechseln konnte. Beispielsweise vergab das Gussstahl-Werk Witten nicht nur Unteraufträge zur Granatenfertigung, sondern nahm selbst „Unteraufträge" an. Diese durfte sie – wie alle anderen Unterlieferanten auch – nicht weiter untervergeben, wie es noch zu Beginn des Kriegs die Vereinigte Press- und Hammerwerke Dahlhausen-Bielefeld AG gehandhabt hatte. Da die Firma Krupp der Kriegsmarine 1916 nicht genügend 24 cm-Sprenggranaten liefern konnte, erhielt die Wittener Firma in Abstimmung mit dem Essener Unternehmen vom Reichsmarineamt einen Auftrag über 4.000 dieser Granaten. Die notwendigen Zeichnungen stellte die Marine, die Arbeitsleeren musste man in Witten selbst fertigen, die dann von Krupp geprüft wurden. Krupp lieferte auch auf Kosten der Wittener Leergeräte zur Prüfung der Arbeitsleeren. Die Geschoss-Führungsringe fertigte Krupp mittlerweile aus Zinn anstatt aus dem Mangelmetall Kupfer, und war „gerne bereit, Ihnen die nötigen Informationen für die Herstellung und Anbringung der Zinnringe hier im Werk zu geben und bitten um Entsendung Ihres Beamten". Das Gussstahl-Werk Witten jedoch forderte vom Reichsmarineamt die Freigabe von 26,9 t Kupfer bei der Osnabrücker Kupfer- und Drahtwerke AG für 8.200 Kupferführungsbänder und erhielten diese

---

[130] Protokoll der Hauptversammlung des Zweckverbands Deutscher Stahlgießereien am 30.07.1915, in: ebd.
[131] Protokoll der Hauptversammlung des Zweckverbands Deutscher Stahlgießereien am 25.09.1915, in: ebd.
[132] Auf der Hauptversammlung des Zweckverbands am 30.07.1915 war er durch Herrn Pinnagel vertreten, s. Protokoll in: ebd.

auch.[133] Dies bedeutet, dass pro fertiggestellter Granate 6,7 kg Kupfer benötigt wurden! Interessant ist auch, dass Krupp schon auf Zinn als Ersatz für Kupfer umgestellt hatte, während das Gussstahl-Werk Witten noch das Sparmetall Kupfer zugeteilt erhielt. Um solche Ungleichbehandlungen zu vermeiden, richtete der Staat schließlich eine Metall-Freigabe-Stelle ein. Zur gutachterlichen Vorprüfung der Freigabegesuche aus der Eisen- und Stahlindustrie zog der Staat ab 1917 den Verein deutscher Eisenhüttenleute (VdEh) heran.[134]

Die Produktion der besagten 4.000 Granaten lief jedoch nicht schon, wie von der Kriegsmarine erhofft, im Juni/Juli 1916 an, denn das Gussstahl-Werk hatte die Auftragsübernahme von der staatlichen Gestellung zusätzlicher Arbeitskräfte abhängig gemacht, diese aber im Juni 1916 nur zu einem geringen Teil erhalten (s. Kapitel 19). Eigene Initiativen zur Beschaffung von Arbeitskräften auf dem Arbeitsmarkt wurden schon nicht mehr unternommen. Erst Mitte September 1916 stellte das Werk erste Rohlinge her und sandte Stahlproben an die Staatliche Abnahmekommission zur Prüfung, just zu dem Zeitpunkt, als ihm acht Pressenarbeiter überstellt wurden. Mit einer dreimonatigen Verzögerung begann die kontinuierliche Fertigung.[135] Für ein einzelnes Geschoss forderte das Gussstahl-Werk Witten 289 M und damit – nach Angaben des Reichsmarineamts – vier M mehr als die Konkurrenz.[136]

Über den hohen, reichlich Gewinn versprechenden Preis der 24 cm-Granate waren die Wittener bereit zu verhandeln, da sie Spielraum bei ihren Unterlieferanten sahen. Aber die gelieferten Stückzahlen stimmten nicht mit den Vorstellungen des Auftraggebers überein. Am 23. Januar 1917 forderte das Reichsmarineamt das Unternehmen auf, die Produktion an 24 cm-Sprenggranaten auf 1.000 Stück/Monat zu bringen, „um so die fast vor einem Jahr erteilte Bestellung baldigst zur Ablieferung zu bringen".[137] Dabei erwähnte das Reichsmarineamt mit keinem Wort, dass es selbst für erhebliche Verzögerungen gesorgt hatte, als es nämlich während der laufenden Produktion die Umstellung der 24 cm-Sprenggranaten von Boden- auf Kopfzünder forderte: was eine grundlegende Umkonstruktion bedeutete. Sogar schon abgelieferte, befüllte Granaten ließ die Marine entleeren und umarbeiten.[138] Eine Konsequenz aus dieser Erfahrung war, dass die zukünftigen Verträge mit Unterlieferanten den folgenden Passus enthielten:

> „Sollten im Laufe des mit Ihnen geschlossenen Abkommens in der Bearbeitung unwesentliche [!] Änderungen seitens der Behörden vorgenommen werden, die Mehrkosten in der Bearbeitung nach dem Dafürhalten der bestellenden Behörde

---

[133] Schriftverkehr in: WWA F81 Nr. 935; Zitat aus Schreiben Krupp an Gussstahl-Werk vom 25.06.1916, in: ebd.
[134] Petersen, Otto: Aus den Kriegsaufgaben des VdEh im Jahre 1917, S. 6, in: SIT FWH/1579.
[135] Schreiben Gussstahl-Werk an Reichsmarineamt vom 12.09.1916, in: WWA F81 Nr. 948.
[136] Schreiben Reichsmarineamt an Gussstahl-Werk vom 30.12.1916, in: ebd.
[137] Schreiben Reichsmarineamt an Gussstahl-Werk vom 23.01.1917, in: ebd.
[138] Vorgang in: ebd.

5. Munitionserzeugung

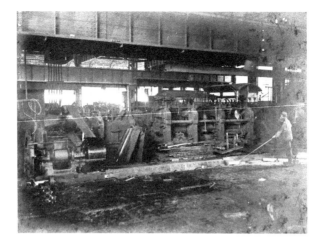

5. Munitionserzeugung | 67

Einzelne Produktionsschritte der Pressgranatenherstellung, deren Fertigung die Gewerkschaft Deutscher Kaiser erst während des Kriegs aufgenommen hatte. a) In der ehemaligen Feineisenstraße VII wurde der Granatstahl zugeschnitten. b) Die erst im Kriegsjahr 1917 errichtete „Schmiedewerksstraße für 21 und 15 cm-Granaten". Im Vordergrund einige ihrer Produkte. c) Lochpresse für 21 cm-Granaten. d) Die in eine Granaten-Vergüterei umgewandelte Gasmotorenzentrale. e) Dreherei für 21 cm-Granaten, ausschließlich mit Männern besetzt. Man beachte neben den vielen Spänen die Unordnung links im Bild. Quelle: thyssenkrupp Corporate Archives.

5. Munitionserzeugung

Dass nicht alle Werke modernste Produktionsmethoden anwandten, zeigt dieses undatierte Bild von der Geschossdreherei der GHH, wo noch Transmissionen zum Einsatz kamen und der Transport der abgedrehten Geschosse nicht optimal gelöst war, o. D. Quelle: LVR-Industriemuseum Oberhausen

einschließen, so verpflichten wir uns, Ihnen einen für diese Änderung seitens der Behörde uns bewilligten Mehrpreis abzugsfrei zuzubilligen".[139]

Trotz solcher Probleme konnte das Gussstahl-Werk Witten seine Produktion fertiger Geschosse aller Kaliber von 167.268 Stück im ersten Kriegsjahr auf 845.856 Stück im Geschäftsjahr 1917/18 steigern.[140] Die Verfünffachung der Produktion war nur möglich durch den Wegfall zahlreicher ziviler Aufträge, Ausdehnung der Arbeitszeit, Erhöhung der Beschäftigtenzahl sowie Erweiterung der Bearbeitungsstätten. Auch die Leistung der Unterlieferanten ist sehr wahrscheinlich in dieser Steigerung enthalten, die die Wittener Halbfabrikate fertig bearbeitet hatten und diese nicht direkt an das Militär, sondern an das Gussstahl-Werk Witten ablieferten. Die Bearbeitungswerkstatt I, die bei Kriegsbeginn über 22 Drehbänke, zwei Horizontalbohr- und Fräsmaschinen sowie zwei Kurbelzapfendrehapparate verfügte, erhielt im Laufe des Kriegs weitere 19 Drehbänke, zwei Horizontalbohr- und Fräsmaschinen, zwei Kurbelzapfendrehapparate sowie erstmals fünf Hohlbohrbänke und eine Sauerstoffschneidemaschine. Die neu eingerichtete Bearbeitungswerkstatt II erhielt 40 Drehbänke, neun Bohrbänke, zwei Kurbelzapfendrehapparate, ein Horizontalbohrwerk, eine Kaltkreissäge sowie sechs Spezialmaschinen für die Bearbeitung von Gewehrläufen und weitere Maschinen. Die in III umbenannte ehemalige Bearbeitungswerkstatt II erhielt zu ihren vorhandenen sechs Drehbänken vier weitere. Da sie mit 42 einfachen Fräsmaschinen, zehn Lang-, einer Horizontal- und drei Vertikalfräsmaschinen schon relativ gut ausgestattet war, erhielt sie im Krieg nur noch drei Lang-, eine Horizontal- sowie eine Vertikalfräsmaschine, jedoch erstmals zwei Bohrmaschinen, eine Schienenbiegemaschine sowie eine Kaltkreissäge sowie eine mit einer automatischen Steuerung

---

[139] Bedingungen für die Bearbeitung von L. F. H. Gr, Typoskript, o. D., unausgefüllt, in: WWA F81 Nr. 304.

[140] Angaben nach Typoskript Rinne, Will: Ruhrgeist und Ruhrstahl. Nr. 4 des dritten Bandes Gussstahl-Werk Witten (1881–1930), S. 37, in: SIT GW/1091.

Für den von Krupp entwickelten 42 cm-Mörser „Dicke Bertha", hier in Ladestellung, lieferten u. a. Krupp, Gussstahl-Werk Witten und die Henrichshütte die 42 cm-Granaten, hier sichtbar mit Kartusche. Quelle: Historisches Archiv Krupp.

versehene Werkzeugmaschine, einen „Automaten" der Firma A. Monfort Maschinen-Fabrik, Mönchengladbach, die erst im Krieg die Herstellung von Werkzeugmaschinen und halbautomatischen Drehbänken aufgenommen hatte.

Die für die Geschossproduktion während des Kriegs getätigten Investitionen, sofern sie dieser mehrheitlich zuzuordnen sind, beliefen sich beim Gussstahl-Werk Witten auf ungefähr 40 Prozent aller Investitionen (Dreherei I und II, Geschosspresswerk und Werkstatt I und II). Kriegsgewinne wurden nicht nur beim Gussstahl-Werk Witten direkt reinvestiert, um sie nicht als solche direkt auszuweisen (s. Kapitel 22).

Investitionen des Gussstahl-Werks Witten während des Kriegs für die Geschossproduktion[141]

Dreherei I und II	1.356.757,49 M
Geschosspresswerk	1.285.828,56 M
Werkstatt I und II	432.744,96 M
Gesamt:	3.075.331,01 M

[141] Ebd., S. 40, 52, 38. Herausgerechnet wurden Investitionen in Grundstücke und Hausbau von 1,230 Mio. M und das nach dem Krieg errichtete Pflugscharwalzwerk im Wert von über 213.000 M.

5. Munitionserzeugung

Gruppenbild von Arbeiterinnnen der Henrichshütte während des Kriegs, deren Aufgabe der Farbanstrich von Geschossen war. Einige hielten Kartuschen wie Babys im Arm. Quelle: LWL-Industriemuseum Dortmund.

Zu denjenigen Firmen, die die Munitionsfertigung erst im Krieg neu aufnahmen, gehörte die Henrichshütte in Hattingen, seit 1904 eine Betriebsabteilung des Kasseler Lokomotivherstellers Henschel & Sohn. Sie lieferte u. a. Stahlgussgranaten Kaliber 21 cm, gezogene Granaten von 7,6 cm bis zu 42 cm Durchmesser. Gegen Kriegsende stellte die Henrichshütte monatlich 425 t 21 cm-Granaten und 800 bis 1.000 t 15 cm-Granaten her. Das entsprach ungefähr 5.700 21 cm-Granaten und zwischen 21.000 und 26.300 15 cm-Granaten. Während des Kriegs lieferten Stahlwerk, Kleinbessemerei und Graugießerei über eine Mio. Stahl- und Graugussgranaten, die die Henrichshütte teils in eigenen, teils in fremden Werkstätten bearbeiten ließ. Ungefähr 15 Prozent der Produktion musste extern fertig bearbeitet werden. Die Mechanische Werkstatt der Henrichshütte selber produzierte nämlich nur insgesamt 875.515 Geschosse, darunter jedoch 1.800 Stück 30,5 cm- und 98 Stück 42 cm-gezogene-Laufgranaten für das deutsche Riesengeschütz „Dicke Bertha". Eine fertig bearbeitete 42 cm-Granate kostete ohne Sprengstoff zunächst 1.400 M, in der zweiten Hälfte des Kriegs inflationsbedingt sogar 1.500 M.[142]

Zu denjenigen Unternehmen, die erst im Krieg die Fertigung von Granatstahl, Granaten und Geschützen aufnahmen zählte auch die GHH in Oberhausen. Ab Spätherbst 1914 bearbeitete sie Geschossrohlinge für verschiedene staatliche Artillerie-

[142] Kieckebusch: Henschel, S. 282; Rasch: Granaten, S. 17 f.

werkstätten. Am 26. Dezember 1914 unterzeichnete die GHH den ersten Liefervertrag über Geschosse mit der Feldzeugmeisterei und im Januar 1915 konnte das Unternehmen dank des eigenen Maschinenbaus das erste Geschosspressenpaar aufstellen. Nun fertigte sie selbst gepresste Stahlgeschosse. Bis Mai 1916 wurden vier weitere Hauptverträge mit dem Militär abgeschlossen, denen mit dem Hindenburg-Programm fünf weitere Verträge im September/Oktober 1916 folgten. Dafür wurden insgesamt zwei weitere Presswerke gebaut und am 15. Dezember 1916 bzw. im Juli 1917 in Betrieb genommen. Im Oktober 1917 überschritt die Monatsproduktion an gepressten Geschossen die Anzahl von 1 Mio. Stück. Mit dem vom Hindenburg-Programm verfolgten Konzept der Unterlieferanten kam es ab 1917 zu massiven Problemen, da diese – z. T. wegen Kohlenmangels – nicht termingerecht lieferten. So wurden Geschossköpfe und -böden von den Gesenkschmieden der näheren und weiteren Umgebung nicht immer fristgerecht geliefert. Die GHH konnte von 1916 auf 1917 ihre Produktion verdoppeln. Sie lieferte sogar Granatstahl an fremde Unternehmen, anfangs, weil die eigene Weiterverarbeitung noch nicht ausreichte, in den beiden letzten Kriegsjahren, weil sie zugekauften Stahl für Dritte konfektionierte.[143]

Erzeugung und Versand von Geschossstahl der GHH-Walzwerke Oberhausen und Neu-Oberhausen in Tonnen[144]

Jahr	Erzeugung	Eigenverarbeitung	Lieferungen an Fremde
1913/14	–	–	–
1914/15	6.783	3.754	3.092
1915/16	102.814	70.568	32.861
1916/17	159.497	123.202	44.783 *)
1917/18	160.518	167.423	49.307 *)

*) Darin enthalten nicht selbst erzeugter, nur geschnittener Stahl.

Solche Leistungssteigerungen waren ab 1916 nicht ohne Ausbeutung der besetzten Gebiete möglich. Im geplanten Räderwalzwerk hatte Krupp den Pressbau III b angelegt, dessen 36 Pressen im Juli 1916 die Fertigung von ausschließlich Feldgeschossen aufnahmen. Nach Erweiterung der Halle und Aufstellen weiterer 30 Pressen konnte der Pressbau III b ab Ende 1917 theoretisch monatlich 2 Mio. Feldgeschosse mit einem Gewicht von 16.000 t herstellen. Ein besonderes Walzwerk sollte dem Betrieb angegliedert werden und wurde 1918 in den besetzten Gebieten demontiert, kam

[143] Büchner: 125 Jahre, S. 56, 58.
[144] Ebd., S. 53.

Gesamtzahl der auf der GHH gepressten Geschosse in 1.000 Stück[145]

aber bis Kriegsende nicht mehr in Betrieb. Die volle Leistungsfähigkeit erreichte die Anlage auch wegen Stahlmangels nicht.[146]

Die Munitionsproduktion des Deutschen Reichs war – trotz enormer Steigerungen – selbst nach dem sogenannten Hindenburg-Programm, der diktatorischen Vervielfachung der Rüstungsanstrengungen, nicht optimal aufgestellt (s. Anhang 26.1). Dies lag zum einen an dem für die gängigen Kaliber bzw. Munitionstypen bis Kriegsende beibehaltenen Ausschreibungsverfahren und zum anderen an der fehlenden staatlichen Steuerung der Fertigung. So konzentrierte das Kriegsamt die Produktion gewisser Granatentypen nicht auf einzelne Unternehmen. Stattdessen fertigten die Werke nicht nur verschiedene Kaliber, sondern zusätzlich noch andere Rüstungsgüter, wie im Fall des Gussstahl-Werks Witten z. B. Teile für Maschinengewehre, aber auch Walzdraht, den eine andere Firma zu Stacheldraht weiterverarbeitete. Diese Dislozierung verursachte höhere Transportkosten, verbunden mit zusätzlichem Kohleverbrauch und längeren Bearbeitungszeiten bis zur Ablieferung eines Auftrags. Sie minimierte andererseits – wenn auch vermutlich nicht bewusst – mögliche Engpässe durch Ausfall eines Lieferanten infolge technischer Schwierigkeiten oder durch Arbeitsausstände, da nie alle Produzenten gleichzeitig betroffen waren. Aber mit der gezielten Fertigung in größeren Serien oder Mengen wäre eine zusätzliche Rationalisierung möglich gewesen. Dies erkannten die Werke und lehnten von sich aus Aufträge ab, so z. B. im April 1916 das Gussstahl-Werk Witten die Teilefertigung für mittlere

[145] Ebd., S. 57.
[146] Berdrow: Krupp im Weltkrieg, S. 112 f.

Um die Reichweite ihrer Geschosse zu erhöhen, hatte Krupp aerodynamisch geformte Hauben, u. a. für die Paris-Granaten, entwickelt. Bei seinem Besuch der Firma Krupp am 9./10. September 1918 besichtigte Kaiser Wilhelm II. auch die Fertigung solcher Hauben. Skizzen solcher Geschosse s. Seite 81. Quelle: Historisches Archiv Krupp.

und schwere Minenwerfer. Ihre Fabrikationseinrichtungen seien dafür nicht geeignet, zudem müssten die notwendigen Gesenke noch gefertigt werden: „Mit Rücksicht darauf, dass diejenigen Firmen, welche die anderen Pressteile für diese Minenwerfer fertigen, wohl Wert darauf legen dürften, auch die Pos. 111 zu den übrigen Teilen mitzuliefern, sehen wir von einem Angebot ab".[147]

Die Produktionsprozesse zwischen den einzelnen Lieferanten waren nicht aufeinander abgestimmt. So veröffentlichte der VdEh/Vereinigung der Pressgeschosswerke monatlich sogenannte „Vermittlungsangebote" mit den Rubriken Suche/Verkaufe, wobei nicht nur Anlagen, Maschinen oder Einzelteile (Dichtungen) angeboten wurden wie Wärmeöfen für Koksfeuer mit Unterwand, sondern auch „40.000 fertig bearbeitete Böden der 15 cm Gr[anate] 12 n/A [sowie] 100.000 rohe Köpfe der LFH Gr [= Leichte Feldhaubitzen Granate]".[148] Trotz staatlicher Planwirtschaft konnte das Wumba[149] in

[147] Schreiben Gussstahl-Werk Witten an das Königliche Ingenieur-Komitee, Berlin, 19.04.1916, Durchschlag in: WWA F81 Nr. 304.
[148] VdEh/Vereinigung der Pressgeschosswerke, Rundschreiben Nr. 186, Ausgabe Oktober 1917, 15.10.1917, hektografiert in: HAK WA 80/2266.
[149] Das Waffen- und Munitionsbeschaffungsamt (=Wumba) wurde im Zuge des Hindenburg-Programms (s. Kapitel 26.1) am 30. September 1916 geschaffen als Amt der Kriegsrohstoff-Abteilung im preußischen Kriegsministerium bzw. des Kriegsamts zur Koodinierung der Produktion von Waffen und Munition und der dafür notwendigen Rohstoffe.

manchen Monaten die Geschossstahlmengen für spezielle Kaliber zur Weiterverarbeitung nicht unterbringen.[150]

Hatten vor dem Krieg nur acht Firmen Pressgeschosse für die preußische Armee geliefert, so waren es im März 1915 schon 65 und im Oktober 1915 87 und Anfang 1916 sogar über 90. Im März 1915 hatten noch GHH, Georgs-Marien-Bergwerks- und Hütten-Verein sowie Dillinger Hüttenwerke über den VdEh eine Aussprache angeregt, da sie befürchteten, dass nach dem Krieg für die zahlreichen neuen Pressen nicht genügend Arbeit vorhanden sei. An der Besprechung am 1. April 1915 nahmen 20 der eingeladenen 36 Werke teil, z. T. der Eigentümer oder sein Generaldirektor, aber auch nur ein Oberingenieur. Man koordinierte unter Leitung des VdEh das weitere Vorgehen in finanziellen und technischen Fragen und benannte einen beratenden Ausschuss für den Zweckverband der deutschen Pressstahlgranaten-Werke. Diesem gehörten die folgenden Werke an: Krupp, Rheinmetall, Press- und Walzwerk AG, Reisholz; Henschel & Sohn, Abtlg. Henrichshütte, Bochumer Verein, Gelsenkirchener Gussstahl- und Eisenwerke, Stahlwerk Becker AG und Maschinenbauanstalt Humboldt AG, Köln.[151] Der erzielte technische Fortschritt auf den beteiligten Presswerken war erwähnenswert, wobei die Königlich Sächsische Artilleriewerkstatt Dresden und die Königlich Bayerische Geschützgießerei Ingolstadt zusammen mit den preußischen Einrichtungen in den Erfahrungsaustausch eingebunden waren.[152]

Leistungssteigerungen eines Presswerks der Firma A. Borsig, Berlin-Tegel[153]

	Einsatzgewichte je Stück in kg			
	7,7-cm-Gr.	10,5-cm-Gr.	15-cm-Gr. 12	21-cm-Gr. 96
Bis 31. Dezember 1914	6,8	15,8	58	-
I. Vierteljahr 1915	6,3	15,0	53	178
II. Vierteljahr 1915	5,8	14,0	51	165
III. Vierteljahr 1915	5,3	13,5	49	155
gezogen wurden durchschnittlich auf einer Presse je Tag (Tag- und Nachtschicht) in Stück				
Bis 31. Dezember 1914	700	456	218	-
I. Vierteljahr 1915	910	513	337	78
II. Vierteljahr 1915	1.070	679	471	186
III. Vierteljahr 1915	1.130	802	562	226

150 Z. B. Schreiben VdEh an die beteiligten Stahlwerke vom 21.08.1917, hektografiert in: ebd.
151 Aktennotiz für F. Baare vom 24.03.1915; VdEh: Niederschrift über die Besprechung von Pressstahlgranaten herstellenden Firmen am 01.04.1915, in: HAK WA 80/2263.
152 Angaben nach VdEh: Sitzungs-Niederschrift vom 29.11.1915: Aussprache über technische Fragen bei der Geschoßherstellung, Druck in: ebd.
153 Ebd.

Druckprüfung von fertig bearbeiteten Granaten bei Krupp. Man beachte den damals üblicherweise fehlenden Arbeitsschutz, 1915–1918. Quelle: Historisches Archiv Krupp.

Die Presswerke, ursprünglich in einem losen Verbund, gründeten unter Anleitung des VdEh Ende 1915 die Vereinigung der Pressgeschosswerke[154] zur Weiterführung des Erfahrungsaustauschs, aber auch für Preisabsprachen. So teilte die Vereinigung am 30. Oktober 1916 den Firmen Bochumer Verein, Krupp und Borsig, Berlin, mit, dass diese drei die einzigen seien, „welche die 15 cm Sprenggranaten L/3,6 herstellen" und „halten wir es für zweckmäßiger, wenn die wenigen in Betracht kommenden Werke sich unter sich bezüglich des zu vereinbarenden Preises verständigen".[155] Kartellabsprachen waren im Wilhelminischen Reich nicht nur üblich, sondern auch gesetzlich erlaubt.

Die Unternehmer allgemein und die Presswerke insbesondere wehrten sich gegen staatliche Vorgaben, dass ihre Kriegsproduktion nur mit felddienstuntauglichen Mitarbeitern zu erfolgen habe. Die Königlich Preußische Feldzeugmeisterei verpflichtete jedoch die Unternehmer Ende 1915 dazu, „ausdrücklich, die zu liefernden Gegenstände nur im Inlande im eigenen Betriebe, mit eigenen Einrichtungen und Maschinen und ohne Inanspruchnahme kriegsverwendungsfähiger Arbeitskräfte anzufertigen und die Angestellten und Arbeiter angemessen zu entlohnen."[156] Übrigens war es

---

[154] Es ist wünschenswert, dass die wirtschaftliche und technische Kriegsarbeit der Vereinigung der Pressgeschosswerke aufgearbeitet wird, zumal die Quellenlage gut zu sein scheint.
[155] Schreiben VdEh/Vereinigung der Pressgeschosswerke an Bochumer Verein, 30.10.1916, in: HAK WA 80/2265.
[156] Schreiben Geschossfabrik Spandau vom 06.01.1916, hektrografierte Anlage zum VdEh-Rundschreiben an die Vereinigung der Pressgeschosswerke vom 14.01.1916, in: ebd.

auch der Staat, der sich dafür einsetzte, dass Frauen in Wechselschicht nur 8 statt 10 Stunden arbeiten sollten.[157]

Von den 81 Werken, die am 9. Juni 1917 an der Vollversammlung der Vereinigung der Pressgeschosswerke in der Düsseldorfer Tonhalle teilnahmen, kamen 20 Prozent (= 16) aus dem Ruhrgebiet.[158] Vom Stahlmangel besonders hart getroffen waren ab spätestens 1916 diejenigen Pressgeschosswerke, die über keine eigene Stahlerzeugung verfügten. Ohne gesicherten Stahlbezug konnten sie die angenommenen Lieferaufträge nicht erfüllen. Bis 1917 bestand trotz staatlicher Wirtschaftslenkung Unklarheit, welche Menge Stahl in welcher Qualität und in welcher Reihenfolge an wen zu liefern sei. Erst dann wurde – trotz der bisherigen Regelung über die Kartelle – eine Rohstahl-Ausgleichs-Stelle neu geschaffen.[159] Auf Veranlassung des Beauftragten des Kriegsministeriums beim Deutschen Stahlbund übte der VdEh ab 1917 „eine Kontrolle über die wöchentliche Versandmenge der Werke an Geschossstahl in den verschiedenen Kaliberarten" aus.[160] Neben der vom VdEh betreuten Vereinigung der Pressgeschosswerke verfügte der Verein Deutscher Maschinenbau-Anstalten, Berlin, zusätzlich über eine Munitions-Beratungsstelle, die z. B. im Januar 1918 nach Verhandlungen mit dem Wumba eine „Neue Vereinbarung über Richtlinien betreffend Bearbeitung von Preßstahl-Geschossen" über den Wert der Rohlinge mit Kopf und Boden und über die Bearbeitungskosten schloss.[161] Ein zusätzlich gebildeter Arbeitsausschuss der Vereinigung der Pressgeschosswerke bürokratisierte seine Arbeit perfekt, sieht man sich die geplante Tagesordnung für den 4. April 1918 an:

> „*Tagesordnung:*
>
> *1) Stand der Vertragsfragen.*
> *2) Regelung der Abschreibungsfrage.*
> *3) Verlust von Rohlingen auf dem Bahntransport.*
> *4) Einlagerung von Geschossen.*
> *5) Fragen betreffend Kupferbänder.*
> *6) Preise für nachträgliche Arbeiten an Geschossen Umringen, Führungswulst usw.).*
> *7) Verrechnung des Bearbeitungsausschusses.*
> *8) Zentrale Beschaffung der Zubehörteile durch Wumba.*

---

[157] Aktenvermerk Bochumer Verein vom 18.10.1915, in: ebd.
[158] Niederschrift über die Vollversammlung der Vereinigung der Pressgeschosswerke am 09.06.1917, Hektografie in: HAK WA 80/2266. Es handelte sich dabei um: Bochumer Verein, Deutsche Maschinenfabrik AG, Deutsch-Lux/Abtlg. Dortmunder Union bzw. Abtlg. Friedrich Wilhelms-Hütte, Gelsenkirchener Gussstahl- und Eisenwerke, Gewerkschaft Deutscher Kaiser, Gussstahl-Werk Witten, GHH, Henschel & Sohn/Henrichshütte, Fried. Krupp AG, Maschinenfabrik H. Flottmann, Maschinenfabrik Thyssen & Co., Phoenix AG/Abtlg. Ruhrort bzw. Hörde, Rheinische Stahlwerke, Wittener Stahlröhren-Werke [AG].
[159] Petersen, Otto: Aus den Kriegsaufgaben des VdEh im Jahre 1917, S. 7, in: SIT FWH/1579.
[160] Ebd.
[161] Vereinbarung Januar 1918, gedruckt, in: HAK WA 80/2266.

Das Befüllen einer Schrapnellgranate war nicht nur Handarbeit, sondern musste – wie man sieht – auch preußisch exakt nach Gewichtsvorgabe erfolgen, was Arbeitszeit kostete und Arbeitskräfte unnötig band. Quelle: Historisches Archiv Krupp.

> 9) *Einzelpreisfragen:*
>   *a) Festsetzung von Preisen für Einschießgeschosse.*
>   *b) Preis für Herrichtung der 15 cm Gr.12 als Blaukreuzgeschosse.*
>   *c) Preis für 15 cm Gr.12 verst. mit Zwischenboden.*
>   *d) Preis für 15 cm Gr.17.*
>   *e) Preis für 21 cm Gr. 17 mit Kopfzündung.*
>   *f) Preisabzug bei Geschossen mit zu schwacher Führungswulst.*
>
> 10) *Verschiedenes:*
>   *a) Verfügung betreffend Härten von 15 cm Gr. in Gel.*
>   *b) Gewichtsänderung der Geschosse durch Einführung der Zinkbänder.*
>   *c) Anweisung betreffend Reinhalten der Zinkspäne.*
>   *d) Zurückweisung von Geschossschmelzungen mit zu hoher Festigkeit.*
>   *e) Herstellung der 15 cm Gr.12 verst. mit neuem Mundlochgewinde.*
>   *f) Festsetzung von Schwefelgrenzen bei Fußartillerie-Geschossen.*
>   *g) Erfindungsparagraph in den neuen Verträgen.*
>   *h) Verwendung von 15 cm Gr. mit Fehlern am Bodenende.*
>   *i) Bearbeitungspreis von 21 cm Gr. 96 n/A ohne Kordierung.*
>   *j) Verrechnung der Beschussproben.*"[162]

---

[162] Schreiben VdEh an die Mitglieder des Arbeitsausschusses der Vereinigung der Pressgeschosswerke, 23.03.1918, in: ebd.

Ein gewisses organisatorisches Chaos bestand, das oftmals nicht nur Personal, sondern auch knappe Rohstoffe band, wie ein Vorfall aus 1917 zu Laborchemikalien und Untersuchungskapazitäten belegt:

> „Die Geschossfabrik Spandau hat die Presswerke in einem Rundschreiben gebeten, in Zukunft auch den Schwefel- und Kupfergehalt der Geschosse anzugeben. Wir hatten gestern Gelegenheit, diese Angelegenheit mit der Artillerieprüfungskommission zu besprechen, wobei sich ergab, dass die Geschossfabrik Spandau die entsprechende Anweisung der Artillerieprüfungskommission missverstanden hat. Es ist nicht beabsichtigt, die Angabe des Schwefel- und Kupfergehaltes von jeder Schmelzung zu verlangen, sondern es ist eine andere Regelung, gegen die keine Bedenken bestehen, vereinbart worden, um Erfahrungen über den Einfluss eines hohen Schwefel- und Kupfergehaltes zu sammeln. Sobald der Wortlaut der Vereinbarung festliegt, werden wir darüber berichten. Das genannte Rundschreiben der Geschossfabrik Spandau ist durch diese Vereinbarung gegenstandslos geworden."[163]

Der Bedarf an Granatstahl war mit den vorhandenen Siemens-Martin- und Bessemerwerken nicht zu decken, da diese das benötigte phosphorarme Roheisen nicht in ausreichenden Mengen von den Hochofenwerken erhielten. Um sogenannten Granatstahl zu erzeugen, benötigten die Stahlwerke Ferromangan, Spiegeleisen und Ferrosilizium als Zuschlagstoffe. Diese waren während der gesamten Kriegsdauer Mangelprodukte und mussten bis Kriegsende in beachtlichen Mengen aus dem neutralen Ausland importiert werden, obwohl beispielsweise das RWE neben seinem Braunkohlenkraftwerk Goldenberg die Rheinische Elektrowerke AG errichtet hatte, um mit preiswertem Braunkohlenstrom in Elektroöfen Ferrochrom, Ferrosilizium und Karbid herzustellen.[164] Der Import ausländischer, hochwertiger Eisenerze war durch die britische Blockade zum Teil unterbunden. Hingegen standen minderwertige, phosphorhaltige Minetteerze ausreichend zur Verfügung, sieht man einmal von deren notwendiger bergmännischen Förderung ab. Ihre Heranziehung zur Produktion hochwertiger Stahlgüten wurde von den einzelnen Werken angestrebt. Der Krupp'schen Friedrich-Alfred-Hütte in Rheinhausen gelang es im Sommer 1915, einen Granatstahl aus Thomasstahl zu erzeugen, der den Abnahmevorschriften entsprach. Schon im Juli 1915 stellte diese Hütte insgesamt 5.700 t her. Bis Dezember 1915 erhöhte das Rheinhausener Werk seine Produktion auf 13.000 t/m. Für Krupp bedeutete diese technische Verbesserung eine Entlastung seiner Siemens-Martin-Stahlwerke. Andere Werke entwickelten eigene Verfahren zur Substitution des Ferromangans oder übernahmen das Krupp-Verfahren für die Geschossfertigung.[165] Im Frühsommer 1916 kam es schließlich zu ernsten Dissonanzen zwischen Schwerindustrie und Kriegsministerium. Im Frühjahr schien es den Beschaffungsstellen möglich, den Bedarf an

---

[163] Schreiben VdEh an die Mitglieder der Vereinigung der Pressgeschosswerke, 19.09.1917, in: ebd.
[164] Vereinbarung Januar 1918, gedruckt in: ebd., S. 3; Das RWE nach seinen Geschäftsberichten 1898–1948, Essen 1948, S. 27.
[165] Berdrow: Krupp im Weltkrieg, S. 67.

Granatstahl ausschließlich mit dem Siemens-Martin-Stahl zu befriedigen, das einen festen Stahl lieferte. Dies bedeutete eine höhere Splitterwirkung der Geschosse. Deshalb lehnte das Kriegsministerium am 2. Juli 1916 ab, die am Ende des Monats auslaufenden Verträge über Bezug von Geschossen aus Thomasstahl zu verlängern. Die am 1. Juli 1916 gestartete alliierte Somme-Offensive führte auf der deutschen Seite erneut zu einem Munitionsmangel, da der laufende deutsche Angriff auf Verdun nicht abgebrochen wurde. Schon am 16. Juli 1916 musste das Kriegsministerium wieder Thomasstahl-Granaten bestellen, und zwar in erheblich größerem Umfang als bisher. Dies führte bei den betroffenen Eisen- und Stahlindustriellen zum Unmut über den Zickzack-Kurs des Kriegsministeriums, das von der alliierten Offensive offensichtlich überrascht worden war. Die Industrie war zwar bereit, die erhöhten Forderungen zu erfüllen, forderte jedoch zusätzliche Arbeitskräfte und eine verbindliche Langfristplanung.

Am 16. August 1916 kam es in der Feldzeugmeisterei zu einer Aussprache zwischen Militärs und Schwerindustrie, jedoch ohne verbindliche Zusagen. Am 18. August legte die Industrie nun ihrerseits einen Forderungskatalog vor. Unklare Zuständigkeiten und mangelndes Verantwortungsbewusstsein im militärischen Bestellwesen führten dazu, dass der Geschäftsführer des VdEh am 23. August 1916 im Namen seines Vereins eine Denkschrift an den preußischen Kriegsminister, den Chef des Militärkabinetts und an viele andere Militärs und hohe Beamte sandte, in der er den Militärbehörden Desorganisation vorwarf und eine Vereinheitlichung des Bestellwesens, Bürokratie-Vereinfachung und die Bereitstellung von zusätzlichen Arbeitskräften für ein notwendiges Munitionsprogramm zur Deckung des Heeresbedarfs forderte.[166] Dies war eine der Steilvorlagen für die Einsetzung einer neuen, 3. OHL mit von Hindenburg und Ludendorff, für die Entmachtung des Kriegsministeriums sowie die Reorganisation des Beschaffungswesens durch ein neu geschaffenes Kriegsamt sowie für die unrealistischen Forderungen des sogenannten Hindenburg-Programms (s. Anhang 26.1). Neben einigen Montan- und Chemie-Industriellen wie Carl Duisberg spielte dabei Oberst Max Bauer[167] eine bedeutende Rolle.

Die Leistung der deutschen Stahlindustrie bei der Munitionsfertigung war beachtlich, zumal wenn man bedenkt, dass außer den hier schon genannten Problemen der Granatstahlversorgung, der Bearbeitungswerkstätten und der Geschosspressen noch Prestigeobjekte ohne großen militärischen Wert verfolgt wurden, für die spezielle Munition entwickelt werden musste. Für das Paris-Geschütz (s. auch Kapitel 6) entwickelte Krupp unter Leitung von Fritz Rausenberger Dutzende neuer Geschossformen, um Reichweite und Sprengsatz (7 kg) zu erhöhen. Diese neuen Geschosse wurden dann auf dem firmeneigenen Schießplatz Meppen erprobt und übertrafen anfangs die vorausberechnete Flugbahn deutlich, da der reduzierte Luftwiderstand in den erreichten Flughöhen noch zu hoch angesetzt war. Hierfür war Otto Ritter von Eberhard, Enkel eines nobilitierten österreichischen Militärs, zuständig, der sich seit 1907 als Mitarbei-

---

[166] Feldman: Armee, S. 137 f.
[167] Zur moralischen Bewertung siehe: Ebd., S. 133 f., 143.

80 | 5. Munitionserzeugung

Der Erste Weltkrieg war auch ein Propagandakrieg, wie dieses Foto dokumentiert. Die Gelsenkirchener Bergwerks-AG Abteilung Schalker Verein konnte täglich hohe Stückzahlen an Geschossen der Kaliber 7,6 bis 21 cm fertigen. Geschossstapel und Frauen zum Größenvergleich sollten diese Leistungsfähigkeit veranschaulichen. Quelle: thyssenkrupp Corporate Archives.

5. Munitionserzeugung | 81

Für das Paris-Geschütz musste auch die entsprechende Munition entwickelt werden: Für Krupp ein trial-and-error-Prozess, der zur Entwicklung von Haubengeschossen führte. Quelle: Taube, Gerhard: Deutsche Eisenbahn-Geschichte – Rohr-Artillerie auf Schienen, Stuttgart 1990, S. 98.

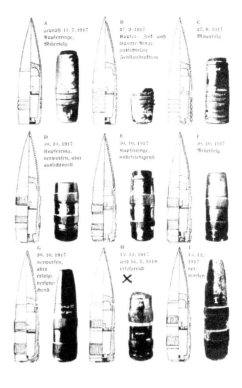

Einem Arbeiter bei der Fertigung von Geschosshauben sahen am 9./10. September 1918 Gustav Krupp von Bohlen und Halbach (links) und Kaiser Wilhelm II. zu. Quelle: Historisches Archiv Krupp.

5. Munitionserzeugung

Den Arbeitsprozess der farblichen Kennzeichnung von Granaten hatte Krupp mechanisiert, 1915–1918. Quelle: Historisches Archiv Krupp.

ter (1913 Prokurist) von Professor Rausenberger bei Krupp mit Fragen der Ballistik beschäftigte (Fotos S. 111). Er hatte von 1893 bis 1896 an der technischen Militärakademie in Wien studiert und war zum Artilleristen ausgebildet worden. 1901 wechselte er zur preußischen Armee, die ihn ab 1903 bis 1906 an die Militärtechnische Akademie Berlin abkommandierte, wo er sich mit Ballistik aber auch Waffenkonstruktion beschäftigte und Assistent des bekannten Ballistikers Carl Cranz in dessen Laboratorium wurde. Nach einem Arbeitsunfall, bei dem er Finger seiner linken Hand verlor, schied er als Oberleutnant aus dem Militär aus und trat wie schon vorher beabsichtigt bei der Firma Krupp ein, weil er ohne das hierfür eigentlich notwendige Privatvermögen heiraten wollte und von seinem Sold keine Familie ernähren konnte. Er entwickelte Schießtabellen für große Reichweiten unter Berücksichtigung der Wetterbedingungen (Luftwiderstandsmessungen).[168] Konstruktion und Bau der Geschosse sowie Berechnung der Flugbahnen banden Ingenieure, mathematische Assistenten und Arbeiter. Hinzu kamen Experimente mit unterschiedlichen Treibladungen, denn Krupp war als einziges Ruhrgebietsunternehmen an der 1903 bei Berlin gegründeten Zentralstelle für wissenschaftlich-technische Untersuchungen beteiligt, um neue Explosionsstoffe zu entwickeln, und es war im Ruhrgebiet das einzige Unternehmen, das seine Granaten selbst mit Zündern versah und mit Sprengstoff befüllte.

---

[168] Zu von Eberhard siehe Rasch: Adelige Unternehmer, S. 42 f.; Foto s. Kapitel 6.

Unter Rausenberger wurden jedoch nicht nur die leichteren Haubengranaten für das Paris-Geschütz entwickelt, die dadurch weiter flogen, sondern auch Munition für spezielle Aufgaben (Marine- und Panzersprenggranaten).[169] Durch die Entwicklung der Haubengeschosse, Granaten mit aufgesetzten Hauben, konnten bei großen Kalibern allein durch die Formgebung die bisherigen Schussweiten um bis zu 40 Prozent übertroffen werden.[170]

Fazit

Schaut man abschließend auf die Munitionsfertigung im Deutschen Reich und speziell im Ruhrgebiet, so lässt sich festhalten, dass schon im Herbst 1914 in großen Mengen Stahlgussgranaten anstelle von Pressgeschossen gefertigt wurden, weil der hohe militärische Bedarf – trotz der bekannten Mängel der Gussgranaten (Rohrkrepierer, geringere Sprengladung) – nicht anders zu befriedigen war. Da die notwendigen Drehbänke zur Fertigbearbeitung, eventuell auch Facharbeiter und Energie, fehlten, begann ein Stahltourismus zu zum Teil entlegenen Bearbeitungswerkstätten im Norden und Süden des Reichs, aber auch nach Luxemburg. Dem Militär gelang es zu Beginn des Kriegs nicht, hier einzugreifen, um Ressourcen (Kohle) und logistische Leistungen (Eisenbahn) zu sparen, denn das kapitalistische System der freien Marktwirtschaft blieb erhalten: Der preisgünstigste Anbieter erhielt den Zuschlag. Weder die zivilen noch die militärischen Behörden besaßen zu Beginn des Kriegs die Kapazitäten und das Know-how, um produktbezogen die einzelnen Fertigungsschritte auf einzelne Werke oder Regionen zu konzentrieren. Das wurde erst mit dem Hindenburg-Programm und dem 1916 geschaffenen Kriegsamt angestrebt, als der Energiemangel nicht mehr zu übersehen war.

Mit dem Einsatz der Gussgranaten begann eine ungewollte Art der Kreislaufwirtschaft in der Rüstungsfertigung, gekennzeichnet durch hohe Materialverschwendung (Verbrauch bis zu 350 Prozent des Fertiggewichtes) und hohem Ausschuss (jede fünfte Granate entsprach schon bei der Produktion nicht den Anforderungen), der erneut eingeschmolzen werden musste. Es entstand eine frühe Form der Kreislaufwirtschaft. Dennoch versprach die Munitionsfertigung den beteiligten Unternehmen hohe Gewinne, denn es galten weiterhin die Friedenspreise oder sogar noch höhere Kartellpreise. Die jedoch waren auf einer niedrigeren Auslastung der Anlagen kalkuliert worden. Vollauslastung der Werke und Rationalisierungsmaßnahmen garantierten ungewöhnlich hohe Renditen, da die Militärs kaum erfolgreich Preisreduktion forderten (s. Kapitel 22). Die Fokussierung auf die Rüstungsfertigung sollte insbesondere einigen Gießereien die Umstellung auf die Friedenswirtschaft erschweren, sie hatten nach dem Krieg Liquiditätsprobleme und Auftragsmangel und wurden von anderen Firmen übernommen (s. Kapitel 24). Denn laut Versailler Friedensvertrag

---

[169] Voß: Rausenberger; zu Rausenberger s. Kapitel 6.
[170] Berdrow: Krupp im Weltkrieg, S. 205.

84 | 5. Munitionserzeugung

Unbekannte Tätigkeit – weder Druckprüfung noch Befüllen mit Sprengstoff – der noch nicht abgedrehten Granaten, eventuell Reinigen der geschnittenen Gewinde für Zünder mit Pressluft zeigt diese Aufnahme, 1914 – 1918. Quelle: Historisches Archiv Krupp.

waren nicht nur ganz wenige Firmen noch berechtigt, Kriegsmunition herzustellen, sondern alle Rüstungsfirmen mussten einen Großteil ihres Maschinenparks unter alliierter Kontrolle demontieren.

Aufgrund der Konzentration der Eisen- und Stahlindustrie im Ruhrgebiet war dies zugleich das Zentrum der deutschen Munitionsfertigung, wobei einzelne Bearbeitungsschritte wie Abdrehen, Befüllen des Sprengstoffs und Zündermontage durchaus außerhalb des rheinisch-westfälischen Industriegebiets stattfinden konnten.

6. GESCHÜTZPRODUKTION

Nicht nur der bekannteste, sondern auch der umsatzstärkste private Rüstungsproduzent des Deutschen Reichs war die Fried. Krupp [AG] in Essen. Das Unternehmen stellte zu Beginn des 20. Jahrhunderts Feld- und Marinegeschütze, komplette Geschütztürme und Kriegsschiffe (Germaniawerft in Kiel), aber auch Panzerplatten, Munition und Zünder her. Ähnlich bekannt und bedeutend wie Krupp in Essen waren in Frankreich die Firma Société Schneider Frères & Cie., Le Creusot, in Großbritannien Vickers Ltd., Sheffield, und in Österreich-Ungarn die Škodawerke AG, Pilsen. Neben den staatlichen Artilleriewerkstätten in Spandau, Siegburg, Dresden und München stellten seit Mitte des 19. Jahrhunderts auch Privatfirmen Geschütze her. Außer Krupp waren die bekanntesten Rheinmetall in Düsseldorf, an der Krupp verdeckt maßgeblich beteiligt war,[171] und die Gussstahl-Werk Witten [AG]. Auch der Bochumer Verein für Bergbau und Gussstahlfabrikation, ein Konkurrent für Krupp auf dem Gebiet des Stahlgusses und des Qualitätsstahls – gegen Ende des 19. Jahrhunderts hatte er kurzzeitig ohne Erfolg ein Thomasstahlwerk zur Massenstahlfabrikation betrieben –, hatte in der zweiten Hälfte des 19. Jahrhunderts – wie das Gussstahl-Werk Witten – versucht, Waffen zu produzieren, jedoch beide Firmen nur mit temporärem Erfolg.

Krupp verfügte über eine lange Tradition in der Rüstungsfertigung. Alfred Krupp hatte Mitte des 19. Jahrhunderts das preußische Militär von seinen Gussstahl-Geschützen überzeugt und damit den Übergang der preußischen Armee vom Bronze-Geschützrohr zu dem aus teurem Tiegelstahl initiiert. Andere Staaten sollten innerhalb kurzer Zeit dem Vorbild folgen, zumal die Geschütze nicht nur leistungsfähiger, sondern auch preiswerter herzustellen waren.[172] Bis in den Krieg hinein blieb das preußische Militär bei seiner Forderung, dass Geschützrohre aus dem „handwerklich" gewonnenen Tiegelstahl herzustellen seien.[173] Dagegen wünschte das österreichisch-ungarische Militär Geschütze aus Stahlbronze und verzichtete erst Anfang 1918 wegen des Kupfermangels auf diese Forderung vollständig.[174]

Mit Beginn des stählernen Kriegsschiffsbaus in Deutschland in den letzten Jahrzehnten des 19. Jahrhunderts wandte sich Krupp auch der Marinerüstung zu, stellte nicht nur schwere Geschütze für die Marine her zur Küstenverteidigung, sondern auch Geschütztürme, Panzerkuppeln und Panzerplatten zum Schutz der Kriegsschiffe gegen feindlichen Beschuss. Nach der Übernahme des Konkurrenten in Magde-

---

171 Tenfelde: Krupp in Krieg und Krise, S. 23.
172 Gall: Krupp, S. 133 ff.
173 Leider ist diese Geschichte, z. B. als Fortsetzung zu Beyer: Vom Tiegelstahl zum Kruppstahl, noch immer ein Desiderat.
174 Ortner: Zwischen Innovation, S. 150–152.

86 | 6. Geschützproduktion

Die „Dicke Bertha" in einer getarnten Geschützstellung, vermutlich vor dem Krieg. Man beachte das Ladegeschirr mit Kran. Solche Krane stellte im Krieg vornehmlich das Krupp'sche Grusonwerk in Magdeburg her. Quelle: Historisches Archiv Krupp.

burg, der Grusonwerk AG, 1892/93, besaß Krupp in Deutschland ein Monopol in der Fertigung von Schiffsgeschützen und eine weltweit führende Stellung im schweren Geschützbau, zumal das Grusonwerk nach dem Erwerb durch Krupp nach und nach die Herstellung von Panzertürmen, Lafetten, Geschützen und Geschossen an das Essener Werk hatte abgeben müssen.[175] Bis 1911 fertigte Krupp für die deutschen Bundesstaaten und 52 andere Nationen insgesamt 53.600 Geschütze bzw. Geschützrohre, davon etwa 50 Prozent für das Ausland.[176] Fast die gleiche Anzahl an Geschützrohren und Mänteln bearbeitete das Krupp'sche Hammerwerk im Krieg, wenn auch die Fertigbearbeitung z. T. in anderen Werken stattfand.[177] Wegen der verstärkten deutschen Flottenrüstung seit Beginn des 20. Jahrhunderts besaß die Marinerüstung bei Krupp vor dem Ersten Weltkrieg ein Übergewicht. Im Geschützturmbau besaß das Essener Unternehmen – wie schon gesagt – ein Monopol. Nur noch ein Drittel der Aufträge wurden jetzt mit dem Ausland abgewickelt und nur ein geringer Teil der Waffenlieferungen ging an das deutsche Landheer. Für dieses stellte Krupp die schweren Geschütze her, während vornehmlich staatliche Geschützgießereien die leichte und mittlere Feldartillerie fertigten. Krupp achtete darauf, dass nicht zusätzliche Unternehmen Geschütze herstellten, während dem Militär – nicht nur wegen

---

[175] Berdrow: Krupp im Weltkrieg, S. 30.
[176] Ebd., S. 11.
[177] Ebd., S. 179.

Eine bedeutende Ansammlung von Beutegeschützen in den Essener Krupp-Werken wartete auf die Umarbeitung. Laut Bildunterschrift handelte es sich um „400 erbeutete russische Feldkanonen, darunter 107 französische Festungsgeschütze verschiedenen Kalibers", o. D. Quelle: Historisches Archiv Krupp.

des hohen Bedarfs, sondern auch um monopolartige Strukturen zu vermeiden – sehr daran gelegen war, weitere Lieferanten zu gewinnen, was wiederum Krupp missfiel. Die Neugründung einer reinen Geschützfabrik konnte Krupp, bis auf die Gründung der Bayerische Geschützwerke Fried. Krupp AG als Konzession an das Königreich Bayern, während des Kriegs verhindern, nicht aber, dass vorhandene Unternehmen der Schwerindustrie in dieses lukrative Rüstungsgeschäft einstiegen. Selbst im Bau schwerer Geschütze sah Krupp zeitweise seine Stellung gefährdet, als das preußische Militär im Laufe des Kriegs Kontakt zu den Škodawerken aufnahm.[178] Im dritten Quartal 1914 besaß Krupp Aufträge einschließlich Mobilmachungsbestellungen im Wert von 125 Mio. M, davon entfielen drei Viertel auf die Marine. Für die Zeitspanne Oktober bis Dezember 1914 lagen nur noch Bestellungen im Wert von 86 Mio. M vor, von denen drei Viertel das Landheer betrafen.[179] Die staatlichen Artilleriewerkstätten konnten ihre Fertigung nicht der Nachfrage der Front entsprechend erhöhen. Während Krupp sofort seine Produktion um den Faktor 10 erhöhte, gelang den Staatsbetrieben zunächst nicht eine Verdoppelung ihrer Fertigungszahlen.[180] Bei Krupp war dies möglich in erster Linie durch die bisher vorgehaltenen, nicht voll ausgelasteten Fertigungskapazitäten sowie durch den Wegfall der Auslandsaufträge und erst in zweiter Linie ab 1915 durch Erweiterung der Werkstätten. Im Januar 1915 begann die Erweiterung der Konstruktionswerkstatt III in Holzbauweise, die schon im April in Betrieb genommen werden konnte.[181]

[178] Ebd., S. 106.
[179] Ebd., S. 56.
[180] Ebd., S. 29.
[181] Ebd., S. 36.

Der wertmäßig geringe Anteil an gefertigten Feldgeschützen bei Krupp vor dem Krieg ist erstaunlich und nicht ausschließlich mit den hohen Preisen für die Marinerüstung – und den damit verbundenen Gewinnmargen – und dem besonderen Interesse des Kaisers an der Kriegsmarine zu erklären, denn auch das Landheer hatte vor dem Krieg aufgerüstet. Zwischen 1890 und 1914 wuchs die deutsche Feldartillerie von 37 Regimentern mit 434 Batterien auf 100 Regimenter mit 633 Batterien, darunter zwölf bayerische, acht sächsische und vier württembergische Regimenter.[182] Dies entsprach einer Steigerung bei den Batterien auf knapp 146 Prozent, bedeutete aber nur jährlich eine Erweiterung um vier Batterien zuzüglich der Ersatzbeschaffung an ausgeschossenen Geschützrohren. Die so genannten Seelenrohre hielten bei kleineren und mittleren Kalibern bis zu 20.000 Schuss, bei den schweren jedoch nur ca. 2.000 Schuss.[183] Dies waren für Krupp keine bedeutenden Aufträge, zumal das preußische Militär daran interessiert war, im Gegensatz zur Marineartillerie mehrere Anbieter neben den eigenen Werkstätten zu haben. Krupp hatte kontinuierlich in seine verschiedenen Produktionsstätten investiert, diese mit elektrischen Antrieben und Transporteinrichtungen versehen. Die Firma setzte recht früh in seinen Werkstätten sogenannte Schnellarbeitsstähle mit einer besonderen Härte ein. Zwischen 1906 und hauptsächlich 1912 waren neu gebaut bzw. erneuert worden die Geschossdreherei, die Zünderwerkstätten, die Kanonenwerkstatt I für mittlere Kaliber, die Kanonenwerkstätten IX und XI für die leichten und die allerschwersten Kaliber sowie die Mechanische Werkstatt IX für schwere Schiffslafetten.[184] Eine Optimierung der Betriebsabläufe im Sinne einer kontinuierlichen Serienfertigung – wie sie z. B. Georg Schlesinger und die Werkzeugmaschinenfabrik Ludw. Loewe & Co., Berlin schon vor dem Krieg vorantrieben –, fand im Ruhrgebiet allgemein kaum statt, die klassische Montanindustrie wandte sich diesem Thema erst nach dem Krieg zu.[185] Dennoch ging Krupp produktionstechnisch gut gerüstet in den Ersten Weltkrieg, hatte seine Werkshallen u. a. mit elektrischen Kranen ausgestattet, auch wenn ein schweres Geschützrohr vom Guss des Blockes über die Werkstätten und Vergütungsanlagen bis zur fertigen Ablieferung 54 km im eigenen Werk zurücklegen musste.[186] Die Organisation war jedoch noch nicht auf eine Serienfertigung in großen Stückzahlen ausgelegt.

Zusätzlich zu den modernen Produktionsstätten besaß Krupp auch eine umfangreiche Konstruktionsabteilung unter Leitung von Professor Fritz Rausenberger,[187] der

---

[182] Matuschka: Organisation, S. 171.
[183] Tenfelde: Krupp in Krieg und Krise, S. 45.
[184] Berdrow: Krupp im Weltkrieg, S. 12 f.
[185] Die Losgrößen waren in der Regel zu klein. Von der 1914 in Erprobung befindlichen 10 cm-Kanone wurden bis August 1915 insgesamt nur 128 Stück in mehreren Tranchen bestellt. Berdrow: Krupp im Weltkrieg, S. 36 f.
[186] Ebd., S. 211.
[187] Eine ausführliche Skizze über Fritz Rausenberger (1868–1926) und seine Leistungen, Fehlschläge und Versäumnisse fehlt bisher, deshalb seien einige seiner Lebensstationen hier anhand des Nachrufs aus Krupp'sche Mitteilungen 17 (1926), S. 45 f. sowie Voß: Rausenberger wiedergegeben: Am 13. Februar 1868 in Frankfurt/Main geboren, besuchte er das dortige Realgymnasium bevor er zwei Semester Mathematik und Naturwissenschaften in München stu-

schon allein aufgrund seiner einstigen beruflichen Laufbahn als Offizier und Lehrer an der Militärtechnischen Akademie enge Kontakte zum Militär besaß. Unter seiner Leitung sollte der 42 cm-Mörser „Dicke Bertha" bis 1912 gebaut und ab 1916 das zwei Jahre später einsatzbereite Paris-Geschütz entwickelt werden. Da Krupp bei den Lieferungen für die jeweiligen deutschen Bundesstaaten mehr an die Vorgaben der jeweiligen staatlichen Geschützgießereien gebunden war als bei Auslandsaufträgen, fanden eigene technische Entwicklungen und Verbesserungen eher Eingang bei Lieferungen an fremde Staaten.

Neue Geschützkonstruktionen für Heer und Marine ebenso wie neue Munition testete Krupp auf den eigenen Schießplätzen in Essen, Tangermünde und Meppen im Emsland. Insbesondere durch Auslandslieferungen konnte Krupp Erfahrungen für den Bau von

Fritz Rausenberger, bei Krupp für die Geschützentwicklung zuständig, um 1910. Quelle: Historisches Archiv Krupp.

dierte. 1887 trat er als Fahnenjunker beim sächsischen Fußartillerie-Regiment Nr. 12 in Metz ein und wurde nach dem Besuch der Kriegsschule in Hannover 1889 zum Leutnant ernannt. Es folgte ein zweijähriger Besuch der Vereinigten Artillerie- und Ingenieurschule zu [Berlin-]Charlottenburg, wo er sich in höherer Mathematik, Ballistik und Artillerie-Konstruktionslehre besonders auszeichnete. Er verließ das Militär und nahm das Studium des Maschinenbaus an der TH Charlottenburg auf, das er 1896 mit der Diplom-Hauptprüfung als Maschinenbauingenieur abschloss. Am 1. Oktober 1896 trat er als Konstrukteur bei der Firma Krupp im damaligen Kanonenressort II unter Direktor Max Dreger ein. 1903 berief ihn das preußische Kriegsministerium im Einvernehmen mit der Firma Krupp als Professor für Waffenkonstruktionslehre an die neu errichtete Militärtechnische Akademie, wo er bis 1906 lehrte, um dann als Prokurist und später Stellvertreter von Max Dreger wieder zu Fried. Krupp AG zurückzukehren. 1910 berief ihn die Firma in ihr Direktorium (= Vorstand). Von 1907 bis 1918 war Rausenberger bei Krupp für die Artilleriekonstruktion verantwortlich, das bedeutete, sowohl für die Entwicklung der großkalibrigen Marine-Geschützrohre, die Verlängerung ihrer Haltbarkeit als auch die Entwicklung der Munition für spezielle Aufgaben (Marine- und Panzersprenggranaten). Während des Kriegs besuchte er häufig die Front, um seine Konstruktionen im Einsatz zu beobachten. Unter seiner Leitung wurde das sogenannte Paris-Geschütz entwickelt mit einer Verdoppelung der bisherigen Reichweite von Geschützen. Auch der Bau der „Dicken Bertha" wurde von ihm geleitet. Er war aber auch dafür verantwortlich, dass Krupp'sche Geschütze bei Kriegsbeginn noch nicht mit den modernen Luftrückholbremsen, sondern mit den mechanisch anfälligen Bremsen ausgestattet waren. Auch die Entwicklung von Zugmaschinen für schwere Geschütze versäumte er vor dem Krieg. Zu fragen wäre auch, wer bei Krupp im Ersten Weltkrieg die Entwicklung von Panzern versäumte. Die Entwicklung mobiler Flak war jedoch schon vor dem Ersten Weltkrieg eingeleitet worden. Nach dem Krieg gab Rausenberger die Leitung der Artilleriekonstruktionsabteilung auf und wechselte 1921 in den Aufsichtsrat der Fried. Krupp AG.

Feld- und Gebirgskanonen sammeln, es hielt die „Technischen Institute" und staatlichen Geschützgießereien hinsichtlich Konstruktion und eingesetzten Werkstoffen für konservativ.[188] Dennoch baute das Unternehmen selbst bis weit in den Krieg hinein die 10 cm-Kanone nicht als Rohrrücklaufgeschütz mit Luftbremse, sondern stattete sie noch mit veralteter Technik, mit Vorhol-Federn aus, die sich im Kriegsalltag als bruchanfällig erwiesen, sodass gesamte Geschütze zur Reparatur nach Essen (später auch an frontnahe Reparaturwerkstätten) gesandt werden mussten.[189] Das Gleiche galt im Übrigen auch für die schwere 15 cm-Feldhaubitze, die Krupp erst ab Mai 1915 mit Luftvorholer statt Feder ausstattete.[190] Für hydraulische Rohrrücklaufbremsen wurde im Laufe des Kriegs die Bremsflüssigkeit knapp, sodass mineralische Öle mit pflanzlichen Ölen gemischt wurden.[191] In Deutschland war vor dem Krieg Rheinmetall technisch schon fortschrittlicher. Mitte 1918 erhielt schließlich auch die GHH staatliche Aufträge zur Herstellung kompletter Rohrbremsen.[192] Deshalb wundert es auch nicht, wenn der Krupp-Archivar und -Historiograf Wilhelm Berdrow in den 1930er-Jahren ganz allgemein feststellte, dass die französischen Feldgeschütze im Bewegungskrieg den deutschen überlegen waren.[193] Er meinte damit die Krupp'schen.

Mit Kriegsbeginn setzte das vom Militär festgesetzte Mobilmachungsprogramm für Rüstungsfirmen ein, das von einem Bewegungskrieg wie 1870/71 und nicht von einem Abnutzungskrieg ausging. Im Kriegsfall sollte Krupp – unabhängig von seinen Aufträgen – 200 Kanonen und Feldhaubitzen sowie 144 Marinegeschütze für Torpedoboote liefern. Die dafür festgesetzten Fristen sahen Lieferungen zum Teil erst in 29 Monaten vor.[194] Eine Erhöhung der vorhandenen Produktionskapazität erachteten in den ersten Kriegsmonaten weder die Militärs noch die Firma als notwendig, da Krupp bei Kriegsbeginn Aufträge aus dem In- und Ausland in Höhe von 930 Geschützen vorlagen, darunter 107 mittlere und 42 schwere Marinegeschütze, 212 schwere Feldhaubitzen und 300 Mörser.[195] Mit Kriegsbeginn beschlagnahmte das preußische Militär die für das Ausland gefertigten, zur Auslieferung bereitstehenden Geschütze unabhängig davon, ob es sich um Lieferungen an neutrale oder feindliche Staaten handelte. Das einzige Kriterium bei der Beschlagnahme war, ob sich die Artillerie für die deutschen Truppen eignete oder sich entsprechend umbauen ließ. Unter den beschlagnahmten Waffen befanden sich Feldkanonen für Brasilien und Gebirgsgeschütze für Chile. Außerdem übernahm das Militär noch etwa 70 Krupp'sche Versuchsgeschütze, unabhängig von ihrer Einsatzfähigkeit bzw. ihrer Zulassung für die Truppe.[196]

---

[188] Berdrow: Krupp im Weltkrieg, S. 9, 7.
[189] Ebd., S. 26, 38.
[190] Ebd., S. 102.
[191] Ebd., S. 84.
[192] Büchner: 125 Jahre, S. 58.
[193] Berdrow: Krupp im Weltkrieg, S. 8.
[194] Ebd., S. 15.
[195] Ebd., S. 23.
[196] Ebd., S. 15 f.

In den ersten Kriegsjahren wurden beschädigte Rückholfedern zur Reparatur nach Essen geschickt; aber auch die danach eingeführten Bremszylinder mussten repariert werden, wie dieses Bild dokumentiert, o. D. Es zeigt aber auch, dass der Besuch des Werksfotografen für die Mitarbeiter (hinter der Glasscheibe) noch eine Sensation war. Quelle: Historisches Archiv Krupp.

Wegen der erwarteten kurzen Kriegsdauer wurden auch Arbeiter und Angestellte als Soldaten eingezogen, für die Krupp eine Freistellung im Kriegsfall besaß. Dies betraf insbesondere die Abteilung Geschützkonstruktion, wo ungefähr 18 Prozent der Angestellten eingezogen wurden, weil man nicht mit Neukonstruktionen während des Kriegs rechnete. Die Artilleriewerkstätten und der Schiffslafettenbau hingegen gaben bei der Mobilmachung nur neun Prozent ihrer Angestellten ab.[197]

Schon wenige Tage nach Kriegsbeginn setzte in Essen die Reparatur beschädigter Geschütze leichter und mittlerer Kaliber ein und ab September 1914 auch die Bearbeitung von Beutegeschützen. Dafür wurde zunächst die stillgelegte Kanonenwerkstatt VI wieder in Betrieb genommen und im Jahr 1915 die Kanonenwerkstatt III erweitert.[198] Bis zum 1. Juli 1917 wurden 7.700 Lafetten, darunter 2.574 Beutelafetten, in Essen instand gesetzt, zusätzlich betrieb die Heeresverwaltung hinter der Front weitere Instandsetzungswerkstätten. Das Neubeseelen ausgeschossener Rohre fand jedoch in Essen statt und erreichte 1916/17 eine Monatsleistung von 140 Stück.[199] In den letzten beiden Kriegsjahren wurden noch ungefähr 900 Beutegeschütze in Essen

[197] Ebd., S. 23 f.
[198] Ebd., S. 31, 36.
[199] Ebd., S. 199.

wieder instand gesetzt, was auch Bearbeitungskapazitäten band.[200] Im zweiten Kriegsjahr setzte Krupp für Heer und Marine insgesamt 1.375 Geschütze instand, im dritten sogar 1.950.[201] Da das preußische Militär einen größeren Rückschlag im Westen nicht ausschloss, ließ es noch vor der Marneschlacht die eroberten Festungen in Belgien durch Krupp wieder herrichten und neu armieren. Fritz Rausenberger, der vorher noch dem Beschuss Lüttichs beigewohnt hatte, um die Wirkung der schweren Geschütze zu studieren, leitete nun die Armierungsarbeiten. Schon am 17. August 1914 wurde von Essen aus ein Montagetrupp abgesandt, der bis zum 10. September 208 Geschütze der Festung Lüttich gebrauchsfähig machte. Es folgten Arbeiten in den Forts Namur, Maubeuge und Antwerpen. Bis Januar 1915 machten die Krupp-Arbeiter insgesamt 700 Festungsgeschütze in diesen Festungen wieder einsatzbereit.[202] Dies band Arbeitskräfte, die für den Bau von dringend benötigten Feldgeschützen fehlten. Auch die Küste Flanderns wurde ab 1915 unter Leitung von Krupp unter Heranziehen anderer bedeutender Firmen für die Erd- und Betonarbeiten mit schweren und weitreichenden Geschützen befestigt. Bis zu zeitweise 1.000 Menschen waren mit dem Bau der bis Kriegsende insgesamt 37 eingebunkerten Batterien beschäftigt (Batterie Tirpitz s. S. 107). Die neuzeitlichen Schiffsgeschütze in schweren Schießgerüsten bedienten Mannschaften der Marineartillerie. Außerdem wurden zur Abwehr einer feindlichen Landung bewegliche Geschütze an der Küste stationiert.[203]

Da dem Heer Flugabwehrkanonen (Flak) fehlten, bauten Krupp'sche Ingenieure im Laufe des Kriegs erbeutete russische, französische und später auch italienische Kanonen zu Flak-Geschützen um. Zum Teil montierte man sie auch auf Lastkraftwagen. Die selbst entwickelte, schwere 8,8 cm-Kraftwagenflak[204] lieferte Krupp erstmals 1916 aus.[205] Von den insgesamt 3.000 deutschen Flakgeschützen lieferte Krupp allein 2.000 Stück an Heer und Marine. Diese schossen zwischen 1916 und 1918 insgesamt 570 feindliche Flugzeuge an der Front ab. Es fand jedoch – allein schon wegen der Verwendung von Beutegeschützen – keine effektive Konzentration auf wenige leistungsstarke Geschütztypen statt, vielmehr existierten 21 verschiedene Bauarten. Von den schweren 8- bzw. 8,8 cm-Flakgeschützen mit Krupp-Daimler-Zugmaschine[206] wurden insgesamt 80 bzw. 320 Stück produziert, ferner 200 ortsfeste 10,5 cm-Flakgeschütze und insgesamt 190 kleinkalibrige Geschütze. Die Entwicklung neuer Geschütze fand auf Weisung der Artillerieprüfungskommission im Entwicklungsverfahren wie zu Friedenszeiten statt. So berichtet der Krupp Historiograf Berdrow,

---

[200] Ebd., S. 212.
[201] Ebd., S. 215.
[202] Ebd., S. 40 f.
[203] Ebd., S. 41 f.
[204] Es handelte sich nicht um ein Flakgeschütz, das auf einem Lkw montiert war, sondern nur um ein mobiles Flakgeschütz auf einem Kraftwagen-Anhänger.
[205] Berdrow: Krupp im Weltkrieg, S. 90.
[206] Für die gemeinsam mit Daimler entwickelte Zugmaschine KD1 für Flak und 15 cm-Kanone lief die Großserienproduktion erst im Sommer 1918 an. Krupp hatte für die Zugmaschine Millionenaufträge für Schmiede-, Press- und Stahlgussteile erhalten, s. Berdrow: Krupp im Weltkrieg, S. 245.

Zur Reparatur bzw. zum Ausschlachten nach Essen zurückgesandte Geschütze, die durch Rohrkrepierer funktionsuntüchtig geworden waren, o. D. Quelle: Historisches Archiv Krupp.

Ab 1916 baute die GHH in Sterkrade in Lizenz die 7,7 cm-Feldkanone (FK) 16 mit hydropneumatischem Rohrvorholer. Quelle: LVR-Industriemuseum Oberhausen.

Unter dem Namen 8,8 cm-Kraftwagenflak L/45 von Krupp entwickeltes mobiles Flakgeschütz. Quelle: Historisches Archiv Krupp.

dass eine Anfang 1916 von der Artillerieprüfungskommission bei Krupp beauftragte 7,62 cm-Kraftwagenflak so lange konstruiert, geprüft, beanstandet und verbessert wurde, dass sie nicht mehr zum Fronteinsatz kam.[207]

Da den deutschen Truppen schwere Belagerungsartillerie fehlte, wurden in den ersten Kriegstagen nicht nur entsprechende Waffen zur Belagerung von Festungen im Westen vom österreichisch-ungarischen Bündnispartner erbeten, sondern auch eigene Marinegeschütze umgerüstet, so z. B. die 38 cm-Kanone mit einer Reichweite von 28 km.[208] Die Bauzeit für die Feuerstellungen von Bettungsgeschützen betrug zwei bis sechs Wochen. Für den „Granatenerfolg" von Lüttich verlieh die Philosophische Fakultät der Universität Bonn Ende 1914 die Ehrendoktorwürde an Gustav Krupp von Bohlen und Halbach und den Konstrukteur der schweren Mörser Fritz Rausenberger.[209] Schon im Winter 1914/15 setzte Deutschland die weitreichende 15 cm-Marinekanone L 40 sowohl an der West- als auch an der Ostfront ein. Im Laufe des Kriegs baute Krupp insgesamt 150 Marinegeschütze für den Erdkampf um. Diese stammten von nicht zu Ende gebauten Kriegsschiffen, aus älteren Linienschiffen sowie von der Festungsartillerie.[210] Marinesoldaten und zivile Techniker bedienten diese. So auch das berühmte, 1918 eingesetzte Paris-Geschütz, da die Kriegsmarine über die meisten Erfahrungen mit schwerer Artillerie verfügte. Marinegeschütze wurden zur Verteidigung nicht nur der deutschen Küste, sondern auch an der belgischen Küste benötigt.[211] Offensichtlich war bei der Landesverteidigung ein Kriegseintritt Großbritanniens und eine damit einhergehende notwendige Küstenverteidigung nicht ausreichend berücksichtigt worden. Krupp musste für die Verteidigung des Jadebusens

[207] Ebd., S. 197 f. Auf S. 247 sagt Berdrow, dass ab Sommer 1918 monatlich 8 schwere 10,5 cm-Kraftwagenflak fertiggestellt wurden.
[208] Ebd., S. 22.
[209] Tenfelde: Krupp in Krieg und Krise, S. 31.
[210] Berdrow: Krupp im Weltkrieg, S. 50.
[211] Ebd., S. 39, 42.

6. Geschützproduktion | 95

Eine tatsächlich motorisierte Flak lieferte die Firma Henschel, Kassel, deren Geschützrohre die Henrichshütte in Hattingen fertigte. Quelle: Henschel-Museum + Sammlung e. V.

vier von Belgien bestellte, gerade fertiggestellte 28 cm-Kanonen in Verschwindelafetten herrichten. Für die Kieler Bucht verwandten die Militärs für Brasilien bestimmte schwere Küstenhaubitzen und deutsche Marinegeschütze in abgeänderten Lafetten von Krupp.[212] Um die Mobilität dieser schweren Artillerie zu erhöhen, entwickelte Krupp ab 1916 besondere Eisenbahnwagen als Lafetten. Dabei handelte es sich oft um eine Umnutzung von ab 1916 nicht mehr benötigten Schiffsgeschützen der Kaliber 24–38 cm, da die großen Schlachtschiffe nicht mehr weitergebaut wurden, die dazugehörigen Schiffsgeschütze aber wegen einer ungefähr anderthalbjährigen Bearbeitungszeit schon bestellt waren.[213] Zunächst wurden diese im Schießkurvenbetrieb eingesetzt, d. h. es mussten die Gleise in einer Kurve verlegt werden, um das schwere Eisenbahngeschütz entsprechend auf ein Ziel ausrichten zu können. Ab 1917 waren die Eisenbahngeschütze innerhalb ihrer Lafette ausrichtbar. Die französische Armee hingegen verfügte schon bei Kriegsbeginn über eine Anzahl von Eisenbahngeschützen. Die Geschichte der Krupp'schen Eisenbahngeschütze im Ersten Weltkrieg harrt noch einer speziellen Aufarbeitung.[214]

Wegen seiner artilleristischen Unterversorgung setzte Deutschland im Laufe des Kriegs sowohl Beute- als auch beschlagnahmte Geschütze ein. Außerdem blieb der österreichische Verbündete, der 1914 mit schwerer Artillerie bei der Einnahme der belgischen Festungen ausgeholfen hatte, bis Kriegsende mit zahlreichen Geschützen (21. März 1918: 144) an der Westfront präsent, ab März 1918 sogar mit der im Krieg

---

[212] Ebd., S. 39 f.
[213] Mehr dazu in diesem Kapitel weiter unten.
[214] Offensichtlich wurden die Konstruktionsunterlagen bei Kriegsende vernichtet, weshalb dies kein einfaches Unterfangen sein dürfte. Überblicksdarstellungen bei Taube: Deutsche Eisenbahngeschütze.

entwickelten 42 cm-Haubitze im Raum Saint Quentin und Verdun.[215] Dadurch erhöhte sich die Anzahl der genutzten unterschiedlichen Geschütze von 14 vor Kriegsbeginn auf 100 verschiedene im Januar 1918 mit noch mehr Geschossarten, wozu auch Neukonstruktionen beitrugen, wie die 13 cm-Kanone, die leichter zu bauen war als die 15 cm-Kanone, und von der Krupp 1917 monatlich drei und bei Kriegsende 12 Stück fertigstellte. Damit verbunden waren logistische Probleme der Munitionsversorgung einschließlich Produktion sowie der Ersatzteilbeschaffung für die Geschützreparatur. Besondere Instandsetzungswerkstätten hierfür richtete Krupp schon früh in Essen ein.[216] Zwar erweiterte Krupp vorhandene Werkstätten, unterließ aber in den ersten beiden Kriegsjahren gezielt den Neubau, da die Firma zunächst keine Aufträge für die Produktion im industriellen Maßstab erhielt (s. Kapitel 14). So erteilte das preußische Militär im Herbst 1914 nur Aufträge in Losgrößen von 64 Stück auf die 10 cm-Kanone, obwohl diese die Hauptwaffe ihrer Artilleriekämpfe war. Dies beeinträchtigte die zeitgleiche Produktion großkalibriger Geschütze. Ohne langfristige Aufträge schien dem Krupp-Management zunächst das unternehmerische Risiko für Investitionen in Neubauten zu hoch, nicht jedoch in Behelfsbauten (Ergänzung Konstruktionswerkstatt III und Reaktivierung stillgelegter Hallen).[217] Dies sollte sich erst 1916 – schon vor dem Hindenburg-Programm – ändern, obwohl in der ersten Jahreshälfte 1916 Produktion und militärische Bestellungen zurückgingen, nun bestellte das Militär erstmals langfristig höhere Stückzahlen.

Obwohl der Krupp-Historiograf und -Archivar Berdrow in seiner „Kriegsdenkschrift" darauf verweist, dass die Krupp'schen Produktionswerkstätten im ersten Kriegsjahr keinesfalls ausgelastet waren, verlagerte das Unternehmen schon im September 1914 Teile der Feldgeschützproduktion in sein Werk nach Magdeburg, wo gut 20 Jahre nach der Übernahme hierfür zunächst kaum noch funktionsfähige Werkstätten und produktionserfahrene Arbeiter und Meister des einst in der Waffenherstellung weltbekannten Grusonwerks vorhanden waren. Bei Kriegsbeginn waren nur noch 125 von 4.171 Beschäftigten mit der Rüstungsproduktion befasst.[218] Dennoch gelang es dem von Kurt Sorge geleiteten Magdeburger Zweigwerk, innerhalb von vier Monaten die Geschützlieferung aufzunehmen und auf zunächst 24 Feldgeschütze pro Monat und bald schon auf 48, d. h. ein bzw. zwei Geschütze pro Arbeitstag, zu bringen. Dabei achtete Krupp jedoch sehr darauf, dass das Essener Werk weiterhin die Geschützrohre goss und roh vordrehte.[219] Angesichts des Rohstoffmangels waren die Späne des Chromnickelstahls wertvoll. Mit dem Hinweis auf die Qualität seiner Geschützrohre bestand Krupp auf der Wahrung seines Monopols ebenso wie seines Nimbus. Als ab dem Frühjahr 1915 die Maschinenfabrik Thyssen AG, Röchling'sche

---

[215] Es handelte sich um 96 schwere Feldhaubitzen, 32 10 bzw.12 cm-Geschütze, 15 Geschütze für schwerstes Steilfeuer und 1 Geschütz für schwerstes Flachfeuer, in: Statistisches Jahrbuch 1921/22, S. 27. Ortner: Zwischen Innovation, S. 147.
[216] Berdrow: Krupp im Weltkrieg, S. 40, 38, 246.
[217] Ebd., S. 36 f., 65.
[218] Tenfelde: Krupp in Krieg und Krise, S. 45.
[219] Berdrow: Krupp im Weltkrieg, S. 30 f.

Die von Krupp bis zum 15. Juli 1918 zu Eisenbahn- oder Festungsgeschützen umgebauten Marinegeschütze in bildlicher, nicht quantifizierender Darstellung. Quelle: Historisches Archiv Krupp.

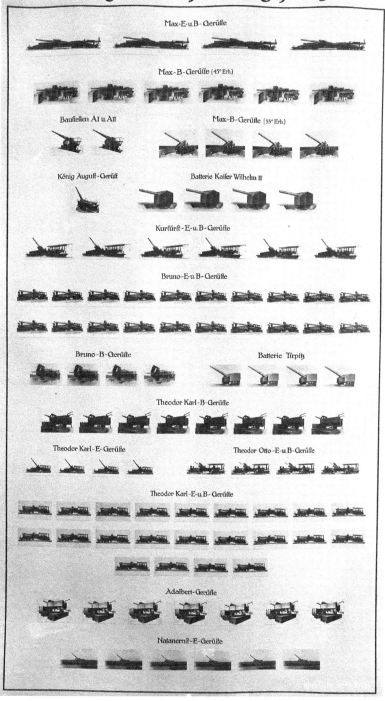

Eisen- und Stahlwerke GmbH, Gussstahl-Werk Witten und Bochumer Verein beim preußischen Kriegsministerium vorstellig wurden, um Aufträge zur Herstellung schwerer Artilleriegeschütze zu erlangen, lehnte Krupp bzw. das Kriegsministerium dies mit der Begründung ab: Die besagten Firmen hätten ja nur die von Krupp zu liefernden Halbfabrikate zu bearbeiten, was faktisch keiner Kapazitätserweiterung gleich käme.[220] Um seine Vormachtstellung zu behaupten, erweiterte Krupp seine Produktion im Sommer 1915 auf 250 Rohre Feldgeschütze pro Monat.[221] Noch schien es undenkbar, dass auch andere Firmen großkalibrige Geschützrohre aus Tiegelstahl in der von den Militärs gewünschten Qualität herstellen konnten. Denn im ersten Kriegsjahr verdoppelte Krupp seine Lieferungen an Rohr- und Lafetteneinheiten und konnte im zweiten Jahr seinen Ausstoß im Vergleich zum letzten Friedensjahr sogar um das Dreifache erhöhen. Im ersten Kriegsjahr war dies möglich, weil die Krupp'schen Produktionsbetriebe im Frieden nicht voll ausgelastet waren, freie Kapazitäten bestanden, die mobilisiert wurden und durch eine Auftragsverlagerung an das Grusonwerk in Magdeburg. An Geschützen inklusive Feld-, Flak- und Infanteriegeschützen lieferten die Werke in Essen und Magdeburg bis 1. Juli 1916 insgesamt 2.750 Stück an das Landheer und 750 Stück an die Marine. Außerdem setzte Krupp 2.000 Kanonen oder Rohre, die von der Front beschädigt zurückkamen, instand und machte von 2.500 nach Essen gebrachten Beutegeschützen über die Hälfte wieder einsatzfähig. Krupp baute viele Beutewaffen zu Flakgeschützen um. In den ersten beiden Kriegsjahren stellte der Essenern Konzern den Militärs also rund 8.000 Geschütze oder Rohre – gebraucht oder neu – zur Verfügung, weit mehr als das deutsche Landheer bei Kriegsausbruch besessen hatte. Zudem war ein Teil der neugefertigten Waffen leistungsfähigere Rohrrücklaufgeschütze als die bis dahin von Krupp hergestellten. Besonders zu erwähnen sind 850 schwere Feldhaubitzen, 250 10 cm-Kanonen Modell 14 und 76 21 cm-Mörser. Ab Sommer 1916 lieferte die Essener Fabrik monatlich 200 neue Kanonen und zusätzlich etwa 100 Geschützrohre. Dazu kamen noch Rohre und Halbfabrikate für andere Geschützwerke.[222]

Je nach Quelle werden für Krupp unterschiedliche Produktionszahlen genannt. Ohne weitergehende, zeitintensive Forschungen sind die tatsächlichen Produktionszahlen (Neufertigung, Instandsetzung von eigenen und Beute-Geschützen) bei Abgrenzung zwischen Heer und Marine nicht zu ermitteln. Die hier abgedruckte Tabelle

---

[220] Ebd., S. 62. Schon am 1. Februar 1915 hatte August Thyssen seinem Direktor Edmund Roser gegenüber den Verdacht geäußert: „Ich bin etwas besorgt über das in Aussicht stehende Kanonengeschäft, ob Krupp uns nicht mit allen Mitteln ausschließen will, wenn er dazu die Macht und den Einfluß besitzt." Deshalb wollte Thyssen Gottlieb Fassnacht zu Verhandlungen über „Kanonenlieferungen" nach Berlin schicken, damit er „alle Intrigen kennen lernt, die Krupp gegen uns richtet", Schreiben August Thyssen an Edmund Roser vom 01.02.1915, in: tkA A/9964.

[221] Berdrow: Krupp im Weltkrieg, S. 52.

[222] Ebd., S. 96, 89, 95. Berdrow nennt als Gesamtzahl sogar 9.000 Stück. Dies ergibt sich aus der reinen Zahlenaddition ohne Berücksichtigung der Tatsache, dass von den 2.500 Beutegeschützen nur die Hälfte wieder einsatzfähig waren.

scheint eine Annäherung von z. T. pauschalen Angaben zur tatsächlichen Produktion zu sein, jedoch ohne Unterscheidung der jeweiligen Fabrikationsorte.

Geschützproduktion des Krupp-Konzerns (Gussstahlfabrik, Grusonwerk, Bayerische Geschützwerke) 1914 bis 1918 in Stück[223]

Geschäftsjahr	1914/15	1915/16	1916/17	1917/18	1. Juli bis Nov. '18	Summe
Komplette Geschütze	1.020	2.480	2.280	3.863	1.200	10.843
Geschützrohre	2.702	1.550	2.100	2.537	550	9.439
Summe	3.722	4.030	4.380	6.400	1.750	20.282

Angesichts des hohen Bedarfs konnte Krupp nicht verhindern, dass auch andere Unternehmen Lieferaufträge erhielten, zumal die preußische Armee – im Gegensatz zur Kaiserlichen Marine – bemüht war, eine Monopolbildung zu verhindern. Noch vor Erweiterung des Produzentenkreises durch das Hindenburg-Programm bauten Feldgeschütze neben Krupp und Rheinmetall die Firmen Henschel & Sohn, A. Borsig, Sächsische Maschinenfabrik vorm. Rich. Hartmann AG, Thyssen und Hannoversche Maschinenbau AG. Mit dem Hindenburg-Programm begann dann die Heranziehung einer großen Anzahl weiterer Firmen.[224] Bei Kriegsende fertigten 25 Firmen im Deutschen Reich komplette Geschütze, unterstützt von über 500 Werken für die Bearbeitung von Einzelteilen.[225] Prof. Friedrich Romberg hatte als Chefingenieur des Wumba darauf gesetzt, die Ausstoßleistung der großen Werke zu steigern dadurch, dass Einzelteile kleine Firmen zulieferten.[226] Letzteres verstärkte die schon vorhandenen logistischen Probleme und führte zu Lieferverzögerungen, weil Unterlieferanten kleine, an sich einfache Teile nicht pünktlich lieferten oder die Eisenbahn keinen Transportraum zur Verfügung stellte. Im Gegensatz zum Zweiten Weltkrieg dachten im Ersten Weltkrieg weder die Militärs – bis auf Ausnahmen[227] – noch die zivilen Wirtschaftsunternehmer daran, Rüstungsgüter frontnah in den besetzten Gebieten produzieren zu lassen. Vielmehr wurden die dort vorhandenen Betriebe für die deutsche Rüstungsproduktion demontiert und in das Deutsche Reich verfrachtet, auch wenn deutsche Firmen Großaktionär waren, wie das Beispiel der Fabrique Nationale

---

[223] Tenfelde: Krupp in Krieg und Krise, S. 46.
[224] Berdrow: Krupp im Weltkrieg, S. 200 f.
[225] Ebd., S. 214.
[226] Zu Friedrich Rombergs Rolle im Hindenburg-Programm siehe Anhang 26.1 und HAK WA VII f 1077.
[227] Schon im Winter 1914/15 fertigten auf Initiative einberufener Eisenhüttenleute frontnahe Betriebe zwischen Sedan und Charleville sowie bei Chauny Schanzzeug, Hufeisen, Wellblech, Stacheldraht, Schutzschilde, Minenwerfer, Handgranaten u. a. m., siehe Stahl und Eisen 35 (1915), S. 130 f.

d'Armes de Guerre in Herstal bei Lüttich zeigt, die Mauser-Gewehre, Browning-Pistolen und Jagdgewehre nebst Munition, aber auch Automobile, Motor- und Fahrräder herstellte. An diesem 1889 gegründeten Unternehmen war die Deutsche Waffen- und Munitionsfabriken AG, Berlin, mit 3 Mio. frs von 6,6 Mio. frs Aktienkapital beteiligt. Obwohl der deutsche Großaktionär beabsichtigte, den Betrieb wieder aufzunehmen und dem deutschen Heer nutzbar zu machen oder alternativ Friedensartikel herzustellen, verfügte die deutsche Heeresverwaltung, dass ein großer Teil der Maschinen für die Munitions- und Waffenherstellung zu demontieren und nach Deutschland zu schaffen sei, wo ein Teil in der Firma Kornbusch & Co., Berlin, aufgestellt wurde. Diese wiederum wurde im August 1916 als „Waffenwerke Oberspree Kornbusch & Co." dem Berliner Konzern angegliedert.[228]

Im Krieg wurden neue Geschütze konstruiert, die Rohre der vorhandenen Geschütztypen verlängert, um die Reichweite zu steigern, und die Zerstörung in das Hinterland des Grabenkriegs zu tragen.[229] Mit dem Hindenburg-Programm war der Geschützbau nicht nur eine Frage der geeigneten Stahllegierungen, sondern vor allem auch der Beschaffung geeigneter Facharbeiter.[230] Von der neu entwickelten 15 cm-Kanone 1916 mit der ungewöhnlichen Reichweite von 22 km lieferte Krupp jedoch insgesamt nur 300 Stück ab, davon 36 noch im dritten Kriegsjahr, bei einer Gesamtbestellung von 746 Stück.[231] Im vierten Kriegsjahr fertigte Krupp einschließlich Grusonwerk und Bayerische Geschützwerke Fried. Krupp AG 6.400 neue Geschütze und -rohre und damit 2.000 mehr als im Vorjahr. In den wenigen Monaten bis Kriegsende wurden nochmals 1.950 Geschütze und Rohre hergestellt. Außerdem lieferte Krupp 1916 und 1917 monatlich bis zu 250 Lafetten für das Feldheer (10 cm- und 17 cm-Kanonen und Flakgeschütze) sowie 80 Sätze für Torpedo- und U-Boot-Kanonen. Alle drei Wochen war zudem ein Satz Gussteile für die Schießgerüste der schweren Geschütze (38 cm) zu liefern.[232]

Das preußische Militär beauftragte schließlich Bochumer Verein, GHH und Gussstahl-Werk Witten, Geschützrohre leichter und mittlerer Kaliber und die Maschinenfabrik Thyssen komplette Lafetten für die Feldkanone 96 n/A zu fertigen. Der Materialverschleiß an der Front war zu groß und nahm zudem ständig zu, sodass die Beschaffungsämter zusätzliche Lieferanten benötigten, da ihre eigenen Werkstätten und die der bisherigen Produzenten ihre Kapazitätsgrenzen erreicht hatten. Im Mai 1915 wandte sich das preußische Kriegsministerium an den Bochumer Verein, der schon seit Jahren keine Geschützrohre mehr gefertigt hatte, mit der Bitte um eine Probelieferung. In den 1860er-Jahren hatten einzelne süddeutsche Staaten und vor allem das Ausland dem Bochumer Verein größere Geschützaufträge erteilt, bevor dann das preußische Militär in den 1880er-Jahren einzelne Seelenrohre verschiedener Kaliber bestellte, schließlich aber nur noch Aufträge für fertige Geschosse bzw.

---

[228] Haßler, Bihl: 50 Jahre, S. 86 f., 140.
[229] Berdrow: Krupp im Weltkrieg, S. 102.
[230] Ebd., S. 108.
[231] Ebd., S. 204.
[232] Ebd., S. 174.

Feierliche Ablieferung der 1.000sten Feldlafette 96 n/A durch die Maschinenfabrik Thyssen & Co. AG, Mülheim/Ruhr am 19. Oktober 1917 in Anwesenheit von Militärs und Firmeneigentümer. V. l.: 3. Oberingenieur Lübb, 5. Dr. Buchau, 7. Dr. Edmund Roser, Vorstand der Maschinenfabrik, 8. August Thyssen. Quelle: thyssenkrupp Corporate Archives.

Rohlinge für die Weiterverarbeitung in den staatlichen Geschossfabriken vergab. Im Mai 1915 forderte das preußische Militär 13 Seelenrohre aus vergütetem Tiegelstahl zur Erprobung an. Die Prüfung fiel positiv aus, und schon am 5. Juli 1915 bestellte das preußische Heer die ersten 130 Seelenrohre FK 96 n/A (69 mm Bohrung, 3.000 mm lang). Hieran schlossen sich laufend weitere Aufträge in unterschiedlichen Losgrößen auf Seelenrohre und Zubehörteile für Geschütze bis einschließlich 21 cm-Mörser an. Der Bochumer Verein erweiterte daraufhin seine Bearbeitungswerkstätten um Werkzeugmaschinen und Ziehbänke für die Fertigbearbeitung von Geschützrohren. Anfang 1916 bestellte das Militär erstmals Feldhaubitzenrohre 98/09, Kaliber 10,5 cm, die nach dem Einschießen auf dem mittlerweile eingerichteten werkseigenen Schießplatz im März 1916 zur Ablieferung kamen. Zunächst produzierte der Bochumer Verein monatlich 100 Geschützrohre. Da der Arbeitskräftemangel und die Kapazität des vorhandenen Tiegelstahlwerks eine wesentliche Steigerung nicht mehr zuließen, entwickelten Mitarbeiter des Bochumer Vereins ein neues Schmelzverfahren für den sauren Siemens-Martin-Ofen, das nicht so personalintensiv war wie das Tiegelgussverfahren und das zudem Schrott verwenden konnte (s. Kapitel 17).[233] Die Späne der

[233] Däbritz: Bochumer Verein, S. 367.

eigenen Werkstätten konnten wieder eingeschmolzen werden. Eine Form der „Kreislaufwirtschaft" entstand, da bei der Granatenherstellung in der Regel deutlich über 50 Prozent Schrott anfielen (s. Kapitel 5), und ein fertig bearbeitetes Geschützrohr nur noch 20 Prozent des einstigen Nickelstahlblocks wog, aus dem es gefertigt wurde.[234]

Den Bochumer Eisenhüttenleuten und Chemikern gelang es sogar, einen dem bisherigen Tiegelstahl überlegenen Siemens-Martin-Stahl herzustellen, der nach eingehender Prüfung auch die Akzeptanz der preußischen Artillerieprüfungskommission fand. Der Bochumer Verein konnte nun seine Rohrfertigung auf 250 Stück pro Monat steigern. Ende 1917 wurde der Nickelgehalt des Geschützrohrstahls wegen Nickelmangels auf 1–1,5 Prozent herabgesetzt, ohne dass es zu Beanstandungen der Stahlqualität kam. Gegen Ende des Kriegs entwickelte der Bochumer Verein sogar einen nickelfreien Chromstahl mit gleichen Qualitätseigenschaften, der jedoch nicht mehr zum Produktionseinsatz gelangte (s. Kapitel 17).[235]

Neben Krupp und dem Bochumer Verein besaß eine beachtliche Tradition in der Waffenproduktion die 1873 errichtete Gussstahl- und Waffenfabrik Witten vormals Berger & Co. [AG], die aus der 1853 gegründeten Berger & Co. hervorgegangen war und – nach einer Liquidation – 1881 in Gussstahl-Werk Witten [AG] umbenannt wurde. Mit dem Schmieden von Kanonenrohren begann die Wittener Firma ungefähr 1858. Zur gleichen Zeit errichtete sie schließlich eine Kanonenwerkstatt, um die verschiedensten Geschützarten (Marine-, Feld-, Belagerungsgeschütze etc.) für diverse Staaten (Osmanisches Reich, Schweiz, Russland, süddeutsche und überseeische Staaten) herzustellen. Mit der Liquidation 1880 wurde der Geschützbau aufgegeben und nur noch die Fertigung von Gewehrläufen fortgeführt. 1890 kam erneut die Munitionsfertigung hinzu (s. Kapitel 5).[236] Außerdem nahm die Firma um die Jahrhundertwende die Produktion eines modernen, leicht zerlegbaren 7,5 cm-Gebirgsgeschützes auf. Die Wittener Ingenieure hatten – wie die von Rheinmetall – schon die Fertigung von Geschützen mit Luftbremse aufgenommen, als Krupp noch an die optimale Bremsung des Rücklaufs mittels Federn glaubte. Die vom Gussstahl-Werk Witten konstruierte 7,5 cm-Kanone besaß eine solche technische Neuerung. Das Rohr mit 28 Zügen war 112,5 cm lang und wog mit Verschluss nur 114 kg, das dazugehörige Geschoss 6 kg. Das Geschütz war leicht zerlegbar.[237] Mit dem ersten Tag der Mobilmachung 1914 sollte das Gussstahl-Werk Witten ebenso wie die Firma Krupp zusätzlich Kriegsmaterial fertigen, wobei die Militärs durch ihre zögerliche Bestellpolitik zunächst allen Rüstungsfabrikanten nicht ihre volle Leistungsfähigkeit abforderten. Lieferte das Gussstahl-Werk Witten noch im ersten Kriegsjahr monatlich 40 Mantelrohre aus Tiegelstahl, so waren es im letzten Kriegsjahr monatlich 238 Stück.

---

[234] Berdrow: Krupp im Weltkrieg, S. 165.
[235] Däbritz: Bochumer Verein, S. 231, 367 f., nennt 3.000 Stück/Monat. Dies scheint mir eine Verwechslung von Monats- und Jahresproduktion zu sein.
[236] Vierseitige Chronik: Gründung und Entwicklung, o. D., in: SIT GW/1042.
[237] Ruhrstahl Werkzeitschrift 15 (1940) vom 07.06.1940, S. 129–131. Laut Leitzbach: Rheinmetall, S. 64 waren Rheinmetall-Ingenieure die ersten, die eine 11 cm-Gebirgshaubitze mit Rohrrücklauf entwickelten.

6. Geschützproduktion | 103

Die GHH, die über einen umfang- und traditionsreichen Maschinenbau verfügte, bearbeitete in dieser Werkstatt Geschützrohre, die sie dann mit anderen Teilen zu ganzen Geschützen zusammenmontierte. In Halle 12 der Abteilung Sterkrade, Werk II wurden die Geschützrohre auf die Bodenstücke, noch ohne Verschluss, aufgesetzt. Dies war offensichtlich Männerarbeit. Die für die Hilfsarbeiten eingesetzten Frauen schauten im Hintergrund links dem Fotografen bei seiner Arbeit zu, 1916–1918. Quelle: LVR-Industriemuseum Oberhausen.

In der Vergüterei des Werks Dortmunder Union von Deutsch-Lux hing vorne eine Kurbelwelle am Kran und hinten das Bodenstück eines Geschützes. Zahlreiche weitere Bodenstücke lagen aufgereiht auf dem Boden, o. D. Quelle: thyssenkrupp Corporate Archives.

Bei den Seelenrohren[238] stieg die Monatsproduktion im gleichen Zeitraum von 15 auf 50 Stück. Diese Leistungssteigerungen waren nur möglich durch Investitionen in Höhe von rund 488.000 M in die Rohrwerkstatt für Geschützrohre, was ungefähr sieben Prozent der im Krieg getätigten betriebsnotwendigen Investitionen des Gussstahl-Werks Witten entsprach.[239] Weitere Kapazitätserhöhungen dürften an der Leistungsfähigkeit des Wittener Tiegelstahlwerks und nicht an den finanziellen Mitteln gescheitert sein (s. Kapitel 22).

Da das Militär eigentlich mehr Seelen- als Mantelrohre benötigte, weist diese Tatsache darauf hin, dass die Wittener Fabrik ein Problem in ihren Bearbeitungswerkstätten hatte; sie konnte nicht genügend Seelenrohre mit Zügen herstellen. Zudem lieferte das Gussstahl-Werk Witten 1915/16 Schutzschilde für Geschütze, aber auch für die Infanterie. Wegen der Verknappung des Legierungsmetalls Nickel entwickelte das Wittener Werk – parallel zu den Versuchen des Bochumer Vereins – einen neuen Chrom-Silizium-Stahl für die Schutzschilde, der gegenüber der damals verwandten Sprengmunition beschusssicher war.[240]

Nicht nur einzelne Firmen, sondern auch Bundesstaaten bemühten sich um das Privileg der Geschützherstellung. Schon im Dezember 1915 konnte sich Krupp nicht dem Wunsch des bayerischen Königs Ludwig III., hinter dem bayerische Wirtschaftskreise und Banken, u. a. die Deutsche Bank, standen, nach einer Krupp'schen Geschützfabrik im eigenen Land entziehen, verfügte die bayerische Armee doch über zwölf eigene Artillerie-Regimenter. Das Königreich wollte Geschütze, Flugzeuge und Motoren im eigenen Land fertigen. Am 26. Juni 1916 gründeten Fried. Krupp AG (50 Prozent), Arthur Krupp (Österreich) (10 Prozent), Tilo von Wilmowsky, Schwager von Gustav Krupp von Bohlen und Halbach, verheiratet mit Barbara Krupp (5 Prozent), Deutsche Bank (10 Prozent) sowie bayerische Banken und Unternehmen, darunter die von Hugo von Maffei geleitete Lokomotiv- und Maschinenfabrik J. A. Maffei, sowie die im Krieg mit Waffen- und Geschossfabrikation beschäftigten Schweinfurter Präcisions-Kugellagerwerke Fichtel & Sachs und der Sprengstofflieferant BASF die Bayerische Geschützwerke Fried. Krupp AG. Das Werk sollte nicht über eine eigenen Roheisen-/Rohstahlbasis verfügen, sondern vorgearbeitete Halbfabrikate aus Essen zur Fertigstellung übernehmen. Die Firma Krupp, die lange ein solches Ansinnen abgelehnt hatte, erklärte sich schließlich bereit, um ein Eindringen der Škodawerke AG in ihr deutsches Rüstungsgeschäft zu verhindern.[241] Die ersten Produktionspläne wurden schon kurz nach Baubeginn umgestoßen; es sollten nicht nur Feldgeschütze produziert werden, sondern auch Geschosse und anderes mehr.

---

[238] Durch häufiges Schießen nutzt sich das Kanonenrohr ab. Um nicht jedes Mal ein ausgeschossenes Rohr komplett ersetzen zu müssen, baute man ein Kanonenrohr aus mehreren Teilen auf, einem Bodenstück mit Verschluss, einem gezogenen Seelenrohr, welches das Geschoss führt, und einem Mantelrohr, welches das Seelenrohr umschließt und gegen Durchbiegen abstützt.

[239] Typoskript Rinne, Will: Ruhrgeist und Ruhrstahl, Nr. 4 des dritten Bandes. Gussstahl-Werk Witten (1881–1930), S. 37, 40, in: SIT GW/1091.

[240] Ebd., S. 40; WWA F 81 Nr. 302, 303. Zur Ersatzstoffforschung s. Kapitel 17.

[241] Berdrow: Krupp im Weltkrieg, S. 185.

Das um 1900 in Witten entwickelte, zerlegbare und äußerst leichte 7,5 cm-Gebirgsgeschütz mit Luftbremse. Quelle: Stiftung Westfälisches Wirtschaftsarchiv.

Für Krupp bedeutete das bayerische Unternehmen aber auch eine partielle Entlastung seines Arbeitskräftemangels, da die Heeresverwaltung ab Anfang 1917 bayerische Arbeiter nach Essen überwies, damit diese in den Kanonenwerkstätten der Gussstahlfabrik für ihre spätere Arbeit in München ausgebildet wurden; sie sollten die Stammbelegschaft bilden.[242] Eine sukzessive Teilinbetriebnahme des im Norden von München gelegenen Werks Freimann erfolgte ein Jahr später. Die Ausbildung bayerischer Staatsbürger zu Facharbeitern erfolgte u. a. in Essen. Das Werk lieferte im Januar 1918 zum ersten Mal an das bayerische Heer. Die angestrebten Produktionszahlen konnten in der Anlaufphase nur zum Teil erreicht werden, z. B. 75.000 Granaten, 30.000 gewalzte Gewehrläufe und 28.000 geschmiedete Maschinengewehrläufe pro Monat. Die eigentlichen Hauptprodukte des Werks, Kanonenrohre und Lafetten, erreichten nicht einen kontinuierlichen Ausstoß. Eine Ursache war die Verwendung von demontierten Maschinen und Anlagen aus dem Besatzungsgebiet,[243] die ursprünglich für andere Zwecke konstruiert waren. Dennoch besuchte der bayerische König Ludwig III. im August 1918 das Werk. Insgesamt nur 173 schwere Haubitzenrohre wurden fertiggestellt, deren Transport als Halbfabrikate von Essen nach München viel Kohle und Transportraum gekostet hatte. Im Juli 1919 verkaufte Krupp seinen Anteil an die Fritz Neumeyer AG mit einem bilanzierten Verlust von 40 Mio. M.[244] Der Nürnberger Unternehmer Fritz Ludwig Neumeyer, der im Ersten Weltkrieg selbst Rüstungsgüter (Kartuschen, Zündhütchen) produziert hatte, verkaufte das Werk mit dazugehörigen Wohnhäusern 1921 an die GHH.[245]

Schon bei Kriegsbeginn war bei der preußischen Armee ein Mangel an schwerer Belagerungsartillerie festgestellt worden. Aus dem Provisorium schwerer Marinegeschütze in ortsfesten Lafetten entstanden 1917 die vergleichsweise mobilen Eisenbahngeschütze, die bei Krupp in Essen in den unterschiedlichsten Varianten entwi-

---

[242] Ebd., S. 228.
[243] Tenfelde: Krupp in Krieg und Krise, S. 46.
[244] Berdrow: Krupp im Weltkrieg, S. 188; HAK WA 7 f 1114. Für diesen Hinweis danke ich Prof. Ralf Stremmel, Essen.
[245] https://de.wikipedia.org/wiki/Fritz_Ludwig_Neumeyer, Zugriff am: 29.04.2020.

6. Geschützproduktion

Besuch König Ludwig III. (2. v. l.) bei der Bayerische Geschützwerke Fried. Krupp AG in Freimann bei München am 10. August 1918, v. l. Gustav Krupp von Bohlen und Halbach; König Ludwig III.; Emil Ehrensberger, Aufsichtsrat Fried. Krupp AG, Chemiker und bis 1916 Direktoriumsmitglied Krupp; Hans Hollederer, Bauleiter der Bayerische Geschützwerke; Wilhelm von Walderstätten, General der Kavallerie und Vortragender Generaladjutant des Königs; Ernst L. Eppner, Direktor der Bayerische Geschützwerke, Emanuel von Perfall, Königlich Bayerischer Kämmerer und Hofmarschall; Alfred Kaeferstein, Betriebsdirektor (Prokurist) der Bayerischen Geschützwerke, Regierungsbaumeister a. D. (Maschinenbaufach), 1914 Betriebsleiter der Königlichen Geschützgießerei in Essen. Quelle: Historisches Archiv Krupp.

ckelt und gebaut wurden. Interessanterweise verschweigt der Krupp-Archivar und Historiker Berdrow, dass Krupp – ohne staatlichen Auftrag – die frühzeitige Entwicklung schwerer Zugmaschinen für die von ihr entwickelte überschwere Artillerie versäumte. Im Krieg wollte Krupp dann zusammen mit Daimler bei Gruson in Magdeburg einen leichten Sturmpanzer bauen, der zugleich als Zugmaschine ausgebildet war. Die Fertigung scheiterte an fehlenden Spezialmaschinen für Kegelräder.[246] Im Gegensatz zu Preußen hatte die verbündete österreichisch-ungarische Armee schon deutlich vor Kriegsbeginn die Motorisierung ihrer (Nachschub-)Truppen und schweren Artillerie begonnen und durchaus einsatztaugliche Fahrzeuge entwickelt, auch sogenannte Feldartillerie-Zugwagen. Diese hatte u. a. Ferdinand Porsche in Wiener Neustadt konstruiert.[247] 1916 entwickelte Österreich-Ungarn sogenannte 38 cm- bzw. 42 cm-Autohaubitzen. Diese Geschütze wurden in vier Teillasten schon

---

[246] Berdrow: Krupp im Weltkrieg. S. 85, 259 f.; Zur deutschen Entwicklung allgemein Pöhlmann: Panzer, S. 83–110, insbesondere S. 95 f.
[247] Hinteregger, Antensteiner: Steyr-Daimler-Puch AG, S. 125–149.

6. Geschützproduktion | 107

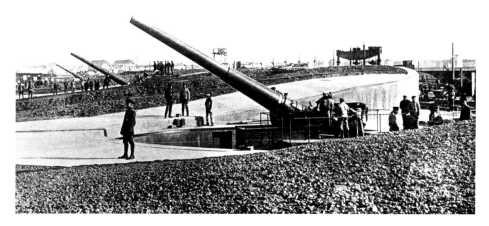

Insgesamt vier Krupp'sche Marinegeschütze des Kalibers 28 cm wurden zum Schutz des Hafens Ostende in der offenen Küstenbatterie Tirpitz verbaut, o. D. Quelle: LWL-Medienzentrum für Westfalen.

von einem benzin-elektrischen Zug transportiert und konnten nach Demontage der Vollgummireifen sogar auf Schienen eingesetzt werden.[248] Zusammen mit der Daimler-Motoren-Gesellschaft entwickelte Krupp erst im Krieg eine 100 PS starke Zugmaschine mit Allradantrieb für mittelschwere Geschütze, z. B. für die 15 cm-Kanone und die 10,5 cm-Flak, die ab Februar 1917 ausgeliefert wurde. Insgesamt um 1.000 Stück der Zugmaschine KD1 (Abbildung s. Kapitel 24), die 2 l/km Treibstoff benötigte, lieferte die Daimler-Motoren-Gesellschaft.[249] Die Konstruktion des Geschützes und der Zugmaschine band im Krieg Entwicklungskapazitäten. Von der 15 cm-Kanone mit einer Reichweite von 22 km bestellte das Militär zunächst nur 64 Stück, was in keinem Verhältnis zum Entwicklungsaufwand stand. Insgesamt wurden jedoch 746 Stück geordert, von denen Krupp 300 bis Kriegsende auslieferte.[250]

Inwieweit die Entwicklung der schweren Eisenbahngeschütze militärisch sinnvoll war, d. h. für die deutsche Kriegsführung Vorteile brachte, muss ebenfalls hinterfragt werden angesichts eines an der Westfront geführten Stellungskriegs. Zur Bekämpfung von schwer befestigten Festungen waren sie notwendig und ihre psychologische Wirkung auf unter Feuer genommenen Truppen – nicht nur im Grabenkrieg – darf nicht unterschätzt werden, zudem handelte es sich in den meisten Fällen um eine Umnutzung von ab 1916 nicht mehr benötigten Schiffsgeschützen der Kaliber 24–38 cm. Der hohe Aufwand zur Fertigung solcher Kanonenrohre aus Tiegelgussstahl machte eine Umnutzung als Eisenbahngeschütze oder stationär zur Küstenverteidigung zwingend notwendig.

---

[248] Ortner: Zwischen Innovation, S. 145–147.
[249] Berdrow: Krupp im Weltkrieg, S. 247.
[250] Ebd., S. 103, 204.

Die Bearbeitungszeit der schweren Gussblöcke für die 35–38 cm-Geschützrohre betrug fast anderthalb Jahre. Die Blöcke mussten etwa neun Monate vor Beginn der Bearbeitung gegossen und mindestens sechs Monate vor dem Bohren geschmiedet werden, um Spannungs- und Schrumpfrisse beim Erwärmen, Schmieden und Wiederabkühlen zu vermeiden. Versuche, die Schmiedearbeiten zu vereinfachen und abzukürzen, scheiterten im Krieg. Um den hohen Bedarf an Tiegelgussstahl zu befriedigen, musste Krupp in diesem Werksteil die Mitarbeiteranzahl von 500 im Frieden auf 600 erhöhen, darunter 70 Frauen.[251] Ein fertiges Geschützrohr wog übrigens nur noch 20 Prozent des einstigen Nickelstahlblocks und erklärt den hohen Kapazitätsbedarf zum Wiedereinschmelzen der Späne etc., was in der Regel im Siemens-Martin-Werk erfolgte, aber durchaus auch im Hochofen möglich war.[252]

Als erstes Eisenbahngeschütz wurde Anfang 1917 eine 24 cm-Schiffskanone L/40 an der Westfront eingesetzt. Für die 24 cm-Rohre der veralteten Kriegsschiffe der Wittelsbacher-Klasse, Stapellauf 1900/01, außer Dienst gestellt 1916, baute Krupp insgesamt 34 Großlafetten, weitere 32 Stück für die 38 cm-Geschütze, der nicht zu Ende gebauten Großkampfschlachtschiffe der Bayern-Klasse (s. a. Kapitel 7).[253] Die schwersten je gebauten Eisenbahnfahrzeuge waren die 18-achsigen „Max E und B Gerüst". Insgesamt stellte Krupp 193 Eisenbahngeschütze her, davon 75 im dritten und ca. 80 im vierten Kriegsjahr, unter letzteren befanden sich auch 15 cm- und 17 cm-Geschütze in Eisenbahnlafetten. Am Bau waren neben der Essener Gussstahlfabrik auch das zum Krupp-Konzern gehörende Stahlwerk Annen, ehemals Asthöwer & Co und das Grusonwerk beteiligt, letzteres lieferte u. a. die Hebe- und Transporteinrichtungen.[254]

Im Fall des Paris-Geschützes war der militärische Wert keinesfalls gegeben. Den ersten Anstoß zur Entwicklung dieser Fernkampfwaffe wurde im Herbst 1914 gegeben, als deutsche Militärs von Belgien aus über den Kanal hinweg Dover beschießen wollten, aber über keine Geschütze verfügten, die über eine Distanz von mindestens 35 km schießen konnten. Bei Verwendung neuartiger Geschosse mit schlanker Spitze erreichte ein Krupp'sches Schiffsgeschütz auf dem firmeneigenen Schießplatz Meppen anstatt der berechneten Schussweite von 39 km eine solche von 49 km. Der geringe Luftwiderstand in großen Höhen wurde bald als Ursache erkannt. Daraus folgerten die Krupp'schen Fachleute, dass rechnerisch noch größere Schussweiten möglich seien, wenn die Erhöhung weiter gesteigert werde, sodass die Geschosse die dünneren Luftschichten eher erreichen. Die Überlegungen wurden zunächst nicht durch Neukonstruktion weiterverfolgt, da sowohl Paris als auch Dover – die gegenüberliegende Küste von Calais hatten die deutschen Truppen nicht besetzt – außerhalb der Reichweite solcher zu konstruierenden Geschütze lagen. Mit vorhandenen stationären Marinegeschützen waren durch die neue Geschossform und leichtere Geschosse

---

[251] Ebd., S. 163 f.
[252] Ebd., S. 165.
[253] Berdrow: Krupp im Weltkrieg, S. 210, erwähnt auch fünf Schiffe der Kaiser-Klasse; diese nahmen am ganzen Krieg teil und versenkten sich selbst in Scapa Flow. Sie besaßen keine 24 cm-Geschütze, sondern 10×30,5-cm L/50 Sk.
[254] Berdrow: Krupp im Weltkrieg, S. 211, 5. Siehe in diesem Band S. 95.

6. Geschützproduktion | 109

Eine von Krupp gelieferte 24 cm-Schiffskanone L/40 in einer ebenfalls von Krupp im Krieg gefertigten Eisenbahnlafette. Quelle: Historisches Archiv Krupp.

Jeweils acht Geschütze 38 cm L/45 Sk hatte Krupp für die nicht mehr in Dienst gestellten Linienschiffe Sachsen und Württemberg gefertigt, die schließlich als Eisenbahngeschütze Verwendung fanden. Hier die bei der AG Vulkan Hamburg gebaute SMS Württemberg, die ihren Stapellauf am 21. November 1916 hatte, ohne die Geschütztürme. Das Luftbild vom Hamburger Hafen, aufgenommen ca. 1920, zeigt vorne links den ebenfalls unvollendeten Großen Kreuzer der Mackensens-Klasse SMS Prinz Eitel Friedrich und dahinter die SMS Württemberg. Bei beiden Schiffen haben die Abbrucharbeiten schon begonnen. Rechts im Bild ist das ebenfalls unvollendete Panzerschiff Salamis für die griechische Kriegsmarine zu sehen, dessen Geschütze und Panzerplatten aus den USA geliefert werden sollten; aber wegen des Krieges blieb auch dieser Bau unvollendet und wurde 1932 abgewrackt. Quelle: National Archives and Records Administration, Public domain, via Wikimedia Commons, https://commons.wikimedia.org/wiki/File:Hamburg_port_NARA-68155073.jpg.

Schussweiten von bis zu 60 km zu erreichen, mit denen die Marine daraufhin Dünkirchen beschoss. Erst bei der 3. OHL brachte Krupp die Möglichkeit noch größerer Reichweiten ins Gespräch und fand bei von Hindenburg und Ludendorff Gehör. Die geforderte Reichweite von 120 km erreichten die vorhandenen Marinegeschütze nicht, weshalb eine Neukonstruktion notwendig war. Dass diese nicht wie gewünscht für eine geplante deutsche Frühjahrsoffensive 1917 zur Verfügung stehen würde, war schnell klar, dennoch wurde dieses technisch anspruchsvolle Projekt weiterverfolgt, obwohl Arbeitskräfte und Qualitätsstahl knapp waren. Der interne Projektname für das Paris-Geschütz war „Wilhelm-Unternehmen", weshalb es intern auch als Wilhelm-Kanone bezeichnet wurde. Der erste Schießversuch in Altenwalde im Juli 1917 war unbefriedigend und führte zu neuen Studien und Berechnungen, Änderung der Geschossführung und anderes mehr, sodass bei erneutem Schießversuch in Altenwalde im September zumindest eine Weite von 100 km erzielt wurde und nach weiteren Verbesserungen endlich die geforderten 120 km. Die Geschosse errcichten die Stratosphäre. Das Paris-Geschütz war eine bis heute nicht wieder erreichte technische Meisterleistung mit seiner Schussweite von fast 130 km.[255] Seine Konstrukteure waren Fritz Rausenberger, Otto von Eberhard und der bisher in der Literatur nie genannte Oberingenieur Werner Kolbe, in der Gussstahlfabrik seit 1913 für die Geschützrohrfertigung zuständig.[256]

Aufgrund seiner Streuung und der geringen Sprengladung von 7 kg setzte das Militär das Geschütz nur als Terrorwaffe gegen die Pariser Bevölkerung ein und rechtfertigte den Beschuss damit, dass Paris den Status einer Festung besaß, also militärisches Zielobjekt war. Kriegswirtschaftlich war die Entwicklung des Paris-Geschützes angesichts der beschränkten deutschen Ressourcen an Material und Menschen nicht verantwortbar, da Konstruktion, Bau und Erprobung nicht nur Konstrukteure, Ingenieure, Zeichner, Berechner und Arbeiter, sondern auch in vergleichsweise geringem Umfang hochwertigen Stahl band. Das Rohr des Paris-Geschützes hatte eine Länge von 37 m und bestand aus einem 17 m langen Mantelrohr mit 38 cm Innendurchmesser, einem Marinegeschütz 38 cm SK-L/45, in das ein 30 m langes gezogenes 21 cm Rohr als Seelenrohr eingesetzt war. Schließlich wurde noch ein 6 m langes, glattes Rohr angefügt. Die überlange Konstruktion wurde durch ein charakteristisches hängebrückenartiges Spannwerk gegen Durchhängen geschützt. Das Paris-Geschütz verschoss Sprenggranaten von 106 kg Masse, die jedoch nur eine Sprengladung von 7 kg mit sich führten. Die mehrteilige Treibladung aus Messing-Kartusche und zwei Treibladungsbeuteln wog bis zu 196 kg. Das Geschütz hatte ein Gesamtgewicht von etwa 140 t und war stationär gebettet. Der Eisenbahntransport des überlangen Rohres – wie schon gesagt ohne Aufsatz 30 m – war äußerst schwierig, an sich schon eine logis-

---

[255] Mittlerweile haben Raketen die Ferngeschütze ersetzt.
[256] Werner Kolbe (1870–1925) hatte an der TH Charlottenburg studiert und wurde 1896 zum Regierungsbauführer bei der Eisenbahndirektion Kassel ernannt, wechselte jedoch noch im gleichen Jahr zur späteren MAN, um 1899 bei Krupp in Essen anzufangen. 1911 ernannt zum Vorsteher im Gussstahlwerk Essen, war er seit 1913 für die Geschützrohrfertigung zuständig. Freundliche Auskunft Historisches Archiv Krupp.

Personenkult um die Konstrukteure des Paris-Geschützes, einer frühen „Wunderwaffe", betrieb die Firma Krupp mit einer Postkarte, v. l. Otto von Eberhard, Fritz Rausenberger und Werner Kolbe, 1918. Quelle: Historisches Archiv Krupp.

tische Meisterleistung. Nach ungefähr 65 Schuss musste das Seelenrohr ausgetauscht werden. Bei jedem Schuss vergrößerte sich das Kaliber etwas, der Ladungsraum musste jeweils neu ausgemessen werden. Diese Veränderung wurde durch nummerierte Granaten mit entsprechend steigendem Durchmesser und einer Erhöhung der Treibladung ausgeglichen. Nach 65 Schuss mussten die Rohre bei Krupp in Essen auf Kaliber 22,4 cm und beim nächsten Mal auf 23,8 cm aufgebohrt werden, was im folgenden Einsatz eine Verkürzung der Schussweite bedeutete. Insgesamt wurden drei Paris-Geschütze mit zusammen acht Rohren gefertigt, die die deutsche Frühjahrsoffensive im März 1918 unterstützen sollten. Der erste Schuss auf Paris am 23. März 1918 um 7 Uhr 15 traf den Place de la Republique. Noch am gleichen Tag besichtigte der technikaffine Kaiser Wilhelm II. die Geschütze in Begleitung von Oberst Max Bauer, der sich als Artillerist für diese Waffe eingesetzt hatte. Die Paris-Batterie musste durch ein Infanterie-Bataillon und zehn Fliegerabteilungen gegen feindliche Angriffe gesichert werden und war nur unter bestimmten Bedingungen einsetzbar, um nicht vom Feind lokalisiert zu werden (nicht bei Nacht, bei Anwesenheit feindlicher Flieger etc.). Schon nach drei Tagen Fronteinsatz explodierte ein Paris-Geschütz und tötete 17 Soldaten der Bedienungsmannschaft. Außerdem mussten spezielle aerodynamische Geschosse konstruiert werden (s. Kapitel 5), von denen letztlich 852 Stück aus 8 Rohren auf Paris abgeschossen wurden, das letzte am 9. August 1918. Dieser Aufwand an Material und Menschen wäre militärisch sinnvoller in die Weiterentwicklung, d. h. Verbesserung und Bau der vorhandenen Standardwaffen und Geschosse

Im Krupp'schen Geschützbau wurde das zusammengebaute Paris-Geschütz aufgerichtet. Quelle: Taube, Gerhard: Deutsche Eisenbahn-Geschütze – Rohr-Artillerie auf Schienen, Stuttgart 1990, S. 100.

gesteckt worden, stattdessen versuchte Krupp bis zuletzt konstruktiv die Schussweite auf 140 bis 170 km zu erhöhen. Die Paris-Geschütze wurden – als die alliierte Front näher rückte – in das Reich zurückgeführt und verschrottet. Um den Alliierten keine Hinweise auf diese aktuelle technische Entwicklung zu geben, vernichtete Krupp auch die Konstruktionsunterlagen.[257]

Während des Kriegs entstanden den bisherigen Geschützherstellern des Ruhrgebiets weitere Konkurrenten in den Firmen Henschel & Sohn, Kassel und GHH, Oberhausen. Der Firmeninhaber Karl Henschel war sich der Qualität und Bedeutung seiner in Kassel und auf der Henrichshütte bei Hattingen vorhandenen Bearbeitungsmaschinen wie Drehbänke, Stoß-, Hobel- und Bohrmaschinen sowie der damit vertrauten Facharbeiter bewusst, mit denen er nicht nur kriegswichtige Lokomotiven herstellte. Henschel wollte in das lukrative Rüstungsgeschäft einsteigen und zwar nicht nur in die Lizenzfertigung, sondern auch in die Eigenentwicklung von Geschützen. Dafür warb er 1916 zwei Abteilungsleiter, ausgewiesene Fachleute der Geschützfertigung, bei der Firma Krupp ab. Bei Krupp vermutete man, dass dies mit Wissen der zuständigen mi-

---

[257] Taube: Deutsche Eisenbahngeschütze, S. 18–28; Berdrow: Krupp im Weltkrieg, S. 258, auf S. 205–210 nennt Berdrow nur 452 statt 800 Schuss und 8 statt 7 Rohre.

litärischen Stellen geschah, da das zuständige Militär Bedenken gegen monopolartige Strukturen habe und den Wettbewerb, auch bei konstruktiven Neuerungen, fördern wolle.[258] Karl Henschel kaufte in Thüringen und im Siegerland Eisenerzgruben, um die Erzbasis für die Erzeugung von Qualitätsroheisen, u. a. durch manganhaltige Siegerländer Eisenerze, für sein Qualitätsstahlwerk, die Henrichshütte, zu sichern. Im gleichen Jahr ließ er auf der Henrichshütte ein Tiegelgussstahlwerk errichten, um hochwertige Rohstahlblöcke für die Geschützrohrproduktion herzustellen.

Die Henrichshütte hatte schon vor Jahrzehnten auf moderne Massenstahlherstellungsverfahren umgestellt und nahm nun wieder die „handwerkliche" Tiegelgussstahlerzeugung auf, weil die preußische Artillerieprüfungskommission sowie die Geschützgießerei Spandau dies noch 1916 forderten, obwohl die Front schon längst Geschütze in immer größeren Stückzahlen benötigte, die ausschließlich aus Tiegelgussstahl nicht mehr zu fertigen waren.[259] Ungefähr 1.200 Geschütz- und Seelenrohre wurden bis Kriegsende auf der Henrichshütte gegossen, geschmiedet, vorgebohrt und vergütet und nach Kassel zum Werk Mittelfeld von Henschel & Sohn geliefert, wo Karl Henschel mittlerweile seine eigene Geschützfabrikation errichtet hatte. Hier ließ er die Geschütze montieren und auf dem nahegelegenen, neu angelegten firmeneigenen Schießplatz Heckershausen erproben.[260] Henschel stellte u. a. motorisierte Flak- und Eisenbahngeschütze her. Ob Karl Henschel 1917 dafür gezielt den Leiter des Werks Duisburg der MAN, Richard Fichtner, abwarb, ist nicht bekannt (s. Kapitel 16). Dieser sollte nach dem Krieg die Automobilsparte bei Henschel leiten. Bei der Geschützrohrproduktion lag die Henrichshütte weit hinter dem Gussstahl-Werk Witten, das im letzten Kriegsjahr monatlich 288 Rohre fertigte, davon 238 Mantelrohre, ganz zu schweigen von Krupp, wo schon in der ersten Jahreshälfte 1915 mehr Geschützrohre hergestellt wurden als bei Henschel in zwei Jahren.

Der zweite Neueinsteiger in die Geschützherstellung war die GHH, die bis zum Ersten Weltkrieg nur zivile Produkte gefertigt hatte. Sie nahm schon im Dezember 1914 die Geschossfertigung auf (s. Kapitel 5), lehnte aber im September 1915 das staatliche Ansinnen einer Herstellung von Geschützen und Geschützteilen ab, da ihr dafür die Werkstätten fehlten. Sie nahm jedoch im bescheidenen Umfang die Bearbeitung von Geschützteilen und Minenwerfern als Unterlieferant für andere Firmen auf. Am 14. Juli 1916 beschlossen GHH-Vorstand und -Aufsichtsrat den Neubau eines Maschinenbau-Werks II mit 21 Hallen, was eine Verdopplung des bisher überdachten Raums bedeutete. Nun sollte die Herstellung von Geschützen, Minenwerfern und Geschützteilen in großem Maßstab aufgenommen werden, wie sie bald darauf das sogenannte Hindenburg-Programm in nicht realisierbaren Quantitäten forderte.

---

[258] Berdrow: Krupp im Weltkrieg, S. 86.
[259] Eine Geschichte der Tiegelstahlproduktion im Ersten Weltkrieg ist noch ein Desiderat.
[260] Ewald: 125 Jahre Henschel, S. 120; Ernst Arnold spricht davon, dass die Henrichshütte 1917 selbst eine Geschützfabrik hatte, womit er jedoch auch die Geschützrohrproduktion meinen könnte, s. Berichte der Fachausschüsse des VdEh Maschinenausschuss Nr. 20 vom 17. Mai 1922, vorhanden in: tkA; Jahrbuch der deutschen Braunkohlen-, Steinkohlen-, Kali- und Erzindustrie 16 (1925), S. 276; Kieckebusch: Henschel, S. 282; Rasch: Granaten, S. 17.

Die von Henschel gelieferten Eisenbahngeschütze waren in Kassel auf Eisenbahnwaggons montierte Flugabwehrgeschütze, deren Kanonen die Henrichshütte in Hattingen hergestellt hatte. Der Waggon führte auch acht Munitionsbehälter mit. Quelle: Henschel-Museum + Sammlung e. V.

Die ersten selbstgefertigten Minenwerfer und Mantelrohre verließen Ende 1916 die noch im Bau befindlichen Werkstätten. Die Konstruktionsabteilung beschäftigte sich insbesondere mit den Minenwerfern (s. Kapitel 9). Um die mit dem Hindenburg-Programm vorgesehenen Produktionssteigerungen auch nur annähernd erreichen zu können, wurden in Abstimmung mit dem Wumba Unterlieferverträge mit zahlreichen kleineren Firmen über die Fertigung einfacher Schmiedeteile für Minenwerfer und Lafetten abgeschlossen. Probleme bei Unterlieferanten führten zu unangenehmen Verzögerungen. So konnten fertig produzierte Geschütze nicht ausgeliefert werden, weil technisch einfache Spornspitzen nicht rechtzeitig geliefert wurden. Als das Kriegsamt im Januar 1918 die überzogenen Forderungen des erweiterten Hindenburg-Programms – noch im September 1917 waren entsprechende Verträge zwischen Wumba und GHH abgeschlossen worden – den materiellen und personellen Möglichkeiten Deutschlands anpasste, stellte die GHH die Fertigung leichter Minenwerfer ganz ein und verminderte diejenige von Geschützen und Geschützteilen, während ihre letzten Hallenneubauten im März 1918 betriebsfertig waren, nun aber nicht mehr vollumfänglich benötigt wurden.[261] Knappe Ressourcen waren unnötig verbaut worden (s. Kapitel 14).

Die „handwerkliche" Tiegelgussstahlerzeugung entsprach den Qualitätsanforderungen, die die preußische Artillerieprüfungskommission für Geschützrohre forderte. Hier war Krupp der „Meister". Anderen Qualitätsstahlherstellern wie dem Bochumer Verein gelang es zwar, gleiche Qualitätsgüten aus Siemens-Martin-Stahl zu erzeugen, doch sollte die Anerkennung durch das preußische Militär ein langwieriger,

[261] Büchner: 125 Jahre, S. 54, 56, 58.

sich bis Kriegsende hinziehender Prozess sein. Informationen zwischen den einzelnen Geschützherstellern scheinen nur bedingt ausgetauscht worden zu sein, obwohl das Hindenburg-Programm den Erfahrungsaustausch und die Lizenzierung von patentierten Erfindungen vorsah. Leider liegen keine Informationen über die Arbeit der Vereinigung der Geschützwerke vor, zu deren Aufgaben ein solcher Informationsaustausch hätte zählen müssen.[262] Die fast ausschließliche Produktion von Geschützrohren über das handwerkliche, zeit- und arbeitsintensive Tiegelgussstahlverfahren zeigt, dass die Artillerieprüfungskommission sich nicht ausreichend mit der wirtschaftlichen Seite der Herstellungsverfahren auseinandersetzte und den Schritt zur industriellen Fertigung durch Massenstahlverfahren (Siemens-Martin-Verfahren) erst gegen Kriegsende in Ausnahmefällen genehmigte. Auch das lange Festhalten an eingeführten Stahlqualitäten mit hohen Legierungsanteilen, deren Rohstoffe dem Deutschen Reich nicht mehr in ausreichenden Mengen zur Verfügung standen, zeigt ein mangelndes Verständnis für wirtschaftliche Gegebenheiten. Andererseits sollte man nicht unterschätzen die Bedeutung von durch Materialfehler zerstörten Geschützen auf die Kampfmoral der Soldaten, für die die Artillerieprüfungskommission letzten Endes mit verantwortlich zeichnete.

Im Vergleich zu Krupp, das Werk fertigte bis Kriegsende insgesamt 10.843 komplette Geschütze und 9.439 Geschützrohre mit 161.899 Mitarbeitern in der Spitze,[263] stellte der größte Waffenproduzent der Habsburger Doppelmonarchie, die Škodawerke AG, Pilsen, im Ersten Weltkrieg insgesamt 12.693 Geschütze aller Kaliber bis hin zu 38 cm-Mörsern und Marinegeschützen her. 1917 arbeiteten bei Škoda rund 32.000 Menschen, während es bei Kriegsbeginn nur ungefähr 10.000 waren.[264]

Krupp war auch gegen Ende des Ersten Weltkriegs weiterhin unangefochten der größte private Waffenproduzent des Deutschen Reichs, aber das Unternehmen hatte deutlich mehr Konkurrenz bekommen.[265] Der Bochumer Verein fertigte wieder Geschütze. Neu hinzugekomme Waffenhersteller waren im Ruhrgebiet die Maschinenfabrik Thyssen, die jedoch nur Geschützteile, aber auch komplette Minenwerfer fertigte, die GHH, die nicht nur in Lizenz fertigte, Deutsch-Lux in Dortmund, die mit der übernommenen Maschinenfabrik Wagner Geschützrohre fertigte und deren Chef Hugo Stinnes zeitweise plante, einen großen Rüstungskonzern zu errichten,[266] und die Henrichshütte, die ab 1916 selbstentwickelte hochvergütete Geschützteile und anderes Kriegsmaterial produzierte, aber die Endmontage und das Einschießen fanden bei

---

[262] Die Geschäftsstelle der Vereinigung der Geschützwerke lag beim VdEh, s. Stahl und Eisen 38 (1918), S. 377.
[263] Tenfelde: Krupp in Krieg und Krise, S. 46, 56.
[264] www.wikipedia.org/wiki/Škoda_Maschinenbau, Zugriff: 23.05.2018.
[265] Es wäre wünschenswert zu ermitteln, welche Firmen welche Geschütze in welchen Stückzahlen fertigten und diese Zahlen in Relation zu setzen zu den Leistungen der staatlichen Artilleriewerkstätten. Ersatzüberlieferungen finden sich in den staatlichen Archiven in Dresden, München und Stuttgart sowie in den Firmenarchiven. Interessant ist auch ein Vergleich zwischen Krupp und Rheinmetall.
[266] Feldman: Hugo Stinnes, S. 437 ff.

116 | 6. Geschützproduktion

Eine Spezialität der Firma Krupp waren großkalibrige Geschütze: Eine seit den 1890er-Jahren gebaute 28 cm-Haubitze L/12 in Feuerstellung, o. D. Solche im Ersten Weltkrieg gefertigten Geschütze setzte die Deutsche Wehrmacht u. a. noch 1942 bei der Belagerung der Festung Sewastopol ein.
Quelle: Historisches Archiv Krupp.

Henschel in Kassel statt. Der Firmeninhaber Karl Henschel wollte bewusst in Konkurrenz zu Krupp in Essen treten. Auch im Saarland und in Oberschlesien entstanden neue Konkurrenten, deren Aktivitäten jedoch der verlorene Krieg mit dem Versailler Friedensvertrag beendeten. Das gilt auch für die in großer Anzahl entstandenen Produzenten von Granatwerfern, also leichte von der Infanterie zu bedienende Granatwerfer. Im Laufe des Kriegs entstanden auf deutscher Seite – als Folge einer neuen Taktik – 708 Minenwerfer-Kompanien, deren Bedarf fast 100 Firmen bedienten, u. a. Krupp, Thyssen, GHH und Rheinmetall (s. Kapitel 9).

Fazit

Den technischen Rückstand, den Krupp'sche Geschütze mit der Rückholfeder anstatt Luftbremse zu Beginn des Weltkriegs besaßen, holte die Firma im Laufe der ersten beiden Kriegsjahre auf und setzte sich wieder an die Spitze der technischen Waffenentwicklung. Der Produktionsschwerpunkt lag nicht mehr auf den schweren Marinegeschützen, sondern auf der Feldartillerie, da beide kriegsführenden Allianzen versuchten, bei Offensiven eine artilleristische Überlegenheit zu erlangen. Standen z. B. 1915 bei Tarnow noch 15 Geschütze pro Frontkilometer zur Verfügung, so waren es 1916 vor Verdun schon 42 und bei der Michael-Offensive im Frühjahr 1918 sogar 88 Geschütze, insgesamt über 6.600 Geschütze. Die Reichweite der Geschütze wurde verbessert und vor allem entwickelte Deutschland neue Waffen wie Flak auf Lastkraftwagen sowie die beweglichen schweren Eisenbahngeschütze zur Umnutzung nicht mehr benötigter Marinegeschütze. Zusammen mit Daimler baute Krupp Zugmaschinen für schwere Feldgeschütze, wie sie schon seit Jahren die verbündete k.u.k. Armee einsetzte. Mit Konstruktion und Bau des Paris-Ferngeschützes gab es auch Fehlentwicklungen ohne militärischen Nutzen, die Arbeitskräfte und Material banden. Lange Zeit nicht entwickelt wurden – wie vergleichsweise im stärker motorisierten Frankreich – Panzer, zumal der nötige Treibstoff fehlte.

Bei Kriegsende gab es 25 Geschütze fertigende Firmen mit ungefähr 500 Unterlieferanten. Diese Entwicklung war mit dem Hindenburg-Programm eingeführt worden, um durch Arbeitsteilung eine höhere Produktivität zu erreichen (Plan: Prof. Friedrich Romberg, s. Kapitel 26.1). Infolge von allgemeinen logistischen Problemen und

Obwohl Krupp seit Jahrzehnten schwere Geschütze fertigte, hatten sowohl das Militär als auch die Firma vor dem Krieg versäumt, die dafür notwendigen Zugmaschinen zu entwickeln. Deshalb mussten die deutschen Truppen in den ersten Kriegsjahren improvisieren. Hier zu sehen eine dampfbetriebene Zugmaschine an der Westfront 1916 beim Umsetzen eines schweren Geschützes. In Zusammenarbeit mit Daimler entwickelte Krupp ab 1916 die Zugmaschine KD1 mit Allradantrieb (Foto s. Kapitel 24), von der bis Kriegsende ungefähr 1.000 Stück gebaut wurden, die aber nicht den Bedarf deckten. Dieses Foto aus dem Album des Oberstleutnant Julius von Bernuth zeigt das ganze Dilemma der deutschen Mobilität: Keine Lastkraftwagen, Zugmaschinen und Motorräder, dafür aber Fahrrad, Eisenbahn und Dampftraktor sowie – hier nicht abgebildet – Pferde. Quelle: Bayerische Staatsbibliothek München/Bildarchiv.

fehlender Termintreue bei den Unterlieferanten führte dies jedoch zum Teil zu deutlichen Verzögerungen bei der Fertigstellung und Ablieferung von Geschützen.

Mit Friedensschluss mussten alle Anlagen und Maschinen unter alliierter Kontrolle demontiert und ein Teil der Fachleute, insbesondere in den Konstruktionsabteilungen, entlassen werden. Nicht erst mit Einsetzen der Wiederaufrüstung nach 1933 standen diese Fachleute und ihr Fachwissen zu großen Teilen noch zur Verfügung.

7. MARINERÜSTUNG

Mit dem Übergang vom hölzernen Segelschiff zum Stahlschiff, zunächst mit Segeln, dann mit Dampfmaschinen und -turbinen, Kohle bzw. Heizöl befeuert, schließlich mit Dieselmotoren bzw. in Kriegsschiffen mit einer Kombination von Dampfturbinen und Dieselmotoren, wurden sämtliche Hütten- und Walzwerke des Ruhrgebiets mehr oder minder zum Vormaterial-Lieferanten für Bleche, Nieten, geschmiedete Steven und Ruderblätter der Schiffbauindustrie. Die Werften schnitten und bogen die Bleche zurecht und vernieteten sie. Sie stiegen schließlich auch in den Bau von Dampfkesselanlagen und Dieselmotoren ein. Wurden die ersten Kriegsschiffe der Kaiserlichen Marine noch von britischen Werften auf Kiel gelegt, so sollten diese ab 1876 von deutschen Schiffsbauern nach den Plänen des Reichsmarineamts gebaut werden. Diese bezogen ihren speziellen Schiffbau-Stahl – und bald auch die Panzerplatten – von den inländischen Stahlwerken. Die ersten Küstenhüttenwerke entstanden in Deutschland erst gegen Ende des 19. Jahrhunderts und verfügten nicht über Walzwerke zur Produktion von Panzerplatten. Sie waren aus Kostengründen (günstiger Bezug von britischer Kohle und Eisenerzen auf dem Seeweg) entstanden und nicht als Vormate-

Anlässlich der Krupp'schen Hundertjahrfeier besichtigte Kaiser Wilhelm II. zusammen mit Gustav Krupp von Bohlen und Halbach am 9. August 1912 auch das Panzerplattenwalzwerk, wo passend gerade die 10.000 Panzerplatte gewalzt wurde. Quelle: Historisches Archiv Krupp.

riallieferant für den Schiffbau.[267] Sie schmiedeten auch nicht schwere Anker mit den dazugehörigen Ketten, z. B. stellte die zum Deutsch-Lux-Konzern gehörende Kettenfabrik Schlieper in Iserlohn solche schweren Ketten her.

Die AG der Dillinger Hüttenwerke und die Fried. Krupp [AG] besaßen bald ein Duopol auf die Herstellung von Panzerplatten für die großen Kriegsschiffe. Die Platten von 20, 30 und sogar bis zu 35 cm Dicke besaßen eine besondere Festigkeit, waren mittlerweile Chrom-Nickel-Stähle und zementiert, d. h. besonders behandelt, um nicht von Geschossen durchschlagen zu werden. In den Jahren vor dem Weltkrieg entstand ein Wettrüsten zwischen Angriff (großkalibrige Marinegeschütze) und Defensive (Schiffpanzerung). Thyssen und andere Firmen hatten zu Beginn des 20. Jahrhunderts – als das Flottenrüsten eine neue Dimension mit fast jährlich größeren Schlachtschiffen mit immer stärkerer Armierung und immer großkalibrigeren Geschützen erreichte – versucht, das technisch anspruchsvolle Produkt Panzerplatte gewinnbringend herzustellen, jedoch erfolglos.[268] Offensichtlich nur der oberschlesischen Bismarckhütte gelang es vor dem Krieg, auch Panzerplatten, Schiffsbleche für Kriegsschiffe sowie Compound-Panzerbleche erfolgreich in ihr Fertigungsprogramm aufzunehmen.[269] Trotz des Monopol-Nachfragers Kriegsmarine erschienen die Panzerplatten als ein lukratives Geschäft aufgrund ihres Umfangs, da ca. 35 Prozent der Gewichtsverteilung bei den Schlachtschiffen auf die Panzerung entfielen, weitere 15 Prozent auf die Bewaffnung, d. h. Geschütze und Geschütztürme. Bei den ab 1907 gebauten Linienschiffen der Nassau-Klasse waren dies pro Schiff ca. 6.500 ts, bei den ab 1911 auf Kiel gelegten Linienschiffen der König-Klasse schon mehr als 10.200 ts (= 40,5 Prozent des Schiffgewichts) bei Panzerplatten von 30, 40, 60, 100, 170, 180 und 350 mm Stärke zuzüglich über 3.000 ts (= 12,1 Prozent des Schiffsgewichts) für die Bewaffnung.[270] Von den 17 zwischen 1908 und 1914 vom Stapel gelaufenen prestigeträchtigen Großkampfschiffen, den Linienschiffen, wurden jeweils drei auf der Kaiserlichen Werft in Wilhelmshaven, bei der Krupp'schen Germaniawerft in Kiel und bei der AG „Weser" in Bremen gebaut.

Nachdem Krupp 1893 den Konkurrenten Grusonwerk AG in Magdeburg erworben hatte, besaß das Essener Unternehmen ein Monopol auf die schwere Bewaffnung deutscher Kriegsschiffe. Geschütze und Geschütztürme wurden in Essen gefertigt und an die eigene, 1896 erworbene Germaniawerft in Kiel, aber auch an andere Kriegsschiffe bauende Werften geliefert. Die Fertigung der schweren 28-, 30,5-, 35- und 38 cm-Marinegeschützrohre für die Schlachtschiffe und -kreuzer benötigte min-

---

[267] Scholl: Schiffbau, S. 647. Das erste deutsche Küstenhüttenwerk entstand 1895–1898 in Stettin (Eisenwerk Kraft AG) und stellte nur Gießereiroheisen her, s. Rasch: Der Unternehmer, S. 113–118.

[268] August Thyssens Interesse lässt sich mindestens auf das Jahr 1905 datieren, s. Rasch: August Thyssen, S. 78. Auch der Hoerder Bergwerks- und Hüttenverein produzierte zeitweise Panzerplatten, stellte diese verlustreiche Fertigung jedoch 1891 ein, s. Bleidick: Hoerder Verein, S. 23, 29. Zu Tirpitz' Seerüstung s. Epkenhans: Wilhelminische Flottenrüstung.

[269] Erwähnt in: N. N.: Bismarckhütte.

[270] Breyer: Schlachtschiffe, S. 286, 296.

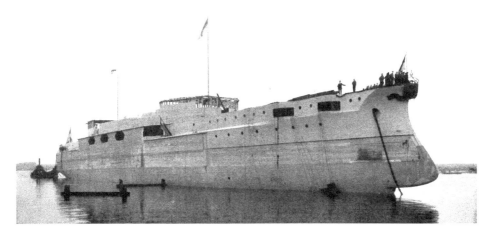

Rohbau des Linienschiffs MS Preußen noch ohne Gürtelpanzerung. Deutlich sichtbar ist die Stelle in Höhe der zukünftigen Wasserlinie, an der die Panzerplatten noch aufgebracht werden müssen. Der Stapellauf erfolgte am 30. Oktober 1903 bei der AG Vulcan Stettin. Quelle: Dillinger Hüttenwerk AG: Die Dillinger Hüttenwerke 1685 bis 1905, Berlin 1905, S. 30.

destens 15 Monate (s. Kapitel 6). Zunächst goss der sogenannte Essener Schmelzbau nahezu handwerklich entsprechende Tiegelstahlblöcke, die man erst nach mindestens drei Monaten schmiedete, um Spannungs- und Schrumpfungsprozesse beim Erwärmen, Schmieden und Wiederabkühlen zu vermeiden. Nach weiteren sechs Monaten erst bohrte man die geschmiedeten Blöcke auf.[271] Die fertig bearbeiteten Geschützrohre hatten ein Rohgewicht von 45,3 t (28 cm) bis zu 105 t (38 cm), die dazugehörigen Geschosse wogen zwischen 240 bis zu 750 kg. Ein kompletter Geschützturm bei Linienschiffen der König-Klasse wog 551 ts.[272]

Bei Kriegsbeginn befanden sich zwei deutsche Linienschiffe auf der Germaniawerft im Bau; sie wurden zunächst weitergebaut. Das Linienschiff SMS Kronprinz konnte am 8. November 1914 vorzeitig fertiggestellt werden. Es besaß zehn 30,5 cm- und vierzehn 15 cm-Geschütze von Krupp.[273] Dass das Neueste nicht unbedingt das Beste war, musste die SMS Kronprinz am 17. Oktober 1917 beim Kampf mit zwei älteren russischen Linienschiffen in der Ostsee erfahren. Wegen zu geringer Rohrerhöhungen konnte die SMS Kronprinz das Fernfeuer der gegnerischen Schiffe nicht erwidern. Ihre von der Fachabteilung im Reichsmarineamt entworfenen Geschütze waren in der Reichweite unterlegen, weil nicht für den Fernkampf ausgelegt, was die Kaiserliche Marine im Übrigen schon bei der Skagerrak-Schlacht hatte schmerzlich feststellen müssen. Das zweite im Bau befindliche Linienschiff, die SMS Sachsen, lief erst am 21. November 1916 vom Stapel; der bisher schon verlangsamte Weiterbau wurde 1917

---

[271] Berdrow: Krupp im Weltkrieg, S.163.
[272] Breyer: Schlachtschiffe, S. 277.
[273] Berdrow: Krupp im Weltkrieg, S. 269.

122 | 7. Marinerüstung

Herstellen einer Panzerplatte: Ein hochfester Chrom-Nickel-Stahlblock vor dem 1911 errichteten neuen Walzwerk; Abtransport einer zu härtenden, gebogenen Panzerplatte aus dem Wärmeofen; Härten einer anderen, schmaleren Panzerplatte, o. D. Quelle: Historisches Archiv Krupp.

schließlich ganz eingestellt, damit die Germaniawerft sich voll auf den U-Boot-Bau konzentrieren konnte.[274] Die entsprechende Verfügung des Reichsmarineamts datiert erst vom 11. August 1917.[275] Bis dahin fand keine Konzentration im Kriegsschiffbau statt, obwohl das Deutsche Reich am 1. Februar 1917 den uneingeschränkten U-Boot-Krieg erklärt hatte. Die 38 cm-Geschütze der SMS Sachsen wurden an der Westfront eingesetzt. Vier aber noch nicht vom Stapel gelaufene große Zerstörer für Argentinien ließ die Marine weiterbauen, übernahm sie als Große Torpedoboote G 101-104 und stellte sie zwischen dem 4. März und 5. Juni 1915 in Dienst.[276] Eine Stilllegung des Bauvorhabens und Konzentration auf andere, wichtige Kriegsprojekte scheint vom Reichsmarineamt nicht erwogen worden zu sein.

Die staatliche Mobilmachungsplanung sah die Lieferung von 144 Geschützen für U- und Torpedo-Booten durch Krupp vor, jedoch in einer Zeitspanne von 29 Mona-

---

[274] S. HAK WA 7 f 1115.
[275] Berdrow: Krupp im Weltkrieg, S. 269.
[276] Ebd., S. 270.

Geschützturmfertigung bei Krupp in der 1863 errichteten IV. Mechanischen Werkstatt, hier 1906. Quelle: Historisches Archiv Krupp.

ten, sodass in Essen nahezu kein zusätzlicher Arbeitsbedarf entstand, zumal ausländische Rüstungsaufträge entfielen. Die staatliche Mobilmachungsplanung betraf bei Krupp vor allem die Marinefertigung. Von Juli bis September 1914 lagen bei Krupp Aufträge – nicht nur durch den Krieg bedingt – in Höhe von 125 Mio. M. vor, von denen drei Viertel auf die Marine entfielen.[277] Erst im letzten Quartal bezogen sich die Bestellungen zu drei Viertel auf das Landheer bei einem Auftragswert von nur noch 86 Mio. M. Jedoch entstand in den ersten Kriegsmonaten ein zusätzlicher Aufwand im Marinegeschützbau, da z. B. ältere Kriegsschiffe ausgeschlachtet wurden zur landgestützten Verteidigung eigener Kriegshäfen wie Kiel, später auch zur Verteidigung der eroberten belgischen Nordseeküste sowie zum Einsatz im Landkrieg als schwere Belagerungsartillerie. Da dem deutschen Heer schwere Geschütze zum Beschuss von Festungen fehlten, wurden im Westen (Antwerpen, Lüttich und Maubeuge) nicht nur schwere 30,5 cm-Škoda-Haubitzen des Festungsartilleriebatallions 8 der k.u.k. Armee eingesetzt, sondern auch 30,5 cm-Marinegeschütze in festen Bettungslafetten zum Beschuss von Festungen. Diese Lafetten mussten bei Krupp in Essen zunächst konstruiert und dann auch noch gebaut werden. Die Montage in Bettungslafetten vor

[277] Ebd., S. 56.

124 | 7. Marinerüstung

Ort dauerte nochmals zwei bis sechs Wochen. Ab 1916 wurde auch die ursprünglich für die Marine konstruierte 38 cm-Kanone als Eisenbahngeschütz an der Westfront eingesetzt (s. Kapitel 6).[278]

Nach der Skagerrak-Schlacht am 31. Mai/1. Juni 1916 erhielt Krupp zusätzliche Reparaturaufträge und Aufträge für Ersatzbeschaffungen verlorengegangener Schiffseinheiten sowie für großkalibrige Marinemunition.[279]

Bei den kleineren Schiffseinheiten besaß Krupp kein Liefermonopol. Kurbelwellen für Schiffsdiesel, Heizkessel, kleine Bordgeschütze u. a. m. wurden auch auf anderen Ruhrgebietswerken gefertigt, z. B. 50 Kurbelwellen für U-Boot-Dieselmotoren auf der Henrichshütte, 300 Stück bei Krupp,[280] aber auch bei den Werften selbst.

Beschussproben auf dem Krupp'schen Schießplatz in Meppen wurden akribisch dokumentiert, und zwar sowohl die Besuchergruppe als auch die beschossene Panzerplatte. Ähnliche Aufnahmen sind übrigens auch von den Dillinger Hüttenwerken überliefert. Hier zu sehen ist eine Lieferabnahme durch das niederländische Heer am 3. Januar 1914 mit einer beschossenen, aber nicht zerschossenen Panzerplatte. Auffällig ist, dass auch die Militärs zivile Kleidung tragen. Quelle: Historisches Archiv Krupp.

[278] Ebd., S. 22.
[279] Ebd., S. 97.
[280] Rasch: Granaten, S. 17, Berdrow: Krupp im Weltkrieg, S. 82.

Im U-Boot-Bau besaß Krupp ebenfalls kein Monopol, auch wenn am 4. August 1906 das erste U-Boot für die Kaiserliche Marine auf der Germaniawerft in Kiel vom Stapel lief. Bis zum Kriegsbeginn fertigte die Germaniawerft zehn Boote für das Deutsche Reich sowie einige weitere für das Ausland.[281] Trotz Problemen mit der Entwicklung eigener Schiffsdiesel nahm die Germaniawerft eine führende Rolle ein. Im ersten Kriegsjahr lieferte sie 22 U-Boote ab, im zweiten nur noch 14 inklusive der beiden Handels-U-Boote, da das Reichsmarineamt zu lange am Weiterbau der Großkampfschiffe festhielt, die schließlich doch nicht fertiggestellt wurden.[282] Der dafür benötigte Stahl kam von der Friedrich-Alfred-Hütte und anderen Hüttenwerken an der Ruhr. Das größte damals gebaute deutsche U-Boot, die U 142, ein U-Kreuzer mit zwei 10,5 cm-Deckgeschützen, lief am 4. März 1918 vom Stapel bei der Germaniawerft, die für dieses Boot ihre Erfahrungen mit den Handels-U-Booten weiterentwickelt hatte. Das am 10. November 1918 in Dienst gestellte U-Boot nahm nicht mehr an Kriegshandlungen teil. Außerdem lieferte Krupp 301 U-Boottürme, tatsächlich bestellt waren sogar 441 Türme, mehr als ihre Germaniawerft an U-Booten (81) baute, d. h. ungefähr jedes vierte U-Boot stammte von Krupp, und wohl fast jeder U-Boot-Turm.[283]

Weder in Kiel noch in Essen entstand jedoch die Idee, ein unbewaffnetes Handels-U-Boot als Blockadebrecher zu bauen. Die Idee soll vom Geschäftsführer der Accumulatoren-Fabrik AG, Berlin, stammen, in Kiel konstruktiv geprüft und als realisierbar eingeschätzt worden sein, bevor sie Gustav Krupp von Bohlen und Halbach an den Marinestaatssekretär Alfred von Tirpitz herantrug mit dem Hinweis, dass der Kriegsschiffbau nicht beeinträchtigt werde. Unter der Camouflage des Norddeutschen Lloyds und Bremer Kaufleute stellte man das auf der Krupp-Werft gebaute Handels-U-Boot „Deutschland" in Dienst. Es durchbrach 1916 zweimal die britische Blockade und fuhr in die USA, um einerseits deutsche Teerfarben, Medikamente u. a. m. nach New York zu liefern und um andererseits als „Blockadebrecher" vor allem die dringend benötigten Rohstoffe Nickel und Rohgummi nach Deutschland zu bringen. Allein 300 t Nickel erreichten so Krupp![284]

Das zweite, 1916 gebaute Handels-U-Boot „Bremen" ging schon auf der Versuchsfahrt verloren, 6 weitere vom Reich bestellte Handels-U-Boote wurden nach dem Kriegseintritt der USA 1917 in sogenannte U-Kreuzer, Langstrecken-U-Boote, umgebaut.[285] Allein 20.000 t Bleche lieferte die Firma Krupp, vor allem die Rheinhausener Friedrich-Alfred-Hütte, an die Germaniawerft für 81 U-Boote und 22 Torpedoboote, die die Werft während des Kriegs fertigstellte.[286] Tatsächlich hatte die Germaniawerft für 120 U-Boote und 20 Torpedoboote Material bestellt, welches außer der Friedrich-

---

[281] Ebd., S. 270.
[282] Ebd., S. 171 f.
[283] Ebd., S. 82, 275; Tenfelde: Krupp in Krieg und Krise, S. 48: Anfangs hatte die Germaniawerft Probleme mit den selbst entwickelten Dieselmotoren und musste auf solche der MAN zurückgreifen, ebd., S. 43.
[284] Berdrow: Krupp im Weltkrieg, S. 75–77, 82.
[285] Ebd., S. 78.
[286] Ebd., S. 275.

126 | 7. Marinerüstung

Auf der Germaniawerft der Fried. Krupp AG in Kiel wurden während des Kriegs 81 U-Boote gefertigt, darunter auch das unbewaffnete Handels-U-Boot „Deutschland", das im Frühjahr 1916 noch im Bau war. Quelle: Historisches Archiv Krupp.

Für sämtliche deutschen U-Boote hatte Krupp im Krieg offensichtlich die Türme geliefert. Auch die nicht verbauten Türme mussten aufgrund des Versailler Friedensvertrags verschrottet werden, wie hier bei der Germaniawerft in Kiel, o. D. Quelle: Historisches Archiv Krupp.

7. Marinerüstung | 127

Blick in die Zentrale des Handels-U-Boot „Deutschland". Quelle: Meisner, E.: Das Unterseeboot, in: Miethe, Adolf (Hg.): Die Technik im zwanzigsten Jahrhundert. Sechster Band: Die Technik im Weltkriege, Braunschweig 1921, S. 181.

Am 30. Dezember 1916 besuchte Paul König (3. v. l.), Kapitän des Handels-U-Boots „Deutschland", die Krupp-Werke in Essen. Quelle: Historisches Archiv Krupp.

Reihenbau von U-C-1-Minenbooten auf einer deutschen Werft. Den verbauten Stahl lieferten zum größten Teil Hüttenwerke im Ruhrgebiet. Quelle: Meisner, E.: Das Unterseeboot, in: Miethe, Adolf (Hg.): Die Technik im zwanzigsten Jahrhundert. Sechster Band: Die Technik im Weltkriege, Braunschweig 1921, S. 239.

Alfred-Hütte die GHH, Gewerkschaft Deutscher Kaiser, die Rheinischen Stahlwerke sowie die Werke Ruhrort und Hörde der Phoenix AG für Bergbau und Hüttenbetrieb lieferten.[287] Die Sehrohre aus nichtmagnetischem Stahl produzierte vor allem Krupp, damit bei Tauchfahrten auf Sehrohrtiefe Seeminen mit Magnetzünder nicht durch das Periskop zur Explosion gebracht wurden.

U-Boote benötigten im Ersten Weltkrieg für ihre Tauchfahrten leistungsstarke Blei-Accumulatoren. Eine komplette Batterie für ein deutsches U-Boot setzte sich im Ersten Weltkrieg aus bis zu 124 einzelnen Zellenelementen zusammen und konnte ein Gewicht von über 150 Tonnen erreichen, d. h. eine einzelne Zelle wog über eine Tonne. Schon vor dem Krieg war die Accumulatoren-Fabrik AG der Hauptlieferant sowohl der Kaiserlichen Marine als auch der österreichisch-ungarischen Flotte. Sie lieferte auch die besonders leistungsstarken elektrischen Zellen für das Handels-U-Boot „Deutschland". Solche speziellen Accumulatoren stellte vor dem Krieg ausschließlich das Werk Hagen her. Bei Kriegsende wurden U-Boot-Batterien außer in Hagen auch in den Werken Berlin-Oberschöneweide, Budapest sowie Hirschwang/Niederösterreich gefertigt. Zeitweise nahm die Herstellung der U-Boot-Batterien die gesamte Ka-

[287] Ebd.,

Zur Marinerüstung gehörten auch die Seeminen, deren Druckkörper u. a. Krupp herstellte. Ein großer Produzent, der die Kaiserliche Marine schon vor dem Krieg mit Seeminen belieferte, war die Eisenhüttenwerke Thale AG am Harz. Sie soll allein 45.000 Seeminen und 5.000 Torpedos gefertigt haben.[288] Quelle: Kiep, J.: Die Seemine, in: Miethe, Adolf (Hg.): Die Technik im zwanzigsten Jahrhundert. Sechster Band: Die Technik im Weltkriege, Braunschweig 1921, S. 294.

pazität des Hagener Werks der Accumulatoren-Fabrik AG in Anspruch. Im Laufe des Kriegs konnte die Batterieleistung von 1.500 kWh auf 3.500 kWh bei gleichzeitiger Erhöhung der Haltbarkeit gesteigert werden. In den letzten beiden Kriegsjahren verließen monatlich bis zu 25 Batterieanlagen das Hagener Werk. Werkseigene Monteure bauten diese auf den Werften inklusive Verkabelung sowie Absaug- und Belüftungsanlagen ein. Rohgummi war neben Blei, an dem kein Mangel herrschte, der wichtigste Rohstoff insbesondere für die U-Boot-Batterien; es wurde während des Kriegs äußerst knapp. Daran konnten auch die 1916 erfolgten Einfuhren durch das Handels-U-Boot „Deutschland" nichts ändern, wohl aber Fritz Hofmann, der vor dem Krieg im Labor eine Kautschuk-Synthese erfunden hatte. Die Farbenfabriken vorm. Bayer & Comp., Leverkusen, gelang schließlich nach einigen Änderungen die industrielle Fabrikation, sodass ab Frühjahr 1917 Hartgummi-Kästen für U-Boot-Zellen wieder in ausreichender Anzahl zur Verfügung standen.[289]

---

[288] Golla: Heimatfront, S. 10.
[289] Accumulatoren-Fabrik AG: 50 Jahre, S. 80–82; Blank: Hagen 1914, S. 84., zu Fritz Hofmann s. Hofmann: Hofmann.

Für die deutschen U-Boote wurden spezielle Batterien, u. a. in Hagen, gefertigt, die über besondere Luken, Akkubugs, ein- und ausgebaut werden konnten, wie dieses Foto demonstrieren soll, 1912. Quelle: Historisches Centrum Hagen.

Für die noch junge Torpedowaffe, Alfred (ab 1900 von) Tirpitz hatte in den 1890er-Jahren ihre Entwicklung maßgeblich beeinflusst, lieferte Krupp die Druckluftzylinder, anfangs aus geschmiedetem Tiegelstahl wegen der hohen Qualitätsanforderungen der Kaiserlichen Marine. Waren es vor dem Krieg nur etwa 700 Stück, so wurden im gesamten Krieg ungefähr 15.000 Zylinder in Essen gefertigt, davon allein 7.000 Stück im letzten Kriegsjahr. Diese bestanden jedoch gegen Kriegsende nicht mehr aus Tiegelstahl, sondern aus speziell legiertem Siemens-Martin-Stahl, was sowohl das Siemens-Martin-Stahlwerk als auch die großen Pressen in Essen stark belastete.[290] Eine Alternative stellte der ab Anfang 1916 von der Accumulatoren-Fabrik AG zusammen mit der Siemens & Halske AG entwickelte elektrisch angetriebene Torpedo dar, der zudem eine höhere Geschwindigkeit erreichte und keine verräterische Blasenspur hinterließ. Entwicklung und Erprobung der ersten fertiggestellten Elektrotorpedos wurden erst im Sommer 1918 abgeschlossen, sodass vor Kriegsende eine Serienfertigung nicht mehr aufgenommen werden konnte.[291] Warum das Reichsmarineamt nicht die Röhrenhersteller stärker als Lieferanten für die konventionellen Torpedos anstelle der schon überlasteten Krupp'schen Werke heranzog, dürfte eine berechtigte Frage an die militärische Planung und Koordination sein. Vermutlich gab es auch technische Probleme, da die Röhrenhersteller nicht die legierten, hochfesten Siemens-Martin-Stähle weiterverarbeiteten. Zudem wirft die gesamte Marinerüstung während des Kriegs zahlreiche Fragen auf. Sie war von den Sonderinteressen dieser Waffengattung geprägt, die sich nur schwer einer zentralen, einheitlichen Kriegs- und Rüstungsplanung hätte unterordnen lassen. Diese gab es im Deutschen Reich bis Kriegsende nicht. So ließ die Kaiserliche Marine den bei Kriegsbeginn noch nicht weit fortgeschrittenen Bau des Linienschiffs SMS Sachsen mit acht 38 cm-Geschützen drei Jahre lang fortsetzen. Der Stapellauf fand am 21. November 1916 statt, erst im Kriegsjahr 1917 stellte die Marine diesen Bau ein. Die 38 cm-Geschütze wurden in Bunkern an der Kanalküste sowie als Eisenbahngeschütze eingesetzt (s. Kapitel 6).[292]

Dabei forderten schon die Reparaturarbeiten im Sommer 1916 infolge der Skagerrak-Schlacht von den Werften und der Stahlindustrie, insbesondere von Krupp,[293]

[290] Berdrow: Krupp im Weltkrieg, S. 165.
[291] Blank: Hagen 1914, S. 86.
[292] Berdrow: Krupp im Weltkrieg, S. 22.
[293] Ebd., S. 97.

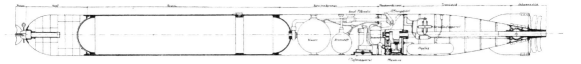

Längsschnitt durch einen 53 cm-Torpedo. Teile solcher Torpedos und ihrer Druckbehälter fertigten Unternehmen an der Ruhr. Quelle: Zschorsch: Torpedowesen, in: Miethe, Adolf (Hg.): Die Technik im zwanzigsten Jahrhundert. Sechster Band: Die Technik im Weltkriege, Braunschweig 1921, S. 249.

zusätzlichen Schiffbaustahl, Panzerplatten, Marinemunition u. a. m. Eigentlich hätte das Deutsche Reich – gleich einem Spieler – zu Kriegsbeginn alles auf eine Karte setzen müssen, so viele Männer wie möglich einziehen, bewaffnen und an die Front schicken müssen, um den Erfolg des modifizierten Schlieffen-Plans zu garantieren, also auch die zahlreichen Werftarbeiter. Doch auch dies hätte nicht den Sieg im Westen garantiert, da nicht nur Soldaten und Waffen fehlten, sondern beim Vormarsch falsche militärische Entscheidungen gefällt wurden. Statt alle wehrfähigen Männer zu mobilisieren, gab die Marine sogar noch im April 1915 einen großen Kreuzer (Ersatz für die am 8. Dezember 1914 im Seegefecht bei den Falklandinseln selbstversenkte SMS Gneisenau) in Auftrag, der über Anfänge jedoch nicht hinauskam. Erst am 11. August 1917, sechs Monate nach Beginn des uneingeschränkten U-Boot-Kriegs (1. Februar 1917), wurde die Fertigung der U-Boote als kriegswichtig vorgezogen, was den Baustopp für mehrere große Überwasserkriegsschiffe bedeutete. Selbst als man Ende 1916 erkannte, dass das Hindenburg-Programm die Rüstungswirtschaft total überforderte, wagte es zunächst niemand, diese nicht kriegsrelevanten Prestigeprojekte der Kaiserlichen Marine einzustellen. Die Entscheidung des Kriegs musste im Westen an Land fallen, unabhängig davon, ob es gelang, mit U-Booten die britischen Inseln zu isolieren und „auszuhungern" und damit deren materielle Unterstützung für Frankreich zu unterbinden.[294] Bis 1917 waren nicht nur mehrere hundert Menschen mit Planung und Konstruktion dieser Kriegsschiffe, weitere tausende Werftarbeiter mit ihrem Bau beschäftigt gewesen, sondern es waren auch mehrere tausend Tonnen Bleche und Panzerplatten im Ruhrgebiet, im Saarland und in Oberschlesien erzeugt worden, die anderweitig nur schwer zu verwenden waren. U-Boote erforderten leichtere Bleche. Viel Material und Arbeitskraft war während des Kriegs für den Weiterbau großer Kriegsschiffe vergeudet worden. Wegen ihres hohen Nickelgehalts transportierte man die nicht verbauten Panzerplatten wieder zurück in das Ruhrgebiet und schmolz sie in Siemens-Martin-Öfen ein, um den hochwertigen Stahl anderweitig verwenden zu können.[295]

[294] Siehe Smith: Iron and Steel Industry; Passaqui: Frankreichs Stahlproduktion.
[295] Berdrow: Krupp im Weltkrieg, S. 275 f.

132 | 7. Marinerüstung

Auf seiner Deutschland-Reise Ende 1917 besuchte der osmanische Marineminister Ahmet Cemal, bekannt als Cemal Pascha, auch Krupp. Da er zum bedeutenden Führungstrio der Jungtürken gehörte, gab es eines der seltenen offiziellen Fotos mit Mitgliedern der Familie Krupp von Bohlen und Halbach auf der Terrassentreppe der Villa Hügel am 3. September 1917. 1. Reihe v. l.: Walther Kirchner, Sohn des Chefarztes des Krupp Krankenhauses, Bertha Krupp von Bohlen und Halbach, Alfried von Bohlen und Halbach, Ahmet Cemal, Gustav Krupp von Bohlen und Halbach. Mittlere Reihe v. l.: Korvettenkapitän Klaus Humann, der in Smyrna geborene Sohn des Archäologen Carl Humann (Pergamon-Altar), diente als Marineattaché in Istanbul; Kapitänleutnant Wahid, Marineattaché bei der osmanischen Botschaft in Berlin; Leutnant d. R. Ismet, Adjutant; Korvettenkapitän Wienfried Raven, Dezernent des Reichsmarineamts im Großen Hauptquartier; Fregattenkapitän Hüseyin Rauf Orbay, Stabschef der osmanischen Kriegsmarine; Leutnant d. R. Talich Rifki, Ordonanzoffizier; Kapitän z. S. Wassif, Unterstaatssekretär im osmanischen Kriegsministerium; Fritz Homann, Sonderaufgaben des Krupp-Vorstands; Kapitänleutnant Nussret, persönlicher Adjutant Cemals; Hauptmann Massar, Adjutant; Fräulein Morange; hintere Reihe v. l.: Korvettenkapitän Alexander Freiherr von Senarclens de Grancy, frisch ernannter Marinebevollmächtigter beim osmanischen Marineminister und Verbindungsoffizier der Deutschen Seekriegsleitung beim AOK der 4. Osmanischen Armee (und ab 1920 Flügeladjutant des abgedankten Kaisers Wilhelm II.); Paul Crass, Krupp-Repräsentant in Berlin; k.u.k. Hauptmann Morro, Verbindungsoffizier beim Armeeoberkommando der 4. Osmanischen Armee (Palästina); Hermann von Kerschner, Besuchswesen Krupp; Dr. Hans Cloos, Geologe, Krupp Mitarbeiter der Gewerkschaft Schlesische Nickelwerke. Vermutlich thematisierte die Firma Krupp bei diesem Besuch auch den Bezug von Nickel aus der Türkei. Quelle: Historisches Archiv Krupp.

Fertig montierte Bugrohre eines U-Boots. Quelle: Zschorsch: Torpedowesen, in: Miethe, Adolf (Hg.): Die Technik im zwanzigsten Jahrhundert. Sechster Band: Die Technik im Weltkriege, Braunschweig 1921, S. 273.

Nickelhaltiger Stahl wurde für Geschützrohre, Lafetten, Druckkörper für U-Boote und andere hochbeanspruchte Stähle benötigt. Wegen des Mangels an Nickelerzen war der Nickelgehalt in vielen Stahllegierungen im Laufe des Kriegs auf 50 Prozent und weniger reduziert und neue Stahlsorten entwickelt worden (s. auch Kapitel 17).

Für die schweren, schon fertiggestellten Marinegeschütze mussten in Essen neue Lafetten konstruiert und gegossen bzw. geschmiedet werden, um sie als Eisenbahngeschütze im Erdkampf an der Westfront oder in Bunkern an der belgischen Küste (s. Kapitel 6) einsetzen zu können. Dies beschäftigte wiederum Konstrukteure, Zeichner, Schmelzer, Schmiede und andere Rüstungsarbeiter, die daraufhin für die Serienfertigung von leichten und schweren Feldgeschützen, aber auch neuer Munition fehlten.

Zu den vergessenen Kapiteln der ruhrgebietsspezifischen Marinerüstung gehört, dass die Kaiserliche Marine die Gesellschaft Harkort, Duisburg, acht Wochen vor Kriegsende mit dem Bau von zwei Schwimmdocks beauftragte. Dafür wurde in Audorf bei Rendsburg am Nord-Ostsee-Kanal ein Grundstück erworben und eine Bauwerft errichtet. Wenige Wochen später folgte ein Auftrag zur beschleunigten Herstellung weiterer zwei Docks. Diese letzten beiden zog die Marine nach dem Waffenstillstand wieder zurück. Die ersten beiden Docks waren schon in Bearbeitung und wurden im Demobilmachungsverfahren zur Vermeidung von Arbeitslosigkeit weitergebaut und im Oktober 1919 bzw. März 1920 fertiggestellt und an die Alliierten abgeliefert.[296] Die GHH, die u. a. über die eigene Werft Walsum am Rhein verfügte, baute 1916/17 für die Kriegsmarine zwölf Schwimmdocks und zwei schwimmende Werkstätten.[297]

Außer Granaten, die das Reichsmarineamt u. a. bei dem Gussstahl-Werk Witten bestellte, lieferte das Wittener Unternehmen, das schon um die Jahrhundertwende Exzenter für die Kaiserliche Marine hergestellt hatte, im letzten Kriegsjahr Teile für U-Boote, Torpedos sowie für Torpedo- und Minensuchboote.[298] Eine Konzentration und Spezialisierung auf einzelne Produzenten fand weder beim Heer noch bei der Kriegsmarine statt. Wie angespannt die kriegswirtschaftliche Lage schon Anfang 1917 war,

---

[296] Gesellschaft Harkort: 75 Jahre, S. 25.
[297] Büchner: 125 Jahre, S. 54.
[298] Erwähnt im Schreiben Gussstahl-Werk Witten an Zentralstelle der Kaiserlichen Marine für Versorgung der U-Bootindustrie mit Betriebsstoffen vom 06.07.1918, in: WWA F81 Nr. 207; Ruhrstahl Werkzeitschrift 15 (1940) vom 07.06.1940, S. 130.

Eine im Bau befindliche schwimmende Werkstatt, gefertigt von der GHH, o. D. Quelle: LVR-Industriemuseum Oberhausen.

belegt ein Schreiben vom März, in dem das Reichsmarineamt darauf hinwies, dass die Werft F. Schichau, Elbing, dringend 100 t Rundstahl für die Fortführung des Baus von Torpedobooten benötige. Da der Bau von Torpedobooten dem der U-Boote gleichgestellt sei, handele es sich – trotz der vergleichsweise geringen Menge – um die Lieferung allerdringendst benötigten Kriegsmaterials.[299]

Fazit

Ohne den küstenfernen Stahlstandort Ruhrgebiet wäre der Bau von Handels- und Kriegsschiffen auf deutschen Werften nicht möglich gewesen. Hier wurden schon vor dem Krieg Ankerketten und schwere Anker geschmiedet, Schiffbaustahl inklusive Panzerplatten, Kurbelwellen und Hecksteven produziert sowie Heizkessel gefertigt. Ohne die Montanindustrie des Ruhrgebiets wäre der Kriegsschiffbau auf den deutschen Werften, die Bewaffnung und Munitionierung sowie die Versorgung mit heimischen Treibstoffen (Kohle, Heizöl, Diesel, Schmiermittel) sowie Unterhalt der Kaiserlichen Flotte während des Kriegs unmöglich gewesen.

Bis 1917 fertigte Krupp in aufwendigen Verfahren schwerste Marinegeschütze und walzte Panzerplatten für Großkampfschiffe, weil die Kaiserliche Marine zu lange im Krieg am Neu- und Weiterbau von nicht kriegsentscheidenden Großkampfschiffen

---

[299] Schreiben Reichsmarineamt an Gussstahl-Werk Witten vom 10.03.1917, in: WWA F 81 Nr. 948.

Ein Schwimmdock mit einer Tragfähigkeit von 3.500 t, im Krieg von der Gesellschaft Harkort, Duisburg, für die Kaiserliche Marine gebaut, hier noch auf der Werft. Quelle: Ruhr-Bezirksverein des Vereins deutscher Ingenieure (Hg.): 50 Jahre Ingenieurarbeit zwischen Rhein und Ruhr 1872–1922, Essen 1922, S. 108.

Die Henrichshütte, mittlerweile ein Werk der Ruhrstahl AG, fertigte um 1930 ein Vulkan-Getriebe für das Panzerschiff Deutschland, hier zu sehen die Wellenenden und das Schiff. Quelle: LWL-Industriemuseum Dortmund.

festhielt, obwohl die britische Fernblockade schon im Herbst 1914 die Grenzen der deutschen Marinepolitik aufgezeigt hatte. Der Bau großer Überwasserschiffe band Arbeitskräfte und Material, konnte aber in keinem Fall eine Kriegsentscheidung bringen.

Auch für die U-Boot-Waffe war das Ruhrgebiet ein wichtiger Produktionsstandort. Alle großen Stahlfirmen an der Ruhr walzten Bleche für U-Boote und stellten Schiffbaustahl her. Die antimagnetischen Sehrohre fertigte Krupp ebenso wie die hochfesten Druckbehälter für die mit Druckluft betriebenen Torpedos. Die bis zu 150 t schweren Batterieblöcke für diese Boote wurden in Hagen hergestellt und wären beinahe Ziel eines britischen Luftangriffs geworden. Mehrere Werke produzierten zudem kleinere Bordgeschütze und Marinemunition, während einige Stahlbau betreibende Firmen für die Marine Schwimmdocks fertigten. Nach dem Krieg lieferte die Ruhrindustrie wieder Teile für die Passagier- und Handelsschiffe, an denen infolge des Seekriegs und der zahlreichen versenkten Handelsschiffe ein großer Bedarf bestand. Aber schon ab 1921 fertigte u. a. die Henrichshütte wieder Teile für Kriegsschiffsneubauten, in diesem Fall für den zwischen 1921 und 1925 auf der Reichsmarinewerft Wilhelmshaven gebauten Leichten Kreuzer Emden, aber auch Kurbelwellen für Torpedo-Boote sowie Vulkan-Getriebe für die Panzerschiffe Deutschland (1929–1931) und Admiral Scheer (1931–1933).[300]

[300] Fotoalbum „Ruhrstahl Aktiengesellschaft", ca. 1930, in: LWL-Industriemuseum Dortmund, Sammlung Inv.-Nr. 2014/29.

8. LUFTRÜSTUNG[301] UND LUFTVERTEIDIGUNG

Nahezu vergessen ist, dass das Ruhrgebiet während des Ersten Weltkriegs wichtige Teile für die Flugzeugindustrie und sogar ganze Flugzeuge lieferte. Im Detail ist nicht bekannt, welche Teile Firmen zwischen Duisburg und Dortmund für den Flugzeugbau fertigten. Hier sei an Spann- und Zugdrähte, Munition, Fliegerbomben oder anderes gedacht. Mit dem Hindenburg-Programm und der damit verbundenen Produktionssteigerung an Rüstungsgütern wurde die rheinisch-westfälische Stahlindustrie auch für die Herstellung von hochbeanspruchten Kolben und Zylindern für Flugzeugmotoren herangezogen. Es waren beteiligt u. a. die Firmen Krupp, Bochumer Verein, Gussstahl-Werk Witten, das Fliegerbomben und beschussfesten Stahl lieferte, und die Henrichshütte, letztere schmiedete im Gesenk unter Dampfhämmern allein 2.423 Zylinder für Flugzeugmotoren.[302] Ebenfalls Flugzeugmotorenzylinder produzierte der Bochumer Verein. Für die Fertigung der zum Motor gehörigen Haupt- und Nebenpleuelstangen gliederte der Bochumer Verein seinem Hammerwerk eine besondere Gesenkschmiede an, die das vorgeschmiedete Material unter Fallhämmern im Gesenk fertigstellte.[303]

Vor dem Ersten Weltkrieg war das Fliegen, sowohl Segel- und Motorflug, als auch Ballonfliegen und Luftschifferei noch etwas Neues, das die breite Öffentlichkeit bestaunte. Enthusiasten für die neue Technik bzw. Sportart gab es auch im Ruhrgebiet. Flugplätze wurden 1910 in Holten bei Oberhausen und 1912 in Rotthausen zwischen Gelsenkirchen und Essen sowie im nur 9 km entfernten Wanne (Flugplatz Herten-Wanne-Eickel-Herne) eröffnet, wo sich Begeisterte zum (Segel-)Fliegen trafen. 1910 gründete ein Flug-Enthusiast den ersten nicht erfolgreichen Flugzeugbau in Holten.[304] Am 15. Juni 1912 entstand in Rotthausen bei Gelsenkirchen eine weitere Flugzeugbaugesellschaft, an der sich nicht nur Flugbegeisterte, sondern auch Unternehmer beteiligten, u. a. Bernhard Goldschmidt, der Sohn des Essener Chemieindustriellen Karl Goldschmidt. In Rotthausen baute die Kondor-Flugzeugwerke GmbH schon 1912 ihre ersten beiden nicht sehr erfolgreichen Flugzeuge. Josef Suwelack entwarf sie nach dem Vorbild der Rumpler-Taube. Auch die Industriellen Hugo Stinnes und Gustav Krupp von Bohlen und Halbach interessierten sich für die Fliegerei; man

---

[301] Der folgende Abschnitt beruht – wenn nicht anders vermerkt – ausschließlich auf der Spezialarbeit von Rißmann-Ottow: Glück ab.
[302] Stahl für Flugzeuge erwähnt im Schreiben Gussstahl-Werk Witten an Zentralstelle der Kaiserlichen Marine für Versorgung der U-Bootindustrie mit Betriebsstoffen vom 03.09.1918, in: WWA F81 Nr. 207; Fliegerbomben erwähnt in: Ruhrstahl Werkzeitschrift 14 (1939), S. 388; Rasch: Granaten, S. 17.
[303] Däbritz: Bochumer Verein, S. 375.
[304] Rißmann-Ottow: Glück ab, S. 227.

138 | 8. Luftrüstung und Luftverteidigung

Anzeige der Kondor-Flugzeugwerke, 1915. Bei dem Flugzeug im Vordergrund handelt es sich um den Typ W 1. Für den tatsächlich realisierten Bau eines Wasserflugzeugs, in der Illustration oben links angedeutet, gibt es keinen Beleg. Quelle: Guido Rißmann-Ottow: Glück ab! Frühe Luftfahrt im Revier, Essen 2002, S. 256.

diskutierte schon 1911 u. a. eine Luftgefährdung des Industriegebiets durch französische Flugzeuge. Die Firma Krupp, aber auch die Firmeninhaberin Bertha Krupp von Bohlen und Halbach spendeten erhebliche Summen und sogar zwei Flugzeuge für die Weiterentwicklung des Motorflugs in Deutschland. Ein weiteres, wenn auch aktenmäßig nicht nachweisbares Argument für das Krupp'sche Interesse dürfte der sich aus der Luftbedrohung ergebende Bau von Flugabwehrgeschützen (Flak) gewesen sein. Hugo Stinnes sollte sich nach dem Krieg an Fluggesellschaften und Flugzeugbauern außerhalb des Ruhrgebiets finanziell beteiligen. Ein Engagement vor dem Krieg lässt sich bei ihm nicht nachweisen, wohl aber während des Kriegs.[305]

Mit Beginn des Kriegs beschlagnahmte die Militärverwaltung in Rotthausen vier für Spanien gefertigte Flugzeuge. Die Militärs bestellten insgesamt achtzehn weitere, einfache und robuste Eindecker zum Preis von 25.000 M das Stück. Ein im September/Oktober 1914 entwickelter Doppeldecker für militärische Zwecke fand nicht die Zustimmung des Inspekteurs der Fliegertruppen Walter von Eberhard, dennoch stieg die Anzahl der Mitarbeiter in der Rotthausener Fabrik von sieben Mitte des Jahres auf 85 zum Jahresende 1914. 1915 stellte das Unternehmen neue Konstrukteure ein, deren Entwürfe ebenso wenig die Zustimmung der Militärs fanden wie sechs „Kondor-Tauben", deren Abnahme die Militärverwaltung ablehnte. Die Kondor-Flugzeugwerke gaben die Entwicklung eigener Flugzeugtypen auf und verlegten sich zunächst auf die Ausbildung von Piloten für die Fliegertruppen in einer eigenen Fliegerschule, wo sie ihre technisch veralteten Maschinen noch einsetzen konnte. Der Betrieb in Rotthausen verlagerte sich auf Wartungs- und Reparaturaufträge und den gelegentlichen Bau eines Doppeldeckers für die eigene Fliegerschule. Ende 1915 waren 150 Mitarbeiter beschäftigt. Die im April 1915 errichtete Militär-Fliegerschule in Großenhain zwischen Leipzig und Dresden konnte nach zwei Jahren die Nachfrage an ausgebildeten Piloten nicht mehr vollständig befriedigen, sodass im September 1917 die Kondor-Fliegerschule von Großenhain zum Flugstützpunkt Nordhausen/Harz wechselte. Dort vergrößerte die Firma sie bis zum Waffenstillstand ständig. Bei Kriegsende besaß sie Unterkünfte

---

[305] Rißmann-Ottow: Glück ab, S. 111–114; Feldman: Hugo Stinnes, S. 436–443.

für 150 Flieger und Bodenpersonal, Hangars für 50 Flugzeuge und eine vollständig ausgestattete „Flugzeugwerft".

Erst mit Ernennung der 3. OHL und den nicht realisierbaren Rüstungsanstrengungen des Hindenburg-Programms nahm auch das eigentliche Flugzeugwerk in Rotthausen einen Aufschwung. Nach Ansicht von Mitaktionär Karl Goldschmidt hätte es 1916 wegen anhaltender Erfolglosigkeit eigentlich geschlossen werden sollen. Nun jedoch konnten Flugzeuge in Lizenz gebaut werden. Nach Verhandlungen mit der Inspektion der Fliegertruppen und der Albatros Flugzeugwerke GmbH erhielt die Kondor-Flugzeugwerke GmbH einen ersten Auftrag über den Bau von 50 Albatros B II Schulflugzeugen. Drei neue Montagehallen entstanden, Maschinen und Werkzeuge wurden angeschafft. Trotz der Überforderung sowohl der Bauindustrie als auch des Maschinenbaus konnte das erste Flugzeug im Januar 1917 die Rotthauser Werkshallen verlassen. Die Lizenzfertigung von Albatros-Flugzeugen in Großserien begann; bis Kriegsende konnten ungefähr 400 Stück gebaut werden. Die Anzahl der Beschäftigten stieg von 270 Ende 1916 auf 1.200 im Sommer 1918, darunter viele Frauen, die nicht nur als Näherinnen zum Bespannen der Tragflächen eingesetzt waren. Angesichts von 72 Flugzeug- und 45 Motorenherstellern in Deutschland mit etwa 25.000 Arbeitern und 47.637 bis Kriegsende produzierten Flugzeugen zeigt sich die geringe Bedeutung des Essener Unternehmens.[306] Es stellt sich rückschauend die Frage, ob bei einer stärkeren staatlichen Lenkung der Rüstungsfertigung die in Rotthausen investierten Mittel und beschäftigten Arbeitskräfte bei anderen Flugzeugherstellern nicht besser eingesetzt gewesen wären, d. h. mehr produziert und weniger Rohstoffe für den Hallenbau etc. benötigt hätten. Bei einem Streben nach der besten Lösung beschäftigten deutsche Rüstungsplaner zu viele Unternehmen und verbrauchten zusätzlich Material und Arbeitskräfte, statt sich auf ein, zwei Typen/Modelle zu beschränken, die nicht unbedingt die besten Lösungen sein würden. Sie würden dadurch höhere Stückzahlen bei geringerem Arbeitskräfte- und Materialverbrauch in der Entwicklung erzielen. Die deutschen Flugzeugbauer fertigten durchschnittlich 650 Flugzeuge während des Kriegs. Die Erfahrungen des Ersten Weltkriegs dürften in diesem Sinne die staatlichen Maßnahmen im Zweiten Weltkrieg maßgeblich beeinflusst haben und zu einer zentralistischeren Planung geführt haben. Diese war jedoch auch nicht viel erfolgreicher, wenn man sich die Typenvielfalt im deutschen Panzer- oder Flugzeugbau während des Zweiten Weltkriegs anschaut. Im Ersten Weltkrieg blieb die privatkapitalistische Wirtschaftsordnung – trotz einiger von den Militärs initiierter sozialpolitischer Maßnahmen – bis auf einige namhafte Ausnahmen (Daimler) unangetastet. Dies erklärt die Existenz der Kondor-Flugzeugwerke GmbH über 1916 hinaus. Dabei hatte Hugo Stinnes 1916/17 eine Alternative aufgezeigt. Er regte damals die Gründung einer Reichsflugzeugwerke AG als gemischtwirtschaftliches Unternehmen der flugzeugbauenden Unternehmen und des Staates an. Diese sollte modernste Kriegsflugzeuge, aber auch Funkeinrichtungen und Bomben fertigen. Das Projekt, bei dem Stinnes eine entscheidende Rolle spielen wollte, scheiterte aus den

---

[306] Rißmann-Ottow: Glück ab, S. 268.

8. Luftrüstung und Luftverteidigung

Flugzeugmontage bei der Kondor-Flugzeugwerke GmbH in Rotthausen während des Kriegs.
a) Blick in die Serienfertigung des in Lizenz gebauten Albatros BII. Hier die Rumpf- und Tragflächenmontage Anfang 1917.

b) Montage der aus Holz gefertigten Tragflächen.

8. Luftrüstung und Luftverteidigung | 141

c) Beim Vernähen und Lackieren der Tragflächenbespannung setzten die Kondor-Flugzeugwerke ausschließlich Frauen ein.

d) Als nicht fronttauglich erwies sich die Kondor W1, weshalb nur ein Exemplar gebaut wurde. Das Flugzeug fand Verwendung in der firmeneigenen Flugschule zur Ausbildung von Kampfpiloten. Im Hintergrund ist der am Rand des Harzes gelegene Hangar der Flugschule mit dem Firmennamen zu sehen. Quelle für alle vier Fotografien: Essener Luftfahrtarchiv.

verschiedensten Gründen; zudem wollte der Staat sich nicht hälftig am neuen Unternehmen beteiligen. Stinnes' Bemühungen um die Gründung eines eigenen Unternehmens zum Bau von Ganzmetallflugzeugen scheiterten ebenfalls, obwohl er sich schon als Zulieferer sah und sich auch bemühte, die Bayerischen Motoren Werke als Flugzeugmotorenbauer mit zu übernehmen. Die neue Produktionsstätte wäre jedoch nicht im Ruhrgebiet, sondern in Brandenburg errichtet worden, wo das vom Stinnes-Konzern 1917 erworbene Stahl- und Walzwerk Ph. Weber GmbH als geeigneter Zulieferer schon produzierte.[307] Dafür sollte Vögler die Pioniere im Flugzeugbau, die sehr unterschiedlichen Charaktere Hugo Junkers und Anthony, eigentlich Anton Herman Gerard Fokker in eine von Stinnes dominierte Gesellschaft (52:24:24) zusammenbringen. Der Versuch scheiterte.[308]

Der vermutlich infolge des Hindenburg-Programms zur Leistungssteigerung zu den Kondor-Flugzeugwerken abkommandierte junge Ingenieur Walter Rethel, in Uniform, dekoriert mit dem EK II, vor 1919. Quelle: Essener Luftfahrtarchiv.

Neben dem Lizenzbau entwickelte die Kondor-Flugzeugwerke GmbH in der zweiten Kriegshälfte wieder eigene Entwürfe, u. a. von dem Ende 1917 als Konstrukteur eingestellten Walter Rethel. Sein Entwurf Typ E 3, ein Hochdecker, bestand ein militärisches Vergleichsfliegen im Oktober 1918 angeblich als bestes Flugzeug. Der Waffenstillstand verhinderte den Serienbau.[309] Dennoch gehörte den Kondor-Entwürfen nicht die Zukunft, da es sich um hölzerne Flugzeuge handelte. Die Entwicklung ging zum Leichtmetallbau. Auf diesem Gebiet fehlte dem Unternehmen jedoch jegliche Erfahrung. Die Kondor-Flugzeugwerke GmbH unter ihrem Generaldirektor Alfred von Back-Begavár,[310] einem ehemaligen Vorstandsmitglied der Th. Goldschmidt AG, hatte diese Entwicklung nicht wahrgenommen und sich auf den hölzernen Flugzeugbau festgelegt. Im Sommer 1917 hatte Back-Begavár Beziehungen zu Sägewerk und Bautischlerei Heinrich Schnakenbeck in Lemgo als Zulieferbetrieb aufgenommen und im Sommer 1918 das Unternehmen übernommen, das ab dann als Flugzeugwerke Kondor GmbH – Abtl. Sägewerk firmierte. Mit Kriegsende und Demobilmachung wurde aus dem Flugzeugbauer 1920 die Kondor-Werk – Gesellschaft für Holzbearbeitung mbH, die ihr Rotthauser Werk als Autowerkstatt und Möbelschreinerei nutzte. Damals bestand eine Autokarosserie noch wie im Kut-

---

[307] Feldman: Hugo Stinnes, S. 436–443.
[308] Deutsches Museum, Nachlass Hugo Junkers, Notizbuch 56, 01.06.1918.
[309] Budraß: Flugzeugindustrie, S. 34.
[310] Zu ihm s. Rasch: Adelige Unternehmer, S. 30–32.

Die schlesischen Montanunternehmen fokussierten sich im Krieg nicht ausschließlich auf die Produktion von Geschützen und Munition. So fertigte die Linke-Hofmann-Werke AG, eine Maschinen- und Lokomotivbaufirma, u. a. Flugzeuge, für die sie infolge Gummimangels einen besonderen Reifenersatz entwickelte: Ein Eisernes Rad mit Stahlabfederung im Linke-Hofman-R.-Flugzeug. Quelle: Bentivegni, Richard von: Flugwesen, in: Miethe, Adolf (Hg.): Die Technik im zwanzigsten Jahrhundert. Sechster Band: Die Technik im Weltkriege, Braunschweig 1921, S. 357.

schenzeitalter aus einem Holzrahmen. Damit endete das Kapitel des Flugzeugbaus im Ruhrgebiet, das selbst in der Kriegskonjunktur nicht besonders erfolgreich war.

Wie wenig effektiv der deutsche Flugzeugbau war, zeigen die zahlreichen von dem niederländisch-deutschen Konstrukteur Anthony Fokker im Ersten Weltkrieg entworfenen und bei Schwerin gebauten Flugzeugmuster, die enorme Entwicklungs- und Werkstoffkapazitäten banden.[311] Sie waren jedoch auch eine Reaktion auf die rasante Weiterentwicklung alliierter Flugzeuge und deren Leistungen in Flughöhe, Steigfähigkeit, Bewaffnung usw., wobei die deutsche Seite unter enormem Rohstoffmangel litt. So entwickelte die Linke-Hofmann-Werke AG, Breslau, die erst im Krieg den Flugzeugbau aufnahm, nicht nur zwei Großflugzeugtypen, sondern auch ein eisernes Rad mit Stahlabfederung, da Gummi für (Luft-) Reifen fehlte. Vergleichbare Entwicklungen fanden bei den Montanunternehmen im Ruhrgebiet nicht statt, da hier kein Erzmangel herrschte wie in Oberschlesien, der eine Auslastung der dortigen Betriebe verhinderte.

Wie schon eingangs angedeutet, kann sich das Ehepaar Krupp nicht nur aus Fortschrittseuphorie für die Fliegerei interessiert haben, sondern auch aus Firmeninteresse. Schon vor dem Krieg wurde über eine Luftgefährdung des Ruhrgebiets durch französische Flugzeuge nachgedacht, auch wenn dies damals technisch noch Utopie war. Doch schon in den ersten Kriegsmonaten zeigte sich der Bedarf an Luftabwehrgeschützen. Die Firma Krupp baute Beutegeschütze dazu um und montierte sie auf Lkws, um sie beweglich zu machen (s. Kapitel 6). Die durch den Krieg beschleunigte technische Entwicklung ließ die Vorkriegsfiktion schon bald Realität werden. Nachts griffen alliierte Flugzeuge das Ruhrgebiet an und warfen Bomben, zunächst auf Städte im Rheinland, u. a. Essen, Anfang Oktober 1917 sogar auf das weiter östlich gelegene Dortmund. Ab Sommer 1916 wurden in Düsseldorf, Essen und Duisburg eigene „Flugabwehrkanonengruppen" (Flak-Gruppen) aufgestellt zur Siche-

311 Grosz, Koos: Fokker-Flugzeugwerke.

144 | 8. Luftrüstung und Luftverteidigung

Die in Nordholz bei Cuxhaven von der Dortmunder Firma Aug. Klönne 1917/18 errichtete Doppelluftschiffhalle, o. D. Quelle: Aug. Klönne (Hg.): Aug. Klönne Dortmund 1879–1929. Denkschrift zum Goldenen Jubiläum am 1. Juli 1929, Dortmund 1929, Abb. 42.

rung wichtiger Industriebetriebe wie z. B. Krupp. Im September 1917 ordnete das VII. Armeekorps überdies eine allgemeine Verdunklung in den Nachtstunden an, um den angreifenden Flugzeugen die Orientierung zu erschweren. In regelmäßigen Abständen überflogen deutsche Luftschiffe nachts die Region zur Kontrolle und Verbesserung der angeordneten Verdunkelung. Angesichts der in Betrieb befindlichen Hochöfen und Kokereien war die Verdunkelung nicht einfach zu erreichen, weshalb der VdEh zusammen mit den Behörden Aufklärungsarbeit zum „Heimatschutz gegen Fliegerangriffe" leistete.[312]

Um den durchaus erfolgreichen U-Boot-Krieg gegen den Nachschub für die britischen Inseln zu schwächen, forderte die britische Admiralität sogar einen Luftangriff auf das Akkumulatorenwerk in Hagen; doch bis Kriegsende kam der Naval Air Services der Royal Navy über Planungen nicht hinaus, obwohl entsprechend leistungsfähige Flugzeuge zur Verfügung standen. Die zielgenaue Navigation in den talreichen Hagener Raum stellte das Problem dar. Zudem wäre der erhoffte Erfolg ausgeblieben, da während des Kriegs weitere drei Werke U-Boot-Batterien fertigten.[313] Eine besondere Sicherung des Hagener Werks gegen Luftangriffe – wie z. B. bei den Krupp-Werken in Essen – ist nicht mehr nachweisbar.

Deutschland griff das feindliche Hinterland – durchaus terroristisch gegen die Zivilbevölkerung – mit Luftschiffen, den sogenannten Zeppelinen, an. Um sie gegen Wetter und vor allem Wind zu schützen, ließ das Militär riesige Luftschiffhallen bau-

---

[312] Stahl und Eisen 38 (1918), S. 377; Petersen, Otto: Aus den Kriegsaufgaben des VdEh im Jahre 1917, S. 9, in: SIT FWH/1579.
[313] Blank: Hagen 1914, S. 87, 92.

8. Luftrüstung und Luftverteidigung | 145

 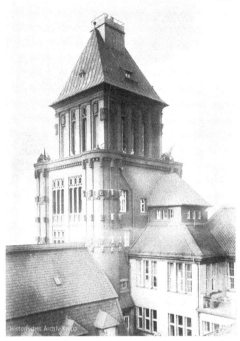

Die Rheinische Straße in Dortmund mit den überschaubaren Schäden nach dem ersten Luftangriff auf Dortmund am 3. Oktober 1917. Quelle: Stadtarchiv Dortmund.

Flugabwehrgeschütze auf dem Turm der Hauptverwaltung Krupp in Essen, o. D. Quelle: Historisches Archiv Krupp.

Die noch im Bau befindliche Luftschiffhalle Stolp im Winter 1914/15 mit einseitig geöffnetem Tor, errichtet von der GHH. Quelle: LVR-Industriemuseum Oberhausen.

146 | 8. Luftrüstung und Luftverteidigung

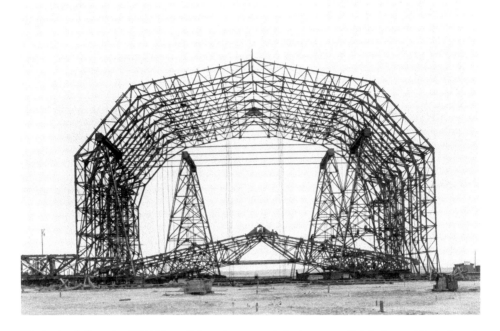

Für den im Auftrag der GHH tätigen Fotografen waren Aufnahmen von Gebäuden und Technik auch eine ästhetische Herausforderung, wie dieses Bild der im Bau befindlichen Luftschiffhalle im pommerschen Stolp zeigt, ca. 1915. Quelle: LVR-Industriemuseum Oberhausen.

en. Die Dortmunder Stahlhochbauten und Gaswerke errichtende Firma Aug. Klönne baute 1917/18 eine Doppelluftschiffhalle in Nordholz bei Cuxhaven, einem wichtigen Standort für die Marine-Luftschiffe, von 260 m Länge, fast 81 m Breite und 41 m Höhe.[314] Alle diese Hallen mussten aufgrund des Versailler Friedensvertrags abgebrochen werden, auch die technisch anspruchsvoll um 360° drehbare Halle bei Cuxhaven, die 3.303 t Eisen und Stahl wog und von der Deutsch-Lux, Werk Dortmunder Union in Zusammenarbeit mit den Siemens-Schuckert-Werken noch vor dem Krieg errichtet worden war.[315] Diese konnte die Luftschiffe unabhängig von der Windrichtung ohne Gefahr durch Querwinde aufnehmen. Weitaus mehr Flugzeughallen errichtete hingegen die GHH Brückenbauanstalt u. a. auf Sylt, in Elbing, Döberitz, Gent, Straßburg, Johannisthal und Leipzig sowie Luftschiffhallen in Stolp und Ahlhorn (vier Stück).[316]

[314] Aug. Klönne: Klönne, Abb. 42.
[315] Siehe Chronik in: tkA Hoesch-Archiv, DHHU/961, S. 14.
[316] Büchner: 125 Jahre, S. 54.

Fazit

Das Ruhrgebiet war Standort von Zulieferern für die Luftfahrtindustrie. Nur die Kondor Flugzeugwerke GmbH war in Rotthausen bei Gelsenkirchen beheimatet, ein nicht konkurrenzfähiges Unternehmen, das durch das Hindenburg-Programm am Leben gehalten wurde. Es stellte nur ca. 400 der 47.637 im Krieg fertiggestellten deutschen Flugzeuge her. Außerdem produzierten im Ruhrgebiet Krupp Flugabwehrgeschütze und mehrere Stahlbaufirmen für die Zeppelin Luftschiffe die großen Luftschiff-Hallen. Das Ruhrgebiet blieb schwerindustrielles Zentrum ohne Impulse für neue Industriezweige.

9. SONSTIGE KRIEGSERZEUGNISSE

Im Ruhrgebiet fertigten Firmen ein breites Spektrum von zivilen Produkten wie z. B. Autofedern, die gleichfalls für Kriegszwecke eingesetzt werden konnten, aber auch von Rüstungsgütern. Dazu gehörten Zünder, Munitionskisten, Bauteile für Kraftfahrzeuge (Federn z. B. von Boecker & Röhr, Hohenlimburg und Deutsch-Lux Abteilung Horster Eisen- und Stahlwerke), für Flugzeuge und Luftschiffe, diverse Beschlagteile, Schrauben und Muttern (z. B. Deutsch-Lux Abteilung Horster Eisen- und Stahlwerke), Pionierspaten u. a. m. Zu den im Krieg erst entwickelten Produkten zählten die Brustpanzer, die die Firma Krupp zeitweise herstellte, um die Soldaten im Grabenkampf besser zu schützen. Die renommierte Mülheimer Lederindustrie fertigte Pferdegeschirr für die bespannte Artillerie und für Munitionswagen, Gewehrriemen, Koppel, Stiefel, Munitionstaschen u. a. m. Hufeisen für die Armeepferde produzierten u. a. die Deutsch-Lux Abteilung Horster Eisen- und Stahlwerke. An Hufeisen mangelte es in den ersten Kriegsmonaten erheblich, weshalb Soldaten und Landsturm-Männer unmittelbar hinter der Front in Valenciennes die darauf spezialisierte Fabrik L. Gauthier & Cie. in großem Maßstab betrieben, dennoch mussten auch die Artilleriewerkstätten Spandau mit täglich 4.000 Paar Hufeisen aushelfen.[317] Die Hagener Textilindustrie stellte aus Stoffgewebe u. a. den Munitionsgurt für die deutschen Maschinengewehre her, aber auch Uniformteile. Die Drahtfabriken in Hohenlimburg (nicht Ruhrgebiet) produzierten besonders dünne Drähte, die sie zu Metallgewebe (= Drahtgittern) verarbeiteten für Gasmasken, aber auch für Luftfilter von Flugmotoren.[318]

Das mengenmäßige Hauptprodukt der Drahtfabriken in Dinslaken, Duisburg, Gelsenkirchen, Hamm und im Lennetal war jedoch der Stacheldraht. Er wurde als Annäherungshindernis im Stellungskrieg vor den vordersten Frontlinien verbaut, z. B. als Spanische Reiter, und musste wegen des Artilleriebeschusses ständig erneuert werden. Eine Konzentration der Stacheldrahtfertigung auf einzelne Werke fand nicht statt. So fertigte das Gussstahl-Werk Witten im November 1916 zehn Tonnen Walzdraht, den die Firma L. H. Spatz in Halle/Westfalen zu Stacheldraht weiterverarbeitete.[319] Die Phoenix AG errichtete in ihrer Abteilung Westfälische Union in Hamm während des Kriegs sogar ein komplett neues Drahtwerk. Ein besonders großer Hersteller von Stacheldraht war die GHH Abteilung Gelsenkirchen vorm. Boecker &

---

[317] Schrödter: Eisenindustrie unter dem Kriege, in: Stahl und Eisen 35 (1915), S. 129; Wilhelm Büsselberg: Die Kriegsorganisation zur Beschaffung und Lieferung des Heeresbedarfs an Waffen, Geschossen, Geräten und Baustoffen im Heimatgebiet. Typoskript September 1916, S. 30, in: BA-MA N 46/120.
[318] Blank: Hagen 1914, S. 80; Bötticher: Eisenwerk Steele, S. 35.
[319] Schreiben Gussstahl-Werk Witten an Preußisches Ingenieur-Komitee vom 08.11.1916, in: WWA F81 Nr. 302.

Was die regionale Industrie für die deutschen Truppen herstellte, zeigte u. a. eine Deutsche Kriegsausstellung in Hagen 1916, hier ein Blick in die Ausstellungshalle II, mit einer kleinen Feldküche, Modell 1916, hergestellt in Gevelsberg. Quelle: Historisches Centrum Hagen.

Im Stellungskrieg sollte Stacheldraht die unerwartete, schnelle Annäherung des Feindes erschweren. Da die gegnerische Artillerie diese Annäherungshindernisse immer wieder zerschoss, entstand eine nahezu unwirkliche Landschaft wie hier in Flandern 1916, aufgenommen von Oberstleutnant Julius von Bernuth. Gefangene britische Soldaten bergen unter deutscher Aufsicht im Beisein eines Sanitätssoldaten einen Verwundeten. Quelle: Bayerische Staatsbibliothek München/Bildarchiv.

9. Sonstige Kriegserzeugnisse

Eigentlich sollte die Drahtverfeinerungsanlage der Phoenix AG, Abteilung Westfälische Union in Hamm von der Firma Franz Schlüter, Spezialgeschäft für Beton- und Monierbau in Dortmund, zum 1. November 1914 fertiggestellt sein. Da von den 600 bis 670 Bauarbeitern im August nur noch 200 nicht eingezogen waren, verzögerte sich die Fertigstellung des Werkskomplexes bis Ende 1915. Die Gesamtansicht zeigt rechts das Drahtlager, im Mittelgrund eine Elektrohängebahn für den Drahttransport, dahinter ist die Verzinkerei zu sehen. Hinter der Verzinkerei befand sich ein separates Gebäude zur Stacheldrahtfabrikation. Ein Eisenbahnanschluss führte zum Hafen, 1915. Der Schriftzug Phoenix AG fehlt noch auf dem Dach des Drahtlagers. Quelle: thyssenkrupp Corporate Archives.

Comp. Sie erhöhte die Anzahl ihrer Stacheldrahtmaschinen von 14 zu Kriegsbeginn auf schließlich 31 und steigerte dadurch die Produktion auf das Fünffache der bisherigen Friedensleistung, was ungefähr 10 Prozent des Armeebedarfs entsprach. Das Gelsenkirchener Werk produzierte aber auch dünne verzinkte Stahldrähte als Feldtelefonkabel sowie in großen Mengen Kabel für an der Front eingesetzte Seilbahnen. Zudem fertigte die Seilerei schwere Drahtseile für die Kaiserliche Marine, aus denen Torpedoschutznetze, später auch U-Boot-Fangnetze sowie Trossen zur Ausrüstung des U-Boot-Hebeschiffs SMS Cyclop (1916).[320]

Einerseits reklamierten die Firmen schon früh den zu kleinen Umfang einzelner Aufträge, zum anderen bemühten sie sich nicht nur zu Kriegsbeginn auch um kleinste Aufträge, z. B. im April 1915 das Gussstahl-Werk Witten, um einen Auftrag über Rohre für leichte Minenwerfer, vorgedreht, vorgebohrt und vergütet.[321]

Nicht ein ausschließliches Kriegserzeugnis waren die Accumulatoren, die jedoch für kriegerische Zwecke eingesetzt wurden, sei es in U-Booten (s. Kapitel 7) oder im Heer für die Nachrichtenabteilungen, Abhörstationen und Schallmesstrupps. Im

---

[320] Büchner: 125 Jahre, S. 58 f.
[321] Schreiben Gussstahl-Werk Witten an Preußisches Ingenieur-Komitee vom 19.04.1916, in: WWA F81 Nr. 302.

Ruhrgebiet stellte die Accumulatoren-Fabrik AG, Berlin, in ihren Werken in Hagen und Witten solche kriegswichtigen Produkte her.[322]

Das Gussstahl-Werk Witten lieferte schon vor der Düsseldorfer Industrieausstellung von 1902 verschiedenste Achsen für Lafetten und Militärfahrzeuge. Damals hatte das Werk bereits 2,6 Mio. Gewehrläufe fertig bearbeitet oder als Halbfabrikate, aus Tiegelstahl der werkseigenen Marke „Excelsior", geliefert, davon 1,3 Mio. geschmiedet bzw. gewalzt.[323] Darunter befand sich auch der Karabiner K 98. Im Vergleichstest 1897 bei der Königlich Preußischen Beschussanstalt zu Frankfurt/Oder mit Jagdgewehrrohren des Kalibers 16 aus Bernard-Damast, Böhler'schen Gewehrlaufstahl, Wittener Excelsior-Stahl und Krupp'schen Spezialgewehrlaufstahl hatte sich ergeben, dass „der Wittener Excelsior-Stahl sich am besten bewährt hat, der Krupp'sche Gewehrlaufstahl die zweite, der Böhler'sche Gewehrlaufstahl die dritte Stelle hinsichtlich des Widerstandsvermögens gegen Gewaltanstrengungen einnimmt",[324] wie man sich damals ausdrückte. Die Produktion von Gewehrläufen hatte in Witten Tradition. Schon Ende der 1850er-Jahre war Louis Berger, dem Sohn des Firmengründers Carl Ludwig Berger, die Herstellung von Gewehrläufen aus Gussstahl gelungen. Für die Feuerwaffentechnik war dies eine bedeutende Innovation, die im Übrigen zur schnellen Verbreitung des Zündnadelgewehrs beigetragen haben soll. Gusseiserne Gewehrläufe wurden von Witten aus in fast alle Länder Europas geliefert.[325] Nach dem Rückzug der Söhne des Firmengründers aus der Geschäftsleitung und der Umfirmierung in eine Aktiengesellschaft hofften die neuen Eigentümer, eine Waffenfabrik ersten Ranges zu errichten, u. a. mit dem neuen Martini-Henry-Gewehr (Martini = Mechanismus, Henry = Lauf). Die Hoffnung trog, weshalb nach noch nicht einmal zehn Jahren 1881 eine Neugründung notwendig wurde.[326]

Im Krieg kam neben der Fertigung von Teilen der Karabiner auch die Produktion von einzelnen, hochbeanspruchten Teilen der Maschinengewehre hinzu,[327] hatte sich doch das Wittener Unternehmen schon gegen Ende des 19. Jahrhunderts mit eigenen Vorschlägen zur Erhöhung der Feuergeschwindigkeit an der Entwicklung beteiligt, bis sich schließlich das Maxim-Maschinengewehr und die Entwicklung von Hotchkiss durchsetzten. Für das deutsche Maschinengewehr 08 lieferte Witten aus hochwertigem Siemens-Martin-Stahl Zuführergehäuse, Verschlussschieber, Gleitwände, Schlosshebel, Stopfbuchsen u. a. m., aus Thomasstahl (Flussstahl) Hülsen, Ölrohre, Schrauben, Muttern, Visierschieber u. v. m.[328]

---

[322] Accumulatoren-Fabrik AG: 50 Jahre, S. 80–82.
[323] Ruhrstahl Werkszeitschrift, Zeitungsartikel 1940 undatiert, in: WWA F81 Nr. 546; dazu allgemein Ziesing: Waffen.
[324] Das Ergebnis der Frankfurter Gewehrlaufmaterial-Prüfungen, in: Das Schießwesen Nr. 39 vom 08.07.1897, S. 321–324.
[325] Mühl: Berger.
[326] Rasch: Zur Geschichte der Ruhrstahl-Gruppe, S. 36.
[327] WWA F 81 Nr. 305.
[328] Offerte Gussstahl-Werk Witten vom 04.02.1918 an Königliche Gewehrfabrik Spandau, Durchschlag, in: ebd.

Ab 1916 fertigte das Gussstahl-Werk Witten auch Pressblechteile für Minenwerfer.[329] Die preußische militärische Kriegswirtschaftsorganisation war auch im dritten Kriegsjahr, selbst nach Gründung des Kriegsamts, noch durch fehlende Aufgabenkonzentration und fehlende Sachkenntnis gekennzeichnet (s. Anhang 26.1). So versuchte das Preußische Kriegsministerium, Abteilung 2, hervorgegangen aus dem Ingenieur- und Pionierkorps, im November 1916 durch ein direktes, zweiseitiges Anschreiben an diverse Eisen- und Stahlfirmen, monatlich 1.500 t Stahlblech, SM- bzw. Thomasstahl-Qualität mit 70 bis 80 kg Bruchfestigkeit bei 8 bis 12 Prozent Dehnung und einer Blechstärke von 2 mm [!] in den Abmessungen möglichst 1600×490 mm für die Spatenfabrikation zu erhalten, „damit den kämpfenden Truppen das bei dem heutigen Stellungskriege besonders wichtige Gerät in genügender Menge zugeführt werden kann".[330] Das Komitee wusste weder, dass das angeschriebene Gussstahl-Werk Witten solche Bleche nicht (mehr) herstellte, noch war ihm bekannt, dass die Verband deutscher Feinblech-Walzwerke GmbH in Essen der kompetente Ansprechpartner war. So wurde einmal mehr mit viel Schriftverkehr wenig erreicht! Einen vom Ingenieurkomitee angekündigten Besprechungstermin in Berlin sagte dieses kurze Zeit später wieder ab.[331]

Weil sie zu den Infanteriewaffen und nicht zu den Geschützen zählten, seien auch die Minenwerfer hier erwähnt. Teile für Minenwerfer wurden in mehreren Hüttenwerken an der Ruhr gefertigt, z. B. Rohre beim Gussstahl-Werk Witten und auf der Henrichshütte.[332] Der größte Produzent kompletter Minenwerfer war die Maschinenfabrik Thyssen in Mülheim/Ruhr, die bei der zum Konzern gehörenden Zeche Lohberg in Walsum, in Duisburgs Norden, zu Prüfzwecken sogar einen Schießplatz errichtete.[333] Das zum Thyssen-Konzern gehörige Walzwerk Dinslaken der Gewerkschaft Deutscher Kaiser fertigte in seinem Röhrenwalzwerk die 14 und 21 cm-Minen für schwere Minenwerfer.[334] August Thyssen, der sich seit Kriegsbeginn für die deutsche Kriegsführung interessierte, setzte offensichtlich auf die nach 1916 entwickelte neue Taktik einiger Kommandeure, ohne große Artillerievorbereitung, sondern nur durch Minenwerfer Angriffe vorzubereiten, um den Stellungskrieg wieder mobil zu machen, zumal andere Firmen das Geschäft mit der Geschützproduktion dominierten. Zudem war das Vorstandsmitglied der Maschinenfabrik Thyssen, der Jurist Dr. Carl Härle, bis 1916 Leiter einer Minenwerfereinheit an der Front und konnte entsprechende Erfahrungsberichte an August Thyssen senden.[335] Die Firma Krupp, die mit ihrem Geschützbau eigentlich ausgelastet war, konstruierte und entwickelte auf Veranlassung der Artillerieprüfungskommission ab Herbst 1917 mittlere und schwere Minenwerfer

---

[329] Will Rinne: Die Ruhrstahl Aktiengesellschaft Witten. Die Entwicklung der Ruhrstahl Aktiengesellschaft und ihrer sechs Werke. Typoskript 1937, Bd. 3, S. 709, 625 f., in: SIT GW/64.
[330] Schreiben Preußisches Ingenieur-Komitee an Gussstahl-Werk Witten vom 09.11.1916, in: WWA F 81 Nr. 302.
[331] Ebd., Schreiben vom 20.11.1916.
[332] Rasch: Granaten, S. 17.
[333] Rasch: Auch beim Bau, S. 213.
[334] Rasch: Was wurde aus August Thyssens Firmen, S. 328.
[335] Zilt: Härle.

9. Sonstige Kriegserzeugnisse | 153

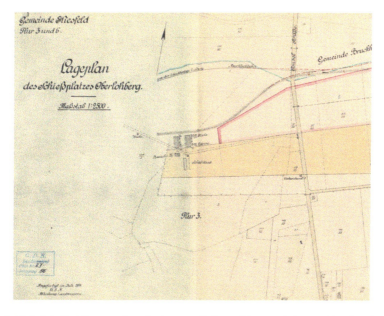

Thyssens Schießplatz für Minenwerfer mit eigenem Gleisanschluss und eigener Abnahmekommission auf dem Gelände der Zeche Lohberg bei Dinslaken (Ausschnitt), Juli 1916. Quelle: thyssenkrupp Corporate Archives.

Kaliber 17 cm bzw. 25 cm, die jedoch nicht mehr zur Ausführung kamen.[336] Die GHH hatte von 1915 bis Sommer 1916 als Unterlieferant für andere Firmen Minenwerferrohre in kleinen Stückzahlen bearbeitet, nahm aber dann die eigene Produktion auf. Erfolgreiche konstruktive Änderungen an zum Umbau gelieferten Minenwerfern brachten der GHH die staatliche Aufforderung ein, sich an der Neukonstruktion zu beteiligen. Ihre eingereichten Entwürfe für einen leichten Minenwerfer mit erhöhter Schussweite kam bis zur Probeserienreife, aber die Produktion musste Anfang 1918 auf staatliche Anordnung wegen Materialmangels eingestellt werden. Der Bau von Minenwerfern war ein lukratives Geschäft wegen der hohen Stückzahlen. Bei Kriegsende verfügte Deutschland über 708 Minenwerfer-Kompanien.[337]

Die Minenwerfer sollten das Kriegsgeschehen wieder mobilisieren. Ihr Einsatz ab 1916 steht damit in einer Reihe mit dem Gaskrieg ab 1915 und den ab 1916 zuerst auf alliierter Seite auftretenden Panzern. Daneben gab es noch zahlreiche andere Ideen, den Stellungskrieg wieder zu mobilisieren, nachdem im Westen nach dem „Wettlauf zur Küste" die Fronten erstarrt waren. Ein Vorschlag wurde im Ruhrgebiet technisch entwickelt, ging aber auf eine Anregung des Vorstands der Deutschen Bank Karl Helfferich zurück, den dieser am 2. November 1914 dem Generaldirektor des Thyssen-Bergbaus Arthur Jacob unter dem Titel „Vernichtung von Schützengräben"

---

[336] Berdrow: Krupp im Weltkrieg, S. 256.
[337] Büchner: 125 Jahre, S. 58; allgemein: Reibert: Entwicklung.

154 | 9. Sonstige Kriegserzeugnisse

Einsatz eines schweren 25 cm-Minenwerfers mit kurzem Lauf (a/A) der Firma Rheinmetall an der Front in Flandern, vermutlich seewärts, um 1916, aus dem Fotoalbum von Oberstleutnant Julius von Bernuth, Kommandeur des Marine-Infanterie-Regiments Nr. 3. Ein Zünder wurde gerade in eine Sprenggranate (Nitrolit 60/40) eingeschraubt. Minenwerfer, Granaten und Zünder wurden u. a. im Ruhrgebiet hergestellt. Quelle: Bayerische Staatsbibliothek München/Bildarchiv.

hatte überreichen lassen. Die Deutsche Bank kannte die Aktivitäten der Gewerkschaft Deutscher Kaiser, Abteilung Schachtbau, die sich über Deutschland hinaus einen Namen gemacht hatte. Die Idee war, feindliche Schützengräben durch horizontale Bohrungen zu unterminieren und damit sturmreif zu machen. Jacob, formal auch für den Schachtbau zuständig, ließ entsprechende Versuche auf Kosten des Unternehmens auf der Zeche Lohberg durchführen. Schon am 23. November 1914 kam es zu einer Vorführung zweier entwickelter Verfahren im Beisein von zwei Gutachtern der Generalinspektion des Ingenieur- und Pionierkorps und der Festungen und am 9. Januar 1915 sogar zu einer Vorführung an der Picardie-Front beim Pionier-Regiment 31 des Armeeoberkommandos VII. Das ursprüngliche Bohrverfahren wurde verworfen, da es nicht nur zu kostspielig und zeitaufwändig war, sondern auch wegen fehlender Praxistauglichkeit. Schon Baumwurzeln und Steine im Erdreich behinderten den Tunnelvortrieb. Das im Beisein von noch Deutsche Bank-Vorstand Karl Helfferich, Generaldirektor Arthur Jacob, Betriebsführer Leonhard Gibbels, einem Maschinensteiger und zwei Thyssen-Arbeitern sowie vier Generälen[338] mit ihren Stäben in Frontnähe

---

[338] Die Namen der Generäle im Brief Jacob an Helfferich vom 15.01.1915, Abschrift in: tka A/695/1, ließen sich bis auf Kurt von Unger nicht verifizieren.

auf einem Übungsplatz bei Mouthenault bei Cerny-en-Laonnais auf dem Chemin des Dames Plateau vorgeführte horizontale Schiebeverfahren wurde zunächst auch von Oberst Max Peterson vom Ingenieur-Comité der Generalinspektion bei einem Besuch in Hamborn positiv beurteilt. Es kam jedoch nur zu einer kleinen Bestellung. Eine Pionier-Kompanie wurde mit 4 bzw. 8 Schiebebahnen ausgestattet. Dann aber schlief das Interesse der Militärs schnell ein, nicht nur weil Karl Helfferich Ende Januar 1915 zum Staatssekretär des Reichsschatzamts ernannt worden war und weil ähnliche, nicht mechanisierte Verfahren schon vor Jahrhunderten bei der Belagerung von Festungen entwickelt worden waren, sondern weil mittlerweile die Entscheidung für den Einsatz von Giftgas gefallen war und Max Peterson das Pionier-Regiment 35 für den Giftgaseinsatz aufbaute, um den Stellungs- in einen Bewegungskrieg umzuwandeln. Daran konnte auch die Einschaltung des einflussreichen Reichstagsabgeordneten Matthias Erzberger nichts ändern, den August Thyssen in etliche seiner Unternehmensgremien berufen hatte.[339]

Produktion der Gewerkschaft Deutscher Kaiser, Walzwerk Dinslaken 1913–1918[340]

Jahr	Warm-Walzwerk (t)	Kalt-Walzwerk (t)	Röhrenwerk (t)	Flaschenfabrik (t)	Drahtwerk (t)	Insgesamt (t)	Anzahl Arbeiter	Produktivität pro Arbeiter (t)
1913	58.800	28.100	32.600	1.700	10.200	131.400	2.330	56,4
1914	42.500	20.200	27.400	2.000	12.500	104.600	2.090	50,0
1915	34.600	17.600	28.800	1.300	12.000	94.300	1.510	62,5
1916	32.400	18.800	24.200	1.300	12.400	89.100	1.750	50,9
1917	50.000	22.200	25.100	1.500	12.400	111.200	2.080	53,5
1918	43.900	22.600	20.800	1.700	11.500	100.500	2.200	45,7

Wie breit die Palette der sonstigen Kriegserzeugnisse war, zeigt ein Blick auf das Walzwerk Dinslaken, das vor dem Ersten Weltkrieg zu den größten und modernsten vertikal gegliederten Walzwerken Deutschlands zählte mit Warm-, Kalt-, Rohr- und Drahtwalzstraßen, einer Stahlflaschen- (1911) und einer Mastenfabrik (1914/21) und dessen Kaltwalzwerk schon vor dem Krieg voll elektrifiziert war. Bis zu in der Spitze 2.500 Menschen produzierten im Krieg dort im Röhrenwerk ausschließlich 14- und 21 cm-Minen für Minenwerfer, Stahlrohrachsen für Geschützlafetten, nahtlose Stahlrohre für Kriegs- und Luftschiffe sowie Stickstoffgewinnungsanlagen, im Warmwalzwerk Bandeisen für Zünder, Stielhandgranaten, Kartuschenböden, U-Boot-Teile u. a. m., im Kaltwalzwerk Bandeisen für Gewehrteile, Handgranaten, Seitengewehre, Militäressbesteck, die Flaschenfabrik Kampfgasbehälter und Gasflaschen für andere Zwecke sowie im Drahtwerk vor allem Stacheldraht, aber auch verzinkte Drähte

---

[339] Schriftwechsel zu den Versuchen, Abschriften diverser Schreiben u. a. m. in: tkA A/695/1. Herrn Andreas Zilt danke ich für diesen Hinweis.
[340] Zusammengestellt nach Däbritz, Walter: Walzwerk Dinslaken, S. 1 f., Typoskript in: tkA A/15510.

156 | 9. Sonstige Kriegserzeugnisse

Die Schornsteine des Dinslakener Walzwerks der Gewerkschaft Deutscher Kaiser dominierten den ländlichen Niederrhein, um 1912. Die bisher ausschließlich für zivile Zwecke geeignete Produktion wurde auf Kriegserzeugnisse aller Art umgestellt. Quelle: thyssenkrupp Corporate Archives.

als Ersatz für Kupferdraht.[341] Als 1916 auf staatlicher Intervention die „Vereinigung deutscher Kaltwalzwerke" gegründet wurde, um neben Kartellpreisen für das In- und Ausland vor allem Angebot und Nachfrage im Sinne von Staat und insbesondere Waffen- und Munitionsbeschaffungsamt (Wumba) mit den Produzenten zu regeln, da wurde der Erbauer des Dinslakener Werks, Julius Kalle, zum Vorsitzenden der Vereinigung gewählt. Er war ein Organisationstalent.[342]

Die Krupp'schen Werke lieferten in der ersten Kriegshälfte auch zehntausende von Infanterie-Schutzschilden, sogenannte Sappen- oder Brustpanzer.[343] Mit dem Hindenburg-Programm wurde die Produktion konzentriert. Krupp gab die Lieferung von Protzen, Munitionswagen und Brustpanzern auf und nahm erst garnicht die Herstellung von Stahlhelmen auf. Dies war eine Spezialität der Eisenwerke Thale AG.[344] Im Umkreis des Ruhrgebiets fertigten das Werk Schwerte der Vereinigte Deutsche Nickelwerke AG und die Stahlwerk Richard Lindenberg AG in Remscheid-Hasten Stahlhelme.[345]

Krupp war nicht nur ein bedeutender Geschütz- und Munitionslieferant, sondern verfügte auch über Deutschlands größte Zünderwerkstatt.[346] Die unmittelbar vor dem Krieg modernisierte Anlage besaß über 2.000 Arbeitsmaschinen und produzierte

[341] Ebd.
[342] Wilberg: Die deutschen Bandeisen-Kaltwalzwerke, S. 9; Milkereit: Kalle.
[343] Berdrow: Krupp im Weltkrieg, S. 214.
[344] Das Eisenwerk Thale hatte im Herbst 1915 die ersten 400 Stahlhelme zur Erprobung nach Kummersdorf gesandt. Ende Januar 1916 wurden 30.000 Stahlhelme für den Angriff auf Verdun bereitgestellt. Insgesamt lieferte das Werk im Krieg fast 2,6 Mio. Stahlhelme, Golla: Heimatfront, S. 10.
[345] Wikipedia: https://de.wikipedia.org/wiki/Stahlhelm Zugriff am 6. Januar 2021.
[346] Für das Folgende: Berdrow: Krupp im Weltkrieg, S. 190–197.

Eine im Ersten Weltkrieg entwickelte Form der heutigen schusssicheren Weste war der Sappenpanzer, hier zu sehen mit Genitalschutz. Er ist benannt nach den frühneuzeitlichen Belagerungspionieren, den Sappeuren, und ihren Laufgräben, den Sappen. Deutscherseits sollen diese 9–11 kg schweren Brustpanzer erstmals in der Schlacht um Verdun 1916 eingesetzt worden sein. Das dortige Museum zeigt ein Exemplar zusammen mit einem Stahlhelm, der an der Stirnseite durch einen ca. 2 kg schweren Aufsatz verstärkt wurde, da Gewehrkugeln den Stahlhem durchschlagen, wenn sie aus einer geringeren Entfernung als 200 m abgeschossen wurden. Die Sappenpanzer, die Krupp mit einer eingeschlagenen Marke (Drei Ringe) kennzeichnete, waren wegen ihres Gewichts weniger für Sturmtruppen als für vorgeschobene Posten und Späher geeignet. Quelle: Memorial de Verdun.

komplette Zünder, aber auch Zünderteile und war für die Marine der einzige Lieferant, hingegen bezog das Heer Zünder u. a. auch von Ehrhardt (Rheinmetall). Während des Kriegs lieferte Krupp 3,5 Mio. Zünder an die Kriegsmarine. 1.900 Mitarbeiter fertigten im Frieden pro Monat 250.000 Zünder. Im Herbst 1915 waren es schon doppelt so viele. Als das Hindenburg-Programm weitere 350.000 Zünder pro Monat forderte, war dies nur durch weitere Automatisierung, einen Neubau – übrigens in unmittelbarer Nähe der Wohnbebauung – sowie durch Auslagerung an andere Firmen möglich. Zu diesen zählte u. a. die Fritz Herkenrath & Co. GmbH in Mülheim/Ruhr, die nicht nur Zünder fertigte, sondern auch Sprengstoff abfüllte.[347] Die Mitarbeiterzahl in der Krupp'schen Zünderfertigung stieg von 7.400 (Juli 1916) auf 9.000 Arbeitskräfte, davon zwei Drittel Frauen. Diese wagten im Juli 1917 einen mehrtägigen Streik, was Krupp mit der Entlassung von 200 Frauen ahndete. Die Zünderfertigung verbrauchte in 1916 monatlich 1.000 t Aluminium, 2.100 t Kupfer und 2.900 t Zink, alles Rohstoffe, die dem Deutschen Reich nicht in ausreichenden Mengen zur Verfügung standen, weshalb zunächst spezielle Zinklegierungen entwickelt wurden. Der Firma Thyssen gelang schließlich die Produktion eines für die Zünderfertigung geeigneten weichen Flusseisens, das sie in ihrem Walzwerk Dinslaken zu Bändern auswalzte.[348]

Trotz neuer Produktionsstätten, Automatisierung, Rationalisierung der Produktion, Konstruktion einfacher Zünder und Einstellung weiterer Arbeitskräfte kam Krupp an die Grenzen seiner Leistungsfähigkeit, weshalb die Firma zunächst die alteingesessene Uhren- und Metallwarenfabrik Gebr. Thiel in Ruhla als Unterlieferant, insbesondere für Zeitzünder, gewann. Zeitgleich mit Gründung der Bayerische Ge-

[347] Stellenanzeige für erfahrene Sprengstoffchemiker oder -techniker, in: Zeitschrift für das gesamte Schiess- und Sprengstoffwesen 1918, S. 64; Preuss: Zahlencode-System, S. 59.
[348] Maier: Unbequeme Newcomer, S. 92.

9. Sonstige Kriegserzeugnisse

Nur einige Männer arbeiteten in der Zünderfertigung bei Krupp, o. D. Quelle: Historisches Archiv Krupp.

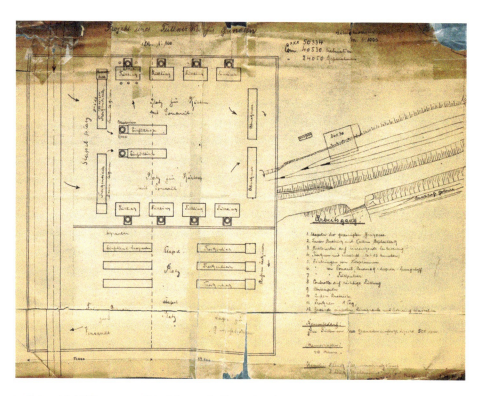

Im Ruhrgebiet füllten vermutlich nicht nur die Firmen Fried. Krupp in Essen und Fritz Herkenrath & Co. GmbH in Mülheim/Ruhr-Saarn Sprengstoff ab. Für diese Tätigkeit interessierte sich auch die Friedrich Wilhelms-Hütte von Deutsch-Lux, wie eine Zeichnung der Geschützgießerei Spandau zu einem Projekt eines Füllweks für Granaten von 1914 zeigt. Quelle: thyssenkrupp Corporate Archives.

schützwerke Fried. Krupp AG errichteten Krupp und Gebr. Thiel in Nürnberg zusammen mit Fritz Neumeyer die Zünder- und Apparatebau GmbH, aus der sich nach dem Krieg die bekannte Motorradfirma Zündapp entwickeln sollte.

Während Krupp im zweiten Kriegsjahr 5 Mio. Zünder lieferte, waren es im dritten Kriegsjahr schon 8,7 Mio., um im vierten Kriegsjahr die exorbitante Anzahl von 20,5 Mio. zu erreichen. Dies war nur durch die genannten Unterlieferanten möglich. Eine besondere Spezialität waren Zeitzünder, u. a. zur Bekämpfung von Flugzeugen. Die zusammen mit Gebr. Thiel in Ruhla und Neumeyer in Nürnberg produzierten Uhrwerkszünder erreichten gegen Kriegsende eine Stückzahl von 140.000 pro Monat. Es ist erstaunlich, dass es in Essen während des Kriegs nicht zu nennenswerten Unfällen kam, obwohl dort Pulver und Zünder gelagert waren.

Fazit

Im Ruhrgebiet wurde eine große Palette von Waffenteilen bis hin zu ganzen Waffen gefertigt, so Minenwerfer und dazugehörige Munition, Stahlrohrachsen für Lafetten und komplette Geschützlafetten, Gewehrteile, Kartuschenböden, Zünder, Stielhandgranaten, U-Boot-Teile, Militäressbesteck, Seitengewehre, Kampfgasbehälter und Stacheldraht, aber auch Lederwaren (Stiefel, Koppel, Pferdegeschirr, Munitionstaschen etc.) u. a. m. Nicht produziert wurden Maschinengewehre (nur Teilelieferungen) und moderne elektrische Einrichtungen (Feldtelefone, Funk- und Horchgeräte, Kraftwagen, Scheinwerfer) sowie Flugzeuge in nennenswertem Umfang (s. Kapitel 8), auch die chemische/Sprengstoffindustrie spielte im Ruhrgebiet keine nennenswerte Rolle, auch wenn die Bedeutung der Chemischen Werke Lothringen für die militärische Sprengstoffversorgung in den ersten Kriegsmonaten nicht unterschätzt werden darf (s. Kapitel 3). Ohne die Produktion von Hochdruckbehältern (Krupp, Henrichshütte) für die Haber-Bosch-Synthese in Leuna (s. Seite 315) wäre der Bau dieses großen Stickstoffwerks nicht möglich gewesen. Das Interesse an der Kohlechemie hatte schon eingesetzt und nahm in den 1920er-Jahren im Ruhrgebiet deutlich zu, bevor es im „Dritten Reich" eine weitere Hochzeit erlebte.[349]

---

349   Rasch: Kohlechemie.

10. EISENBAHNMATERIAL

Im Ruhrgebiet gab es keinen nennenswerten Hersteller von Lokomotiven, sieht man einmal von der 1899 gegründeten Ruhrtaler Maschinenfabrik H. Schwarz & Co. in Mülheim/Ruhr ab, die auch Lokomotiven für Gruben- und Feldbahnen herstellte, und der Maschinenfabrik Thyssen, die seit 1910 Druckluftlokomotiven für den Untertagebetrieb fertigte und 1912 auch versuchsweise Dieselmotoren für Lokomotiven entwickelte.[350] Beide lieferten keine normalspurigen Dampflokomotiven. Der nächstgelegene Lokomotivhersteller war die 1872 gegründete Actien-Gesellschaft für Locomotivenbau Hohenzollern in Düsseldorf-Grafenberg, während die 1914 von Karl Reuschling in Hattingen gegründete Westfälische Lokomotiv- und Maschinen-Industrie GmbH nicht als Komplettanbieter auftrat.[351] Dies verwundert, da aufgrund der zahlreichen Zechen-, Industrie- und Hafenbahnen durchaus ein nennenswerter Bedarf bestand. Zwar hatte die Hüttengewerkschaft und Handlung Jacobi, Haniel & Huyssen schon in den 1840/50er-Jahren Lokomotiven für verschiedene Eisenbahngesellschaften und für den eigenen Werksverkehr gebaut, diesen Fabrikationszweig jedoch nach kurzer Zeit gänzlich eingestellt. Auch August Thyssen hatte zwischen 1902 und 1905 versucht, von der Eisenbahnreparaturwerkstatt seiner Gewerkschaft

Diese mit Druckluft betriebenen Grubenlokomotiven stellte die Maschinenfabrik Thyssen her. Prospekt 1922. Quelle: thyssenkrupp Corporate Archives.

[350] Rasch: Was wurde aus August Thyssens Firmen, S. 305.
[351] Windelschmidt, Klee: Kleine Eisenbahngeschichte, S. 135–138.

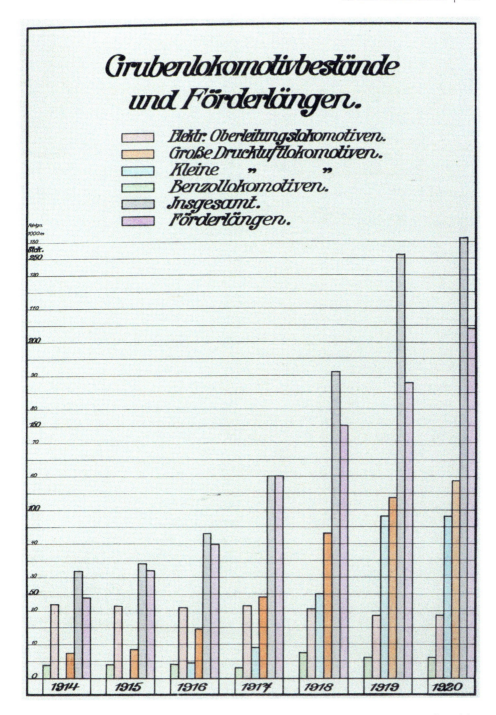

Die Grubenlokomotivbestände und deren Förderlängen stiegen beim Thyssen-Bergbau während des Kriegs deutlich an. Quelle: thyssenkrupp Corporate Archives.

10. Eisenbahnmaterial

Nach weniger als zwei Jahren lieferte der Weichen- und Gleisbremsenbau der Gewerkschaft Deutscher Kaiser, Eisenbahnwerkstätte die 1.000ste Brigadeweiche an die Depot-Verwaltung der 1. Eisenbahn-Brigade in Berlin-Schöneberg, 28. April 1916. Quelle: thyssenkrupp Corporate Archives.

Deutscher Kaiser Lokomotiven bauen zu lassen, doch war den vier hergestellten Exemplaren offensichtlich nicht der gewünschte Erfolg beschieden. Auch wenn die Lokomotiven bis nach dem Zweiten Weltkrieg ihren Dienst im Werksverkehr leisteten, so nahm Thyssen weder eine Serienfertigung auf noch übertrug er deren Produktion seiner Maschinenfabrik in Mülheim/Ruhr, obwohl er sich bis an sein Lebensende für den Erwerb von Lokomotivfabriken interessierte.[352] Ebenfalls nicht zur Ausführung kam der Plan der MAN, in ihrem neuen Werk Wanheim südlich von Duisburg den Bau von Lokomotiven aufzunehmen.[353] Die Maschinenfabrik Thyssen fertigte jedoch während des Kriegs vermehrt Druckluft-Grubenlokomotiven und die für den Betrieb notwendigen Kompressoren, da Grubenpferde und Futter knapp waren. Die Lokomotiven wurden untertage vornehmlich auf den Thyssen-Zechen eingesetzt.[354]

Alle großen Hüttenwerke des Ruhrgebiets stellten jedoch schon vor dem Krieg Eisenbahnmaterial her, hatten sogar wie der Hoerder Verein der Phoenix AG ihren Ursprung darin[355] oder wie Krupp mit dem nahtlosen Radreifen 1852/53 eine epochale Invention gemacht, mit der sie über Jahrzehnte den Markt beherrschten. Nicht zu vergessen sind die Eisenbahnschienen, deren Herstellung im Ruhrgebiet ebenfalls bis in die Mitte des 19. Jahrhunderts zurückreicht. Mit der Rillenschiene war Philipp Fischer und der Abteilung Ruhrort des Phoenix ebenfalls eine bedeutende Erfindung gelungen.[356] Sowohl rollendes als auch Oberbau-Material stellten alle Hüttenwerke an der Ruhr her, bauten sogar Eisenbahnwaggons, nicht nur für den Eigenbedarf.

---

[352] Christ, Heinz: Dampflokbetrieb und Dampflokomotiven bei Eisenbahn & Häfen 1879–1963, Typoskript, S. 153, in: tkA EH/30; Rasch: Auch beim Bau, S. 209–211.
[353] Typoskript Eisenwerk Wanheim GmbH, o. D. in: tkA EW/2; Bähr: MAN, S. 224.
[354] S. Kapitel 11 über Einsatz von Grubenlokomotiven.
[355] Bleidick: Vom Hoerder Verein.
[356] Vereinigte Stahlwerke: 50 Jahre Rillenschiene, S. 13; Stahl und Eisen 29 (1909), S. 1217–1221, 1262–1267.

10. Eisenbahnmaterial | 163

Die Brigadegleisrahmen-Adjustage war in den Hallen der infolge Einberufung der Mannschaften zum Heeresdienst stillgelegten Adjustage-Feinstraße VII der Gewerkschaft Deutscher Kaiser in Hamborn untergebracht, ca. 1916. Quelle: thyssenkrupp Corporate Archives.

Einsatz einer Feldbahn, die leere Loren und Soldaten auf provisorisch verlegten Schienen transportierte, Flandern, Februar 1916, aus dem Fotoalbum des Oberstleutnants Julius von Bernuth. Quelle: Bayerische Staatsbibliothek München/Bildarchiv.

Darüber hinaus hatte die Firma Orenstein & Koppel – Arthur Koppel AG aus Berlin in Bochum (1886) und [Dortmund-]Dorstfeld (1893) Grundstücke erworben, um verbrauchernah ihre Produkte herzustellen. In Bochum baute die Firma Kleinbahn-, Feld- und Industriebahnwagen, Feldbahnweichen und -gleise, Hängebahnanlagen, Schrägaufzüge und Bremsberge, während ihr Dorstfelder Werk hauptsächlich Feldbahnmaterial und Kleinbahnwagen für Feld- und Zechenbahnen sowie Weichen und Drehscheiben fabrizierte. Ihr Hauptwerk in Spandau fertigte Bagger, Eisenbahnwaggons (u. a. Selbstentlader) sowie elektrische Lokomotiven, während das Werk in Drewitz bei Potsdam Dampflokomotiven, -maschinen und -kessel produzierte, die auch im Ruhrgebiet eingesetzt wurden.[357] Elektrische Gruben- und Feldbahnen fertigte auch der Bochumer Verein.[358]

Mit Beginn des Stellungskriegs im Westen nahm der Bedarf an Eisenbahnmaterial schnell zu, da die deutschen Militärs ab Frühjahr 1915 versuchten, Munition, Verpflegung, Baumaterial und teilweise auch Soldaten per Feldbahnen bis an die Schützengräben heranzuführen. Den deutschen Truppen fehlten sowohl Lastkraftwagen als auch Treibstoff für diese Fahrzeuge; auch die Ausstattung mit Zugtieren (Pferden) nahm im Laufe des Kriegs immer weiter ab, weshalb die Eisenbahn für die deutschen Truppen das Haupttransportmittel bis unmittelbar an die Front war. Die Heeresschmalspurbahn wurde auch Brigadebahn genannt. Die Weichen- und Feldbahnfabrik Theodor Pfingstmann, Recklinghausen, aber auch die Eisenbahnwerkstätten der Gewerkschaft Deutscher Kaiser lieferten die vormontierten „Brigaderahmen" und Weichen in großen Stückzahlen. Zudem mussten gesprengte Brücken und Eisenbahnlinien (s. Kapitel 15) mit neuen Schienen versehen und neue Strecken in Normalspur gebaut werden für die Truppenversorgung bzw. in den ersten Kriegsmonaten auch für die Heranführung schwerer, ortsfester Belagerungsgeschütze, oft großkalibrige Marinegeschütze in fester Bettung, die in aller Eile unter Mithilfe von Krupp-Technikern errichtet wurden (s. Kapitel 6 und 7). Hier halfen der Weichen- und Gleisbau des Bochumer Vereins ebenso wie der Deutsch-Lux, Abteilung Dortmunder Union oder der Gewerkschaft Deutscher Kaiser.

Bis Kriegsende blieb ein ständiger Bedarf an Eisenbahnmaterial, der zudem durch den Bewegungskrieg im Osten und den Materialverschleiß zu einer doch beachtlichen Produktion führte. Z. B. wurde wegen der zeitweise nicht schiffbaren Donau (versenkte Schiffe) ein zweites Eisenbahngleis nach Rumänien verlegt. Die preußische Bahnverwaltung hatte 1914 mit einer kurzen Kriegsdauer gerechnet und zunächst keine zusätzlichen Beschaffungsmaßnahmen eingeleitet, stattdessen sogar noch Waggons an die Heeresverwaltung sowie an die anatolische und die österreichisch-ungarischen Bahnen abgegeben. Ab Herbst 1915 machte sich der Eisenbahnwagenmangel unangenehm bemerkbar und die Nachbestellungen schnellten in die Höhe.[359] Die Gewerkschaft Deutscher Kaiser baute in ihren Eisenbahnwerkstätten – im Krieg mit Hil-

---

[357] Saling's Börsen-Jahrbuch 1916, S. 1371 f. Zur verwickelten Firmengeschichte s. Bengs: Orenstein & Koppel.
[358] S. tkA F/Alb/18.
[359] Burghardt: Mechanisierung, S. 172.

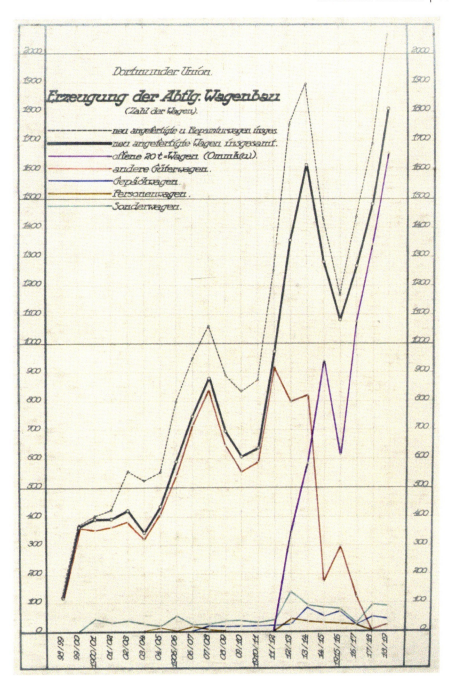

Der Wagenmangel des Deutschen Reichs führte dazu, dass die Produktion nach einem deutlichen Rückgang 1915 schon im Krieg das Vorkriegsniveau wieder erreichte und infolge der Reparationsleistungen nach dem Krieg weiter anstieg, nicht nur bei der Deutsch-Lux Dortmunder Union, Abteilung Wagenbau, wie diese zeitgenössische Grafik zeigt. Quelle: thyssenkrupp Corporate Archives.

166 | 10. Eisenbahnmaterial

Diesen zweiachsigen offenen Güterwagen baute die Gewerkschaft Deutscher Kaiser 1917 und ließ ihn – wie andere Typen auch – im Krieg für Werbezwecke fotografieren. Er besaß ein Ladegewicht von 15 Tonnen bei einem Eigengewicht von 8,65 Tonnen. Quelle: thyssenkrupp Corporate Archives.

Mit Pressluftwerkzeugen nieteten Frauen und Männer sowie Jugendliche (links) bei der Gewerkschaft Deutscher Kaiser Eisenbahnwagengestelle zusammen, ca. 1916. Quelle: thyssenkrupp Corporate Archives.

fe von Frauen und Jugendlichen – Eisenbahnwaggons. Waren es 1912 vornehmlich für den Eigenbedarf der Thyssen-Gruppe 122 durchaus interessante Konstruktionen, z. B. Selbstentlader zur Optimierung der Kosten bei Erz-, Kohle- oder Kokstransport, so stieg die Anzahl der hergestellten Waggons 1916 auf 504, 1917 auf 730, 1918 auf 914 meist einfache Waggonkonstruktionen. Nach einem kurzen, nicht zu tiefen Produktionseinbruch erreichte die Fertigung 1921 mit 1.016 Wagen (Reparationsleistung) einen neuen Rekord.[360] Schon 1918/19 hatten die Alliierten die Ablieferung von 117.000 Güterwagen festgesetzt.[361] Über einen noch umfangreicheren Waggonbau verfügte schon seit langem das Werk Dortmunder Union von Deutsch-Lux, das sowohl Reparaturen als auch Neubauten ausführte und das auch im Krieg pro Jahr mehr als 1.100 Stück produzierte.[362] Dagegen besaß die Gesellschaft Harkort, ein Brückenbauunternehmen in Duisburg, schon vor Kriegsbeginn eine Abteilung „Wagenbau", die bis Herbst 1914 mit Aufträgen ausgelastet war derart, dass ein Teil der mit Arbeit nicht beschäftigten Brückenbaubelegschaft zur Herstellung der eisernen Güterwagen, besonders der Untergestelle, herangezogen werden konnte.[363]

Wenn auch Krupp erst nach dem Krieg die Produktion von Lokomotiven – neben anderen neuen Fertigungsbereichen als Ersatz für seine bisherige Rüstungsfertigung – aufnehmen sollte, die erste Auslieferung fand schon am 10. Dezember 1919 (Abbildung s. Kapitel 24) statt, so wurden während des Kriegs schon Rahmen für schwere Lokomotiven und Eisenbahngeschütze in den Essener Walzwerken und Werkstätten gefertigt.[364] Nicht zu vergessen sind die Radsätze für Lokomotiven, Tender und Eisenbahnwaggons. Diese stellten im Ruhrgebiet das Werk Dortmunder Union von Deutsch-Lux, die Henrichshütte von Henschel & Sohn, die Abteilung Hoerder Verein des Phoenix, der Bochumer Verein, Fried. Krupp und die Westfälische Stahlwerke AG, ab 1918 Bismarckhütte AG, Abteilung Bochum her.[365]

Wegen Stahlmangels bei gleichzeitig hohen Heeresanforderungen an Granatstahl musste die Eisenbahnverwaltung ihre Qualitätsanforderungen an Schienen ab Herbst 1917 wesentlich zurücknehmen.[366] Nach dem Krieg wurde wieder Eisenbahnmaterial in alten Qualitäten geliefert und Krupp nahm – wie schon gesagt – anstelle der Rüstungsfertigung u. a. die Produktion von Lokomotiven auf, hatte es doch im Krieg gelernt, Barrenrahmen für schwerste Lokomotiven zu walzen.[367]

[360] Freundliche Auskunft von Heinz Christ, Dinslaken, nach Unterlagen des Bestands EH, in: tkA.
[361] Kopper: Verkehr, S. 121.
[362] Erzeugung der Abteilung Wagenbau in: tkA, Hoesch-Archiv F/Alb/Hoe/1.
[363] Gesellschaft Harkort (Hg.): 75 Jahre, S. 24.
[364] Berdrow: Krupp im Weltkrieg, S. 82.
[365] S. Lieferverträge von Lokomotivradsätzen an das Königliche (Preußische) Eisenbahn-Zentralamt, 1913–1919, in: tkA Hoesch-Archiv DHHU/679. Weitere Lieferanten waren A. Borsig und AG Charlottenhütte; Reckendrees: „Stahltrust"-Projekt, S. 247 f.
[366] Stellwaag: Deutsche Eisenwirtschaft, S. 143.
[367] Berdrow: Krupp im Weltkrieg, S. 82 f.

168 | 10. Eisenbahnmaterial

Bei der Gewerkschaft Deutscher Kaiser mussten Frauen im Freien Konstruktionsteile für den Waggonbau herrichten. Nur die Bearbeitungsmaschine war provisorisch geschützt. Im Bild rechts wurde eine Bohrmaschine mit Pressluft angetrieben, o. D. Quelle: thyssenkrupp Corporate Archives.

Während des Ersten Weltkriegs fertigte die Henrichshütte weiterhin Lokomotivradsätze. Stolz und selbstbewusst stellten sich die Arbeiter zu einem Erinnerungsfoto 1915 auf. Quelle: LWL-Industriemuseum, Sammlung.

Fazit

Im Ruhrgebiet, wo einst Alfred Krupp ein Herstellungsverfahren für nahtlose Eisenbahnradreifen erfunden hatte, wurden zwar keine Lokomotiven gefertigt, wohl aber Druckluftlokomotiven für den Untertageeinsatz im Steinkohlenbergbau, und vor allem diverse Formen von Schienen, Eisenbahnrädern, Eisenbahnwaggons, z. B. moderne Selbstentlader, sowie Schienen und Weichen für Feldbahnen, die das Militär u. a. in Frontnähe einsetzte, um die Truppen mit Munition, Lebensmitteln und Material zu versorgen. Da die Firma Krupp im Krieg auch Rahmengestelle für schwere Lokomotiven und Eisenbahngeschütze fertigte, legte sie damit ungewollt den Grundstein für die 1919 aufgenommene Lokomotivproduktion (s. Kapitel 24), da der Versailler Vertrag ihre Rüstungsfertigung fast total einschränkte. Auch bei der Herstellung von Dampfkesseln besaß man bei Krupp sowohl in Kiel als auch in Essen Erfahrungen (s. Kapitel 11).

11. ENERGIEVERSORGUNG: KOHLE, STROM UND GAS

Kohle[368]

Zu den Verlierern des Ersten Weltkriegs gehört der Steinkohlenbergbau an der Ruhr,[369] und dies obwohl bis 1923/24 ein eklatanter Kohlenmangel herrschte. Der Bedeutungsverlust resultierte u. a. aus dem Verlust des Strommarkts. Verstromt wurde schon im Krieg in wachsendem Maße die preiswerter zu gewinnende Braunkohle, da es technisch schon lange nicht mehr notwendig war, den Strom am Verbrauchsort in sogenannten Blockkraftwerken zu erzeugen. Er konnte mittlerweile über weite Distanzen ohne größere Verluste in das Ruhrgebiet geleitet werden. Zudem verlor der Bergbau seinen dominanten Einfluss auf dem Stickstoffmarkt für Düngemittel. Hatten vor dem Krieg noch die Kokereien mit ihren Nebenprodukten das Sagen innerhalb der Deutschen Ammoniak-Verkaufs-Vereinigung, so war es nach dem Krieg die BASF mit ihrem synthetischen Ammoniak, das sie überwiegend in Leuna nach dem Haber-Bosch-Verfahren mittels mitteldeutscher Braunkohle gewann.[370] Sie besaß

Steinkohlenförderung im Oberbergamtsbezirk Dortmund[371]

Jahr	Förderung in t	Prozent	Gesamtbelegschaft	Prozent	Förderanteil pro Person	Prozent
1913	110.765.495	100 %	397.339	100 %	278,8	100 %
1914	94.851.288	85,63 %	372.886	93,85 %	254,3	91,21 %
1915	83.794.560	75,65 %	286.679	72,15 %	276,0	99,00 %
1916	91.086.597	82,23 %	306.810	77,22 %	258,8	92,83 %
1917	95.312.319	86,05 %	338.280	85,14 %	244,1	87,55 %
1918	91.952.108	83,02 %	338.314	85,14 %	235,2	84,36 %

[368] Den Herren Dr. Michael Farrenkopf und Dr. Stefan Przigoda, beide montan.dok, Bochum, danke ich für ihre kritischen Hinweise zu diesem Abschnitt.
[369] S. den allgemeinen Abschnitt „Der Erste Weltkrieg und die Folgen", in: Ziegler: Kriegswirtschaft, S. 30–40.
[370] Zum Bedeutungsverlust bei der Ammoniakerzeugung s. Rasch: Kohlechemie.
[371] Jahrbuch für den Oberbergamtsbezirk Dortmund 14–21 (1923), S. 804. Die Angaben über die Gesamtbelegschaft im Jahresdurchschnitt beziehen sich nur auf versicherungspflichtige Beschäftigte, d. h. ohne Frauen und Kriegsgefangene. Höhere Zahlen bei Böse: Kartellpolititk, S. 244.

1919 eine Quote von knapp über 62 Prozent.[372] Der Nachkriegs-Versuch des Ruhrbergbaus, diesen Verlust durch den Bau eigener Stickstoffwerke zu kompensieren, scheiterte in den 1920er-Jahren.[373]

Der Bedeutungsverlust des Ruhrbergbaus spiegelt sich auch in den Förderzahlen wider. Erst 1926 erreichte die deutsche Steinkohlenförderung, die Ostoberschlesien und das besetzte Saarland als Fördergebiete verloren hatte, den Vorkriegsstand, während die Braunkohle, die keine Fördergebiete hatte abtreten müssen, zur gleichen Zeit ihre 1913er-Förderung schon um 50 Prozent übertraf.

Mit Kriegsbeginn ging die Steinkohlenförderung nicht nur im Ruhrgebiet[374] merklich zurück infolge der zahlreichen einberufenen Bergleute und der fehlenden Transportkapazitäten. Letzteres führte in den Monaten August und September 1914 zum Ausfall von annähernd 200.000 Schichten. Hatte 1913 jeder Bergmann durchschnittlich 327 Schichten verfahren, so waren es 1914 nur noch 314.[375] Der schon bald nach Kriegsbeginn einsetzenden Kohlennot, die bis Kriegsbeginn durch britische Kohle mitversorgten Küstenregionen und Berlin traten zusätzlich als Nachfrager auf, versuchten die Ruhrzechen dadurch zu begegnen, dass sie nur noch aus den besten, großen und leicht abbaubaren Flözen förderten und die nicht so ergiebigen, personalintensiven Lagerstätten aufgaben. So wurden Reparatur-, Aus- und Vorrichtungsarbeiten gestundet und die dadurch freigesetzten Strecken- und Reparaturhauer vor Kohle versetzt, Schlepper zu Hauern befördert und diese durch Tagesarbeiter, Jugendliche und Neubergleute ersetzt.[376] Zudem trieben einige Bergbaugesellschaften im Laufe des Kriegs die Mechanisierung voran, sei es durch mechanische Förderkorbbeschickung, automatisierte Kohlenseparation oder durch den Einsatz von Presslufthämmern untertage und von (Druckluft-)Lokomotiven anstelle von Grubenpferden,[377] um mit einer deutlich reduzierten Belegschaft dennoch überproportional viel Kohle zu fördern (s. Tabelle). Trotz des Einsatzes von Kriegsgefangenen und angeworbenen Ausländern ging die Förderleistung im ersten vollen Kriegsjahr bis auf 75 Prozent des Jahres 1913 zurück, obwohl einige Zechen wie z. B. die Zeche Lohberg bei Dinslaken und der Schacht 2 der Zeche Beeckerwerth bei Hamborn

---

[372] Plumpe: IG Farbenindustrie AG, S. 225.
[373] Rasch: Kohlechemie, S. 20–31.
[374] Bei Böse: Kartellpolitik, S. 244 findet sich ein tabellarischer Vergleich der Reviere Ruhrgebiet, Saar, Oberschlesien, Niederschlesien, Aachen, der zeigt, dass das oberschlesische Revier 1917 fast wieder seine Förderhöhe von 1913 erreicht hatte und die von 1912 sowohl 1916 als auch 1917 übertraf. Eine Erklärung für diese Tatsache sind die geologischen Verhältnisse (große Flözmächtigkeiten), die auch den Einsatz bergfremder Arbeitskräfte ermöglichten, s. Böse, Ziegler: Ruhrkohle, S. 429. Tabellen auch bei Roelevink, Ziegler: Rohstoffwirtschaft, S. 126, 128.
[375] Burghardt: Mechanisierung, S. 170, 166, 187.
[376] Ebd., S. 161.
[377] Laut Burchardt: Mechanisierung, S. 200 soll 1914 in der Gewinnung ein Mechanisierungsgrad von 3 Prozent und in der Strebförderung von 18 Prozent erreicht gewesen sein, der jedoch während des Kriegs nicht gehalten worden sei, u. a. wegen fehlender Ersatzteile. Erst gegen Kriegsende gelang es den Hüttenzechen mit ihrem Zugang zum eigenen Maschinenbau (GBAG, GHH, Thyssen), den Mechanisierungsgrad stärker anzuheben als der Durchschnitt (ebd., S. 229).

ihre Förderung erst aufnahmen. Also lag die Förderung der schon 1913 in Betrieb befindlichen Zechen noch deutlich niedriger. Zur deutlichen Verschlechterung der Kohlenversorgung kam es jedoch erst 1916, obwohl die Förderung mittlerweile wieder 82 Prozent der Leistung des Jahres 1913 erreicht hatte. Zum einen forderten die energiefressenden Rohstoffersatzverfahren ihren Tribut, zum anderen auch der „Stahltourismus" (s. Kapitel 5), der Transport von Halbfabrikaten zu entlegenen Bearbeitungswerkstätten inklusive Rücktransport zur Endmontage. Der Kohlenbedarf der Staatsbahnen verdoppelte sich im Laufe des Kriegs im Vergleich zum letzten Friedensjahr, zusätzlich bedingt durch die Transporte an die Front, die sich in Russland weit nach Osten verschoben hatte.[378] Ferner stieg der Selbstverbrauch der Zechen im Laufe des Kriegs, anfangs durch die nicht vollständige Ausnutzung der Kapazitäten, später wegen Verschleiß der Anlagen und unterbliebener Ersatzinvestitionen infolge von Materialmangel.[379] Mittlerweile waren die bei Kriegsbeginn vorhandenen, durchaus beachtlichen Kohlenlager der Betriebe auf das Betriebsnotwendige abgeschmolzen. Zudem hatte das Rheinisch-Westfälische Kohlen-Syndikat (RWKS) den Kohlenexport als äußerst gewinnbringenden Markt entdeckt. Exporte mussten nicht mehr gegen britische Kohle subventioniert werden, sondern warfen jetzt lukrative Gewinne ab. Das Deutsche Reich exportierte 1916 über 20 Mio. t Steinkohle und über 4 Mio. t Koks. Das waren nicht alles kriegswichtige Kompensationsgeschäfte wie z. B. mit Schweden, wo Erz gegen Kohle oder mit der Schweiz, die Aluminium lieferte, gehandelt wurde. Die Einnahmen aus dem Ausfuhrgeschäft waren so reichlich, dass das RWKS ab 1916 auf eine Umlage unter seinen Mitgliedern verzichten konnte, um die Syndikatskosten zu decken. Der Staat hatte es versäumt, die Kohlenwirtschaft zu lenken, dies überließ er zunächst weiterhin dem RWKS und dessen Absatzorganisation. Er stärkte sogar dessen Position durch die Einführung eines Zwangskartells im Sommer 1915, dem die bisherigen Außenseiter beitreten mussten.[380] Der Staat setzte seit Juli 1915 nur Höchstpreise für den Binnenmarkt fest.[381] Wegen des ständig steigenden Energiebedarfs begannen einzelne Bergwerke im Frühjahr 1916 – noch vor dem Hindenburg-Programm, aber mit staatlicher Genehmigung – mit dem Abteufen neuer Schächte, was zusätzliche Arbeitskräfte – nicht nur bei den Schachtbaufirmen – band, sondern auch gusseiserne Tübbinge für den Schachtausbau erforderte, die u. a. die zum Thyssen-Konzern gehörende AG für Hüttenbetrieb in Duisburg-Meiderich lieferte. Die Arenberg'sche AG für Bergbau und Hüttenbetrieb begann 1917 mit dem Abteufen des Schachtes 8 auf der Anlage Prosper und erreichte Ende 1917 eine Teufe von 60 m und Ende 1918 sogar von 220 m. Die Förderung konnte jedoch erst 1921 aufgenommen werden.[382] Auf Vorkriegsplanungen beruhte das Abteufen des Zentralförderschachtes 9 auf der Schachtanlage Consolidation 3/4 im Jahr 1915. Das

---

[378] Rawe: Kriegsgefangene, S. 38.
[379] Burghardt: Mechanisierung, S. 218 f.
[380] Böse, Ziegler: Ruhrbergbau, S. 435–442.
[381] Roelevink: Organisierte Intransparenz, S. 101–103, 106–108.
[382] Böse, Farrenkopf, Weindl: Kohle – Koks – Öl, S. 58; Gebhardt: Ruhrbergbau, S. 85.

Projekt wurde kriegsbedingt 1917 eingestellt und erst 1922 vollendet.[383] Das Unterbinden der Abteufe durch das Oberbergamt Dortmund bedeutete einen Eingriff in die zukünftige Förderleistung der Zechen und wurde erst ab 1917 vorgenommen. Die Steuerung des Bergbaus durch das Oberbergamt Dortmund, das die Betriebspläne der jeweiligen Zechen genehmigte, muss noch näher untersucht werden, denn während des Kriegs durfte die Zeche Alstaden (Hibernia) den vor dem Krieg schon geplanten Schacht 3 nicht abteufen. Auch die eigentliche Zeche Hibernia selbst durfte nicht den Querschnitt ihres Schachtes 2 erweitern, obwohl Fördergerüst und -maschine für die vergrößerte Schachtkapazität schon errichtet worden waren.[384] Gefragt waren vor allem Kokskohlen, nicht aber Gasflammkohlen.

Am 5. Mai 1916 begann der Thyssen-Bergbau mit Vorarbeiten zum Abteufen der Schächte Beeckerwerth 1 und 2, am 9. November 1916 setzten die eigentlichen Arbeiten zum Niederbringen des Schachtes 2 mittels Gefrierverfahren ein, während dies erst am 1. März 1918 bei Schacht 1 erfolgte. Dagegen hatten schon im Januar 1918 die Arbeiten bei Schacht 2 auf staatliche Anweisung eingestellt werden müssen.[385]

Pressluft-Bohrhämmer der Herner Firma H. Flottmann & Comp. wurden auch in der österreichisch-ungarischen Doppelmonarchie vertrieben, ganzseitige Werbung in der Montanistische Rundschau, Wien, 1912. Während des Kriegs war ihr Einsatz auf manchen Zechen aus Mangel an Druckluft eingeschränkt. Quelle: Emschertal-Museum, Herne.

In der Statistik sah es für den Thyssen-Bergbau so aus, dass vor dem Krieg 18.100 Mann 4,5 Mio. t Steinkohle förderten, von denen der Staat im Laufe der Zeit etwa 8.000 zum Kriegsdienst einzog, die durch 5.500 Bergfremde, vornehmlich Kriegsgefangene und Arbeitskräfte aus Belgien und dem „Osten" (Polen und dem Baltikum) ersetzt wurden. Im November 1918 lag der Belegschaftsstand um 2.800 Mann niedriger als vor dem Krieg. Dennoch erzielte der Thyssen-Bergbau eine Förderung von 4,2 Mio. Jahrestonnen Steinkohle, d. h. 93 Prozent der Vorkriegsförde-

383 Ebd., S. 149.
384 Burghardt: Mechanisierung, S. 222.
385 Angaben nach tkA F/Alb/66.

11. Energieversorgung: Kohle, Strom und Gas

rung. Dies war nur möglich, weil die Schächte Wehofen 1 (1913) und 2 (1914) sowie Lohberg 1 (1913) erst kurz vor dem Krieg ihre Förderung aufnahmen und diese dann steigerten sowie im Krieg noch Lohberg 2 (1916) hinzukam. Die Leistung der Zeche Lohberg lag deutlich über dem Schnitt der Förderleistung im Oberbergamtsbezirk Dortmund.[386]

Jahr	Förderung	Wert der Förderung am Erzeugungsort	Verkaufte Kohlenmenge	Selbstverbrauch		Belegschaft	davon Kriegsgefangene	Leistung je Mann und Schicht
				insgesamt	% der Förderung			
	t	M	t	t		Mann		t
1912	1.431	15.312	-	1.431	100,0	331	-	-
1913	9.309	136.912	2.006	7.303	78,4	498	-	0,142
1914	277.304	3.158.669	249.379	27.925	10,1	1.260	-	0,688
1915	475.501	6.523.874	448.862	26.639	5,6	1.320	158	0,648
1916	570.150	11.685.951	532.257	37.893	6,6	1.488	373	0,882
1917	660.001	12.648.756	615.485	44.516	6,7	1.549	488	0,925
1918	621.501	13.573.581	570.758	50.743	8,2	1.546	509	0,973
1919	430.002	24.738.832	384.194	45.808	10,7	2.215	-	0,730
1920	616.050	90.982.106	575.618	40.432	6,6	2.803	-	0,713
Summe	3.661.249	-	3.378.559	292.690	7,9	-	-	-

Die im Krieg ihre Vollleistung erreichende Schachtanlage Lohberg des Thyssen-Bergbaus[387]

Solche Leistungen waren durch die Mechanisierung der Förderung und den gezielten Einsatz von Lokomotiven untertage möglich. Die Druckluftlokomotiven und die notwendigen Druckluftkompressoren stellte vor allem die eigene Maschinenfabrik Thyssen in Mülheim/Ruhr her.[388] Andere Zechen setzten Elektro- und Benzollokomotiven ein. Etliche Bergwerksgesellschaften betrieben Benzollokomotiven trotz ihres höheren Gefahrenpotenzials, weil der Betriebsstoff Benzol auf den zecheneigenen Kokereien gewonnen werden konnte. Im Krieg bedeutete dies eine Versorgungssicherheit. Strom- und Druckluftmangel verhinderten in der zweiten Kriegshälfte höhere Leistung auf den schon mechanisierten Ruhrzechen. So wurden 1916

---

[386] Ebd. Die Jahresförderung betrug 1913 4.509.216 t.
[387] Knepper, Oberste-Brink, Haack: Steinkohlenbergwerke, S. 19. Kriegsgefangene nach Jahrbuch für den Oberbergamtsbezirk Dortmund 14–21 (1923), S. 407. Die Beschäftigtenzahlen im Jahrbuch sind abweichend.
[388] Aufstellung in: tkA F/Alb/66; Denkschrift über das Bauprogramm des Thyssen-Bergbaus, September 1921, Typoskript in: tkA A/929.

Während des Kriegs begann das Abteufen der Schachtanlage Beeckerwerth. Im Hintergrund Mitte links ist der hölzerne Turm von Schacht 2 zu sehen und in der Mitte rechts die im Bau befindlichen Fördermaschinen- und Kesselhäuser. Rechts und links der Gleise liegen Tübbinge für den Schachtausbau, ca. 1917. Quelle: thyssenkrupp Corporate Archives.

dem Förderanteil nach mehr als ein Drittel der mechanisierten Strebförderung im mittleren und östlichen Ruhrgebiet stillgelegt, während die Hüttenzechen im Westen (GHH, Thyssen) ihre Mechanisierung erweitern konnten, da sie über einen eigenen Anlagen- und Maschinenbau verfügten.[389]

Ab 1916 litt die gesamte deutsche Stahlindustrie, obwohl sie ohne Zweifel zu den kriegswichtigen Rüstungsprodukten zählte, unter Kohlenmangel. Die Förderleistung des deutschen Steinkohlenbergbaus war von 190 Mio. Tonnen um 16 Prozent auf 159 Mio. Tonnen (1916) zurückgegangen bei gleichzeitig erhöhtem Energiebedarf der Industrie und der Eisenbahn. Wegen unzureichender Versorgung mit Kohlen lagen einige Öldestillationen still, obwohl Schmiermittel ebenfalls ein dringend benötigtes Mangelprodukt der deutschen Kriegswirtschaft waren.[390] Trotz hoher Stahlnachfrage musste die Friedrich-Alfred-Hütte im Winter 1917/18 einen Hochofen herunterfahren und später sogar einen weiteren Ofen zeitweilig dämpfen, weil Koks fehlte. Aus dem gleichen Grund war das Krupp'sche Grusonwerk in Magdeburg trotz der dringenden Nachfrage an leichten Feldhaubitzen zeitweilig gezwungen, Feier-

[389] Burghardt: Mechanisierung, S. 208–213, 204 f.
[390] Petersen, Otto: Aus den Kriegsaufgaben des VdEh im Jahre 1917, S. 4, in: SIT FWH/1579; allgemein Rasch: Flüssige Treib- und Schmierstoffe.

11. Energieversorgung: Kohle, Strom und Gas

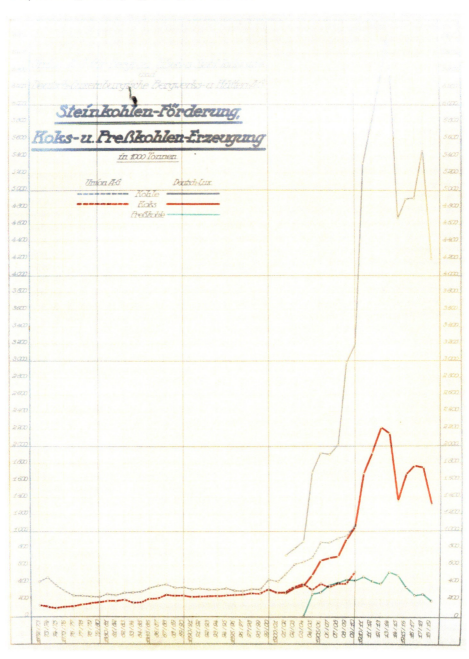

Einen für den Ersten Weltkrieg typischen Kurvenverlauf der Kohlen-, Koks- und Presskohlenproduktion zeigt die Grafik der Deutsch-Lux Zechen: Das Vorkriegsniveau wurde im Krieg nicht wieder erreicht. Quelle: thyssenkrupp Corporate Archives.

schichten einzulegen.[391] Andererseits führte der Eisenmangel zur vermehrten Umstellung des Strecken- und Schachtausbaus auf Holz. Wegen fehlender Nachlieferungen musste beispielsweise die Zeche Shamrock 3/4 (Hibernia) den Eisenstempelausbau von 133.388 qm (1913) auf 39.997 qm (1918), d. h. auf 30 Prozent, zurücknehmen.[392]

Die geforderte Umsetzung des Hindenburg-Programms verstärkte 1917 – trotz erneut gesteigerter Förderung, u. a. durch zwei zusätzliche Schichten pro Woche – den Kohlenmangel. Das neu errichtete Kriegsamt schuf zunächst eine Stelle für den „Kohleausgleich", bevor der Reichskanzler wegen mangelnder Effizienz am 28. Februar 1917 einen „Reichskohlenkommissar", offizieller Titel: Reichskommissar für die Kohlenverteilung, mit später geschaffenen elf amtlichen Verteilungsstellen einsetzte, der gleichermaßen für Heer, Marine, Rüstungsindustrie und Hausbrand zuständig war.[393] Ferner wurden 26 Kohlenwirtschaftsstellen eingerichtet, die ihrerseits über 1.500 Orts- und Kreiskohlenstellen kontrollierten, die die lokale Brennstoffversorgung und -verteilung sichern sollten. Dem vorausgegangen war 1915/16 die staatlich erzwungene Verlängerung des RWKS, einschließlich der bisherigen Außenseiter. Die Folge war, dass August Thyssen auch mit seinen bisherigen Außenseiterzechen Lohberg und Rhein I dem Kartell beitrat. Weitere Folgen waren, dass die staatlichen Zechen dem RWKS beitreten mussten und dass die Mitglieder des RWKS ihren Widerstand gegen die Übernahme der Zechengesellschaft Hibernia durch den preußischen Staat aufgaben.[394] Bereits am 3. Oktober 1917 wurde im Rahmen einer weiteren Zentralisation dem Reichskohlenkommissar das zwei Monate zuvor geschaffene Amt des Reichskommissars für Elektrizität und Gas (Wilhelm Kübler, Professor für Elektrotechnik, TU Dresden) unterstellt, da für diese beiden Energiearten Kohle die hauptsächliche Erzeugungsbasis war.[395] Durch solche Maßnahmen gelang es dem Deutschen Reich im Winter 1917/18, einen Zusammenbruch des Eisenbahnwesens und der Rüstungswirtschaft zu vermeiden, während der Verbündete Österreich-Ungarn zur gleichen Zeit in eine Krise schlitterte. Im Kriegsjahr 1917/18 halbierte sich dessen Kohlenförderung. Statt 45 (1916) waren nur noch 24 (1918) Hochöfen in Betrieb, sodass die Rüstungsproduktion (Geschütze, Maschinengewehre) enorm absank und sich das Transportwesen als Achillesferse der Doppelmonarchie entpuppte.[396]

Der Staat griff – z. B. in Person des Reichskohlenkommissars – nicht in die Eigentumsstrukturen des Bergbaus ein, sieht man einmal von der Übernahme der Hibernia ab. Er verwaltete den Kohlenmangel und nahm durch die Gestellung von Arbeitskräften und Genehmigung von Betriebsplänen und Baumaßnahmen minimal Einfluss auf die Förderhöhe, er machte jedoch keine direkten Vorgaben, die Kohleförderung auf leistungsstarke Bergwerke zu konzentrieren und leistungsschwache stillzulegen. Mit dem Westfälischen Oberbergamt zu Dortmund hätte der Staat den Behörden-

---

[391] Berdrow: Krupp im Weltkrieg, S. 222, 243.
[392] Burghardt: Mechanisierung, S. 231.
[393] Ziegler: Kriegswirtschaft, S. 35; Przigoda: Unternehmensverbände, S. 186–191.
[394] Rasch: August Thyssen, S. 46; Bleidick: Hibernia; Böse, Ziegler: Ruhrbergbau, S. 435 ff.
[395] Boldorf: Ordnungspolitik, S. 53 f.
[396] Matis: Wirtschaft, S. 47 f.

apparat gehabt, um dies mit Sachkenntnis durchzuführen. Wegen der Syndikatsquoten fanden Stilllegungen nur im Rahmen einzelner Bergwerksgesellschaften statt, z. B. bei der Essener Steinkohlenbergwerke AG, die 1916 ihre Zeche Pauline stilllegte (ca. 90.000 t/a), dafür aber ab 1917 den Schacht Prinz Friedrich wieder auffuhr.[397] Dadurch, dass der Staat vorrangig Arbeitskräfte und Transportmittel den Koks- und Kraftwerkskohle fördernden Zechen zuteilte, benachteiligte er jedoch ab 1917 die südlich gelegenen Magerkohlenzechen des Ruhrgebiets. Sie waren nach der Währungsstabilisierung 1923 als erste von Stilllegungen betroffen. Ihre Kapital- und Wirtschaftskraft hatte im Krieg deutlich gelitten. Zu diesen Bergwerken zählten u. a. die schon vor dem Krieg veralteten Deutsch-Lux-Zechen Carl Friedrich Erbstollen, Wiendahlsbank, Kaiser Friedrich, Glückauf Tiefbau und Louise Erbstollen, die bei der Fusion 1910 von der bisherigen Union AG für Bergbau, Eisen- und Stahl-Industrie durch Deutsch-Lux übernommen worden waren.[398]

Gegen die Zusage, den Inlandskohlenpreis stabil zu halten, durfte das RWKS weiterhin Kohle exportieren. Hier handelte das RWKS ausschließlich gewinnorientiert und gegen die nationalen Interessen der deutschen Kriegswirtschaft, die an Energienot litt, auch wenn von 1916 auf 1917 die Exportmengen um ein Viertel gesenkt wurden (s. Tabelle). Es ist jedoch nicht bekannt, ob sämtlicher Export unbedingt kriegsnotwendige Kompensationsgeschäfte finanzierte.[399]

Der Reichskohlenkommissar regulierte zwar die Verteilung der Syndikatskohle nach Kriegswichtigkeit, wofür nun er und nicht mehr das RWKS in der Öffentlichkeit getadelt wurde; aber er griff nicht in den Kohlenhandel und Kohlentransport des Syndikats mit seinen Frachtsätzen ein, die dem Syndikat satte Gewinne bescherten (s. Tabelle). Es blieb bei der Kompromissformel: unbegrenzte Auslandsgewinne bei moderaten Inlandspreisen. Das RWKS nahm 1916 zwischen 60–100 Mio. M mehr ein als es seinen Kartellmitgliedern via Verrechnungspreise erstattete.[400] Der Staat beließ es dabei, den Mangel zu verwalten, d. h. den Absatz zu organisieren und zu überwachen, aber er versäumte es, wie es noch bis Mitte des 19. Jahrhunderts üblich war, die Kohlenförderung zu bestimmen, Zechen zu schließen, Belegschaften zu verlegen (was er über die Zuweisung von Arbeitskräften tatsächlich konnte). Erst im Juni 1918 wurde der Landabsatz, der direkte Kohlenverkauf ab Zeche, staatlich kontrolliert. Die Zechen hatten das lukrative Geschäft enorm ausgedehnt. Betrug der Landabsatz 1913 am Gesamtabsatz der Syndikatszechen 4 Prozent, so stieg die Quote während des Kriegs und der unmittelbaren Nachkriegszeit auf bis zu 14 Prozent.[401]

---

[397] Fischer, Wolfram: Herz des Reviers, S. 306 f.; Gebhardt: Ruhrbergbau, S. 161.
[398] Ebd., S. 231 f.; Burghardt: Mechanisierung, S. 232, 234.
[399] Roelevink: Organisierte Intransparenz, S. 101–103, 106–108; Böse: Kartellpolitik, S. 246.
[400] Ebd., S. 249.
[401] Ebd., S. 249, 287 f.

Kohlenaußenhandel des Deutschen Reichs zwischen 1913 und 1919[402]

Jahr	Export		Import		Nettoexport	
	Steinkohle (inkl. Briketts)	Koks	Steinkohle (inkl. Briketts)	Koks	Steinkohle (inkl. Briketts)	Koks
1913	36.901.000 t	6.433.000 t	10.567.000 t	595.000 t	26.334.000 t	5.838.000 t
1914	29.166.000 t	3.858.000 t	6.496.000 t	360.000 t	22.670.000 t	3.498.000 t
1915	18.066.000 t	3.714.000 t	2.550.000 t	89.000 t	15.516.000 t	3.625.000 t
1916	20.768.000 t	4.134.000 t	1.378.000 t	105.000 t	19.390.000 t	4.029.000 t
1917	16.026.000 t	3.004.000 t	511.000 t	105.000 t	15.515.000 t	2.899.000 t
1918	13.575.000 t	2.409.000 t	200.000 t	25.000 t	13.375.000 t	2.384.000 t
1919	2.214.000 t	600.000 t	48.000 t	-	2.166.000 t	600.000 t

Verkaufspreise für Ruhrkohle in Hamburg pro Tonne, ca. 1916[403]

	Richtpreise RWKS ab Zeche	Verkaufspreise Syndikatshandelsgesellschaft Hamburg	Verkaufspreise Thyssen'sche Handelsgesellschaft
Förderkohlen	14,75 M	17,50 M	22,50 M
Stücke I	16,50 M	19,50 M	25,00 M
Stücke III	15,75 M		23,50 M
Nuss I/II	17,00 M	19,50 M	26,00 M
Nuss III	16,75 M	19,25 M	25,00 M

Nur zweimal griff der Staat in die Eigentümerstruktur des rheinisch-westfälischen Steinkohlebergbaus ein, nämlich bei den Zechen Friedrich Heinrich in Lintfort und Heinrich Robert bei Hamm, die beide dem französischen Unternehmen Les Petits-Fils de François de Wendel & Cie. gehörten und welches diese Bergwerke erworben hatte, um seine lothringischen Hüttenwerke ausreichend mit Kokskohle beliefern zu können. Beide Zechen wurden 1915 unter Sequester gestellt. 1900 hatten die Brüder Henri und Robert de Wendel Grubenfelder bei Herringen erworben für ihre Firma de Wendel und 1910 den regulären Förderbetrieb aufgenommen. Die Zeche wurde 1915 unter Zwangsverwaltung gestellt, jedoch nicht versteigert, da sie Teil des Unternehmensvermögens der Firma de Wendel war. Anders war es mit der Zeche Friedrich Heinrich, die 1906 als Steinkohlenbergwerk Friedrich Heinrich AG in Lintfort, Kreis Moers, unter Führung der Société Générale de Crédit industriel et commercial, Paris, gegründet worden war. Sie hatte 1912 ihre Förderung aufgenommen. Ihre Aktienmehrheit be-

---

[402] Eigene Tabelle nach: Storm: Geschichte, S. 295 und Böse: Kartellpolitik, S. 246.
[403] Ebd., S. 254.

fand sich bei Kriegsbeginn bei der Firma de Wendel. 1917 verkaufte der Preußische Staat unter Missachtung des ausländischen Privateigentums die Aktiengesellschaft. Interessiert am Erwerb waren Krupp, BASF und die Gewerkschaft Deutscher Kaiser. Letztere benötigte Kokskohlen für ihre Stahlwerk Thyssen AG in Hagendingen. August Thyssen und sein Rohstofffachmann Carl Rabes besichtigten persönlich die Zeche und waren wohl bereit, 120 Prozent des Aktienwertes zu bieten. Schließlich erwarben die Rheinischen Stahlwerke die konfiszierte Zeche, wurden damit aber nicht glücklich, da sie 1921 die Zeche den Alteigentümern zurückübertragen mussten.[404]

Zu einem ungewöhnlichen Eigentümerwechsel kam es 1916 bei der Gewerkschaft Westfalen, die am Nordrand des Ruhrgebiets bei Ahlen zwei Schachtanlagen betrieb. Deutschlands größter Zinkproduzent, Georg von Giesche's Erben, erwarb über 7.000 Kuxe der 10.000teiligen Bergwerksgesellschaft Westfalen für 2.800 M pro Kuxe und wurde damit Mehrheitseigentümer. Der oberschlesische Montankonzern wollte sich nicht eine ausreichende Energiebasis sichern, die besaß er bis zur Abtretung Oberschlesiens an Polen 1921, sondern er wollte das Tätigkeitsfeld seiner Handelsorganisation durch den Verkauf von Kohlen erweitern und erwarb dafür einen Außenseiter des Kohlensyndikats, der verkehrsgünstig nach Osten lag.[405]

Ihre Zustimmung zum neuen RWKS-Vertrag hatten die fiskalischen Ruhrzechen 1916 davon abhängig gemacht, dass die etwa 54 Prozent Hibernia-Aktien, die noch eine RWKS-Tochtergesellschaft hielt, an den Staat übertragen wurden. Dies geschah im Oktober 1916, um eine reale Zwangssyndizierung an der Ruhr zu verhindern. Mit dem zum 1. April 1917 geschlossenen neuen Syndikatsvertrag lösten die Staatszechen zusammen mit der Hibernia mit einer Gesamtförderquote von über 11 Prozent die GBAG als bisher größte Zechengesellschaft an der Ruhr ab.[406]

Auch ohne staatliche Eingriffe verschoben sich während des Kriegs die Größenordnungen unter den einzelnen Zechen. Zollverein, der Kohlenförderung nach die größte Zeche der Vorkriegszeit, musste einen Förderrückgang von 2,3 auf 1,5 Mio. t/a (1918) hinnehmen und fiel auf Platz 2 zurück. 1918 waren die Prosperschächte der Arenberg'sche AG für Bergbau und Hüttenbetrieb mit fast 2 Mio. t/a die leistungsstärkste Zeche, weil ihre Förderung nicht so stark zurückgegangen war (1913: 2,27 Mio. t/a).[407]

---

[404] Leider ist dieses interessante Kapitel rheinisch-westfälischer Bergbau-Geschichte für die Zeche Friedrich Heinrich noch nicht weitergehend erforscht. Gebhardt: Ruhrbergbau, S. 328 behauptet fälschlicherweise, dass die Zeche für die Dauer des Kriegs als feindliches Eigentum unter der Verwaltung eines Staatskommissars gestanden hätte; Baumann: Stahlhütte, S. 24; Protokoll der Grubenvorstandssitzung der Gewerkschaft Deutscher Kaiser vom 15.08.1917, 20.08.1917, in: tkA A/813/2; Moitra: Tief im Westen, S. 61–98.

[405] Treue: Georg von Giesche's, S. 81; Jahrbuch für den Oberbergamtsbezirk Dortmund 14–21 (1923), S. 621; Schreiben Gewerkschaft Westfalen an Oberbergamt Dortmund vom 14.07.1925, in BBA 157/174. Für letzteren Hinweis danke ich PD Dr. Dietmar Bleidick, Bochum.

[406] Böse, Ziegler: Ruhrkohle, S. 446.

[407] Fischer: Herz des Reviers, S. 306 f. Bei Huske: Steinkohlenzechen, S. 32 wird die Gewerkschaft Deutscher Kaiser als leistungsstärkste Zeche benannt. Er stützt sich dabei auf das Jahrbuch des Oberbergamtsbezirk Dortmund 14–21 (1923), S. 598, er berücksichtigt dabei jedoch nicht,

11. Energieversorgung: Kohle, Strom und Gas | 181

Die Thyssen'schen Zechen zeichneten sich in der Regel durch einen hohen Mechanisierungs- und Automatisierungsgrad aus, wie diese überzeichnete Aufnahme vom 19. Januar 1915 von der Mechanischen Förderkorbbeschickung auf der Schachtanlage 4 der Gewerkschaft Deutscher Kaiser zeigt. Die Förderkorbbeschickung hatte die eigene Maschinenfabrik Thyssen errichtet. Die Aufnahme wurde noch um 1926, also zehn Jahre nach ihrem Entstehen, für ein in deutscher und englischer Sprache gestaltetes Fotoalbum über die Vereinigte Stahlwerke AG verwandt. 1917/18 wurden auf verschiedenen Ruhrzechen ca. 70–80 solcher Aufschiebe- und Abdrückanlagen in Betrieb genommen, sodass ca. 700 Förderarbeiter eingespart werden konnten.[408] Quelle: thyssenkrupp Corporate Archives.

Der Kohlenmangel förderte zudem den Raubbau, sodass nach Kriegsende zunächst ein hoher Aufwand betrieben werden musste, um neue Kohlefelder zu erschließen und die Förderung wieder auf das Vorkriegsniveau zu bringen. Dabei ist jedoch zu berücksichtigen, dass das Deutsche Reich mittlerweile als Staatsgebiet Elsaß-Lothringen, das Saarland mit der bayerischen Pfalz sowie Ostoberschlesien verloren hatte, was in absoluten Zahlen ungefähr einem Viertel der Vorkriegsförderung entsprach, ohne dass entsprechende industrielle Verbraucher im gleichen Maß entfallen wären. Völlig andere Entwicklungen durchliefen während des Kriegs die beiden anderen „heimischen" Energieträger.

dass die Gewerkschaft Deutscher Kaiser mehrere Doppelschachtanlagen betrieb, deren Förderung addiert wurde.
[408] Burghardt: Mechanisierung, S. 230.

Strom

Vor dem Ersten Weltkrieg entwickelten sich die Energieversorgung mit Strom und Gas von lokalen Anbietern zu Verbundsystemen. Am weitesten fortgeschritten von beiden Energiearten war die Stromversorgung, die im letzten Drittel des 19. Jahrhunderts mit Blockkraftwerken begonnen hatte.[409]

Der Erste Weltkrieg trug zur Verbreitung der Elektrizität in der Bevölkerung sowie zum Vordringen des Braunkohlenstroms in das Ruhrgebiet wesentlich bei. Schon 1915 wurden erste Rohstoffersatzanlagen nicht im Ruhrgebiet, sondern im Rheinland und in Mitteldeutschland, in der Nähe dortiger Braunkohlenlagerstätten und ihrer Kraftwerke errichtet. Die Anlage neuer chemischer Fabriken, z. B. zur Stickstoffgewinnung oder Karbiderzeugung, aber auch zur Aluminiumherstellung, fand – bis auf den Fall der Chemischen Werke Lothringen – in der Nähe der Braunkohlengruben und der dortigen Kraftwerke statt, da letztere zusätzliche Energie zur Verfügung stellen konnten, was dem Ruhrbergbau und den dortigen Kraftwerken nicht möglich war. Zudem konnten so Leitungsverluste vermieden werden. Von März bis Weihnachten 1915 errichtete die Bayerische Stickstoffwerke AG das Reichsstickstoffwerk Piesteritz, 25 km entfernt vom Braunkohlenkraftwerk Golpa auf der mitteldeutschen Braunkohle, sowie in Oberschlesien das Reichsstickstoffwerk Chorzow.[410] Ab Frühjahr 1916 errichtete die BASF ihr großes Ammoniakwerk nach dem Haber-Bosch-Verfahren in Leuna bei Merseburg mit eigenem Kraftwerk in der Nähe der dortigen Braunkohlenlagerstätte.[411] Das schon 1915 geplante Aluminiumwerk Horrem bei Köln der 1917 gegründeten Vereinigte Aluminium-Werke AG erhielt seinen Strom vom 1912 in Betrieb gegangenen Braunkohlenkraftwerk Fortuna der Fortuna AG für Braunkohlenbergbau und Brikettfabrikation. Ebenfalls 1915 wurde das Großkraftwerk Trattendorf bei Spremberg auf der mitteldeutschen Braunkohle geplant im Zusammenhang mit der Schweizer Lonza AG, die dort eine Fabrik zur synthetischen Stickstoff- und Karbidgewinnung errichtete. Beide Werke gingen erst 1917 in Betrieb.[412] Die Zechenkraftwerke an der Ruhr verstromten dagegen weiterhin das Kohlenklein und belieferten neben ihren eigenen Werken und Werkssiedlungen die umliegenden Gemeinden, sofern vor dem Krieg entsprechende Verträge mit den Städten abgeschlossen worden waren. Wenn die Zechenkraftwerke zu integrierten Hüttenwerken gehörten, so lieferten sie auch zusätzlich Strom für die neu aufgenommene Rüstungsfertigung, oder für die neu geschaffenen elektrischen Grubenbahnen, sofern die Generatoren nicht wegen fehlender Ersatzteile für längere Zeit stilllagen.[413] Das RWE substituierte

---

[409] Todd: Technology.
[410] Waeser: Die Luftstickstoff-Industrie, S. 14.
[411] Badische Anilin- & Soda-Fabrik AG: Badische Anilin- & Soda-Fabrik, S. 195–198.
[412] Rasch: Mehr als nur, S. 49.
[413] Burghardt: Mechanisierung, S. 203 erwähnt, dass in der zweiten Kriegshälfte bei der Hibernia etwa 6–10 MW der installierten 24 MW Kraftwerksleistung wegen Beschädigung dauerhaft ausfielen. So war die Versorgung mit Strom für die gegen Kriegsende fertiggestellten drei Grubenbahnanlagen nicht sichergestellt (ebd., S. 209).

den benötigten, aber nicht vorhandenen Steinkohlenstrom in der zweiten Kriegshälfte durch den preiswerter erzeugbaren Braunkohlenstrom aus ihren linksrheinischen Kraftwerken, vor allem dem Goldenberg-Kraftwerk in Hürth-Knapsack. Die Rheinquerung mittels Hochspannungsleitung gelang 1917 bei Düsseldorf. Dies erklärt, warum die Stromproduktion des RWE trotz niedriger Steinkohlenförderung bis Kriegsende auf 266 Prozent anstieg. Die anderen beiden überregionalen Stromanbieter, die Westfälisches Verbands-Elektrizitätswerk AG und die Elektrizitätswerk Westfalen AG konnten ebenfalls Steigerungen, aber nicht so deutliche, ausweisen. Sie waren auf die ausschließliche Stromerzeugung aus Steinkohle angewiesen.

Die 1917 von C. H. Jucho fertiggestellte Rheinquerung der 110 kV-Leitung vom Erftwerk des RWE in Höhe des Steinkohlenkraftwerks Reisholz bei Düsseldorf, erkennbar an den hohen Strommasten, 1930. Quelle: Historisches Konzernarchiv RWE.

Stromproduktion der drei großen Erzeuger des Ruhrgebiets 1913–1920[414]

Geschäfts-jahr	Rheinisch-Westfälisches Elektrizitätswerk AG		Westfälisches Verbands-Elektrizitätswerk AG		Elektrizitätswerk Westfalen AG[415]	
	kWh	%	kWh	%	kWh	%
1913/14	294.153.000	100,0	39.885.000	100,0	54.493.275	100,0
1914/15	292.999.000	99,6	35.037.000	87,8	61.640.060	113,1
1915/16	388.118.000	131,9	49.327.000	123,7	71.163.236	130,6
1916/17	555.063.000	188,7	61.733.000	154,8	86.671.832	159,1
1917/18	772.466.000	262,6	74.971.000	188,0	95.746.566	175,7
1918/19	687.989.000	233,9	73.443.000	184,1	95.179.808	174,7
1919/20	626.361.000	212,9	55.860.000	140,1	93.620.959	171,8

[414] Jahrbuch für den Oberbergamtsbezirk Dortmund 14–21 (1923), S. 686, 680, 684.
[415] Geschäftsjahr entspricht Kalenderjahr.

Der Strombedarf im Ruhrgebiet stieg u. a. durch die Rüstungsfertigung, wobei noch immer die Dampfmaschine der Hauptenergieerzeuger nicht nur der mittelständischen Industrie war, auch wenn die immer betriebssicheren Elektromotoren wegen ihrer niedrigen Betriebskosten deutlich auf dem Vormarsch waren. Der Einsatz von Elektromotoren bedeutete zum einen einen höheren Wirkungsgrad und schnellere Einsatzbereitschaft als bei Dampfmaschinen. Die Elektromotoren verstärkten den Kupfermangel durch ihre Wicklungen, bis Aluminium bzw. Eisen das Kupfer ersetzte und Neukonstruktionen der Motoren notwendig machte.[416] Das Beispiel der Friedrich Wilhelms-Hütte in Mülheim/Ruhr, ein Hochofenwerk mit eigener Gießerei und eigenem renommierten Maschinenbau, die vor allem in die Granatenproduktion involviert war und zum Deutsch-Lux-Konzern Hugo Stinnes' gehörte, zeigt, dass der Strombedarf dieses Hüttenwerks saisonal schwankte, aber im Krieg um 40 bis 50 Prozent im Vergleich zu 1914 anstieg und nach Kriegsende abrupt auf das Niveau der ersten Kriegsmonate absank, als die Produktion noch gedrosselt war.

Für das Hindenburg-Programm musste die Firma Krupp auch ihre Dampferzeugung erweitern. Hier die Baufortschritte der 1917 im Bau befindlichen Anlagen, deren Kessel zum Teil selbst gefertigt waren. Quelle: Historisches Archiv Krupp.

---

[416] Maier: Unbequeme Newcomer, S. 87–90.

Stromverbrauch (kWh) der Friedrich Wilhelms-Hütte, Mülheim/Ruhr 1914–1918[417]

	1914	1915	Veränderung zum Vorjahresmonat	1916	Veränderung zum Vorjahresmonat	1917	Veränderung zum Vorjahresmonat	1918	Veränderung zum Vorjahresmonat	Veränderung von 1914 auf 1918
Januar	2.343.254	2.097.119	11%	2.462.085	17%	2.759.353	12%	3.266.485	18%	39%
Februar	2.087.957	1.846.060	-12%	2.347.043	27%	2.453.371	5%	3.101.625	26%	49%
März	2.312.602	2.260.131	-2%	2.650.730	17%	3.084.417	16%	3.245.933	5%	40%
April	2.283.730	2.120.246	-7%	2.460.369	16%	2.987.886	21%	3.229.072	8%	41%
Mai	2.304.516	2.124.336	-8%	2.679.955	26%	3.058.699	14%	3.294.224	8%	43%
Juni	2.167.455	2.118.425	-2%	2.640.997	25%	3.024.581	15%	3.166.819	5%	46%
Juli	2.367.029	2.196.536	-7%	2.768.975	26%	3.003.583	8%	3.260.279	9%	38%
August	1.413.654	2.211.306	56%	2.894.797	31%	3.045.843	5%	3.252.087	7%	130%
September	1.579.216	2.132.949	35%	2.890.391	36%	3.194.957	11%	3.090.760	-3%	96%
Oktober	1.646.257	2.249.706	37%	2.969.571	32%	3.318.612	12%	3.311.478	0%	101%
November	1.862.288	2.281.162	22%	2.856.805	25%	3.268.991	14%	2.365.443	-28%	27%
Dezember	2.036.342	2.420.299	19%	2.777.416	15%	3.176.066	14%	2.111.408	-34%	4%

[417] Zusammengestellt nach SIT FWH/736–740.

Rüstungsgütererzeuger wie Krupp und Thyssen erweiterten wegen der erhöhten Nachfrage ihre werkseigenen Kraftwerke und Dampferzeugungsanlagen. Die Gewerkschaft Deutscher Kaiser nutzte dafür 1917 – laut Protokoll der Grubenvorstandssitzung – eine von der „Stadt Lille angekaufte Turbine".[418] Im Juli 1916 begann Krupp mit dem Bau eines neuen Kraftwerks in der Nähe der neuen Geschossdreherei mit 28 großen Zweirohrflammkesseln. Auf die im Entwurf vorgesehene mechanische Bekohlungsanlage wurde aus Materialmangel verzichtet, was eine Beheizung von Hand und damit erhöhten Arbeitskräftebedarf bedeutete. Bei der Anlage selbst machte sich der Materialmangel ebenfalls bemerkbar, statt Kupfer- mussten Stahlrohre in den Kondensatoren verbaut werden und für die Turbinenschaufel stand statt hochfestem Nickel- nur Kohlenstoffstahl zur Verfügung. Im April 1917 begann Krupp dann mit dem Bau eines weiteren, noch größeren Kraftwerks am Nordrand der Gussstahlfabrik ausschließlich für die Hindenburg-Werkstätten. Von diesen 56 Zweiflammrohrkesseln lieferte die eigene Germaniawerft genau die Hälfte und zusätzlich die 9.000 PS-Dampfturbine. Schon für das 1916 gebaute Kraftwerk hatte die Werft die Hälfte der Kessel gefertigt. Insgesamt 69 Dampfkessel und 6 Dampfturbinen (5 × 9.000 PS und 1 × 7.000 PS) stellte die Germaniawerft für das Essener Mutterunternehmen her. Die Krupp eigenen Reparaturbetriebe und Kesselschmieden nahmen die Montage vor.[419] Schon im November 1917 konnte ein Teilbetrieb aufgenommen werden. Während bei Kriegsbeginn 300 Heizkessel zur Verfügung standen, waren es bei Kriegsende 465 in 26 Stationen. Die Anzahl der Kessel war um 50 Prozent gestiegen, die der Heizfläche sogar um 70 Prozent und die Dampferzeugung hatte sich sogar verdoppelt, aber die Anzahl der Arbeiter nahm von 445 auf 1315 zu, was eine Verdreifachung bedeutete und in keinem Verhältnis zur Mehrleistung stand, da die Anlagen nicht mechanisiert waren.[420]

Als neuer Kunde traten auf dem Strommarkt die Privathaushalte hinzu. Wegen des Mineralölmangels stand Petroleum für Leuchtzwecke nicht in ausreichenden Mengen zur Verfügung. Bei Karbid herrschte ebenfalls Mangel, sodass die Elektrizität in den privaten Haushaltsmarkt vordrang, zumal bei Kriegsbeginn offensiv für elektrisches Licht geworben wurde, jedoch nicht ohne neue Probleme (Kupferkabel) an anderer Stelle zu bereiten.

Wegen Mineralölmangels kam es im zivilen Transportwesen mittels Lastkraftwagen zu Problemen, wobei zunächst – d. h. in den ersten beiden Kriegsjahren – der Strom eine Lösung anzubieten schien. Die für das Militär beschlagnahmten Lkw wurden – auf Anweisung des Heeres – durch neu gebaute Elektrokraftwagen für den innerstädtischen Betrieb ersetzt, so auch im Ruhrgebiet. Umfangreiche Erfahrungen mit Elektrowagen lagen schon vor dem Krieg vor. Doch die Elektrokraftwagen schufen neue Beschaffungsprobleme bei den Elektromotoren (Kupfer) und den Batterien (Gummi). Letztere lieferte u. a. das Werk Hagen der Accumulatoren-Fabrik AG.

[418] Protokoll der Grubenvorstandssitzung der Gewerkschaft Deutscher Kaiser vom 15.08.1917, in: tkA A/813/2.
[419] Berdrow: Krupp im Weltkrieg, S. 181–183, 134 f., 268, 280.
[420] Ebd., S. 223.

Trotz dieser zusätzlichen Verbraucher war die Produktionsentwicklung beim RWE im Geschäftsjahr 1914/15 nicht mehr so rasant wie im Geschäftsjahr zuvor. Die Gesamtzahl der angeschlossenen Glühlampen und Motoren stieg von 1,3 Mio. über 1,4 Mio. auf 1,5 Mio. Glühlampen bzw. von 34.000 über 37.000 auf 38.000 Motoren in den Geschäftsjahren 1913/14 bis 1915/16. Die längeren Nutzungszeiten von Motoren und Fabrikbeleuchtung führten dennoch zu einem deutlichen Verbrauchsanstieg.[421]

Die deutliche Zunahme des Stromverbrauchs in der zweiten Kriegshälfte war vor allem der Industrie geschuldet, die nicht nur die vorhandenen elektrischen Maschinen länger laufen lassen musste, sondern die bewusst die Elektrifizierung ihrer Werke vorantrieb, da schon zu Beginn des Kriegs Kohle und Petroleum nicht in ausreichenden Mengen zur Verfügung standen. Zudem bedeutete die Umstellung von Dampfmaschinen auf Elektromotoren eine Einsparung an Arbeits-

Plakatwerbung für Elektrisches Licht statt Petroleum aus der ersten Kriegshälfte. Quelle: Trurnit GmbH.

Innerstädtischer Einsatz eines Elektrokraftwagens im Ersten Weltkrieg bei der Dortmunder Actien-Brauerei. Quelle: Stiftung Westfälisches Wirtschaftsarchiv.

[421] Geschäftsbericht RWE 1914/15 bzw. 1915/16, S. 5. Im letzten Kriegsjahr stagnierte der private Stromverbrauch für Licht auch infolge von Verdunklungsmaßnahmen.

kräften (Heizer, Entladearbeiter), an denen es ebenfalls mangelte. Der RWE-Strom wurde in den unterschiedlichsten industriellen Bereichen eingesetzt, wobei viele der genannten Branchen nicht im eigentlichen Ruhrgebiet beheimatet waren (s. Tabelle).

Stromabgabe des RWE nach industriellen Abnehmergruppen 1914–1916 in kWh[422]

Abnehmer	1914	1916	Steigerung 1914–1916
Sprengstofffabriken	9,4	51,9	452,1 %
Chemische Fabriken	12,1	25,2	108,3 %
Press- und Walzwerke	36,4	48,8	34,1 %
Stahlwerke	8,0	29,2	265,0 %
Waggonfabriken	0,2	2,6	1.200,0 %
Sonstige	0,6	1,3	116,7 %
Industrie gesamt	66,7	159,0	138,4 %

Im Krieg baute dass Gussstahl-Werk Witten ein neues, zentrales Kesselhaus, 1916. Quelle: thyssenkrupp Corporate Archives

[422] Pohl: Stadtwerk, S. 44.

Als ein Beispiel für die kriegsbedingte Elektrifizierung möge das Gussstahl-Werk Witten dienen, ein bedeutender Rüstungslieferant, der im Laufe des Kriegs seine Geschossproduktion verfünffachte. Dafür verdoppelte das Unternehmen innerhalb von vier Jahren den Maschinenpark seiner Bearbeitungswerkstätten. Zwar wurde in der werkseigenen Elektrischen Zentrale die Anzahl der Dampfmaschinen von vier mit einer Gesamtleistung von nur 1.500 PS während des Kriegs nicht erhöht, auch eine Umstellung auf effektivere Gasmotoren nicht vorgenommen, da das Werk selbst nicht Gas in einer eigenen Kokerei erzeugte, vielmehr ließ die Firma 1915 ein neues Transformatorenhaus bauen, um Fremdstrom in ausreichenden Mengen beziehen zu können und diesen auf 500 Volt Drehstrom umzuwandeln. Besaß das Unternehmen 1904 acht Transformatoren mit 3.600 kVA Leistung, so waren es bei Kriegsende zehn mit 5.300 kVA. Denn mittlerweile hatte sich die Anzahl der Elektromotoren von 103 mit 1.450 PS Leistung (1904) bei Kriegsende mehr als verfünffacht auf 585 Stück mit einer Verneunfachung der Leistung auf 13.700 PS.[423]

Es wäre jedoch falsch anzunehmen, dass die Erweiterung der Betriebe zu einer ausschließlichen Elektrifizierung geführt hätte, dazu war zum einen die Montanindustrie zu konservativ und zum anderen fehlten der Elektroindustrie die entsprechenden Fertigungskapazitäten, um alle Anforderungen befriedigen zu können, zumal Kupfer nicht in ausreichenden Mengen zur Verfügung stand. So erweiterte das Gussstahl-Werk Witten die Anzahl der Dampfkessel von 39 auf 46 mit nun 6.500 qm Heizfläche anstatt bisher 4.450 qm, zudem schaffte es neue Dampfmaschinen an, deren Anzahl sich von 50 um 10 erhöhte bei gleichzeitiger Verdoppelung der Leistungsfähigkeit von 8.000 PS auf 16.800 PS.[424]

Elektrifizierung des Gussstahl-Werks Witten[425]

	1904	1919
Elektrische Zentrale Maschinenzahl/Gesamtleistung	4/1.500 PS	4/1.500 PS
Transformatoren Anzahl/Leistung	8/3.600 KVA	10/5.300 KVA
Elektromotoren Anzahl/Gesamtleistung	103/1.450 PS	585/13.700 PS

---

[423] Typoskript Will Rinne: Ruhrgeist und Ruhrstahl, Nr. 4 des dritten Bandes, Gussstahl-Werk Witten (1881–1930), in: SIT GW/1091.
[424] Ebd., S. 42.
[425] Ebd., leider liegen keine Zahlen für 1905–1918 vor.

Da der Kohlenbedarf im Laufe des Kriegs weiter anstieg, die Förderung und staatliche Verteilung jedoch nicht den Bedarf selbst der kriegswichtigen Industrien decken konnte, errichtete z. B. das Gussstahl-Werk Witten 1917 eine Ascheaufbereitung für ihre Rostfeuerungen, um die noch brennbaren Bestandteile aus der Asche zu gewinnen.[426]

Da das eingeführte staatliche Zuteilungssystem für Ersatzteile und Waren, Maschinen u. a. m. nicht nur Bestellvorgänge verlangsamte und somit nicht flexibel reagieren konnte, entwickelten die größeren Stahlunternehmen die Strategie, sich durch eigene Reparaturwerkstätten größtmöglich von der staatlichen Lenkungswirtschaft unabhängig zu machen.[427] Dies war insbesondere bei den Elektromotoren notwendig, da jeder Schaden Produktionsstillstand und damit erhebliche Produktions- und Geldverluste bedeutete. Um die Schadensfall-bedingten Betriebsstillstände zu minimieren, entstanden zum Teil große Reparaturwerkstätten auf den Werken, da es im Laufe des Kriegs immer schwieriger wurde, von außen Unterstützung zu erlangen. So errichtete das Gussstahl-Werk Witten 1916/17 eine eigene Maschinen- und Elektrowerkstatt, um den verstärkten Anforderungen mit eigenem Personal gerecht zu werden.[428] Für die Elektroreparaturwerkstatt gab das Wittener Werk allein rund 364.000 M aus, was ungefähr fünf Prozent ihrer kriegsbedingten Investitionen in Neubauten entsprach.[429]

Das Gussstahl-Werk Witten war kein Einzelfall. Auf den großen Werken entstand eine partielle, werkseigene Autarkiewirtschaft, die sogar eine eigene Versorgung mit zusätzlichen Lebensmitteln umfasste. Die aufgebauten werkseigenen Reparaturbetriebe sollten die Kriegszeit überstehen und zu einem Merkmal der Großindustrie – nicht nur des Ruhrgebiets – werden. Die Firma Krupp, die schon vor dem Krieg sieben eigene Reparaturwerkstätten mit 1.500 Mitarbeitern unterhielt, erhöhte die Mitarbeiterzahl im Laufe des Kriegs auf 2.800, um neue Kesselanlagen, größere eigene Elektrizitätswerke mit 9.000-PS-Dampfturbinen, schwere Walzwerke u. a. m. selbst zu bauen bzw. um demontierte Alt-Anlagen – vornehmlich aus den besetzten Gebieten – den eigenen Bedürfnissen anzupassen.[430]

Auch August Thyssen nahm den im Krieg herrschenden Mangel an Elektroreparaturwerkstätten wahr. Er baute zunächst auf der Gewerkschaft Deutscher Kaiser diesen Reparaturbetrieb sogar groß auf, um dann 1918 seiner Maschinenfabrik Thyssen & Co. AG die Elektrofirma Chr. Weuste & Overbeck GmbH als unselbstständige Abteilung anzugliedern. Nach dem Krieg nahm diese mit dem Bau großer Generatoren, aber auch kleiner Elektromotoren den Wettbewerb auf zu den großen etablierten Elektrofirmen AEG und Siemens-Schuckert. Für das Ruhrgebiet war die Maschinenfabrik Thyssen – erst nach dem Krieg – ein ortsnaher Lieferant mit überzeugenden technischen Leistungen wie einem 22.000 kW-Generator.[431]

---

[426] Ebd., S. 40.
[427] Zur Entwicklung beim Bergbau siehe allgemein Przigoda: Unternehmensverbände, S. 191–204.
[428] Typoskript Will Rinne: Ruhrgeist und Ruhrstahl, Nr. 4 des dritten Bandes, Gussstahl-Werk Witten (1881–1930), in: SIT GW/1091, S. 40, 38.
[429] Ebd.
[430] Berdrow: Krupp im Weltkrieg, S. 135 f.
[431] Rasch: Auch beim Bau.

11. Energieversorgung: Kohle, Strom und Gas | 191

Jugendliche, Frauen und wenige Männer arbeiteten in der Reparaturwerkstatt für Elektromotoren bei der Gewerkschaft Deutscher Kaiser vor 1918. Quelle: thyssenkrupp Corporate Archives.

Die Reparaturwerkstatt für elektrische Motoren der Gewerkschaft Deutscher Kaiser, hier die Ankerwickelei, war auch eine Keimzelle für die Erweiterung der Maschinenfabrik Thyssen nach 1918 zur Elektrotechnik. Quelle: thyssenkrupp Corporate Archives.

Da während des Kriegs Kupfermangel herrschte, aus Kupfer wurden u. a. Führungsringe für Geschosse gefertigt,[432] fehlte Kupfer für elektrische Kabel im Haushalt, in der zweiten Kriegshälfte sogar für die Ankerwicklungen von Elektromotoren. Letzteres bedeutete aufgrund der größeren Leitungsquerschnitte der Ersatzmaterialien (u. a. Aluminium) nicht nur Effizienzverluste, sondern auch Neu- bzw. Umkonstruktion der Motoren. Als Ersatz für Kupferleitungen setzte man zunächst Eisen- und dann Aluminiumleitungen mit geringerer Leitfähigkeit ein. So war die 100.000-Volt-Doppelleitung zwischen den Kraftwerken Goldenberg und Reisholz, also die Rheinquerung bei Düsseldorf, aus Stahl-Aluminium-Seilen, andere 100.000-Volt-Leitungen vom Kraftwerk Goldenberg bestanden zum Teil nur aus Eisenseilen.[433]

Die Aluminiumerzeugung war jedoch energieintensiv, was wiederum den Energiemangel im Reich vermehrte, sofern das Aluminium nicht von der schweizerischen Aluminium Industrie AG stammte. Um kraftwerksnah Aluminium herzustellen, und zwar nicht nur für den Stromleitungsbau, gründete das RWE zu gleichen Teilen zusammen mit der Gebrüder Giulini GmbH, Mannheim (Tonerdelieferant), und dem Reichsschatzamt die Erftwerke AG in Grevenbroich. Die Produktionsaufnahme erfolgte 1916. Schon vorher hatte das RWE direkt neben ihrem Braunkohlenkraftwerk Goldenberg (früherer Name: Vorgebirgszentrale) die Rheinische Elektrowerke AG errichtet, um in elektrischen Schmelzöfen Ferrochrom und Ferrosilizium sowie Karbid zu erzeugen.[434] Diese Produktion zählt formal nicht zur Ersatzstoffindustrie. Ferrochrom und Ferrosilizium sind sogenannte Vorlegierungen, die man im Stahlwerk zur Stahlhärtung einsetzte. Der Legierungszusatz Chrom fand Verwendung z. B. zur Herstellung von besonders harten, also chromlegierten Stählen, während Ferrosilizium zur Desoxidation und Entschwefelung von Stahlschmelzen (beruhigter Kokillenguss) Einsatz fand. Aus Siliziumstahl wurden Federn, Dynamo- und Transformatorenbleche hergestellt. Chrom- und Wolframstähle nutzte u. a. der Maschinenbau als Werkzeug- bzw. sogenannte Schnellarbeitsstähle.

Die Weichen für das Vordringen des Braunkohlenstroms in das Ruhrgebiet waren schon vor dem Weltkrieg gestellt worden, die Rheinquerung mittels Hochspannungsleitung fand jedoch erst 1917 in der Nähe von Reisholz bei Düsseldorf statt, wo das größte Steinkohlenkraftwerk Europas stand. Die besonders hohen Strommasten für die Rheinquerung fertigt die Dortmunder Firma C. H. Jucho (Abbildung s. S. 183) in ihrem Hammer Eisenwerk (Killing & Köttgen), das sie 1914 erworben hatte und wo sie die Fertigung von Strom- und Funkmasten konzentrierte.[435] Der Steinkohlemangel beschleunigte im Krieg den Verdrängungsprozess Braun- gegen Steinkohle, sodass in der Weimarer Zeit nur in geringen Mengen zusätzlich Steinkohle verstromt

---

[432] Maier: Unbequeme Newcomer, S. 93 f. Schließlich gelang es, Führungsringe aus weichem Elektrolyteisen herzustellen.
[433] Ebd., S. 87–90. Um den Kupfermangel zu bekämpfen, wurden sogar kupferne Oberleitungen der Straßenbahnen demontiert.
[434] Das RWE nach seinen Geschäftsberichten 1898–1948, Essen 1948, S. 27; Pohl: Vom Stadtwerk, S. 44 f.
[435] Schaper: Zum fünfzigjährigen Bestehen der Firma C.H. Jucho, S. 438.

wurde. Der Ruhrbergbau versuchte dieser Entwicklung entgegenzusteuern, indem er 1926 bei der späteren Ruhrchemie AG ein Gemeinschaftskraftwerk zur Verstromung schlecht absetzbarer Kohlensorten errichtete. Erst mit der NS-Autarkiepolitik und den zahlreichen auch zwischen Ruhr und Lippe errichteten Vierjahresplanwerken (Buna, Kohlebenzin etc.) entstand 1937 im Ruhrgebiet die Steinkohlen-Elektrizität AG (Steag) zur vermehrten Verstromung der Steinkohle.[436]

Gas

Eine etwas andere Entwicklung nahm die Ferngasversorgung, die unmittelbar vor dem Krieg zunächst August Thyssen mit seinen Firmen und dann Hugo Stinnes mit dem RWE aufgenommen hatten. Seit Mitte des 19. Jahrhunderts wurde sogenanntes Stadtgas in städtischen Gaswerken erzeugt. Der Prozess war ähnlich dem der Kokereien, nur dass nicht Koks als Hauptprodukt, sondern Gas entstand, weshalb Gaswerke besonders gasreiche Kohle einsetzten, die nicht in Kokereien verwendbar war, weil sie keinen formstabilen Koks für den Hochofenprozess lieferte. Unmittelbar nach der Jahrhundertwende gelang es einigen Kokereibauern, die Koksofenbatterien so zu konstruieren, dass diese statt mit Eigengas mit dem energieärmeren Gichtgas der Hochöfen befeuert werden konnten, sodass nun zusätzlich energiereiches Kokereigas zur Verfügung stand, das zunächst an die umliegenden Gemeinden verkauft oder aber auf den Hüttenwerken in Gasmotoren in Strom – zunächst für den Eigenbedarf – umgewandelt wurde. Da Kokereigas preiswerter als das selbst hergestellte Gas der städtischen Gaswerke war, fragten bald auch entfernter liegende Städte nach diesem Energieträger. 1907 lieferten die Kokereien der Gewerkschaft Deutscher Kaiser und der AG für Hüttenbetrieb in Hamborn und Meiderich, heute beides Ortsteile von Duisburg, erstmals Kokereigas über eine 10 km lange Leitung nach Mülheim/Ruhr, um das dortige Werk Thyssen & Co., aber auch die Stadt mit Gas zu beliefern. 1909 gelang es Thyssen, einen Liefervertrag mit der 50 km entfernt liegenden Stadt Barmen im Bergischen Land abzuschließen, um sein überschüssiges Koksgas dorthin abzusetzen. Dafür ließ Thyssen eine der ersten Ferngasleitungen in Deutschland bauen, für die seine Werke die Gasrohre, aber auch die Gaspumpen lieferten. Parallel nahm das RWE – in Konkurrenz zu Thyssen – die Belieferung der umliegenden Gemeinden im Bergischen Land auf. Es schloss sogar Gasbezugsverträge mit fremden Kokereien ab, um über die Kapazität der eigenen zum Stinnes-Konzern gehörenden Kokereien hinaus Städte und Gemeinden im Ruhrgebiet, im Bergischen Land und in der Grafschaft Mark mit Koksgas beliefern zu können. Thyssen, RWE und andere Zechengesellschaften dehnten in der Folgezeit ihr Koksgasgeschäft aus, sodass 1913 zweieinhalb Mio. Einwohner des rheinisch-westfälischen Industriegebiets mit fast 140 Mio. cbm Koksgas versorgt wurden.[437] Thyssen lieferte im Mai 1916 fast 3,3 Mio. cbm Koke-

---

[436]   Rasch: Mehr als nur; Döring: Ruhrbergbau.
[437]   Rasch: August Thyssen, S. 69–72; Petzold: Die Gasfernleitung; Bleidick: Ruhrgas, S. 24 ff.

194 | 11. Energieversorgung: Kohle, Strom und Gas

Blick auf die Kokerei der Zeche Concordia in Oberhausen, auf der nach dem Ersten Weltkrieg das Concordia-Linde-Bronn-Verfahren (s. Kapitel 17) zur Gewinnung von Wasserstoff technisch weiterentwickelt wurde, ca. 1914. Quelle: thyssenkrupp Corporate Archives.

reigas an Städte und Industrieunternehmen. Fast 50 Prozent davon nahm die Stadt Barmen ab, während die in der Rüstungsproduktion tätige Maschinenfabrik Thyssen nur 390.000 cbm = 12 Prozent verbrauchte, was nur unwesentlich weniger war als der Bedarf der Stadt Mülheim/Ruhr, die nicht wie die Maschinenfabrik Thyssen über zusätzliche eigene Gaserzeuger verfügte (s. Kapitel 4, Tieftemperaturverkokung).[438] Bisher nicht bekannt ist, welche Beschränkungen die Zivilbevölkerung aber auch die mittelständischen und Handwerksbetriebe während des Kriegs beim Gasverbrauch hinnehmen mussten, und ob es Unterschiede gab zwischen den Gaslieferanten, abhängig davon, ob es sich um städtische Gaswerke oder Kokereien handelte. Im Deutschen Reich gab es allein 1.300 Kokereien und Gasanstalten.[439] Wann wurde wo die Beleuchtung der städtischen Gaslaternen gekürzt?

Wie in allen zivilen Produktionsbereichen so sackte auch die Kokereigaserzeugung mit Kriegsbeginn deutlich ab, aber nach den ersten Kriegswochen nahm die Gasproduktion wieder zu, da aus militärischen Gründen der Gasverbrauch unabhängig

---

[438]   Kanther: Thyssengas, S. 28.
[439]   Boldorf: Ordnungspolitik, S. 41.

11. Energieversorgung: Kohle, Strom und Gas | 195

Gruppenbild mit Mann (rechts!): Nachdem im August 1916 das Oberbergamt Dortmund die Beschäftigung von Frauen auf Kokereien und Nebenproduktengewinnungsanlagen genehmigt hatte, arbeiteten auf manchen Kokereien fast ausschließlich Frauen, wie dieses Gruppenfoto einer Stinnes-Zeche von 1917 zeigt. Quelle: Ruhr Museum.

vom Koksbedarf gefördert wurde. Militärs und Industrie waren besonders an den bei der Gasherstellung anfallenden Nebenprodukten sowohl der Kokereien als auch der städtischen Gaswerke interessiert, die sich als Treibstoffe und Schmierstoffe (s. Kapitel 4) sowie zur Sprengstoffproduktion einsetzen ließen. Ab 1915 durften stillgelegte Kokereien nur dann wieder in Betrieb gesetzt werden, wenn sie über entsprechende Nebenproduktgewinnungsanlagen verfügten.[440] Die meisten Kokereien waren ab 1916 mit Anlagen zur Nebenproduktengewinnung ausgestattet, wie die Zahlen für den Oberbergamtsbezirk Dortmund belegen. Denn bei diesen Nebenprodukten handelte es sich um Benzol, Ammoniak, Toluol und Teer, an denen es Deutschland infolge der alliierten Blockade mangelte und die für die Kriegswirtschaft wichtig waren. Dennoch gelang es nicht, den Vorkriegsstand zu halten, wie die Zahlen der Thyssen-Kokereien und für das Ruhrgebiet zeigen (s. Tabelle). Für den Kammerbezirk Essen – Mülheim/Ruhr – Oberhausen stellte Wolfram Fischer – jedoch ohne Belege – fest, dass die Produktion von Koks, Briketts und Nebenprodukten wie Schwefel, Ammoniak, Teer und Benzol über das Vorkriegsniveau gestiegen sei, und dies bei Einsatz von Hilfskräften und Kriegsgefangenen.[441] Die hier abgedruckten Zahlen belegen dies nicht bzw. nur äußerst bedingt (s. Tabellen).

[440] Marx: Paul Reusch, S. 91.
[441] Fischer, Wolfram: Herz des Reviers, S. 306.

11. Energieversorgung: Kohle, Strom und Gas

Thyssen konzentrierte sich auf das für die Sprengstoffindustrie wichtige Toluol als gewinnträchtiges Produkt. Im Frühjahr 1916 nahm die Gewerkschaft Deutscher Kaiser ihre Meidericher Kokerei mit 65 Öfen wieder in Betrieb, da das RWKS seinen Lieferverpflichtungen seit Oktober 1915 nur unzureichend nachkam und andererseits die eigenen, in Betrieb befindlichen Kokereien den konzernweiten Koksbedarf nicht deckten. Es sollten täglich 500 t Koks zusätzlich erzeugt werden.[442] Die Koksversorgung der Rüstungsindustrie war nicht nur ein Problem der zu geringen Erzeugung, also des Mangels, sondern auch der unzureichenden Verteilung, der fehlenden unternehmensübergreifenden Koordination. Im August 1916 produzierten die Rheinischen Stahlwerke nämlich mehr Koks als sie selbst benötigten und suchten nach einem geeigneten Hafenlagerplatz, anstatt die überschüssigen Mengen dem RWKS anzubieten.[443] Dagegen verlegte die Gewerkschaft Ewald ihre ursprünglich auf der Schachtanlage Ewald 1/2 eingerichtete Kokerei mit 60 Koksöfen zum Schacht Ewald-Fortsetzung und nahm sie 1917 zusammen mit einer neu errichteten Ammoniakfabrik in Betrieb.[444] Der Aufbau eines regionalen Gasverbundnetzes zur Stilllegung von veralteten oder unrentablen Kokereien und um den Gasabsatz zu vermehren erfolgte im Ruhrgebiet jedoch erst 1926 mit Gründung der späteren Ruhrgas AG.[445]

Benzol-, Ammoniak- und Toluol-Produktion der Thyssen-Gruppe für die Jahre 1913–1918[446]

Jahr	gereinigtes Benzol	Schwefelsaures Ammoniak	Toluol		Teer
			Rohtoluol	gereinigtes Toluol	
1913	6.341 t	22.663 t	-	117 t	56.447 t
1914	5.808 t	20.577 t	33 t	305 t	50.750 t
1915	3.346 t	11.231 t	320 t	383 t	43.172 t
1916	5.206 t	8.605 t	443 t	243 t	45.700 t
1917	3.844 t	7.695 t	398 t	645 t	46.170 t
1918	6.015 t	7.843 t	505 t	429 t	43.499 t

---

[442] Protokoll der Gewerkenversammlung Gewerkschaft Deutscher Kaiser vom 22.02.1916, in: tkA A/813.
[443] Protokoll der Vorstandssitzung der Rheinischen Stahlwerke am 31.08.1916, in: tkA RSW/4013.
[444] Gebhardt: Ruhrbergbau, S. 174.
[445] Rasch: Alfred Pott; Bleidick: Ruhrgas.
[446] Jahrbuch für den Oberbergamtsbezirk Dortmund 14–21 (1923), S. 598 f.

Benzol-, Ammoniak- und Teer-Gewinnung im
Oberbergamtsbezirk Dortmund für die Jahre 1913–1918[447]

Jahr	Gereinigtes Benzol	Schwefelsaures Ammoniak	Teer
1913	111.833 t	348.808 t	784.800 t
1914	105.392 t	302.200 t	680.000 t
1915	102.296 t	240.052 t	644.575 t
1916	153.800 t	229.892 t	752.087 t
1917	135.691 t	181.085 t	724.167 t
1918	131.008 t	179.848 t	735.509 t

Fazit

Die Substitution der Steinkohle als Energieträger durch Gas und Elektrizität sowie durch Braunkohle konnte den kriegsbedingten Energiebedarf der Stahl- und Rüstungsindustrie nicht decken, zumal Gas in der Regel aus Steinkohle gewonnen wurde. Während die Förderung der Steinkohle im Ruhrgebiet zurückging, erhöhte sich die Nachfrage nach ihr von Seiten der Industrie und der Eisenbahn, letztere nicht nur wegen der z. T. langen Transportwege zur Front, sondern auch wegen des „Stahltourismus" (s. Kapitel 5). In der zweiten Kriegshälfte mussten sogar einzelne Rüstungsbetriebe wegen Kohlemangels ihre Produktion einschränken oder gar ganz einstellen. Der 1917 geschaffene Reichskohlenkommissar griff jedoch nicht direkt in die Eigentumsstrukturen des Bergbaus ein, indem er die Förderung auf leistungsstarke Zechen konzentrierte und unterdurchschnittliche Zechen zeitweise schloss, sondern er verwaltete fast nur den Mangel. Ausnahmen waren das RWKS-Zwangskartell im Krieg, das dem Staat 1917 die Übernahme der Hibernia ermöglichte, und die rechtswidrige Beschlagnahme und Veräußerung des de Wendel Vermögens in Deutschland, wovon im Ruhrgebiet die Zechen Heinrich Robert bei Hamm und das linksrheinische Bergwerk Friedrich Heinrich in Lintfort betroffen waren. Außerdem erwarb ein weiteres oberschlesisches Unternehmen Zechenbesitz im Ruhrgebiet (Gewerkschaft Westfalen bei Ahlen). Das Oberbergamt Dortmund steuerte die Förderung durch die Genehmigung von Förderplänen und ab 1917 das Kriegsamt seinerseits durch die Zuweisung von Arbeitskräften und Transportmitteln. Im Vergleich zu den Koks- und Kraftwerkskohle fördernden Zechen des mittleren und nördlichen Ruhrgebiets wurden die südlich gelegenen Magerkohlenzechen benachteiligt, sodass einige Anfang der 1920er-Jahre ihren Betrieb einstellen mussten. Das Abteufen neuer Schächte wurde erst ab 1917 eingeschränkt. Der Kohlenkommissar reduzierte den hohen Gewinn abwerfenden Export des RWKS bei gleichzeitiger Stabilisierung des

[447] Ebd.

inländischen Kohlenpreises. Offensichtlich stellten maßgebliche Herren im RWKS die Gewinnoptimierung über die Interessen der nationalen Kriegswirtschaft und trugen damit zum Bedeutungsverlust der Steinkohle nach 1918 bei. Eine Folge des Kohlenmangels war, dass die Braunkohle stärker zur Elektrizitätserzeugung herangezogen wurde. Mit der Querung des Rheins durch eine Hochspannungsleitung 1917 erreichte Strom aus rheinischer Braunkohle erstmals das westliche Ruhrgebiet. Der Strombedarf nahm nicht nur in den Privathaushalten (elektrische Beleuchtung anstatt Petroleumlampen) zu, sondern auch in der Wirtschaft, u. a. wegen Elektroautos, aber vor allem wegen des verstärkten Einsatzes von Elektromotoren als Antriebsmaschinen, weil diese weniger personalintensiv und effektiver als Dampfmaschinen waren. Damit einhergehend entstanden in den größeren Unternehmen eigene Reparaturbetriebe, die einen autarken Betrieb garantieren sollten, da die staatliche Planwirtschaft nicht schnell genug auf Maschinenausfälle und Betriebsstillstände reagieren konnte. Diese kriegswirtschaftliche Ersatzwirtschaft sollte die Kriegszeit überstehen. Bei der Maschinenfabrik Thyssen führte die allgemeine Elektrifizierung der Betriebsabläufe sogar dazu, dass die Elektrotechnik sehr erfolgreich mit in das Produktionsprogramm aufgenommen wurde. Eine allgemeine Nachfrage bestand im Ruhrgebiet, fielen doch beispielsweise bei der Hibernia in der zweiten Kriegshälfte 6–10 MW, d. h. mehr als 25 Prozent der installierten 24 MW Kraftwerksleistung infolge nicht durchführbarer Reparaturen (Ersatzteilmangel) aus.[448] Der Einsatz von Elektromotoren verstärkte zudem den Kupfermangel, bevor Aluminium bzw. Eisen für die Ankerwicklungen genutzt wurden.

Das im Krieg geschärfte betriebswirtschaftliche Bewusstsein für den Energieverbrauch und die in den Werken durchaus vorhandenen Einsparmöglichkeiten, insbesondere durch verschiedenartige Energieverbünde (Kokerei- und Hochofengas, Verstromung anfallender energiearmer Gase etc.) führte 1919 zur Gründung der „Überwachungsstelle für Brennstoff- und Energiewirtschaft auf Eisenwerken", kurz Wärmestelle des VdEh in Düsseldorf, der Zweigstellen in Kattowitz (1919), Siegen (1920) und im besetzten Saarbrücken (1921) folgten. Der VdEh wollte damit zugleich entsprechenden staatlichen Maßnahmen der Energieüberwachung und -verteilung (Reichskohlengesetz) und einer Sozialisierung der Montanindustrie zuvorkommen.[449] Der Bergbau-Verein lehnte eine Zusammenarbeit auf dem Gebiet der Energiewirtschaft ab und gründete zusammen mit dem Rheinischen Dampfkesselüberwachungsverein im Oktober 1920 den „Ausschuss für Bergtechnik, Wärme- und Kraftwirtschaft".[450] Ein das ganze Ruhrgebiet umfassendes Gasnetzwerk entstand erst nach 1926, ein Stromverband sogar erst im Rahmen der nationalsozialistischen Autarkie- und Kriegswirtschaft.

---

[448] Burghardt: Mechanisierung, S. 203.
[449] Budraß: „Kalorienjäger", S. 639–648; Rasch: Zwischen Politik und Wissenschaft, S. 120.
[450] Przigoda: Unternehmensverbände, S. 359–363.

12. ROHSTOFFVERSORGUNG DER HÜTTENWERKE UND ROHEISEN-/ROHSTAHLERZEUGUNG

Das Ruhrgebiet lag auf der Kohle, sodass die Versorgung mit ihr eigentlich kein Problem hätte darstellen sollen. Doch schon in den ersten Kriegswochen gab es Versorgungsprobleme; diese waren nicht das Resultat von Mangel, sondern von logistischen Problemen. In Folge des Aufmarschs und der ersten Kampfhandlungen hatte der militärische Bahnverkehr Vorrang vor dem zivilen, sodass die an der Ruhr geförderten Kohlen nicht abgefahren, Bestellungen nicht ausgeliefert werden konnten. Die Waggongestellung der Staatsbahn lag am 2. August 1914 bei 258 Wagen und am 7. August bei 13 Prozent der sonst üblichen 30.000 Wagen.[451] Dieses logistische Problem betraf vor allem Kunden außerhalb des Ruhrgebiets, aber auch Firmen im Ruhrgebiet, die Kohlen zum Betrieb ihrer Dampfmaschinen und zur Gaserzeugung benötigten. Die Nachfrage von Privatpersonen (Kohlen zum Kochen) konnten wegen der Sommermonate die Lager des lokalen Kohlenhandels bedienen. Probleme hatten aber beispielsweise die städtischen Gaswerke, sofern die jeweiligen Städte nicht schon Kokereigas als sogenanntes Ferngas von nahegelegenen Bergwerks- oder Hüttenkokereien bezogen.[452]

Zu Beginn des 20. Jahrhunderts war noch eine andere Vorratshaltung als heute üblich, meistens konnte der Betrieb über Wochen oder gar Monate ohne Nachschub aufrecht gehalten werden. Selbst jene Hüttenwerke waren nicht betroffen, die sich nicht im Laufe der Zeit, insbesondere nach der Kartellierung der Ruhrkohle durch Gründung des Rheinisch-Westfälischen Kohlen-Syndikats 1893, Steinkohlenbergwerke angegliedert hatten, also Kohle bzw. Koks zukaufen mussten. Eine besondere Bevorratung angesichts eines möglichen Kriegs hatte nicht stattgefunden, wohl aber hatte man einen Streik britischer und deutscher Bergleute erwartet.[453] Die eigentliche Kohlenkrise des Deutschen Reichs sollte erst 1916 einsetzen (ausführlicher dargestellt im vorangegangenen Kapitel 11). Der Bochumer Verein war mit seinen Steinkohlenzechen Engelsburg, Carolinenglück und Teutoburgia, die 1914 insgesamt ca. 1,8 Mio. t/a Kohle,

---

[451] Böse, Ziegler: Ruhrkohle, S. 432.
[452] August Thyssen hatte als erster im Ruhrgebiet die Ferngasversorgung aufgenommen. Nachdem er 1907 sein Werk Mülheim/Ruhr mit Kokereigas anstelle von Kohle zur Energieerzeugung durch seine neue Kokerei in Duisburg-Meiderich versorgte, verlängerte er 1909 die Gasleitung nach Barmen, s. Rasch: August Thyssen, S. 70; s. auch Kapitel 11, Gas.
[453] Im Juli 1914 forderte der zur Kur in Bad Gastein weilende Hugo Stinnes seine Verwaltungen in Dortmund und Bochum auf, auf dem Werk Differdingen und auf den Zechen Vorkehrungen zu treffen, „um demnächst solche Koksmengen zu lagern, dass ein Streik von 6 Wochen anstandslos überstanden werden kann." Schreiben Stinnes an Deutsch-Lux vom 17.07.1914, Abschrift in: SIT FWH/44.

370.000 t Koks und 250.000 t Briketts lieferten, mehr als ausreichend mit Energie versorgt. Dennoch gliederte er sich im September 1917 durch Erhöhung des Aktienkapitals um 12 Mio. M die Gewerkschaft des Steinkohlenbergwerks Friedrich der Große, Herne, an, die an die Grube Teutoburgia grenzte. Durch die Kriegskonjunktur war die Fertigung und damit der werkseigene Energiebedarf des Bochumer Vereins enorm angestiegen, sodass nach dem Tod von Fritz Baare am 10. April 1917 der neue Unternehmensvorstand die eigene Energiebasis langfristig, d. h. für 100 Jahre, sichern wollte. Für die Alteigentümer der Zeche Friedrich der Große schienen sich unternehmerische Vorteile dadurch zu ergeben, dass sich Investitionen in Wetterschächte, eine Werksbahn u. a. m. erübrigten, da durch eine Fusion z. B. die Möglichkeit zum Anschluss an die Hafenbahn von der Zeche Teutoburgia zum Hafen Crange des neuen Rhein-Herne-Kanals bestand. Infolge des baldigen Kriegsendes wirkte sich der Zechenerwerb nicht auf den Bochumer Verein aus, der schon 1921 sämtliche Kuxe der Gewerkschaft Friedrich der Große an die Ilseder Hütte in Peine weiterverkaufen sollte.[454]

Versorgungsprobleme traten infolge der totalen britischen Seeblockade ab November 1914 bei allen importierten Rohstoffen auf, so auch bei der Erzversorgung. Zwar erreichten weiterhin Eisenerze aus Norwegen und Schweden das Deutsche Reich, nicht aber jene Lieferungen aus Indien, Russland (Ukraine und Kaukasus), dem Sinai, Nordafrika, Spanien, Frankreich (Normandie und Lothringen) und Lateinamerika. Waren 1913 noch mehr als ein Drittel der in Deutschland verhütteten Eisenerze (gesamt etwa 39 Mio. Tonnen) importiert worden, so sank der Anteil in den folgenden Jahren deutlich. Nur Schweden lieferte noch nennenswerte Mengen Eisenerze an Deutschland.[455]

Deutschlands Eisenerz-Ein- bzw. Ausfuhr[456]

Eisenerz-Einfuhr in Tonnen aus:						
	1905	1909	1910	1911	1912	1913
Belgien	171.127	289.469	326.644	297.159	96.689	127.131
Frankreich	280.233	1.368.610	1.773.810	2.122.860	2.691.982	3.810.887
Griechenland	7.601	132.623	82.026	118.986	128.153	147.148
Niederlande	-	20.109	23.738	27.681	18.717	12.171
Norwegen	-	-	3.327	19.035	113.584	303.457
Österreich-U.	358.552	231.807	202.024	158.373	104.657	105.983
Russland	135.831	552.133	779.403	867.962	654.483	489.382
Schweden	1.642.457	2.880.390	3.248.996	3 502.185	3.875.126	4.558.362
Spanien	3.163.844	2.460.688	2.861.228	3 154.448	3.726.206	3.632.058
Algerien	47.565	223.303	224.664	307.511	415.851	481.157

[454] Däbritz: Bochumer Verein, S. 371–373; Gebhardt: Ruhrbergbau, S. 184.
[455] Zilt: Seine Majestät.
[456] Jahrbuch für den Oberbergamtsbezirk Dortmund 13 (1912/13), S. 767.

12. Rohstoffversorgung der Hüttenwerke und Roheisen-/Rohstahlerzeugung | 201

Tunis	-	69.434	120.949	66.191	130.581	136.412
Neufundland	204.932	85.497	112.795	108.948	87.573	121.175
übr. Länder	73.054	52.537	57.217	69.146	76.488	93.722
Summe	6.085.196	8.366.599	9.816.822	10.820.485	12.120.090	14.019.045

Eisenerz-Ausfuhr-Mengen in Tonnen nach:

	1905	1909	1910	1911	1912	1913
Belgien	2.131.280	1.905.067	1.943.208	1.724.102	1.453.491	1.734.718
Frankreich	1.437.442	868.121	953.204	793.913	833.540	854.091
übr. Länder	42.981	51.818	56.220	64.066	16.251	24.349
Summe	3.698.563	2.825.006	2.952.632	2.582.081	2.309.628	2.613.158

Für die verkehrsgünstig am Rhein gelegene Gewerkschaft Deutscher Kaiser liegen für den Zeitraum 1905 bis 1908 genaue Daten über die Herkunft der Erze und die Produktion ihrer Hochöfen und Stahlwerke vor, die zeigen, wie importabhängig dieses Werk im ersten Jahrzehnt des 20. Jahrhunderts war.

Gewerkschaft Deutscher Kaiser: Herkunft der Erze[457]

Jahr / t	1905	1906	1907	1908
Minette	38.403	260.825	241.923	113.682
Siegerländer und nassauische Erze	131.448	99.736	54.103	41.767
Schwedische Erze	342.759	420.032	492.123	433.203
Spanische Erze	190.563	193.592	81.720	242.059
Russische Erze				1.301
Sonstige Erze	388.844	355.246	624.234	494.748
Gesamtverbrauch	1.092.659	1.309.431	1.494.103	1.326.780

In den Vorkriegsjahren 1910 bis 1914 bezogen die in einer Einkaufsgemeinschaft miteinander verbundenen Unternehmen Gewerkschaft Deutscher Kaiser und die Hochöfen der Abteilung Schalker Verein der GBAG jährlich bis zu 250.000 t Fe-reiche Eisenerze (Fe-Gehalt > 70 Prozent) aus der Ukraine und ungefähr die gleiche Menge manganreicher Erze aus dem Kaukasus.[458] Gerade diese Fe-reichen Erze konnten nur zum Teil durch im Inland geförderte, minderreiche Erze ersetzt werden, wie das Bei-

---

457 Rasch: Unternehmungen des Thyssen-Konzerns, S. 230.
458 Ebd., S. 249, 261.

spiel der GHH zeigt. Der Einsatz von Minette bedeutete zugleich ein unerwünschter Anstieg des Phosphorgehalts im Roheisen. Mit dem Bezug aus den besetzten nordfranzösischen Gebieten konnte die GHH ihren Minetteverbrauch in absoluten Zahlen halten, steigerte nach einem Rückgang zu Kriegsbeginn jedoch kontinuierlich den Import hochwertiger schwedischer Eisenerze, jedoch ohne das Vorkriegsniveau wieder zu erreichen.

Erzverbrauch der Gutehoffnungshütte in Oberhausen[459]

Geschäftsjahr / t	1913/14	1914/15	1915/16	1916/17	1917/18
Deutsche Erze (ohne Minette)	170.450	118.843	244.277	298.508	407.632
Deutsche Minette	498.140	512.183	422.910	375.101	321.902
Französische Minette	--	30.750	109.687	185.395	104.819
Spanische Erze	241.389	77.870	16.675	3.021	–
Schwedische Erze	402.519	171.258	204.159	293.423	329.802
Sonstige ausländische Erze	268.916	100.105	41.774	39.360	18.853
Gesamtverbrauch	1.581.414	1.011.009	1.039.482	1.194.808	1.183.008

Die Fe-ärmeren Eisenerze benötigten im Hochofen mehr Koks, erhöhten das Schlackenaufkommen und reduzierten die Tagesleistung der Hochöfen. Bessere Werte erzielte der Einsatz schwedischer und norwegischer Eisenerze. Die in Nordfrankreich, Luxemburg und Belgien gelegenen, besetzten Minettefelder stellten zunächst keine Alternative für die deutsche Rüstungsindustrie dar, da aus den Fe-armen, aber phosphorreichen Eisen nur Thomasstahl zu gewinnen war, der zunächst nicht verwendbar war für hoch beanspruchte Rüstungsgüter. Dennoch wollten sich alle großen Montanunternehmen des Ruhrgebiets an der Enteignung der nordfranzösischen Minettegruben beteiligen und wurden bei Politik und Militär schon in den ersten Kriegswochen vorstellig (s. Kapitel 20). Nur bei Krupp dauerte es offensichtlich bis Oktober 1915, bis das für den Bergbau zuständige Vorstandsmitglied Richard Forster, der erst kürzlich dem verstorbenen Georg Frielinghaus im Amt gefolgt war, feststellte: „Der Aufbau des Werks überragt sein Fundament." Dem Rheinhausener Hüttenwerk fehlte die Erzbasis für Thomasroheisen, die Krupp sich im französischen Minettegebiet zu schaffen erhoffte.[460] Für zahlreiche andere Produkte hatte die rheinisch-westfälische Stahlindustrie schon vor dem Krieg durchaus Minetteerze beiderseits der lothringischen Grenze bezogen und musste in den ersten Kriegsmonaten hierauf verzichten, egal ob die Erzgruben im deutschen oder französischen Teil Lothringens lagen. Es

---

[459] Büchner: 125 Jahre, S. 48.
[460] Zitat nach Tenfelde: Krupp in Krieg und Krise, S. 36.

fehlten Transportkapazitäten und Arbeitskräfte im deutschen Aufmarschgebiet. Dies galt im Übrigen auch für die in Deutsch-Lothringen, in Luxemburg und im Saarland gelegenen Hüttenwerke, die ihre Produktion u. a. wegen Koks- und Erzmangels deutlich reduzierten (s. Tabelle). Besonders hart traf es die Rohstahlproduktion in Lothringen und im Saargebiet, die auf 3 Prozent des letzten Friedenmonats absank.[461] Sofern nicht Grubeneinrichtungen im Französisch-Lothringen und Belgien durch Kriegshandlungen zerstört worden waren, setzte die Normalisierung der Eisenbahn und damit der Minettetransport in das Ruhrgebiet erst im Frühjahr 1915 ein. Der von einigen Unternehmen vor dem Krieg angedachte Schiffstransport über Kanäle und Flüsse, u. a. durch Frankreich, zum Hafen Straßburg und von dort rheinabwärts zur Ruhr, fand nicht statt, da er durch Feindesland führte. Da die Moselkanalisierung ebenfalls noch nicht Realität war, konnte dieser Verkehrsweg gleichfalls nicht genutzt werden, um Minetteerze zur Thomasstahlerzeugung in das Ruhrgebiet zu bringen. Wegen des Waggonmangels der Bahn ließ die GHH deshalb ab 1916 Minetteerze per Bahn zunächst nur bis Mannheim transportieren, um sie von dort zum Werkshafen Walsum am Niederrhein zu verschiffen, wo sie erneut umgeschlagen und per Werksbahn zu den Hochöfen in Oberhausen gebracht wurden.[462] Die kürzere Distanz Lothringen – Mannheim erhöhte die Umschlagleistung der Eisenbahn; das zweimalige Umschlagen minderte jedoch die Qualität der nicht so festen Erze.

Roheisenerzeugung (t) im deutschen Zollgebiet in den ersten Kriegsmonaten[463]

Bezirk	Juli	August	September	Oktober
Rheinland-Westfalen	675.088	363.444	350.389	386.296
Siegerland	65.843	28.603	31.329	39.086
Schlesien	84.262	48.269	49.322	60.736
Norddeutschland	36.691	14.068	13.356	13.940
Mitteldeutschland	41.398	23.117	25.820	29.696
Süddeutschland	29.222	16.201	12.844	13.937
Saargebiet	115.153	22.543	24.752	44.047
Lothringen	283.516	25.249	42.315	74.678
Luxemburg	233.172	45.167	29.960	67.425
Gesamt	1.564.345	586.661	580.087	729.841

---

[461] Banken: Fliegerangriffe; Hamdi: Luxemburgische Schwerindustrie.
[462] Büchner: 125 Jahre, S. 47.
[463] Tabelle nach Müller, Theodor: Die deutsche Eisenindustrie, S. 146.

Rohstahlerzeugung (t) im deutschen Zollgebiet in den ersten Kriegsmonaten [464]

Bezirk	Juli	August	September	Oktober
Rheinland-Westfalen	847.875	436.795	501.493	580.846
Schlesien	125.097	55.636	61.329	82.975
Siegerland	33.271	8.138	17.941	22.773
Nord-, Ost- und Mitteldeutschland	61.626	24.359	35.201	37.497
Königreich Sachsen	26.960	13.610	18.457	18.826
Süddeutschland	17.219	7.362	6.183	6.737
Saargebiet	180.222	6.228	8.372	72.304
Lothringen	188.518	2.874	6.326	40.257
Luxemburg	146.563	11.822	7.921	37.286
Gesamt	1.627.351	566.824	663.223	899.501

Aus dem Thomasstahl ließen sich zwar Schienen u. a. m. herstellen, nicht aber Geschützrohre, Lafetten und zunächst auch nicht Geschosse. Erst die hohen Mengenanforderungen ab 1915 und forschungsbedingte Qualitätsverbesserungen des Thomasstahls sollten in der zweiten Kriegshälfte dazu führen, dass die Militärs auch Thomasstahl als Granatstahl akzeptierten. Nun wurden auch französische Minettegruben, an denen etliche reinisch-westfälische Montanunternehmen schon vor dem Krieg beteiligt waren, ausgebeutet, um den Erzbedarf zu befriedigen.

In den ersten Kriegsmonaten machte sich die unterbrochene Zufuhr ausländischer Eisenerze noch nicht bemerkbar, nicht nur wegen der großen Lagerhaltung auf den Hütten und der Erbeutung umfangreicher Erzbestände in Belgien und Nordfrankreich, sondern auch weil die Werksleiter in der ersten Euphorie des Kriegs und im Glauben an eine kurze Kriegsdauer zahlreiche Hochöfen gedämpft bzw. ausgeblasen, d. h. ganz stillgelegt hatten mit den bekannten Folgen bei der Nebenproduktengewinnung auf den Kokereien. Die Kokereibetreiber hatten entsprechend der gesunkenen Nachfrage nach Hochofenkoks ihre Produktion ebenfalls reduziert bzw. ganze Koksofenbatterien stillgelegt (s. Kapitel 2). Sicherlich spielte bei den Stilllegungen der Hochöfen und Kokereien der Personalmangel auch eine Rolle, doch zunächst bestand kein entsprechend hoher Bedarf an Roheisen und Rohstahl, weshalb die Produktion auf den Hüttenwerken deutlich abfiel. Die Hochofenwerke nutzten die Gelegenheit, um die ältesten Hochöfen mit langen Ofenreisen außer Betrieb zu setzen, um sie z. T. neu zuzustellen. Waren Ende 1913 noch 313 Hochöfen mit einer Gesamtbetriebsdauer von 15.130 Wochen in Betrieb, so waren es Ende 1915 nur noch 222 Hochöfen mit einer Gesamtbetriebsdauer von 10.295 Wochen. Die durchschnittliche Betriebs-

[464] Tabelle nach Müller, Theodor: Die deutsche Eisenindustrie, S. 147.

Wegen seiner Eisen- und Kokspartikel wurde im Krieg die Rückgewinnung von Gichtstaub eingeführt. Zum erneuten Einsatz im Hochofen musste der Gichtstaub – wie hier bei der Gewerkschaft Deutscher Kaiser – zu Briketts gepresst werden, o. D. Quelle: thyssenkrupp Corporate Archives.

dauer sank innerhalb von zwei Jahren von 48,34 auf 46 Betriebswochen.[465] Sowohl die Industrie als auch die Militärs hatten den zukünftigen Bedarf an Eisen und Stahl nicht richtig eingeschätzt. 1915 wurden erste Hochöfen wieder angeblasen, wobei keine staatliche Steuerung auf leistungsfähige oder verkehrsgünstig gelegene Hochöfen stattfand, sondern ausschließlich privatwirtschaftliche Interessen ausschlaggebend waren. Dennoch ist es unverständlich, dass der Bochumer Verein seinen 1915 fertiggestellten neuen Hochofen erst 1917 in Betrieb nahm.[466] Vermutlich hatte die Firma ihren Verkauf von Rohstahl, u. a. an die Mannesmannröhren-Werke, eingeschränkt. Für die Rüstungswirtschaft mit ihrer hohen Stahlrecyclingquote bei der Granatenherstellung reichte offensichtlich die Kapazität der vorhandenen Bochumer Hochöfen. Dies änderte sich erst im Herbst 1916, als mit dem sogenannten Hindenburg-Programm ein immenses Neubau-Programm verbunden war, das selbst die Stahlunternehmen an ihre Kapazitätsgrenzen brachte. Für die neue Kanonen- und Lafettenwerkstatt von 300 m Länge und 285 m Breite benötigte Krupp rund 23.000 t Eisen, die die eigene Friedrich-Alfred-Hütte nicht bereitstellen konnte, da die Hälfte ihrer Erzeugung für Granatstahl reserviert war. Bei Stahl für eigene Erweiterungsbauten sowie für das Grusonwerk war Krupp 1916/17 auf den „freien" Markt angewiesen. Die Firma kaufte, was verfügbar war, auch wenn Träger überdimensioniert und unver-

[465] Statistisches Jahrbuch 1919, S. 117.
[466] Däbritz: Bochumer Verein, S. 376, 391.

hältnismäßig teuer waren. Differdinger Träger sowie 4.000 t Stahl aus zwei belgischen Werken, die unter deutscher Aufsicht arbeiteten, wurden in Essen verbaut.[467] Zeitgleich benötigte das Militär für seine Verteidigungsstellungen, darunter die Siegfriedlinie, 50.000 t Eisen und 175.000 t Zement, letzteres entsprach einem Viertel der deutschen Zementproduktion.[468] Bei einer deutschen Monatsproduktion von über 1 Mio. t Roheisen waren 50.000 t marginal, da aber im Frühjahr 1917 schon 80 Prozent der Stahlproduktion an die Kriegsindustrie ging, war eine Steigerung der Geschosslieferungen um das Dreifache – wie im Hindenburg-Programm vorgesehen (s. Kapitel 26.1) – von vornherein unmöglich, wenn man nicht an anderer Stelle vermeintlich kriegswichtige Lieferungen stornierte, z. B. den Bau von Verwaltungsgebäuden. Um nicht weiterhin auf Fremdlieferungen angewiesen zu sein, erhöhte Krupp seine Stahlwerkskapazität und errichtete zwei neue Siemens-Martin-Stahlwerke, um den hohen Schrottanfall (Eisengussstücke, Späne, Hammerschlag und Schleifschlamm) recyceln und um hochwertige Stahlgüten erzeugen zu können. Auf der Friedrich-Alfred-Hütte in Rheinhausen nahm Krupp zwei moderne 80 t-Kippöfen im Dezember 1917 und März 1918 in Betrieb. Das neu errichtete Borbecker Werk erhielt vier Siemens-Martin-Öfen, die zwischen Juni und November 1918 ihre Arbeit aufnahmen. Betrug der Roheisenzusatz anfangs noch 20 Prozent, so sank er gegen Ende des Kriegs auf 10 Prozent, nur bei der Erzeugung von Blöcken für Geschützrohre setzte Krupp noch 20–25 Prozent Roheisen ein, um die Qualitätsstandards einzuhalten.[469]

Die leistungsfähigsten Hochöfen im Ruhrgebiet besaßen 1918 die Gewerkschaft Deutscher Kaiser in [Duisburg-]Bruckhausen und die Abteilung Dortmunder Union von Deutsch-Lux mit durchschnittlich 540 t/d bzw. 500 t/d. 1913 hatte die Gewerkschaft Deutscher Kaiser ihren Hochofen VI mit mechanisierter Begichtung mittels Schrägaufzug und einer Tagesleistung von 650 t in Betrieb genommen.[470] Die größten Hochofenwerke befanden sich am Rhein mit eigenen Werkshäfen in [Duisburg-]Rheinhausen, [Duisburg-]Bruckhausen und in Oberhausen mit eigenem Rheinhafen Walsum. Die zu Krupp gehörende Friedrich-Alfred-Hütte betrieb zehn Hochöfen und war mit einer Tagesleistung von 3.700 t das größte Roheisenwerk des Ruhrgebiets, gefolgt von der Gewerkschaft Deutscher Kaiser und der GHH mit je 2.700 t Tagesleistung, jedoch bei fünf bzw. zehn in Betrieb befindlichen Hochöfen (s. Anhang 26.2 Tab. Hochöfen). Die leistungsschwächsten Hochöfen im Ruhrgebiet besaß die GBAG, die sich erst 1907 aus einer reinen Steinkohlenbergwerksgesellschaft zu einem gemischten Montanunternehmen mit eigenen Hochofenwerken gewandelt hatte. Die drei Hochöfen ihres Werks Vulkan in Duisburg hatten – wie die beiden der Aplerbecker Hütte der Westfälischen Eisen- und Drahtwerke AG bei Dortmund – nur eine durchschnittliche Leistungsfähigkeit von je 150 t/d. Auch die Hochöfen des einstigen Schalker Bergwerks- und Hüttenvereins, nun als Abteilung Hochöfen geführt, hatten nur eine durchschnittliche Leistungsfähigkeit von 167 t/d, obwohl von 1878 bis 1911

---

[467] Berdrow: Krupp im Weltkrieg, S. 139 f.
[468] Ebd., S. 141 nach Friedensburg: Kohle und Eisen im Weltkriege.
[469] Berdrow: Krupp im Weltkrieg, S. 238, 165a, 166.
[470] Rasch: August Thyssen, S. 40.

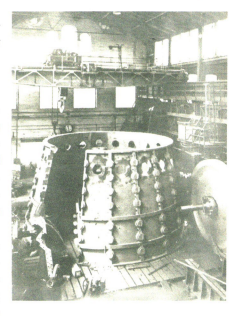

Teil eines von der Mechanischen Werkstatt des Bochumer Vereins gefertigten Hochofenpanzers, vor 1926. Quelle: thyssenkrupp Corporate Archives.

Franz Burgers als technisches Vorstandsmitglied für sie verantwortlich war, der von 1873 bis 1878 die Hochofenanlage des Bochumer Vereins als damals modernste und leistungsfähigste des Ruhrgebiets errichtet hatte.[471] Die durchschnittliche Tagesleistung der einzelnen Hochofenwerke im Ruhrgebiet lag unter 1.200 t/d.

Die GBAG hatte nicht in die Modernisierung ihrer Ruhrgebietshüttenwerke investiert, sondern 1909 bis 1911 im luxemburgischen Esch ein großes, neues Hüttenwerk direkt auf den Minetteerzen errichtet, die Adolf-Emil-Hütte. Um den Standortnachteil ihrer Gelsenkirchener Hochöfen zu kompensieren, bezog die GBAG – in Kooperation mit August Thyssen zunächst als Juniorpartner – hochwertige Eisenerze aus der Ukraine und dem Kaukasus. Diese Lieferungen fielen mit Kriegsbeginn weg. Im Kriegsjahr 1918 wurden im Ruhrgebiet 88 Hochöfen betrieben, davon vier der Duisburger Kupferhütte, die nur Spezialroheisen als Nebenprodukt erzeugten. Die Tageskapazität des Ruhrgebiets an Roheisen lag bei maximal 24.655 t/d, die durchschnittliche Leistungsfähigkeit der Hochöfen bei 260 t/d – ohne die der Kupferhütte (unter 60 t/d) bei 270 t/d. 17 Prozent bzw. – einschließlich der Duisburger Kupferhütte – 18,4 Prozent der im Ruhrgebiet vorhandenen Hochöfen waren schon vor Kriegsende außer Betrieb.

Der größte Roheisenproduzent im eigentlichen Ruhrgebiet war damals die Phoenix AG für Bergbau und Hüttenbetrieb mit ursprünglich vier Hüttenwerken und einer Leistung von 3.980 t/d, gefolgt von Thyssen und Krupp mit jeweils 3.700 t/d, wobei es sich um die Leistungsaddition der Thyssenwerke Gewerkschaft Deutscher Kaiser und AG für Hüttenbetrieb handelte. Es folgten Deutsch-Lux (2.500 t/d), Rheinische Stahlwerke (1.950 t/d) und GBAG (1.450 t/d). Tatsächlich war die GBAG der größte deutsche Rohstahlproduzent, da sie neben der Luxemburger Adolf-Emil-Hütte auch noch das größte Thomas-Stahlwerk Europas, den ehemaligen Aachener Hütten-Aktien-Verein, in Rothe Erde bei Aachen besaß.[472] Schon damals war der Duisburger Raum inklusive Rheinhausen mit 39 Hochöfen und einer theoretischen Roheisen-

---

[471] Nachruf Franz Burgers, in: Stahl und Eisen 31 (1911), S. 625 f.; Rasch: Techniker, S. 108–111.
[472] Das Werk Rothe Erde besaß keine Hochofenanlage.

erzeugung von 12.300 t/d der wichtigste und größte Hochofenstandort in Europa.[473] Ungefähr 40 Prozent der deutschen Roheisenerzeugung kamen von hier.

Roheisenproduktion in Tonnen im Deutschen Zollgebiet/Rheinland und Westfalen 1913–1919[474]

Erzeugungsbezirk	1913	1914	1915	1916	1917	1918 (10 Monate)
Deutsches Zollgebiet gesamt[475]	19.309.172	14.389.852	11.789.931	13.284.738	13.142.247	10.807.494
Rheinland[476] und Westfalen	8.209.157	6.610.119	5.165.618	5.749.806	5.932.914	5.149.543

Die beiden großen Rüstungsproduzenten des östlichen Ruhrgebiets, die Werke Hoerder Verein des Phoenix und Dortmunder Union von Deutsch-Lux, besaßen aufgrund der angestiegenen Rüstungsfertigung nicht mehr eine ihren Verarbeitungskapazitäten und Stahlwerken entsprechende eigene Roheisenbasis. Das Werk Hörde des Phoenix, der schon vor Kriegsbeginn Munitionslieferant war, besaß relativ leistungsschwache Hochöfen mit nur 280 t Tagesleistung, während die in der Nähe des Dortmunder Hafen gelegenen Hochöfen der Dortmunder Union mit durchschnittlich 500 t/d zu den leistungsstarken des Ruhrgebiets zählten. Sowohl Deutsch-Lux als auch Phoenix beantragten 1917/18 den Neubau je eines weiteren Hochofens und erhielten schließlich die Genehmigungen vom zuständigen Generalkommando, obwohl bedingt durch das sogenannte Hindenburg-Programm der schon herrschende Mangel an Stahl, Baumaterial und Bauarbeitern noch verschärft worden war. Zunächst beantragte Deutsch-Lux für ihr nicht an einem Wasserweg gelegenes Hochofenwerk in Steele bei Essen den Neubau eines Hochofens mit dem Hinweis auf die Erzeugung von kriegswichtigem Ferromangan. Der Antrag wurde zunächst abgelehnt. Daraufhin schaltete das Unternehmen die zum Militär eingezogenen Manager der Stahlindustrie Florian Klöckner und Franz Burgers jr. ein. Letzterer sollte im Sommer 1918 die Zuweisung von „vorzugsweise Gefangene[n]" für die Inbetriebnahme des Horster Hochofens beschleunigen.[477] Ende 1917 beantragte auch der Phoenix für sein Dortmunder Hochofenwerk, die 1898 übernommene Hütten-AG Carl von Born, den Neubau eines Hochofens. Der alte Hochofen war zuvor wegen Baufälligkeit – inklusive Gerüst – abgerissen worden. Wegen der kriegswichtigen Produktion des Phoenix, und weil es sich um „einen reinen Ersatzbau handelt" – noch nicht einmal

---

[473] Berechnet ohne Duisburger Kupferhütte, s. Anhang 26.2.
[474] Stahl und Eisen 39 (1919), S. 148.
[475] Inklusive Lothringen und Luxemburg.
[476] Inklusive Aachener Revier und Saarland (Dillingen, Völklingen etc.).
[477] Einschaltung des Hauptmanns Florian Klöckner erwähnt im Schreiben Vögler an Wirtz vom 24.04.1917, Original in: SIT FWH/44; Schreiben Deutsch-Lux an Kriegsamt, Kriegsrohstoff-Abteilung vom 01.07.1918, Durchschlag in: tkA Hoesch-Archiv DHHU/4540.

die Leistungsfähigkeit wurde gesteigert –, genehmigte das Kriegsamt in Berlin den „Umbau unter der Bedingung, dass die erforderlichen Baustoffe, insbesondere Eisen, vom eigenen Lager genommen werden, sodass zum Bezuge desselben die Walzwerke nicht in Anspruch genommen werden brauchen [!]. Es ist wegen des sehr grossen Wagenmangels dringend erforderlich, dass die Bahntransporte auf das äusserste eingeschränkt und möglichst auf längere Zeit verteilt werden. Sie werden deshalb ersucht, eine Aufstellung der erforderlichen Wagenladungen, auf die nächsten Monate verteilt, der hiesigen Stelle einzureichen, damit der Abteilung Verkehr entsprechend [Bescheid] gegeben werden kann".[478] Zudem gab die Stadtverwaltung Dortmund den Hinweis: „Falls der neue Hochofen lediglich oder vorwiegend zur Herstellung von Heeresbedarf dienen soll, kann nach neueren Verordnungen die Genehmigung der Anlage unter einstweiliger Ausschaltung des förmlichen Konzessionsverfahrens durch den Herrn Regierungs-Präsidenten herbeigeführt werden".[479]

Es muss bezweifelt werden, ob das Militär angesichts der angespannten Lage auf dem Bausektor Alternativen zum Neubau geprüft hatte. Z. B. hätten ein oder mehrere verkehrsgünstig gelegene ausgeblasene Hochöfen wieder in Betrieb genommen werden können. Dies hätte Stahl, Baumaterial und Arbeitskräfte sowie Ingenieurleistung für die Bauplanung und Konstruktion gespart. Die Produktion hätte zudem nach vergleichsweise kurzer Zeit aufgenommen werden können. Bei einem solchen Vorschlag hätten die Unternehmen jedoch auf den schlechten Bauzustand der außer Betrieb befindlichen Hochöfen, deren geringe Leistungsfähigkeit bei hohem Energieverbrauch hingewiesen, während Neubauten eine deutlich höhere Leistung besaßen, energiewirtschaftlich optimiert waren und vermutlich eine kleinere Betriebsmannschaft wegen weiterer Mechanisierung (z. B. bei der Begichtung) benötigten. Während der Phoenix alle seine im Dortmunder Raum gelegenen Hochöfen betrieb, hatte die Dortmunder Union einen Hochofen stillgelegt. Beide Werke konnten über den Wasserweg via Dortmunder Hafen mit Erz versorgt werden. Während die Hochöfen der Dortmunder Union in Hafennähe lagen, musste der Hoerder Verein des Phoenix sein auf dem Wasserweg angefahrenes Erz anschließend per privater Hafenbahn rund 12 Kilometer nach Hörde transportieren, sofern das Erz nicht sowieso per Bahn, z. B. aus dem Siegerland oder aus Lothringen geliefert wurde. Auch die Idee einer Roheisengemeinschaft, z. B. in Form einer oder mehrerer staatlich errichteter, verkehrsgünstig gelegener Hochöfen, scheint nicht geprüft worden zu sein, um weitere leistungsschwache Hochöfen außer Betrieb zu setzen. Da in der Kriegszeit zahlreiche Ideen einer Gemeinwirtschaft diskutiert wurden, wären solche Gedanken eigentlich nicht abwegig gewesen. Die Montanfirmen wollten jedoch die Verfügung über die betriebsnotwendigen Hochöfen behalten. Gegen Kriegsende stellte der Generaldirektor von Deutsch-Lux, Albert Vögler, solche Gedanken in der modifizierten Form einer privatwirtschaftlichen Interessengemeinschaft zur Diskussion (s. Kapitel 24). Im Fall

---

[478] Erstes Zitat Schreiben Phoenix an Baupolizei-Verwaltung Dortmund vom 06.02.1918, zweites, längeres Zitat Schreiben Kriegsamtsstelle Düsseldorf an Phoenix vom 02.11.1917, beide in: ebd.
[479] Schreiben der Stadtverwaltung Dortmund vom 14.02.1918, in: ebd.

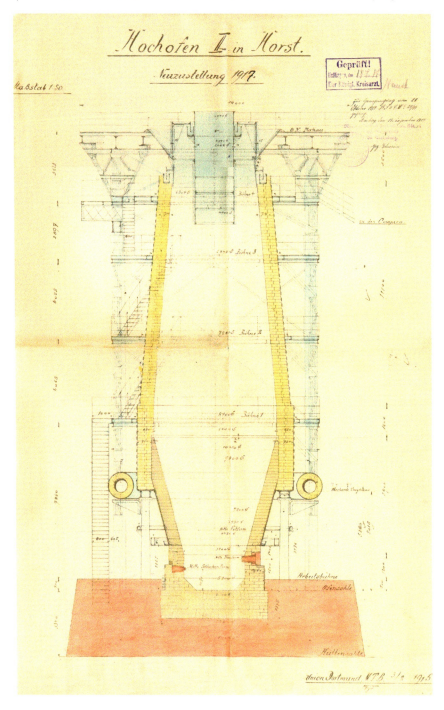

Der schon am 3. Februar 1915 von Deutsch-Lux beantragte Neubau des Hochofen II des Werks Horst wurde erst ab 1917 realisiert. Quelle: thyssenkrupp Corporate Archives

des Horster und des Dortmunder Hochofens ist zudem festzustellen, dass diese Investitionen ausschließlich kriegsbedingt waren. Kurze Zeit nach Kriegsende legten beide Unternehmen diese Hochöfen wegen mangelnder Nachfrage und nicht ausreichender Rentabilität still. Die Horster Hochofenanlage wurde schließlich 1924 abgerissen.[480]

Trotz des Mangels an (hochwertigen) Eisenerzen verfolgten z. B. die Henrichshütte und andere Ruhr-Hüttenwerke nicht die Idee, ihre alten, einst den Hochofenboom im Ruhrgebiet auslösenden lokalen (Erz-)Bergwerke wieder in Betrieb zu nehmen. Sie waren Ende des 19. Jahrhunderts wegen Unrentabilität – trotz ihrer Werksnähe – stillgelegt worden. Erst die nationalsozialistische Autarkiepolitik, der nicht mehr die lothringischen Minetteerze zur Verfügung standen, ermöglichte das erneute Auffahren der zum Teil vor 60 Jahren stillgelegten Eisenerzfelder. Bis 1942 förderten die südlichen Ruhrzechen Friederica, Gottessegen, Ludwig, Caroline und Stolberg I etwa 750.000 t Eisenerz für den Hochofenbetrieb der Henrichshütte. Im Ersten Weltkrieg hatte man angesichts der zu tätigenden Investitionen und der notwendigen Arbeitskräfte auf den Erzabbau bei Hattingen verzichtet.[481] Den Ruhrindustriellen schien es sinnvoller, in Betrieb befindliche Erzbergwerke, z. B. des Siegerlandes zu erwerben und deren Förderung auf die eigenen Hüttenwerke umzuleiten, was zunächst nicht zu einer Erhöhung der deutschen Produktion führte, aber im Konzernverbund dürfte es den Erzbergwerken leichter gefallen sein, bei den zuständigen militärischen Stellen zusätzliche Bergleute bzw. Arbeitskräfte zu reklamieren mit Hinweis auf die Kriegsrelevanz der Muttergesellschaft. Dies zeigt der Verbrauch der GHH an inländischen Erzen (ohne Minette), der von 170.000 t (1913/14) auf 407.000 t (1917/18) sich mehr als verdoppelte.[482] Auch der Lokomotivhersteller Henschel erwarb 1916 für seine Henrichshütte in Thüringen und im Siegerland Erzbergwerke, u. a. die Eisen- und Kupfererzgrube Gewerkschaft Alte Dreisbach bei Eiserfeld in Niederschelden.[483] Damit verbunden war der Erwerb der Aktien der alten Schelder Hütte. Der Roheisen-Verband erkannte am 25. Februar 1918 die Interessengemeinschaft mit Henschel an.[484] Die Erzbergwerke im Lahn-Dill-Kreis, im Siegerland und in den anderen deutschen Revieren (außer Lothringen) waren vergleichsweise klein. Ihr Ausbau setzte zwar schon 1915 ein, zog sich aber hin, zumal Bergleute zum Erschließen der Gruben fehlten. Dennoch stieg die Förderung sowohl im Harz als auch an Lahn, Dill und Sieg (s. Tabelle).

---

[480] Der Horster Hochofen wurde 1919 stillgelegt, s. Bötticher: Eisenwerk Steele, S. 35.
[481] Slotta: Standortbedingungen, S. 21. 1941 betrug die Förderung 109.000 t laut Jahrbuch des deutschen Bergbaus 1950, S. 65; Zur Schließung von Grundbuchblättern von Eisensteinfeldern im südlichen Ruhrgebiet in den 1950er-Jahren s. SIT VSt/5004; Rasch: Granaten, S. 23 f.
[482] Büchner: 125 Jahre, S. 48 (gemeint sind deutsche Erze ohne Minette, s. Tabelle in diesem Kapitel).
[483] Rasch: Granaten, S. 10.
[484] Klotzbach: Roheisen-Verband, S. 226.

Eisenerzförderung in Tonnen im Deutschen Reich 1914–1919[485]

Jahr	Jahresförderung	davon in Lothringen	davon an Lahn, Dill, Sieg	davon Harz und Harzvorland
1914	25.226.438	14.021.276	4.001.201	1.195.502
1915	17.709.580	10.755.525	4.564.256	1.326.397
1916	21.333.664	13.305.597	5.155.086	1.746.651
1917	22.464.780	13.618.707	5.292.794	2.350.381
1918	?	?	4.840.218	2.158.574

Noch gravierender als der Eisenerzmangel war das Fehlen entsprechender Legierungsmetalle zur Erzeugung hochwertiger Stahlgüten wie Chrom-Nickel-Stahl, wobei Krupp bei Kriegsbeginn über Nickelvorräte in Höhe von 2.400 t verfügte, was dem regulären Verbrauch von zwei Jahren entsprach. Die einzige Nickelgrube Deutschlands, die Gewerkschaft Schlesische Nickelwerke in Frankenstein/Schlesien gelegen, gehörte der Firma Krupp. Sie konnte den inländischen Bedarf nicht decken. Die Hütte Frankenstein erschmolz während des Kriegs Nickel im Umfang von 2.330 t Reinnickel, davon nur 1.100 t aus Erzen und Schlacken, sowie mehr als die Hälfte, nämlich 1.230 t aus Nickelstahlspänen und nickelhaltigem Walzensinter.[486] Krupp erhielt im vierten Kriegsjahr von den staatlichen Stellen weniger Nickel zugeteilt als es im letzten Friedensjahr verbraucht hatte, und das bei einer um den Faktor Neun gesteigerten Erzeugung.[487] Chrom und Wolfram wurden vollständig importiert. Deutschland bezog Chrom vor dem Krieg aus Neukaledonien (1913: 13.484 t), der portugiesischen Provinz Mosambik (1913: 4.055 t) und dem Osmanischen Reich (1913: 2.203 t).[488] Durch den Einsatz von Handels-U-Booten konnten 1916 Chrom, Nickel, Zinn, Wolfram und Molybdän aus den USA importiert werden, alleine 300 t Reinnickel für Krupp.[489] Nachdem Serbien 1915 besiegt worden war, bestand eine ungehinderte Landverbindung zur Türkei und den dortigen Chromlagerstätten, weshalb die Friedrich-Alfred-Hütte in Rheinhausen ihre bisherige Ferrochrom-Erzeugung

---

[485] Tabelle nach Roelevink, Ziegler: Rohstoffwirtschaft, S. 144.
[486] Berdrow: Krupp im Weltkrieg, S. 168 nennt andere Zahlen: 3.600 t Gesamterzeugung, davon 1.100 t aus Halden und Roheisen sowie 1.200 t aus Spänen.
[487] Ebd., S. 221. Deshalb verwundert es nicht, dass Krupp am 03.09.1917 beim Besuch des osmanischen Marineministers Cemal den Bezug von Nickel aus dem Osmanischen Reich ansprach, s. Foto vom Besuch in Kapitel 7 und die Teilnahme des Geologen Hans Cloos von den Krupp'schen Nickelwerken in Schlesien.
[488] 100 kg Reinnickel kosteten in Deutschland während des Kriegs durchschnittlich 450 M (1913: 300–350 M), siehe Metallgesellschaft AG: Statistische Zusammenstellung, S. 195; Die Firma Krupp im Weltkrieg, Bd. II: Erze und Roheisen, Ferrochrom, Ferromangan, Nickel, in: HAK WA 7 f 1087, S. 17–20; Beyschlag, Krusch: Die Versorgung Deutschlands, S. 11, 24, 28, die den Preis von Chromerzen in Friedenszeiten mit 60 M/t loco Hamburg beziffern. Chromlagerstätten waren auch in Rhodesien entdeckt worden.
[489] Stahl und Eisen 37 (1917), S. 257, Berdrow: Krupp im Weltkrieg, S. 82.

Im Vergleich zum Steinkohlenbergbau waren die Eisensteingruben von Deutsch-Lux noch wenig mechanisiert, wie hier die Grube Wohlverwahrt bei Porta im Weserbergland, wo die Loren noch von den Bergleuten aus dem Stollen geschoben wurden, vor 1926. Quelle: thyssenkrupp Corporate Archives.

von 1.300 t/a auf 3.200 t/a im vierten Kriegsjahr erhöhte und damit wesentlich die Krupp'sche Erzeugung von Chrom-Nickel-Stählen in Essen unterstützte.[490] Ferrochrom und Ferrosilizium erzeugte das RWE auch linksrheinisch in unmittelbarer Nähe ihres Braunkohlenkraftwerks Goldenberg (s. Kapitel 11).

Die Duisburger Kupferhütte – die wie die Norddeutsche Affinerie AG, Hamburg – auf Schwefelkies-Importe angewiesen war, litt unter der britischen Seeblockade. Noch zu Beginn des Kriegs in Norwegen gekaufte 20.000 t Kies erreichten Deutschland nur zum Teil. Den geplanten Ersatz durch Meggener Schwefelkies beschlagnahmte die Kriegschemikalien AG. Der reduzierte Betrieb auf Basis vorhandener Vorräte reichte nur bis Mai 1915. Durch Röstung und Laugung wurde ein sogenanntes Purpurerz mit hohem Zinkgehalt (5 Prozent) gewonnen, das im Hochofen auf Temper- und Spezialroheisen verschmolzen wurde. Um auf einigermaßen befriedigende Betriebsergebnisse zu kommen, setzte man dem Hochofen-Möller Schrott zu. Dies war damals neu. Bisher hatte man Schrott nur im Siemens-Martin-Ofen und bei der Gattierung von Gusseisen zugesetzt.[491]

Kupfer musste – trotz des deutschen Kupferschieferbergbaus – ebenfalls in großen Mengen importiert werden.[492] Die Folge war, dass zahlreiche Hüttenwerke Ersatzlegierungen und die Reduzierung des Verbrauchs an Legierungsmetallen sowohl im

[490] Ebd., S. 168.
[491] Greiling, Horalek: 75 Jahre, S. 61–63.
[492] Angaben zu Kupfer-Im- und -Exporten sowie Förderung der Mansfeldschen Kupferschiefer bauenden Gewerkschaft bei Roelevink, Ziegler: Rohstoffwirtschaft, S. 146 f. Wegen des Kupfermangels wurden in Österreich Blitzableiter und Kupferdächer demontiert, zumal das ös-

Labor als auch im Betrieb erforschten, um dennoch die benötigten Stahlqualitäten erzeugen zu können (s. auch Kapitel 17). Zusätzlich wurden kupferne Gebrauchsgegenstände komplett durch andere Metalle ersetzt, so z. B. Kupferkabel durch Aluminium oder kupferne Feuerbuchsen von Lokomotiven und Dampfmaschinen durch gusseiserne. Der Ersatz von Kupferkabeln führte in der Elektrizitätswirtschaft zu zahlreichen Problemen (s. Kapitel 11). Für die kupfernen Blasformen der Hochöfen mussten in der zweiten Kriegshälfte eiserne entwickelt werden. Ihre Haltbarkeit überzeugte nicht, weshalb dieses Ersatzprodukt nur einen kriegsbedingten Eingang in die Hochofentechnologie fand. Der Staat zog sein kupfernes Kleingeld als Zahlungsmittel ein. Ersatzmünzen, sogar lokal geprägt, kamen in den Umlauf und waren meistens aus Aluminium, sofern die Industrie nicht Papiergeld auch in Pfennigbeträgen ausgab. Um den Bedarf an Erzen und Metallen zu erfassen und diesen nach militärisch-politischer Notwendigkeit befriedigen zu können, gründeten Staat und Privatwirtschaft im Herbst 1914 mehrere Kriegsgesellschaften, u. a. die Kriegsmetall AG. Bis 1916 beschafften die deutschen Hüttenwerke ihre Rohstoffe, z. B. Chromerze, selbstständig, danach übernahm die Kriegsmetall AG die Direktive, musste aber im März 1917 der Gründung einer Chromerzgesellschaft mbH zur Befriedigung der besonderen Interessen sowohl der chemischen als auch der hüttenmännischen Industrie zustimmen.[493] Hingegen waren die „Sparmetalle" – dazu zählten Zinn, Hartblei, Antimon und Kupfer – bei der Metall-Freigabe-Stelle zu beantragen, die den VdEh zur gutachterlichen Vorprüfung der benötigten Mengen innerhalb der Stahlindustrie heranzog, bevor die Metall-Freigabe-Stelle die Gesuche bewilligte.[494] Der Krieg förderte in der Stahlindustrie den Rationalisierungsgedanken: in diesem Fall beim Verbrauch von Legierungsmetallen, Zuschlag- und Desoxidationsstoffen.

Durch die Besetzung Belgiens, insbesondere Antwerpens, waren den deutschen Truppen in den ersten Kriegswochen zum Teil bedeutende Rohstofflager in die Hände gefallen. Sie wurden – nicht unbedingt in Übereinstimmung mit der Haager Landkriegsordnung – beschlagnahmt, um den Bedarf der deutschen Industrie für etliche weitere Monate zu decken. Außerdem war die inländische Lagerhaltung an Erzen beachtlich, da diese von der Betriebswirtschaft und ihrer Kostenrechnung sowie der kaufmännischen Unternehmensleitung noch nicht als totes Kapital identifiziert worden war. So besaß Krupp bei Kriegsbeginn ein Erzlager von 420.000 t, größtenteils ausländische Manganerze, aber auch Chrom und Nickel.[495] Um den steigenden Bedarf an Legierungsmetallen zu decken, wurden Schlackenberge aufbereitet und in den Bearbeitungswerkstätten die Eisen- bzw. Stahlspäne gesammelt, um sie in Hochöfen oder Siemens-Martin-Stahlwerken wieder einzuschmelzen. Auch deshalb bestand

---

terreichische Militär bis 1918 Stahlbronze für ihre Geschützrohre bevorzugte, siehe Ortner: Zwischen Innovation und Stagnation, S. 152, 150.

[493] Roth: Staat und Wirtschaft, S. 158, 165; zu der erst 1916 geplanten Eisenzentrale und ihren Befugnissen siehe ebd., S. 110–116.

[494] Petersen, Otto: Aus den Kriegsaufgaben des VdEh im Jahr 1917, S. 6, in: SIT FWH/1579. Ferrochrom kam aus Serbien, s. Berdrow: Krupp im Weltkrieg, S. 82.

[495] Ebd., S. 20.

12. Rohstoffversorgung der Hüttenwerke und Roheisen-/Rohstahlerzeugung | 215

Stadt Hamborn

Gewerkschaft
Deutscher Kaiser

Zeche Neumühl

Gesellschaft für
Teerverwertung mbH

Während des Kriegs gaben Kommunen und Unternehmen sogenanntes Kriegs- oder Ersatzgeld für die vom Staat eingezogenen Kupfer- und Silbermünzen aus. Solche Münzen wurden auch als Lagergeld für Kriegsgefangene und Zwangsarbeiter genutzt, die damit ausschließlich in den unternehmenseigenen Lagern (Konsum) einkaufen konnten. Die Nominale solcher Aluminiummünzen reichten von Pfennig-Beträgen bis zu 5 Mark. Die Beispiele zeigen die Rück- und Vorderseiten von Münzen der Stadt Hamborn (5 Pfg.), der Gewerkschaft Deutscher Kaiser, Hochofenbetrieb (HO) (4 Pfg.), der Haniel-Zeche Neumühl (5 Pfg.) und der Gesellschaft für Teerverwertung (3 M). Quelle: thyssenkrupp Corporate Archives.

Krupp darauf, seine Geschützrohre selbst roh abzudrehen, ausschließlich als Halbfabrikate zu versenden, um große Mengen an hochwertigen Chrom-Nickel-Spänen selbst zurückgewinnen zu können, auch wenn die Unterlieferanten, in diesem Fall die Maschinenfabriken, verpflichtet waren, die abgedrehten Späne zurückzusenden, sie erhielten dafür ein Entgelt. Parallel dazu versuchte Deutschland, über neutrale Staaten benötigte Rohstoffe einzuführen. In den ersten Monaten gelang dies sogar aus Frankreich über Italien. 1916 brachte das Handels-U-Boot „Deutschland" 300 t Reinnickel aus den USA nach Deutschland. Der schon im Angriff genommene Bau weiterer sechs Handels-U-Boote, um im großen Stil dringend benötigte Rohstoffe wie Rohgummi, Kupfer und Nickel zu importieren, sollte mit der Kriegserklärung der USA an das Deutsche Reich am 6. April 1917 sein Ende finden. Die deutsche Rüstungsindustrie blieb nun fast ausschließlich auf ihre eigenen Ressourcen beschränkt. Schon vor Verkündung des Hindenburg-Programms hatten rheinisch-westfälische Montanunternehmen ihren beschränkten Zugang zu hochwertigen Eisen- und Manganerzen wahrgenommen und einen Teil ihrer Rüstungsgewinne in den Erwerb von Eisenerzgruben bzw. kleineren Hüttenwerken mit eigenem Grubenbesitz investiert. Die Firma Henschel & Sohn und ihr Firmeninhaber Karl Henschel wollten den Kasseler Lokomotivhersteller zu einem Rüstungsproduzenten ausbauen. Dazu warb Henschel nicht nur bei Krupp Fachleute ab und errichtete auf der Henrichshütte bei Hattingen ein Tiegelgussstahlwerk, baute einen eigenen Schießplatz in Heckershausen bei Kassel, sondern kaufte im Siegerland und in Thüringen auch mehrere Eisensteingruben, um die Rohstoffversorgung der Henrichshütte sicherzustellen.[496]

Auch wenn sie nicht unbedingt so weitreichende Ziele wie Karl Henschel verfolgten, so erwarben doch mehrere andere Ruhrunternehmen ebenfalls Hüttenwerke und Eisenerzgruben im Sauer- oder Siegerland, um am Rüstungsboom teilnehmen zu können. Der Bochumer Verein, der vor dem Krieg seine phosphorarmen Erze aus Algerien und Spanien sowie aus zwei noch im Ausbau befindlichen Gruben in Schweden bezog, steigerte zunächst die Förderung der schwedischen Bergwerke, wo das Eisenerz jedoch nicht in Gängen, sondern in nicht immer ergiebigen Erzlinsen angetroffen wurde, was deutliche Schwankungen in der Förderleistung bedeutete. Schaut man sich die schwedischen Eisenerzexporte während des Kriegs an, so lag die schwedische Ausfuhr nach Deutschland nur 1915 über der des Jahres 1913, während die schwedischen Exporte nach Großbritannien bis 1917 kontinuierlich zunahmen (s. Tabelle). Die deutsche Kriegsmarine konnte diese Exporte des neutralen Schwedens durch den Skagerrak bzw. über das norwegische Narvik zu den britischen Inseln nicht unterbinden ohne gleichzeitig die eigenen, kriegswichtigen Erzimporte zu gefährden. Die am Bezug nordschwedischer Eisenerze interessierten deutschen Hüttenwerke gründeten unter Führung des in Hörde bei Dortmund ansässigen Phoenix 1915 die Lulea Verfrachtungsgemeinschaft.[497] Dieser schwedische Ostseehafen im Bottnischen Meerbusen war jedoch im Winter nicht eisfrei. Über ihn wurden die Kiruna-Erze

---

[496] Ebd., S. 86; Rasch: Granaten, S. 17.
[497] Stellwaag: Deutsche Eisenwirtschaft, S. 21.

Offensichtlich ein Kompensationsgeschäft für Schwedenerze: Die 1918 von der GHH Brückenbauanstalt in Stockholm errichtete Klappbrücke im geöffneten Zustand, November 1934. Quelle: LVR-Industriemuseum.

Schwedische Eisenerzförderung und Exporte nach Deutschland und Großbritannien 1913–1919 (1.000 t)[498]

Jahr	Förderung	Export total	Deutschland	Großbritannien
1913	7.476	6.440	4.977	673
1914	6.587	4.787	3.678	442
1915	6.883	5.992	5.122	499
1916	6.986	5.536	4.299	846
1917	6.217	5.819	4.825	954
1918	6.624	4.464	3.705	491
1919	4.981	2.417	1.477	311

[498] Fritz: Sweden, S. 162. Nahezu identische Daten finden sich bei Plücker: Der schwedische Eisenerzbergbau, S. 230.

verschifft. Der Lulea Verfrachtungsgemeinschaft gehörten im Frühjahr 1918 die Ruhrkonzerne GBAG, GHH, Hoesch, Krupp, Rheinische Stahlwerke, Thyssen und Phoenix an. Die Geschäfte führte die Nordische Erzkontor GmbH, Lübeck, die dem Konsortium ebenfalls angehörte. Daneben gab es eine Erzabnahmestelle in Narvik der Firmen Deutsch-Lux, Phoenix, Hoesch und der oberschlesischen Vereinigte Königs- und Laurahütte. Außerdem bestand schon aus der Vorkriegszeit eine Narvik-Gemeinschaft weiterer Schwedenerzbezieher. Zudem gab es noch eine „Verfrachtungsstelle" der Bezieher phosphorreicher Schwedenerze mit Sitz in Hamburg. Eine Zentralisierung und Rationalisierung des skandinavischen Erzbezugs fand offensichtlich nicht statt. In den ersten Kriegsjahren wurden die meisten Schwedenerze noch über den niederländischen Hafen Rotterdam importiert, da die deutschen Ost- und Nordseehäfen nicht über entsprechende Umschlageinrichtungen verfügten.[499] Wegen der Devisenanordnung des Reichs war es den Unternehmen untersagt, diese Rohstofflieferungen aus dem neutralen Ausland aus den Einnahmen für Kriegsprodukte sofort zu bezahlen. Bei Krupp summierte sich die „Schwedenschuld" bei Kriegsende auf 31,1 Mio. Kronen = 59,2 Mio. M und stieg bis Ende 1919 auf 34,3 Mio. Kronen, was inflationsbedingt schon 120 Mio. M entsprach.[500] Die GHH scheint einen Teil ihrer umfangreichen Schwedenerze durch Sachlieferungen bezahlt zu haben. 1918 errichtete ihre Brückenbauabteilung eine Klappbrücke in Stockholm.[501]

1916/17 erwarb der Bochumer Verein die beiden kleinen im Siegerland gelegenen Eisenerzgruben Eiserne Hardt und Silberwiese und schloss sie weiter auf, um 1917 die eigene Roheisenerzeugung zu steigern durch Inbetriebnahme eines neuen, schon 1915 fertiggestellten Hochofens.[502] Dennoch musste der Bochumer Verein auch Fe-ärmere lothringische Erze verhütten, was die Leistungsfähigkeit seiner Hochöfen deutlich verminderte. Da aus Lothringen nur noch äußerst feinkörnige Minetteerze zu beziehen waren, ließ der spätere Vorstandsvorsitzende des Bochumer Vereins Walter Borbet unter der Leitung des damaligen technischen Vorstands Felix Scharf ab 1916 diese auf zuletzt sechs Bändern nach dem Dwight-Lloyd-Verfahren zu Brocken sintern. Es war die erste damals Agglomerierung genannte Sinteranlage Deutschlands.[503] Erste Versuche mit einer Agglomerieranlage (Konvertersystem) hatten schon 1913 stattgefunden. Eine ähnliche Anlage errichtete die Friedrich-Alfred-Hütte zur Verarbeitung norwegischer Schlickerze. Diese schlammartigen Erze hatten einen hohen Fe-Gehalt, ließen sich aber nicht ohne weiteres im Hochofen einsetzen, weshalb sie

---

[499] Pomiluek: Beukenberg, S. 186, 189, 191 f.
[500] Berdrow: Krupp im Weltkrieg, S. 311
[501] Büchner: 125 Jahre, S. 55.
[502] Däbritz: Bochumer Verein, S. 370, 376.
[503] Ebd., S. 338, Anhang Zeit-Tafel 1913; Weber: Borbet, S. 231. Nachruf Felix Scharf, in: Stahl und Eisen 40 (1920), S. 419. Wird in der 9. Auflage der Gemeinfasslichen Darstellung des Eisenhüttenwesens von 1915 noch allgemein von Brikettierung, Konverterverfahren und Agglomerierung gesprochen (S. 30–32), so nennt die 10. Auflage von 1918 explizit das Dwight-Lloyd-Verfahren und bringt sogar eine schematische Zeichnung einer solchen Anlage (S. 29–32), siehe VdEh (Hg.): Gemeinfassliche Darstellung.

vergleichsweise preiswert waren. Ab August 1917 arbeitete auf der Friedrich-Alfred-Hütte eine besondere Sinter- und Brikettierungsanlage nach US-amerikanischem Verfahren, die täglich 100 t Erzbriketts lieferte, wenn denn ausreichend Koks zur Verfügung stand.[504] Ebenfalls einer Sinteranlage nach dem Dwight-Lloyd-Verfahren baute im Krieg die Duisburger Kupferhütte, jedoch nahm die Anlage erst am 15. November 1919 ihren Betrieb auf.[505]

Da die erhöhte deutsche Erzförderung im Siegerland und in den anderen Revieren einschließlich Oberschlesien, in Lothringen und in den besetzten Gebieten nicht die bisherigen Importe substituieren konnte, mussten auch eisen- und manganhaltige Schlacken aus dem 19. Jahrhundert dem Möller zugesetzt werden. Der Zusatz von Schlacken war nicht neu, wohl aber der erfolgte Umfang. Die Leistung der Hochöfen fiel ab bei steigendem Koksverbrauch, da nicht mehr so Fe-reiche Erze – wie beispielsweise aus der Ukraine mit zum Teil über 70 Prozent Fe-Gehalt – verhüttet wurden. Ab 1917 mussten sogar Hochöfen nur noch mit Jahrzehnte alter Schlacke und Eisenspänen aus der Rüstungsindustrie betrieben werden. Das Verfahren wandte Ende 1916 erstmals die Charlottenhütte in Niederschelden (Vorstand Friedrich Flick) mit 60 Prozent Stahleisen-Spänen und 40 Prozent Siegerländer Manganschlacke an. Die Monatsproduktion belief sich auf 15.000 t, was der Tagesleistung zweier Hochöfen entsprach. Wenige Monate später folgten dem Vorbild sowohl die AG Rolandshütte in Weidenau bei Siegen (Eigentümer: Hochofenwerk Lübeck AG) als auch im Ruhrgebiet die GHH und die Rheinischen Stahlwerke.[506] Der dadurch erwartete höhere Verschleiß der Hochofenausfütterung trat – offiziell – nicht ein. Mit der Aufgabe des alliierten Embargos nach dem Versailler Friedensvertrag endete dieses kriegsbedingte Ersatzverfahren. Dieser Prozess funktionierte nur mit den manganhaltigen Schlacken der Siegerländer Hochöfen, nicht jedoch mit regulärer Hochofenschlacke. Diese war schon lange vor dem Ersten Weltkrieg nicht mehr ein lästiger, auf Halden zu deponierender Abfallstoff, sondern ein verwertbares Nebenprodukt, aus dem man beispielsweise Zement herstellen konnte. Der Verein deutscher Eisenportlandzement-Werke e. V. propagierte zusammen mit dem VdEh solche Verwendungen und unterhielt seit 1912 in Düsseldorf ein Laboratorium, um weitere Verwendungsmöglichkeiten zu erforschen.[507] Im Krieg beschäftigte sich u. a. der Hochofenausschuss des VdEh mit der Verwendung der Hochofenschlacke zu Betonzwecken, als Gleisbettungsstoff, für Mörtel u. a. m.[508]

Besonders gefragt waren die manganhaltigen Eisenerze des Siegerlands, da die Eisenhüttenleute damals außer Aluminium vor allem Mangan als Desoxidationsmittel für die Stahlerzeugung einsetzten. Neben einer inländischen Produktion, die im Krieg deutlich erweitert wurde, bezog das Deutsche Reich Aluminium aus der Schweiz. Im Sommer 1917 konnten die schon reduzierten Anforderungen der Stahlwerke an Zuschlagstoffen nicht mehr befriedigt werden, weshalb das Kriegsministerium eine

---

[504] Berdrow: Krupp im Weltkrieg, S. 168.
[505] Greiling, Horalek: 75 Jahre, S. 63.
[506] Petersen, Otto: Aus den Kriegsaufgaben des VdEh im Jahre 1917, S. 2, in: SIT FWH/1579.
[507] Stahl und Eisen 48 (1928), S. 1634 (Nachruf Emil Schrödter).
[508] Stahl und Eisen 29 (1919), S. 558.

Deutschlands Manganerz-Ein- bzw. Ausfuhren in Tonnen[509]

	1905	1909	1910	1911	1912	1913
Russland	151.223	221.339	325.280	192.382	336.819	446.942
Spanien	37.062	12.461	-	44.480	30.707	27.467
Britisch Indien	16.853	94.290	117.411	148.758	126.614	77.638
Brasilien	37.436	53.344	38.306	32.377	20.857	21.873
Übrige Länder	19.737	3.011	6.875	272	8.128	6.451
Einfuhr gesamt	262.311	384.445	487.872	420.709	523.125	380.371
Ausfuhr gesamt	4.116	4.488	4.559	9.667	7.790	9.387

Aluminiumkommission einrichtete aus Vertretern des Kriegsamts, der Stahlwerke und der Stahlgießereien. Darunter waren auch Vertreter von Ruhrgebietsfirmen. Die Kommission reduzierte durch Überwachung den Verbrauch. Zudem produzierte die Rheinische Elektrowerke AG, eine Gründung des RWE in der Nähe ihres Braunkohlekraftwerks Goldenberg seit 1916 mit einem 15- bis 20-prozentigen Ferroaluminium ein Ersatzprodukt, das von den Hüttenwerken angenommen wurde, solange es keine Alternativen gab (s. Kapitel 11, Strom).[510]

Ausländisches Mangan (s. Tabelle) kam vor dem Krieg u. a. aus dem Kaukasus und Indien, weshalb die manganhaltigen Siegerländer Gruben (Spateisenstein) und an der Lahn (Brauneisenstein) ab 1915 ihre Förderung erhöhen mussten trotz Mangels an Bergleuten.[511] Die bedeutendsten deutschen Manganerzbergwerke waren die Grube Dr. Geier bei Bingerbrück sowie die Gewerkschaft Fernie bei Gießen. Diese deutschen Erze waren jedoch mulmig und nicht wie die ausländischen Erze grobstückig, sodass die Hochofenauskleidung unter der geänderten Betriebsweise litt. Die für die Verwaltung des Mangels geschaffenen Institutionen, Eisenzentrale GmbH und Manganversorgungsstelle Düsseldorf bzw. Manganerz GmbH, arbeiteten insbesondere mit der Ilseder Hütte zusammen, um die Förderung der Gruben Bülten und Adenstedt bei Ilsede sowie Isernhagen bei Hannover zu erhöhen,[512] die ihrerseits die Thomaseisen-Hochofenwerke mit manganhaltigen Erzen versorgten, aber auch manganhalte Siegerländer Schlacken wurden eingesetzt. Nachdem der Erzimporteur Rawack & Grünfeld AG entsprechende Verladeeinrichtungen in Donawitz/Österreich geschaffen hatte, gelang es, monatlich bis zu 6.000 t manganhaltige Schlacke

[509] Jahrbuch für den Oberbergamtsbezirk Dortmund 13 (1912/13), S. 767.
[510] Stahl und Eisen 38 (1918), S. 376; 39 (1919), S. 559; Petersen, Otto: Aus den Kriegsaufgaben des VdEh im Jahre 1917, S. 3, in: SIT FWH/1579.
[511] Die verschiedenen Maßnahmen zur Verminderung des in Deutschland herrschenden Manganmangels dargestellt bei Zilt: Mangannot.
[512] Förderzahlen bei Treue: Geschichte der Ilseder Hütte, S. 444. Die Förderung erfolgte vornehmlich im Tiefbau.

12. Rohstoffversorgung der Hüttenwerke und Roheisen-/Rohstahlerzeugung | 221

nach Deutschland zu importieren.[513] Von allen diesen Maßnahmen profitierten auch die Ruhrunternehmen. Zudem erwarb Krupp die Gewerkschaft Fernie und baute die Förderung, die vor dem Krieg bei ungefähr 180.000 t/a gelegen hatte, auf 240.000 t/a aus.[514] Die GHH fuhr sogar die vor langer Zeit stillgelegten Gruben Adler bei Gießen, Heinrich im Spessart, Hahn im Lahngebiet sowie Ferdinand und Wilhelm im Bergrevier Wied wieder auf, um eine Grundversorgung mit manganhaltigen Eisenerzen sicherzustellen, bevor es gegen Kriegsende wieder möglich schien, Eisenerze aus der Ukraine zu beziehen.[515] Die Manganerz GmbH, ursprünglich zur Verwaltung des Mangels gegründet, wurde mit dem Hindenburg-Programm produktiv tätig, indem sie im In- und Ausland, u. a. Ungarn, den Manganerzbau finanziell förderte.[516] Mit dem Frieden von Brest-Litowsk und dem Auseinanderbrechen des einstigen Zarenreichs unterstützte das Deutsche Reich nicht ganz uneigennützig die Autonomiebestrebungen Georgiens. Mit dem Waffenstillstand wurden die kriegswichtigen Manganerze über Poti und das Schwarze Meer donauaufwärts bis Regensburg verschifft, um von dort in das Ruhrgebiet transportiert zu werden. Im Sommer schloss ein Konsortium, dem u. a. Deutsch-Lux, GBAG, Gewerkschaft Deutscher Kaiser und Krupp angehörten, mit dem neuen Staat mehrere Abkommen über Abbaurechte für Manganerze auf 30 Jahre und die Nutzung des Schwarzmeer-Hafens Poti auf 60 Jahre.[517] Dafür waren am 12. Juli die drei georgischen Aktiengesellschaften (Georgische Manganerzgesellschaft AG, Eisenbahngesellschaft Tschiaturi AG und Hafenbetriebsgesellschaft Poti AG) gegründet worden. Der Export der Manganerze erfolgte bis 1924, dann erst kam es zu einer Enteignung der deutschen Eigentümer, was dem Vertrag von Rapallo vom 16. April 1922 widersprach.

Unter den auf „Einkaufstour" befindlichen Industriellen jener Jahre war auch August Thyssen, der im Laufe des Kriegs nach Krupp und Rheinmetall zum drittgrößten klassischen Rüstungsproduzenten (Geschütze, Munition) des Ruhrgebiets aufstieg.[518] Thyssen erwarb im Krieg Aktien der Bergbau- und Hütten-AG Friedrichshütte in Herdorf/Kreis Altenkirchen, der AG Charlottenhütte in Niederschelden bei Siegen sowie unmittelbar nach dem Krieg der Vereinigte Stahlwerke van der Zypen und Wissener Eisenhütten AG, Wissen. Zusammen mit Peter Klöckner beteiligte er sich zudem 1918 am Georgs-Marien-Bergwerks- und Hütten-Verein, der bei Osnabrück über ein vollintegriertes Hüttenwerk mit eigener Kohle- und Eisenerzbasis verfügte, auch wenn er teilweise Rohstoffe zukaufen musste, und ließ sich im Dezember 1918 in den Aufsichtsrat des Unternehmens wählen.[519] Ihm ging es in erster Linie um die

---

[513] Petersen, Otto: Aus den Kriegsaufgaben des VdEh im Jahre 1917, S. 1–3, in: SIT FWH/1579.
[514] Stellwaag: Deutsche Eisenwirtschaft, S. 88, 243 f.
[515] Büchner: 125 Jahre, S. 47.
[516] Stellwaag: Deutsche Eisenwirtschaft, S. 88.
[517] Rasch: Unternehmungen, S. 252–260. Das Osmanische Reich wünschte auch Einfluss auf den Hafen Poti zu haben, siehe Schreiben Fritz Semer, Generalstab der Marine, an Fritz Thyssen vom 06.07.1918, in tkA A/712/2.
[518] Rasch: August Thyssen, S. 79.
[519] Ebd., S. 81.

Besuch einer georgischen Delegation auf dem Hüttenwerk Bruckhausen der Gewerkschaft Deutscher Kaiser in der Nähe des Werkshafens Schwelgern, dessen Schifferheim sich in den Fenstern spiegelte. Vor dem firmeneigenen Salonwagen standen v. l.: Dipl.-Ing. Carl Assall, Betriebschef der Häfen; Fritz Thyssen; August Thyssen; Dr. Nikolaus Nikoladzé, georgische Delegation; Geheimrat Dr. Ernst von Simson, Ministerialdirigent im Reichswirtschaftsamt; Fürst Alexander Sumbatow, studierter Geologe, georgische Delegation; Dr. Robert Kind, Reichswirtschaftsamt, gegen Kriegsende bei der Deutschen Gesandschaft in Tiflis tätig; 1918. Quelle: thyssenkrupp Corporate Archives.

Rohstoffsicherung für seine Hauptwerke, d. h. auf Kosten der Erworbenen. Um die Sicherung ihrer „ausländischen" Erzbasis ging es auch den Ruhrindustriellen, als sie in den ersten Kriegsmonaten umfangreiche Annexionswünsche an den Reichskanzler sandten, ganz Belgien und die französischen Minettegebiete dem Reich einverleiben wollten und im Osten ebenfalls Landgewinne, vor allem aber Handelserleichterungen mit Russland anstrebten. Zu diesen Annexionisten gehörte über Jahre auch August Thyssen (s. Kapitel 20), der noch bis zum Kriegsbeginn eine Internationalisierung seines Konzerns angestrebt hatte.[520]

Der Erwerb inländischer Erzgruben erlaubte den Hüttenwerken an der Ruhr partiell die Erzeugung hochwertiger Stahllegierungen, die jedoch nicht mehr denjenigen Legierungsanteil besaßen wie in Friedenszeiten. Die trotz Erzmangels erstaunliche Höhe der deutschen Roheisen- und Stahlerzeugung erklärt sich aus der Thomasstahlproduktion, für die die Eisenbahn Minette von beiderseits der lothringischen Grenze in das Ruhrgebiet transportierte. Als im September 1916 die Schutzverwaltung Metz

[520] Ebd., S. 59–63.

12. Rohstoffversorgung der Hüttenwerke und Roheisen-/Rohstahlerzeugung | 223

weitere Erzgruben in Französisch-Lothringen in Betrieb nehmen wollte, sprachen sich sowohl die südwestdeutsche Industrie als auch die deutschen Hüttenwerke in Lothringen wie die Stahlwerk Thyssen AG dagegen aus, weil sie dies für einen Fehleinsatz von Arbeitskräften ansahen, die besser in schon fördernden Gruben oder anderen Rüstungswerken mit Arbeitskräftemangel einzusetzen seien.[521] Dennoch beabsichtigten August Thyssen und andere Industrielle von der Ruhr sowie eine sogenannte Süddeutsche Gruppe um die Maschinenbau- und Elektrotechnikfirmen MAN und AEG gegen Kriegsende, sich an der illegalen Liquidation des deutsch-französischen de Wendel-Vermögens im Deutschen Reich zu beteiligen. August Thyssen und Peter Klöckner ging es dabei um die Verbreiterung der ungenügenden Erzbasis ihrer lothringischen Hüttenwerke. Das Kriegsende ließ diese Pläne Makulatur werden.[522]

Neben dem Ausbau der Gruben griff der Staat schon recht früh auch zum Mittel der Metallsammlung, um den Bedarf an Eisen, Kupfer, Zinn, Bronze und anderen Metallen und Legierungen zu decken. Auch die letzten, nicht unbedingt benötigten Bestände in Privathaushalten sollten erfasst werden. Nicht nur im Ruhrgebiet wiesen Plakate auf die entsprechenden Aktionen hin. Solche Maßnahmen kann man – auch wenn große Kirchenglocken und Denkmäler nicht nur in Deutschland, sondern auch in den besetzten Gebieten demontiert wurden – angesichts des industriellen Bedarfs nur als sprichwörtlich einen Tropfen auf den heißen Stein bezeichnen.[523]

Die Roheisenerzeugung im Rheinland und Westfalen nahm während des Kriegs in absoluten Zahlen ab, in relativen aber zu, da Lothringen, das Saargebiet und die bayerische Rheinpfalz wesentlich an Bedeutung verloren. Im Ruhrgebiet fehlten Eisenerze und Kokskohle. Nahezu dramatisch sank in den ersten Kriegsmonaten die Rohstahlerzeugung im deutschen Zollgebiet, im August 1914 auf 36 Prozent der durchschnittlichen Leistung von 1913, um dann im Dezember 1914 zumindest wieder fast 59 Prozent zu erreichen. In 1915 pendelte sich der Durchschnittswert auf 70 Prozent ein, um dann 1916 und 1917 auf 85,5 bzw. 87,6 Prozent zu steigen Das heißt aber auch, dass das Hindenburg-Programm die Stahlerzeugung nur um etwas mehr als 2 Prozentpunkte erhöhte. Das wiederum bedeutete, dass die Stahlerzeugung in keiner Weise dem ambitionierten Hindenburg-Programm entsprach.[524] Weitere Kapazitätssteigerungen fanden 1918 statt, so baute Krupp ein neues Werk in [Essen-]Borbeck am Rhein-Herne-Kanal. Dort ging der erste Siemens-Martin-Ofen im Juni 1918 in Betrieb und der vierte noch im November 1918. Auch Rheinhausen als Produzent von Granatstahl erhielt zwei neue Siemens-Martin-Kippöfen mit einem Chargengewicht von 80 t, die im Dezember 1917 und März 1918 in Produktion gingen. Dennoch reichten diese Kapazitäten zunächst nicht, um das Krupp'sche Geschosspresswerk III b in Essen ausreichend mit Granatstahl zu versorgen. Statt 2 Mio. Geschosse, was einer Verarbeitung von 16.000 t/m Stahl bedeutete, verließen nur 1,6 Mio. Granaten das Werk.[525]

---

[521] Schreiben Stahlwerk Thyssen AG an Fritz Thyssen vom 21.09.1916, in: tkA A/611/1.
[522] Nievelstein: Zug nach der Minette, S. 345–354.
[523] Eine etwas andere Bewertung bei Scherner: Metallbewirtschaftung.
[524] Stahl und Eisen 39 (1919), S. 148 f.
[525] Berdrow: Krupp im Weltkrieg, S. 165 a, 239 f., 260.

Den Erfolg von kommunalen Metallsammlungen soll dieses undatierte Foto aus Hagen dokumentieren. Man beachte die Reihen von Mörsern am oberen Bildrand. Quelle: Historisches Centrum Hagen.

Zu den Engpässen der deutschen Kriegswirtschaft zählte der sogenannte Granatstahl. Der besondere Stahl wurde, nachdem er im Blockwalzwerk gewalzt worden war, „geputzt", um anhaftende Verunreinigungen zu entfernen. Diese Arbeit erledigten Frauen mithilfe von Presslufthämmern. Der Arbeitsschutz war nicht nur bei der Gewerkschaft Deutscher Kaiser an der Blockstraße 4 noch nicht ausgebildet, obwohl schon Schutzbrillen und Handschuhe – nicht aber Atemschutzmasken – bekannt waren für diese Arbeiten. Quelle: thyssenkrupp Corporate Archives.

12. Rohstoffversorgung der Hüttenwerke und Roheisen-/Rohstahlerzeugung | 225

Neben dem hochwertigen Tiegelguss- und Siemens-Martin-Stahl spielte der Elektrostahl für die Kriegsproduktion eine zunehmende Rolle. Das Verfahren war 1906 von Richard Lindenberg in Remscheid erstmals in Deutschland nach dem in Frankreich von Paul Héroult entwickelten Ofen in seiner Stahlwerk Richard Lindenberg AG eingesetzt worden.[526] Beiden Erfindern sollte Hermann Röchling 1908 im Saarland mit dem Röchling-Rodenhauser-Induktions-Ofen folgen.[527] Elektrostahlöfen betrieben im Ruhrgebiet sieben Werke, und zwar Deutsch-Lux, Abteilung Dortmunder Union, Eicken & Co. Hagen, Gewerkschaft Deutscher Kaiser, GHH, Krupp, Phoenix, Abteilung Hoerder Verein, und Rheinische Stahlwerke.[528] Sie verfügten über eigene Elektrizitätswerke und konnten so den notwendigen Strom zum Selbstkostenpreis zur Verfügung stellen, während andere, die über keine eigenen Zechen und Kokereien verfügten, ihre Elektrostahlwerke in der Nähe der neuen mitteldeutschen Kraftwerke errichten mussten.[529] Elektrostahl wurde nun für Radreifen und Kurbelwellen eingesetzt, die Krupp vor dem Krieg noch aus Tiegelstahl gefertigt hatte.[530]

Neben großen Mengen elektrischen Stroms benötigte die Elektrostahlerzeugung Elektroden. Solche wurden auch für die Herstellung von Karbid und Aluminium in Elektroöfen eingesetzt. Elektroden stellte u. a. die Gesellschaft für Teerverwertung seit 1911 in Duisburg-Meiderich her, indem sie Pechkoks, Petrolkoks oder Gießereikoks mit oder ohne Zusatz von Graphit und Anthrazit fein mahlte, mit Pech und Teer zu einer schwach plastischen Masse verarbeitete, aus der dann mittels großer hydraulischer Pressen die Elektroden in den gewünschten Abmessungen hergestellt und abschließend in einer Art Ringofen gebrannt wurden. Der Bedarf an Elektroden stieg in den Kriegsjahren derart, dass die Fabrikation in Meiderich nicht mehr ausreiche und die Gesellschaft für Teerverwertung in [Castrop-]Rauxel eine weitere Elektrodenfabrik errichtete, die jedoch vor Kriegsende nicht mehr ihre Produktion aufnam.[531] Da die Elektroden zudem noch nicht normiert waren, d. h. nicht unbedingt im Bedarfsfall in einem anderen Elektrostahlwerk eingesetzt werden konnten, beteiligte sich der VdEh an den Normierungs- und Standardisierungsbemühungen, um die Leistungsfähigkeit der Elektrostahlwerke zu steigern.[532] Diese und andere Bemühungen führten 1917 zur Gründung des „Normenausschusses der deutschen Industrie" (s. Kapitel 18).

Um den Mangel in der deutschen Kriegswirtschaft zu bekämpfen, wurden auch die besetzten Gebiete ausgebeutet. Waren es zu Beginn des Kriegs die Rohstofflager, so folgte schon vor dem Hindenburg-Programm der Abbau ganzer Fabriken oder einzelner benötigter Maschinen und Hallen. Der Anlagenverschleiß in den deutschen Hüttenwerken nahm im Laufe des Kriegs enorm zu. Die Maschinenbau-

[526] Seherr-Thoß: Lindenberg.
[527] Banken: Röchling.
[528] VdEh: Gemeinfassliche Darstellung, 1918, S. 361.
[529] Der Siegen-Solinger Gussstahl-Aktienverein errichtete 1917 ein Elektrostahlwerk in Großkayna im mitteldeutschen Braunkohlenrevier, siehe Roelevink, Ziegler: Rohstoffwirtschaft, S. 139.
[530] Berdrow: Krupp im Weltkrieg, S. 81.
[531] Spilker: Entwicklung der Gesellschaft, S. 20.
[532] Stahl und Eisen 37 (1917), S. 256.

Deutsch-Lux hatte schon vor dem Ersten Weltkrieg auf ihrem Werk Dortmunder Union ein Elektrostahlwerk mit zwei Öfen errichtet, Aufnahme vor 1926. Quelle: thyssenkrupp Corporate Archives.

anstalten, zum Teil seit Winter 1914/15 in die Geschütz- und Munitionsfertigung involviert, konnten weder den Ersatzbedarf noch die erhöhten Neubauanforderungen des Hindenburg-Programms ab Herbst 1916 decken. Deshalb beuteten Militärs und Unternehmen die besetzten Gebiete, insbesondere Belgien und Nordfrankreich, aus. Dort vom Militär stillgelegte bzw. stillliegende Anlagen wurden demontiert und nach Deutschland verbracht. Der VdEh beteiligte sich an diesen Aktionen koordinierend mit dem im Kriegsamt zuständigen Waffen- und Munitionsbeschaffungsamt (Wumba). Im März 1917 errichteten beide in den Geschäftsräumen des VdEh in Düsseldorf die „Wumba-Zweigstelle für die Vermittlung von Hüttenanlagen aus den besetzten Gebieten".[533] Um „die Aufrechterhaltung der Maschinen- und Betriebseinrichtungen der Werke" zu garantieren, lenkte der VdEh ab 1917 „die Aufmerksamkeit der behördlichen Stellen auf die Notwendigkeit rechtzeitigen Ersatzes".[534] Selbst „Schrott" führte das deutsche Militär ab 1916 aus den westlichen Besatzungsgebieten der Wiederverwertung im Reich zu.

Auf dem östlichen Kriegsschauplatz, im besetzten Polen, setzte die Ausbeutung schon 1915 ein, da die oberschlesische Eisen- und Stahlindustrie vor dem Krieg sehr stark von Erzimporten abhängig war, die u. a. auf dem Landweg bis 1912 aus der Ukraine stammten und die mit Kriegsbeginn fast völlig zum Erliegen kamen (Ausnahme

[533] Ebd., S. 257; Protokoll der VdEh-Vorstandssitzung am 03.04.1917, in: SIT FWH/1571.
[534] Stahl und Eisen 38 (1918), S. 377.

Schweden). Die Erzimporte wurden substituiert durch Lieferungen aus Lothringen, dem Siegerland und dem Raum Peine-Salzgitter (Ilseder Hütte).[535] In Verbindung mit den Verwaltungsstellen des zivil verwalteten Generalgouvernements Warschau wurde eine Erzverwertungsgesellschaft gegründet, um die erbeuteten Erze und Zuschlagstoffe der oberschlesischen Eisenindustrie zuzuführen und um polnische Erzgruben, zum Teil schon bisher im deutschen Eigentum, wieder in Betrieb zu nehmen. Außerdem gründete der Oberschlesische Berg- und Hüttenmännische Verein im Juli 1915 eine Alteisenverwertungsgesellschaft zur Schrottsammlung (z. B. zerstörte Eisenbrücken) für die eigene Industrie.[536] Vergleichbares unterblieb zunächst im Westen, da das Deutsche Reich seit Herbst 1914 die nordfranzösischen Erzgruben besetzt hielt und die rheinisch-westfälische Schwerindustrie über genügend Minetteerze verfügte, auch wenn sich aus Thomasstahl zunächst hochwertige Kriegsgüter nicht herstellen ließen. Die Ausbeutung der besetzten Gebiete für die deutsche Kriegswirtschaft scheint jedoch bis Ende 1916 nicht systematisch betrieben worden zu sein. So wies das Gussstahl-Werk Witten am 11. November 1916 darauf hin, dass im Werk Dyle & Bacalan bei Lüttich im besetzten Belgien größere Mengen an Achsen und Bandagen seit über zwei Jahren ungenutzt vor sich hin rosteten, die man „unserer Heeresbedarf liefernden Industrie" recht bald zuführen könnte. Diesen Hinweis hatte das Werk auch schon dem Stahlwerks-Verband gegeben.[537] Das Deutsche Reich plünderte die besetzten Gebiete nicht nur hinsichtlich der Rohstoffe inklusive Schrott, sondern auch hinsichtlich benötigter Maschinen (s. Kapitel 16) und Arbeitskräfte (s. Kapitel 19) aus.

Die Versorgung der deutschen Kriegswirtschaft mit Eisen und Stahl hatte noch andere Probleme. Es dauerte ungefähr bis 1916, bis die Militärs erkannten, dass „man weder Granaten ohne feuerfeste Steine noch auch feuerfeste Steine ohne Ton und Quarzit machen kann".[538] Dolomit, Silikasteine und Magnesit standen für die Feuerfestauskleidung von Ofen, Konvertern etc. nicht in ausreichenden Mengen zur Verfügung, u. a. wegen Transportproblemen, Arbeiter- und Kohlenmangels. Selbst bei dem wichtigen Rüstungslieferanten Krupp verschlechterte sich die Qualität der selbst hergestellten Tiegel wegen minderwertigen Graphits.[539] Im Ruhrgebiet betrafen Rohstoffmängel und -mangel die Feuerfest-Industrie von Fabrik feuerfester Produkte J. H. Vygen & Comp., Duisburg, und Dr. C. Otto & Comp., Bochum. Letztere baute nicht nur Kokereien und Gaswerke, sondern stellte auch die für die Prozesse notwendigen feuerfesten Spezialsteine her. Den dafür notwendigen Magnesit lieferte der Verbündete Österreich nicht in ausreichenden Mengen, selbst nicht nach Kriegsende. Im

---

[535] Stellwaag: Deutsche Eisenwirtschaft, S. 84.
[536] Ebd., S. 21. Leider konzentriert sich Lehnstaedt: Besatzungswirtschaft auf die Getreide-/Lebensmittelausbeutung und erwähnt die montanindustriellen Interessen nur äußerst knapp.
[537] Schreiben Gussstahl-Werk Witten an Preußisches Ingenieur-Komitee vom 11.11.1916, in: WWA F 81 Nr. 302.
[538] Nachruf auf Robert Wiegand, Generaldirektor und Miteigentümer der Rheinische Chamotte- und Dinas-Werke [AG], Eschweiler, der sich vehement für die Feuerfestindustrie eingesetzt hatte, in: Stahl und Eisen 39 (1919), S. 556.
[539] Berdrow: Krupp im Weltkrieg, S. 170.

Dezember 1917 konnte das Deutsche Reich nur ein Drittel der vereinbarten Mengen aus der Doppelmonarchie importieren, und die in den besetzten Gebieten beschlagnahmten Mengen waren mittlerweile aufgebraucht. Der VdEh regelte die Versorgung ebenfalls nicht befriedigend. Deshalb übernahm die Manganversorgungsstelle, Düsseldorf, als amtliche Verteilungsstelle der Kriegsrohstoff-Abteilung die Aufgabe der Magnesitversorgung mit. Gleiches galt im Übrigen auch für die Silikasteine.[540] Erst nach Friedensschluss entspannte sich – wie in anderen Branchen auch – die Situation. Eine detaillierte Geschichte der deutschen Feuerfestindustrie im Ersten Weltkrieg ist ebenso noch zu schreiben wie die Geschichte der Kalkversorgung der Hochöfen im Krieg. Diese scheint trotz Arbeitskräftemangels nicht so kritisch gewesen zu sein.

Der Krieg förderte teilweise die Unternehmenskonzentration der Eisenhütten. Zählten Stadt und Landkreis Essen vor dem Krieg noch 50 Betriebe, so waren es 1918/19 nur noch 36. Wolfram Fischer führte diesen Befund u. a. auf die dominante Stellung der Firma Krupp als Arbeitgeber zurück. Betrachtet man jedoch den gesamten Kammerbezirk Essen – Mülheim/Ruhr – Oberhausen, so stellt man fest, dass sich die Anzahl in Oberhausen von 8 (1913) auf 15 (1918) nahezu verdoppelte und im ganzen Kammerbezirk nur ein Rückgang von 66 (1913) auf 61 (1918) Betriebe zu sehen ist.[541] Das Phänomen der Unternehmensaufgabe bzw. -übernahme betraf vornehmlich die mittleren und kleineren, finanzschwachen Firmen und weniger die Großunternehmen (s. Kapitel 23). Zwar legte der Phoenix Ende 1914 sein Hüttenwerk in [Essen-] Kupferdreh still, jedoch nicht kriegsbedingt, sondern weil der Roheisen-Verband am 22. Januar 1914 dem Phoenix die Quote abgekauft hatte, um Überkapazitäten vom Markt zu nehmen, und damit die Werksstilllegung finanzierte.[542]

Fazit

Das Deutsche Reich war vor dem Krieg zu über 30 Prozent auf Eisenerzimporte angewiesen, die im Laufe des Kriegs nicht durch vermehrten Einsatz von Minetteerzen aus Nordfrankreich und Luxemburg substituiert werden konnten, zumal diese sich nur zu Thomasstahl verarbeiten ließen, nicht jedoch zu hochwertigen Stahlgütern wie sie das Militär zunächst für die meisten Kriegsprodukte forderte. Der Bergbau an der Lahn, im Siegerland, im Raum Ilsede und im Spessart, auf z. T. manganhaltige Eisenerze, sowie Importe aus Norwegen und Schweden konnten – trotz Steigerung der inländischen Förderung – den Ausfall hochwertiger Erze aus Russland und anderen Gebieten nicht ausgleichen, so dass sich ab 1916 ein Eisen- und Stahlmangel deutlich bemerkbar machte. Typische Maßnahmen der Ersatzstoffwirtschaft waren der Einsatz von Eisenspänen und alten Schlacken des 19. Jahrhunderts im Hochofen. Zur Sicherung ihrer Erzbasis kauften sich die großen Montankonzerne bei den kleinen,

---

[540] Stahl und Eisen 37 (1917), S. 256; 38 (1918), S. 376; 39 (1919), S. 559.
[541] Fischer, Wolfram: Herz des Reviers, S. 304–306. Zu gerne wüsste man, welche Betriebe in Oberhausen neu gegründet wurden.
[542] Gebhard: Ruhrbergbau, S. 252; Klotzbach: Roheisen-Verband, S. 219.

kapitalschwachen Erzbergwerken ein. Bis Kriegsende herrschte in der Stahlindustrie Mangel an Erzen, Zuschlagstoffen, Legierungsmetallen, Feuerfestmaterialien u. a. m., der 1918 dramatische Ausmaße annahm – trotz aller Versuche einer staatlich-privatwirtschaftlichen Reglementierung und Ersatzstoffforschung. Der Mangel an ausreichenden Mengen stückiger Eisenerze führte im Ersten Weltkrieg zur Einführung der Sinteranlagen (Bochumer Verein, Friedrich-Alfred-Hütte) nach US-amerikanischen Verfahren, die auch nach dem Krieg beibehalten werden sollten, da ihr Einsatz Kostenvorteile gewährte.

Der Roheisenmangel wurde zudem durch die mit der Rüstungsproduktion verbundenen Kreislaufwirtschaft abgemildert, da beim Munitionsguss gewichtsmäßig über 50 Prozent „Schrott" und bei der Geschützrohrfertigung bis zu 80 Prozent Späne, Hammerschlag und Schleifschlamm anfielen, die den Siemens-Martin- und Hochöfen wieder zugeführt wurden. Negativ machte sich trotz aller militärischen Wirtschaftsplanung bemerkbar, dass der Staat das kapitalistische Wirtschaftssystem in seinen Grundfesten nicht antastete und beispielsweise neue Hochöfen im Krieg nicht als Gemeinschaftsprojekte an logistisch günstigen Standorten im Ruhrgebiet errichten ließ. Andererseits beschwerte sich die Industrie über die zunehmende Reglementie-

Die Deutsch-Lux Brückenbau-Abteilung errichtete auf dem eigenen Werk Dortmunder Union von 1916 bis 1919 einen neuen Hochofen 3. Hier sichtbar ist die nicht einfache Linienführung des Schrägaufzugs über die Winderhitzer, um 1920. Quelle: thyssenkrupp Corporate Archives.

rung seitens ziviler und militärischer Behörden, auch wenn die staatliche/militärische Verwaltung gegen Kriegsende bewusst Prozessvereinfachungen, z. B. bei Genehmigungsverfahren, einführte. Um die illusionären Ziele des Hindenburg-Programms ansatzweise dennoch erreichen zu können, beteiligte sich der VdEh im Interesse vor allem der rheinisch-westfälischen Eisen- und Stahlindustrie an der Ausplünderung der westlichen Besatzungsgebiete.

Auch im Ersten Weltkrieg blieb das Ruhrgebiet das Montanzentrum des Deutschen Reichs mit den meisten Hochöfen im Duisburger Raum. Nach Kriegsende und den Gebietsverlusten in Oberschlesien und in Lothringen sowie der zeitweisen Abtrennung des Saarlandes nahm seine wirtschaftliche und politische Bedeutung (s. Kapitel 20) noch zu.

13. LEBENSMITTELVERSORGUNG: WERKSKÜCHEN, SCHREBERGÄRTEN UND ANDERES

Das Ruhrgebiet war schon vor dem Ersten Weltkrieg ein industrielles Ballungsgebiet, aber dieser polyzentrische Raum besaß noch große agrarische Flächen, die – neben dem Münsterland – zur Nahversorgung der Bevölkerung mit Lebensmitteln dienten. Trotz einer Anzahl von Großbauern waren die Bergbauunternehmen eindeutig die größten Landbesitzer im Ruhrgebiet. Dann aber folgten schon die Kommunen, die seit 1900 vermehrt Land erwarben, um Parks und Naherholungsgebiete anzulegen, um die schnell wachsenden Industriestädte für die dringend benötigten industriellen Führungsschichten, für das Industriebürgertum attraktiv zu machen. Deren Zuzug war unbedingt erwünscht und betriebsnotwendig. Die Zechengesellschaften hatten Ländereien im großen Stil aufgekauft, um über ausreichend Fläche für Erweiterungsanlagen und neue Schächte zu verfügen, aber auch um ihre Kosten für Bergschäden zu begrenzen, denn Entschädigungen bei Bergschäden mussten nicht für Gebäude, z. B. Zechensiedlungen, im Eigenbesitz bezahlt werden. Die unbebauten Flächen waren verpachtet, und zwar sowohl an Bauern als auch – in der Nähe von (Berg-) Werken und Werkssiedlungen – an Mitarbeiter als sogenannte Schrebergärten für die partielle Eigenversorgung mit Lebensmitteln. Wenn die Bergleute oder Hüttenarbeiter in Werkswohnungen lebten, so besaßen diese oft Stallungen (für Karnickel, Ziegen, Schweine) und kleinere Grünparzellen zum Anbau von Gemüse und Kartoffeln. Zudem hatten die großen Montanunternehmen wie Krupp, Gewerkschaft Deutscher Kaiser, GHH, Phoenix und andere eigene Konsum-Anstalten gegründet, um ihre Mitarbeiter mit dem Lebensnotwendigen zu versorgen, sie an das Unternehmen zu binden und um die zum Teil hohen Preisforderungen des lokalen Einzelhandels für ihre eigenen Mitarbeiter auszuschalten. Diese Konsumanstalten waren nicht nur als Großeinkäufer tätig, die ihre zahlreichen Verkaufsstellen mit Lebensmitteln, Haushaltswaren und Kleidung belieferten, sondern sie bzw. ihre Muttergesellschaft hatten sich in einzelnen Fällen sogar bei Vorlieferanten eingekauft, um noch preisgünstiger besonders nachgefragte Waren anbieten zu können. So hielt Thyssen & Co. Anteile an einer Malzfabrik im Rheinland, um preiswert Bier verkaufen zu können.[543] Im Krieg mussten jedoch zahlreiche Brauereien schließen. Auch wenn diese Konsumanstalten zu den betrieblichen Sozialeinrichtungen zählten, so trugen sie sich vor dem Krieg selbst, wie das Beispiel der Krupp'schen Konsumanstalt zeigt.[544]

[543] Gemeint ist die Malzfabrik Mengelbier in Andernach, an der August Thyssen sowie Thyssen & Co. beteiligt waren, siehe tkA A/1777. Außerdem war Thyssen an der Rheingauer Conservenfabrik Marienburg M. Fromen GmbH, Niederwalluf bei Wiesbaden, beteiligt.
[544] Burchardt: Kriegsgewinne und Kriegskosten.

232 | 13. Lebensmittelversorgung: Werksküchen, Schrebergärten und anderes

Küche und Speisesaal einer im Krieg errichteten Krupp'schen „Arbeiterspeisehalle", o. D. Quelle: Historisches Archiv Krupp.

13. Lebensmittelversorgung: Werksküchen, Schrebergärten und anderes | 233

Gestellte Aufnahme für die Kriegspropaganda? Arbeiterinnen der Krupp-Zeche Sälzer & Neuack machen auf dem Holzplatz Kaffeepause, in komplett sauberer Kleidung! o. D. Quelle: Historisches Archiv Krupp.

Ein eher ungestellter Blick auf eine Arbeitspause gelang dem Fotografen um 1917 in der Geschossdreherei von Krupp: Ein männlicher, älterer Arbeiter und neun Frauen in verschmutzter Arbeitskleidung. Quelle: Historisches Archiv Krupp.

Im Krieg errichtete Krupp u. a. neue Kantinengebäude mit modern ausgestatteten Küchen zur zentralen Verpflegung ihrer zusätzlichen Arbeitskräfte. Die Firma gab im Krieg für Bau und Errichtung der Kantinen 16 Mio. M aus, davon allein 13 Mio. M in der zweiten Kriegshälfte.[545] In fünf großen Speisehäusern mit Küchen konnten für 27.000 Menschen Mittag- und Abendessen, aber auch Frühstücksbrote zubereitet werden. Bewohner der Heime erhielten keine Lebensmittelkarten, da sie vollständig durch die Speisehäuser verpflegt wurden. Um soziale Spannungen angesichts der eingeschränkten Lebensmittelversorgung zu beherrschen, richtete die Firma im Frühjahr 1917 sogenannte Konsumentenausschüsse ein, die von den einzelnen Betrieben gewählt wurden. Die Mitglieder überwachten die Verpflegung insbesondere der Großküchen und nahmen Beschwerden entgegen. Um die Versorgung mit Gemüse sicher zu stellen, plante und baute die Krupp'sche Bauabteilung sogenannte Überwinterungsanlagen, u. a. in der Nähe von Eisenbahnanschlüssen, aber auch von Barackenlagern, was ein gewisses Risiko der Plünderung bedeutete. Bei Kriegsende beköstigte Krupp ungefähr 34.000 Menschen in fünf Speisehäusern, 36 Arbeiter- und acht Arbeiterinnenhäusern.[546] Dennoch fanden auch Pausen vor Ort oder in unmittelbarer Werksnähe mit selbstmitgebrachter Verpflegung (Henkelmann) statt.

Mit der Proklamation des Kriegszustands setzten im August 1914 die Hamsterkäufe ein. Deutschland war ein Importland für Nahrungsmittel, dennoch verfütterten die Bauern in den ersten Kriegsmonaten Roggen, Weizen und Kartoffeln an ihr Vieh. Verbraucher- und Erzeugerinteressen ließen sich nicht in Einklang bringen. Am 25. November 1914 wurde als Kriegsgesellschaft die Kriegsgetreide GmbH gegründet, um Getreide im In- und Ausland aufzukaufen, um die Versorgung des Reichs sicherzustellen.[547] Die Lebensmittelpreise stiegen, daran änderten die amtlich erlassenen Höchstpreisverordnungen wenig. Mit der bald einsetzenden Inflation sanken die Realeinkünfte der Erwerbstätigen allmählich und dann unaufhaltsam. Besonders die wirtschaftlichen Verhältnisse der Soldatenfamilien verschlechterten sich stetig. Im Juli 1915 regte die GHH bei der Nordwestlichen Gruppe des VdESI die Errichtung einer Zentraleinkaufsstelle der Hüttenwerke für Kartoffeln an, die ebenso abgelehnt wurde wie im Sommer 1916 der gemeinsame Einkauf von Lebensmitteln. Ein Grund war die mangelnde Qualifikation der Mitarbeiter der Nordwestlichen Gruppe zur Beurteilung und im Umgang mit landwirtschaftlichen Produkten.[548] Zudem verfügten die großen Hüttenwerke mit ihren Konsumanstalten über eigene Fachleute, die vermutlich preiswerter arbeiteten als eine Gemeinschaftseinrichtung. Der Import rumänischen Getreides ab Dezember 1915 brachte keine Entlastung der angespannten Lebensmittelversorgung. Am 26. Mai 1916 wurde das Kriegsernährungsamt geschaffen. Seinem Beirat sollte u. a. Paul Reusch, der GHH-Vorstandsvorsitzende, angehören.[549]

---

[545] Berdrow: Krupp im Weltkrieg, S. 312 f.
[546] Tenfelde: Krupp in Krieg und Krise, S. 70–72, 78.
[547] Pomiluek: Beukenberg, S. 180.
[548] Ebd., S. 183.
[549] Marx: Paul Reusch, S. 98; Langer: Macht und Verantwortung, S. 118–131.

13. Lebensmittelversorgung: Werksküchen, Schrebergärten und anderes | 235

Das Foto von der ersten Sitzung des Reichsernährungsamts veröffentlichte die Zeitschrift „Die Woche" am 3. Juni 1916. Auf ihm sind u. a. der Gewerkschafter Adam Stegerwald (links stehend) und der Unternehmer Paul Reusch (rechts stehend) sowie Wilhelm Groener (sitzend, 2. v. r.) zu sehen. Quelle: Die Woche 18 (1916), S. 843. Institut für Zeitungsforschung.

Mit den Jahren beherrschten Wucher, Schleichhandel, Schwarzmarkt und deren Auswüchse immer mehr den Ernährungssektor. Eine bedürfnisgerechte Lebensmittelversorgung war dennoch nicht zu erzielen in einem Importland. Hungerkrawalle, Tumulte vor Lebensmittelgeschäften und Streiks zur besseren Lebensmittelversorgung nahmen ab Frühjahr 1916 zu.[550] Mit dem Steckrübenwinter 1916/17 und dem enormen Zuzug von Arbeitskräften für die zahlreichen Projekte des Hindenburg-Programms kam es im Ruhrgebiet zu Lebensmittelengpässen. Die großen Montanunternehmen nutzten ihre Ländereien für die Aufzucht von Vieh, bauten selbst Getreide an,[551] oder pachteten – wie die Gewerkschaft Deutscher Kaiser – ein Gut bei Hannover „zur Förderung der Versorgung unserer Arbeiter mit Lebensmitteln insbesondere Erbsen",[552] oder erhöhten den Einkauf an Lebensmitteln, insbesondere von Fischen und Fischkonserven,[553] verpachteten Parzellen an Mitarbeiter zur Eigenversorgung und errichteten zusätzliche Kantinen, da die bisherige private Essensversorgung mit Henkelmännern an ihre Grenzen stieß. Kohl und Kartoffeln wurden in großen Mengen eingelagert, um Lebensmittel zusätzlich zu den staatlichen Essensmarken ausgeben zu können. Die GHH schreckte dabei – wie andere Firmen vermut-

[550] Allgemein Feldman: Armee, S. 94–107.
[551] Die GHH hatte 1916 52 Morgen mit Roggen angebaut, siehe Langer: Macht und Verantwortung, S. 127.
[552] Protokoll der Grubenvorstandssitzung der Gewerkschaft Deutscher Kaiser am 27.11.1916, in: tkA A/813.
[553] Protokoll der Vorstandssitzung der Rheinischen Stahlwerke vom 13.09.1916, in: tkA RSW/4013.

236 | 13. Lebensmittelversorgung: Werksküchen, Schrebergärten und anderes

Um die Lebensmittelversorgung ihrer Bergleute zu verbessern, knüpfte die Gewerkschaft Deutscher Kaiser – wie andere Unternehmen auch – u. a. Kontakt zu Oldenburger Grund- und Hofbesitzern und lud diese zu einer Grubenfahrt auf ihrer Schachtanlage 3/7 am 27. Juni 1916 ein. Quelle: montan.dok.

Nicht nur Rohstoffe (Eisenerz), sondern fast noch viel wichtiger Lebensmittel sollte die nach dem Frieden von Brest-Litowsk selbstständige Ukraine liefern. Das Staatsoberhaupt dieses deutschen Satellitenstaates war der Hetman Pawlo Skoropadskij (Mitte). Er besuchte nicht nur von Hindenburg und Ludendorff in deren belgischem Hauptquartier in Spa, sondern – direkt im Anschluss an den Kaiser-Besuch in Essen – am 11. September 1918 zusammen mit seinem Gefolge ebenfalls Krupp in Essen. Das Gruppenbild vor dem sogenannten Stammhaus Krupp zeigt v. l.: Hermann von Verschuer (Besuchswesen Krupp), Legationsrat Walther Graf von Berchem, Legationssekretär Assessor Dr. Richard Meyer (ab 1933 Mayer von Achenbach/Auswärtiges Amt), Pawlo Skoropadskij, Oberleutnant Schöning, Fritz Homann (Besuchswesen Krupp), Rittmeister Selteniewski. Quelle: Historisches Archiv Krupp.

13. Lebensmittelversorgung: Werksküchen, Schrebergärten und anderes | 237

Zur Versorgung ihrer Mitarbeiter mit Lebensmitteln – insbesondere im Winter – errichtete die Firma Krupp Lagerhäuser (links Entwurfzeichnung). Im rechten, undatierten Bild wurde Kohl in großen Mengen „eingekellert". Quelle: Historisches Archiv Krupp.

lich auch – nicht davor zurück, Landräte zu bestechen, um auf dem Schwarzmarkt in Ost- und Westpreußen 150 Waggons Kartoffeln über dem staatlichen Höchstpreis einzukaufen.[554] Deutsch-Lux ging sogar noch weiter, indem das Unternehmen über ihre Emdener Werft Fleisch aus den Niederlanden bezog für ihre Dortmunder Arbeiter.[555] Die Konsumanstalten wurden – zumindest für Krupp – im Krieg zu deutlichen Zuschussgeschäften, da das Unternehmen den festgesetzten Tagessatz von 1,5 M für Unterkunft und Verpflegung trotz Inflation bis Kriegsende beibehielt.[556] Einen anderen Weg gingen die Rheinischen Stahlwerke in Duisburg. Sie beteiligten sich im Sommer 1916 in Duisburg an den einmaligen Baukosten für eine Kriegsküche in Meiderich (8.311,90 M) und einer Hochfelder Industrie-Kriegsküche (4.710 M). Gleichzeitig entsandten sie einen ihrer Direktoren in den Verwaltungsausschuss letztgenannter Einrichtung und stellten ihre bisherigen Barzahlungen für Kriegerfrauen ihrer eingezogenen Mitarbeiter als Essenszuschuss auf Essensmarken um. Eine Kriegerfrau ohne Kinder erhielt anstatt bisher 8 M/m bar eine monatliche Speisemarke im Wert von 10,50 M, mit einem Kind anstatt 12 M/m bar nun eine Speisemarke ebenfalls im Wert von 10,50 M und 3 M bar, weiter gestaffelt bis zu 5 Kindern. In letzterem Fall wurden statt 33 M monatlich Speisemarken im Wert von 31,50 M und 3 M in bar ausgezahlt.[557] Paul Reusch von der GHH sah die mit der Lebensmittelverteuerung einhergehende Verschuldung seiner Betriebsangehörigen und wollte Anfang 1918 sogar einen Teil der Zinsen der GHH-Stiftung Werksdank für verschuldete Kriegsfamilien und -witwen zu deren Entschuldung verwenden.[558]

---

[554] Langer: Macht und Verantwortung, S. 129 f.
[555] Deutsches Museum, Nachlass Hugo Junkers Notizbuch 59, 08.10.1918. Herrn Dr. Wilhelm Füßl danke ich für diesen Hinweis.
[556] Berdrow: Krupp im Weltkrieg, S. 312.
[557] Protokolle der Vorstandssitzung der Rheinischen Stahlwerke am 11.07.1916 bzw. 26.07.1916, in: tkA RSW/4013.
[558] Marx: Paul Reusch, S. 99 Fußnote 186.

Firmenzuschuss für die Krupp'sche Konsumanstalt in 1.000 M[559]

1914/15	1915/16	1916/17	1917/18	1918/19	1919/20
-	830	2.180	152	2.112	1.595

Bauern, die die Ländereien ihrer zum Militär eingezogenen Nachbarn mitbewirtschafteten, erhielten ab 1917 im Ruhrgebiet das Verdienstkreuz für Kriegshilfe, so angespannt war mittlerweile die Ernährungslage.[560] Die Rationen für die in Ausbildung befindlichen Truppen wurden ebenso radikal gekürzt wie die Essensration für Kriegsgefangene. Wie prekär die Versorgungssituation selbst für Soldaten war, zeigt ein Schreiben der Gewerkschaft Deutscher Kaiser. Im April 1917 überließ die Firma dem Minen-Werfer-Abnahmekommando auf ihrem Schießplatz bei der Zeche Lohberg ca. 2 Morgen Ackerland zum Anbau von Kartoffeln (Lageplan des Schießplatzes s. Kapitel 9).[561] Inwieweit noch andere Überlegungen für den Thyssen-Konzern ausschlaggebend waren, lässt sich in den Akten der Grundstücksabteilung nicht mehr feststellen.

Da Erfahrungswerte über die Mindestkalorienzahl für arbeitende Menschen noch nicht bekannt waren, wurden diese – nicht nur aus Unkenntnis, sondern wegen fehlender Lebensmittel – unterschritten. Im Winter 1916/17 verhungerten im Deutschen Reich etwa 250.000 Menschen, insbesondere Kinder, Ältere und gesundheitlich Geschwächte. Dies war mit ein Grund dafür, dass die Th. Goldschmidt AG in Essen versuchte, die von Prof. Richard Willstätter (Berlin bzw. München) entdeckte Holzverzuckerung in den industriellen Maßstab umzusetzen, um Ersatzlebensmittel aus Holz zu schaffen (s. Kapitel 17).

Zu den Forschungen zur Steigerung der Lebens- und Nahrungsmittelproduktion zählten auch jene Versuche, die Dr. Fritz (eigentlich Friedrich) Riedel[562] beim Horster Eisen- und Stahlwerk von Deutsch-Lux in Essen durch-

Die von der Stadt Bochum herausgegebene Reichsfleischmarke für die Zuteilungsperiode 2.–29.10.1916, Quelle: Stadtarchiv Bochum.

---

559 Burchardt: Kriegsgewinn und Kriegskosten, S. 90.
560 Beispiel im Stadtarchiv Bochum.
561 Schreiben Gewerkschaft Deutscher Kaiser, Grundstücksabteilung an Maschinenfabrik Thyssen vom 30.04.1917, Durchschlag in: tkA TLi/3059.
562 Siehe Nachruf Fritz Riedel, in: Stahl und Eisen 56 (1936), S. 964; Pudor: Nekrologe, S. 191 f.

13. Lebensmittelversorgung: Werksküchen, Schrebergärten und anderes | 239

Zur ausreichenden Lebensmittelversorgung in den Wintermonaten errichtete die Bürgermeisterei Stoppenberg bei Essen eine Rübentrocknerei, 1917. Quelle: Ruhr Museum.

Innenansicht des Gewächshauses für Kohlensäurebegasungsversuche bei Deutsch-Lux Abteilung Horst, ca. 1917. Quelle: thyssenkrupp Corporate Archives.

VII. Armeekorps
Stellvertr. Generalkommando.   Münster, den 15. August 1917.
Abt. IVaV Nr. 2913.

Mit dem 12. 8. 17 findet eine Herabsetzung der Fleischportion statt. Als Ersatz dafür soll die Brotportion wieder erhöht werden.
Daher wird folgendes bestimmt:

I.

Als Einheitssatz an Fleisch ist für das gesamte militärische und zivile Lazarettpersonal, wozu auch die Militärkrankenwärter und die zur Ausbildung als solche, sowie sonst zum Lazarett kommandierten und aus der Lazarettküche beköstigten Mannschaften usw. zählen, der Satz von 250 g je Kopf und Woche zuständig und mit der wöchentlichen Bedarfsanmeldung anzufordern.

II.

1. Die Wachtmannschaften der Gefangenen-Arbeitskommandos unter 100 Mann werden wie bisher durch den Kommunalverband mit Fleisch versorgt (Höchstsatz aber vom 12. 8. 17 ab wie der der Zivilbevölkerung 250 g).
2. Die Wachtmannschaften der Gefangenen-Arbeitskommandos von 100 Köpfen und mehr erhalten ihr Fleisch weiter wie bisher aus der zuständigen Garnisonschlächterei, aber vom 12. 8. 17 ab nur 340 g Fleisch je Kopf und Woche.
3. Die Wachtmannschaften der Gefangenen-Bewachungs-Bataillone, die an einer Truppenküche teilnehmen, erhalten ebenfalls vom 12. 8. 17 ab nur 340 g Fleisch je Kopf und Woche aus der zuständigen Garnisonschlächterei.

III.

1. Für Kriegsgefangene sind vom 12. 8. 17 ab folgende **Fleischhöchstsätze** je Kopf und Woche zuständig:

Es erhalten in Gramm:	Als Normalsatz		Als Zulage		Zusammen	
	1	2	3	4	5	6
	Fleisch	Wurst	Fleisch	Wurst	Fleisch	Wurst
a) nicht- oder leichtarbeitende Kriegsgefangene	100	150			100	150
b) schwerarbeitende "	150	100	50		200	100
c) schwerstarbeitende "	150	100	100		250	100
d) Bergarbeiter, unter Tage arb. "	150	100	100	75	250	175
e) Gefangene Offiziere	250				250	

2. Der Anmeldung des wöchentlichen Fleischbedarfs sind die in Spalte 5 angegebenen Fleischsätze zu Grunde zu legen außer in den Fällen zu Ziffer 3.
3. Zur Verabreichung an die Gefangenen dürfen in keinem Falle höhere Sätze kommen, als sie an die betreffende Zivilbevölkerung bezw. an die betreffenden Arbeiterklassen zur Ausgabe kommen.
4. Die sämtliche an Kriegsgefangene zur Ausgabe gelangende Wurst ist nicht von der zuständigen Garnisonschlächterei oder vom Kommunalverband, sondern **wie bisher** durch die Stammlager vom Kriegsministerium zu beziehen.

Von seiten des stellv. Generalkommandos
Der Chef des Stabes:
Giffenig,
Oberstleutnant.

Verteilungsplan umstehend.

Die Höchstsätze an Fleisch für Kriegsgefangene laut Verfügung des Stellvertretenden Generalkommandos VII vom 15. August 1917. Arbeitende kriegsgefangene Soldaten konnten mittels Zulagen die Fleischrationen für Offiziere erlangen, die nicht zur Arbeit verpflichtet waren. Quelle: Stadtarchiv Bochum.

13. Lebensmittelversorgung: Werksküchen, Schrebergärten und anderes | 241

Im Fotoalbum über den Kriegseinsatz der Gewerkschaft Deutscher Kaiser befindet sich auch eine Aufnahme von der firmeneigenen Viehweide in [Duisburg-] Beeckerwerth. Mindestens drei Männer bewachen die Kühe, auch um Diebstähle zu verhindern. Im Hintergrund ist ein Zug zu sehen, der vielleicht zur Westfront fährt, o. D. Quelle: thyssenkrupp Corporate Archives.

führte. Er wollte das Pflanzenwachstum durch Kohlensäuredüngung erhöhen. Die Firma errichtete zunächst drei Gewächshäuser und einen kleinen Maschinenraum. Die Hochofengase wurden nach Reinigung in die Gewächshäuser sowie auf ein Freigelände geleitet.[563] Dafür wurde der Hochofen II (s. Kapitel 12) neu zugestellt und ein Gewächshaus errichtet, das man noch 1918 wesentlich erweiterte.[564] Die optisch Erfolg versprechenden Düngeversuche mussten 1919 mit der Stillsetzung des Hochofens aufgegeben werden (s. Kapitel 17).[565]

[563] Chronik der Firma Eisenwerk Steele GmbH, Typoskript, o. V., o. J., S. 44–46, Exemplar vorhanden in: Stahlinstitut VDEh, Bibliothek.
[564] S. tkA, Hoesch-Archiv DHHU/5402, 5405, 5406, 4540.
[565] Fritz Riedel gründete 1927 die Gesellschaft für Kohlensäuredüngung Friedrich Riedel & Co. in Essen, um seine Kriegserfahrung weiter zur technischen Reife zu entwickeln. Schon Ende 1926 hatte Friedrich Häusser zur Auswertung des Riedelschen Kohlensäuredüngungsverfahren ein Konsortium von sechs Bergwerksgesellschaften gegründet, das eine Versuchsanlage im Münsterland in Betrieb nahm. Auch den von Häusser nach dem Zweiten Weltkrieg wieder aufgenommenen Versuchen der Kohlensäuredüngung war kein Erfolg beschieden. Ähnliche Versuche führte die Ruhrgas AG in den 1930er- bis 1950er-Jahren in ihrer kohlenstoffbiologischen Versuchsanlage durch. Das damalige Vorstandsmitglied Dr. Fritz Gummert errichtete im vornehmen Essener Vorort Bredeney 1946 die Kohlenstoffbiologische Forschungsstation e. V.

Fazit

Während eingehende Forschungsaktivitäten zur Düngung mit Rauchgasen oder zur Holzverzuckerung nicht zur Entlastung der angespannten Ernährungssituation im Ruhrgebiet beitrugen (s. Kapitel 17), nutzten die großen Montanunternehmen ihre „Reserveflächen" zu eigener Viehhaltung oder verpachteten diese Parzellen als Schrebergärten zur Bewirtschaftung durch ihre Mitarbeiter. Da aber nur ein Teil der Bevölkerung bei den Großunternehmen beschäftigt war und in den Genuss dieser Vergünstigungen kam, die die Leistungen in der Rüstungsindustrie stärken sollten, blieb die Lebensmittelversorgung nicht nur im Ruhrgebiet äußerst angespannt. Hamstern und Schwarzhandel – auch durch Großunternehmen – nahmen zu, da das 1916 gebildete Reichsernährungsamt nicht eine ausreichende Lebensmittelversorgung sicherstellen konnte. Viele tausend Hungertote waren die Folge. Wegen der zusätzlichen Rüstungsarbeiter, die mit dem Hindenburg-Programm meist aus entfernten Regionen ins Ruhrgebiet kamen, nahm die zentrale Verpflegung durch Werksküchen zu und drängte bei den großen Unternehmen allmählich den Henkelmann in den Hintergrund.

und 1950 ebenda die Deutsche Forschungsgemeinschaft für Gewächshaus- und Hydrokultur. Die Aufgabe dieser speziellen Gesellschaft bestand – wie im Ersten Weltkrieg – in der Erforschung der optimalen technischen Bedingungen, unter denen sich Abwärme und Rauchgase zur Ertragssteigerung in Gewächshäusern und – das war neu – bei Hydrokulturen ausnutzen ließen, siehe Däbritz, Stupp: Forschungsinstitute, S. 109 f.; Rasch: Wissenslandschaft, S. 412 f.; Pudor: Nekrologe, S. 191 f.

14. ZIVILE UND „MILITÄRISCHE" BAUTÄTIGKEIT, VERKEHRSINFRASTRUKTUR

Hochbautätigkeit

Mit Kriegsbeginn erließen die Generalkommandos als vollziehende Gewalt in ihren Zuständigkeitsbereichen nicht einen allgemeinen Baustopp. Besonders die repräsentativen Staatsbauten wurden – teilweise nach einer nur kurzen Unterbrechung in der Mobilmachungsphase – weitergebaut. Im Deutschen Reich waren dies beispielsweise der Stuttgarter Bahnhof als Residenzbahnhof für den Württembergischen König, der Wohnsitz Cecilienhof bei Potsdam des preußischen Kronprinzen Wilhelm (Fertigstellung Herbst 1917) und die Deutsche Bücherei in Leipzig als reichsverbindende, auch die österreichisch-ungarische Doppelmonarchie umfassende Institution (Eröffnung 2. September 1916). Vergleichbare Bauprojekte des Staates gab es im Ruhrgebiet nicht. Nur die Kommunen traten im Ruhrgebiet mit Rathäusern, Schulen, Schwimmbädern u. a. m. als Bauherren städtischer Verwaltung auf. Beeindruckende Verwaltungsbauten der Montanindustrie, die auch privatwirtschaftliche Macht demonstrieren sollten, wurden – ebenso wie repräsentative Villen – erst wieder 1916 errichtet, als es den Unternehmen darum ging, ihre zum Teil enormen Kriegsgewinne nicht in ihren Geschäftsberichten zu veröffentlichen (s. Kapitel 22). In Dortmund war dies das neue Verwaltungsgebäude für das Werk Dortmunder Union von Deutsch-Lux und in Gelsenkirchen, in der Nähe des Hauptbahnhofs, das Verwaltungsgebäude der Gelsenkirchener Gussstahl- und Eisenwerke AG, die sich 1914 und 1916 zwei Unternehmen in Hagen und [Düsseldorf-]Oberkassel angegliedert hatte und deshalb eine größere Zentrale benötigte.[566] Auch die Accumulatoren-Fabrik AG mit Hauptsitz in Berlin errichtete ab 1915 für ihr Werk in Hagen, das u. a. die U-Boot-Batterien fertigte, ein neues Verwaltungsgebäude.[567] Die Gewerkschaft Deutscher Kaiser hingegen wollte ihr schon vorhandenes Bürogebäude erweitern, nicht aus repräsentativen, sondern aus organisatorischen Gründen. Der Thyssen-Konzern wuchs enorm und das Hüttenwerk in Hamborn nahm immer mehr Funktionen einer Konzernzentrale wahr.[568] Es blieb jedoch bei der Vorstudie, da der Staat infolge des Hindenburg-Programms rigoros Zivilbauten untersagte bzw. stilllegte.[569] Auch für die Abteilung Bergbau blieb es bei Vorstudien für eine Erweiterung.[570] Auch der Vorstand des Phoenix beschloss

---

[566] Schlüter: Verwaltungsbauten, S. 186–200.
[567] Accumulatoren-Fabrik AG: 50 Jahre, S. 249.
[568] Fear: Organizing Control.
[569] Die Planzeichnung des Architekten Carl Bern vom August 1916, in: tkA K/A/22.
[570] Siehe ebd., F/Alb/66.

Eisenkonstruktion der Geschosse ›Differdinger Träger‹

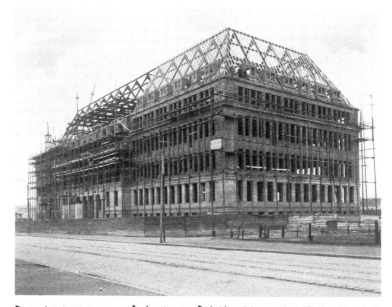

Dachstuhl ›Binder Differdinger Träger‹

Enorme Mengen an Doppel-T-Trägern (Differdinger Träger) benötigte das ab 1916 errichtete Verwaltungsgebäude von Deutsch-Lux, Abteilung Dortmunder Union, die vom konzerneigenen Werk Differdingen in Luxemburg bezogen wurden. Der Neubau sollte das alte Verwaltungsgebäude der Union AG für Bergbau, Eisen- und Stahl-Industrie aus den 1870er-Jahren ersetzen, wurde jedoch während des Kriegs nicht mehr fertiggestellt. Der imposante Verwaltungsbau stellte nicht nur die alte Zentrale der Dortmunder Union in den Schatten, sondern auch den offiziellen Verwaltungssitz von Deutsch-Lux in Bochum, 1917/18. Quelle: thyssenkrupp Corporate Archives.

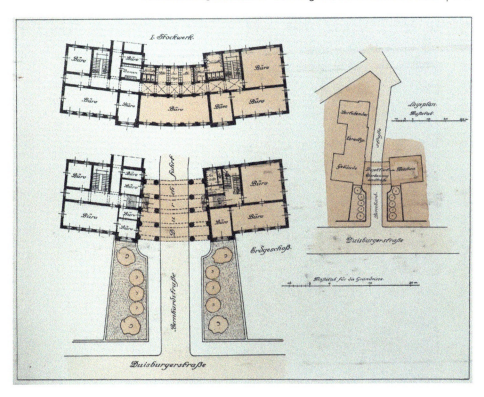

Zu den geplanten, aber nicht realisierten neuen Verwaltungsgebäuden während des Kriegs gehörte die Erweiterung der Bergbau-Verwaltung der Gewerkschaft Deutscher Kaiser (rechter Flügel und Überbrückung). Die Skizze zeichnete der im Dienst des Unternehmens stehende Baumeister Leo Winkel 1916. Er entwarf auch Notgeld und sollte durch seine Winkel-Türme, konische Luftschutzbunker in Form eines Zuckerhuts, während der NS-Zeit in fast ganz Deutschland präsent werden. Quelle: thyssenkrupp Corporate Archives.

246 | 14. Zivile und „militärische" Bautätigkeit, Verkehrsinfrastruktur

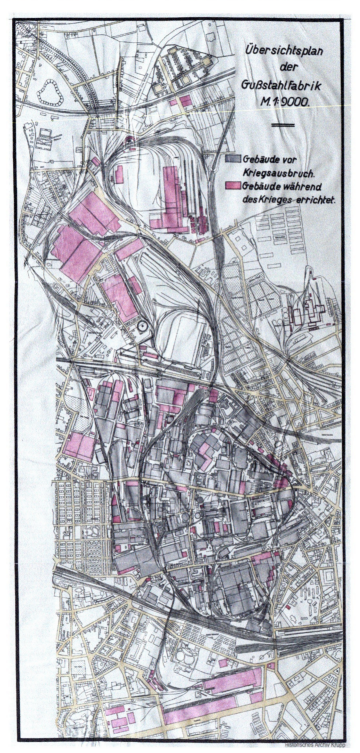

Die Bautätigkeit der Firma Krupp in Essen während des Kriegs – im Original hellrosa – zeigt dieser Übersichtsplan von 1918. Die eigentliche Stadt beginnt am unteren Rand rechts. Quelle: Historisches Archiv Krupp.

Investitionen der Firma Krupp in die Essener Rüstungsfertigung nach Geschäftsjahren[571]

Jahr	Bereich	Investitionssumme
1914/1915	Preßbau III	4,1 Mio. M
	Geschoßdreherei VI	3,5 Mio. M
	Zünderwerkstätten	3,3 Mio. M
1915/1916	Kanonenwerkstatt III	4,5 Mio. M
	Preßbau III.a	3,6 Mio. M
	Kanonenwerkstatt IV	3,3 Mio. M
1916/1917	Preßbau III.b	8,9 Mio. M
	Geschoßdreherei VII	7,1 Mio. M
	Kanonenwerkstatt V	4,7 Mio. M
1917/1918	Martinwerk VII	15,3 Mio. M
	Kanonenwerkstatt VII	14,2 Mio. M
	Kanonenwerkstatt V	12,0 Mio. M
Summe		84,5 Mio. M

am 18. September 1916 213.000 M für den „Neubau eines Hauptverwaltungsgebäudes" bereitzustellen.[572]

Nicht unmittelbar mit Einsetzen der Munitionskrise im Herbst 1914 wurden Behelfsbauten errichtet, in den meisten Fällen reichten die vorhandenen Anlagen für die ersten erhöhten Anforderungen der Militärs. Im Frühjahr 1915 entstanden erste Erweiterungen vorhandener Werksanlagen oder sogar Neubauten wie bei der Gewerkschaft Lothringen für die Stickstoffgewinnung (s. Kapitel 3) oder wie bei Krupp, wo während des gesamten Kriegs gebaut wurde. Der Krupp-Historiograph Berdrow erwähnt Baukosten in Höhe von 629 Mio. M für die fünf Krupp Werke (Essen, Rheinhausen, Annen, Kiel und Magdeburg) sowie für die Bayerische Geschützwerke Fried. Krupp AG. Allein für die sogenannten Essener Hindenburg-Werkstätten sollen inkl. Einrichtung 230 Mio. M bei einer Kostenüberschreitung von fast 40 Prozent verausgabt worden sein. Zahlen, die sich durch neuere Studien nicht verifizieren lassen.[573] Um die jährlichen Investitionen vergleichbar zu machen, müsste die Inflation herausgerechnet werden. Eine andere Methode ist der folgende Vergleich. Eine interne Aufstellung von Krupp besagt, dass die Artilleriewerkstätten bei Kriegsbeginn eine Werkstattfläche von 206.161 qm besaßen, dass bis September 1916 126.525 qm neu

---

[571] Angaben nach Burchardt: Kriegsgewinne und Kriegskosten, S. 105 f.
[572] Niederschrift der Vorstandssitzung des Phoenix vom 18.09.1916, in: tkA Hoesch-Archiv DHHU/450.
[573] Berdrow: Krupp im Weltkrieg, S. 305 f. nennt deutlich höhere Zahlen, vermutlich inklusive Inneneinrichtung.

14. Zivile und "militärische" Bautätigkeit, Verkehrsinfrastruktur

Das Ausmaß der durch das Hindenburg-Programm angestoßenen Baumaßnahmen bei Krupp zeigt diese, aus drei Fotografien zusammengesetzte zeitgenössische Panoramaaufnahme der Artilleriewerkstätten von 1917. Im Hintergrund sind die Doppelkirchtürme von St. Mariae in Altendorf sowie rechts die Zeche Helene zu erkennen. Quelle: Historisches Archiv Krupp.

errichtet wurden, und dass durch das Hindenburg-Programm weitere 161.662 qm hinzukamen, sodass Krupp bei Kriegsende über 494.348 qm Werkstattfläche verfügte. D. h.: In den letzten beiden Kriegsjahren wurde nur gut 30 Prozent mehr Fläche geschaffen als in den ersten beiden Jahren, die Kosten jedoch verdreifachten sich nahezu von 22,3 Mio. M auf 62,2 Mio. M.[574]

Erst als sich zeigte, dass die Realisierung des ambitionierten Hindenburg-Programms mit den vorhandenen Ressourcen nicht möglich war, legte der Staat ab 1917 nicht kriegsnotwendige Baumaßnahmen wie die oben erwähnten Verwaltungsbauten still. Die am 13. Dezember 1916 eingerichtete Staatliche Bautenprüfungsstelle präsentierte im Februar 1917 eine Liste der dringend benötigten Kriegsbauten verbunden mit einer Kontingentierung des Baueisenbedarfs, jedoch erst im Mai 1917 gelang es der vorgesetzten Kriegsrohstoff-Abteilung, die Einwilligung der OHL zum verschärften Eingreifen zu erlangen.[575] Schon 1916 setzte aufgrund der Verdopplung bzw. Verdreifachung der militärischen Anforderungen an Rüstungsgütern ein enormer Bauboom ein. Neue Werkshallen, Bearbeitungswerkstätten, Tiegel- bzw. Siemens-Martin-Stahlwerke wurden für die Geschützherstellung errichtet, Gleise und Weichen mussten verlegt und Behelfsküchen und -wohnheime für die zusätzlichen Arbeitskräfte errichtet werden. Krupp erhöhte die Belegschaft seiner Baubetriebe von

[574] Flächenzahlen nach HAK WA 7 f 1230. Kosten nach Tabelle S. 247.
[575] Stellwaag: Deutsche Eisenwirtschaft, S. 86 f.

2.100 Arbeitern im letzten Friedensjahr auf 5.500, darunter auch Frauen und Kriegsgefangene. Zusätzlich wurden noch 800 Arbeiter von Bauunternehmen für die Errichtung der Hindenburg-Werkstätten und anderer Bauten beschäftigt.[576]

Dieser militärisch-zivile Bauboom überforderte durch seine Gleichzeitigkeit nicht nur die Bauwirtschaft, sondern alle Zweige der Industrie. Weder Zement noch Baustahl stand in ausreichenden Mengen zur Verfügung, Krane für schwere Lasten, Werksbahnen und Gleisanlagen fehlten. Zudem verbauten die Militärs im Winter 1916/17 zeitgleich Tonnen von Zement und Stahl im Westen (Siegfried-Linie), um den Frontverlauf zu verkürzen und um die eigenen Truppen in ausgebaute Stellungen zurückzunehmen. Das Unternehmen Alberich und der Rückzug auf die Siegfried-Stellung fanden dann im Februar und März 1917 statt. Um die ambitionierten Ziele des Hindenburg-Programms überhaupt ansatzweise erfüllen zu können, wurden verstärkt ab 1917 in Belgien und Nordfrankreich Maschinen, Anlagenteile u. a. m. demontiert und – nach eventuell notwendigem Umbau – in neuen Produktionsstätten wieder aufgestellt. Zudem fehlten Bauarbeiter und Handwerker sowie Arbeiter für den Betrieb der neu errichteten Produktionsstätten. Frauen wurden zu schweren körperlichen Bauarbeiten ebenso herangezogen wie – für besonders wichtige Projekte – sogenannte Bausoldaten, die von der Front abkommandiert bei der Umsetzung der Baumaßnahmen zu helfen hatten (s. Kapitel 19). Für mehrere hunderttausend Menschen mussten zudem behelfsmäßige Schlafbaracken und Kantinen im Ruhrgebiet errichtet werden, sofern diese Arbeitskräfte nicht noch in ehemaligen Tanzsälen, Gaststätten, Schulen, Ausstellungshallen oder anderen schon vor dem Krieg errichteten Gebäuden untergebracht werden konnten. Schon vor dem Krieg verfügte Krupp

[576] Berdrow: Krupp im Weltkrieg, S. 158.

250 | 14. Zivile und „militärische" Bautätigkeit, Verkehrsinfrastruktur

Der Wohnungsausschuss des Reichstags wollte den Bau von Kleinwohnungen und Siedlungen fördern und koordinieren. Vom 4. bis 6. Juni 1917 weilte der Ausschuss in Essen, wo er auch die Siedlung Margarethenhöhe und das dortige Gasthaus zur Margarethenhöhe besuchte. Quelle: Historisches Archiv Krupp.

Für die zusätzlich benötigten zivilen Arbeitskräfte des Hindenburg-Programms baute Krupp im Krieg nicht – wie hier zu sehen – nur hölzerne Baracken, sondern auch massive, mehrgeschossige Ledigenwohnheime mit Kantinen wie am Westbahnhof in Essen. Quelle: Historisches Archiv Krupp.

14. Zivile und „militärische" Bautätigkeit, Verkehrsinfrastruktur | 251

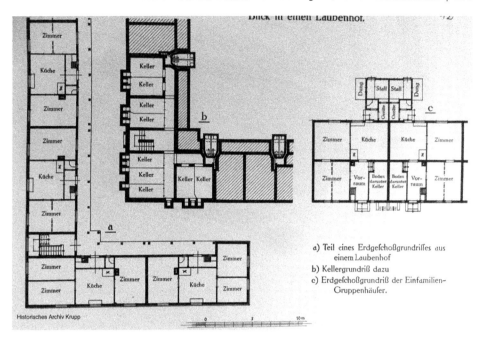

a) Teil eines Erdgeschoßgrundrisses aus einem Laubenhof
b) Kellergrundriß dazu
c) Erdgeschoßgrundriß der Einfamilien-Gruppenhäuser.

Die speziell für belgische Arbeiter und ihre Familien während des Kriegs errichtete Siedlung Laubenhof in Essen, 1918, über die der Architekt und Initiator der Landhausbewegung Volker Muthesius schon 1918 berichtete. Quelle: Historisches Archiv Krupp.

252 | 14. Zivile und „militärische" Bautätigkeit, Verkehrsinfrastruktur

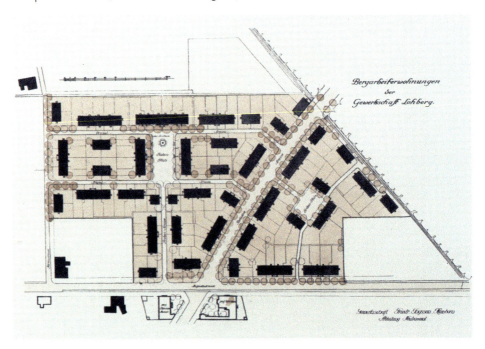

Für die nördlich von [Duisburg-] Hamborn gelegene, 1913/14 in Betrieb genommene Zeche Lohberg errichtete der Thyssen-Konzern auch im Krieg weiter Bergarbeiterwohnungen. Die anderthalbgeschossige Bauweise war – wie Foto und Lageplan zeigen – der ländlichen Umgebung angepasst. Quelle: thyssenkrupp Corporate Archives.

14. Zivile und „militärische" Bautätigkeit, Verkehrsinfrastruktur | 253

über 1.200 Betten in Ledigenheimen und Speiseanlagen (Menagen) für 3.500 – 4.000 Personen. Ein neues Arbeiterheim mit 650 Betten und Speisesälen für 4.000 Personen errichtete Krupp schon 1915 am Bahnhof Essen-West. Bald darauf entstand an der Hammerstraße ein Barackenlager für 10.000 Personen mit einer riesigen Küche und einem Speisesaal für 7.000 Personen; 44 Dampfkessel konnten dort 14.000 Essen ausliefern. Weitere Werksküchen entstanden an der Kruppstraße (6.000 Personen) und den Ausstellungshallen (4.000 Personen), wo man auch Schlafbaracken mit 800 Betten einrichtete. Bei Kriegsende verfügte Krupp über 22.000 Betten und Speisungs-Einrichtungen für 27.000 Menschen, die täglich Mittag- und Abendessen ausgaben.

Die Kosten dieser Einrichtungen beliefen sich auf 19 Mio. M.[577] Das diente nicht der Bildung stiller Reserven, wie Tenfelde den Werkswohnungsbau im Krieg interpretierte,[578] sondern es waren auch bei anderen Unternehmen zunächst betriebsnotwendige Ausgaben, um die benötigten Arbeitskräfte zu (er-)halten. Die Krupp'sche Bauverwaltung leitete nicht nur den Bau der neuen Werksanlagen sowie der benötigten großen Arbeiterwohnheime, sondern errichtete auch über 1.000 neue Werkswohnungen, teils im Anschluss an schon bestehende Arbeitersiedlungen, teils in Form von Barackenlagern, darunter 250 Wohnungen für angeworbene belgische Arbeiter mit ihren Familien in der Barackenstadt Eselsweg, davon 134 Einfamilienhäuser.[579] Für die im Zuge des im Dezember 1916 erlassenen Hilfsdienstgesetzes zur Rüstungsindustrie an der Ruhr abkommandierten deutschen Arbeitskräfte galt im Allgemeinen ein Zuzugsverbot für ihre – sofern vorhandenen – Familien, um die Nahrungsmittel- und Wohnraumsituation im Industriegebiet nicht noch zusätzlich zu verschärfen. Das galt aber nicht für die im letzten Kriegsjahr angeworbenen belgischen Arbeitskräfte.

Eine etwas höhere Tätigkeit im Wohnungsbau als Krupp entwickelte der Thyssen'sche Bergbau, der während des Kriegs zusätzlich die Schachtanlage Lohberg in Betrieb nahm (s. Kapitel 11). Bei ihm vermehrte sich die Anzahl der Häuser und Wohnungen von 1914 bis Kriegsende auf über 1.000 neue Häuser mit über 1.600 Wohnungen;[580] der Bestand stieg im Jahr 1919 nochmals deutlich an, als die Schachtanlage Lohberg fast 1.000 Bergleute mehr als bei Kriegsbeginn beschäftigte.[581] Diese Bauleistun-

Bestand des Thyssen-Bergbaus an Häusern und Wohnungen[582]

Jahr	Häuser	Wohnungen
1913	2.416	7.622
1914	2.444	7.741
1915	2.447	7.710 [!]
1916	3.199	8.694
1917	3.308	9.021
1918	3.514	9.353
1919	4.119	10.186

---

[577] Berdrow: Krupp im Weltkrieg, S. 237 f.
[578] Tenfelde: Krupp in Krieg und Krise, S. 35.
[579] Berdrow: Krupp im Weltkrieg, S. 236; Muthesius: Kleinhaus und Kleinsiedlung, S. 345–350, Foto S. 251.
[580] tkA F/Alb/66 Anzahl der Häuser und Wohnungen 1880–1920.
[581] Von den 1546 Bergleuten des Jahres 1918 waren 509 Kriegsgefangene; Tabelle s. Kapitel 11.
[582] tkA F/Alb/66.

gen waren beachtlich, sank doch die Gesamtleistung des deutschen Wohnungsbaus auf 4 Prozent seines Vorkriegsniveaus.[583] Auf die Erweiterung des Verwaltungsgebäudes wurde – wie schon gesagt – verzichtet.

Verkehrsinfrastruktur

Dass trotz Material- und Arbeitskräftemangels dennoch viele Vorhaben realisiert werden konnten, lag an der bis 1917 nicht konsequent umgesetzten Konzentration auf kriegswichtige Projekte. Weiterhin banden einzelne Prestigeprojekte wie das Paris-Geschütz bei Krupp (s. Kapitel 6) oder die fehlende Konzentration auf ein bis zwei Modifikationen der Tieftemperaturschwelung (s. Kapitel 4) Arbeitskräfte und Ressourcen. Dass das Ruhrgebiet in dieser Zeit keinen Verkehrsinfarkt erlitt, dürfte dem noch 1914 fertiggestellten Rhein-Herne-Kanal zu verdanken sein, der – ebenso wie der Rhein und der Dortmund-Ems-Kanal – die Eisenbahn entlastete.[584] Diese war überlastet, allein schon durch den „Stahltourismus", den Transport von Halbfabrikaten zur Fertigbearbeitung an verschiedenste Orte Deutschlands, zum Teil sogar in kleinen Mengen, sodass zusätzliche logistische Probleme auftraten. Diesen „Stahltourismus" bekämpften die Militärs ab 1917. Während es der Firma Krupp gelang, Teile ihres schon vor dem Krieg geplanten Werks Borbeck am Rhein-Herne-Kanal zu errichten, in Betrieb zu nehmen und an das Essener Stammwerk per Eisenbahn anzuschließen, konnte der Bochumer Verein während des Kriegs sein Werk nicht per Eisenbahn mit dem heutigen Hafen Grimberg verbinden. Krupp erweiterte das Werksschienennetz von 95 km auf 147 km mit den Folgen, dass sich die Anzahl der Werksloks verdoppelte ebenso wie innerbetriebliche Transportleistung (von 10 auf 20 Mio. t/a). Es fand auch ein innerbetrieblicher Stahltourismus statt, da die einzelnen Werkstätten nicht optimal zueinander lagen, so legte ein Marine-Geschützrohr vom Guss bis zur Ablieferung allein 54 km auf der Werksbahn zurück.[585] Die schon ältere Idee, die Ruhr wieder bis Witten schiffbar zu machen, hatte Hugo Stinnes 1910 erneut aufgegriffen, um für seine Mülheimer Friedrich Wilhelms-Hütte einen Wasserweg zum Rhein zu schaffen. Die Stadt Mülheim/Ruhr wollte einen Hafen errichten, während die Hütte sich im Gegenzug verpflichtete, ihre Erze und andere Rohstoffe nahezu ausschließlich per Schiff zu beziehen. Im Frühjahr 1915 wurden die Arbeiten dazu aufgenommen und dafür auch Kriegsgefangene eingesetzt.[586] Die feierliche Eröffnung des Hafens fand jedoch erst 1927 statt.

---

[583] Burghardt: Mechanisierung, S. 163.
[584] Kopper: Transport, S. 116 f., ist hingegen der Ansicht, dass der Anteil der Binnenschifffahrt zurückging und den Güterverkehr der Eisenbahn zusätzlich belastete. Dem widerspricht die unten abgedruckte Tabelle über den Güterverkehr der Schleuse Münster.
[585] Berdrow: Krupp im Weltkrieg, S. 284.
[586] Behrens: Aus der Geschichte unserer Hütte 1811–1961, Teil III/1: 1905–1918, 1961, S. 47, dort Niederschrift von Adolf Wirtz über seine Tätigkeit in der Eisenindustrie (Typoskript, 6 S.), hier S. 4 f., in: SIT FWH/307.

Der am Rhein-Herne-Kanal ab 1914 erbaute Hafen Grimberg hatte während des Kriegs noch keine Eisenbahnverbindung zum Bochumer Verein, Luftaufnahme vor 1926. Quelle: thyssenkrupp Corporate Archives.

Um den Personenverkehr zwischen Produktionsstätten und Barackenlagern zu ermöglichen, mussten neue Straßenbahnhaltestellen eingerichtet werden. Um den pünktlichen Arbeitsbeginn der von auswärts kommenden Arbeitskräfte zu den zusätzlichen Werkstätten zu garantieren, wurden auf Wunsch von Krupp in Essen die zusätzlichen Eisenbahnhaltestellen Amalienstraße, Hammerstraße und Hindenburg angelegt.[587] Die Essener Straßenbahngesellschaft (=Süddeutsche Eisenbahn AG) setzte zum Gütertransport innerhalb der Stadt spezielle Waggons ein. Aufgrund der unterschiedlichen Spurbreiten und der Beschränkung der einzelnen Verkehrsbetriebe in der Regel auf ihre kommunalen Grenzen war ein städteübergreifender Transport per Straßenbahn erschwert. Der Plan des RWE, „auf entsprechenden Zusammenschluss solcher lokalen Linien zu Zweckverbänden mit durchgehenden Linien hinzustreben", konnte nicht verwirklicht werden. Kommunen und Unternehmen befürchteten einen wirtschaftlichen Machtzuwachs bei Hugo Stinnes.[588]

Neben den Straßenbahnen dienten auch Handkarren, gezogen bzw. geschoben auch von Frauen, dem innerstädtischen Verkehr. Manche Firmen, wie Krupp, konn-

[587] Berdrow: Krupp im Weltkrieg, S. 236.
[588] Pohl: Vom Stadtwerk; vgl. hierzu Bericht betr. die Leistungsfähigkeit des RWE während der Kriegszeit und seine Bedeutung für die Heeresindustrie an die Königliche Regierung in Düsseldorf vom 09.01.1917, in: Archiv für Christlich-Demokratische Politik, Nachlass Stinnes, I-220-183/6 und Geschäftsbericht 1914/15, in: ebd., I-220-133/3.

256 | 14. Zivile und „militärische" Bautätigkeit, Verkehrsinfrastruktur

Sowohl zum innerstädtischen als auch innerbetrieblichen Verkehr setzte Krupp Handkarren ein. Frauen mussten mittels Muskelkraft schwer beladene Wagen bewegen. Quelle: Historisches Archiv Krupp.

Frauen wurden in der zweiten Kriegshälfte sowohl zu Bau- als auch Gleisarbeiten herangezogen wie hier bei der Gewerkschaft Deutscher Kaiser, o. D. Quelle: thyssenkrupp Corporate Archives.

Frauenpower im Ersten Weltkrieg: Offensichtlich sollten Frauen auch beladene Loren bewegen, wie dieses Bild suggeriert. Jedoch hätte dann keine von ihnen auf dem ersten Wagen gesessen und zudem hätten mehr Frauen die fehlende Lokomotive ersetzen müssen, o. D. Quelle: Historisches Archiv Krupp.

ten Lkw einsetzen, und zwar nicht nur in den ersten Kriegsmonaten, als auf diese Weise wichtige Ersatzteile aber auch ganze Ausrüstungen an die Front gebracht wurden.[589] Im Krieg standen Lkw in der Regel nur dem Militär – sowohl an der Front, in der Etappe als auch in der Heimat – zur Verfügung. Von den ca. 10.000 im Deutschen Reich 1914 erfassten privaten Lkw konnte das Militär bei Kriegsbeginn aufgrund von Subventionshilfen auf insgesamt 5.000 Lkw, d. h. die Hälfte, zugreifen. Im Laufe des Kriegs stieg der militärische Fahrzeugbestand – trotz kriegsbedingter Totalverluste – auf 25.000 Stück im November 1918 an. Nur die wenigsten während des Kriegs gefertigten Lkw wurden an private, meist kriegswichtige Unternehmen ausgeliefert.[590]

Während des Ersten Weltkriegs waren die Eisenbahnlinien die Hauptverkehrsadern des Ruhrgebiets. Der Aufmarsch der deutschen Truppen im Westen unterbrach vom 4. bis 20. August 1914 den zivilen Güterverkehr der Bahn, was u. a. Produktionsstilllegungen im Ruhrgebiet bedeutete. Die Königlich Preußischen Eisenbahndirektionen in Essen und Münster zogen zahlreiche Lokomotiven und Waggons aus dem Ruhrgebiet ab, die auch nach der Normalisierung des Bahnverkehrs und der Wiederzulassung des zivilen Güterverkehrs fehlen sollten, da das Militär sie u. a. in den besetzten Gebieten einsetzte. Die Werksbahnen und Werksschienennetze stellten im Ruhrgebiet keinen Ersatz dar, da erstere für den Betrieb auf den Staatsbahnen nicht zugelassen waren und letztere keinen Verbund darstellten. Trotz der hohen Bahnauslastung wurden im Ruhrgebiet keine neuen Eisenbahnlinien der Staatsbahn gebaut, wohl aber einige neue Privatbahnstrecken, und 1916–1918 in Dahlhausen bei Bochum ein neues Bahnbetriebswerk zur Entlastung der Betriebswerke in Hattingen und [Essen-]Steele-Nord, das heutige Eisenbahnmuseum Bochum. Der preußischen Staatsbahn fehlten nämlich vor allem Lokomotiven und Eisenbahnwaggons. Kürzere Reparaturzeiten bedeuteten deshalb auch eine höhere Verfügbarkeit. Dennoch stieg die allgemeine Schad- und Reparaturquote für Lokomotiven von 19 Prozent (1913) auf 34 Prozent (1918).[591]

---

[589] Berdrow: Krupp im Weltkrieg, S. 27.
[590] Statistisches Jahrbuch 1912, S. 110; Storz: Kraftfahrzeug.
[591] Kopper: Transport, S. 118.

258 | 14. Zivile und „militärische" Bautätigkeit, Verkehrsinfrastruktur

Luftaufnahme der zwischen 1909 und 1914 erbauten Schachtschleuse Henrichenburg; sie diente als Abstiegsbauwerk am Abzweig des Rhein-Herne-Kanals vom Dortmund-Ems-Kanal, o. D. Quelle: LWL-Medienzentrum für Westfalen.

In Recklinghausen erfolgte der Kohlentransport zur Kraftstation in Recklinghausen-Süd mittels Straßenbahn der Vestischen Kleinbahnen GmbH. Fotograf: Joseph Schäfer, 28. Mai 1918. Quelle: LWL-Medienzentrum für Westfalen.

Der Transport von drei Wagen mit hölzernen bzw. eisernen Rädern konnte auch mittels Dreirad-Dampfwalze als Zugmaschine erfolgen. Fotograf: Joseph Schäfer, ca. 1918. Quelle: LWL-Medienzentrum für Westfalen.

Für die Eisenbahn war der bald einsetzende „Stahltourismus", der Transport von Halbfabrikaten an Unterlieferanten ebenso wie der sich als notwendig erweisende Bezug zusätzlicher Erzmengen aus dem Siegerland wie aus dem lothringischen Minettegebiet zur Substitution der Erzimporte, eine Herausforderung. Beides erfolgte fast ausschließlich auf der Schiene, zumal die Mosel noch nicht kanalisiert war, und ersetzte nur zum Teil die überseeischen Erzimporte, die bisher via Rhein bzw. Dortmund-Ems-Kanal das Ruhrgebiet erreicht hatten. Da die Wagengestellung für den Minetteerztransport im November 1917 nicht ausreichte, ließ die GHH ihre Erze per Bahn bis Mannheim transportieren, um sie dann auf eigenen Schiffen bis zum Werkshafen Walsum am Niederrhein zu verschiffen. Dies verkürzte die Wagenumlaufzeit, dennoch verlängerte sich die durchschnittliche Umlaufdauer eines Güterwagens bei der Königlich Preußischen Eisenbahn-Verwaltung von 3,1 Tagen (1913) auf 5,06 Tage (1917), u. a. auch weil Entladearbeiter und Rangierer fehlten.[592] Der doppelte Umschlag verzögerte jedoch nicht nur den Transport und erhöhte die Kosten, sondern minderte auch die schon schlechte Qualität der mulmigen Erze.[593] Der 1899 fertiggestellte Dortmund-Ems-Kanal versorgte das östliche Ruhrgebiet mit Massengütern und kompensierte damit den Standortnachteil der dortigen Stahlindustrie, die vornehmlich unter den hohen Bezugskosten für ihr Erz litt. Der 1914 fertiggestellte Rhein-Herne-Kanal sollte das nördliche Ruhrgebiet mit den dort liegenden Zechen und Hüttenwerken an den verkehrs- und kostengünstigen Rhein, aber auch den Dortmund-Ems-Kanals und den 1916 bis Hannover schiffbaren Mittellandkanal anbinden. Wegen der überlasteten Eisenbahn stieg die Leistung der Binnenschifffahrt ab 1916 deutlich, obwohl im Winter 1916/17 die zugefrorenen Wasserstraßen über mehrere Monate für den Transport ausfielen.[594] Schon 1915 hatte Wilhelm Beukenberg die fehlende Anbindung der ostelbischen Agrargebiete an den Mittellandkanal zur Versorgung des Ruhrgebiets mit Getreide bemängelt.[595]

---

[592] Kopper: Transport, S. 115. Ab 1916 wurde eine Oberbetriebsleitung West in Essen errichtet, um den Zugverkehr zu verbessern.
[593] Büchner: 125 Jahre, S. 47.
[594] Boldorf: Ordnungspolitik, S. 61.
[595] Beukenberg: Die Schwerindustrie nach dem Kriege, S. 163.

Güterverkehr durch die Schleuse Münster (Verbindung Dortmund-Ems-Kanal mit Hafen Emden und dem Mittellandkanal) in 1.000 t[596]

Jahr	Dortmund-Ems-Kanal				Gesamtleistung
	zum Ruhrgebiet (zu Berg)		vom Ruhrgebiet (zu Tal)		
	gesamt	Erz	gesamt	Kohle	
1913	1.582	1.230	1.758	1.579	3.340
1914	1.154	892	1.319	1.162	2.473
1915	850	745	809	571	1.659
1916	1.004	752	1.503	1.278	2.507
1917	1.416	998	2.088	1.965	3.504
1918	1.911	1.213	2.583	2.446	4.494
1919	816	427	1.668	1.576	2.484

Fazit

Im Ruhrgebiet wurde während der gesamten Kriegsdauer gebaut, jedoch keine staatlichen Repräsentationsbauten, sondern ab 1916 repräsentative Verwaltungsgebäude. Deren Bau sollte die z. T. exorbitanten Gewinne mit Rüstungsgeschäften verschleiern. Diese Bauten untersagte der Staat 1917/18 wegen Material- und Arbeitermangels.

Schon 1915 wurden die ersten Rüstungsbetriebe erweitert und für die zusätzlichen Rüstungsarbeiter Schlafstätten und Kantinen errichtet. Während durch das Hilfsdienstgesetz von 1916 verpflichtete deutsche Arbeitskräfte kein Anrecht auf Zuzug von Familienangehörigen besaßen, wurden für ausländische Arbeitskräfte insbesondere aus Belgien, durchaus Familienwohnungen und -häuser errichtet, wie das Beispiel Krupp in Essen belegt.

Die Verkehrsinfrastruktur blieb eine Schwachstelle der Kriegswirtschaft im Ruhrgebiet. Die preußische Staatsbahn errichtete keine neuen Strecken, wohl aber in [Bochum-]Dahlhausen ein neues Bahnbetriebswerk, da ihre Werke in [Essen-]Steele und Hattingen überlastet waren. Zusätzlich fehlten Transportwaggons, da die Wagenumlaufzeiten zu lang waren, u. a. wegen des „Stahltourismus" und der zusätzlichen Erztransporte aus Lothringen mit ihren langen Wagenumlaufzeiten. Dagegen erweiterten die privaten Unternehmen ihr Werksbahnnetz, waren dazu gezwungen wegen ungünstiger logistischer Verhältnisse bei ihren Werkserweiterungen. Weil Transportmittel (LKW etc.) fehlten, wurden auch Straßenbahnen, Dampfwalzen und anderes für den innerstädtischen Transport eingesetzt.

---

[596] Nach Wiel: Wirtschaftsgeschichte, S. 370.

Einen totalen Verkehrsinfarkt des Ruhrgebiets verhinderte der 1914 fertiggestellte Rhein-Herne-Kanal sowie die anderen Wasserwege im Ruhrgebiet. Dennoch kam es im Laufe des Kriegs mehrfach zu Stockungen des Verkehrs, auch für kriegswichtige Güter.

Dieses Foto symbolisiert die deutschen Rüstungsanstrengungen in der zweiten Kriegshälfte. Zur Realisierung der hohen Anforderungen des Hindenburg-Programms wurden im Ruhrgebiet zahlreiche Produktionshallen errichtet, z. T. in Nordfrankreich oder Belgien demontiert. Deutsch-Lux, Abteilung Dortmunder Union, baute in diesem Fall die neue Eisenkonstruktionshalle über das alte Ziegelstein-Gebäude aus dem 19. Jahrhundert, in dem die Produktion weiterlief. Im Vordergrund ist auf dem Boden ein Teil des zukünftigen Hallenkrans zu sehen. Menschen dienten dem Fotografen zum Größenvergleich, 1916–1918. Quelle: thyssenkrupp Corporate Archives.

15. DIENSTLEISTUNG FÜR DAS MILITÄR: INSTANDSETZUNG BZW. NEUBAU KRIEGSZERSTÖRTER BRÜCKEN

Im Deutschen Reich gab es etliche Brückenbauanstalten, u. a. die MAN, Werk Gustavsburg bei Mainz, die Brückenbauanstalt Hein, Lehmann & Co. AG in Düsseldorf, Brückenbau Flender AG, [Düsseldorf-]Benrath. Andere Firmen waren im Ruhrgebiet angesiedelt, als selbstständige (Stahlbau-) Unternehmen wie zum Beispiel die Gesellschaft Harkort, eigentlich AG für Eisenindustrie und Brückenbau (vorm. Johann Caspar Harkort in Duisburg), Aug. Klönne und C. H. Jucho, beide Dortmund, oder als Abteilungen eines integrierten, vertikal diversifizierten Hüttenunternehmens wie bei der GHH oder bei Deutsch-Lux, Werk Dortmunder Union und die Eisenbauwerkstätte der Krupp'schen Friedrich-Alfred-Hütte in Rheinhausen. Diese Brückenbauanstalten bzw. Spezialabteilungen zog das deutsche Militär heran, noch bevor im Westen der Bewegungs- in einen Stellungskrieg überging, als es nämlich galt, die von den Eisenbahnkompanien errichteten Behelfsbrücken zu ertüchtigen, um den benötigten Nachschub an Soldaten, Munition und Verpflegung in einem größeren Umfang sicher zur kämpfenden Truppe zu transportieren. Zudem galt es, die während des deutschen Vormarschs bzw. Rückzugs der zaristischen Truppen in Ostpreußen zerstörten Brücken zu reparieren. Hierfür wurden 1914 Firmen aus den östlichen Teilen des Landes herangezogen, aber auch – als deutsche Truppen in die polnischen Gebiete des Zarenreichs vordrangen – Spezialunternehmen aus dem Westen. Als definitiv feststand, dass der Krieg – und damit die Besetzung fremder Territorien – andauern würde, diese eventuell sogar dem Deutschen Reich einverleibt werden sollten, vergab das Militär weitere Aufträge zur Herstellung von Ersatzbrücken. Da anfangs aus militärischen Gründen keine Ausschreibungen erfolgen konnten, die Zeit drängte, zudem waren die zu bewältigenden Aufgaben nur durch Inaugenscheinnahme festzustellen, zum Beispiel die Wiederverwendbarkeit von gesprengten Brückenpfeilern, waren Kostenvoranschläge nicht möglich. Die Militärbehörden gingen daher – so wurde nach dem Krieg versichert – den Weg, die Bauarbeiten und die Lieferung fast ausschließlich aufgrund des sogenannten kolonialen Bauvertrags, eines von der deutschen Kolonialverwaltung in den Kolonien angewandten Vertragsmusters, zu vergeben und abzurechnen.[597] Bei diesen Verträgen erhielten die Unternehmen die von ihnen nachzuweisenden Selbstkosten vergütet zuzüglich prozentualer Zuschläge für allgemeine Verwaltungskosten, eingesetzte Maschinen sowie für errichtete Schlafbaracken und Kantinen.

Planung und Konstruktion dieser Brücken fanden als Dienstleistung für das Militär u. a. im Ruhrgebiet statt, hatten doch dessen Spezialfirmen schon vor dem Weltkrieg

---

[597] Bösenberg: Arbeiten, S. 106.

Bearbeitung von Stahlträgern für den Brückenbau bei der GHH während des Kriegs. Quelle: LVR Industriemuseum.

weltweit Brücken errichtet, zum Teil auch jene Brücken, die es nun galt, wieder zu reparieren. Das technische Büro der Gesellschaft Harkort hatte Gelenkbrücken nach eigenem System entwickelt, die nach der Mobilmachung nun als sogenannte Kriegsbrücken bei „einer Reihe der bedeutendsten deutschen Brückenbauanstalten" zur Ausführung kamen.[598]

Bestellung und Zuschneiden der benötigten Stahlträger fanden in Duisburg, Dortmund und Oberhausen statt, dann erfolgte die Errichtung bzw. Reparatur der erhaltenen Brückenteile vor Ort durch Fachkräfte der jeweiligen Firmen mit Hilfe von lokalen Hilfskräften, manchmal wohl auch von gezwungenen Arbeitern. Die im Folgenden beschriebenen Arbeiten wären ohne einen Stamm von qualifizierten Arbeitskräften nicht in so kurzer Zeit zu erledigen gewesen. Zu diesen Fachkräften zählten nicht nur Ingenieure, Bautechniker, Zeichner, Kopisten, Statiker, Berechner, Stahlfacharbeiter und Nieter, sondern noch etliche andere Hilfskräfte wie Anstreicher. Nur in seltenen Fällen konnten auch Fachkräfte vor Ort, zum Beispiel Nieter, angeworben werden. Über diese Fachkräfte, die sowohl im Ruhrgebiet als auch auf den Baustellen

---

[598] Gesellschaft Harkort (Hg.): 75 Jahre, S. 24. Ob dies wie behauptet schon bei Kriegsbeginn geschah oder erst im Zuge entsprechender Anordnungen im Rahmen des Hindenburg-Programms, ist noch unklar.

vor Ort tätig waren, ist so gut wie nichts bekannt. Wie viele von ihnen zog das Militär zu Kriegsbeginn ein, wen reklamierten die Unternehmen? Von der Firma Aug. Klönne, Dortmund, die vor dem Krieg Gaswerke, Brücken, Hochbehälter u. a. m. baute, ist bekannt, dass sie im Krieg insgesamt 51 zu den Soldaten eingezogene Mitarbeiter verlor, darunter waren zwei Ingenieure. Die meisten Mitarbeiter fielen 1916. Dennoch leistete diese Stahlbaufirma – wie viele andere auch – im Krieg Beeindruckendes.

Gefallene der Firma Aug. Klönne, Dortmund[599]

Jahr	1914	1915	1916	1917	1918	1919
Tote	6	10	15	9	7	1

Die im Folgenden beschriebenen Bauleistungen sind tatsächlich beeindruckend. Sie wurden mit einfachen Hilfsmitteln vom Rechenschieber bis zum Flaschenzug, Dampframme und -kranen, zum Teil auch nur mit Flaschenzügen in bis dahin unbekannt kurzen Zeitspannen ausgeführt.

Als die vorhandenen Eisenbahnlinien in Deutschland nicht ausreichten, um die benötigten Mengen an Material und Soldaten in kurzer Zeit an die Westfront zu transportieren, da plante das Militär zusätzliche Eisenbahnbrücken und ließ diese bauen. Zu diesen neuen Eisenbahnstrecken gehört als bekannteste diejenige mit der Brücke von Remagen. Die Brücke wurde in den letzten Tagen des Zweiten Weltkriegs berühmt, als sie unzerstört US-amerikanischen Truppen in die Hand fiel und diesen den Übergang über den Mittelrhein schneller als erwartet ermöglichte. Sie war ab 1916 von zwei Spezialunternehmen, u. a. der Gesellschaft Harkort aus Duisburg, gebaut und am 1. Mai 1918 feierlich eröffnet worden. Sie entlastete den militärischen Eisenbahnverkehr nach Belgien und Luxemburg durch das Ahrtal. Zur Entlastung des Eisenbahnknotens Koblenz ließ das Militär ab 1916 zusätzlich bei Neuwied, zwischen Urmitz und Engers eine weitere Brücke bauen zur Anbindung an die Moseltalstrecke. Diese, ebenfalls von der Gesellschaft Harkort (50 Prozent) errichtete Brücke konnte erst am 15. August 1918 dem Verkehr übergeben werden.[600]

Dass so umfangreich Informationen über den kriegsbedingten Brückenbau vorliegen, ist einer Artikelserie zu verdanken von Dr.-Ing. Heinrich Bösenberg, damals Ingenieur bei der Stahlwerks-Verband AG, Düsseldorf, später Generaldirektor eines Asphaltwerks und Honorarprofessor an der TH Braunschweig. Diese Serie erschien ab 1920 zunächst in der Fachzeitschrift „Stahl und Eisen" und fand ihre Fortsetzung dann in „Der Eisenbau".[601]

Ihm zufolge erhielt die MAN, Werk Gustavsburg, Anfang September 1914 im deutschen Hauptquartier zu Luxemburg den Auftrag, die Eisenbahnbrücke über die Maas bei Namur eingleisig zu ersetzen, um den Bahnverkehr von Namur nach Luxemburg

---

[599] Aug. Klönne: Klönne, S. 29; bei drei Gefallenen war das Todesdatum nicht bekannt. Leider ist die Gesamtzahl der Beschäftigten unbekannt.
[600] Bremm: Armeen unter Dampf, S. 51.
[601] Bösenberg: Arbeiten.

15. Dienstleistung für das Militär | 265

An der unmittelbar vor Kriegsende dem vornehmlich militärischen Verkehr übergebene zweigleisige Eisenbahnbrücke Engers bei Neuwied am Rhein hatten die Gesellschaft Harkort und der GHH Brückenbau hälftig mitgearbeitet. Quelle: Ruhr-Bezirksverein des Vereins deutscher Ingenieure (Hg.): 50 Jahre Ingenieurarbeit zwischen Rhein und Ruhr 1872–1922, Essen 1922, S. 108.

wieder aufnehmen zu können. Am 5. und am Morgen des 6. September wurde noch vor Ort der endgültige Plan für die neue Brücke festgelegt, und bereits am Abend desselben Tages verließ ein erster Eisenbahnzug mit Geräten, Werkzeugen und Maschinen das Werk Gustavsburg in Richtung Namur. Weitere Waggons mit Arbeitern und Material sollten folgen. Die MAN errichtete an der Baustelle ein Lager mit Schlafgelegenheiten, Büros, Kantine und einer mobilen elektrischen Zentrale, um die Baustelle für die Nachtschicht zu beleuchten und vor Ort die Träger bearbeiten (bohren) zu können. Neben 60 deutschen Fachkräften arbeiteten dort 70 belgische Männer, die wenigsten jedoch qualifizierte Handwerker. Schon am 30. September 1914 konnte der erste Militärzug die nach Probebelastung freigegebene Brücke passieren. Es folgten Nacharbeiten, zumal die Brücke nicht genietet, sondern nur geschraubt war.[602] Die MAN Gustavsburg sollte auch die spektakulärste Brückenbaumaßnahme während des Kriegs durchführen, den Bau der großen Brücke bei Modlin über die Weichsel mit über 1.200 Hilfskräften.[603] Ähnlich gingen auch die anderen Brückenbaufirmen vor.

Als erstes Ruhrgebietsunternehmen wurde die Abteilung Brückenbau von Deutsch-Lux Werk Dortmunder Union zum Bau von Ersatzbrücken herangezogen. Es folgten alle anderen Ruhrgebietsfirmen mit Brückenbaukapazitäten. Diese werden im Folgenden in alphabetischer Folge mit einzelnen Beispielen ihrer Brückenbautätigkeit während des Kriegs vorgestellt.

[602] Ebd., S.106–108.
[603] Ebd.

Deutsch-Luxemburgische Bergwerks- und Hütten-AG, Werk Dortmunder Union, Abteilung Brückenbau, Dortmund

Die allgemein unter dem Namen Dortmunder Union bekannte Union AG für Bergbau, Eisen- und Stahlindustrie war 1872 durch den Zusammenschluss verschiedener Gesellschaften mit den Hüttenwerksstandorten Dortmund, Hattingen und [Essen-]Horst auf Betreiben der Bank „Disconto-Gesellschaft" gegründet worden. Sie besaß eine eigene Brückenbauanstalt in Dortmund zwischen den Gleisen von Bergisch-Märkischer- und Köln-Mindener-Eisenbahn gelegen, die 1873 über 28 Werkzeug- und Adjustagemaschinen verfügte. 1898/99 verlegte das Unternehmen die Brückenbauanstalt zu einem günstiger gelegenen Standort auf ihrem Werksgelände mit der Möglichkeit zur räumlichen Ausdehnung.[604] 1910 übernahmen Deutsch-Lux das finanzschwache Unternehmen und führte den Standort Dortmund einschließlich Brückenbauanstalt fortan als Deutsch-Luxemburgische Bergwerks- und Hütten-AG, Abteilung Dortmunder Union. Die Brückenbauabteilung errichtete vor dem Krieg zahlreiche Brücken und Luftschiffhallen, so z. B. für die Bagdad-Bahn eine Brücke über den Euphrat mit einem Gesamtgewicht von 3.262 t, die jedoch erst im Laufe des Kriegs unter erschwerten Bedingungen und mit nur wenigen Facharbeitern fertiggestellt wurde.[605]

Die Dortmunder Union Abteilung Brückenbau sollte die am 25. August 1914 von französischen Truppen gesprengte Maas-Brücke Lumes bei Sedan an der zweigleisigen Haupteisenbahnstrecke Sedan – Charleville ersetzen. Am 6. Oktober 1914 trafen zeitgleich die von Dortmund abgesandten Eisenbahnwagen mit Werkzeug und Gerät sowie die vom Deutsch-Lux Werk Differdingen im besetzten Luxemburg abgesandten Waggons mit den sogenannten Differdinger Trägern, Doppel-T-Träger, auf der Baustelle ein. Diese einfache, aber stabile Behelfsbrücke aus Walzträgern wurde in der für Friedenszeiten unvorstellbaren Bauzeit von weniger als drei Wochen fertiggestellt (25. Oktober). Am 26. Oktober fand die Belastungsprobe mit zwei schweren Lokomotiven statt und anschließend konnte der militärische Eisenbahnbetrieb aufgenommen werden.[606] Zwischenzeitlich hatte die Heeresverwaltung entschieden, den Bahnbetrieb auf dieser Strecke wieder zweigleisig zu betreiben und auch die zerstörte Parallelbrücke von 126 m Länge ersetzen zu lassen und zwar bis zum 10. November 1914, sodass der schon vorhandene Bautrupp vor Ort bleiben konnte. Die für Ramm-, Zimmer- und Eisenarbeiten eingesetzten 89 Mann stellten die Brücke sogar einen Tag früher als gefordert fertig, sodass am 9. November nachmittags schon der erste Zug die Brücke passierte. Übrigens wurden für die Erdarbeiten zur Dammschüttung durchschnittlich 60 Mann eingesetzt, meist Italiener und Luxemburger.[607] Da die gesprengte Eisenbahnbrücke in Mohon baugleich mit der Brücke in Lumes war, erhielt die Dortmunder Union auch diesen Auftrag und musste nun ihren Bau-

---

[604] Chronik der Dortmunder Union Brückenbau Aktiengesellschaft Dortmund, Typoskript o. D. in: tkA, Hoesch-Archiv DHHU/961.
[605] Ebd., S. 13 f.
[606] Bösenberg: Arbeiten, S. 108–110.
[607] Ebd., S. 110 f.

15. Dienstleistung für das Militär | 267

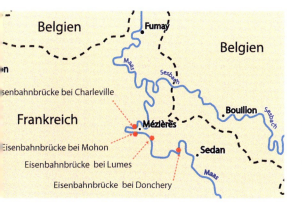

Baustellen der Brückenbauabteilung von Deutsch-Lux, Dortmunder Union 1914/15 in Nordfrankreich. Zeichnung: Andreas Nordhoff.

Die fast fertiggestellte Eisenbahnbrücke bei Charleville, 1914/15. Quelle: thyssenkrupp Corporate Archives.

trupp einschließlich Werkzeuge und Maschinen dorthin verlegen. Dafür zerlegte die Mannschaft u. a. die in Lumes eingesetzte Dampframme und verschiffte sie mittels Pontons auf der Maas nach Mohon. Der Transport dauerte vom 17. bis 24. November, da die aus Holz gefertigte Behelfsbrücke in Mohon nicht durchfahren werden konnte und der Überland-Transport an dieser Stelle Tage benötigte. Die Beseitigung der gesprengten Brückenreste kostete mehr Zeit als geplant ebenso wie das Rammen selbst, da mehrere stählerne Pfähle sich quer stellten oder sogar abbrachen. Durch die Beschaffung von Ersatzpfählen gingen zusätzlich drei Tage verloren, sodass die eigentlichen Rammarbeiten erst am 10. Dezember 1914 beendet waren. Die Brücke selbst war schon am 15. Dezember fertig gestellt, die Belastungsprobe fand am folgenden Tag statt. Die Anzahl der durchschnittlich beschäftigten Arbeiter betrug nur 39.[608]

Parallel zu den Arbeiten in Mohon baute die Dortmunder Union die ursprünglich zweigleisige Eisenbahnbrücke in Charleville unter Benutzung der alten, seinerzeit gesprengten Steinpfeilern eingleisig wieder auf, wobei die Firma Ph. Holzmann & Co., Frankfurt/Main, die notwendigen Stein- und Betonarbeitern ausführte. Die durchschnittlich eingesetzten 30 Brückenbauer beendeten am 20. November 1914 mit der erfolgreichen Belastungsprobe ihre Arbeit.[609]

Im Anschluss an die Arbeiten in Charleville konnte die Dortmunder Union ihren Bautrupp nach Donchery verlegen, wo im August 1914 eine eingleisige hölzerne Notbrücke errichtet worden war. Im November hatte eine Eisenbahn-Kompanie dort eine zweite Notbrücke oberhalb der gesprengten Brücke errichtet. Da die Strömung der Maas in diesem Bereich stark, die Eisenbahnlinie für den Heeresbedarf aber besonders wichtig war, beschloss die Heeresverwaltung angesichts der Bedeutung dieser Strecke den Bau einer neuen eisernen, zweigleisigen Brücke und beauftragte wieder-

[608] Ebd., S. 227 f.
[609] Ebd., S. 228.

268 | 15. Dienstleistung für das Militär

Differdinger Träger, sogenannte Doppel-T-Träger oder Breitflanschträger lieferte im Krieg die Grey-Mittel- und -Fertigstraße von Deutsch-Lux, Werk Differdingen in Luxemburg. Für Kriegsbrücken und andere Bauten, z. B. auch für das neue Verwaltungsgebäude von Deutsch-Lux in Dortmund, s. Seite 242, wurden sie benötigt, Aufnahme vor 1918. Quelle: thyssenkrupp Corporate Archives.

um die Dortmunder Union. Offensichtlich hatte sich mittlerweile ein – euphemistisch ausgedrückt – Vertrauensverhältnis zwischen den zuständigen Militärs (vor Ort) und den für die Bautrupps zuständigen Angestellten der Dortmunder Union herausgebildet. Leider sind die entsprechenden Unternehmensakten nicht überliefert, die Einblicke in das Beziehungsgeflecht geben könnten.

Am 23. Dezember 1914 wurden Geräte und Werkzeuge in Charleville nach Donchery verladen. Den Aufbau der Pfeiler übernahm die Firma Grün & Bilfinger AG, Mannheim. Die Bauarbeiten dauerten bis zum 21. Februar des Folgejahres. Die Brücke, an der durchschnittlich 28 Mann gearbeitet hatten, konnte noch am gleichen Tag dem Verkehr übergeben werden. Die Stöße und Verbünde der Brücke waren, wie in allen zuvor genannten, geschraubt. Nachträglich wurde die Brücke vollständig genietet.[610]

Eine Besonderheit bedeutete der Bau der zweigleisigen Eisenbahnbrücke über die Maas am Bahnhof Charleville. Den Vertrag unterzeichnete die Dortmunder Union am 28. Januar 1915 mit den vorgegebenen Fertigstellungsfristen 6. März 1915 für das

[610] Ebd., S. 228 f.

erste und 25. März 1915 für das zweite Gleis. Man kann nur spekulieren, dass die ungewöhnlich lange Bauzeit in Donchery – die sich nur zum Teil mit den Witterungsbedingungen erklären lässt – dafür der Anlass war, dass das Militär für eine verspätete Fertigstellung eine Konventionalstrafe von 500 M pro Tag vereinbarte. Die Dortmunder Union hatte vor der Vertragsunterzeichnung offensichtlich ausreichend Zeit, das Baugelände in Charleville mit seinen Besonderheiten zu erkunden, denn nur so ist zu verstehen, dass die Dortmunder Union die für eine andere Brücke bestimmten Träger verwenden konnte. Es handelte sich um 2,6 m lange, in Dortmund im Bau befindliche Blechträger, die für das Brückenbauwerk in Charleville nur geringfügig abgeändert werden mussten. Die Hauptträger der Brücke, für den zweigleisigen Ausbau waren zwei Brücken vorgesehen, ließ die Dortmunder Union in zwei Hälften à 10 t anliefern. Für den Aufbau stand ein Rahmenkran mit 10 t Tragfähigkeit zur Verfügung. Diese Brücke wurde sofort genietet und nicht erst geschraubt. Das Nieten erfolgte mit Pressluft und das Aufreiben der Nietlöcher mit einer elektrischen Aufreibmaschine. Zur Strom- und Presslufterzeugung stand eine mobile kombinierte Kompressor- und Dynamoanlage zur Verfügung, die ein 35 PS-Benzolmotor antrieb. Die erste Brücke konnte am 4. März, die zweite am 19. März 1915 dem Betrieb übergeben werden. Obwohl die Brücke insgesamt 410 t wog und nur durchschnittlich 39 Mann auf der Baustelle gearbeitet hatten, waren die wesentlichen Arbeiten vor der vereinbarten Zeit erfolgreich abgeschlossen. Nacharbeiten wie das Anbringen der Laufstege und Geländer zogen sich bis zum 28. März hin.[611]

Nachdem sich die deutschen Truppen in Belgien und Nordfrankreich festgesetzt hatten und mit einem baldigen Siegfrieden nicht zu rechnen war, richteten sie sich als Besatzer auf einen längeren Verbleib ein. Stabile Bauwerke ersetzten nun die Behelfsbrücken. Die Aufträge dazu vergab das Militär nicht mehr freihändig, sondern schrieb sie offiziell aus, wenn auch nur in einem engeren Wettbewerb. Unter diesen Voraussetzungen erhielt die Dortmunder Union 1916 den Auftrag, in Vireux, Nordfrankreich, die bisherige, 100 m stromabwärts gelegene Notbrücke von 1914 durch eine neue Straßenbrücke an exakt derselben Stelle der ursprünglichen Brücke zu ersetzen. Der Dortmunder Entwurf mit einem Bogen für eine Stützweite von 75 m überzeugte. Durchschnittlich 25 Arbeitskräfte nahmen am 8. Oktober ihre Arbeit auf und konnten diese am 22. Dezember mit dem Abräumen der Baustelle beenden. Die Brücke selbst war schon am 15. Dezember dem Verkehr übergeben worden. Infolge der Verkehrsverhältnisse im belgischen Besatzungsgebiet verhinderte die verspätete Bahnanlieferung der Bauteile aus Dortmund und Differdingen eine frühere Fertigstellung.[612] Im selben Jahr stellte die Dortmunder Union auch eine sogenannte Kriegsbrücke über die Maas am Bahnhof Monthermé fertig.

Während des Kriegs errichtete die Dortmunder Union in Belgien noch eine Maas-Kanalbrücke bei dem fast völlig zerstörten Visé und stellte auch die Rampenbrücken über den heutigen Nord-Ostsee-Kanal bei Hochdonn in Dithmarschen mit einem Ge-

[611] Ebd., S. 262 f.
[612] Ebd., S. 359 f.

270 | 15. Dienstleistung für das Militär

Im Sommer/Herbst 1916 errichtete die Brückenbauabteilung von Deutsch-Lux Werk Dortmunder Union anstelle einer Behelfsbrücke eine sogenannte Kriegsbrücke, eine Bahnbrücke über die Maas am Bahnhof von Monthermé mit vier Öffnungen mit einem Gewicht für Pfeiler und Sprengwerke von 167 Tonnen. Quelle: Deutsch-Luxemburgische Bergwerks- und Hütten-AG (Hg.): Deutsch-Luxemburgische Bergwerks- und Hütten-Aktiengesellschaft Abteilung Dortmunder Union, Dortmund, o. J., S. 33.

Die 1.927 m lange, geschwungene Rampenbrücke bei Hochdonn über den damaligen Kaiser-Wilhelm-Kanal montierte die Brückenbauabteilung von Deutsch-Lux Werk Dortmunder Union während des Kriegs unter schwierigen Bedingungen. Quelle: Deutsch-Luxemburgische Bergwerks- und Hütten-AG (Hg.): Deutsch-Luxemburgische Bergwerks- und Hütten-Aktiengesellschaft Abteilung Dortmunder Union, Dortmund, o. J., S. 57.

Bevor Behelfs- oder Ersatzbrücken errichtet werden konnten, mussten oft die Reste der gesprengten Brücken und Pfeiler entfernt werden, die zudem die Schifffahrt auf den jeweiligen Flüssen oder Kanälen behinderten. Die Brückenbauabteilung von Deutsch-Lux Werk Dortmunder Union setzte dafür auch Taucher ein, die z. T. das erst 1908 entwickelte Brennschneiden unter Wasser anwandten. Hier beim Einsatz während des Kriegs an einer nicht näher bezeichneten Brücke. Quelle: thyssenkrupp Corporate Archives.

wicht von 12.556 t fast fertig. Für letztere Arbeiten, die vor dem Krieg begonnen hatten und sich bis 1920 hinzogen, wurden zeitweise auch Kriegsgefangene eingesetzt.[613]

Die Dortmunder Union verlor jedoch auch den einen oder anderen sicher geglaubten Auftrag an die Konkurrenz, so zum Beispiel die Reparatur der Eisenbahnbrücke über die Maas bei Pont-Maugis, fünf Kilometer südlich von Sedan. Die Dortmunder Union barg zwar die Überreste der zerstörten eisernen Brücke aus dem Flussbett, der Auftrag zum Neubau der schiefen doppelseitigen Brücke erhielt jedoch im Januar 1917 die MAN, Werk Gustavsburg.[614] Die Brückenbauabteilung der Dortmunder Union errichtete im Krieg jedoch nicht nur Brücken, sondern auch für das eigene Unternehmen eine Halle für die Geschoßdreherei mit einem Gewicht von 2.933 t Stahl

---

[613] Chronik der Dortmunder Union Brückenbau Aktiengesellschaft Dortmund, Typoskript o. D. in: tkA Hoesch-Archiv DHHU/961, S. 14.
[614] Bösenberg: Arbeiten, S. 510 f.

sowie weitere Hochbauten für das Hindenburg-Programm.[615] Da der Exportmarkt kriegsbedingt weggebrochen war und die militärischen Aufträge sowie die zusätzlich gefertigten Hochbauten diese mengenmäßig nicht ersetzen konnten, gingen sowohl die verbauten Stahlmengen als auch die Anzahl der Mitarbeiter deutlich zurück (s. Tabelle). Die Brückenbauanstalt sollte in der Weimarer Republik, seit 1926 war sie Teil der Vereinigte Stahlwerke, nicht mehr die Vorkriegsleistung erreichen.

Kennzahlen der Dortmunder Union Brückenbauanstalt[616]

Jahr	Verbauter Stahl in t	Belegschaft
1912/13	38.102	513
1913/14	46.612	607
1914/15	28.343	337
1915/16	26.172	294
1916/17	21.952	317
1917/18	11.467	308
1918/19	7.273	251
1919/20	10.861	291

Gesellschaft Harkort, Duisburg, eigentlich AG für Eisenindustrie und Brückenbau (vorm. Johann Caspar Harkort)

Ein Pionier des eisernen Großbrückenbaus war Johann Caspar Harkort VI., der Neffe des berühmten Unternehmers und Politikers Friedrich Harkort, der selbst zu den frühen Förderern des Eisenbahnbaus in Deutschland zählte. Johann Caspar Harkort verlegte 1860 den Brückenbau seiner Firma von Harkorten bei Hagen an den verkehrsgünstiger gelegenen Rhein, nach Duisburg-Hochfeld, wo zudem mehrere Hüttenwerke standen, die den benötigten Stahl liefern konnten. Seine Firma, nach dem Tod seines Sohnes und seines Schwiegersohnes (beide 1871), letzterer war zugleich Chefkonstrukteur der Firma, in die AG für Eisenindustrie und Brückenbau (vorm. Johann Caspar Harkort) in Duisburg umgewandelt, konstruierte und baute nicht nur Brücken, sondern z. B. auch den Leuchtturm Roter Sand vor der Elbmündung (1885). Die bekannteste von der Gesellschaft gebaute Brücke dürfte im Übrigen die 1907 fertiggestellte Glienicker Brücke sein, die Potsdam mit Berlin verbindet und auf der im Kalten Krieg mancher Agentenaustausch zwischen Ost und West statt-

---

[615] Kleinschmidt: Dortmunder Stahlindustrie, S. 14.; Chronik der Dortmunder Union Brückenbau Aktiengesellschaft Dortmund, Typoskript o. D. in: tkA Hoesch-Archiv DHHU/961, S. 14.
[616] Ebd., S. 10.

fand. Bis zu seinem Tod 1896 leitete Johann Caspar Harkort die Aktiengesellschaft als Aufsichtsratsvorsitzender.[617]

Im Ersten Weltkrieg baute die Gesellschaft Harkort nicht nur die Rheinbrücken bei Remagen und Engers zur Entlastung des Eisenbahnverkehrs an die Westfront, sondern noch zahlreiche andere Brücken. Als Ersatz sowohl für die zerstörte Straßenbrücke über den Narew als auch für die nahegelegene deutsche Behelfsbrücke vor den Toren Warschaus erhielten im Winter 1915/16 die Firmen Gesellschaft Harkort und Brückenbau Flender AG, Benrath bei Düsseldorf, den Auftrag, je vier Fachwerküberbauten und Gesellschaft Harkort zudem die 15 m lange linksseitige Blechträgerbrücke zu errichten. Die Pfeiler baute die Firma Grün & Bilfinger AG, Mannheim. Aus Zeit- und Kostengründen bestanden sie aus Holz. Die gewählten Fachwerküberbauten waren sehr einfach gehalten, sodass die Firma sie in der Werkstatt schnell herstellte und auf der Baustelle ohne besonderen Aufwand zusammenbauen konnten. Beide Firmen erledigten den ihnen übertragenen Brückenbau durch Verschiebearbeiten in der vorgesehenen Zeit.[618]

Gutehoffnungshütte Aktienverein für Bergbau und Hüttenbetrieb, Brückenbauanstalt, Oberhausen

Die GHH verfügte seit 1864 über eine renommierte Brückenbauanstalt mit jahrzehntelanger Erfahrung, die durch den Kriegsbeginn größere Bauvorhaben in London, Argentinien, Kamerun und Deutsch-Ostafrika nicht mehr vollenden konnte.[619] Kriegszerstörte Brücken stellte der GHH Brückenbau in Belgien, Nordfrankreich und Russisch-Polen wieder her. Darüber hinaus wurden im Krieg die Arbeiten an den Rheinbrücken bei Rüdesheim und Wesel sowie der Neckarbrücke bei Mannheim erfolgreich beendet. An neuen Aufträgen erhielt der GHH Brückenbau die Beteiligung am Bau der Rheinbrücke bei Engers 1915–1917, an der auch die Gesellschaft Harkort beteiligt war. Zudem wurden Brücken über die Ruhr bei Oberhausen-Alstaden, über die Ourthe bei Lüttich sowie über die Memel bei Kowno und Mosty errichtet. Am bemerkenswertesten war jedoch der Bau einer Klappbrücke in Stockholm 1918.[620]

Dem GHH Brückenbau wurde im Ersten Weltkrieg die durchaus nicht einfache Aufgabe übertragen, die ursprüngliche gemauerte Eisenbahnbrücke in Anchamps mit fünf schiefen Gewölben und einer Spannweite von 165 m durch eine eingleisige Brücke zu ersetzen. Die Brücke führte in fast 20 m Höhe über die Maas und musste in das vorgefundene Gleisbett eingefügt werden, da starke Gleiskrümmungen und anschließende Tunnel folgten. Zwei von fünf Gewölben waren beschädigt stehengeblieben und mussten vom Tiefbauunternehmen Grün & Bilfinger AG gesprengt und abgetragen werden. Da die neue Brücke bis spätestens 6. März 1915 betriebsbereit

---

[617] Gesellschaft Harkort (Hg.): 75 Jahre.
[618] Bösenberg: Arbeiten, S. 513 f.
[619] Büchner: 125 Jahre, S. 54.
[620] Ebd., S. 54 f. Klappbrücke Stockholm s. Abbildung S. 217.

Am 14. April 1916 bedankte sich Generalfeldmarschall von Hindenburg bei den Bauarbeitern der GHH, um anschließend auf der von ihnen errichteten Memel-Brücke bei Kaunas/Kowno die letzte, zudem versilberte Schraube eigenhändig anzuziehen. Quelle: LVR-Industriemuseum Oberhausen.

sein sollte, kam ein Aufmauern der alten Pfeiler zum Aufsetzen von eisernen Trägern nicht in Frage. Statt fünf steinerne Bögen wählten die Bauingenieure nun 11 Blechträgeröffnungen mit 16,5 m Stützweite auf gerammten Eisenpfahlbündeln mit 5 m Breite. Zur Sicherung gegen Hochwasser und Eisgang wurden die Pfahlbündel mit Blechmänteln von 2 m Durchmesser umgeben und diese mit Beton ausgegossen. Neben dem technischen Problem des richtigen Rammens der Pfähle war die Logistik das größte Problem. Die Baumaterialen konnten per Bahn nur bis 30 km an die Baustelle gebracht und mussten von dort mit Lkw oder Schleppschiff weiterbefördert werden. Für den Schiffstransport waren eine Pionierbrücke zu ändern und zwei Maasschleusen zu reparieren, weshalb die ersten Schiffe mit den Pfählen und der Gerätschaft erst am 11. Februar 1915 die Baustelle erreichten. Trotz Tag- und Nachtarbeit mit Schichten von bis zu 17 Stunden, konnte die bis dahin verlorene Zeit nicht aufgeholt werden, zumal der Winter mit Schneetreiben, Frost und Eisgang die Bauarbeiten zusätzlich behinderte. Die schlechte Unterbringung der 70 Mitarbeiter im Weiler Anchamps mit unzureichender Verpflegung tat ihr Übriges. Auch die Logistik aus Oberhausen klappte nicht. Der letzte Bauzug mit Schwellen und dem Brückenbelag traf erst am 11. März 1915 am Umschlagort ein, 30 km entfernt von der Baustelle.

Die Bauarbeiten in Anchamps an sich stellten technische Herausforderungen dar. So erfolgte das Aufrichten der Pendeljoche und Brückenträger durch freien Vorbau. Die Probebelastung der Brücke fand 12 Tage später als geplant, am 18. März, statt und

15. Dienstleistung für das Militär | 275

Bau der Geultalbrücke im Freibauverfahren mittels Kran durch den GHH Brückenbau im Jahr 1916. Quelle: LVR-Industriemuseum.

war angesichts der technischen, logistischen und Witterungsprobleme noch immer eine Meisterleistung.[621]

Zu den technischen Meisterleistungen des GHH Brückenbaus zählte auch die Wiederherstellung der Memelbrücke bei Kowno/Kaunas. Die zaristischen Truppen hatten bei ihrem Rückzug zwei der vier Brückenöffnungen gesprengt. Dank einer von Pionieren errichteten hölzernen Notbrücke konnte bald nach der Einnahme von Kowno im August 1915 der Eisenbahnverkehr wieder aufgenommen werden. Da die hölzerne Brücke ein Engpass bei der Versorgung einer ganzen Armee darstellte, die bei Eisgang beschädigt oder gar zerstört werden konnte, erhielt die GHH im Oktober 1915 den Auftrag zur vollständigen Wiederherstellung der Brücke. Ein Eisstoß am 7. Januar 1916 zerstörte zwar nicht die Behelfsbrücke, aber eine 4 km flussaufwärts gelegene Straßenbrücke und zudem wurden zahlreiche Bauschiffe abgetrieben, aber auch gleichzeitig die Brückentrümmer weggeschwemmt, sodass entsprechende Aufräumarbeiten entfielen. Da der Eisenbahnnachschub weiterhin über die Behelfsbrücke lief, musste die GHH mit bis zu 250 Mann, darunter die Eisenbahnbaukompanie 33 und Kriegsgefangene, die Neukonstruktion um die alte Konstruktion herum bauen. Schon am 14. April 1916 konnte die neue Brücke durch den Oberbefehlshaber Ost, Generalfeldmarschall von Hindenburg feierlich eingeweiht werden, indem er die letzte versilberte Schraube eigenhändig einzog.[622]

Schon am 1. April 1916 begann der GHH Brückenbau mit der Montage der Geultalbrücke, einem 1.107 m langen Viadukt auf der Eisenbahnstrecke Aachen – Lüttich, dessen 22 Öffnungen am 1. November 1916 geschlossen waren.[623] Dass die Brücken-

[621] Bösenberg: Arbeiten, S. 263–265.
[622] Büchner: 125 Jahre, S. 55 f.
[623] Ebd., S. 55.

bauabteilung noch 1918 in Stockholm eine Klappbrücke errichtete, zeigt wie wichtig der GHH die schwedischen Erzlieferungen waren. 30 Prozent des Oberhausener Erzverbrauchs (s. Kapitel 12, dort auch Foto der Klappbrücke) kamen in 1917/18 aus Schweden. Dass solche Baumaßnahmen überhaupt noch möglich waren, in Stockholm dürften zahlreiche Einheimische mitgearbeitet haben, erstaunt, denn die Heeresverwaltung wünschte im Sommer 1917 die Rückkehr von 400 reklamierten Facharbeitern an die Front, vor allem aus dem Brückenbau in Sterkrade.[624]

C. H. Jucho, Dortmund

Das von dem Techniker und Konstrukteur Caspar Heinrich Jucho 1877 in Dortmund gegründete Unternehmen fertigte zunächst Eisenbahn- und Straßenbrücken, Drehscheiben für Eisenbahnen und später auch Fördergerüste für den Bergbau. Zu den besonders bekannten Bauwerken gehört die 1911 fertiggestellte zweigleisige Eisenbahnbrücke mit Schwebefähre über den heutigen Nord-Ostsee-Kanal bei Rendsburg, die mit 2.169 m fast ein Jahrhundert die längste Eisenbahnbrücke Europas war. Die eigentliche Kanalbrücke hatte die GHH gefertigt, während C. H. Jucho die beiden halbkreisförmigen Rampen als Gerüstpfeilerviadukt mit Blechträgerbrücken erstellte. Das Unternehmen Jucho wurde in der zweiten Generation von den Brüdern Heinrich und Max geführt.[625]

Weil die in einem eingeschränkten Wettbewerb 1915 von C. H. Jucho vorgeschlagene Errichtung der größten während des Kriegs zur Ausführung gelangten Straßenbrücke über die Weichsel die niedrigsten Herstellungskosten bei der kürzesten Bauzeit besaß, erhielt das Dortmunder Spezialunternehmen den Auftrag für die 640 m lange Brücke bei Plock, 100 km westlich von Warschau. Der Vorschlag der Dortmunder

Eine der im Bau befindlichen beiden halbkreisförmigen Rampen der Rendsburger Eisenbahnbrücke, gebaut 1912/13 von C. H. Jucho, mit dem betonierten Anschluss zur Erdaufschüttung. Quelle: C. H. Jucho (Hg.): Die Hochbrücke bei Rendsburg. Dortmund o. J., S. 31.

[624] Langer: Macht und Verantwortung, S. 103.
[625] Schaper: Fünfzigjährigen Bestehen, S. 437–439; Ritter: Spuren aus Stahl.

Titelblatt der Dissertation von Diplom-Ingenieur Heinrich Jucho: Die Selbstkosten-Berechnung im Eisenhoch- und Brückenbau, Dortmund 1917. Das Buch erlebte bis Kriegsende fünf Auflagen.

Ingenieure sah vor, das eigentlich tragende Brückenbauwerk in zwei Hälften auf den beiden Ufern zusammenzubauen und in Längsrichtung auf die Tragkonstruktion zu verschieben. Es waren also je 700 t über jeweils 320 m passgenau zu bewegen. Durch diese Baulösung konnten die Ingenieure auf den Bau von kostspieligen Gerüsten verzichten, zumal diese wegen des erwarteten winterlichen Eisgangs nicht zum Einsatz hätten kommen können. C. H. Jucho erhielt den Auftrag am 21. Oktober 1915. Am 3. November hatten die Dortmunder Fachleute die Grundlagen des Brückenbaus vor Ort soweit geklärt, um anschließend den eigentlichen Entwurf zu bearbeiten. Obwohl die Konstruktionsplanung sehr umfangreich war, konnten schon am 20. November 1915 die ersten Brückenteile in Dortmund auf die Bahn gebracht werden. Der Versand erfolgte bis Bromberg per Bahn und von dort per Schiff bis zur Baustelle auf der jeweiligen Uferseite. Da die Weichsel winterbedingt nur eingeschränkt schiffbar war, erreichten die Brückenteile erst am 5. Januar 1916 ihren Bestimmungsort, während die ersten Baumaschinen per Bahn schon Neujahr ihr Ziel erreichten. Zudem verzögerte der Frost den Bau der massiven Endbrückenlager. Die erste Brückenhälfte war am 18. März, die zweite am 25. März in ihrer endgültigen Position, sodass an diesem Tag auch der Stoß der Brücke geschlossen werden konnte. Die Verschiebearbeiten erfolgten ohne Seitenabweichungen bei einer Höhenabweichung von 7 cm, die innerhalb kurzer Zeit beseitigt war. Nachträglich wurde – wie beabsichtigt – eine spezielle Schifffahrtsöffnung in das Bauwerk eingearbeitet und die Brücke am 5. April ihrer Bestimmung übergeben. Eine weitere Straßenbrücke über die Weichsel errichtete die Firma Jucho bei Graudenz sowie über den Narew bei Lomza.[626]

Aufträge und Gewinne stiegen während des Kriegs, so dass C. H. Jucho im heutigen Dortmunder Vorort Wambel 1916 ein großes Fabrikgelände erwarb, auf dem sie nach und nach die Nietenfabrik, das Presswerk, die Verzinkerei, den Fensterbau, den Straßenmastenbau, die Montagewerkzeuge und das Eisenlager platzierte.[627] Dabei

---

[626] Schaper: Fünfzigjährigen Bestehen, S. 438.
[627] Ebd., S. 437.

brachte insbesondere Heinrich Jucho sein Interesse an Fragen der Rationalisierung und der Betriebswirtschaft in die Werksplanung ein, wozu sein Studium von US-amerikanischen Eisenbahnwerkstätten (1909) und die Nutzung dort entwickelter moderner Bearbeitungsmaschinen beitrugen. 1917 fasste er, der zu Beginn des Kriegs als Hauptmann d. R. in einem Feldartillerie-Regiment gedient hatte, seine Erkenntnisse in der Dissertation „Die Selbstkosten-Berechnung im Eisenhoch- und Brückenbau" zusammen, die er erfolgreich an der TH Hannover einreichte und die bis Kriegsende in fünf Auflagen erscheinen sollte.[628]

Die zu langsam reagierende Planwirtschaft der Militärs führte noch im Ersten Weltkrieg bei C. H. Jucho dazu, dass sich die Firma 1918 in ihrem Dortmunder Werk eine eigene Maschinenbau-Abteilung einrichtete, um die maschinellen Einrichtungen für bewegliche Brücken, für elektrische Krane, für fahrbare Rohstoff-Bunker, für Montagegeräte und für den Bedarf der anderen eigenen Abteilungen selbst fertigen zu können.[629]

Aug. Klönne, Dortmund

August Klönne, ein Bauernsohn aus Meschede, hatte sich 1879 – nachdem er seit 1873 die Gas- und Wasserwerke der Dortmunder Union geleitet hatte – mit einer eigenen Firma zum Bau von Gaswerksöfen selbstständig gemacht. Dank technischer Innovationen war er unternehmerisch sehr erfolgreich. Um über eine eigene Konstruktionsabteilung zu verfügen, erwarb er 1886 die Dortmunder Brückenbau AG (vorm. Karl Backhaus) und integrierte sie in sein Unternehmen. Seit 1890 baute Klönne Brücken und Eisenhochbauten wie Gas- und Wasserbehälter. Sein Unternehmen war auf zahlreichen Gebieten fortschrittlich, darunter auch im Brückenbau.[630] Die mittlerweile von den Söhnen, den Zwillingen Max und Moritz Klönne geleitete Firma errichtete 1914/15 eine ästhetisch ansprechende Brücke über die Gleisanlagen beim Bahnhof von Halle an der Saale mit einer Mittelöffnung von 127 m und einem Gesamtgewicht von 2.500 t.[631] Mit Beginn des Kriegs dienten die beiden Firmeninhaber als Kavalleristen aktiv an der Front; sie gehörten zu den ersten Eisenhüttenleuten, die mit dem Eisernen Kreuz II. Klasse ausgezeichnet wurden.[632]

Den Auftrag zum Neubau der von den zaristischen Truppen bei ihrem Rückzug im Herbst 1915 zerstörten Straßenbrücke über den Narew bei der damaligen Festung Ostrolenka erhielt die Firma Aug. Klönne Anfang Dezember 1915. Schon sechs Wochen nach Vertragsabschluss standen sämtliche benötigten Eisenteile auf Eisenbahnwaggons verladen bereit für den Transport nach Osten. Dort hatten sich witterungsbedingt die vorbereitenden Bauarbeiten verzögert; starker Eisgang verzögerte

---

[628] Ebd., S. 439, Gerstein: Jucho.
[629] Schaper: Fünfzigjährigen Bestehen.
[630] Gerstein: Klönne; Aug. Klönne: Klönne.
[631] Ebd., S. 41.
[632] Stremmel: Klönne; Stahl und Eisen 34 (1914), S. 1728.

1915 stellte Aug. Klönne, Dortmund, eine ästhetisch ansprechende Brücke beim Bahnhof Halle über die dortigen Gleisanlagen fertig. Quelle: Aug. Klönne (Hg.): Aug. Klönne Dortmund 1879–1929. Denkschrift zum Goldenen Jubiläum am 1. Juli 1929, Dortmund 1929, Abb. 24.

die Rammung der Pfähle. Interessanterweise waren diese aus Holz; sie sollten wohl nicht für die „Ewigkeit" halten. Als Begründung wurde gegeben: „Bei der kurzen zur Verfügung stehenden Zeit war es nicht möglich, die Pfeiler in massiver Bauweise auszuführen".[633] Vermutlich waren in der Kürze der Zeit eiserne gewalzte Träger nicht beschaffbar oder eventuell die Kosten dafür zu hoch, denn Aug. Klönne musste – im Gegensatz zur Dortmunder Union und zur GHH – ihr gesamtes Eisenmaterial auf dem Markt erwerben und konnte nicht wie die o. g. Firmen auf eigene Werksprodukte zurückgreifen. Die eiserne Brücke mit einem Gewicht von 400 t stellten die Dortmunder Fachleute dann in drei Wochen auf. Die Inbetriebnahme der Brücke fand termingerecht statt, obwohl die Firma die ursprünglich vorgesehenen geschraubten Verbindungen zumindest an den wichtigsten Stellen nachträglich nietete, vermutlich eine Schutzmaßnahme gegen Sabotage.[634] Noch im Krieg entschieden sich die Firmeninhaber, die Geschäftstätigkeit zu erweitern. Offensichtlich wollten sie die Kriegskonjunktur zur Expansion nutzen und gründeten am 25. Mai 1916 gemeinsam mit der Metallurgischen Gesellschaft mbH in Essen die Koksofenbau- und Gasverwertungs-AG (Kogag), Essen. Initiator der Gründung war der Ingenieur Hugo Schröder, ein ehemaliger Mitarbeiter der Kokereibaufirma Heinrich Koppers GmbH, Essen. Aber schon 1923 verkauften die Brüder Klönne ihren Geschäftsanteil an die Metallgesellschaft AG.[635]

---

[633] Bösenberg: Arbeiten, S. 363.
[634] Ebd., S. 362–364.
[635] Didier-Kogag Koksofenbau- und Gasverwertungs-AG: 25 Jahre; Ress: Geschichte, S. 422.

Fazit

Die hier beschriebenen Brückenbauten sind nur ein kleiner Ausschnitt aus der großen Anzahl von im Krieg für das Militär errichteten eisernen Brücken. Nicht nur die ersten Ersatzbrücken für die deutschen Truppen im besetzten Westen mussten unter schwierigen, vor allem Wetterbedingungen errichtet werden. Auch die späteren Ersatzbrücken errichteten die Brückenbauunternehmen meist bei schlechtem Wetter, nämlich im Winter, wenn die allgemeine Kriegstätigkeit nachließ, so dass der Bedarf an militärischem Nachschub zurückging und zusätzliches Material mit der Bahn transportiert werden konnte. Durch Umbaumaßnahmen auftretende Verkehrsstockungen fielen dann an der Front nicht so sehr ins Gewicht. Die Brückenbauanstalten des Ruhrgebiets waren an diesen militärischen Infrastrukturprojekten im Reich und in den besetzten Gebieten beteiligt, zum Teil sogar mit technisch anspruchsvollen Lösungen, die zudem in kurzer Zeit umgesetzt wurden. Auch nach dem Krieg florierten die hier beschriebenen Stahlbauunternehmen und konnten wie vor dem Krieg wieder weltweit Brücken bauen. Ihr Know-how war noch immer auf der ganzen Welt gefragt, auch wenn die verbauten Mengen Stahl nicht mehr der Vorkriegsleistung entsprachen, was zum Teil auch dem technischen Fortschritt zu leichteren und stabileren Konstruktionen geschuldet war.

16. ANLAGEN- UND MASCHINENBAU FÜR DIE RÜSTUNG

Zur Bewältigung der Munitionskrise im September 1914 wurden neben den bisher üblichen Pressgranaten auch Stahl- und Graugussgranaten produziert. Den bisherigen Geschossproduzenten und den neu hinzugekommenen Gießereien standen Roheisen und Stahl in ausreichenden Mengen zur Verfügung, aber es fehlten Bearbeitungsmaschinen zum Abdrehen der zusätzlich produzierten Rohlinge, weshalb beispielsweise Krupp im ersten Kriegsjahr 3,5 Mio. M in den Bau einer neuen Geschossdreherei VI und im dritten Kriegsjahr nochmals 7,1 Mio. M in eine neue Geschossdreherei VII investierte.[636] Über notwendige Drehbänke verfügten schon 1914 die staatlichen Eisenbahnreparaturwerkstätten sowie vor allem die zahlreichen großen, mittleren und kleinen Maschinenfabriken und zum Teil auch die Anlagenbauer. Sie wurden von den Rüstungsfirmen gezielt für die Bearbeitung eingesetzt bzw. bewarben sich aktiv um entsprechende Aufträge, da viele Fabriken unmittelbar nach der Mobilmachung mit Stornierungen und einer Auftragsflaute zu kämpfen hatten. So musste die Maschinenfabrik Thyssen in Mülheim/Ruhr nach Kriegsbeginn fertige und halbfertige „Waren" im Wert von 3 Mio. M auf Lager nehmen, die ursprünglich an Unternehmen im nun „feindlichen" Ausland hätten geliefert werden sollen.[637] Im Ruhrgebiet befanden sich zahlreiche selbstständige Maschinenfabriken, zu den größeren gehörten Wagner & Co., Maschinenfabrik Deutschland AG sowie Gewerkschaft Schüchtermann & Kremer, alle in Dortmund, die Maschinenfabrik Thyssen & Co. AG in Mülheim/Ruhr, die Gewerkschaft Orange in Gelsenkirchen, die Deutsche Maschinenfabrik AG mit ihren drei Werken in Benrath bei Düsseldorf, Wetter und Duisburg, wobei das Duisburger Werk vornehmlich Dampfhämmer, Pressen und Scheren, Bergwerksmaschinen sowie schwere Ketten fabrizierte,[638] sowie das 1911 gegründete Werk Wanheim der MAN, das nicht nur den regionalen Markt des bayerischen Unternehmens an Großgasmaschinen bedienen sollte. Darüber hinaus verfügten etliche größere Montanunternehmen über eigene Maschinenbauanstalten wie z. B. die Werke Friedrich Wilhelms-Hütte und Dortmunder Union von Deutsch-Lux oder rechtlich verselbstständigt im Thyssen-Konzern mit der Maschinenfabrik Thyssen AG. Die 1873 von Friedrich Grillo als Schalker Verein für Kesselfabrikation gegründete Gesellschaft firmiert ab 1879 als Gewerkschaft Orange, Fabrik für Dampfkessel und Eisenkonstruktionen in Gelsenkirchen. Über ihre Kriegsarbeit ist bisher nichts bekannt.[639] Sie fertigte nicht nur Eisenbahn-, Fußgänger- und Straßenbrücken, sondern auch Kessel, Druckgefäße sowie Apparate für die chemische Industrie und

---

636 Burchardt: Kriegsgewinne und Kriegskosten, S. 105 f.
637 Geschäftsbericht der Maschinenfabrik Thyssen & Co. AG, 1914, Exemplar vorhanden in: tkA.
638 Wessel: Kontinuität, S. 443.
639 Matschoß: Jahrhundert, S. 289–293.

für Zuckerfabriken. Sie alle, aber auch viele kleine und mittelgroße Maschinenfabriken übernahmen kriegsbedingte Aufträge und fertigten, d. h. drehten Granaten ab; manche von ihnen produzierten im Laufe der Zeit auch noch andere Rüstungsgüter bzw. andere kriegswichtige Teile, z. B. Geschützrohre. Um den Erfahrungsaustausch, aber auch die Preisabsprachen unter den zum Teil neuen Marktteilnehmern zu fördern, gründeten 1916 der VdEh z. T. zusammen mit dem Verein Deutscher Maschinenbau-Anstalten die Vereinigung der Pressgeschosswerke und die Vereinigung der Geschützrohre bearbeitenden Werke (s. Kapitel 5 und 6).

Zu den mittelgroßen Maschinenbauanstalten, die nach Beginn des Kriegs aufgrund ihres Bestandes an Bearbeitungsmaschinen auch zur Munitionsbearbeitung eingesetzt wurden, gehörte die Firma H. Flottmann & Comp. in Herne, ursprünglich eine Maschinen- und Dampfkessel-Armaturenfabrik mit eigener Metallgießerei, die sich zu einem Bergbauzulieferer mit Schwerpunkt Bohrhämmer entwickelt hatte. Die Produktion von Gesteinsbohrern war schon vor 1900 aufgenommen worden und sollte im Krieg ausgebaut werden. Seit Oktober 1914 lieferte Flottmann auch Granaten an die staatliche Geschossfabrik Siegburg.[640] 1917 arbeiteten über 1.400 Menschen in der Herner Fabrik, da der Bergbau, sowohl auf Kohle als auch auf Erz, zu den Schwachstellen der deutschen Kriegswirtschaft gehörte. Die Förderleistung der einzelnen Hauer, auch angelernter Kriegsgefangener, sollte durch Mechanisierung erhöht werden, z. B. durch Schüttelrutschen, Kohlenseparation, mechanischem Wagenumlauf und Bohrhämmer. Noch waren jedoch kaum Abbauhämmer in Gebrauch. 1917 erwarb Heinrich Flottmann den Zulieferbetrieb Maschinenbau-AG vorm. Heinrich Rockstroh & Comp. in Marktredwitz im Bezirk Bayreuth, um sich beim Bezug von Drucklufterzeugern unabhängig zu machen, denn der vermehrte Einsatz von Bohrhämmern scheiterte oft an fehlender Kompressorleistung.[641] Gleichzeitig wandelte er seine bisherige Kommanditgesellschaft in die Maschinenbau-AG Heinrich Flottmann & Comp. mit Sitz weiterhin in Herne um. Die Firma warb nun mit „Bohrhämmern, Schüttelrutschen, Kompressoren und Pressluftanlagen [!]" als ihren Produkten.[642] Der Firma Flottmann gelang offensichtlich der Spagat zwischen Granatenherstellung und Fortführung ihrer bisherigen Produktion, während andere Maschinenfabriken ihre Werkstätten so sehr mit der Granatenherstellung auslasteten, dass sie kaum zusätzliche Maschinen, z. B. Drehbänke, Pressen u. a., anfertigen konnten, als diese ab Ende 1915 dringend für die Ausweitung der Rüstungsfertigung benötigt wurden. Vermutlich lag das Ablehnen mancher Aufträge auch an fehlenden Facharbeitern.

Zu denjenigen Anlagenbauern, die aufgrund ihres Maschinenparks nicht besonders für die Rüstungsfertigung geeignet waren, zählte die in Oberhausen ansässige, 1898 gegründete Deutsche Babcock & Wilcox-Dampfkessel-Werke AG. Sie änderte ihr Fertigungsprogramm nur unwesentlich, da im Krieg auch weiterhin Dampfkessel-

---

[640] Erwähnt im Schreiben Zweckverband Deutscher Stahlgießereien an seine Mitglieder vom 27.07.1915, Abschrift in: SIT FWH/1375, ohne namentliche Nennung der staatlichen Geschossfabrik Siegburg.
[641] Burghardt: Mechanisierung, S. 196 f.
[642] Brinkmann: Geschichte, S. 56 f.; Anzeigenwerbung s. S. 173 in diesem Band.

Für ein Gruppenbild stellte sich die Belegschaft der Schmiede der Flottmann & Comp. in Herne 1916 auf, darunter in der ersten Reihe gut sichtbar 15 Frauen, meist in weißer Arbeitskleidung. Quelle: Emschertal-Museum, Herne.

anlagen benötigt wurden. Allerdings musste sie eine wichtige Bezugsquelle umstellen. Aus Kostengründen hatte sie bis Kriegsbeginn das Pressen der Sektionskammern in Wellenform bei ihrer britischen Namensgeberin vornehmen lassen und musste sich nun notgedrungen eine eigene Schmiedepresse anschaffen.

Da im Krieg die Dampfkesselanlagen nicht mehr gleichmäßig mit guter Kohle betrieben werden konnten, kam es wegen unzureichender Verbrennung zu Temperaturschwankungen und oftmals höheren Dampftemperaturen, welche die Maschinenanlagen beschädigten. Zur leichteren und sicheren Regelung der Dampftemperatur führten die Babcock-Werke daher 1917 mit Erfolg den von ihnen entwickelten Heißdampfregler ein.[643] Diese kriegsbedingte Innovation war eine technische Verbesserung auch für die Nachkriegszeit.

Zu den während des Kriegs vernachlässigten Arbeitsgebieten gehört der Gasturbinenbau. Zwar hatte die Maschinenfabrik Thyssen & Co. AG schon 1912 Hans Holzwarth von der Firma Gebr. Körting, Hannover, abgeworben und als Oberingenieur eingestellt, um die Gasturbinen weiterzuentwickeln. Während des Kriegs wurden die Versuche, u. a. zur Schaffung einer für den Dauerbetrieb geeigneten Schaufelform mit entsprechneder Befestigung sowie zur Steigerung des Lade- und Explosionsdrucks durch geeignete Düsenform, jedoch mangels Material und Mitarbeitern zurückgestellt. Unmittelbar nach Kriegsende am 12. Dezember 1918 legte Holzwarth, der noch zuvor die Wahl zum Arbeiterrat bei seiner Firma geleitet hatte, eine Studie zum Bau einer 12.000 kW-Gasturbine vor, in der er bewusst auf das derzeitige ökonomische Umfeld hinwies, um so seinen Arbeiten mehr Bedeutung zu verleihen. Im Dezember 1919 führte die Maschinenfabrik Thyssen zusammen mit der Eisenbahndirektion Ber-

---

[643] Deutsche Babcock & Wilcox-Dampfkessel-Werke AG: 1898–1948, S. 20 f.

284 | 16. Anlagen- und Maschinenbau für die Rüstung

Die wenige Monate vor Kriegsbeginn fertiggestellte 1.000-PS-Versuchsgasturbine von Holzwarth der Maschinenfabrik Thyssen. Während des Kriegs ruhten die Arbeiten an der Holzwarth-Gasturbine, wurden aber unmittelbar nach Kriegsende von Hans Holzwarth fortgeführt, ca. 1918. Quelle: Holzwarth, Hans: Die Entwicklung der Holzwarth-Gasturbine seit 1914, in: Zeitschrift des Vereins Deutscher Ingenieure vom 28.02.1920, S. 197.

lin Versuche durch, weil letztere an einer kostengünstigen Energieerzeugung zur Elektrifizierung ihrer Bahnstrecken interessiert war. Aurel Stodola, Professor für Maschinenbau und Maschinenkonstruktion am Eidgenössischen Polytechnikum in Zürich, einer der herausragenden Fachleute auf dem Gebiet der Dampf- und Gasturbinen, setzte große Hoffnungen auf die Thyssen-Holzwarth-Turbine, jedoch erreichte Holzwarths Turbine nicht die industrielle Reife; Holzwarth verließ 1923 die Maschinenfabrik Thyssen und gründete 1925 seine eigene Firma Holzwarth-Gasturbinen GmbH in Oberhausen.[644]

Zu den großen klassischen Maschinenbauanstalten zählte die Maschinenfabrik Deutschland in Dortmund. Sie befand sich seit 1911 im Eigentum der Eisen- und Stahlwerk Hoesch AG. Die Firma war 1872 von dem Lokomotivbauer Albert Borsig, dem Vorstandsvorsitzenden des Bochumer Vereins für Bergbau und Gussstahlfabrikation Louis Baare, dem Essener Bankier Gustav Waldthausen und dem Kölner Unternehmer Jean Maria Heimann, zugleich Aufsichtsratsvorsitzender des Bochumer Vereins, der in die Kölner Familie Farina eingeheiratet hatte, zusammen mit dem Obermaschinenmeister der Köln-Mindener Eisenbahn Julius Weidtmann als zukünftigen Generaldirektor gegründet worden. Sie sollte Werkzeugmaschinen und Spezialmaschinen für Eisenbahnwerkstätten fertigen, aber auch Weichen, Drehscheiben, Schiebebühnen u. a. m. für den Eisenbahnverkehr bauen. Weidtmann, bis 1882 erster Generaldirektor des Unternehmens, hatte zunächst die 1856/57 gegründete Brückenbauanstalt der Köln-Mindener Eisenbahn am Dortmunder Bahnhof geleitet und war als Schwiegersohn des Apothekers Heinrich Ruhfus in das Dortmunder Bürgertum aufgestiegen.[645] Das Unternehmen selbst rühmte sich nicht, im Weltkrieg besondere Rüstungsgüter

---

[644] Stodola: Dampf- und Gasturbinen, S. 1026–1039; Holzwarth: Entwicklung; Studie von Hans Holzwarth vom 12.12.1918, in: tkA A/1071; Pudor: Lebensbilder Jahrgang 1952–1954, S. 62–64; Rasch: Auch beim Bau, S. 216.

[645] Horstmann: Weidtmann. Die Ehe mit einer Tochter des Apothekers Ruhfus lässt sich nicht nachweisen.

16. Anlagen- und Maschinenbau für die Rüstung | 285

gefertigt zu haben.[646] Vermutlich war der Schwermaschinenbau nicht auf die Granatenfertigung umgerüstet worden, sondern hatte weiterhin Schiebebühnen, Weichen etc. gefertigt, die an der Front bei Schmalspurbahnen, sogenannten Feldbahnen, und in den besetzten Gebieten zur Instandsetzung zerstörten Anlagen benötigt wurden, also durchaus kriegswichtig waren.

Zum Schwermaschinenbau zählte auch die Firma Wagner & Co. in Dortmund, 1865 von sauerländischen, rheinischen und britischen Kapitalgebern gegründet, um anfangs kleine Drehbänke, Hobel- und Bohrmaschinen zu fertigen. Ihr erster Leiter Heinrich Oskar Wagner hatte den Maschinenbau in seiner Geburtsstadt Kassel beim Lokomotiv- und Maschinenbauer Henschel & Sohn sowie seit 1858 bei der innovativen Maschinenfabrik Johannes Zimmermann in Chemnitz gelernt. Er sollte das Unternehmen, das mehrfach seine Rechtsform (KGaA, oHG, GmbH) wechselte, bis 1916 – zuletzt als Geschäftsführer – leiten. In jenem Jahr übernahm Deutsch-Lux das Unternehmen, dessen Schwermaschinenbau kriegsbedingt nicht ausgelastet war, um dort Geschützrohre abdrehen zu lassen. Da Hugo Stinnes damals seinen Konzern zu einem bedeutenden Rüstungslieferanten umgestalten wollte, war er an zusätzlicher Maschinenbaukapazität im Raum Dortmund interessiert. Mit Kriegsbeginn waren der Maschinenfabrik Wagner & Co. die Exportmöglichkeiten weggebrochen, weshalb sich die Firma zunächst um die Granatenproduktion bemühte. Ab 1916 kam auch die Bearbeitung von Geschütz- und Mantelrohren hinzu, z. T. unter Einsatz von Frauen und französischen und russischen Kriegsgefangenen.[647] Innerhalb von 15 Monaten sollte sich für Deutsch-Lux der Erwerb für 1 Mio. M rentieren, obwohl 1917 noch zusätzlich 668.500 M in die Erneuerung des Maschinenparks von Wagner & Co. investiert wurden. Der Konzern besaß nun ein weiteres Siemens-Martin-Stahlwerk mit einer Monatskapazität von 4.500 t. Stinnes Idee, einen eigenen Rüstungskonzern zu gründen, blieb eine Vision, auch wenn er mehrere Rüstungsfertigungen im Raum Dortmund konzentrierte.[648]

Für die im Ruhrgebiet gelegenen Rüstungsfirmen stellte die notwendigen hydraulischen Pressen vornehmlich die MAN Werk Duisburg [-Wanheim] nach Plänen des Konstruktionsbüros der Eduard Schloemann GmbH in Düsseldorf her. Aufgrund der Arbeitsgemeinschaft zwischen MAN und der Firma Schloemann lieferte das Werk Wanheim während des Kriegs mehrere Hundert dieser Pressen, gefertigt u. a. von Frauen und Kriegsgefangenen. Als nach Kriegsbeginn der Export von Großgasmaschinen wegfiel, wurde die eigene Giesserei mit Ersatzaufträgen aus der Hüttenindustrie, den Walzwerken und dem Bergbau beschäftigt. Da das Werk 1917 zusätzlich den Bau von Kranen und kleineren Eisenkonstruktionen aufnahm, wurden diese Konstruktionspläne nicht mehr im Hauptwerk Nürnberg der MAN gefertigt, sondern in einem kleinen eigenen technischen Büro. In dieser Zeit warb Henschel & Sohn den Werks-

---

[646] Maschinenfabrik Deutschland AG (Hg.): 1872–1952. Auf S. 35 heißt es: „Der unglückliche Ausgang dieses Kriegs berührte die MFD nicht unmittelbar, da sie nicht zu den Rüstungsbetrieben zählte."
[647] tkA Hoesch-Archiv F/Alb/Hoe/1.
[648] Nachruf Heinrich Oswald Wagner in: ZVDI 62 (1918), S. 620; Pfisterer: Maschinenbau, S. 293–299; Feldman: Hugo Stinnes, S. 421 ff.

Blick auf die Werksanlagen der Maschinenfabrik Wagner & Co. in Dortmund, vor 1920. Quelle: thyssenkrupp Corporate Archives.

leiter Dr.-Ing. Richard Fichtner ab, der eigentlich in Wanheim neben dem Großgasmaschinenbau eine Lokomotivfertigung hatte aufziehen sollen und der nach dem Krieg in Kassel den Nutzfahrzeugbau begründete.[649] Die MAN verhandelte 1916 mit dem Münchner Lokomotivhersteller J. A. Maffei AG vergeblich über den Lokomotivbau.[650]

Zu denjenigen Anlagenbauern, die mit Kriegsbeginn ihre Selbstständigkeit verloren, weil sie selbst zu den Soldaten einberufen wurden, zählte Friedrich Uhde, der nach dem Krieg (1921) in [Dortmund-] Bövinghausen ein bald europaweit tätiges Unternehmen zum Bau chemischer Anlagen gründen sollte. Uhde hatte 1914 unmittelbar vor dem Krieg ein eigenes Unternehmen zum Bau chemischer Anlagen in Elberfeld gegründet, nachdem er zuvor bei dem Kokereianlagenbauer Dr. C. Otto & Comp, in Bochum über die Kokereinebenproduktengewinnung gearbeitet hatte und dann von dieser Firma mit der Leitung der Nebenproduktengewinnungsanlagen der Gewerkschaft Lothringen betraut worden war. Dort wurde ab 1907 das Ostwaldsche Verfahren zur Salpetersäuregewinnung technisch erprobt. Unter Mithilfe des im Dezember 1914 von der Front zurückberufenen Ingenieurs Uhde entstand eine industrielle Salpetersäureanlage, die 1916 wesentlich erweitert und in die Chemische Werke Lothringen GmbH umgegründet wurde und die in den ersten Kriegsmonaten wesentlich zur Produktion von Sprengstoff beitrug (s. Kapitel 3).[651]

---

[649] Typoskript Eisenwerk Wanheim GmbH, o. D. in: tkA EW/2, S. 8–10, 23. Ein ähnliches, aber ausführlicheres Typoskript in: ebd., EW/10.
[650] Bähr: MAN, S. 224.
[651] Rasch: Kohlechemie im Revier, S. 13; ders.: Uhde.

16. Anlagen- und Maschinenbau für die Rüstung | 287

Die Kokereibauer – alle bedeutenden Firmen Deutschlands hatten ihren Firmensitz im Ruhrgebiet (Dr. C. Otto & Comp., Bochum; F. J. Collin AG, Dortmund; Heinrich Koppers GmbH, Essen und Carl Still, Recklinghausen) – hatten erst in der zweiten Hälfte des Kriegs mehr oder minder eine Vollbeschäftigung ihrer mittlerweile durch den Krieg dezimierten Belegschaft, als es um die vermehrte Gewinnung von Nebenprodukten auf Kokereien, städtischen Gaswerken und bei den Gaserzeugern der Stahlwerke ging. Seit 1915 musste jede erneut in Betrieb genommene Kokerei über Nebengewinnungsanlagen verfügen, wollte sie eine amtliche Betriebserlaubnis erhalten (s. Kapitel 4). Für seine Verdienste um die Kokereitechnik verlieh die RWTH Aachen Carl Still 1918 die Ehrendoktorwürde. Ihm war nämlich 1915 gelungen, die chemischen und physikalischen Grundlagen des Ammoniakwaschverfahrens zu klären. Seine diesbezüglichen Publikationen förderten die theoretisch-physikalische Durchdringung von Problemen der bisher empirisch betriebenen Kokereitechnik. Der Autodidakt Still wandte dafür Rudolf Clausius' kinetische Gastheorie an und benutzte zur Ableitung Bernoullische Gleichungen ebenso wie Lagrangesche Integrale für Variationsprobleme.[652] Auch das Militär ehrte die Leistungen des Maschinenbaus, so erhielt der Generaldirektor der Deutsche Maschinenfabrik AG Wolfgang Reuter 1918 das Eiserne Kreuz II. Klasse am weiß-schwarzen Band für Heimatverdienste verliehen.[653]

Das sogenannte Hindenburg-Programm überforderte ab 1916 auch den Maschinen- und Anlagenbau. Allein Krupp benötigte für seine neuen Kanonen- und Lafettenwerkstätten rund 3.900 Werkzeugmaschinen, z. T. schwerster Bauart, und für die Geschossdreherei nochmals 1.150 Stück, weshalb sie nicht nur die gesamte deutsche Werkzeugmaschinen-Industrie in Anspruch nahm, sondern auch die eigenen Reparaturwerkstätten zum Neubau von Maschinen bzw. zur Anpassung von demontierten Kranen und anderen Anlagen aus den besetzten Gebieten an die eigenen Gegebenheiten einsetzte. Allein die Reparaturwerkstatt II baute während des Kriegs 836 Werkzeugmaschinen. Die Kesselschmieden fertigten einen Großteil der für das Hindenburg-Programm benötigten Dampfkessel. Die Mitarbeiterzahl der Reparaturwerkstätten stieg im Laufe des Kriegs von 1.500 auf 2.800 an.[654]

Im Maschinenbau stand seit Kriegsbeginn aufgrund seiner Werkzeugmaschinen vor allem die Geschossbearbeitung im Vordergrund, sodass nicht sofort entsprechende Kapazitäten und Mitarbeiter für den Bau von Bearbeitungsmaschinen verfügbar waren. Da der deutsche Maschinenbau mit den ab Sommer 1916 angestrebten Produktionssteigerungen nicht mehr die dafür notwendigen Maschinen in ausreichender Zahl liefern konnte, wurden vermehrt die besetzten Gebiete nach Anlagen und Maschinen durchsucht und ausgeplündert. Das im Kriegsamt zuständige Waffen- und Munitionsbeschaffungsamt (Wumba) richtete im März 1917 beim VdEh in Düsseldorf die „Wumba-Zweigstelle für die Vermittlung von Hüttenanlagen aus den besetzten Gebieten" ein.[655] Für ihre Produktionserweiterung erhielten alle Ruhr-Unterneh-

---

[652] Rasch: Still.
[653] Stahl und Eisen 38 (1918) vom 15.08.1918.
[654] Berdrow: Krupp im Weltkrieg, S. 135 f.
[655] Protokoll der VdEh-Vorstandssitzung am 03.04.1917, in: SIT FWH/1571.

288 | 16. Anlagen- und Maschinenbau für die Rüstung

Die Demontage von Hallen in den besetzten Gebieten erfolgte sowohl von Heer und Industrie als auch von speziellen Abbaukompanien der Fliegertruppe, die u. a. in Valenciennes stationiert waren. Die Fliegertruppe verwendete die unterschiedlich großen Stahlwerkshallen zum Unterstand und zur Reparatur ihrer Flugzeuge, baute aber auch Hallen ab für die Kaiserliche Werft und die Industrie. Sie setzte dabei u. a. russische Kriegsgefangene ein. Im Vordergrund verladen Kriegsgefangene Eisenteile, dabei von einem Soldaten (links) und zwei Zivilisten (rechts) beobachtet. Im Hintergrund lösen andere Kriegsgefangene in luftiger Höhe Binder, ca. 1917. Quelle: Stiftung zur Industriegeschichte Thyssen.

men – aber nicht nur diese – Maschinen und Anlagen aus den besetzten Gebieten angeboten, damit sie so schneller ihre Rüstungsproduktion erhöhen konnten. Die Firma Krupp erhielt für ihre „Hindenburg-Werkstätten" schon im Februar 1917 eine 2.500-t-Presse eines deutschen Herstellers aus Douai/Nordfrankreich, im November 1917 folgte noch eine 3.000-t-Presse,[656] dadurch stieg die Leistung der großen Pressen bei Krupp von 64.000 t/a im letzten Friedensjahr auf 102.000 t/a im vierten Kriegsjahr. Ab 1917 wies der VdEh die Behörden auch auf den Verschleiß der in Deutschland vorhandenen Anlagen und Maschinen sowie ihren rechtzeitigen Ersatz hin, denn auch hierfür mussten Produktionskapazitäten bereitgestellt bzw. die besetzten Gebiete weiter ausgeplündert werden.[657]

[656] Berdrow: Krupp im Weltkrieg, S. 178.
[657] Stahl und Eisen 38 (1918), S. 377.

16. Anlagen- und Maschinenbau für die Rüstung | 289

Die Bedeutung der [Leder-]Riemen für den Maschinenantrieb zeigt dieser Blick in die Geschossdreherei von Deutsch-Lux, Werk Dortmunder Union vor 1918. Noch war ein elektrischer Einzelantrieb für „kleinere" Maschinen nicht der Standard. Dampfmaschinen – z. T. auch große Elektromotoren – trieben die langen eisernen Wellen aus Stahl = Transmissionen an, von denen mittels Riemen die Rotationsenergie abgegriffen wurde. Die Arbeitsmaschinen waren deshalb in Reihe aufgestellt. Die Größe der Riemenscheiben bestimmte die Umdrehungsgeschwindigkeit. Quelle: thyssenkrupp Corporate Archives.

Im Zusammenhang mit der Ausbeutung der besetzten Gebiete wäre interessant zu erfahren, ob beispielsweise die belgische Société Métallurgique de Sambre et Moselle, Montigny-sur-Sambre, von dem Anlagenabbau verschont blieb, war doch August Thyssen an ihr hauptsächlich beteiligt. Im Frühjahr 1918 wurden zwar das alte Walzwerk, die Feineisenstraße und das Blechwerk demontiert und die Hälfte des Walzenbestandes abtransportiert, aber mit Hinweis auf den deutschen Eigentümer blieben zunächst die Hochöfen, die Kokerei, das Stahlwerk und zwei schwere Walzenstraßen mit den dazugehörigen Maschinen verschont.[658] Vermutlich hing das Verhalten der Militär- und Zivilbehörden von der Bedeutung und dem Einfluss des Eigentümers auf Militär und Politik ab.

---

[658] Rasch: August Thyssen, S. 54, 95. Aktennotiz Fritz Thyssen vom 30.04.1918, Abschrift in tkA A/712/2.

290 | 16. Anlagen- und Maschinenbau für die Rüstung

Lederriemen wurden im Laufe des Kriegs ein Mangelgut, mit dem man sparsam umgehen sollte. (Die Ersatzprodukte entsprachen nicht den Anforderungen.) Deshalb rief das Plakat von 1916 zum entsprechenden Verhalten auf. Quelle: montan.dok.

Nicht nur die besetzten Gebiete wurden für die deutsche Rüstungsindustrie ausgebeutet, sondern auch deutsche Firmen, die aufgrund mangelnder Kriegswichtigkeit stillgelegt worden waren. Dies betraf insbesondere die Beschlagnahme von Transmissions-Riemen in stillgelegten Fabriken, für die 1917 eigens eine „Rheinisch-Westfälische Riemenbeschaffungsgesellschaft mbH" gegründet wurde, da es an geeignetem Leder mangelte, um mehrere Arbeitsmaschinen gleichzeitig über eine Transmissionswelle von nur einer Antriebsmaschine (Elektromotor, Dampfmaschine) antreiben zu lassen. Der allgemeine Ledermangel führte u. a. dazu, dass Holzschuhe als Arbeitsschuhe genutzt wurden, und zwar nicht nur in Heißbetrieben, wo dies zusätzliche Arbeitssicherheit gegen heiße Schlackespritzer bedeutete. Zusätzlich zur Riemenbeschaffungsgesellschaft richteten VdEh, Bergbau-Verein und Nordwestliche Gruppe des Vereins deutscher Eisen- und Stahlindustrieller die „Beratungsstelle 13 a für Riemenfreigabe" für das rheinisch-westfälische Industriegebiet ein, da die als Ersatz zur Verfügung stehenden Riemen keinen Zuspruch fanden. Die Verbände dezentralisier-

16. Anlagen- und Maschinenbau für die Rüstung | 291

ten damit die Arbeit des in Berlin ansässigen Kriegsamts und deren nachgeordneten Organisationen, um sie zu beschleunigen.[659] Nutznießer der Maßnahmen war auch der regionale Maschinenbau.

Aus der kriegsbedingten Arbeit des VdEh-Walzwerksausschusses, an der zahlreiche Unternehmen aus dem Ruhrgebiet mitarbeiteten und die über den ursprünglichen Bereich des Walzwerks hinaus weitere Bereiche des automatisierten Hüttenbetriebs umfasste, entstand im Frühjahr 1919 zusätzlich die Maschinenkommission im VdEh, in der Maschinen- und Anlagenbau mit den Eisen- und Stahlunternehmen zusammenarbeiteten.[660]

Fazit

Der deutsche Maschinenbau erlangte im Krieg einen nicht erwarteten Bedeutungszuwachs. Bereits 1915 waren zwischen 1.400 und 1.700 Maschinenbauunternehmen an Kriegslieferungen beteiligt, entsprechend stieg der Einfluss des Vereins deutscher Maschinenbau-Anstalten (VdMA), der nicht nur zwischen Staat/Militär und Unternehmen vermittelte, sondern auch unter den einzelnen Unternehmen (Unterlieferanten etc.). Schon wenige Wochen nach Kriegsbeginn gelang es dem Hauptgeschäftsführer Friedrich Frölich, den benötigten Transportraum zur Verfügung gestellt zu bekommen, um den 1913 gefassten Beschluss eines Umzugs der Geschäftsstelle der VdMA von Düsseldorf nach Berlin umzusetzen. Dies war auch ein äußeres Zeichen, sich von der bisherigen Dominanz der Schwerindustrie zu lösen. Die Anzahl der Mitgliedsunternehmen stieg von 246 (1. Januar 1914) auf 814 (31. Dezember 1918). Unter dem Leiter des Grusonwerks, Vorstandsmitglied der Fried. Krupp AG, Kurt Sorge, der den VdMA von 1915 bis 1920 leitete, stieg der Einfluss des Verbands auf Politik und Militär, zumal 1916 die führenden deutschen Maschinenbauunternehmen der Elektroindustrie, die AEG und die Siemens-Schuckertwerke GmbH mit ihrem Großmaschinenbau dem Verband beitraten.[661] Zudem wurde Sorge im gleichen Jahr Chef des technischen Stabs im Kriegsamt, um den notwendigen Erfahrungsaustausch unter den betreffenden Werken zu verbessern.[662] Im gleichen Jahr gründete der VdMA zusammen mit dem VdEh eine Vereinigung der Geschützrohre bearbeitenden Werke (s. Kapitel 6).[663]

Der Maschinen- und Anlagenbau des Ruhrgebiets arbeitete sofort in der Kriegsproduktion mit, zunächst in der Geschoss- und ab 1916 auch in der Geschützrohrfertigung. Beteiligt waren kleine, mittlere und große Unternehmen. Während einige expandierten, verloren andere ihre Selbstständigkeit wie Wagner & Co. oder Friedrich Uhde, der eingezogen wurde und seine Firma schließen musste, dann aber freigestellt

---

[659] Stahl und Eisen 37 (1917), S. 257; 38 (1918), S. 376; Petersen, Otto: Aus den Kriegsaufgaben des VdEh im Jahre 1917, S. 5 f., in: SIT FWH/1579; Przigoda: Unternehmensverbände, S. 359–363.
[660] Stahl und Eisen 39 (1919), S. 558.
[661] Pohl, Markner: Verbandsgeschichte, S. 330–338.
[662] S. Anhang 26.1.
[663] Besprechungsprotokolle in: WWA F3/311.

in einer kriegswichtigen Fabrik arbeitete. Andere hingegen wie das Werk Wanheim der MAN verloren wichtige Mitarbeiter an Mitbewerber, da sie ihre Ausbaupläne kriegsbedingt nicht weiterverfolgen konnten. Der Krieg unterbrach den technischen Fortschritt, z. B. beim Gasturbinenbau (Holzwarth), konnte ihn aber auch hinsichtlich wissenschaftlicher oder betriebswirtschaftlicher Erkenntnisse (Kokereitechnik) sowie technischer Entwicklungen (Babcock-Werke: Heißdampfregler) fördern.

Da der Maschinen- und Anlagenbau die an ihn gestellten hohen Forderungen des Hindenburg-Programms hinsichtlich der Fertigung von Maschinen und Anlagen nicht erfüllen konnte, ihre Maschinen und Arbeitskräfte waren in anderen kriegswichtigen Fertigungen eingebunden und konnten nicht so schnell für das Hindenburg-Programm freigestellt werden, kam es nicht nur bei den größeren Unternehmen zum Aufbau eigener Reparaturbetriebe sowie eigener Maschinenabteilungen, z. T. unterstützt durch den VdEh und seinen Walzwerksausschuss, der sich allen Bereichen des automatisierten Hüttenbetriebes annahm. Zusätzlich beutete Deutschland die besetzten Gebiete aus: Maschinen, Hallen und ganze Anlagen wurden in das Reichsgebiet transloziert. Der VdEh stellte Personal und Räumlichkeiten für die im März 1917 beim VdEh in Düsseldorf errichtete „Wumba-Zweigstelle für die Vermittlung von Hüttenanlagen aus den besetzten Gebieten". Auch die Maschinen- und Anlagenbauer im Ruhrgebiet profitierten hiervon. Der zu Beginn des Kriegs auf deutscher Seite noch vorhandene Respekt vor dem Privateigentum an Unternehmen und ihren Anlagen ging hinsichtlich ausländischer Eigentümer in den besetzten Gebieten – aber auch in Deutschland (de Wendel, s. Kapitel 12) – bei etlichen gänzlich verloren.

17. ERSATZSTOFFFORSCHUNG UND ANDERE FORSCHUNGSAKTIVITÄTEN

Die Spitzenforschung war in Preußen auf Berlin konzentriert, auch wenn es in den einzelnen Provinzen durchaus renommierte Universitäten gab. Außerdem war das Deutsche Reich ein Bundesstaat, dessen souveräne Länder im Bereich der Wissenschaften miteinander konkurrierten (München, Leipzig, Karlsruhe, Stuttgart, Heidelberg etc.). Im Ruhrgebiet gab es vor dem Ersten Weltkrieg keine Universitäten oder Hochschulen. Zwar hatte die Dortmunder Industrie zusammen mit der Stadt von 1905 bis 1909 Anstrengungen unternommen, um Dortmund zum Sitz einer TH werden zu lassen. Den Bemühungen war jedoch kein Erfolg beschieden.[664] Zusätzlich zu den nahezu zeitgleichen preußischen Gründungen von Technischen Hochschulen in Westpreußen (Danzig 1904) und Schlesien (Breslau 1910) wurde keine in Westfalen errichtet. Die Technische Hochschule in Aachen fungierte weiterhin als rheinisch-westfälische. Jedoch hatte die 1911 gegründete Kaiser-Wilhelm-Gesellschaft zur Förderung der Wissenschaften, die bisher ihre Institute auf Berlin-Dahlem konzentrierte, 1912 beschlossen, eines ihrer neuen, anwendungsnahen Institute nach Mülheim/Ruhr zu legen. Die Gründungsinitiative ging von dem Mülheimer Montanindustriellen Hugo Stinnes aus, der als einflussreicher Aktionär des RWE nach neuen Wegen zur direkten Verstromung der Kohle suchte und dafür als Gemeinschaftsprojekt der rheinisch-westfälischen Montanindustrie die Wissenschaft nutzen wollte, dies aber nicht offen kommunizierte. Vier Tage vor Kriegsbeginn wurde das Kaiser-Wilhelm-Institut für Kohlenforschung (KWI) in Mülheim/Ruhr eröffnet.[665] Es konnte seine ursprüngliche Forschungsaufgabe zunächst nicht verfolgen, da zahlreiche Mitarbeiter ihrer Wehrpflicht nachkamen und das Institutskuratorium angesichts der aktuellen kriegswirtschaftlichen Probleme Deutschlands andere Arbeitsschwerpunkte setzte. Die ausbleibenden Rohstoffimporte mussten substituiert werden. Diese Art Forschung wird oft als Ersatzstoffforschung und die eventuell gewonnenen Produkte werden als Ersatzstoffe bezeichnet. Die mit den Begriffen Ersatz verbundene Bewertung als minderwertig ist jedoch nicht unbedingt zutreffend. Ersatzstoffe können sowohl minder- als auch gleich- oder höherwertig sein. Die Ersatzstoffforschung zeigt andere Wege zu gleichen oder ähnlichen Produkten auf, diese können kostspieliger aber auch preiswerter sein. Sie gehen meistens von heimischen Rohstoffen bzw. Halbfabrikaten aus. In der Regel trifft jedoch zu, dass Ersatzstoffe – entwickelt in ökonomischen Aus-

---

[664] Reininghaus: Der lange Weg; Langenberg: Universität Dortmund; Rasch: Wissenslandschaft, S. 400–402.
[665] Rasch: Vorgeschichte; ders.: Kohlenforschung.

nahmesituationen – nicht auf einem freien Markt bestehen können, was nicht nur von der Käufermentalität, sondern auch von Preis und Qualität abhängen kann.[666]

Angesichts des Sprengstoffmangels und einer zurückgehenden Koksproduktion – damit einhergehend ein Rückgang der Nebenproduktgewinnung (Ammoniak, Benzol, s. Kapitel 11) – begutachtete das Kohlenforschungsinstitut die vorhandenen Möglichkeiten der Stickstoffgewinnung bei der BASF in Mannheim und auf der Zeche Gewerkschaft Lothringen bei Bochum sowie zusätzlich andere Gewinnungsverfahren (s. Kapitel 3). Aber schon 1915 rückte angesichts des deutschen Mineralölmangels die Gewinnung flüssiger Treib- und Schmierstoffe aus Kohle in den Vordergrund der Mülheimer Forschungsaktivitäten (s. Kapitel 4). Der Institutsdirektor Franz Fischer und seine Mitarbeiter studierten die Verkokung aller deutschen Kohlesorten bei niedrigen Temperaturen, um optimale Ausbeuten an flüssigen Kohlenwasserstoffen zu gewinnen und entwickelten ein industriell anwendbares kontinuierliches Schwelverfahren in einer Trommel. Das Verfahren nannte Franz Fischer Tiefentemperaturverkokung[667] bzw. Urteerschwelung. Die Modifikation des Verfahrens für Gaserzeuger – wie sie z. B. in der Stahlindustrie gebräuchlich waren – wurde nicht nur von Franz Fischer im Institut sondern auch – unter Umgehung der erfinderischen Leistung des Patentinhabers und zu zahlender Lizenzgebühren – von der Maschinenfabrik Thyssen verfolgt. Letztere hatte – vermutlich über ihren Namensgeber August Thyssen als Mitglied des Institutskuratoriums – frühzeitig von den neuen Entwicklungen Kenntnis erhalten und diese in den industriellen Maßstab umgesetzt.[668] Die Einführung des Thyssen'schen Generators, der durch Zusatz großer Mengen von Wasserdampf auch Ammoniak in beachtlichen Quantitäten gewinnen konnte, scheiterte im Krieg vor allem am Stahlmangel, da für den Thyssen'schen Tieftemperaturteergenerator ein Neubau notwendig war, während sich bereits vorhandene Gaserzeuger nach dem vom Konkurrenten, der Maschinenfabrik Ehrhardt & Sehmer in Saarbrücken, angewandten Verfahren umrüsten ließen. Die im Thyssen'schen Drehofen gewonnenen, phenolhaltigen Tieftemperaturteerfraktionen eigneten sich sogar für den Betrieb von Verbrennungsmotoren, wie Franz Fischer mit einer 900 km langen Probefahrt während des Kriegs im Auftrag der Inspektion der Kraftfahrtruppen bewies.[669]

Franz Fischer entwickelte im Krieg mehrere industriell interessante Verfahren im Labormaßstab und war – gegen entsprechende Honorierung – auch willens, Unternehmen bei der industriellen Umsetzung seiner Erfindungen zu beraten, doch ausschließlich technische Aufgaben zu übernehmen, dazu waren er und sein Mentor

---

[666] Einen Überblick bietet Vaupel: Ersatzstoffe.
[667] Das Attribut tief ist im Sinne von niedrig gemeint, um das Verfahren von der üblichen Verkokung der Kohle bei hohen Temperaturen (über 1.000 °C) zur Gewinnung von Koks für hüttenmännische Prozesse oder zur Gewinnung von Stadt- oder Generatorgas als Energiequelle abzugrenzen. Die Tieftemperaturverkokung bzw. Schwelung fand bei 400–600 °C statt, um größere Mengen höherer Kohlenwasserstoffe, sogenannte Ur- oder Tieftemperaturteere, zu erzielen. Der dabei gewonnene Halbkoks war jedoch für hüttenmännische Prozesse nicht geeignet.
[668] Rasch: Geschichte Kaiser-Wilhelm-Institut für Kohlenforschung, S. 74–80.
[669] Ebd., S. 80, ausführlicher dargestellt in diesem Buch, Kapitel 4.

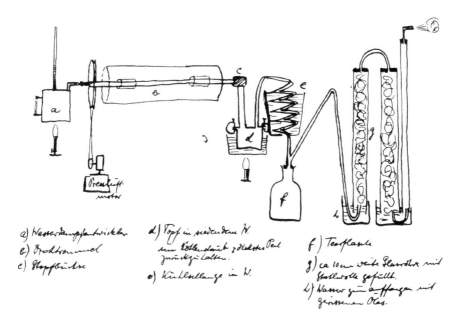

Schematische Darstellung der Drehtrommel von Wilhelm Gluud in seinem Laborjournal aus dem Jahr 1916. Quelle: Max-Planck-Institut für Kohlenforschung, Archiv.

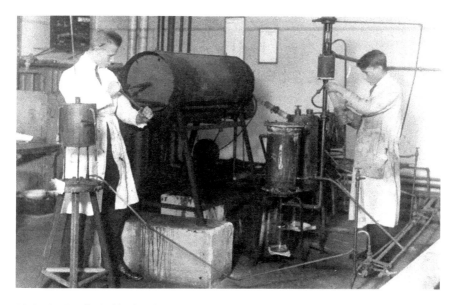

Die im Institut für Kohlenforschung entwickelte Drehtrommel zur Tieftemperaturverkokung der Kohle, um 1918. Quelle: Max-Planck-Institut für Kohlenforschung, Archiv.

Emil Fischer für das Kohlenforschungsinstitut bzw. für die Kaiser-Wilhelm-Gesellschaft nicht bereit. Damit unterschieden sie sich deutlich von Fritz Haber, der sein Berliner Kaiser-Wilhelm-Institut für physikalische Chemie und Elektrochemie ganz in den Dienst des Heeres stellte, es dem Militär sogar unterstellte und angewandte Kriegsforschung betrieb. Die bald über 1.000 Mitarbeiter dieses Instituts entwickelten sowohl neue tödliche Giftgaskampfstoffe als auch die entsprechenden Gegenmaßnahmen in Form von Gasmasken und Impfstoffen. Das Kaiser-Wilhelm-Institut für Kohlenforschung hingegen lehnte 1916 den Bau einer Versuchskokerei auf dem Institutsgelände und den Einsatz von Mitarbeitern für diese anwendungsorientierte Aufgabe ab.[670] Der daraufhin vom Generaldirektor der Phoenix AG Wilhelm Beukenberg im Sommer 1916 gemachte Vorschlag, „eine Versuchsanstalt für die Verarbeitung von Kohle [zu] errichten", nahm erst im Sommer 1918 Gestalt an. Als Friedrich Häusser der Phoenix AG eine Beteiligung an seiner Versuchsanlage zur Gewinnung atmosphärischen Stickstoffs anbot, wurde die Idee von 1916 wieder aufgegriffen unter dem Aspekt, ein weiteres Vordringen der chemischen Industrie in die bisherige Domäne der Bergbaugesellschaften mit ihrer Nebenproduktengewinnung zu verhindern. Die neuen Rohstoffersatzverfahren für Stickstoff (BASF) und Benzin bzw. Benzol (Th. Goldschmidt AG) bedrohten die Rentabilität der Kokereien. Die in der Nichtigkeitsklage des Kokerei-Anlagenbauers Carl Still gegen die BASF und das Haber'sche Ammoniakpatent zusammengeschlossenen Firmen wollten in der neuen Gesellschaft das Häusser'sche Verfahren weiterentwickeln, das auf den Kokereien gewonnene Ammonsalpeter modifizieren, damit es weniger Feuchtigkeit aufnahm, Schwefel aus Kokereigas gewinnen und eine „Patentabwehrstelle" einrichten zur Verteidigung ihrer chemischen Interessen. Diese anwendungsorientierten Aufgaben sollte die Gesellschaft für Kohlentechnik bearbeiten, die – im Gegensatz zum KWI für Kohlenforschung – ausschließlich auf Montanunternehmen des rheinisch-westfälischen Industriebezirks beschränkt wurde, um so die unerwünschte Beteiligung chemischer Unternehmen zu vermeiden (s. Kapitel 3). Nicht nur die Gesellschaft für Kohlentechnik machte dem KWI für Kohlenforschung wissenschaftliche Konkurrenz. Während des Kriegs wurden in Berlin, Halle/Saale und Freiberg spezielle Institute zur Braunkohlenforschung errichtet, in Berlin und Wien entstanden zudem forschungsfördernde und koordinierende Gesellschaften auf dem Gebiet der Brenn- und Kraftstoffe und in Breslau ein weiteres Kaiser-Wilhelm-Institut, das Schlesische Kohlenforschungsinstitut, dessen Forschungsrichtung jedoch mit dem Mülheimer abgestimmt war.[671]

Hugo Stinnes gab nicht nur den Anstoß zur Gründung des Kaiser-Wilhelm-Instituts für Kohlenforschung, sondern baute im Krieg auch sehr bewusst die chemischen Interessen seiner Unternehmen aus. Damit unterschied er sich von den meisten Bergbauunternehmern, die chemische Laboratorien nur zur Überwachung ihrer Produktion von Kohle, Koks und Nebenprodukten unterhielten, nicht aber z. B. nach neuen Teer-

---

[670] Ebd., S. 97.
[671] Ebd., S. 92 f.; Rasch: Das Schlesische Kohlenforschungsinstitut.

Im Krieg verfügte das KWI für Kohlenforschung nur über einen Direktor und fünf Chemiker sowie mehrere Hilfskräfte, Aufnahme Weihnachten 1918. Quelle: Max-Planck-Institut für Kohlenforschung, Archiv.

inhaltsstoffen oder neuen Anwendungsmöglichkeiten ihrer Produkte suchten.[672] Erst mit der Gründung der Gesellschaft für Kohlentechnik, im mittlerweile fünften Kriegsjahr, beabsichtigten sie dies. Dagegen hatte Hugo Stinnes schon zum 1. Januar 1916 den bisherigen Abteilungsvorsteher des Kohlenforschungsinstituts Prof. Dr. Siegfried Hilpert[673] verpflichtet, um die in den Stinnes-Unternehmen genutzten industriellen Verfahren auf wissenschaftlicher Basis zu optimieren.[674] Genau ein Jahr später ge-

[672] Eine Ausnahme stellt die 1905 gegründete Gesellschaft für Teerverwertung dar. Sie wird weiter unten behandelt.
[673] Siegfried Hilpert (18.03.1883–03.03.1951), Chemiestudium 1902–1905 Berlin, Promotion 1905 ebd., 1905–1907 Privatassistent von Emil Fischer, 1909 Habilitation für Metallurgie und anorganische Chemie an der TH Berlin, bis 1914 Privatdozent ebd., April 1914–31.12.1915 Abteilungsvorsteher am Kaiser-Wilhelm-Institut für Kohlenforschung, 1914 Verleihung des Prädikats Professor, TH Berlin, ab 1916 Industrietätigkeit für Hugo Stinnes und die Deutsch-Luxemburgische Bergwerks- und Hütten-AG. 1921–1926 Vorsteher und später Generaldirektor der Koholyt AG (Königsberger Zellstoffabrik, Stinnes-Gruppe), 1922–1930 Honorarprofessor TH Berlin, 1930–1940 o. Prof. für Chemische Technologie an der TH Braunschweig als Nachfolger von Ernst Terres; da sich Hilpert bei Kriegsbeginn in Frankreich aufhielt und sich nicht umgehend nach Deutschland begab, wurde er vom Dienst suspendiert, wegen Landesverrats zum Tode verurteilt, 1940–1945 inhaftiert, lehnte er 1945 einen Ruf auf seinen alten Lehrstuhl ab und wanderte in die USA aus. Freundliche Auskunft des Archivs der TH Braunschweig. Einen Überblick über seine früheren Arbeiten gibt Poggendorff: Biographisch-literarisches Handwörterbuch, S. 539 f.
[674] Rasch: Geschichte Kaiser-Wilhelm-Institut für Kohlenforschung, S. 98.

lang es Stinnes zudem, Alfred Pott von der Firma Dr. C. Otto & Comp, abzuwerben. Zum 1. Januar 1917 wechselte Pott zur Hauptverwaltung der Stinnes-Zechen, wo er allein verantwortlich war für die Kokereibetriebe und die wissenschaftliche Überwachung der Zechenlaboratorien des Stinnes-Konzerns. Aus diesen entwickelte er 1919 die Chemische Versuchsanstalt der Stinnes-Zechen. Zu den ersten Aufgaben Potts im neuen Unternehmen gehörte die Modifikation der Wassergas- bzw. Kraftgaserzeugung[675] auf der Zechenkokerei Mathias Stinnes III/IV in Gladbeck bei Essen. Unter den damaligen kriegswirtschaftlichen Gegebenheiten sollten neben Kraftgas Ammoniak und Tieftemperaturteer in größtmöglichen Quantitäten zur Fortführung des Kriegs gewonnen werden. Eine von der Firma Dellwik-Fleischer-Wassergas-Gesellschaft, Frankfurt/Main, in Wien betriebene kleine Versuchsanlage nach dem Trigas-Verfahren diente als Vorbild für eine unter Potts Leitung in Zusammenarbeit mit der MAN um den Faktor 10 vergrößerte und mit Drehrosten ausgestattet Anlage in [Essen-]Karnap. Der erste Generator nahm am 6. April 1918 seinen Dauerbetrieb auf. Wegen der stark backenden und blähenden Gasflammkohle der Schachtanlage Mathias Stinnes musste rheinische Rohbraunkohle im Verhältnis 3:1 zugesetzt werden. Das technisch durchaus befriedigende Verfahren erzielte jedoch nicht die notwendige Rentabilität. Wie viele Zeitgenossen hielt auch Alfred Pott das Schwelverfahren zunächst für ein großtechnisch rentabel durchführbares Kohlenveredelungsverfahren, dass er nicht ausschließlich als Rohstoffersatzverfahren der Kriegszeit sah, zumal es im Gegensatz zur Kohlenhydrierung nach Bergius apparativ nicht anspruchsvoll war. Doch das Hauptprodukt Schwelkoks war – erst recht in Friedenszeiten – schwer absetzbar und belastete die Rentabilität aller Schwelverfahren.[676]

Die rheinisch-westfälischen Bergbauunternehmen besaßen lange Zeit keine eigenen Forschungslaboratorien, nur das 1869 gegründete Laboratorium der Westfälischen Berggewerkschaftskasse übernahm Aufgaben der Gemeinschaftsforschung, hauptsächlich beschränkt auf Fragen der Analytik.[677] Auch die seit 1890 in Essen ansässige chemische Fabrik Th. Goldschmidt AG besaß lange Zeit ein solches nicht, obwohl mittlerweile zwei akademisch ausgebildete Chemiker als Eigentümerunternehmer die 1847 in Berlin gegründete Firma leiteten. Erst mit der Berufung von Friedrich Bergius zum Forschungsleiter zum 1. Januar 1914 richtete das Unternehmen ein wissenschaftliches Laboratorium – neben dem Privatlaboratorium von Hans Goldschmidt – ein. Dazu wurde ein ursprünglich zweigeschossiger Fabrikbau, dessen Neubau die Firma 1913 beantragt hatte, kurzerhand um drei Geschosse erhöht und das Dach-

---

[675] Als Wassergas wurde das aus Kohlenstoff bzw. kohlenstoffhaltigen, in Deutschland vornehmlich aus festen Brennstoffen und Wasserdampf bei Temperaturen von mehr als 500 °C entstehende brennbare Gas bezeichnet. Unter Kraftgasen wurden speziell jene durch unvollkommene Verbrennung fester Brennstoffe in Luft oder in Luft und Wasserdampf oder in Luft und Kohlendioxid (Rauchgase) erzeugten, brennbare Gase verstanden.
[676] Rasch: Alfred Pott, S. 282–284.
[677] Ihr erster Leiter war der Chemiker Fritz Muck (1837–1891), der sich durch Publikationen und praktische Versuche um die Steinkohlenchemie verdient gemacht hatte, s. Schunder: Lehre und Forschung.

17. Ersatzstoffforschung und andere Forschungsaktivitäten | 299

Außenansicht von Südosten Th. Goldschmidt AG, Werk Essen, 1920er-Jahre. Das 1913 errichtete Fabrikgebäude (Hintergrund links) wurde 1914 für Laborzwecke sowie für den Klein- und Versuchsbetrieb umgebaut. Dort forschten u. a. Friedrich Bergius und seine Mitarbeiter. Quelle: Evonik Services GmbH, Konzernarchiv.

geschoss zum Labor ausgebaut.[678] Bis dahin hatte sich die Th. Goldschmidt AG mit Bergius' Privatlabor in Hannover beholfen. Nun wurden in Essen die Arbeiten des hannoverschen Privatgelehrten fortgesetzt. Mit Kriegsbeginn fiel der Import von gebrauchten Konservendosen zur Entzinnung weg, weshalb das Essener Unternehmen neue Arbeitsgebiete suchte. Da die Firma Goldschmidt seit Jahren mit dem seit April 1916 in München lehrenden Chemie-Professor und späteren Nobelpreisträger Richard Willstätter zusammenarbeitete, nahmen Friedrich Bergius und der schwedische Chemiker Dr. Erik Hägglund 1916 dessen Arbeiten zur Holzhydrolyse als zusätzliches Arbeitsgebiet in Essen auf. Angesichts des Lebensmittelmangels schien die Holzverzuckerung eine Möglichkeit, neue Lebensmittelquellen für die hungerleidende Bevölkerung zu erschließen. Neben der direkten Gewinnung von Zucker für den menschlichen Genuss dürfte vielleicht auch schon an die Gewinnung von Futtermittel für die Schweinemast gedacht worden sein, wie sie Friedrich Bergius zumindest seit den 1920er-Jahren propagierte. Mit konzentrierter Salzsäure wollte man den Zellstoff des Holzes aufschließen und so das Holz zu 65 Prozent in Stärkezucker umwandeln, um in weiteren Schritten Futter- oder Nahrungsmittel sowie Spiritus herzustellen.

---

[678] Der Antrag auf den Neubau eines Fabrikgebäudes war bereits am 02.04.1913 gestellt und am 05.06.1913 von den zuständigen Behörden genehmigt worden. Die Erhöhung um drei Stockwerke und ein Dachgeschoss wurde am 28.08.1913 gestellt, siehe StA Essen 143/3713.

17. Ersatzstoffforschung und andere Forschungsaktivitäten

Innenansicht des von Friedrich Bergius genutzten Essener Laboratoriums der Th. Goldschmidt AG, 1914. Quelle: Evonik Services GmbH, Konzernarchiv.

Große Mengen Abfallholz hätten so dem Nahrungsmittelkreislauf zugeführt werden können. Doch bis Kriegsende gelang es nicht, ein technisch einwandfreies Verfahren zu entwickeln. U. a. stellte die Abtrennung der Salzsäure ein Problem dar, weshalb Bergius – zumindest seit den 1920er-Jahren – an die Erzeugung von Futtermitteln anstelle von Nahrungsmitteln für den menschlichen Genuss dachte.[679]

Ein anderes Gebiet der von der Th. Goldschmidt AG betriebenen Kriegsforschung war die Gewinnung von Glykol als Ersatz für Glycerin. Glykol sollte das für die Munitionsfertigung wichtige Glycerin ersetzen. Bergius wollte aus Ethanol Ethylen gewinnen, daraus dann Ethylenchlorhydrin und aus diesem wiederum Glykol. Da die chemische Fabrik Goldschmidt keinen Zugriff auf Kokereigas besaß, zog man die Isolation von Ethylen aus Kokereigas nicht in Betracht. Die Goldschmidt'sche Ethylenchemie sollte auf Ethanol aus Spiritus aufbauen, der wiederum aus dem Nahrungs- und Futtermittel Kartoffel gewonnen wurde und kriegsbedingt äußerst knapp war. Das so gewonnene Ethylen besaß – im Gegensatz zum Kokerei-Ethylen – jedoch den Vorteil, nicht durch Katalysatorgifte verunreinigt zu sein. Auch diese Forschungen unterstanden in der Kriegszeit zunächst Friedrich Bergius. Sie konnten jedoch – trotz zahlreicher optimistischer Äußerungen des zuständigen Forschungsleiters – nicht industriell umgesetzt werden, obwohl die Th. Goldschmidt AG entsprechende Zusagen

[679] Rasch: Bergius.

gemacht hatte und Lieferverträge mit dem Kriegsministerium eingegangen war. Erst nach dem Krieg gelang die industrielle Produktion. Während die Th. Goldschmidt AG ihr Produkt Tego-Glykol nannte, brachte die IG Farbenindustrie ihr Frostschutzmittel unter dem Namen Glysantin auf den Markt. Es wurde seit 1930 aus Kokereigas hergestellt in der Chemischen Fabrik Holten GmbH, einem Gemeinschaftsunternehmen von Th. Goldschmidt AG, Ruhrchemie AG und IG Farbenindustrie AG.[680]

Über ein durchaus beachtliches Forschungslaboratorium verfügte die 1905 gegründete Gesellschaft für Teerverwertung (GfT) in Meiderich bei Duisburg. Zur Weiterverarbeitung (Destillation) des in seinen Kokereien anfallenden Teers hatten August Thyssen und sein Sohn Fritz zusammen mit sieben anderen Montanunternehmen dieses Gemeinschaftsunternehmen gegründet. Da größere Teerdestillationen rationeller arbeiteten als die schon existierenden kleinen der Rütgerswerke AG in Rauxel (gegründet 1898) sowie der Gewerkschaften Lothringen und König Ludwig (beide 1900) sprach sich Thyssen für eine Zentraldestillation als Gemeinschaftsunternehmen aus, das die Weiterverarbeitungsgewinne den eigenen Unternehmen zugutekommen lassen sollte, denn Teer war ein gesuchter Rohstoff, nicht nur für die Teerfarben- und Pharmaindustrie, denn nur so ließen sich die lediglich in geringen Mengen vorhandenen, aber wertvollen Bestandteile des Teers wie Anthracen, Phenol und Kresol rentabel gewinnen.

Als ersten Generaldirektor der GfT hatte August Thyssen der Rütgerswerke AG in Erkner bei Berlin den Pharmazeuten und Chemiker Dr. Adolf Spilker[681] abgeworben. Dieser war an chemischen Fragen sehr interessiert und wollte den Teer nicht nur destillieren und die daraus gewonnenen Produkte verkaufen, sondern die ungewöhnlich zahlreichen Teerinhaltsstoffe erforschen und die daraus gewonnenen Destillate weiter veredeln. Deshalb hatte er neben den vermeintlich großzügig bemessenen Fabrikationsanlagen und einer repräsentativen Direktorvilla mit Tennisplatz auch ein in der damaligen Zeit ungewöhnlich großes wissenschaftliches Laboratorium errichten lassen. Auch wenn die GfT nicht ein Gemeinschaftsunternehmen des gesamten Ruhrbergbaus wurde, die unterschiedlichen Interessenlagen der Montanunternehmen verhinderten dies, so schlossen sich im Laufe weniger Jahre immer mehr Firmen der GfT an, sodass schon vor dem Ersten Weltkrieg die Werksanlagen in Meiderich durch Anlagen in Alsdorf bei Aachen (1909/10) und Rauxel (1911/12) erweitert wurden. Zudem errichteten immer mehr Kokereien Nebenproduktgewinnungsanlagen, wodurch immer größere Mengen Teer anfielen. Die damit verbundenen ungewöhnlichen Gewinne erlaubten eine großzügige chemische Forschung, zumal den Forschungsaktivitäten beachtliche Erfolge beschieden waren. Im Laufe der Zeit sollten in diesen Meiderischer Laboratorien die meisten Teerinhaltsstoffe überhaupt entdeckt werden. Vor dem Ersten Weltkrieg isolierten Chemiker dort beispielsweise spezielle Cumaronharze zur Kunststofferzeugung (Bakelit) und erforschten Kautschuk-Synthesen aus Butadien als Ersatz für Naturkautschuk.[682] Eine erste technisch anwend-

---

[680] Ebd.; Vaupel: Ersatzstoffe, S. 42–44; Rasch: Kohlechemie, S. 124–128.
[681] Rasch: Spilker (2010); ders.: Dr. Adolf Spilker (1990).
[682] Rasch: August Thyssen, S. 71 f.

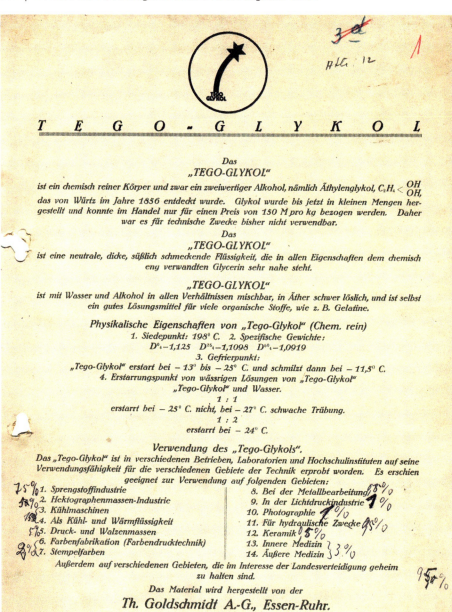

Werbung für das von der Th. Goldschmidt AG erzeugte Glykol aus den 1920er-Jahren mit handschriftlichen Notizen zu den Verbrauchern. Die im Krieg begonnenen Forschungen führten erst nach Friedensschluss zum industriellen Erfolg, dennoch war die Sprengstoffindustrie mit 75 Prozent noch immer der Hauptabnehmer. Quelle: Evonik Services GmbH, Konzernarchiv.

bare Methyl-Kautschuk-Synthese wurde jedoch nicht in Meiderich, sondern bei den Elberfelder Farbenfabriken vorm. Friedrich Bayer & Co. schon vor dem Ersten Weltkrieg entwickelt, wo der Pharmazeut und Organische Chemiker Fritz Hofmann wirkte. Er sollte 1918 – auf Empfehlung von Emil Fischer und mit Zustimmung von Franz Fischer – zum Direktor des Schlesischen Kohlenforschungsinstituts der Kaiser-Wilhelm-Gesellschaft berufen werden.[683] Während des Kriegs gelang es unter Leitung Spilkers in Meiderich, viskose Teeröle für Schmierzwecke, die sogenannten „Meiderole" zu erzeugen, während die Farbwerke Bayer ab 1915 bis Kriegsende etwa 1.600 t Methyl-Kautschuk zu nicht marktgängigen Preisen synthetisierten.[684]

Zu denjenigen Erfindungen, die im Krieg im Ruhrgebiet entwickelt, aber erst nach dem Krieg in die industrielle Technik eingeführt wurden, gehört die Beobachtung von Jegor Isidor Bronn, Chefchemiker der Rombacher Hüttenwerke in Rombach/Lothringen. Er hatte 1914 entdeckt, dass man nicht nur Luft, sondern allgemein Gasgemische unter Tiefkühlung in ihre Bestandteile zerlegen kann. Am 22. April 1914 hatte die Concordia Bergbau AG, Oberhausen, den gesamten Bergwerksbetrieb und die Verwaltung ihres Vermögens auf die Rombacher Hüttenwerke AG übertragen, die deshalb ab 1917 in Oberhausen experimentierte, durch Tiefkühlung unter Druck alle Bestandteile des Koksofengases zu verflüssigen und nur den Wasserstoff in Gasform zu belassen. Aber erst 1921, nach dem Vermögensverlust in Lothringen, errichtete sie eine erste technische Versuchsanlage auf der Schachtanlage 4/5, um das Verfahren in Kooperation mit der Gesellschaft für Linde's Eismaschinen zur technischen Reife zu entwickeln, denn die Stickstoff-Werke, die im Ruhrgebiet in Konkurrenz zum Haber-Bosch-Verfahren in den 1920er-Jahren entstanden, benötigten Wasserstoff. Aber auch die Methan-Gewinnung als Treibstoff war von Interesse. Die Bronn'sche Entdeckung erhielt schließlich den technischen Namen Rombach-Linde-Bronn- bzw. Concordia-Linde-Bronn-Verfahren.[685]

Mit mehr Forschungslaboratorien als der Bergbau und mit durchaus renommierten Forschern ausgestattet war die Stahlindustrie des Ruhrgebiets. 1911 besaßen mindestens acht Hüttenwerke an der Ruhr ein größeres chemisches Laboratorium.[686] Seit Beginn des 20. Jahrhunderts lässt sich ein Wandel von der Empirie zur wissenschaftlichen Fundierung der Eisen- und Stahlindustrie feststellen. In dieser Zeit setzte auch die Entwicklung legierter Stähle in Deutschland ein, die in kurzer Zeit immer größere Bedeutung gewann und dabei die Verwissenschaftlichung des Eisenhütten-

---

[683] Hofmann: Friedrich (Fritz) Hofmann; Rasch: Die Montanindustrie; ders.: Das Schlesische Kohlenforschungsinstitut.
[684] Plumpe: IG Farbenindustrie, S. 572.
[685] Ress: Kokereitechnik, S. 581; Gebhardt: Ruhrbergbau, S. 104; Rasch: Kohlechemie, S. 16. Ein Foto der Kokerei Concordia, die das Verfahren einsetzte, befindet sich in Kapitel 11.
[686] Corleis: Bericht gibt die Teilnehmer der ersten Sitzung des Chemiker-Ausschusses an; im Ruhrgebiet ansässige Firmen waren u. a. Fried. Krupp, GHH, Rheinische Stahlwerke, GBAG, Abteilung Schalker Verein, Eisen- und Stahlwerk Hoesch, Friedrich-Alfred-Hütte (Krupp), Henrichshütte (Henschel), Gewerkschaft Deutscher Kaiser. Vermutlich besaßen noch weitere Hüttenwerke ein chemisches Laboratorium.

prozesses förderte. Neben den renommierten Lehrstühlen für Eisenhüttenkunde in Aachen, Berlin und seit 1910 in Breslau, die der Staat Preußen mit Hilfe großer Industriespenden schon unmittelbar vor dem Ersten Weltkrieg mit gut ausgestatteten Gebäuden versehen hatte, leisteten sich auch die Stahlunternehmen selbst zusätzlich wissenschaftliche Laboratorien, die nicht mehr ausschließlich zur Betriebsüberwachung dienten. Ein Vorreiter war die Firma Krupp. Deren Firmeninhaber Alfred Krupp und anschließend sein Sohn Friedrich Alfred versuchten mit wissenschaftlichen Kriterien, das Gebiet der Eisenhüttenkunde zu durchdringen. Alfred Krupp errichtete 1862 eine Probieranstalt zur mechanischen Werkstoffprüfung und ein Jahr später ein davon unabhängiges chemisches Laboratorium, für das es am Polytechnikum Karlsruhe ein Vorbild gab, von wo auch der erste Leiter Karl Gerstner stammte. 1909 nahm die Fried. Krupp AG in Essen das großzügig ausgestattete Forschungsgebäude mit 11.000 qm Nutzfläche in Betrieb, in welchem sie sowohl ihr chemisches Laboratorium als auch die physikalische Abteilung unterbrachte. Seit 1899 leitete der Physiker Benno Strauß die physikalische Abteilung. Ihm war zusammen mit seinem Mitarbeiter, dem Physikochemiker Eduard Maurer, 1912 die Entdeckung des nichtrostenden Stahls (Nirosta, V2A) gelungen. Es dauerte jedoch noch einige Jahre, bis ein industriell durchführbarer, betriebssicherer Herstellungsprozess entwickelt war. Die Erfindung des nichtrostenden Stahls lag damals in der Luft, da ein deutlicher Bedarf für ihn bestand. Deshalb verwundert es auch nicht, dass sowohl in Großbritannien, Österreich als auch den USA entsprechende Entdeckungen bzw. Erfindungen – sogenannte Parallelerfindungen – gemacht wurden. Der Firma Krupp – Benno Strauß und Eduard Maurer – gebührt jedoch das Verdienst, die erste gewesen zu sein. Schon 1914, unmittelbar vor dem Krieg, wurden erste Produkte und Stahlproben auf der Baltischen Ausstellung in Malmö gezeigt.[687] Im September 1914 wies Gustav Krupp von Bohlen und Halbach Emil Fischer im Zusammenhang mit dem Stickstoffmangel auf den neuen Werkstoff hin, der beim Einsatz für das Haber-Bosch-Verfahren enorme Vorteile gewährte.[688]

Auch die anderen rheinisch-westfälischen Stahlwerke richteten sich beachtliche Forschungsanstalten ein, so z. B. 1912/13 das Werk Dortmunder Union von Deutsch-Lux in Dortmund, aus der in den 1930er-Jahren die rechtlich verselbstständigte Kohle- und Eisenforschung GmbH, Dortmund, hervorgehen sollte. Schon 1904 hatten sich die Rheinischen Stahlwerke ein neues Laboratorium in [Duisburg-]Meiderich nach dem Vorbild des chemischen Laboratoriums des berühmten Professor Ernst Beckmann von der Universität Leipzig eingerichtet. Die Gründung räumlich abgetrennter, gut ausgestatteter Forschungsabteilungen erfolgte in den großen Werken der deutschen Eisen- und Stahlindustrie in der Regel ungefähr zeitgleich mit der chemischen Industrie und etwa 10 Jahre früher als in der deutschen Elektroindustrie, in der Siemens erst 1920 eine eigenständige Forschungsabteilung einrichtete. Dennoch lag

[687] Rasch: Nichtrostender Stahl; Nolteklocke: Wer hat es erfunden?; Rasch: Baltische Ausstellung Malmö; Stremmel: Benno Strauß.
[688] Berdrow: Krupp im Weltkrieg, S. 28 f.; Rasch: Nichtrostender Stahl, S. 184. Ausführlicher dargestellt in diesem Kapitel weiter unten.

Zum 100-jährigen Bestehen der Firma Krupp ließ diese 1912 große Gemälde ihrer Werke und zum Teil auch einzelne Werksteile von dem renommierten (Industrie-) Maler Otto Bollhagen und seiner Werkstatt anfertigen, darunter auch das neue Gebäude der Forschungsanstalt. Quelle: Historisches Archiv Krupp.

der Arbeitsschwerpunkt sowohl der montanindustriellen Forschungs- und Versuchsanstalten zunächst noch auf der Betriebs- und Qualitätskontrolle. Dies sollte sich erst nach dem Ersten Weltkrieg ändern.[689]

Schon lange vor dem Ersten Weltkrieg war die Hochofenschlacke nicht mehr ein lästiger, auf Halden zu deponierender Abfallstoff, sondern ein verwertbares Nebenprodukt, aus dem man Zement herstellen konnte. Seit 1912 beherbergte der VdEh in einem Anbau an sein Düsseldorfer Vereinshaus ein Laboratorium zur „Prüfung von Zementen und anderen Baustoffen, insbesondere von Erzeugnissen aus Hochofenschlacke", das offiziell vom Verein deutscher Eisenportlandzement-Werke e. V. unterhalten wurde, Geschäftsführer im Nebenamt war der VdEh-Geschäftsführer Emil Schrödter.[690] Im Krieg, als Baustoffmangel herrschte, wurde diese Art der Schlackenverwertung besonders vorangetrieben. Der Hochofenausschuss des VdEh beschäftigte sich u. a. mit der Verwendung der Hochofenschlacke zu Betonzwecken, als Gleisbettungsstoff, für Mörtel u. a. m. Die Hochofenwerke an Rhein und Ruhr forschten nicht nur, sondern führten ihre Schlacken auch einer industriellen Verwertung zu, sofern sie dies nicht schon längst taten.[691] Für seine kriegswichtigen Forschungen wurde der Leiter der Düsseldorfer Schlackenforschung, Arthur Guttmann, gegen Kriegsende mit dem Verdienstkreuz für Kriegshilfe ausgezeichnet.[692]

Die genannten Forschungs- und Betriebsüberwachungslaboratorien wurden mit Kriegsbeginn vor neue Aufgaben gestellt. Die notwendigen Legierungsmetalle für die Qualitätsgüten standen nicht mehr in ausreichenden Mengen zur Verfügung, sie konnten nicht mehr importiert werden. In der Stahlindustrie setzten Bemühungen ein, mit geringeren Mengen an Legierungsmetallen die gleichen Güten oder mit anderen Legierungskombinationen die benötigten Eigenschaften zu erzielen. Mit den enorm gestiegenen Produktionsvorgaben des Hindenburg-Programms versuchten

[689] Rasch: Industrieforschung im „Dritten Reich"; ders.: Erfahrung, Forschung und Entwicklung, S. 10, 17; ders.: Nichtrostender Stahl.
[690] Nachruf Emil Schrödter, in: Stahl und Eisen 48 (1928), S. 1634.
[691] Stahl und Eisen 39 (1919), S. 558.
[692] Stahl und Eisen 38 (1918) vom 03.10.1918.

Unternehmen, die bisher Tiegel- bzw. Siemens-Martin-Stahl vorbehaltenen Stahlqualitäten nun auch mit Bessemer- oder Thomasstahl zu erzielen. Das Militär musste zudem in der zweiten Kriegshälfte seine Qualitätsanforderungen reduzieren, sollten die erwünschten Stahlmengen produziert werden. Hier waren sowohl die Forscher als auch die Betriebsingenieure gefordert. Folglich wurden Eisen- und Metallforschung sowohl beim Militär, an den Universitäten und Hochschulen als auch in verschiedenen Industriebranchen ausgebaut, um den Substitutionsprozess von importierten Legierungsmetallen zu fördern und um bisherige Herstellungsverfahren den kriegswirtschaftlichen Gegebenheiten anzupassen. Zahlreiche Forschungen sollten sich erst nach dem Krieg voll auswirken, so z. B. die Substitution des Tiegelstahls durch Siemens-Martin- und Bessemer-Stahl bei der Produktion von Geschützrohren.

Schon im Krieg hatte der Bochumer Verein, den die preußischen Militärs erst 1915 wieder zur Produktion von Geschützrohren kleiner Kaliber herangezogen hatten, ein Schmelzverfahren für seine sauren Siemens-Martin-Öfen entwickelt, mit dem er Stahlgüten höherer Qualität als für Tiegelstahl gefordert erschmelzen konnte. Der Vorteil des Verfahrens bestand u. a. darin, dass weniger Mitarbeiter größere Mengen Stahl produzierten. Nach ausführlichen Versuchen durch die preußische Artillerieprüfungskommission akzeptierte das Militär das neue Herstellungsverfahren und gestattete dem Bochumer Verein als einzigem Unternehmen, auf diese Verfahrensweise Stahl für die Geschützrohrproduktion zu erschmelzen. Die Wandstärke der Rohre konnte sogar um 25 Prozent reduziert werden, ohne dass bei Sprengtests Anrisse feststellbar waren. Dies war das Verdienst des seit 1917 technischen Vorstands Felix Scharf und des damaligen Oberingenieurs Walter Borbet, der 1919 Nachfolger Scharfs und 1922 Vorstandsvorsitzender des Bochumer Vereins wurde, sowie ihren Mitarbeitern. Ihren Forschungen verdankte der Bochumer Verein auch, dass er – als ab Ende 1917 der schon herrschende Nickelmangel noch weiter zunahm – den Nickelanteil der bis dahin verwandten Chrom-Nickel-Stahlgüten auf 1 bis 1,5 Prozentpunkte senken konnte, ohne dass die bisherigen Qualitätsanforderungen unterschritten wurden. Dies war nicht nur das Verdienst der neu entwickelten Legierung, sondern auch der Wärmebehandlung der Geschützrohre. Gegen Kriegsende gelang sogar die Erzeugung eines nickelfreien Chromstahls, der die Qualitätsanforderungen der Militärs für Geschützrohre weiterhin erfüllte (s. Kapitel 6). Wegen des Kriegsendes kam diese Stahlgüte nicht mehr zum praktischen Fronteinsatz.[693] Krupp hingegen gelang es, den Nickelanteil bei seinen Rohr- und Lafettenstählen ohne Qualitätsverlust um 50 Prozent zu senken. Krupp steigerte den Chromanteil bei gleichzeitig geringerem Nickelgehalt beim Chrom-Nickel-Manganstahl für Lafetten. Bei Schießgerüsten und Großlafetten wurden neue Stahllegierungen angewandt, z. B. Mangansilizium- anstelle von Chromstahl (s. Kapitel 12).[694]

---

[693] Däbritz: Bochumer Verein, S. 367 f., 375; Weber: Borbet, S. 235; Nachruf Felix Scharf, in: Stahl und Eisen 40 (1920), S. 418 f.
[694] Berdrow: Krupp im Weltkrieg, S. 81, 167.

Angesichts des deutschen Mangels an Geschützen wäre ein Erfahrungsaustausch der Stahlproduzenten über den niedriglegierten Chromnickelstahl im Interesse des Militärs gewesen, um die Produktion entsprechender Güten zu erhöhen. Zwar war im Krieg eine Vereinigung der Geschützrohre bearbeitenden Werke zum Erfahrungsaustausch gegründet worden, doch liegen keine Informationen über deren Effektivität vor. Auch über das von Krupp auf der Friedrich-Alfred-Hütte entwickelte Thomasverfahren zur Produktion entsprechender Granatstähle fand – laut Krupp-Archivar Berdrow – kein Wissensaustausch statt, obwohl der VdEh schon vor dem Krieg einen Stahlwerksausschuss eingerichtet hatte.

Das Deutsche Reich besaß keine koordinierte Forschung. Die Kulturhoheit lag bei den Bundesstaaten. Die Kaiser-Wilhelm-Gesellschaft betrieb zwar außeruniversitäre Forschung, war faktisch auf Preußen und insbesondere Berlin beschränkt und auch dort nicht allein als außeruniversitäre Fördergesellschaft tätig. Zahlreiche Gesellschaften und Stiftungen förderten zu Beginn des 20. Jahrhunderts Wissenschaft und Forschung, nicht nur in Preußen.[695] Zusätzlich hatte sich das preußische Heer entsprechende technische Institute (1816 Vereinigte Artillerie- und Ingenieurschule, 1840 Oberfeuerwerkerschule, 1903 Militärtechnische Akademie)[696] aufgebaut, um auf wissenschaftlicher Basis die – vor allem artilleristische – Entwicklung voranzutreiben. Übrigens berief das preußische Kriegsministerium 1905 Fritz Rausenberger an die neugegründete Militärtechnische Akademie als Professor für Waffenkonstruktionslehre im Einvernehmen mit Krupp, wo dieser als Konstrukteur im Kanonenressort gearbeitet hatte und auch weiterhin arbeiten sollte.[697] Er und seine Mitarbeiter sollten im Krieg das Paris-Geschütz entwickeln, eine technische Meisterleistung ohne jeglichen militärischen Wert (s. Kapitel 6).

Eine Gelegenheit zur Koordination militärischer, universitärer und industrieller Forschung für Kriegszwecke wurde in Deutschland während des Kriegs nicht genutzt.[698] Als Albrecht Schmidt, ein Vetter des späteren preußischen Kultusministers Friedrich Schmidt[-Ott], um 1915/16 anregte, für Kriegsverdienste von Zivilisten spezielle Orden und Ehrenzeichen zu schaffen und entsprechende Aktivitäten (Prüfung von Vorschlägen, Auszeichnung) über eine Stiftung organisieren wollte, wurde seine Idee innerhalb kurzer Zeit und unter Mithilfe des Mäzens Leopold Koppel, der schon das Kaiser-Wilhelm-Institut für physikalische Chemie und Elektrochemie nicht ganz uneigennützig für Fritz Haber errichtet hatte, ausgebaut zur Kaiser-Wilhelm-Stiftung für kriegstechnische Wissenschaft. Dieser gewährte Kaiser Wilhelm II. am 17. Dezember 1916 seine landesherrliche Genehmigung. Der Staat war offensicht-

---

695 Rasch: Thesen.
696 Wefeld: Ingenieure aus Berlin, S. 125–143, 288–296.
697 Voß: Rausenberger, S. 213 f.
698 Maier: Forschung als Waffe, weist zu Recht darauf hin, dass Teile des preußischen Militärs nicht so wissenschaftsfeindlich waren, wie bisher dargestellt. Die von ihm jedoch unterstellte Kooperation zwischen Wissenschaft, Wirtschaft und Militär wird nicht ausreichend belegt, z. B. über konkrete Treffen der einzelnen Fachausschüsse der Kaiser-Wilhelm-Stiftung für kriegstechnische Wissenschaft.

lich nicht in der Lage oder nicht bereit, während des Kriegs entsprechende Gelder zur Verfügung zu stellen, um die universitäre Forschung für militärische Zwecke zu gewinnen und zu koordinieren. Der Unternehmer Leopold Koppel stiftete 2 Mio. M in 5-prozentigen Kriegsanleihen, was einen jährlichen Etat von gerade Mal 100.000 M zur Koordinierung und Initiierung kriegswichtiger Forschungsthemen bedeutete. Die fehlende staatliche Initiative war nicht nur ein bundesstaatliches Problem, sondern hing auch mit dem Selbstverständnis der Hochschullehrer von ihrer Tätigkeit als freie Forscher zusammen, die keine Einmischung von Staat und Militär wünschten. Die Kaiser-Wilhelm-Stiftung für kriegstechnische Wissenschaft war eine für Deutschland geeignete Camouflage, während in Großbritannien und den USA der Staat deutlich höhere Summen für Kriegsforschung zur Verfügung stellten.

Diese private, aber von der Königlich Preußischen Akademie der Wissenschaft und dem preußischen Kultusministerium dominierte Stiftung, eine Selbstorganisation der Wissenschaften für militärische Zwecke, bestand u. a. aus sechs Fachausschüssen und ist ein Vorbild für die nach dem Krieg gegründete Deutsche Forschungsgemeinschaft. In ihr arbeitete nur ein Forscher aus dem Ruhrgebiet mit: Franz Fischer.[699] Er war zuständig für den Bereich Heizstoffe und Kokereiprodukte. Er wurde berufen, weil er mit Emil Fischer bekannt war, etliche Jahre sogar sein Abteilungsleiter am 1. Chemischen Institut der Universität Berlin war. Außer Franz Fischer und dem KWI für Kohlenforschung gab es vor 1918 kein wissenschaftlich renommiertes natur- oder technikwissenschaftlich ausgewiesenes Forschungsinstitut an der Ruhr.[700] Die geringe Beteiligung des Ruhrgebiets verwundert zunächst, zumal Industrieforscher, z. B. bei Krupp, durchaus beachtliche wissenschaftliche und technische Erfolge vorzuweisen hatten. Die Kaiser-Wilhelm-Stiftung für kriegstechnische Wissenschaft war jedoch sehr stark auf Berlin fokussiert, allein fünf der sechs Fachausschussvorsitzenden lebten und forschten in Berlin. Die von Helmut Maier unterstellte Forschungskoordination hätte die Kaiser-Wilhelm-Stiftung für kriegstechnische Wissenschaft wahrnehmen können, scheint sie aber nicht zu haben, weshalb schon Anfang Februar 1917 die renommierten Professoren Richard Zsigmondy (Anorganische Chemie, Göttingen), Friedrich Krüger (Physik, Danzig) und Max Bodenstein (Physikalische Elektrochemie, Hannover) zusammen mit dem fast 70-jährigen Chemie-Nobelpreisträger Otto Wallach (Göttingen) die Errichtung einer akademischen „Vermittlungsstelle für technisch-wissenschaftliche Untersuchungen" anregten.[701] Die bloße Mitgliedschaft bei der Kaiser-Wilhelm-Stiftung für kriegstechnische Wissenschaft bewirkte nichts, da es sich formal um eine private Organisation handelte, sodass aus der Mitgliedschaft eine Weisungsbefugnis nicht abzuleiten war. Die Hochschullehrer konnten jedoch mit den Militärs kooperieren, um ihre Interessen durchzusetzen. Die Forscher des Ruhrgebiets waren sicherlich nicht so gut vernetzt wie die Hochschullehrer, aber sie

---

[699] Rasch: Wissenschaft und Militär, S. 99; siehe auch Maier: Forschung als Waffe, S. 491–495.
[700] Rasch: Wissenslandschaft, S. 399–405.
[701] In gewisser Weise handelt es sich um Nichtberücksichtigte. Krüger war ein Nernst-Schüler, Bodenstein forschte wie Nernst über Explosionsstoffe und Zsigmondy war als österreichisch-ungarischer Staatsbürger formal Ausländer.

konnten versuchen, ihre Interessen über die jeweiligen Unternehmen oder den VdEh und seine Ausschüsse durchzusetzen. Industrieforscher jedoch wünschten sich Wissenschaftler wie Emil Fischer nicht als Mitglieder der Kaiser-Wilhelm-Stiftung für kriegstechnische Wissenschaft. Er vermutete, dass Industrieforscher den Militärs nur eigne Lösungen vorschlügen, also ihre eigenen Unternehmen bevorzugten. Im Sinne eines optimierten Gedankenaustauschs wäre ihre Mitarbeit jedoch ebenso erwünscht gewesen wie die stärkere Einbindung der anderen Bundesstaaten und ihrer Forscher.[702] Dass Hochschul-Wissenschaftler durchaus eigennützig innerhalb der Kaiser-Wilhelm-Stiftung für kriegstechnische Wissenschaft agierten, belegen die Beispiele Franz Fischer und Alois Riedler. Ersterer warb für seine Tieftemperaturschwelung, letzterer für seine Verbrennungsturbine.[703]

Die Defizite eines Informationsaustauschs zwischen Wissenschaft und Militär bzw. Industrie hatte auch Franz Fischer am KWI für Kohlenforschung in Mülheim/Ruhr wahrgenommen. Um den Gedanenaustausch mit den in der Industrie tätigen Chemikern zu fördern, richtete er schon im Januar 1916 sogenannte Chemiker-Sitzungen im Mülheimer Institut ein. Die anfänglich vierteljährlich angesetzten Besprechungen fanden recht schnell enormen Zuspruch, auch wenn sie Fischers Intention nicht entsprachen, da sich der hier gepflegte Gedankenaustausch für ihn und seine Mitarbeiter eher als Einbahnstraße in Richtung Industrie erwies.[704]

1919 errichteten dann Franz Fischer (2. Vorsitzender), Essens Oberbürgermeister Hans Luther (1. Vorsitzender) und der Bauingenieur und technische Redakteur Heinrich Reisner[705] die Gesellschaft für Wissenschaft und Leben, heute mit dem Zusatz „im rheinisch-westfälischen Industriegebiet", als Dachgesellschaft für wissenschaftliche, kulturelle und wirtschaftliche Bestrebungen im Ruhrgebiet. In ihrem Rahmen wurde 1920 zunächst als loser Zusammenschluss die Volkswirtschaftliche Vereinigung im rheinisch-westfälischen Industriegebiet initiiert, die sich seit 1947 Volks- und Betriebswirtschaftliche Vereinigung im rheinisch-westfälischen Industriegebiet nennt.[706]

Mit dem Hindenburg-Programm wurde die staatlich verordnete Zwangslizenz im nationalen Interesse möglich, sodass der Gemeinschaftsgedanke in der Stahlindustrie einen neuen Impuls erhielt. Nach zahlreichen Anläufen, die bis in die Mitte des 19. Jahrhunderts zurückreichten, war es dem VdEh Anfang des 20. Jahrhunderts gelungen, den Gemeinschaftsgedanken bei den Mitgliedsunternehmen durch

---

[702] Das Preußische Kriegsministerium hatte zwar die Hochschulen der anderen deutschen Bundesstaaten über die Gründung unterrichtet, aber die Initiative lag bei dem jeweiligen Ausschussvorsitzenden, außerpreußische Kollegen zur Mitarbeit zu gewinnen.
[703] Rasch: Wissenschaft und Militär; Rasch, Hoffmann: Kaiser Wilhelm Stiftung.
[704] Rasch: Geschichte Kaiser-Wilhelm-Institut für Kohlenforschung, S. 13–43, 81, 133 f., Seine Forschungsergebnisse veröffentlichte Fischer nicht nur in Fachzeitschriften, sondern es gelang ihm während des Kriegs trotz Zensurbestimmungen ein neues Periodikum zu begründen und zwei Bände der „Gesammelten Abhandlungen zur Kenntnis" sowie gegen Kriegsende trotz Papiermangels noch einige Hefte eines dritten Bandes herauszugeben.
[705] Heinrich Reisner hat eine bedeutende Rolle beim Haus der Technik Essen vor 1933 und nach 1945 gespielt, siehe Erbslöh: Heinrich Reisner.
[706] Rasch: Wissenslandschaft, S. 405 f.

Gründung von Kommissionen zu etablieren. Obwohl es für die meisten Eisen- und Stahlprodukte Kartelle gab, konkurrierten die Unternehmen untereinander, sodass es langjähriger Überzeugungsarbeit bedurfte, bis diese die Vorteile von Erfahrungsaustausch und Gemeinschaftsforschung wahrnahmen. Erste gemeinsame Kommissionen im VdEh wurden gegründet: Hochofenkommission 1907, Chemikerkommission 1911, Stahlwerkskommission 1911, Kokereikommission 1912, Walzwerkskommission 1913.[707] Eine logische Fortsetzung dieser Aktivitäten wäre die Gründung eines gemeinsamen Eisenforschungsinstituts gewesen, um langfristige Forschungen – unabhängig von den Universitäten – zu verfolgen. Die Initiative hierzu ging im Krieg von dem Breslauer Hochschullehrer für Eisenhüttenkunde Oskar Simmersbach aus. Er regte im September 1915 gegenüber dem VdEh erneut die Gründung eines Eisenforschungsinstituts unabhängig von den Technischen Hochschulen an.[708] Es sollten jedoch noch fast anderthalb Jahre vergehen, bis sich in der deutschen Stahlindustrie die Erkenntnis durchsetzte, dass man zwar zahlreiche technische Fortschritte in der industriellen Eisen- und Stahlproduktion erzielt hatte, aber die bisher erzielten chemisch-physikalischen Kenntnisse der Branche noch defizitär waren und auf diesem Gebiet durchaus noch deutliche Erkenntnisfortschritte möglich waren. Einen zusätzlichen Impuls erhielt das Projekt Eisenforschungsinstitut durch die Errichtung der Kaiser Wilhelm Stiftung für kriegstechnische Wissenschaft im Herbst 1916. Bei der Besetzung der Stellen für die sechs Fachausschussvorsitzenden war es der Königlich Preußischen Akademie der Wissenschaften nicht gelungen, den Fachausschuss für Metallgewinnung und Metallbearbeitung mit einem eigenen Akademiemitglied oder einem Berliner Hochschullehrer zu besetzen. Ohne Diskussion in der Gesamtakademie schlugen die drei Akademiemitglieder Fritz Haber, Walther Nernst und Emil Fischer, selbst Leiter von naturwissenschaftlichen Ausschüssen der Kaiser-Wilhelm-Stiftung für kriegstechnische Wissenschaft, den Aachener Hochschullehrer Fritz Wüst für die Ausschussleitung vor. Er besaß in Aachen einen Kreis kompetenter Kollegen, die er als Mitglieder in den Ausschuss berufen sollte. Diese Entscheidungen waren im Dezember 1916 gefallen, zugleich erkannte Friedrich Schmidt[-Ott] im Kultusministerium die Defizite der bisherigen Eisenforschung und förderte den Gedanken, ein entsprechendes Institut innerhalb der Kaiser-Wilhelm-Gesellschaft zu gründen. Wollten die Eisen- und Stahlindustriellen Einfluss auf die Entwicklung nehmen, so mussten sie sich zur Mitarbeit – und vor allem Mitfinanzierung – entschließen. Obwohl bis März 1917 innerhalb des VdEh über Anbindung und Aufgaben eines solchen Instituts keine Einigkeit bestand, sprach der VdEh-Vorsitzende Friedrich Springorum, selbst Eisenhüttenmann mit Forschungsinteressen, zudem Vorstandsvorsitzender der Eisen- und Stahlwerk Hoesch AG, das Thema auf der Hauptversammlung des VdEh am 4. März 1917 an.[709] Vermutlich hatte er sich dabei

---

[707] Rasch: Mikrokosmos von Verbänden, S. 5–9; ders.: VdEh-Kokereiausschuss; ders.: 100 Jahre Stahlwerksausschuss; Maier u. a. (Hg.): 150 Jahre, S. 856–858.
[708] Schreiben Simmersbach an Springorum oder Schrödter vom 15.09.1915, Hektografie in: SIT FWH/1570.
[709] Stahl und Eisen 37 (1917), S. 250.

schon mit seinem zukünftigen Nachfolger Albert Vögler als Vereinsvorsitzenden abgestimmt. Springorums Rücktritt erfolgte offiziell erst einige Monate später. Vögler, selbst Maschinenbauer, glaubte nicht an baldige wissenschaftlich-chemische Fortschritte und war daher zunächst kein Befürworter des Projekts.[710] Springorum war als erster studierter Eisenhüttenmann – nach den Maschinenbauern Reiner Daelen und Carl Lueg (Studium TH Karlsruhe) – 1905 an die Spitze des VdEh gewählt worden und hatte in den folgenden Jahren der Eisenhüttenkunde ein größeres wissenschaftliches Gewicht sowohl im Verein als auch im eigenen Unternehmen gegeben. Vögler, seit 1917 Vorsitzender des VdEh unterstützte seinen Amtsvorgänger Springorum bei dessen Bemühungen um die Gründung des Eisenforschungsinstituts. Träger war formal die Kaiser-Wilhelm-Gesellschaft. Doch im Gegensatz zu den meisten anderen Kaiser-Wilhelm-Instituten wurde das Institut für Eisenforschung durch einen jährlichen Mitgliedsbeitrag des VdEh getragen, finanziert durch eine Umlage der deutschen und österreichisch-ungarischen Eisen- und Stahlindustrie, die die beachtliche Höhe von 700.000 M (1918) erreichte. Durch die Umwegfinanzierung über den VdEh sollte der Eindruck vermieden werden, dass die Industrie die Forschungsthemen des neuen Instituts beeinflusse. Das Eisenforschungsinstitut nahm seinen provisorischen Betrieb im Eisenhüttenmännischen Institut der TH Aachen am 1. April 1918 auf, da dessen Institutsdirektor zum ersten Leiter des Kaiser-Wilhelm-Instituts für Eisenforschung berufen werden sollte, was jedoch erst zum 19. Januar 1919 geschah. Innerhalb des VdEh entstand auch eine Diskussion, ob das Institut in (Ober-) Schlesien oder im Westen Deutschlands anzusiedeln sei. Die rheinisch-westfälische Schwerindustrie setzte sich mit ihrem Wunsch durch. Zahlreiche Ruhrgebietsstädte boten kostenlos Baugrundstücke an, um Standort des neuen Instituts zu werden und so ihr Sozialprestige zu mehren, u. a. Essen und auch die Stadt Mülheim/Ruhr, letztere wollte in Anlehnung an die Konzentration von Kaiser-Wilhelm-Instituten in Berlin-Dahlem ein „westliches Dahlem" als Wissenschaftszentrum werden und bemühte sich im Krieg auch um die Errichtung eines Lederforschungsinstituts. Für Düsseldorf als neutralem, auch für die schlesische Stahlindustrie akzeptablen Standort, sprach jedoch, dass hier schon der VdEh-Sitz mit seiner umfangreichen Fachbibliothek und dem Forschungslaboratorium der Eisenportlandzement-Werke war.[711] Adolf von Harnack, Präsident der Kaiser-Wilhelm-Gesellschaft, soll sich Hoffnungen auf den Vorsitz im Kuratorium gemacht haben, wurde aber offensichtlich wegen seiner Rede zum 1. August 1916 und seiner angesichts der „Kriegsgewinnlerei" damals erhobenen Forderung nach einer sozialen Gemeinwirtschaft abgelehnt (s. Kapitel 22).[712] An seiner Stelle wählte das Kuratorium den scheidenden VdEh-Vorsitzenden Friedrich Springorum, der sich vehement für die Gründung des Instituts eingesetzt hatte. Während des Kriegs verzichtete das Kuratorium auf den Bau eines Eisenforschungs-

---

[710] Rasch: Albert Vögler, Industrie und Wissenschaften.
[711] Rasch: Baugeschichte, S. 69 f.; ders.: Gründungsgeschichte, S. 247–270; Marsh: Zwischen Wissenschaft und Wirtschaft, S. 269 ff., 339 ff.; Maier: Forschung als Waffe, S. 155–163; vgl. Flachowsky: Wagenburg der Autarkie, S. 671–676.
[712] Burchardt: Zwischen Reformeifer, S. 177.

17. Ersatzstoffforschung und andere Forschungsaktivitäten

Provisorium des Kaiser-Wilhelm-Instituts für Eisenforschung in den während des Kriegs für die Rüstungsproduktion errichteten, nun nicht mehr benötigten Hallen von Rheinmetall Düsseldorf, o. D. Quelle: 50 Jahre Kaiser-Wilhelm-Institut für Eisenforschung Max-Planck-Institut für Eisenforschung in Düsseldorf, Düsseldorf 1967, S. 15.

instituts und entschied auch nicht die Standortfrage. Nach dem Krieg und nachdem eine Rheinische Republik sowie eine rechtsrheinische französische Besatzungszone nicht Realität geworden waren, wurde in den schon im Krieg errichteten, nun nicht mehr benötigten Hallen von Rheinmetall in Düsseldorf das Eisenforschungsinstitut untergebracht. Der designierte Institutsdirektor Prof. Fritz Wüst war zunächst an der RWTH Aachen geblieben und hatte dort bis Kriegsende weitergeforscht im Interesse der gesamten deutschen Stahlindustrie und im Interesse des Reichs, das den Krieg auch durch den gezielten Einsatz der Forschung hatte gewinnen wollen. Fritz Wüst setzte seine Mitarbeiter nämlich für anwendungsorientierte Forschungsfragen der Kaiser-Wilhelm-Stiftung für kriegstechnische Wissenschaft ein.[713]

Neben der Montanindustrie setzte auch der Maschinenbau auf Forschung, nicht nur in der Kriegszeit. Es war anwendungsorientierte Industrieforschung. So arbeitete Hans Holzwarth, der Vater des Gasturbinenbaus in Deutschland, von 1912 bis 1923 bei der Maschinenfabrik Thyssen als Oberingenieur und legte einen Monat nach Kriegsende den Entwurf für eine 12.000 kW-Gasturbine mit Abhitzeverwertung vor, deren Anlagekosten nur ein Drittel einer entsprechenden Gasmaschine entsprachen (s. Kapitel 16). Dem deutschen Sinn für Ordnung und Obrigkeit entsprach offensichtlich, dass Holzwarth im November 1918 die Oberleitung über die Neuwahl des Arbeiterausschusses bei Thyssen & Co. AG, Abteilung Maschinenfabrik innehatte (s. Kapitel 24).[714] Seine theoretischen Überlegungen zur Gasturbine ließen sich nicht in die industrielle Praxis überführen.

---

[713] Rasch: Gründungsgeschichte.
[714] Siehe entsprechendes Plakat in: tkA P/5.

17. Ersatzstoffforschung und andere Forschungsaktivitäten | 313

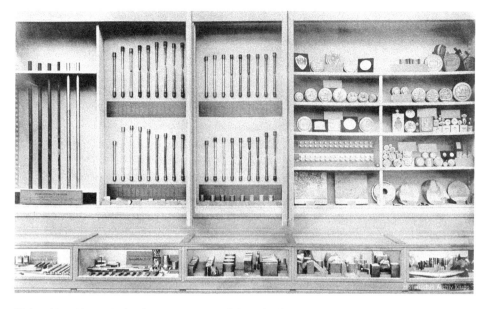

Blick auf jene Vitrine, in der die Firma Krupp auf der Baltischen Ausstellung in Malmö vom 15. Mai bis 4. Oktober 1914 im linken Teil erstmals die nichtrostenden Stahllegierungen V1M und V2A präsentierte. Quelle: Historisches Archiv Krupp.

Die chemische Industrie benötigte für ihre Anlagen große Mengen rostfreien, säure- und hitzebeständigen Stahls zu günstigen Preisen, z. B. die BASF für ihren „künstlichen" Stickstoff nach dem Haber-Bosch-Verfahren. Die Qualität der 1912 von Krupp entwickelten und 1914 erstmals auf einer Ausstellung präsentierten rostfreien Stähle wies Defizite auf. Die ersten an die BASF gelieferten Bleche hatten noch einen Überzug von Walzzunder; an diesen Stellen setzte Rost an. Auch auf blank polierten Flächen setzte „fremder" Rost an. Die längere Zeit in säurehaltiger Luft gelagerten Bleche aus nichtrostendem Edelstahl der Krupp'schen Marke V2A ließen sich sogar zwischen den Fingern zu Pulver zerreiben, was damals als „Kornzerfall" bezeichnet wurde.[715] Mit der Wärmebehandlung auf über 1.000 °C und dem Abschrecken in Wasser ohne anschließendes Anlassen fand Krupp eine Behandlungsmethode, um solche Mängel zu vermeiden. Zudem entwickelten die Essener Forscher V2A-Typen mit Zunder- und Schwefelbeständigkeit, während das autogene Schweißen der Legierung zunächst nicht erfolgreich war.[716]

Bei den hohen Preisen, die durch die teuren Legierungsmetalle und die komplizierte Herstellung entstanden, konnten zunächst nur wichtige – und zudem nicht zu große und schwere – Anlagenteile in rostfreiem Edelstahl ausgeführt werden, da

[715] Koch, Edwin: 50 Jahre Zusammenarbeit der BASF mit Krupp, Typoskript, [1962], in: BASF-Archiv R-9-1-0-4, weiteres Exemplar in HAK WA 174 v 940.
[716] Rasch: Nichtrostender Stahl, S. 183 f.

andernfalls marktgängige Stahlsorten und deren häufigerer Austausch infolge von Lochfraß trotz alledem preiswerter waren. Daran änderte auch der Erste Weltkrieg nichts, zumal Nickel und Chrom den Mittelmächten nicht in ausreichenden Mengen zur Verfügung standen.[717]

Im Dezember 1914 stand die erste Zentrifugalpumpe aus V2A-Stahl zur Beförderung von Salpetersäure zur Verfügung. Dass Krupp die Kriegswichtigkeit dieser Pumpen sofort erkannte, dürfte auf ein Gespräch Emil Fischers mit Gustav Krupp von Bohlen und Halbach zurückgehen, als dieser im September 1914 auf die Probleme der Sprengstofferzeugung und der Gewinnung von Salpetersäure hingewiesen hatte.[718] Während des Kriegs stellten die Firmen Armaturen- und Maschinenfabrik AG, Nürnberg, Abteilung Pegnitzhütte, und die Schweizer Gebr. Sulzer AG in ihrem Werk Ludwigshafen[719] etwa 600 Pumpen aus Form-Gussstücken her, vornehmlich für die Förderung von Salpetersäure der Haber-Bosch-Ammoniak-Synthese. Zahlreiche Kühleinrichtungen und Rohrleitungen wurden ebenfalls aus V2A gefertigt. Wegen Materialknappheit bzw. noch unzureichender Bearbeitbarkeit der V2A-Stähle kombinierte die BASF in ihrer Oppauer Ammoniakanlage V2A-Pumpen und -Wärmetauscher mit Rohrleitungen aus Ferrosilizium und Türmen aus Granit bzw. keramischem Material. Tauchrohre aus V2A wurden an Tonrohre angeflanscht, u. a. m.[720] Schon im ersten Kriegsjahr stieg der Materialpreis auf über 7.100 M pro Tonne,[721] u. a. weil die gesamte Erzeugung von Stangen und Gussteilen aus V2A-Stahl in die Krupp'sche Versuchsanstalt zur Wärmebehandlung musste, denn im Werk selbst fehlten sowohl Glühöfen für Temperaturen über 1.100 °C als auch das notwendige Erfahrungswissen für diese Behandlung.[722] Der ebenfalls nichtrostende Stahl V1M, ein hochwertiger Konstruktionsstahl, wurde wegen seiner Seewasserbeständigkeit beim Bau von U-Booten und für Torpedobestandteile genutzt. Erste Betriebsversuche mit V1M als Werkstoff für Turbinenschaufeln fanden ebenfalls in der Kriegszeit statt.[723] Bis Kriegsende lieferte die Fried. Krupp AG ca. 500 t V2A-Stahl an die chemische Industrie, besonders für die Sprengstoffherstellung (Haber-Bosch-Ammoniak-Synthese), wobei Capito & Klein in Benrath bei Düsseldorf die Feinbleche unter Aufsicht der Krupp'schen Versuchsanstalt auswalzte und wärmebehandelte. Ungefähr die gleiche Menge V1M-Stahl verarbeitete Krupp selbst in den eigenen Werkstätten für U-Boot-Zwecke, u. a. für Pumpen, aber auch für Lafetten- und Verschlussteile für die auf Deck aufgestellten Geschütze.[724] Ab 1916 lieferte Krupp zudem ein säurefestes Gusseisen,

---

[717] Ebd., S. 184.
[718] Erwähnt bei Berdrow: Krupp im Weltkrieg, S. 28; Rasch: Nichtrostender Stahl, S. 184.
[719] Spähn: 75 Jahre Materialprüfung, S. 22.
[720] Briefdurchschlag BASF (Oeckl, Wolf) an Fried. Krupp vom 19.04.1962, Anlagen zur Geschichte der Anwendung von V2A-Stahl, in: BASF-Archiv R-9-1-09.
[721] Vortrag Benno Strauß: Salpetersäureerzeugung, Ende Juli 1915, S. 13, in: HAK WA 7 f 1188.
[722] Fried. Krupp AG: Forschungsanstalten, S. 63.
[723] Ebd., S. 53.
[724] Denkschrift: Die Firma Krupp im Weltkrieg. Benno Strauß: Chemisches Laboratorium, Probieranstalt und Versuchsanstalt, Typoskript, Dezember 1925, in: HAK WA 7 f 1100, S. 13.

17. Ersatzstoffforschung und andere Forschungsaktivitäten | 315

Schmieden des inneren Futterrohres, das nicht den Druck tragen musste, für die Ammoniak-Synthese nach Haber-Bosch der BASF unter einer Krupp'schen Schmiedepresse in Essen. Cyanotypie, 1921. Quelle: Historisches Archiv Krupp.

Krupp schmiedete Hochdruckbehälter für das Bergius'sche Hydrierverfahren ebenso wie für die Haber-Bosch-Ammoniak-Synthese, hier: vorgeschmiedetes Flanschenrohr für die Hochdrucksynthese der BASF, das den Druck tragen sollte. Cyanotypie, 1919. Quelle: Historisches Archiv Krupp.

17. Ersatzstoffforschung und andere Forschungsaktivitäten

Thermisilid, das in der Salpetersäureproduktion für Leitungen, Kolonnenapparate u. a. m. eingesetzt wurde. Es war nicht nur ein kriegsbedingtes Ersatzprodukt, sondern auch eine kostengünstige Alternative zum V2A-Stahl. Während des Kriegs wurden 2.250 t Thermisilid-Eisen produziert, nach dem Krieg stieg die Nachfrage.[725]

Für die mehrere Meter langen und einige zehn Tonnen schweren Hochdruckautoklaven der Ammoniak-Synthese, wie sie die BASF zuerst in Ludwigshafen-Oppau und dann während des Kriegs in Leuna bei Merseburg (Bauphase Mai 1916 bis April 1917) einsetzte, stand nichtrostender Stahl nicht zur Verfügung, u. a. weil er damals noch nicht entsprechend zu verarbeiten war.[726] Schon die Herstellung von 8 m langen Hohlkörpern in entsprechenden Durchmessern und Wanddicken (also bei ca. 65 t Rohgewicht) stellte die Firma Krupp noch Anfang der 1920er-Jahre vor Probleme.[727] Für die ersten, nur 300 kg schweren Hochdruckautoklaven hatte man einfache Stahlblöcke bzw. geschmiedete Stangen im Kern ausgebohrt; die Krupp'schen Bearbeitungswerkstätten mit ihren Drehbänken für die Bearbeitung von Geschützrohren besaßen die notwendigen Maschinen und vor allem das technische Wissen.[728] Später schmiedete man diese Hohlkörper über einen Dorn. 1912 besaßen die Hochdruckbehälter schon 4 m Länge und 1 t Gewicht, bevor man 1913 8 m Länge und 8,5 t schwere Autoklaven benutzte, die man im Folgejahr auf 25 t bei 8 m und einem äußeren Durchmesser von 675 mm erweiterte. Die ab 1915, später vor allem in Leuna eingesetzten Hochdruckbehälter waren zusammengeflanscht und erreichten 12 m Länge und ein Gewicht von 75 t bei einem Durchmesser von 1.080 mm, bestanden aber nicht aus Edelstahl.[729] Über 120 dieser hohlgeschmiedeten Druckkörper fertigte Krupp während des Kriegs für die Stickstoff-Synthese.[730] Erst 1931 konnte bei der industriellen Fettspaltung ein Edelstahl-Autoklave aus V2A-Stahl für 19 bar Druck eingesetzt werden.[731]

Statt kostspielig Luft-Stickstoff mittels Hochdruckchemie zu gewinnen, um ihn u. a. als Düngemittel einzusetzen, wollte Fritz Riedel die Abgase der Hochöfen zur Kohlensäure-Begasung von Pflanzen einsetzen. Erste Versuche in Gewächshäusern und im Freiland konnte er während des Kriegs beim Horster Eisen- und Stahlwerk von Deutsch-Lux durchführen. Mit der Stilllegung des Hochofens 1919 wurden die Versuche an dieser Stelle aufgegeben (ausführlich s. Kapitel 13).[732]

---

[725] Berdrow: Krupp im Weltkrieg, S. 169.
[726] Allgemein Szöllösi-Janze: Fritz Haber, S. 287; die technisch-chemischen Probleme besser darstellend: Stoltzenberg: Fritz Haber, S. 183–186.
[727] Rasch: Technische und chemische Probleme, S. 103.
[728] Koch, Edwin: 50 Jahre Zusammenarbeit der BASF mit Krupp, Typoskript, [1962], in: BASF-Archiv R-9-1-0-4, weiteres Exemplar in HAK WA 174 v 940.
[729] Bosch: Über die Entwicklung, S. 138.
[730] Berdrow: Krupp im Weltkrieg, S. 169.
[731] Fried. Krupp: 50 Jahre, S. 45.
[732] Rasch: Wissenschaftslandschaft, S. 412 f.

17. Ersatzstoffforschung und andere Forschungsaktivitäten | 317

Gewächshaus für Kohlensäurebegasungsversuche bei der Deutsch-Lux, Abt. Horster Eisen- und Stahlwerk. Im Hintergrund ist der während des Kriegs im Bau befindliche neue Hochofen mit Winderhitzern zu sehen, im Vordergrund Beete, die ebenfalls begast wurden, um 1917. Quelle: thyssenkrupp Corporate Archives.

Fazit

Alle im Ruhrgebiet erst im Krieg begonnenen Forschungen führten bis 1918 nicht zum industriellen Einsatz, sieht man einmal von der Tieftemperaturschwelung ab, die sich jedoch nach dem Krieg nicht industriell durchsetzen konnte und mit der Weltwirtschaftskrise endgültig aufgegeben wurde. Der V2A-Stahl war schon 1912 erfunden und konnte mit gerade Mal produzierten 500 t in vier Jahren nicht den industriellen Bedarf decken; zu kompliziert war noch seine Herstellung. Wegen des Mangels an Chrom, Mangan und Nickel wurden neue Stahllegierungen und Herstellungsverfahren modifiziert: „Ersatzverfahren", die z. T. über das Kriegsende Bestand haben sollten. Die Kohlehydrierung nach Friedrich Bergius und Mitarbeitern wurde in Essen und in Mannheim-Rheinau forciert, gewann aber erst während der nationalsozialistischen Autarkie- und Kriegspolitik an Relevanz für die deutsche Treibstoffversorgung. Auch das in Oberhausen zunächst erforschte Concordia-Linde-Bronn-Verfahren zur Wasserstoffgewinnung aus Kokereigas sollte seine industrielle Bedeutung erst ab den 1920er-Jahren erhalten.

Die Bedeutung der Forschung nahm in der Montanindustrie, im Bergbau wie in der Eisen- und Stahlindustrie während des Kriegs zu. Sie führte beim Ruhrkohlenbergbau zur Gründung der anwendungsorientierten Gesellschaft für Kohlentechnik und in der Stahlindustrie zum mehr auf chemische Grundlagenforschung ausgerichteten Kaiser-Wilhelm-Institut für Eisenforschung, das seinen Standort jedoch nicht im Ruhrgebiet erhielt. Neben diesen Gemeinschaftsforschungseinrichtungen, zu denen auch die verschiedenen Kommissionen des VdEh gehörten, die sich nach dem Krieg weiter ausdifferenzierten, wurden auch zusätzliche Industrieforschungslaboratorien eingerichtet oder personell und apparativ verstärkt (Siegfried Hilpert, Alfred Pott). Diese Industrieforscher, seien sie auch noch so anerkannte Fachleute auf ihrem Gebiet (z. B. Fritz Rausenberger), wurden nicht als gleichwertig zu den Hochschul- und Akademieforschern angesehen, wie das Beispiel der Kaiser-Wilhelm-Stiftung für kriegstechnische Wissenschaft zeigte. Noch bis in die 1960er-Jahre sollte das Ruhrgebiet eine hochschulferne Region bleiben, ungeachtet der zahlreichen industriellen Forschungseinrichtungen.

Auch die Bemühungen um Lösung produktionstechnischer Probleme einer reichsweiten Standardisierung und Normierung, die das anspruchsvolle Hindenburg-Programm mit seinen zahlreichen Unterauftragnehmern notwendig machte, kamen während des Kriegs nicht nur im Ruhrgebiet nicht über Anfänge hinaus, waren aber in der Nachkriegszeit dann wirkungsmächtig, wie das nächste Kapitel zeigt.

Die wohl effektivsten Maßnamen zur Linderung des Rohstoffmangels waren in der Regel weniger die Entwicklung von aus heimischen Rohstoffen gewonnene Ersatzstoffe, was im Übrigen seine Zeit brauchte wie das Beispiel der Kohleverflüssigung belegt, als vielmehr die Nutzung von Einsparmöglichkeiten, die Lenkung des Verbrauchsverhaltens, auch durch Verbote, sowie das Recyclen, wozu leider auch die Ausbeutung der besetzten Gebiete zählte.

18. (INGENIEUR-)TECHNISCHE PROBLEME DES HINDENBURG-PROGRAMMS

Schon das Kriegsjahr 1915 hatte den betroffenen Militärs und Unternehmern gezeigt, dass die deutsche Rüstungsproduktion – nicht jedoch die Munitionsfertigung – eher als handwerklich denn als industriell zu bezeichnen war. Dies offenbarte besonders die Fertigung von Artilleriegerät, die – wortwörtlich – in den Händen der staatlichen Artilleriewerkstätten Spandau, Dresden, Lippstadt, Danzig und München sowie der beiden Privatunternehmen Fried. Krupp AG und Rheinmetall lag. Weder besaßen diese bei Kriegsbeginn ein betriebswirtschaftliches Kostenbewusstsein, noch die staatlichen Einrichtungen kopierfähige Zeichnungen, die zum Nachbau an andere Produzenten hätten weitergereicht werden können. Nach der maschinellen Teileherstellung erfolgte vor der Endmontage die Passarbeit immer noch von Hand. Man bevorzugte zudem die Fertigung aus dem Vollen, d. h. Schmiedestücke, die dann im schlechtesten Fall einer Bearbeitung von Hand unterzogen werden mussten, wo auch Stahlguss den Qualitätsanforderungen genügt hätte. So war das Mantelrohr für die Feldkanone mit einem „Auge" für den Drehbolzen der Verschlusskurbel versehen, welches an einem Gussstück einfach anzubringen gewesen wäre, nun aber größtenteils von Hand aus dem hochwertigen, sehr festen Chrom-Nickel-Stahl herausgearbeitet werden musste. Technische Vereinfachungen hätten statt Fräsen und Handarbeit ein maschinelles Drehen ermöglicht. Ein weiteres Beispiel: So bestand eine einfache Geschützlafette aus 582 verschiedenen Einzelteilen. Auch die Firma Krupp, die schon vor dem Krieg an einer Rationalisierung ihrer innerbetrieblichen Produktionsabläufe interessiert war, musste in den ersten Kriegsmonaten eigene Konstruktionsversäumnisse feststellen. Sie war noch weit entfernt von dem, was die Firma Ludw. Loewe & Co., Berlin, in Zusammenarbeit mit Georg Schlesinger und dem US-amerikanischen Rationalisierungsspezialisten Frank Bunker Gilbreth noch bis in die ersten Kriegsjahre an Normierung und Rationalisierung entwickelte. So ließen sich beispielsweise beschädigte oder ausgeschossene Geschützrohre nicht schnell ersetzen, was aber angesichts des deutschen Artilleriemangels erwünscht war. Der Rohrwechsel war viel zu kompliziert und damit zu zeitintensiv. Die Konsequenz war eine vereinfachte Bauart der Geschütze und die möglichst weitgehende Verwendung gleicher Teile, auch bei unterschiedlichen Geschütztypen. Dies bedeutete einen ganz neuen, vereinfachten Rohraufbau, der sowohl die Neuanfertigung erleichterte als auch den Austausch ausgeschossener Rohre beschleunigte. Die neue Rohrkonstruktion gelangte aber erst im dritten Kriegsjahr zur Anwendung, obwohl schon Vorarbeiten aus der Vorkriegszeit existierten. Sie bestand im Wesentlichen auf der leicht trennbaren Verbindung eines kurzen Bodenstücks mit dem eigentlichen Rohr.⁷³³ Die Normierung und Rationalisierung war – auch bei Krupp – faktisch erst ein Ergebnis des Hindenburg-Programms von 1916 und seiner geforderten Leistungssteigerungen.

Da anfangs nur Halbfabrikate zur Weiterbearbeitung an Fremdfirmen geliefert wurden, z. B. geschmiedete Geschützrohre zum Abdrehen oder Hohlbohren auf vorgegebene, allgemein übliche Maße, fielen diese Defizite zunächst nur bedingt auf. Dennoch bildete sich – vermutlich durch das Hindenburg-Programm initiiert – ein Erfahrungsaustausch durch die „Vereinigung Geschützrohre bearbeitender Werke" im Verein Deutscher Maschinenbau-Anstalten (VDMA), der insbesondere den kleineren Firmen ohne eigene Konstruktionsabteilung preiswerte und zweckmäßige Werkzeuge und Vorrichtungen bekanntgab für ihre übernommene Lohnfertigung.⁷³⁴ Der VDMA wurde von 1915 bis 1920 von Kurt Sorge geleitet, der von 1917 bis 1924 auch der Vereinigung der Deutschen Arbeitgeberverbände vorstand. Von Haus aus Eisenhüttenmann war er über zahlreiche berufliche Stationen zum Leiter des Krupp'schen Grusonwerks in Magdeburg und Vorstandsmitglied bei Fried. Krupp (1899 Mitglied des Direktoriums) aufgestiegen, jenes Werks, das nach der Übernahme durch Krupp seine Waffenproduktion an den Mutterkonzern hatte abgeben müssen, dann aber ab 1914 wieder Waffen produzierte. Er entwickelte sich zu einem Multifunktionär (1910/11 Vorsitzender des VDI). Im 1916 neu gegründeten Kriegsamt übernahm er am 12. November 1916 die Leitung des technischen Stabs. Leider sind seine dortige Tätigkeit und sein Bemühen um Standardisierung und Rationalisierung als Berater Wilhelm Groeners noch nicht aufgearbeitet.⁷³⁵ Auch der VdEh hatte das Problem der Normierung erkannt, z. B. bei der Produktion von Kohlenelektroden für die Elektrostahlherstellung wie sie die Gesellschaft für Teerverwertung in Duisburg-Meiderich fertigte und die für die einzelnen Elektrostahlöfen nicht standardisiert waren.

Zunächst agierten Industrie und Militär bei der Standardisierung noch getrennt voneinander. Das preußische Kriegsministerium, der Leiter des Kriegsamts Wilhelm Groener und der Chefingenieur des ihm unterstellten Wumba Prof. Friedrich Romberg (s. Anhang 26.1) schufen am 21. Dezember 1916 ein Betriebsbüro für die gesamte Heeresausrüstung, das Königliche Preußische Fabrikationsbüro (Fabo) unter Leitung von Oberingenieur Heinrich Schaechterle mit Sitz in Spandau. Es war sowohl für Infanteriewaffen (Fabo-I) als auch für Artillerie (Fabo-A) zuständig. In beiden Abteilungen wirkten vor allem Ingenieure, die bis zu ihrer Abkommandierung nach Spandau in führenden deutschen Maschinenbauunternehmen gearbeitet hatten. Bei seinen Arbeiten konnte das Fabo auf organisatorische Vorarbeiten in den Produktionsbereichen Schienen, Schiff- und Brückenbau sowie auf Bemühungen des VDI um Vereinheitlichung aus der Zeit deutlich vor dem Ersten Weltkrieg zurückgreifen. Erst mit dem Hindenburg-Programm, bei dem auch fachfremde Firmen Lafetten, Geschütze, Motoren u. a. m., oder nur Teile davon, in Lizenz fertigten, fiel die

---

733 Berdrow: Krupp im Weltkrieg, S. 100 f.
734 Stahl und Eisen 37 (1917), S. 256.
735 Bührer: Sorge, S. 599 f.; Berdrow: Krupp im Weltkrieg, S. 146, f.

fehlende Normung als Produktionsdefizit besonders auf. Eine Austauschbarkeit der Teile – unabhängig vom Fabrikanten – war gewünscht, und zwar auch an der Front und von den frontnahen Reparaturwerkstätten, deren Vorratshaltung an Ersatzteilen aufgrund der Typen- und Produzentenvielfalt nahezu in das Unermessliche anwuchs. Die vom Wumba angestrebte, arbeitsteilige Produktion von Rüstungsgütern, verteilt auf das gesamte Deutsche Reich (bei gleichzeitiger Überlastung der Eisenbahn), war ohne Normierung nicht möglich (s. Anhang 26.1). Die Vielfalt der vorhandenen Systeme auf Werks-, noch nicht einmal Unternehmensebene, für Konstruktionsteile wie Nieten, Schrauben oder Zahnräder stellte sich als Hindernis heraus. In dem am 18. Mai 1917 gegründeten „Normalienausschuß für den allgemeinen Maschinenbau" arbeiteten Heeresverwaltung, Reichsmarineamt, Eisenbahn-Zentralamt, Reichspostzentralamt, Normal-Eichungskommission sowie technische Verbände und Firmen des Maschinenbaus, der Elektrotechnik, der Feinmechanik, des Schiffbaus u. a. m. zusammen. Ende Dezember 1917 wurde schließlich ein „Technisches Hauptbureau" beim Wumba zur Bearbeitung aller Fabrikationsfragen geschaffen. Zudem errichtete man eine Zeichenschule, um Frauen zu geeigneten Kopistinnen auszubilden. Die Folgen dieser Maßnahmen waren, dass Bearbeitungszeit und Materialverbrauch drastisch gesenkt werden konnten.[736]

Die aus den genannten Missständen gezogenen Konsequenzen führten auf der zivilen Seite über die diversen Erfahrungsaustausche, den am 18. Mai 1917 beim VDI errichteten Normalienausschuss für den allgemeinen Maschinenbau, schließlich am 22. Dezember 1917 zur Gründung des „Normenausschusses der deutschen Industrie". Die Geschäftsführung wurde dem bisherigen stellvertretenden VDI-Direktor Waldemar Hellmich zusammen mit Adolf Meier übertragen. Die ersten Verhandlungen zwischen Fabo, VDI und den Großunternehmen des Maschinenbaus und der Elektrotechnik hatten nämlich gezeigt, dass vor allem die Großunternehmen versuchten, ihr jeweiliges Werksnormensystem durchzusetzen. Deshalb war der Normalienausschuss für den deutschen Maschinenbau unter die Obhut des VDI gestellt worden, der als technisch-wissenschaftlicher Verein eine neutrale Position einzunehmen vermittelte, während das Fabo nach dem Tod von Heinrich Schaechterle umorganisiert wurde unter der Leitung aktiver Offiziere. Die eigentliche Normungsarbeit leisteten Arbeitsausschüsse, geleitet vom Fabo sowie von Privatunternehmen des Berliner Raums. Die Verselbstständigung des Normalienausschusses als Normenausschuss der deutschen Industrie (NADI) sollte diesem eine Unabhängigkeit vom VDI gewähren, um allgemein als Zentralstelle für die Ausarbeitung, Förderung und Zusammenfassung von Normen nach einheitlichen Grundsätzen für alle Bereiche der Industriewirtschaft anerkannt zu werden.[737] Es gab durchaus Widerstände gegen diese Vereinheitlichungsbestrebungen, u. a. von den Lkw-bauenden Firmen. Diese hatten schon 1915 die Reparaturproblematik der Front bei den diversen Modellen und Herstellern erkannt und eigene Normen in der Praxis eingeführt. Auch

---

[736] Mauderer: Die Fertigung von Artilleriegerät, S. 319 f., 331 f., 337.
[737] Burchardt: Standespolitik, S. 218–220.

Noch nicht normierter, interner Bearbeitungsplan für 15 cm-Granaten der Firma Gussstahl-Werk Witten vom 30. Juli 1917. Quelle: Stiftung Westfälisches Wirtschaftsarchiv.

das preußische Eisenbahn-Zentralamt wünschte während des Kriegs, nicht weiter die „Normalisierung" von Lokomotiv- und Wagenteilen auszubauen, da es bezweifelte, „dass die Einheitlichkeit der Teile noch viel weiter durchgeführt werden kann als es schon geschehen ist."[738]

Die ersten Normen, ursprünglich als VDI-Normen geplant, erschienen im Frühjahr 1918 endgültig als DIN-Normen 1 bis 5. Zu weiteren greifbaren Ergebnissen kam es während des Kriegs nicht mehr. In dieser selbstverwalteten Vereinheitlichungs-Einrichtung brachten sich auch Vertreter der rheinisch-westfälischen Schwerindustrie ein, so als Vorstandsmitglied des Normenausschusses Albert Vögler, Generaldirektor von Deutsch-Lux und zugleich Vorstandsvorsitzender des VdEh, der sehr an Gemeinschaftsarbeit interessiert war. Vorsitzender des Normenausschusses war Fritz Neuhaus, Generaldirektor der Firma A. Borsig, der bei seinem USA-Aufenthalt 1897 bis 1900 das neue System der „wissenschaftlichen Betriebsführung" nach Frederick W. Taylor kennengelernt hatte und der ab 1904 als technischer Direktor bei Borsig organisatorische und technische Neuerungen einführte, u. a. 1907 die Werksnormen.[739] Insbesondere die Großindustrie erhoffte sich wirtschaftliche Vorteile von der Normierung, vor allem für die – erhoffte siegreiche – Nachkriegszeit und war daher eher bereit, die mit der Einführung von DIN-Normen verbundenen erheblichen wirtschaftlichen und organisatorischen Kosten zu tragen. Mittelständische Unternehmen sahen hingegen zunächst eher wirtschaftliche Nachteile. Die Durchsetzung DIN-normengerechter Erzeugnisse sollte jedoch bis weit in die 1920er-Jahre dauern, übrigens unterstützt von den Gewerkschaften, die hofften, einen Teil der erwarteten Rationalisierungsgewinne in höhere Löhne umwandeln zu können.[740]

Fazit

Die Bemühungen um Normierung und Standardisierung wurden im Krieg sowohl von der (Groß-)Industrie als auch vom Militär gefordert und mündeten Ende 1917 in die Gründung des Normenausschusses der deutschen Industrie (DIN). Das Zentrum entsprechender Bemühungen war eindeutig Berlin. An rheinisch-westfälischen Unternehmen waren nur Deutsch-Lux und Krupp beteiligt, letzteres entsandte ihr Direktoriumsmitglied und Leiter des Magdeburger Grusonwerks, den Multifunktionär Kurt Sorge ab November 1916 als Berater des Kriegsamts für Standardisierung und Rationalisierung.

---

[738] Protokoll der Ausschusssitzung des Zweckverbands Deutscher Stahlgießereien am 19.12.1917, S. 3 f. in: SIT FWH/1377.
[739] Seherr-Thoß: Neuhaus, S. 125 f.
[740] Wölker: Die Geschichte des DIN, S. 95–105.

19. ERSATZARBEITSKRÄFTE: FRAUEN, JUGENDLICHE, KRIEGSGEFANGENE, ZWANGSARBEITER, STRAFGEFANGENE, ZIVILE AUSLÄNDER, (BAU-)SOLDATEN UND KRIEGSVERSEHRTE

Mit der deutschen Mobilmachung wurden zahlreiche junge, schon gediente Männer, aber auch ältere Jahrgänge, vor allem im Offiziersrang, zu den Waffen gerufen, zusätzlich meldeten sich freiwillig Gymnasiasten und ältere Männer, die das wehrpflichtige Alter schon überschritten hatten. Unter ersteren befand sich auch der 1896 geborene Hermann Reusch, Sohn des GHH-Vorstands Paul Reusch.[741] Selbst für den Mobilmachungsfall Freigestellte – wie bei der Firma Krupp – meldeten sich zu den Soldaten und wurden in einer ersten Kriegseuphorie auch nicht vom Unternehmen reklamiert. Im Bereich Artilleriewerkstätten und Schiffslafetten gab Krupp 9 Prozent der Angestellten und im Bereich Artilleriekonstruktion sogar 18 Prozent der Beamten für den Kriegsdienst frei, weil das Unternehmen für die erwartet kurze Kriegsdauer nicht mit Neukonstruktionen rechnete. Insgesamt wurden bei Krupp im August 1914 6.635 Beschäftigte eingezogen.[742] Dem sogenannten Ruf zu den Fahnen folgten sowohl der Chef des Thomasstahlwerks der Gewerkschaft Deutscher Kaiser, der 35-jährige Hermann Dobrowohl,[743] als auch sein Assistent Dipl.-Ing. Gustav Gebken (gefallen im Mai 1915 in Galizien), sodass der Betrieb bis zum Spätsommer 1916, bis zum Hindenburg-Programm, nur von einem Obermeister geleitet wurde. Dies ist im Übrigen ein Beleg dafür, dass das Thomas-Verfahren noch in vielen Werken bis weit in das 20. Jahrhundert hinein mehr empirisch angewandt wurde, trotz aller akademischen Bemühungen um ein entsprechendes chemisch-technisches Prozessverständnis.[744]

Auch das ebenfalls 35-jährige kaufmännische Vorstandsmitglied der Maschinenfabrik Thyssen & Co. AG, der Jurist Dr. Carl Härle, zog in den Krieg und wurde erst im Sommer 1917 zur Führung des mittlerweile sehr großen, durchaus wichtigen Rüstungsproduzenten mit 20.000 Beschäftigten vom Kriegsdienst freigestellt.[745] Da auch das technische Vorstandsmitglied der Maschinenfabrik Thyssen, Edmund Roser, bei der Marineartillerie diente, musste u. a. August Thyssens jüngerer Bruder Joseph in den

---

[741] Er wurde jedoch nicht sofort an die Front geschickt, siehe Langer: Macht und Verantwortung, S. 105.
[742] Berdrow: Krupp im Weltkrieg, S. 24; Tenfelde: Krupp in Krieg und Krise, S. 58.
[743] Personalakte Hermann Dobrowohl, in: tkA A/501/17.
[744] Rasch, Maas, Toncourt (Hg.): Das Thomas-Verfahren. Es fehlten u. a. die Möglichkeiten zur zeitnahen Temperaturbestimmung und chemischen Analyse im laufenden Betrieb.
[745] Zilt: Härle, S. 296.

Zu Schichtbeginn gab es Gedränge an den Werkstoren der Rüstungsfirmen wie im Fall der Krupp'schen Geschossdreherei VI in Essen, o. D. Quelle: Historisches Archiv Krupp.

Vorstand delegiert werden.[746] Selbst der 46 Jahre alte Dr. Rudolf Brunck, Inhaber der von seinem Vater gegründeten Firma Franz Brunck in Dortmund, die sich bedeutende Verdienste um die Nebenproduktgewinnung auf Kokereien gemacht hatte, meldete sich umgehend als Reserveoffizier zur bespannten Artillerie. Erst 1917 wurde er im Interesse der Kriegsrohstoffwirtschaft reklamiert, obwohl er schon früher in der Kokereiproduktion – nachdem der Schlieffen-Plan gescheitert war – hätte eingesetzt werden können. Vor dem Krieg hatte er nämlich ein Verfahren zur kontinuierlichen Gewinnung von Benzol sowie die direkte Ammoniakgewinnung entwickelt.[747] Einige Mitbewerber im Ruhrgebiet dürften sich über seine mehrjährige Abwesenheit gefreut haben.

Zahlreiche Akademiker, durchaus schon in leitenden Positionen, glaubten bei Kriegsbeginn, ihrem Vaterland mit der Waffe in der Hand mehr zu dienen als an der Heimatfront, z. B. in der Kriegswirtschaft, die nicht nur aus Produktion, sondern auch aus Organisation bestand. Zu ihnen zählte auch der Vorstandsvorsitzende der Rheinischen Stahlwerke, der promovierte Jurist Jakob Haßlacher, Jg. 1869. Er zog zu Kriegsbeginn als Hauptmann d. R. mit dem Jägerbataillon 20 in den Krieg, kehrte aber nach einer Verwundung schon im Dezember 1914 mit dem EK II dekoriert wieder in sein Unternehmen zurück.[748] Ein weiteres Beispiel für diese Geisteshaltung gepaart mit nationaler Gesinnung ist – wenn auch nicht aus dem Ruhrgebiet – der Chemie-Nobelpreisträger Alois Buchner, der Begründer der Enzymologie, der 1907

[746] Rasch: Auch beim Bau, S. 213.
[747] Ress: Kokereitechnik, S. 555. Das Unternehmen Brunck wurde in der Hyperinflation liquidiert.
[748] Glückauf 12.12.1914; Behrens: Haßlacher, S. 50 f.

u. a. über zellfreie alkoholische Gärung forschte, seit 1910 an der Universität Würzburg. Bei Ausbruch des Kriegs wurde er als Hauptmann d. R. eingezogen und im September 1915 zum Major einer Transporteinheit befördert. Weihnachten 1915 von der Universität Würzburg reklamiert, um den Lehrbetrieb aufrecht zu halten, kehrte er im März 1916 vom Kriegsdienst zurück, meldete sich aber nach dem Kriegseintritt der USA schon am 6. April 1917 erneut freiwillig und befehligte wieder eine bayerische Munitionskolonne. Am 13. August 1917 erlag er einer zwei Tage zuvor erfolgten Verwundung in Rumänien.[749]

Ein vergleichbarer Enthusiasmus war zu Beginn des Zweiten Weltkriegs allgemein nicht mehr festzustellen, dafür hatte sich der Stellungskrieg an der Westfront mit seinen mörderischen Artillerieduellen zu sehr in das kollektive Gedächtnis der Bevölkerung eingebrannt. Schon während des Ersten Weltkriegs war die Solidarität der verbliebenen Beamten mit ihren an der Front kämpfenden Kollegen nicht immer ausgeprägt, wie Beispiele der Gewerkschaft Deutscher Kaiser, Duisburg, und der Stahlwerk Thyssen AG, Hagendingen, zeigen. Ein Beitrag von 5 Prozent des Einkommens zur Bildung eines Unterstützungsfonds für Kriegsteilnehmer und deren Angehöriger wurde ab Sommer 1915 von diesen Beamten nicht mehr erhoben.[750] Angesichts deutlicher Kriegsgewinne (s. Kapitel 22) bildeten einige Unternehmen entsprechende Unterstützungsfonds für Arbeiter und Angestellte.

Aber nicht alle Unternehmer dachten national und waren gewillt, in den Krieg zu ziehen. Zu letzteren zählte Hugo Stinnes (Jg. 1870), der schon Anfang August 1914 für sich und mindestens sechs weitere leitende Mitarbeiter der Hugo Stinnes GmbH eine Freistellung vom Militärdienst erfolgreich beantragt hatte mit dem Hinweis, „dass, wenn ich und die genannten Herren eingezogen würden, mein Geschäft zum Stillstand käme, und dass mir nahestehende Unternehmungen (Bergwerke, Hüttenwerke, Elektrizitätswerke usw.), deren Überwachung mir anvertraut ist, in Frage gestellt werden würde[n]." Im Februar 1915 wiederholte er den Antrag aus formalen Gründen, nun ergänzt um den Hinweis, dass mittlerweile 38 seiner 64 Angestellten eingezogen seien, „und dass mit den verbliebenen [Beamten, d. V.] der Betrieb nur mit äußerster Mühe aufrecht gehalten werden kann. Bei weiteren Einberufungen würde er zum Ruhen kommen."[751] Offensichtlich war der Fall Friedrich Bergius (Jg. 1884) (s. Kapitel 4) nicht ganz so selten.

Im Durchschnitt waren bei Kriegsbeginn 30 Prozent der Belegschaft bei den Soldaten, auf einigen Zechen und Kokereien des Oberbergamts Dortmund betrug der Anteil sogar 40 Prozent und mehr der Stammbelegschaft.[752] Zusätzlich verließen zahlreiche ausländische Mitarbeiter, vor allem Österreicher, Italiener und Niederländer das Ruhrgebiet. Ausländer aus Feindstaaten konnten durchaus ihrer Arbeit weiter nachgehen, wenn das Militär ihre Arbeit als kriegswichtig einschätzte. Wenn sich für sie Bürgen fanden, dann internierte man sie nicht. So durften zwei russische Mit-

[749] Wikipedia: https://de.wikipedia.org/wiki/Alois_Buchner. Zugriff 28.12.2019.
[750] Protokoll der Aufsichtsratssitzung der Stahlwerk Thyssen AG vom 07.06.1915, in: tkA A/611/1.
[751] Schreiben Hugo Stinnes an Bezirkskommando Mülheim vom 03.02.1915, Durchschlag in: tkA FWH/1675.
[752] Wenn nicht besonders ausgewiesen, dann beziehe ich mich auf Rawe: Kriegsgefangene.

Der Baltendeutsche Paul Kalnin wechselte im Januar 1914 mit seinem bisherigen Chef Friedrich Bergius zur Th. Goldschmidt AG. Mit Kriegsbeginn wurde der russische Staatsangehörige auf Intervention der Firma nicht interniert und arbeitete im Hauptversuchslabor für den externen Berater Prof. Richard Willstätter u. a. zur Holzverzuckerung. Mit Kalnin vereinbarte das Unternehmen einen „besonderen Kündigungstermin" nach Friedensschluss mit Russland. Quelle: Evonik Services GmbH, Konzernarchiv.

arbeiter von Friedrich Bergius, u. a. Paul Kalnin, ebenso unbehelligt wie der in den USA geborene Schweizer Staatsbürger John Billwiller ihre Forschungen zur Kohleverflüssigung und anderen Themen als Angestellte bei der Th. Goldschmidt AG in Essen fortsetzen.[753] Diese speziellen Beispiele des Arbeitseinsatzes ausländischer Akademiker im Ersten Weltkrieg bedürfen noch der Aufarbeitung, waren sie Einzelfälle?

Um den Betrieb ihrer Erzgruben in Lothringen aufrecht zu erhalten, setzten sich August Thyssen, Wilhelm Beukenberg, Friedrich Springorum, Peter Klöckner und Paul Reusch im November/Dezember 1914 beim Reichsamt des Innern zusammen mit dem VdEh für die Zulassung von 5–6.000 italienischen Arbeitern auf ihren Minettebergwerken ein, jedoch ohne Erfolg. Die Militärs wünschten keine Ausländer so nah an der Front beschäftigt.[754] Die meisten Zivilisten aus Feindstaaten wurden jedoch interniert und bald auch zur Arbeit – sogar in Rüstungsbetrieben – gezwungen.

Trotz der zahlreichen Einberufungen stiegen in den ersten Kriegsmonaten die Arbeitslosenzahlen, denn viele Betriebe lagen still, weil ihre Inhaber einberufen wa-

---

[753] Bei den beiden Bergius-Mitarbeitern handelte es sich um Hugo Specht und Paul Kalnin, siehe Personalakte Bergius, in: Evonik Industries AG, Standortarchiv Marl.
[754] Marx: Paul Reusch, S. 94 Fußnote 173; Langer: Macht und Verantwortung, S. 101, f.

Arbeit Jugendlicher war im Krieg üblich wie hier in einem Kleinbetrieb im Hohenlimburger Stadtteil Elsey, in dem sie unter Aufsicht zweier Erwachsener im Anzug 10,5 cm-Granaten abdrehten, vorne links ist ein Kind zu sehen, 1915. Quelle: Margarete Reise, Hagen / Historisches Centrum Hagen.

ren (dies galt besonders für Handwerksbetriebe und kleinere Kaufläden) oder weil der Eisenbahnverkehr im Ruhrgebiet für zivile Zwecke nicht mehr funktionierte, die Waren nicht abtransportiert werden konnten und keine neuen Rohstoffe und Halbfabrikate in das Ruhrgebiet gelangten, oder aber – trotz ausreichender Rohstoffe – die Aufträge ausblieben.

Dennoch wurden schon am 4. August 1914 die staatlichen Arbeitsschutzbestimmungen und Beschäftigungsbeschränkungen aufgehoben, um verstärkt Jugendliche und Frauen in der Industrie und im Bergbau einsetzen zu können. Insbesondere im Bergbau stellten die 16- bis 19-Jährigen die Ersatzarbeitskräfte. Ihr Anteil stieg von 15,5 Prozent im Jahr 1914 auf schließlich 40,5 Prozent im Jahr 1918.[755] Ähnliche Entwicklungen sind in anderen Branchen ebenfalls festzustellen. Auch bei Krupp stieg der Anteil der Jugendlichen (16 bis 21 Jahre) von 6.000 um 150 Prozent auf ca. 15.000 Beschäftigte.[756] Nur selten wurden die Jugendlichen bei der zum Teil schweren körperlichen Arbeit fotografiert, eher schon auf Gruppenbildern, wo sie wie Lehrlinge den Vordergrund des Bildes einnahmen. In vielen Branchen stellten Frauen das Gros der Ersatzarbeitskräfte, so z. B. bei Krupp, wo ihr Anteil von nahezu Null im Jahr 1914 auf über 5.600 im Juli 1915 auf 12.000 6 Monate später anstieg. Auch die Anzahl der weiblichen Angestellten stieg von 723 am 1. Januar 1915 auf 1.480 genau ein Jahr später an. Die Steigerungen an Mitarbeiterzahlen bei Krupp im dritten und vierten Kriegsjahr entfielen fast zur Hälfte auf Frauen und Jugendliche.[757]

Im Frühjahr 1915 beschäftigte Krupp Frauen zunächst nur mit Hilfsarbeiten, bald jedoch auch an Drehbank-Automaten (Geschossdreherei) und leichten Drehbänken sowie in den Laborierwerkstätten zum Befüllen der Granaten, bis der Arbeitskräfte-

---

[755] Rawe: Kriegsgefangene, S. 38.
[756] Tenfelde: Krupp in Krieg und Krise, S. 62.
[757] Berdrow: Krupp im Weltkrieg, S. 70, 73, 231.

Bis zu 80 Frauen waren während des Kriegs im Krupp'schen Tiegelstahlwerk in Essen beschäftigt, wo sie unterstützt durch mechanische Hilfsmittel und Männer schwere körperliche Arbeit leisten mussten. Quelle: Historisches Archiv Krupp.

mangel Krupp zwang, Frauen auch an den Geschosspressen und in den Heißbetrieben (Tiegelstahlwerk) arbeiten zu lassen. Für bestimmte Betriebe hob der Staat das allgemein bestehende Verbot der Nachtarbeit für Frauen und Mädchen auf, sodass sie wie Männer in wechselnden Tag- und Nachtschichten arbeiteten, besonders in den Geschoss- und Zünderwerkstätten. Obwohl die Firmenleitung Frauen eigentlich als nicht zu selbstständiger Arbeit befähigt ansah, arbeiteten sie als Kranfahrerin und wurden sogar am Schraubstock ausgebildet. Ihnen attestierte der Krupp-Archivar Berdrow allgemein eine höhere Geschicklichkeit und größeres Engagement, aber auch höhere Fehlzeiten als Männern.[758] Die Frauen im Alter von 16 bis 45 Jahren rekrutierten sich zunächst nur aus der nächsten Umgebung Essens, ab Sommer 1917 auch aus den entfernteren Gegenden, weil sich lokal nicht mehr genügend Bewerberinnen fanden.

Im Bergbau, der trotz seiner Schutzheiligen Barbara frauenfeindlich war, durften Frauen nicht unter Tage arbeiten, auch nicht an den Füllörtern, dennoch stieg ihre Anzahl von 574 im ersten Quartal 1915 auf 24.000 im zweiten Quartal 1918 an, was einem Anteil von immerhin 14 Prozent der versicherungspflichtig Beschäftigten (ohne Kriegsgefangene) entsprach.[759] Sie arbeiteten nicht nur in der Verwaltung, sondern vor allem an den Lesebändern, in der Lampenstube, auf dem Holzplatz, beim Auf- und Abladen von Kohle, Koks und Bergen und auf den Kokereien, wo sie ganze Schichten (zum Teil ohne Vorarbeiter) stellen konnten und schwere körperliche Arbeit verrichten mussten. Dies erlaubte den Zechen die Verlegung von Tagesarbeitern in den Grubenbetrieb. Das Oberbergamt Dortmund genehmigte im Mai 1916 Frauenarbeit im Zweischichtbetrieb auf den Kohlewäschen und ab August des gleichen Jahres die Beschäftigung von Frauen auf Kokereien und in der Nebenproduktengewinnung.[760]

---

[758] Ebd., S. 233 f. heißt es dazu: „an ihrem häufigeren Fortbleiben vom Dienst, sei es aus funktionellen und Krankheitsgründen oder aus anderen in ihrer Tätigkeit als Hausfrau begründet".
[759] Rawe: Kriegsgefangene, S. 38.
[760] Burghardt: Mechanisierung, S. 179. Burghardt bezieht sich auf Anträge staatlicher Zechen. Es ist nicht auszuschließen, dass private Gesellschaften schon früher entsprechende Anträge gestellt hatten.

330 | 19. Ersatzarbeitskräfte

Frauenarbeit war im Bergbau – trotz Arbeitskräftemangels – nur über Tage zugelassen, wie hier auf dem Holzplatz einer Krupp-Zeche, wo Frauen und Jugendliche Grubenstempel transportieren. Solche gestellten Aufnahmen waren dazu gedacht, den Durchhaltewillen Deutschlands – in diesem Fall durch Hinweis auf die umfangreichen Lagerbestände an Holz – zu stärken, o. D. Quelle: Historisches Archiv Krupp.

Angeblich sollten Frauen untertage Unglück bringen. Tatsächlich durften sie Bergwerke auch untertage besuchen, wenn sie in der „richtigen" männlichen Begleitung waren, wie in diesem Fall beim Besuch der Schachtanlage 3/7 der Gewerkschaft Deutscher Kaiser am 3. Oktober 1915 mit dem Hamborner Bergschuldirektor Arthur von Tautphoeus (links), Major a. D., und Bergassessor Hans Schlieper (2. v. r.), einer der Geschäftsführer der Sprengluft-GmbH. Quelle: montan.dok.

Frauen mussten nicht nur die zu den Soldaten eingezogenen Männer in allen Betriebsteilen ersetzen, wie auf dem Phoenix-Werk in Ruhrort 1915 als Maschinisten, sondern sie übernahmen für diese Aufnahme auch den männlichen Habitus mit Pfeife oder Zigarette. Nur zwei Nichtraucherinnen sind zu sehen. Fotograf: Adolf Hallensleben, Duisburg-Ruhrort. Quelle: Bürgervereinigung Laar.

Dass auch Frauen in der Kriegswirtschaft schwer körperlich arbeiten mussten, zeigte die Seilerei der GHH Abteilung Gelsenkirchen vorm. Boecker & Co., die unter anderem Stacheldraht und schwere Stahltrossen fertigte. Bei Kriegsbeginn beschäftigte das Werk ausschließlich 124 Männer, bei Kriegsende waren von den 621 Mitarbeitern 520 Frauen.[761]

Verbunden mit der Frauenarbeit waren Auseinandersetzungen über deren Entlohnung, wie sie beispielsweise für die GHH überliefert sind. Deren Vorstandsvorsitzender Paul Reusch wollte Frauen in 10-Stunden-Schichten arbeiten lassen (der Staat wünschte nur 8 Stunden), ihnen jedoch nur zwei Drittel des Akkordlohns der Männer zahlen.[762] Als Begründung wurden eine niedrigere Arbeitsleistung und höhere Fehlzeiten (die keinen Einfluss auf den Lohn hatten, da nicht geleisteter Akkord auch nicht bezahlt wurde, jedoch der Arbeitsausfall eine Minderung des Unternehmensgewinns bedeutete) genannt. Reuschs negative Ansicht teilte im Übrigen Ewald Hilger nicht, der das größte oberschlesische Montanunternehmen, die Vereinigte Königs- und Laurahütte AG als Vorstandsvorsitzender leitete. Das niedrige Lohnniveau bei

---

[761] Büchner: 125 Jahre, S. 59.
[762] Langer: Macht und Verantwortung, S. 97 f.

332 | 19. Ersatzarbeitskräfte

Eine ungewöhnliche Aufnahme entstand am 23. August 1917: Bulgarische Pressevertreter nahezu Arm in Arm mit Krupp'schen Arbeiterinnen in partiell gelöster Stimmung. Quelle: Historisches Archiv Krupp.

gleicher Qualifikation und gleicher Leistungsbereitschaft dürfte ein Grund dafür gewesen sein, dass die Gewerkschaft Deutscher Kaiser bzw. die August Thyssen-Hütte, Gewerkschaft noch 1919 Frauen neu einstellte.[763] Krupp führte in einigen Werkstätten mit überwiegend weiblichen Beschäftigten sogar den Dreischichtbetrieb ein.[764]

Mit der Munitionskrise im Herbst 1914 wurde die Arbeitszeit für die vorhandenen, schon eingearbeiteten Arbeitskräfte als erste Sofortmaßnahme erhöht. Weitere Maßnahmen folgten. Zu Weihnachten 1914 warb das Kriegsministerium erstmals um Verständnis für Sonn- und Feiertagsarbeit (s. Kapitel 2). Da Arbeitskräfte im Ruhrgebiet rar wurden, stellten die Unternehmen nun vermehrt Frauen ein, und zwar auch für Tätigkeiten, die bisher ausschließlich Männern vorbehalten waren (Bergbau). Dies galt im Übrigen auch für die Kommunen und für staatliche Unternehmen (Verwaltung, Eisenbahn).

Nicht nur in der kriegswichtigen Industrie rekrutierten sich die weiblichen Arbeitskräfte aus jenen Bevölkerungsteilen, die schon vor Kriegsbeginn erwerbstätig gewesen waren, wie z. B. Landarbeiterinnen und Hausbedienstete. Es verdingten sich zusätzlich auch jene Frauen, deren Männer eingezogen bzw. gefallen waren und deren staatliche Unterstützung für sie und ihre Kinder nicht ausreichte. Denn meist nur größere Unternehmen gewährten den Ehefrauen eingezogener Mitarbeiter bzw. Kriegswitwen eine Unterstützung zusätzlich zum Sold ihrer Männer. Bei kinderreichen Familien mit Kleinkindern ergab sich u. a. zusätzlich das Problem der Kinderbeaufsichtigung, was vor allem die großen Werke zu lösen wussten, insbesondere als

---

[763] tkA A/16685.
[764] Tenfelde: Krupp in Krieg und Krise, S. 68.

mit dem Hindenburg-Programm der Frauenanteil – nicht nur unverheirateter junger Mädchen – deutlich anstieg. Zusätzlich kamen Arbeiterinnen in das Ruhrgebiet aus Branchen, die im Laufe des Kriegs nicht bzw. nicht mehr als kriegswichtig eingeschätzt wurden, dazu zählte z. B. die Textilindustrie, die bei Kriegsende etwa 200.000 Frauen weniger beschäftigte als zu Beginn.[765] Frauen errangen – wenn auch selten – Stellen als Vorarbeiter und sogar als Angestellte, oder wie es zeitgenössisch hieß, als Beamte, damals noch ohne die weibliche Endung. Sowohl als Arbeiterinnen als auch Angestellte leisteten sie Herausragendes, standen im wahrsten Sinne des Wortes ihren Mann. Sie arbeiteten am Hochofen ebenso wie im Tiegelgussstahlwerk, in der Telefonvermittlung und in Zeichensälen ebenso wie in der Rohstoffbeschaffung. Bei der Krupp'schen Gussstahlfabrik stieg der Frauenanteil im Laufe des Kriegs auf ein Viertel der Belegschaft an, unter den Angestellten (= Beamten) waren es zeitweise sogar fast 30 Prozent (1. Juli 1918) (s. Tabelle). Von diesen Frauen waren ca. 20 Prozent Mütter mit durchschnittlich etwas mehr als zwei Kindern (1. Mai 1918).[766]

Belegschaft der Krupp'schen Gussstahlfabrik 1914 bis 1920[767]

Stichtag	Arbeiter gesamt	davon Frauen	Fixierte Löhner	Beamte gesamt	davon Frauen	Gesamt-Belegschaft
01.08.1914	33.754	k.A.	792	4.439	k.A.	38.985
01.09.1914	33.506	k.A.	(753)	(4.435)	k.A.	(38.694)
01.01.1915	41.835	k.A.	601	3.818	k.A.	46.254
01.07.1915	51.971	3.753	577	4.132	238	56.680
01.01.1916	60.000	9.310	596	4.364	724	64.960
01.07.1916	64.388	11.173	607	4.715	1.028	69.710
01.01.1917	72.646	16.237	665	5.188	1.217	78.499
01.07.1917	80.872	18.896	680	5.860	1.486	87.412
01.01.1918	96.889	24.289	740	6.427	1.804	104.056
01.07.1918	96.834	23.561	733	6.970	2.022	104.537
01.11.1918	94.667	24.150	742	7.396	2.274	102.805
01.12.1918	46.368	6.276	778	7.396	2.114	54.542
01.01.1919	34.695	2.017	875	6.429	1.169	41.999
01.04.1919	32.488	865	928	5.508	396	38.924
01.01.1920	35.829	801	600	5.636	290	42.065

[765] Rawe: Kriegsgefangene, S. 38 f.
[766] Tenfelde: Krupp in Krieg und Krise, S. 60.
[767] Ebd., S. 58.

334 | 19. Ersatzarbeitskräfte

Über den Krieg hinaus beschäftigte die Gewerkschaft Deutscher Kaiser/August Thyssen-Hütte, Gewerkschaft unverheiratete Frauen in ihrer Erzabteilung, wie dieses undatierte Gruppenbild zeigt. Obere Reihe (v. l.) Wilhelm Brewig, Victor Kruft; Mitte: Heinrich Kindt, Hedwig Kortus, Auguste Ziegler, Margarethe Brammen; sitzend: Josef Kamp, Bernhard Dienefeld, Juan Raskop; liegend: Wennemann. Quelle: thyssenkrupp Corporate Archives.

Die eigentlich für Frauen vorgeschriebenen separaten Umkleideräume waren oftmals nur ein Provisorium oder wurden auch anderweitig genutzt.[768] Mit Kriegsende sollten die meisten Frauen ihre Stelle wieder verlieren, zu sehr herrschte die männliche Sicht auf diese Arbeitskräfte vor, dass sie kein vollwertiger Ersatz seien, kein Verständnis für Technik hätten und deshalb nicht an der Feilbank arbeiten könnten. Andererseits hatte die Arbeitswelt die Frauen als engagierte, gleichwertige Arbeitskräfte in der Notzeit des Kriegs kennengelernt, denen Mann [!] selten Orden und Ehrenzeichen für ihre Kriegsarbeit verlieh. Das Vorschlagsrecht lag bei ihren männlichen Kollegen und Vorgesetzten im Unternehmen, die vielleicht auch aus Angst um den eigenen Arbeitsplatz gegen eine Gleichbehandlung oder gar Gleichberechtigung waren. 1919 verlieh der neue demokratische Staat den Frauen wenigstens das politische Wahlrecht. Andererseits stellten einige Firmen noch nach Kriegsende bewusst Frauen ein, da sie billige Arbeitskräfte waren, bzw. beschäftigten diese weiter.[769] Dies dürfte mit ein Grund gewesen sein, weshalb die Gewerkschaften „die möglichst umgehende

[768] Deutsch-Lux, Abteilung Horst wollte 1918 einen provisorischen Schuppen errichten, um eine Werkstatt, einen Lagerraum und „einen Ankleideraum für die weiblichen Arbeitskräfte, die am Hochofen beschäftigt sind …" unterzubringen, siehe tkA, Hoesch-Archiv, DHHU/4558, 5409.
[769] Siehe tkA A/16685.

Entfernung der Frauen aus den Eisenhüttenbetrieben" wünschten, wie Albert Vögler über eine Besprechung mit Otto Hue, Bergarbeiterverband, Georg Reichel, 2. Vorsitzender der Gewerkschaft Deutscher Metallarbeiter Verband (DMV) und Karl Spiegel, Bezirksleiter des DMV für Rheinland und Westfalen am 18. Oktober 1918 notierte.[770]

Für die Umsetzung des Hindenburg-Programms forderte die Industrie zusätzliche Arbeitskräfte, vor allem reklamierte sie eingezogene Mitarbeiter. Zudem sandte das Militär sogenannte Bausoldaten temporär an die Heimatfront für den Bau der für das Hindenburg-Programm notwendigen zusätzlichen Fabriken. Reklamationen erfolgten nicht nur bei Facharbeitern, sondern auch bei Leitenden Angestellten bis hin zu Vorständen. An den Zahlen für den Krupp-Konzern sieht man, dass ab 1917 die Anzahl der einberufenen Beamten kontinuierlich sank, weil die Firma diese verstärkt anforderte (weitere Abgänge durch Tod), während die Anzahl der einberufenen Arbeiter ständig weiter anstieg und bei Kriegsende 30 Prozent erreichte, während sie bei den Beamten von 30 Prozent am 1. Januar 1916 auf knapp 12 Prozent bei Kriegsende fiel (s. Tabelle).

Gesamtbelegschaft (Beamte, Arbeiter und Kriegsgefangene) der Fried. Krupp AG (Gussstahlfabrik und Außenwerke) 1914 bis 1920[771]

Stichtag	Beamte im Dienst	Beamte im Krieg	Fixierte Löhner	Arbeiter im Dienst	Arbeiter im Krieg	Gefangene	Summe
01.08.1914	7.252	-	1.717	68.677	-	-	80.333
01.09.1914	(7.015)	k.A.	(1.504)	61.890	k.A.	-	(72.832)
01.01.1915	6.046	1.747	1.282	70.288	17.457	-	77.616
01.07.1915	6.466	1.881	1.274	84.993	19.726	-	92.733
01.01.1916	6.847	2.104	1.346	93.627	24.243	2.163	103.983
01.07.1916	7.315	2.158	1.488	101.357	26.555	2.336	112.496
01.01.1917	8.015	2.053	1.652	115.504	28.928	3.734	128.905
01.07.1917	8.908	1.863	1.757	127.178	30.154	4.057	141.900
01.01.1918	9.764	1.752	1.920	145.625	31.550	4.590	161.899
01.07.1918	10.364	1.725	1.996	144.475	35.915	4.724	161.559
01.11.1918	10.814	1.662	2.031	140.741	41.712	5.230	158.816
01.12.1918	10.800	1.261	1.963	84.674	k.A.	-	97.437
01.01.1919	9.950	531	2.020	72.490	k.A.	-	84.460
01.04.1919	8.761	162	1.878	67.726	k.A.	-	78.365
01.01.1920	8.932	73	1.443	72.282	k.A.	-	82.657

[770] Schreiben Vögler an Beumer vom 18.10.1918 mit angehängtem Protokoll, in: MA P1.25.55.1, p. 2–5.
[771] Tenfelde: Krupp in Krieg und Krise, S. 57.

Der Einsatz von Kriegsgefangenen, hier französische bei Transportarbeiten auf dem Erzplatz der Hochöfen 4 und 5 der Gewerkschaft Deutscher Kaiser in Hamborn, erforderte auch immer eine entsprechende Bewachung, meist durch Soldaten der Landwehr, o. D. Quelle: thyssenkrupp Corporate Archives.

Als ab 1917 Streiks wegen schlechter Verpflegung und inflationsbedingt unzureichender Löhne zunahmen, wandten nicht nur die Ruhrindustriellen zur Disziplinierung ihrer Arbeiter die Regel an: Wer streikt, der kommt an die Front.[772] Das Kalkül war, kurzfristig auf Arbeitskräfte zu verzichten, um langfristig den „Burgfrieden" vom August 1914 in der Belegschaft zu wahren ohne den Lohnforderungen nachgeben zu müssen, obwohl diese angesichts der Inflation – nicht nur im Lebensmittelbereich – mehr als berechtigt waren.

Im Vergleich zur Frauenbeschäftigung war die Beschäftigung von Kriegsgefangenen, zivilen Ausländern, Internierten und Zwangsarbeitern eher unbedeutend. So setzte Krupp bewusst Kriegsgefangenen nicht in der Kanonenwerkstatt ein,[773] während das NS-Regime gegen Kriegsende seine „Wunderwaffen", technisch durchaus komplexe, d. h. störanfällige Waffensysteme wie V2 und Me 262, durch KZ-Insassen fertigen ließ. Den Einsatz von Kriegsgefangenen in der Rüstungsproduktion untersagte die Haager Landkriegsordnung. Im Zweiten Weltkrieg stellten Kriegsgefangene

---

[772] Langer: Macht und Verantwortung, S. 136 f.
[773] Berdrow: Krupp im Weltkrieg, S. 69.

19. Ersatzarbeitskräfte | 337

Auf dem Friedhof des Kriegsgefangenenlagers Friedrichsfeld bei Dinslaken errichteten fachkundige Gefangene 1916 ein unübersehbares Monument für ihre während der Lagerhaft verstorbenen Mitgefangenen aus verschiedenen Nationen, 1916. Quelle: Förderverein Friedrichsfeld.

Das fertiggestellte Denkmal für die verstorbenen Kriegsgefangenen des Lagers Friedrichsfeld mit dem Gregorianischen Repertoir: „Requiem aeternam dona eis, Domine, et lux perpetua luceat eis". Im Hintergrund links sichtbar der Schachtbohrturm für die geplante Schachtanlage Friedrichsfeld der Gewerkschaft Deutscher Kaiser mit einer Rot-Kreuz-Baracke, ca. 1920. Quelle: Förderverein Friedrichsfeld.

und Zwangsarbeiter durchschnittlich mindestens 40 bis 50 Prozent der Arbeitskräfte in der rüstungsrelevanten Industrie. Im Ersten Weltkrieg war der Anteil der Kriegsgefangenen in der Rüstungsindustrie niedriger als der der Frauen, auch wenn bei Kriegsende etwa 2,5 Mio. Kriegsgefangene in Deutschland lebten und für Deutschland und dessen Kriegsindustrie arbeiteten.[774] Es gab aber auch Ausnahmen wie beim Stahlwerk Düsseldorf der österreichischen Gebr. Böhler & Co. AG in Düsseldorf-Oberkassel, das erst 1915 in Teilen seinen Betrieb aufnahm und in dem bei Kriegsende etwa 2.500 Menschen arbeiteten, davon 40 Prozent männliche Ausländer (Niederländer und belgische Kriegsgefangene) sowie 20 Prozent Frauen.[775]

Kriegsgefangene setzten das deutsche Militär in den ersten Kriegsmonaten nur in solchen Projekten ein, die man als Arbeitsbeschaffungsmaßnahmen hätte bezeichnen können, also zusätzliche Arbeiten waren, dazu zählten Kanal- und Straßenbau ebenso wie landwirtschaftliche Melioration. Da in den ersten Kriegsmonaten allgemein eine erhöhte Arbeitslosigkeit herrschte, wandten sich die Gewerkschaften zunächst gegen den Arbeitseinsatz von Kriegsgefangenen, in dem sie die Gefahr einer „Lohndrückerei" sahen. Aber schon im Februar 1915 wich das Reichsamt des Innern von den bisherigen Beschäftigungsmaßnahmen für Kriegsgefangene ab und erklärte die Notwendigkeit als gegeben, diese in der Montanindustrie einzusetzen. Das dem Ruhrgebiet am nächsten gelegene Kriegsgefangenenlager hatte das stellvertretende Generalkommando des VII. Armeekorps in Friedrichsfeld zwischen Wesel und Dinslaken eingerichtet. Im Vergleich zum relativ frontnahen Saarrevier war das Ruhrgebiet Vorreiter in der Beschäftigung von Kriegsgefangenen, auch wenn sich seine Vertreter, u. a. Emil Kirdorf, Generaldirektor der GBAG, zunächst noch gegen eine Beschäftigung von Kriegsgefangenen ausgesprochen hatten. Im Februar 1915 trafen die ersten 1.600 französischen und belgischen Kriegsgefangenen auf Ruhrzechen ein.

Ende August 1918 erreichte der Einsatz von Kriegsgefangenen im Bergbau mit 73.670 Mann bei einer Gesamtbelegschaft von 448.479 Mann seinen Höhepunkt, was einen Anteil von 16,43 Prozent entsprach.[776] Der Bergbau war wahrscheinlich die einzige kriegswichtige Branche, deren Frauenanteil an der Gesamtbelegschaft niedriger war als der der Kriegsgefangenen. Knapp die Hälfte der Kriegsgefangenen waren im Februar 1918, also vor dem Frieden von Brest-Litowsk, „Russen" (einschließlich Polen, Finnen, Ukrainer, Litauer und anderer Ethnien des Zarenreichs), nicht ganz 40 Prozent Franzosen (inklusive Kolonialtruppen) und jeweils nicht ganz 5 Prozent Briten, Belgier und Italiener. Marginal war die Anzahl von portugiesischen, griechischen und serbischen Kriegsgefangenen. Wobei eine Gruppe von 400 griechischen Soldaten, die Ende 1917 an der Salonikifront offensichtlich geschlossen zu den Mittelmächten übergetreten war,[777] einen besonderen Status – nicht nur bei Krupp – erhalten hatte. Sie wurden nicht als Gefangene behandelt, erhielten private Arbeitsverträ-

---

[774] Rawe: Kriegsgefangene, S. 41.
[775] Haissig: Geschichte, S. 201.
[776] Die veröffentlichten Statistiken über Belegschaftsstärken und Förderleistungen sind nicht widerspruchsfrei!
[777] Die Kriegserklärung Griechenlands an die Mittelmächte erfolgte am 29. Juni 1917.

19. Ersatzarbeitskräfte | 339

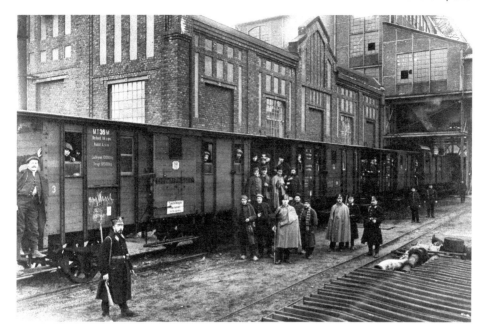

Foto von den ersten auf der Zeche Wehofen der Gewerkschaft Deutscher Kaiser eingesetzten Kriegsgefangenen. Da sich ihr Lager nicht in der Nähe des Schachtes befand, mussten sie unter Bewachung mit der Eisenbahn transportiert werden, wie hier am 20. Februar 1915. Quelle: montan.dok.

ge, standen aber weiterhin unter dem Kommando ihrer Offiziere als ein gesondertes Arbeitskommando.[778] Im Bezirk des VII. Armeekorps, der das gesamte Ruhrgebiet umfasste, waren im Laufe des Kriegs etwa 227.400 gefangene Soldaten interniert und zum größten Teil auch zur Arbeit eingesetzt.[779] Grundsätzlich erhielten die Kriegsgefangenen den gleichen Lohn wie deutsche Arbeiter, um – wie schon gesagt – den gewerkschaftlichen Vorwurf der Lohndrückerei zu entkräften. Ihnen wurde jedoch nur ein Viertel ausbezahlt, anfangs in offiziellen Zahlungsmitteln. Es soll sogar vorgekommen sein, dass Wachmannschaften mit ihren Gefangenen öffentliche Lokale aufsuchten. Den Rest des Lohns mussten die Arbeitgeber an die Heeresverwaltung zur späteren Auszahlung an die Gefangenen überweisen. Diese brachten vorher ihre Kosten für Kost und „Logis" in Abzug, mussten aber – zumindest formal – die Kosten der Bewachung selbst tragen. Auch die Kosten für Planung, Bau und Ausstattung der Gefangenenlager – sofern die Kriegsgefangenen nicht in den werkseigenen Menagen (Ledigenheimen) oder angemieteten Gasthäusern untergebracht werden konnten – und deren anschließende Verwaltung waren von den Unternehmen vorzustrecken.[780]

[778] Berdrow: Krupp im Weltkrieg, S. 230; Tenfelde: Krupp in Krieg und Krise, S. 64 f.
[779] Rawe: Kriegsgefangene, S. 41, Anm. 23.
[780] Als Beispiel sei erwähnt der Bau von fünf Kriegsgefangenenbaracken für Deutsch-Lux, Abteilung Dortmunder Union, an der Rheinischen Straße 217/219 mit Kantine, Haus für die Wachmannschaft inklusive Arrestzelle, Portierhaus sowie separater Abortanlage. Die Schlaf-

Die werkseigenen Bauabteilungen ebenso wie die Wohnungsverwaltung (bisher für Werkskolonien und Ledigenheime zuständig) mussten Mehrarbeit leisten und zum Teil personell aufgestockt werden. Aus betriebswirtschaftlicher Sicht war der Arbeitseinsatz von Kriegsgefangenen für die Firmen wenig erstrebenswert, da die Kriegsgefangenen den gleichen Lohn wie deutsche Arbeitskräfte erhalten sollten, aber nicht deren Leistung erbrachten.[781] Ihr Einsatz blieb aber angesichts der kriegswirtschaftlichen Anforderungen nahezu alternativlos, da die anderen Ersatzarbeitskräfte (Frauen, Jugendliche) bis auf zivile Ausländer und Deportierte schon ausgeschöpft waren. Gegen Kriegsende wurden auch deutsche Strafgefangene in der Kriegswirtschaft eingesetzt.[782] Um eine Flucht der Kriegsgefangenen zu erschweren, gaben die Firmen und Städte schließlich nur noch sogenanntes Lagergeld aus, sogar in durchaus hohen Nominalen von fünf bis zu zwanzig Mark. Für das Lagergeld konnten die Gefangenen jedoch nur aus einem eingeschränkten Angebot ihres jeweiligen Lagers auswählen. Dieses Not- oder besser Lagergeld bestand – je nach Werk – aus (farbig) bedrucktem Papier oder sogar aus Aluminium-Münzen.[783]

Angesichts des eingeschränkten Arbeitskräfteangebots setzten Unternehmen Kriegsgefangene ein, auch wenn sie im Durchschnitt eine geringe Arbeitsleistung erbrachten und schon dadurch tatsächlich teurer waren als reguläre deutsche Arbeiterinnen und Arbeiter. Ab 1917 setzte die GHH auch Strafgefangene und Fürsorgezöglinge ein, obwohl sie dies noch 1916 abgelehnt hatte.[784] Zusätzliche Kosten verursachte die aufwendige Verwaltung der unfreien Arbeitskräfte, deren Bewachung, der Bau von zusätzlichen Kantinen und die Verpflegung, die meistens nicht der zu leistenden schweren Arbeit angepasst war. Auch wenn die tatsächlichen Kosten für die Verpflegung vom Lohn abgezogen wurden, deckten diese nicht die anfallenden Kosten für die Kantinen und Speisesäle.[785] So dürften die Klagen der Unternehmen über die geringere Arbeitsleistung vor allem dazu genutzt worden sein, die Entlohnung – und damit die zu überweisende Leistung an das Kriegsministerium – zu kürzen.[786] Die auf den großen Werken errichteten Kantinen für freie aber auch gezwungene Arbeitskräfte lösten nach dem Krieg oftmals die bis dahin übliche Eigenverpflegung mittels

---

baracken waren mit Minimax-Feuerlöschern ausgerüstet und wurden ständig erweitert, siehe tkA, Hoesch-Archiv DHHU/4630, 4775, 4779.
[781] Laut Burghardt: Mechanisierung, S. 174 sollen westliche Kriegsgefangene 60–80 Prozent der durchschnittlichen Leistung eines deutschen Bergmanns erbracht haben, östliche Kriegsgefangene mit einem vornehmlich agrarischen Hintergrund dagegen nur 40–50 Prozent. Diese Angaben müssten zudem mit dem Verpflegungsgrad der Kriegsgefangenen in Relation gesetzt werden, wie das erst im Zweiten Weltkrieg geschah. Zudem ist die höhere Unfallquote zu berücksichtigen.
[782] Berdrow: Krupp im Weltkrieg, S. 331.
[783] Hohensee: Duisburger Notgeld; ders.: Mülheimer Notgeld; Triest: Katalog.
[784] Marx: Paul Reusch, S. 97.
[785] Siehe Aufstellung Firmenzuschuss für die Krupp'sche Konsumanstalt in Kapitel 13.
[786] Interessant wäre es zu erfahren, ob die zunächst einbehaltenen Löhne den Kriegsgefangenen bei Kriegsende ausbezahlt oder pauschal an die jeweiligen Staaten überwiesen wurden. Dies gilt insbesondere auch für die russischen Kriegsgefangenen des 1917 untergegangenen Zarenreichs.

19. Ersatzarbeitskräfte | 341

Henkelmann ab. Die im Krieg errichteten Verpflegungseinrichtungen wurden weiter genutzt. Sie erweiterten das Spektrum der werkseigenen „Sozialleistungen".

Die Beschäftigung von Kriegsgefangenen nahm gegen Kriegsende manchmal kuriose Züge an. Ein Arbeitgeberwechsel zu einem Rüstungsbetrieb konnte aus einem Kriegsgefangenen einen ausländischen Zivilarbeiter mit Lohn- und Urlaubsanspruch

Das Geld für die Kriegsgefangenenlager war nur für den internen Gebrauch hergestellt worden und oft recht einfach gestaltet, wie die Beispiele Phoenix, Zeche Westende und AG für Hüttenbetrieb sowie Henrichshütte zeigen. Quelle: thyssenkrupp Corporate Archives.

Lagergeld für Kriegsgefangene mit ästhetischem Anspruch sind diese drei Scheine der Gewerkschaft Deutscher Kaiser, die vermutlich der Baumeister Leo Winkel gestaltete. Quelle: thyssenkrupp Corporate Archives.

und dem Recht zur gewerkschaftlichen Organisation machen.[787] Ein selbstständiger Schuhmacher eines nicht als kriegswichtig eingestuften Gewerbes wurde im Sommer 1918 aufgrund des Hilfsdienstgesetzes für die Rüstungsfertigung verpflichtet. Seine Ehefrau beantragte daraufhin eine zusätzliche Arbeitskraft für die Schusterei und erhielt diese vom stellvertretenden Generalkommando des VII. Armeekorps in Person eines belgischen Zivilarbeiters zugewiesen. Die Militärs ersetzten die angeblich nicht so kriegswichtige Arbeitskraft des Schusters durch einen in einem Rüstungsbetrieb Beschäftigten. Vermutlich spielte ein soziales Verantwortungsbewusstsein gegenüber dem Handwerksbetrieb – die Familie war nur über den Verdienst des Mannes abgesichert – eine Rolle, die Akten schweigen jedoch dazu.[788]

Zusätzliche zivile deutsche Arbeitskräfte waren – spätestens seit dem Hindenburg-Programm – für die Rüstungsindustrie kaum noch verfügbar, obwohl sich etliche Arbeiter gerne anwerben ließen, um dem Heeresdienst zu entgehen. Die Stilllegung von nicht kriegswichtigen Betrieben und der Erlass des Gesetzes über den vaterländischen Hilfsdienst im Dezember 1916,[789] mit dem sämtliche Männer zwischen 16 und 60 Jahren zwangsweise zur Arbeit verpflichtet werden konnten, änderten am Arbeitskräftemangel der deutschen Rüstungsindustrie nur kurzfristig etwas. Gewerkschaften und Arbeiterschaft vermochten in dem Gesetz jedoch langfristig Vorteile zu sehen, schrieb der Gesetzestext doch erstmals jene Arbeiter- und Schlichtungsausschüsse für Lohn- und Arbeiterfragen in den Betrieben vor, für die die Gewerkschaften jahrzehntelang politisch gekämpft hatten. Auch der Einsatz von (Bau-)Soldaten 1916/17 war nur eine Maßnahme, um vorübergehende Spitzenlasten des Baugewerbes beim Bau kriegswichtiger Anlagen infolge des Hindenburg-Programms – bei Krupp kurz Hindenburg-Werkstätten genannt – durch Soldaten von der Front und aus der Etappe zu mildern. Übrigens hatte die Maschinenfabrik Thyssen schon im Juni 1916, also deutlich vor dem Hindenburg-Programm, 60 Bausoldaten sowie Kriegsgefangene angefordert zur Anlage eines „Minenschießplatzes" mit Bahnanschluss in Oberlohberg, bestehend u. a. aus Baracke, Küche und Latrine für das Minenwerfer-Abnahmekommando.[790] Unter den 1.315 bei Krupp tätigen Belegschaftsmitgliedern der 26 Energiebetriebe befanden sich nicht nur 118 Frauen, 41 Angestellte und eine große Anzahl an Ausländern, jedoch aus Angst vor Sabotage keine Kriegsgefangenen, wohl aber 50 Soldaten.[791] Seit Anfang 1917 arbeiteten auch bayerische Staatsbürger in Essen in der Krupp'schen Kanonenwerkstatt. Sie wurden für die Bayerische Geschützfabrik von Krupp ausgebildet, deren Stammbelegschaft sie bilden sollten,[792] und verringerten temporär den Arbeitskräftemangel. Nach Fertigstellung der sogenannten Hindenburg-Werkstätten mangel-

---

[787] Schreiben Kommandantur des Kriegsgefangenenlagers Senne an die Polizeiverwaltung Hattingen vom 30.07.1918, in: StA Hattingen C 7 Nr. 103.
[788] Schreiben vom 19.06.1918, in: StA Hattingen C 7 Nr. 104.
[789] Reichsgesetzblatt 1916, S. 1333–1339.
[790] Schriftwechsel zwischen Gewerkschaft Deutscher Kaiser und Maschinenfabrik Thyssen zwischen 24.06.1016 und 06.07.1916, in: tkA TLi/3060. Lageplan s. S. 153.
[791] Berdrow: Krupp im Weltkrieg, S. 224.
[792] Ebd., S. 228.

Zur Realisierung des Hindenburg-Programms wurden auch sogenannte Bausoldaten in die Heimat, u. a. zu Krupp in Essen, abkommandiert, ca. 1917. Quelle: Historisches Archiv Krupp.

te es Krupp im Bereich der Artilleriewerkstätten an 9.000 Arbeitskräften, obwohl dort im Sommer 1918 schon 26.800 Menschen beschäftigt waren, d. h. 25 Prozent der Vollbelegschaft fehlte, in den Kanonenwerkstätten V und VII waren das 1.900 Mann und in den Lafettenwerkstätten weitere 1.200 Arbeitskräfte.[793] Dennoch hatte auch Krupp im Juni 1918 1.200 seiner Mitarbeiter an die Front abgeben müssen, für deren Ersatz die Firma daraufhin 5.000 Arbeitskräfte anforderte, doch deutlich weniger als für die volle Ausnutzung seiner Anlagen notwendig, denn mittlerweile hatten Militär und Industrie allgemein eingesehen, dass die vorhandenen Produktionskapazitäten nicht voll ausgelastet werden konnten, u. a. wegen fehlender Rohstoffe und Arbeitskräfte. Die Krupp'sche Kanonenwerkstatt erreichte nur zwei Drittel ihrer möglichen Kapazitäten, die Lafettenwerkstätten drei Viertel.[794]

Eine Maßnahme zusätzlich zum Einsatz von Frauen, Jugendlichen und Kriegsgefangenen stellte die Anwerbung von Arbeitskräften in den von den Mittelmächten besetzten Gebieten im Westen und im Osten dar. Im Frühjahr 1915 gründete die Nordwestliche Gruppe des Vereins deutscher Eisen- und Stahlindustrieller in Brüssel das „Deutsche Industrie-Büro", um u. a. ab Juni 1915 belgische Arbeiter für die westdeutsche Schwerindustrie anzuwerben. Das Königreich Belgien war fast vollständig von deutschen Truppen besetzt. Nicht nur die exportorientierte, sondern fast die gesamte belgische Industrie lag still, sodass eine hohe Arbeitslosigkeit im besetzten Gebiet

[793] Ebd., S. 248 f.
[794] Ebd., S. 248 f., S. 259 f.

Zu den wenigen Firmen, die von den bei ihnen während des Ersten Weltkriegs eingesetzten Kriegsgefangenen Porträtfotografien anfertigen ließen, gehörte die GHH. V. l. Franzose/Landarbeiter, Belgier/Schlachter, Serbe/Kaufmann. Quelle: Stiftung Rheinisch-Westfälisches Wirtschaftsarchiv.

Belgier (Flame)/Student, Brite/Dreher, Portugiese. Quelle: Stiftung Rh.-Westfälisches Wirtschaftsarchiv.

herrschte. Von deutscher Seite hoffte man auf einen großen Erfolg der Anwerbeaktion, zumal die belgischen Arbeiter rechtlich den deutschen Arbeitskräften gleichgestellt sein sollten und zusätzlich bei Vertragsabschluss ein Handgeld erhielten, zudem wurde sogar der Nachzug der Familien in Aussicht gestellt (dies übrigens im Gegensatz zur Regelung bei russisch-polnischen Arbeitern, denen man diese Vergünstigung nicht gewährte). Im ersten Werbejahr des Deutschen Industrie-Büros kamen jedoch nur 12.000 Belgier zur Arbeit nach Deutschland, obwohl die Versorgung der notleidenden belgischen Bevölkerung mit Lebensmitteln unzureichend war.

Zum 31. August 1916 arbeiteten insgesamt 886 Belgier bei der GHH, von denen jedoch schon 292 wieder gekündigt hatten bzw. gekündigt worden waren. Von diesen waren 386 auf den Oberhausener Walzwerken und 353 auf den dortigen Bergwerken beschäftigt. Obwohl die Abneigung gegen den Besatzer groß war und die Belgier in

Noch am 4. November 1918 wurde beim Deutschen Industrie-Büro in Charleroi für die Henrichshütte ein Arbeiter zusammen mit einer Frau und drei Kindern angeworben. Quelle: Stadtarchiv Hattingen.

Deutschland zudem gegen ihre eigene Befreiung arbeiteten, indem sie die deutsche Kriegswirtschaft unterstützten, nahm ihre Anzahl zu. Zum 27. Februar 1918 beschäftigte die GHH 1.634 belgische Arbeiter.[795] Krupp beschäftigte im zweiten Kriegsjahr nur 200 zivile Ausländer und im dritten schon mehr als 2.000, hauptsächlich bei den Erd- und Bauarbeiten für die Hindenburg-Werkstätten. Im vierten Kriegsjahr (Juli 1918) wuchs ihre Anzahl auf 8.500 an. 8.000 davon waren Belgier, die den gleichen Lohn wie deutsche Arbeiter erhielten und die gleichen Abzüge für Kost und Logis hatten.[796] Immer wieder fanden sich Belgier bereit, nach Deutschland zu reisen, wie jenes unverheiratete Paar mit drei Kindern Anfang November 1918. Ob in ihrer Heimat der soziale Druck auf das unverheiratete Paar groß oder die Informationslage dort über den jüngsten Kriegsverlauf unzureichend war, darüber lässt sich nur spekulieren. Außerdem hatte die von deutscher Seite seit Anfang 1917 systematisch betriebene Demontage von belgischen Anlagen und Betrieben für die deutsche Kriegswirtschaft die noch vorhandenen Arbeitsmöglichkeiten weiter eingeschränkt. Andererseits scheint die für die Arbeitserlaubnis in Deutschland zuständige militärische Stelle im besetzten Belgien nicht überlegt zu haben, in welcher Relation der zu erwartende Zugewinn an Arbeitskraft (eine Person) in Relation zur Verschlechterung der Ernährungslage Deutschlands (fünf Personen) stand, wie das Beispiel von November 1918 zeigt.[797] Bei der Gewerkschaft Deutscher Kaiser wurden die letzten belgischen Arbeitskräfte am 9. November 1918 erfasst, denen man bald Geld für die Rückreise geben musste.[798] Anders war die Situation bei den russisch-polnischen Arbeitern, die die Gewerkschaft Deutscher Kaiser trotz Friedensschluss bzw. Waffenstillstand bis Januar 1919 einstellte.[799]

[795] Thiel: Menschenbassin, S. 166, Anm. 15, 19.
[796] Berdrow: Krupp im Weltkrieg, S. 229.
[797] StA Hattingen C 7 Nr. 103.
[798] tkA A/11680.
[799] tkA A/16683–16682.

Während bis Sommer 1916 12.000 Belgier nach Deutschland kamen, wurden im gleichen Zeitraum 75.000 Arbeiter aus den besetzten russisch-polnischen Gebieten nach (West-) Deutschland gebracht.[800] Sie durften nach Ablauf ihrer befristeten Verträge nicht in die Heimat zurückkehren, sondern der Staat zwang sie, weiter für die deutsche Kriegswirtschaft zu arbeiten. Daran änderte auch die Errichtung des von den Mittelmächten abhängigen Königreichs Polen am 5. November 1916 wenig, sodass zahlreiche polnische Arbeitskräfte „kontraktbrüchig" auf eigene Faust versuchten, zurück in ihre Heimat zu gelangen. Zur Aufrechterhaltung der kriegswichtigen deutschen Kohleförderung leisteten diese russisch-polnischen Zwangsarbeiter einen erheblichen Anteil.

Neben etwa 500.000 bis 600.000 russisch-polnischen und etwa 160.000 belgischen zivilen Arbeitern beschäftigte das Deutsche Reich im Laufe des Kriegs auch noch etwa 100.000 Niederländer sowie andere Arbeitskräfte aus neutralen skandinavischen Ländern und anfangs auch noch Italien.[801]

Die Handlungen deutscher Militärs und Industrieller scheinen häufig kurzsichtig gewesen zu sein, so auch im Spätsommer 1916, als die Deportation belgischer Arbeitskräfte für das Hindenburg-Programm angeordnet wurde ohne Rücksicht auf die politische oder humanitäre Dimension solchen Vorgehens. Nach der Ernennung der 3. OHL fanden Gespräche zwischen der neuen militärischen Führung und wichtigen Industriellen statt, um die Möglichkeiten und Voraussetzungen für eine enorme Steigerung der deutschen Rüstungsproduktion zu ermitteln, unter ihnen Gustav Krupp von Bohlen und Halbach. Eine, wenn nicht die wichtigste Voraussetzung für eine erfolgreiche Umsetzung des sogenannten Hindenburg-Programms war die Bereitstellung einer ausreichenden Anzahl an arbeitswilligen und qualifizierten Arbeitskräften. Die Forderung, zum Teil arbeitslose Belgier für die deutsche Rüstungsindustrie „nutzbar" zu machen, war schon im Jahr 1915 mehrfach aufgestellt worden. Nun stellte Carl Duisberg zusammen mit Walther Rathenau und Hugo Stinnes angesichts der von der Industrie erwarteten Leistungssteigerungen diese erneut und schreckte sogar vor völkerrechtswidrigen Deportationen nicht zurück, obwohl letzterer in den Jahren zuvor Belgien eigentlich in eine deutsche Satrapie verwandeln wollte.[802] (Hierauf bezog sich übrigens Adolf von Harnack, als er am 1. August 1916 Deutschland vor der Gefahr eines zweiten deutschen Nordirlands warnte (s. Kapitel 22).) Die deutschen Besatzungsbehörden unter General Moritz von Bissing wiesen auf den Verstoß gegen das Völkerrecht hin und zweifelten den wirtschaftlichen Erfolg solcher Deportationen an, was Hugo Stinnes zu der Gegenbemerkung veranlasste: „Man schaffe uns die Leute, wir werden sie schon zur Arbeit bringen".[803] Ethische oder moralische Bedenken hatten die wenigsten Politiker, Militärs oder Industriellen. Hugo Stinnes ging in seinen Forderungen über Carl Duisberg deutlich hinaus, da er bewusst belgische Bergleute

---

[800] Rawe: Kriegsgefangene, S. 50.
[801] Thiel: Menschenbassin, S. 32.
[802] Hierfür und für das Folgende grundlegend. Thiel: Menschenbassin, S. 109–113.
[803] Erwähnt im Schreiben von Bissing an Reichskanzler Bethmann Hollweg vom 13.02.1917, zit. nach ebd., S. 155.

Aus Angst vor Sabotage setzte die Industrie Kriegsgefangene selten in der eigentlichen Rüstungsfertigung ein. Auch wenn es nach der Haager Landkriegsordnung verboten war, wurden bei Krupp besonders gekennzeichnete Kriegsgefangene zu Transportarbeiten bei der Munitionsfertigung herangezogen, bewacht durch einen Soldaten der Landwehr, o. D. Quelle: Historisches Archiv Krupp.

deportieren lassen wollte für den Ruhrbergbau. Diese Maßnahme sollte die zukünftige Position des Ruhrbergbaus stärken und gleichzeitig den belgischen Steinkohlenbergbau schwächen. Dieser sollte deutlich reduziert nur noch die für das deutsche Besatzungsheer, die Fronttruppen, die Militäreisenbahn sowie für den militärischen Eigenbetrieb notwendigen Mengen fördern. Die Möglichkeit, den belgischen Bergbau auch für die deutsche Rüstung einzuspannen, scheint Stinnes nicht näher in Betracht gezogen zu haben, eventuell wegen der damit verbundenen Eigentumsfragen. Denn Bergleute in heimischer Umgebung hätten bei entsprechendem Anreizsystem vermutlich mehr geleistet, als wenn sie zur Arbeit in das Ruhrgebiet deportiert wurden. Solche belgischen Kohlelieferungen hätten bezahlt werden müssen, da man im Ersten Weltkrieg das Privateigentum teilweise noch respektierte. Die Aktivität von Hugo Stinnes und des Bergbau-Vereins zielte auch gegen die bisherige Anwerbepraxis des vom Verein deutscher Eisen- und Stahlindustrieller (VdESI) unterhaltenen Deutschen Industrie-Büros in Brüssel. Der Bergbau-Verein wollte Anfang 1916 eine eigene Anwerbestelle errichten, um in Eigenregie belgische und polnische Arbeitskräfte anzuwerben.[804]

Nach massiven Interventionen von rheinisch-westfälischer Schwerindustrie und OHL gab Generalgouverneur von Bissing schließlich nach und stimmte einer Zwangsdeportation von belgischen Arbeitern nach Deutschland zu. Mit zum Teil großer

[804] Ebd., S. 117.

Brutalität betrieben die deutschen Besatzungsbehörden ab Oktober 1916 die Aushebung der nicht nur arbeitslosen und meistens verheirateten belgischen Arbeiter und ihre Überführung in das Reich. Hier kamen sie wie Kriegsgefangene in Sammellager unter militärischer Aufsicht. Diese Deportationen waren jedoch nicht ausreichend mit der deutschen Industrie und den deutschen Generalkommandos abgestimmt. Bei Abbruch der Deportationen am 10. Februar 1917 waren noch immer 40.000 von 56.000 Deportierten in Sammellagern untergebracht und hatten noch nicht die angestrebte Arbeit in der deutschen Industrie aufgenommen, denn parallel zu den Deportationen war am 5. Dezember 1916 das Vaterländische Hilfsdienstgesetz erlassen worden,[805] das erstmals auch Zwangsmaßnahmen gegenüber deutschen männlichen Arbeitskräften vorsah. Die Industrie erhoffte sich unter diesen zusätzliche, vermutlich höher motivierte Arbeitskräfte, als unter den Deportierten. Zudem bestand Unklarheit über den rechtlichen Status der Deportierten, was deren Akzeptanz als zusätzliche Arbeitskräfte bei der Industrie ebenfalls schmälerte.

Die Zwangsdeportation belgischer Arbeitskräfte setzte Kaiser Wilhelm II. am 10. Februar 1917 nicht wegen fehlender Koordination deutscherseits aus, sondern aufgrund deutlicher internationaler Proteste aus den USA und den Niederlanden sowie von Papst Benedikt XV. Auch in Deutschland protestierten die Gewerkschaften, Teile der SPD sowie einige Zentrumspolitiker wie Matthias Erzberger gegen die Deportation. Die Zwangsdeportation belgischer Arbeitskräfte war ein Fehlschlag mit hohem politischen Schaden insbesondere in den USA, wo nicht erst mit dem uneingeschränkten U-Boot-Krieg die politische Stimmung gegen Deutschland umschlug. Von den 56.000 deportierten Belgiern hatten etwa 8.000 eine Arbeitsstelle zugewiesen bekommen und weitere 8.000 hatten nach Repressionen einen Arbeitsvertrag unterzeichnet und die Arbeit aufgenommen. 40.000 saßen untätig in den Gefangenenlagern fest. Im Sommer 1917 konnten die letzten Deportierten in ihre Heimat zurückkehren, sofern sie nicht einen Arbeitsvertrag abschließen wollten, der sie mit deutschen Arbeitern gleichstellte. Damit waren die Zwangsrekrutierungen in Belgien und Nordfrankreich jedoch nicht zu Ende, denn das deutsche Militär deportierte bis Kriegsende in den frontnahen Gebieten und in der Etappe weiterhin Arbeitskräfte für ortsnahe Heereszwecke (Zivil-Arbeiter-Bataillone) zum Beispiel für die Heeresbetriebe, die Versorgung und den Auf- und Ausbau der militärischen Infrastruktur. Erstmals hatte das Militär dies schon Ostern 1916 im nordfranzösischen Etappengebiet getan.[806]

Leider fehlen quantifizierende Studien über diese belgischen Arbeitskräfte, obwohl solche anhand von überlieferten Arbeiterstammbüchern durchaus möglich wären.[807] So ist feststellbar, dass ab 23. November 1916 bei der Gewerkschaft Deutscher Kaiser vornehmlich ausgebildete Facharbeiter eingestellt wurden, unter diesen befanden sich: Walzer, Feinwalzer, Wärmer, Gasstocher, Scheerenmann, Hochofenarbeiter, aber auch etliche Hilfsarbeiter. Diese Arbeitskräfte waren in der Regel verheiratet und

---

[805] RGBl 1916, S.1333–1339.
[806] Thiel: Menschenbassin, S. 19.
[807] Die im tkA überlieferten Stammbücher enthalten u. a. Angaben über Geburtsort, Jahrgang, Religion, Wohnung, Familienstand, Anzahl der Kinder, Eintritts- und teilweise Austrittsdatum.

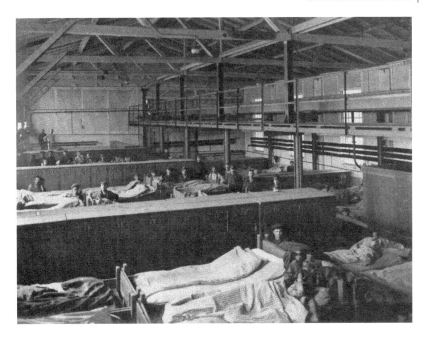

Ausländische Arbeiter und Kriegsgefangene waren bei der Gewerkschaft Deutscher Kaiser in Schlafbaracken in der Regel nach Nationalitäten getrennt untergebracht. Während sich das „Russenlager" (Bild oben) durch 6 Doppelstock-Bettreihen und Heizung, aber auch durch einen Kontrollgang in halber Höhe auszeichnete, war der „Schlafraum" in der „Belgiermenage" (Bild unten) am Hütteneingang VI durch 8 Doppelstock-Bettreihen gekennzeichnet. In beiden Fällen wurden die Spinde als Raumteiler genutzt, o. D. Quelle: thyssenkrupp Corporate Archives.

hatten mehrere Familienangehörige – bis zu 6–8 Personen, in der Regel jedoch deutlich weniger – zu versorgen. Nur ganz wenige waren ledig. Diese ersten Kontrakte mit der Gewerkschaft Deutscher Kaiser sahen nur einen Aufenthalt von vier Monaten und eine Unterbringung in lokalen Ledigen- oder Barackenheimen vor. Im Laufe des Kriegs ließ jedoch die Qualifikation der Arbeitskräfte nach. Einzelne tödliche Arbeitsunfälle waren zu verzeichnen. Unter den als Belgier Verzeichneten befanden sich auch einige Nordfranzosen, für die offensichtlich kein besonderes Arbeiterstammbuch angelegt wurde.[808] Viel früher als die Belgier wurden Polen in Hamborn eingesetzt. Erste „russisch-polnische" Arbeitskräfte sind ab Sommer 1915 verzeichnet.[809]

Der Friede von Brest-Litowsk[810] vom 3. März 1918 brachte zwar eine Entlastung für die deutschen Streitkräfte im Osten, Truppen konnten für die Frühjahrsoffensive an die Westfront verlegt werden, aber er belastete gleichzeitig den deutschen Arbeitskräftemarkt enorm. Denn laut Vertrag sollten die Kriegsgefangenen gegenseitig ausgetauscht werden und hätten in ihr jeweiliges Vaterland zurückkehren können. Für die deutsche Kriegswirtschaft bedeutete dies einen Verlust von mehreren 100.000 russischen Arbeitskräften. Mit Übergabe der Ratifikationsurkunden am 4. Juli 1918 in Berlin hätte der Gefangenenaustausch erfolgen müssen, tatsächlich scheinen die entsprechenden Bestimmungen des Friedensvertrags eher zögerlich umgesetzt worden zu sein. In den befreiten bzw. nun verselbstständigten ehemaligen zaristischen Gebieten warb Deutschland jetzt Arbeitskräfte auf freiwilliger Basis an. Obwohl sie eigentlich freie Bürger waren, mussten diese „freiwilligen" Arbeitskräfte in Lagern leben, zogen zum Teil in die von den Russen verlassenen Kriegsgefangenenlager ein. So auch eine Gruppe von Litauern, die auf den Zechen der Gewerkschaft Deutscher Kaiser im Sommer 1918 arbeitete. Mit Abschluss des Waffenstillstands im November 1918 wurden die Kriegsgefangenen und die freiwilligen ausländischen Arbeiter in ihre Heimatländer zurückgeführt. Einige Zivilarbeiter dürften aus Angst vor Repressionen ihrer jeweiligen Heimatländer in Deutschland geblieben sein. Einige Polen wurden sogar noch im Januar 1919 neu eingestellt.[811]

Eine bisher nicht erwähnte Gruppe von Arbeitskräften war die der Kriegsversehrten, deren Anzahl im Laufe des Kriegs immer weiter anwuchs. Ihr Arbeitseinsatz war nicht nur Ausdruck einer sozialen Verantwortung im Sinne von gesellschaftlicher Reintegration und Existenzsicherung, sondern vielmehr auch ein Zeichen des enormen Arbeitskräftemangels, der in der deutschen Kriegswirtschaft herrschte. Mediziner, Ingenieure und (Orthopädie-)Mechaniker entwickelten u. a. besondere Prothesen speziell für den Einsatz in der Rüstungsindustrie. Kriegsversehrte arbeiteten auch in der Verwaltung, die geringe Invalidenrente zwang sie dazu. Im Herbst 1915 regte der VDI die Errich-

---

[808] tkA A/16678–16680.
[809] tkA A/16681–16682.
[810] Korrekt handelt es sich um den Abschluss des Friedensvertrags zwischen Deutschland, Österreich-Ungarn, Bulgarien und der Türkei einerseits und Rußland andererseits vom 3./7. März 1918 in Brest-Litowsk und Bukarest, siehe Reichsgesetzblatt 1918, S. 480, Zusatzvertrag S. 622, der am 11. Juni 1918 vom Deutschen Reich ratifiziert wurde.
[811] tkA A/16681–16682.

Schon lange vor Abschluss des Friedensvertrags von Brest-Litowsk kamen Litauer als „Arbeiterersatz" zur Gewerkschaft Deutscher Kaiser. Hier sind die ersten 27 am 8. Januar 1917 eingetroffenen Litauer vor der Schachtanlage 3 zu sehen. Zwei Tage später trafen weitere 22 Litauer in Hamborn ein. Quelle: montan.dok.

tung einer Prüfstelle für Ersatzglieder als Vereinigung von Ingenieuren und Medizinern an, um – angesichts der hohen Nachfrage – Konstruktion, Produktion und praktische Anwendung von Prothesen zu verbessern, die bisher in deutlich geringerer Zahl meist infolge von Unfällen benötigt worden waren. Am 1. Februar 1916 nahm die Prüfstelle ihre Arbeit in den Räumen der Reichsanstalt „Ständige Ausstellung für Arbeiterwohlfahrt" in Berlin-Charlottenburg auf. Dort wurde von Februar bis August 1916 die „Sonderausstellung von Ersatzgliedern und Arbeitshilfen für Kriegsverletzte, Unfallverletzte und Krüppel" gezeigt.[812] Schon am 23. Oktober 1915 hatte Karl Prinz von Ratibor und Corvey als Oberpräsident der Provinz Westfalen in Bochum eine Wanderausstellung für Verwundeten- und Krankenfürsorge im Kriege eröffnet.[813]

Dem zunächst zahlenmäßig überschaubaren Vorstand der Prüfstelle für Ersatzglieder, vornehmlich aus in Berlin Ansässigen gebildet, gehörte im Sommer 1918 als einziger Industrievertreter Dr. Hermann Beckmann an, Oberingenieur der Accumulatoren-Fabrik AG, Berlin, welche auch über ein Werk in Hagen verfügte. Mit Genehmigung des preußischen Kriegsministeriums waren noch 1916 Abteilungen der Prüfstelle

---

[812] Hartmann: Prüfstelle, S. 18–57; Bihr: Entkrüppelung. Sybilla Nikolow, Bielefeld, danke ich für die Literaturhinweise.
[813] Wölk: Zwischen Heimat, Front + Revolution, S. 56, 110.

352 | 19. Ersatzarbeitskräfte

In ihrer Essener Fabrik errichtete die Firma Krupp eine eigene Lehrwerkstatt für Kriegsbeschädigte, so der zeitgenössische Ausdruck, o. D. Quelle: Historisches Archiv Krupp

errichtet worden in Danzig, Düsseldorf, Gleiwitz und Hamburg. Bayern, Baden und die k.u.k. Monarchie sollten später dazustoßen.[814] Die Düsseldorfer Abteilung leitete im Sommer 1918 Paul Probst, im Hauptberuf technischer Hüttendirektor des Phoenix, Abteilung Düsseldorfer Röhren- und Eisenwalzwerke. Diese Prüfstelle, die eng mit dem Provinzialverband der Rheinprovinz zusammenarbeitete, erprobte die Prothesen u. a. in der Lazarettwerkstatt des mit 30 Personen belegten Reservelazaretts im Stahlwerk Phoenix in Düsseldorf-Oberbilk, dem der Mediziner Dr. K. L. Schmitz vorstand.[815] Die Abteilung Düsseldorf der Prüfstelle für Ersatzglieder vereinbarte jedoch mit mehreren Werken der Eisen- und Stahl- sowie der chemischen Industrie, darunter die Farbenfabriken vorm. Friedrich Bayer & Co. in Leverkusen, deren Vorstandsvorsitzender Carl Duisberg dem Gremium als Vorstandsmitglied angehörte, dass „künstliche Glieder" durch Kriegsbeschädigte im praktischen Alltag auf Brauchbarkeit geprüft wurden. Die Waffenfabrik Mauser AG setzte Kriegsblinde vornehmlich in der Qualitätskontrolle ein. Die Siemens-Schuckert-Werke GmbH, Nürnberg, entwickelten einen speziellen Siemens-Schuckert-Arbeitsarm, den sie u. a. in ihrem Kleinbauwerk in Siemensstadt bei Berlin erprobte. Insbesondere ehemalige Bergleute wurden in der Lazarett-Werkstatt und in der Verwundetenschule in Bochum wieder für den Arbeitsprozess, wenn auch nicht im Bergwerk, fit gemacht. Leiter war Prof. Dr. Ludwig Louis Wullstein, seit 1913 Chefarzt des Knappschaftskrankenhaus Bochum (Bergmannsheil) und beratender Chirurg beim Generalkommando VII. Die entsprechenden medizinischen, orthopädischen und technischen Anstrengungen fasste ein Herausgeberkollegium im Auftrag der ständigen Ausstellung für Arbeiterwohlfahrt und der Prüfstelle für Ersatzglieder in der über 1.000-seitigen Publikation „Ersatzglieder und Arbeitshilfen" zusammen, an der Fachleute aus Deutschland, Österreich und Ungarn mitwirkten, unter ihnen René du Bois-Reymond, Wilhelm Exner, Ferdinand Sauerbruch und Georg Schlesinger. Die angestrebte schnelle Veröffentlichung als praktisches Hilfsmittel verzögerte sich jedoch bis 1919 und wurde erst durch eine großzügige Spende der Eheleute Bertha und Gustav Krupp von Bohlen und

---

[814] Hartmann: Prüfstelle, S. 20–22. Unter den fast 60 Mitgliedern der Prüfstelle befanden sich drei Orthopädiemechaniker und Paul Frisch, Inhaber einer Fabrik für Chirurgie-Instrumente und Krankenpflegeartikel.

[815] Wessel: Lazarett-Werkstätten. Probst und Schmitz veröffentlichten „Lazarett-Werkstätten für Industrie-Arbeiter, Entwicklung, Organisation und Betrieb. Ein Beitrag zur Kriegsbeschädigten-Fürsorge." Düsseldorf 1916.

Stellenanzeige in der Mülheimer Zeitung, o. D. Mit der Rüstungsindustrie konkurrierten zahlreiche Dienstleister und Gewerbe um Arbeitskräfte (Frauen, Kriegsinvaliden) wie beispielhaft die Anzeigen vom Städtischen Schlachthof oder der Elektrischen Straßenbahn Mülheim-Ruhr belegen. Quelle: Stadtarchiv Mülheim an der Ruhr.

Halbach ermöglicht. Welche Ruhrgebietsfirmen speziell Kriegsversehrte in Produktion oder Verwaltung einsetzten, ist noch nicht erforscht. In Großberlin waren es Ende 1917 immerhin 52 Unternehmen. Zu den Ruhr-Firmen gehörte schon seit 1915 die Firma Krupp, die bei der Demobilmachung bewusst auf die Entlassung von Kriegsversehrten verzichtete, auch wenn diejenigen erst als Invaliden im Krieg zu Krupp gekommen waren und vorher nicht bei der Firma gearbeitet hatten.[816] Die Anzahl der an einem Industriearbeitsplatz eingesetzten Kriegsinvaliden dürfte jedoch weit unter den Erwartungen zurückgeblieben sein, die ihre Verfechter 1915/16 hatten. In Fortsetzung dieser arbeitsphysiologischen Forschungen wandten sich in den 1920er-Jahren zahlreiche Montanunternehmen an der Ruhr dem Thema „Optimaler Arbeitseinsatz und Leistungssteigerung vor allem durch Psychotechnik" zu, unter ihnen die Henrichshütte von Henschel & Sohn, die Dortmunder Union von Deutsch-Lux sowie der Schalker Verein der GBAG.[817] Nach dem Krieg gründete die GBAG die Physicochemische Werke GmbH und 1924 die Alters- und Invalidenwerk GmbH, um „nicht mehr voll arbeitsfähigen Arbeitnehmern ihrer Arbeitskraft noch entsprechende Verdienstmöglichkeiten zu schaffen…".[818] Neben den Kriegversehrten galt das Interesse auch den Berufsinvaliden, die im Bergbau schon immer – wenn möglich – schlechter bezahlt über Tage weiterbeschäftigt wurden. Am 1. Oktober 1916 arbeiteten allein im Ruhrbergbau 16.666 Kriegs- und Berufsinvaliden.[819]

Der Einsatz von Kriegs- und Berufsversehrten stieg nicht nur infolge des Arbeitskräftemangels an, sondern auch weil sich mehr Arbeitskräfte jährlich verletzten. Zu-

---

[816] Berdrow: Krupp im Weltkrieg, S. 286.
[817] Burchardt: Standespolitik, S. 212–214; Hartmann: Prüfstelle, S. 18–57; Bihr: Entkrüppelung; Wölk: Zwischen Heimat, Front + Revolution, S. 56.
[818] Vertrag vom 24.11.1924, in: tkA RSW/6984.
[819] Burghardt: Mechanisierung, S. 347 FN 81.

dem nahm die Anzahl der tödlichen Unfälle zu. Letztere waren Folgen des in der Kriegswirtschaft herrschenden Leistungsdrucks, der verlängerten Arbeitsschichten und der Zusatzschichten, der unzureichenden Ernährung, sodass die Konzentrationsfähigkeit nachließ, sowie des Einsatzes berufsfremder Arbeitskräfte, die oft nicht ausreichend eingearbeitet wurden.

Schaut man sich die von der Hütten- und Walzwerks-Berufsgenossenschaft veröffentlichten Zahlen an, so erscheint die Anzahl der verunfallten Personen konstant, leicht rückläufig (s. Tabelle). So weist es die Gesamtstatistik aus. Schaut man sich jedoch die einzelnen Bezirke Bochum, Dortmund, Essen und Oberhausen an, die drei Viertel der bei der Hütten- und Walzwerks-Berufsgenossenschaft Versicherten beschäftigten, so ergibt sich ein ganz anderes Bild (s. Tabelle). Bei den Unfällen, für die Entschädigungen gezahlt werden mussten, lagen die Bezirke Oberhausen mit Mülheim/Ruhr und Dortmund mit Hörde während der gesamten Kriegsdauer über dem Durchschnitt, während Essen bis 1916 einschließlich unter dem Durchschnitt lag und Bochum sogar die gesamte Zeitspanne. Während in den drei Bezirken die Beschäftigtenzahlen trotz Kiegseinberufungen durch den Einsatz von Frauen mehr oder minder gleich oder leicht erhöht waren, stiegen sie in Essen auf mehr als das Doppelte an. Krupp benötigte Arbeitskräfte. Der Bezirk Essen hatte ebenso wie der Bezirk Bochum sehr günstige Zahlen bei den entschädigungspflichtigen Zahlen, dies dürfte auf eine frühe Form der Arbeitssicherheit zurückzuführen sein und nicht etwa auf eine rigide Nichtanerkennungspolitik der örtlichen Berufsgenossenschaft. Informationen über die durchschnittliche Höhe der Entschädigungszahlen könnten hier vertiefende Einblicke über das Unfallgeschehen gewähren. Im Bezirk Essen stieg die Anzahl der tödlichen Unfälle auf das Vierfache, von 22 (1914) auf 92 bzw. 86 (1917 bzw. 1918), wohingegen in den drei anderen Bezirken die Anzahl der tödlichen Unfälle sich „nur" verdoppelte. Während die Anzahl der Versicherten in diesen drei Bezirken nahezu konstant bleib, stieg sie im Bezirk Essen auf ca. 208 Prozent, d. h. hier ist auf die Anzahl der Beschäftigten dennoch eine über der Verdoppelung liegende Erhöhung der tödlichen Unfälle festzustellen. Der größte Arbeitgeber in diesem Bezirk war die Fried. Krupp AG. Betrachtet man die absoluten Zahlen jedoch im Hinblick auf die Anzahl der Beschäftigten, dann war der Bezirk Essen sogar noch besser als Bochum. Krupp hatte sich schon früh einer aktiven Arbeitssicherheitspolitik verschrieben.

Den drei genannten Bezirken gelang es, den Prozentsatz der Verletzten mit Unfallanzeige zum Teil deutlich zu senken. Hingegen blieb er im Bezirk Essen ungefähr gleich hoch. Dies hatte zur Folge, dass der Bezirk Oberhausen, der noch 1913/14 die höchsten Prozentzahlen an Verletzten mit Unfallanzeige auswies, um fast ein Viertel unter den Zahlen des Essener Bezirks lag. Im Krieg wurden diesen Unfallzahlen in den drei Bezirken um bis zu 30 Prozent gesenkt. Dies dürfte u. a. am Arbeitseinsatz von Frauen gelegen haben, die prozentual deutlich weniger schwere Unfälle aufwiesen als ihre männlichen Kollegen. Vermutlich übten mehrere von ihnen leichtere Tätigkeiten als ihre männlichen Kollegen aus, auch wenn die in diesem Band abgebildeten Fotografien diese Erklärung nicht nahelegen. Sicherlich waren sie auch vorsichtiger als die anders konditionierten männlichen Arbeiter. Zudem dürfte es für sie schwieriger gewesen sein, ihre Ansprüche bei der männlich dominierten Berufsgenossenschaft durchzusetzen. Da die Anzahl der Verletzten mit Unfallanzeige ab 1917 sank, dürfte ein Zusammenhang mit der verschlechterten Ernährungssituation und dem erhöhten Leistungsdruck durch das Hindenburg-Programm nicht ausgeschlossen werden. Krankfeiern wurde sozial sanktioniert und das Geld wurde angesichts enorm gestiegener Lebensmittelpreise dringend benötigt; für den „Papierkram" der Unfallanzeige standen weniger Arbeitskräfte zur Verfügung, sodass manche Unfälle erst gar nicht zur Anzeige gelangten. Anders war dies im Bezirk Essen, wo die Firma Krupp darauf Wert legte, dass sämtliche Unfälle zur Anzeige gebracht wurden. Aber auch bei den Frauen ist gegen Kriegsende eine deutliche prozentuale Zunahme an schweren Unfällen mit Entschädigungsleistungen auf die Anzahl der weiblichen Versicherten festzustellen. Dies entsprach auch dem Trend bei den männlichen Versicherten. Erst die Zusammenschau aller vier Bezirke führte zu einer Konstanz bzw. Abnahme der Unfallzahlen. Vermutlich waren diese sogar signifikant, wenn sie auf die Anzahl der tatsächlich geleisteten Arbeitsstunden umgerechnet worden wären. Entsprechende valide Zahlen (unter Abzug von Fehlstunden) standen nicht zur Verfügung. Bei den schweren Unfällen mit Entschädigungszahlungen muss man zudem berücksichtigen, dass Entschädigungsansprüche nicht selten erst nach Jahren anerkannt wurden, die Berufsgenossenschaft eine restriktive Politik verfolgte, bei der eine zusätzliche Benachteiligung von Frauen nicht auszuschließen ist.

Übersicht der Unfälle von 1912 bis 1918 der Hütten- und Walzwerks-Berufsgenossenschaft[820]

Rech-nungsjahr	Zahl der durchschnittlich versicherten Arbeiter	Zahl der entschädigungspflichtigen Unfälle	
			pro 1.000 Personen
1913	212.895	2.957	14
1914	191.145	2.523	13
1915	188.699	2.124	11
1916	227.711	2.907	13
1917	287.774	3.657	13
1918	296.983	3.744	13

[820] Hütten- und Walzwerks-Berufsgenossenschaft (Hg.): Verwaltungsbericht für das Rechnungsjahr 1918, S. 12–13.

19. Ersatzarbeitskräfte

Unfälle im Zeitraum von 1913 bis 1918 der Hütten- und Walzwerks-Berufsgenossenschaft Bezirk Essen[821]

	Durchschnittliche Zahl der versicherten Personen		Verletzte Personen, für welche im Laufe des Rechnungsjahres Entschädigungen festgestellt worden sind				Auf 1.000 versicherte Personen kommen Verletzte (Verletzte mit Unfallanzeige)
			Zahl der Verletzten		Auf 1.000 versicherte Personen kommen Verletzte	Tod als Folge der Verletzung	
1913	37.197		441		11,05	19	190,34
1914	37.682		356		9,45	22	194,90
	Männl.	Weibl.	Männl.	Weibl.			
1915	48.854	3.687	532	6	10,24	50	193,35
1916	52.633	11.425	687	40	11,35	67	184,99
1917	61.505	17.509	935	153	13,65	92	185,81
1918	65.229	22.325	1.019	204	13,87	86	191,26

Unfälle im Zeitraum von 1913 bis 1918 der Hütten- und Walzwerks- Berufsgenossenschaft Bezirk Oberhausen[822]

	Durchschnittliche Zahl der versicherten Personen		Verletzte Personen, für welche im Laufe des Rechnungsjahres Entschädigungen festgestellt worden sind				Auf 1.000 versicherte Personen kommen Verletzte (Verletzte mit Unfallanzeige)
			Zahl der Verletzten		Auf 1.000 versicherte Personen kommen Verletzte	Tod als Folge der Verletzung	
1913	57.598		1.000		17,36	109	203,76
1914	50.697		837		16,51	95	194,90
	Männl.	Weibl.	Männl.	Weibl.			
1915	41.064	2.035	606	2	14,11	76	207,62
1916	46.727	7.304	709	81	14,62	136	207,60
1917	54.199	10.642	898	122	14,18	186	171,10
1918	57.808	9.927	812	139	12,67	173	148,73

[821] Hütten- und Walzwerks-Berufsgenossenschaft (Hg.): Verwaltungsberichte für die Rechnungsjahre 1913–1918.
[822] Ebd.

19. Ersatzarbeitskräfte | 357

Unfälle im Zeitraum von 1913 bis 1918 der Hütten- und Walzwerks-Berufsgenossenschaft Bezirk Dortmund[823]

	Durchschnittliche Zahl der versicherten Personen		Verletzte Personen, für welche im Laufe des Rechnungsjahres Entschädigungen festgestellt worden sind				Auf 1.000 versicherte Personen kommen Verletzte (Verletzte mit Unfallanzeige)
			Zahl der Verletzten		Auf 1.000 versicherte Personen kommen Verletzte	Tod als Folge der Verletzung	
1913	29.510		481		16,30	64	179,13
1914	27.392		388		14,16	42	170,16
	Männl.	Weibl.	Männl.	Weibl.			
1915	23.139	1.143	304	5	12,73	52	165,73
1916	24.259	4.687	401	48	15,51	64	166,00
1917	26.282	6.297	452	79	14,39	90	140,09
1918	26.296	6.052	427	88	14,06	68	134,54

Unfälle im Zeitraum von 1913 bis 1918 der Hütten- und Walzwerks- Berufsgenossenschaft Bezirk Bochum[824]

	Durchschnittliche Zahl der versicherten Personen		Verletzte Personen, für welche im Laufe des Rechnungsjahres Entschädigungen festgestellt worden sind				Auf 1.000 versicherte Personen kommen Verletzte (Verletzte mit Unfallanzeige)
			Zahl der Verletzten		Auf 1.000 versicherte Personen kommen Verletzte	Tod als Folge der Verletzung	
1913	26.867		287		10,68	33	183,12
1914	23.700		259		10,93	32	162,95
	Männl.	Weibl.	Männl.	Weibl.			
1915	21.259	2.079	202	17	9,39	27	158,28
1916	22.620	5.259	276	41	11,37	33	156,25
1917	23.762	6.334	310	53	11,03	64	143,93
1918	24.095	5.175	289	51	10,65	45	144,97

[823] Ebd.
[824] Ebd.

358 | 19. Ersatzarbeitskräfte

Bei der Kreis Ruhrorter Straßenbahn AG in Duisburgs Norden wurden während des Kriegs Frauen u. a. als Schaffnerinnen eingesetzt. Die Vorgesetztenstellen nahmen weiterhin Männer ein, o. D. Quelle: Stadtarchiv Duisburg.

Zu denjenigen Frauen, die über den Krieg hinaus als Angestellte bei der Gewerkschaft Deutscher Kaiser/August Thyssen-Hütte, Gewerkschaft beschäftigt wurden, gehörte Helene Alexander, geborene Fischer, die in Bruckhausen von 1916 bis 1926 als Telefonistin arbeitete. Quelle: thyssenkrupp Corporate Archives.

Gegen Kriegsende fehlten Deutschland nicht nur Arbeitskräfte, sondern auch Soldaten. Bei Krupp wurden im Oktober 1918 nochmals 2.742 Beschäftigte zum Kriegsdienst eingezogen, sodass sich am 1. November 1.662 Beamte und 41.712 Arbeiter beim Militär befanden, während im ganzen Konzern am 1. November 1918 noch 158.816 Menschen beschäftigt waren, 1.663 Mitarbeiter weniger als am 1. Juli 1918.[825]

Fazit

Die Gestellung einer ausreichenden Anzahl qualifizierter und motivierter Arbeitskräfte war im Ersten Weltkrieg neben den fehlenden Rohstoffen und dem effektiven Einsatz dieser beiden eines der Hauptprobleme der deutschen Kriegswirtschaft. Obwohl in den ersten Kriegswochen Millionen Männer zu den „Fahnen" geeilt waren, zudem kriegswichtige Facharbeiter einberufen und an die Front geschickt worden waren, da viele Militärs von einer nur kurzen Kriegsdauer ausgingen, stieg die Arbeitslosigkeit zunächst an. Ab 1915 nahmen zunächst Frauen, Jugendliche und Kinder die Arbeitsplätze der Männer in kriegswichtigen Betrieben ein. Kriegsgefangene, Angeworbene aus den besetzten Gebieten und Zwangsarbeiter wurden – erstere im Widerspruch zur Haager Landkriegsordnung – zunächst nur in beschränktem Maße in der Rüstungsindustrie eingesetzt. Dies änderte sich 1916 mit dem sogenannten Hindenburg-Programm, dessen Zielvorgaben ohne zusätzliche Arbeitskräfte nicht zu erreichen waren. Für die Unternehmen – nicht nur im Ruhrgebiet – rentierte sich der Einsatz von Kriegsgefangenen im Vergleich zu freien Arbeitskräften wirtschaftlich eigentlich nicht, da bei gleichem Lohn zusätzliche Kosten für Lager, Bewachung und Kantinenbau anfielen, die nur zum Teil erstattet wurden. Angesichts hoher Gewinnmargen bei Rüstungsaufträgen lohnte sich der Einsatz von Kriegsgefangenen und Zwangsarbeitern dann doch. Die Gewinne fielen geringer aus als beim Einsatz freier, lokaler Arbeiter. Die Anwerbung belgischer Arbeitskräfte inklusive derer Familien bedeutete eine zusätzliche Belastung der schon eingeschränkten Lebensmittelversorgung des Ruhrgebiets und führte zudem zum Bau von zusätzlichem Wohnraum. Der im Frieden von Brest-Litowsk vereinbarte Gefangenenaustausch russischer Kriegsgefangenen fand nicht statt, da sowohl im Reich als auch im Ruhrgebiet auf diese Arbeitskräfte nicht verzichtet werden konnte. Die Rückführung der Russen erfolgte erst nach Kriegsende, einige von ihnen ließen sich jedoch noch im Januar 1919 einstellen.

Der Einsatz von Kriegsversehrten, die man angesichts des Arbeitskräftemangels mit hohem Aufwand wieder dem Arbeitsprozess zuführen wollte, brachte keine nennenswerten Effekte im Krieg, wohl aber nach dem Krieg, als sich mehrere Firmen im Ruhrgebiet mit Arbeitsstudien und Psychotechnik beschäftigten. Im Gegensatz zum Zweiten Weltkrieg, als Kriegsgefangene und Zwangsarbeiter zwischen 40 und 50 Prozent der Arbeitskräfte in den kriegswichtigen Betrieben stellten, waren es im Ersten Weltkrieg die Frauen und Jugendlichen, die das Gros der Ersatzarbeitskräfte in der

---

[825] Tenfelde: Krupp in Krieg und Krise, S. 57 f.

Ruhrindustrie stellten. Sie wurden mit dem Waffenstillstand in den meisten Fällen entlassen, obwohl einige Firmen sie noch 1919 neu einstellten bzw. weiterbeschäftigten. Nur der Ruhrbergbau war die einzige Branche, in der der Frauenanteil an der Gesamtbelegschaft niedriger war als der der Kriegsgefangenen. Mit 16,43 Prozent war der Anteil der Kriegsgefangenen an der Gesamtbelegschaft auf den Zechen weit entfernt von jenen Zahlen, die im Zweiten Weltkrieg erreicht werden sollten.

Im April 1917 vermittelte die Deutsch-Türkische Vereinigung erstmals ca. 300 Türken nach Deutschland zu Ausbildungszwecken, bis Ende 1917 waren es sogar mehrere Tausend. In diesem Zusammenhang entstand am 5. September 1917 dieses Bild von drei Türken in Bergmannskleidung mit Gezähe vor Schacht 3 der Gewerkschaft Deutscher Kaiser. Quelle: Stadtarchiv Duisburg.

20. WIRTSCHAFT – POLITIK: VON DEN BEZIEHUNGEN DER RUHRINDUSTRIE ZUR (BERLINER) POLITIK WÄHREND DES KRIEGES

Das folgende Kapitel thematisiert nur einige der zahlreichen Beziehungen der Ruhrindustrie zur preußischen und Reichspolitik sowie zu den Militärs, deren Einfluss auf die Politik und den Kaiser im Laufe des Kriegs immer weiter anwuchs. Dieses Beziehungsgeflecht kann und soll hier nicht in all seinen Facetten ausgeleuchtet werden, vielmehr finden sich in diesem Kapitel einige Beispiele, weitere werden in den Kapiteln 22 bis 24 erwähnt.

Die Ruhrindustrie pflegte anlassbezogen schon seit Jahrzehnten Beziehungen zur Berliner Politik, beispielsweise in Sozial-, Eisenbahntarif- oder Zollfragen. Mit Kriegsbeginn war jedoch zunächst die Elektroindustrie diejenige, die ihren Einfluss auf das maßgebliche preußische Kriegsministerium ausbaute. Walther Rathenau, Wichard von Moellendorff und die AEG institutionalisierten ihre kriegswirtschaftlichen Beziehungen im August 1914 mit der Gründung des Kriegsrohstoffamts im Kriegsministerium. Ein einmaliger Vorgang war, dass der Zivilist Rathenau im Kriegsministerium ein Amt leitete und wusste, seine Mitarbeiter (Georg Klingenberger, Richard Tröger u. a.) in diesem Amt zu installieren.[826] Da sich das Amt zunächst um Mangelstoffe und Lebensmittel kümmerte, blieben Kohle und Stahl zunächst außer Betracht, weil alle glaubten, dass diese im Reich in ausreichenden Mengen vorhanden seien. Dennoch blieben die Ruhrindustriellen nicht untätig. Mit Kriegsbeginn traten die rheinisch-westfälischen Montanindustriellen als Annexionisten auf. August Thyssen, der eigentlich im Begriff war, seinen Konzern zu internationalisieren mit Handelsniederlassungen in der Ukraine, im Kaukasus, in Wales und den Midlands, in Süd- und Nordamerika, Japan und Indonesien und eigenen Werken in Frankreich und (verdeckt) in Belgien, trat jetzt für Annexionen in Frankreich und Handelserleichterungen mit Russland ein. Er war mit seinen Forderungen keine Ausnahme unter den Ruhrindustriellen, aber er wurde ungewöhnlich früh mit seinen Wünschen bei der Reichsregierung vorstellig.

Nur wenige Wochen nach Kriegsbeginn sprach sich Thyssen – wie schon gesagt – in einer Denkschrift an das Auswärtige Amt für umfangreiche Annexionen gegenüber Frankreich und spezielle Handelserleichterungen gegenüber Russland aus, um die Erzbasis seiner deutschen Hüttenwerke zu sichern. Die Entstehungsgeschichte der Denkschrift und insbesondere ihre Redakteure sind nicht bekannt. In den Jahren 1911 bis 1914 war Thyssen die Ausbeutung seiner Erzkonzessionen in der Norman-

---

[826] Boldorf: Ordnungspolitik, S. 32 f.

die sowohl vom französischen Staat als auch von eigennützigen französischen Mitaktionären erschwert worden. Zudem konnte er seine grenznahen Erzkonzessionen im französischen Departement Meurthe-et-Moselle aufgrund französischer bürokratischer Hindernisse nicht so kostengünstig abbauen wie erhofft, um sie in seinem Werk Hagendingen im Deutschland angegliederten Lothringen zu verhütten.[827]

Eine wesentliche Rolle bei den frühen Annexions-Denkschriften dürfte der Rohstoffeinkäufer des Konzerns, der Grubenvorstand Carl Rabes, gespielt haben, ohne dass dies August Thyssens Verantwortung für die ausschließlich von ihm unterzeichnete Denkschrift schmälert. Carl Rabes legte nach dem Krieg die damalige Position der Thyssen-Gruppe wie folgt dar: Am 21. August 1914, drei Tage nachdem deutsche Truppen den minettereichen Briey-Bezirk besetzt hatten, richtete Thyssen seine erste Denkschrift an den Reichskanzler Theobald von Bethmann Hollweg und den Großen Generalstab, weil er durch die britische Seeblockade von seinem überseeischen Erzbezug in Höhe von etwa 2,4 Mio. Jahrestonnen abgeschnitten war und eine zeitweise Substitution durch französische Minetteerze anstrebte. Eine Stilllegung des größten deutschen Hüttenwerks infolge Erzmangels sah er – aus der Rückschau – geradezu als eine Unterstützung des Feindes an. Eine Woche später folgte eine weitere Denkschrift an den Reichskanzler, in der er ausführliche Angaben über die Interessen des Thyssen-Konzerns in Frankreich und Russland sowie Vorschläge für die Wahrung dieser Interessen bei Friedensschluss unterbreitete. In dem französischen Departement Meurthe-et-Moselle gelegene Erzgruben sollten – bei einem erwarteten deutschen Siegfrieden – gegen das im übrigen Frankreich gelegene Grubeneigentum der Thyssen-Gruppe getauscht werden. Offensichtlich wollte er sein Hüttenwerk in Caen aufgeben. Das Privateigentum wurde zwar anerkannt, doch sollten auf staatlichen Druck Tauschverhandlungen geführt werden, die nicht notwendigerweise – wohl aber erhofft – Thyssen Vorteile bringen konnten. August Thyssen suchte den Reichskanzler sogar in dessen Feldquartier in Luxemburg auf, um seine Ansichten persönlich vorzutragen. Das Rechtsverständnis der deutschen Behörden vom Schutz auch des „feindlichen" ausländischen Privateigentums verhinderte jedoch zunächst eine Ausbeutung der besetzten französischen Erzgruben durch den Thyssen-Konzern. Erneute Eingaben in 1916 erreichten das Ziel ebenfalls nicht.[828] Selbst Ende 1917 war August Thyssen noch für Annexionen.[829] Als am 12. Oktober 1916 auf Initiative von Stinnes drei Gesellschaften gegründet wurden, um Belgien für die deutsche Wirtschaft nutzbar zu machen, beteiligten sich August und Fritz Thyssen nicht, da sie keine Vorteile für ihre Unternehmen erwarteten, zumal sie mit der SA Métallurgique de Sambre et Moselle schon das leistungsfähigste belgische Hüttenwerk betrieben.[830] Gegen Ende

---

[827] Rasch: The Internationalization.
[828] Typoskript: Prozess Erzberger – Helfferich: Entwurf Zeugenaussage Carl Rabes, o. D., 8 S., in: tkA A/638/13; Erzberger-Prozeß, S. 277.
[829] Siehe Brief August Thyssen an Alfred von Tirpitz, abgedruckt in: Rasch, Feldman: August Thyssen und Hugo Stinnes, S. 575 f.
[830] An der Industrie-, der Boden- und der Verkehrsgesellschaft mbH waren u. a. beteiligt: Deutsch-Lux, GHH, Phoenix und GBAG.

des Kriegs nahm der Thyssen-Konzern jedoch an der beabsichtigten illegalen Liquidation des de Wendel-Vermögens im Deutschen Reich teil, angeblich ausschließlich zur Verbesserung seiner ungenügenden Erzbasis für die Stahlwerk Thyssen AG in Hagendingen (s. Kapitel 12).

Dieses Verhalten August Thyssens stand im krassen Widerspruch zu seinen noch 1912 veröffentlichten wirtschaftspolitischen Ansichten, als er eine Internationalisierung seines Konzerns mit Handelsniederlassungen und Produktionsstätten im Ausland, nicht nur in Europa anstrebte.[831] Die nationalistische französische Wirtschaftspolitik vor Kriegsausbruch, die August Thyssens Aktivitäten in Frankreich wesentlich erschwerte und die unzureichende Erzbasis seiner lothringischen Firma Stahlwerk Thyssen AG hatten schon im August 1914 zu einer grundlegenden Änderung seiner Ansichten, zumindest gegenüber Frankreich, geführt.

Ähnliche Ziele wie August Thyssen verfolgte auch der Vorstandsvorsitzende der GHH Paul Reusch, der „erst" am 31. August 1914 beim Staatssekretär des Reichsamts des Innern und Stellvertreter des Reichskanzlers, bei Max Delbrück, vorsprach, um die Annexion der belgischen Industriegebiete, der belgischen Hafenstadt Antwerpen sowie des nordfranzösischen Erzbeckens zu fordern. Er wünschte die nordfranzösische Gruben- und Hüttenbesitzer zu enteignen. Offensichtlich war er – wie August Thyssen – bereit, den umfangreichen deutschen Grubenbesitz – neben Thyssen besaß auch Krupp Konzessionen – in der Normandie bei Caen aufzugeben, um mit Gruben in dem zu annektierenden Französisch-Lothringen entschädigt zu werden. Dass diese Erze Fe-reicher waren, erwähnte keiner in seinen Eingaben. Die besetzten französischen Gruben sollten unter deutsche Verwaltung gestellt und durch den Staat auf Rechnung der Eigentümer betrieben werden. Die Förderung sollte unter den deutschen Hüttenwerken nach ihrer Vorkriegsproduktionsquote aufgeteilt werden.[832] Die Gruben wurden tatsächlich unter deutsche Verwaltung gestellt, jedoch zunächst nur, um ihr Absaufen zu verhindern, was auch bis auf drei Fälle gelang. Erst mit dem Hindenburg-Programm wurden einige dieser französischen Eigentümern gehörenden Gruben – übrigens gegen den Willen vieler süddeutscher Industrieller – wieder in Betrieb genommen. Letztere wünschten die notwendigen Arbeitskräfte anderweitig eingesetzt (s. Kapitel 12).

Während sich August Thyssen, Emil Kirdorf, Hugo Stinnes und andere nicht nur Montanindustrielle aus dem Ruhrgebiet, sondern auch andere Wirtschaftsverbände mehr oder weniger offen für Annexionen aussprachen, kam es schon 1914 zu Meinungsverschiedenheiten zwischen dem Annexionisten Alfred Hugenberg, Vorstandsvorsitzenden der Firma Krupp, und dem ehemaligen Diplomaten Gustav Krupp von Bohlen und Halbach als dessen Aufsichtsratsvorsitzenden, die im Sommer 1915 von letzterem der Reichsregierung publik gemacht wurden. Auch bei den Bemühungen der Schwerindustrie im Frühjahr 1916, Reichskanzler Theobald von Bethmann Hollweg zu stürzen, forderte er sein Direktorium zur Zurück-

---

[831] Thyssen: Offener Brief, S. 79.
[832] Langer: Macht und Verantwortung, S. 77–85.

Aug. Thyssen, geboren 1840. Nach 1871 siedelte Thyssen von Duisburg nach Mülheim-Ruhr über und gründete dort die Firma Thyssen u. Co. Thyssen war der erste, der die großen geschweißten Rohre machte.

Im Krieg wurden zu Propagandazwecken neue Kartenspiele geschaffen. In einem Quartett war neben Gustav Krupp von Bohlen und Halbach, Škoda und Ehrhardt auch August Thyssen eine Spielkarte gewidmet. Quelle: Stadtarchiv Duisburg.

haltung auf.[833] Seine Überlegungen zu den deutschen Annexionsforderungen machte Peter Klöckner im Frühjahr 1915 in der Zeitschrift Nord und Süd mit dem Beitrag: „Der Weltkrieg und die Erwartungen der Montan-Industrie" öffentlich.[834] Der Händler Klöckner hatte seine eigene Sicht auf die Dinge. Er stellte die deutschen Kriegsziele nicht offen in Frage, wünschte sicherlich auch Antwerpen als deutsch dominierten Exporthafen, gab aber hinsichtlich der Angliederung des Erzbeckens von Briey-Longwy zu bedenken, dass dessen Einverleibung die deutsche Stahlproduktion um 3 Mio. t erhöhen werde, die man erst einmal im Markt unterbringen müsse. (Das Problem der Überproduktion sollte dann Frankreich nach 1918 mit der Angliederung Deutsch-Lothringens erleben.) Da er die südwestlichen Erzvorkommen bald als erschöpft ansah, wünschte er die Infrastruktur (Moselkanalisierung) ausgebaut, um die dortige, dann auf Erzimporte angewiesene Stahlindustrie lebensfähig zu halten, sollte sie nicht zum Ruhrgebiet abwandern. Seinen Beitrag schloss der am internationalen Handel interessierte Klöckner mit einem bemerkenswerten, visionären Vorschlag: „Der Ausblick und das Ziel der Industrie wird der Abschluss eines Wirtschaftsverbandes unter den europäischen Ländern sein. Auch England könnte ohne Gefahr für uns an demselben teilnehmen, denn die Spitze desselben soll sich nicht gegen einen kontinentalen Staat richten, sondern die Europäer zusammenführen zur gemeinsamen Ausnutzung ihrer Wirtschaftskräfte im Kampf um den Absatz."[835]

Ganz anders war dagegen die Position von Wilhelm Beukenberg im gleichen Zeitschriftenheft einige Seiten zuvor. Er war Annexionist, wollte sogar die deutschen Kolonien zu einem zusammenhängenden Gebiet erweitern. Zur Substitution der kriegsbedingt ausgefallenen Erzimporte wünschte er nicht eine vermehrte Förderung der deutschen Gruben, sondern derjenigen Französisch-Lothringens, an denen auch deutsche Unternehmen beteiligt seien, wie er nicht vergaß zu erwähnen. Die franzö-

---

[833] Tenfelde: Krupp in Krieg und Krise, S. 30 f.
[834] Klöckner: Weltkrieg.
[835] Ebd., S. 167.

sischen und ausländischen Arbeitskräfte dieser Gruben waren jedoch geflohen. Kurios waren seine Vorstellungen vom Erwerb eines Exporthafens: „Wünschenswert wäre zu diesem Zwecke ein Landerwerb, der uns mit unseren Schienenwegen an das freie Meer bringt oder an einen so weit vorgeschobenen guten Hafen, daß eine Sperrung der Fahrt durch den Kanal seitens Englands uns nicht ganz vom freien Meer abschließen kann. Notwendig bleibt für diesen Zweck auch die Erhaltung einer starken Flotte zum Schutz unseres Handels auf allen Meeren."[836] Er meinte den belgischen Hafen Antwerpen, den die britische Flotte ebenso wie Hamburg, Wilhelmshaven, Emden etc. sperren konnte, auch wenn die Schiffe das offene Meer durch die neutralen Niederlande erreichten. Ein noch radikalerer Annexionist war Emil Kirdorf, der im Heft zuvor die Hinweise auf die Fehler Napoleonischer Eroberungspolitik abtat und einen Diktatfrieden forderte, „daß wir behalten, was wir mit dem Schwert erobert haben, und daß wir den siegreich niedergerungenen Gegnern abzwingen, was wir zur Stärkung unserer Macht und zur Sicherung gegen erneuten Überfall nötig haben" und weiter „Auf Gebietserweiterungen müssen wir nach siegreichem Krieg sowohl aus diesem Grund der vermehrten Sicherheit unserer Grenzen, als aus allgemeinen politischen und wirtschaftlichen Gesichtspunkten hinzielen; denn nur, wenn wir die Macht zeigen, die wir haben, wird man dauernd an sie glauben. Nicht dadurch, daß wir auf Eroberungen verzichten, erwerben wir uns Freunde und Bundesgenossen."[837] Dagegen vertraten die schlesischen Montanindustriellen moderate Positionen. Aufgrund ihrer andersgearteten geografischen Situation wünschten sie nur Handels- und Zollerleichterungen mit den Nachbarn, auch Österreich-Ungarn, und vor allem günstigere Bahntarife und eine Oderkanalisierung, um wieder Berlin mit Kohle beliefern zu können.[838] Die Annexionswünsche schlesischer Montanindustrien äußerte Prof. Oskar Simmersbach von der der TH Breslau und einst selbst als Direktor in der Montanindustrie tätig. Er erwähnte die besetzten polnischen Erzgebiete, deren Umfang keine langfristige Lösung für die oberschlesische Eisenindustrie darstellten, weshalb auch er entsprechende Handelsverträge sowie eine Änderung der Tarif- und Verkehrspolitik (des Reichs bzw. Preußens) forderte.[839] Die oberschlesische Eisenindustrie war wie die saarländische an einer effektiven Fortführung der Kartellpolitik (Stahlwerks-Verband AG) interessiert. Für letztere schrieb indirekt Thedor Müller als Vertreter der Gebrüder Stumm GmbH, der selbst Erzkonzessionen in Lothringen besaß und dessen Tochter Theodora seit 1899 mit dem saarländischen Montanindustriellen Hermann Röchling verheiratet war. Er trat für einen neuen, umfassenderen Stahlwerks-Verband ein, der die mittlerweile untergegangenen Kartelle Walzdraht-Verband († Oktober 1914) und Weißblech-Verkaufskontor († 1912) umfassen sollte.[840]

---

[836] Beukenberg: Schwerindustrie, S. 162.
[837] Kirdorf: Landwirtschaft, S. 158 f.
[838] Niedt: Oberschlesische Montanindustrie; Zuckerkandl: Die deutsche Eisen- und Stahlindustrie.
[839] Simmersbach: Die oberschlesische Eisenindustrie.
[840] Müller, Theodor: Deutsche Eisenindustrie.

Ähnliche Annexionswünsche wie Thyssen und Reusch äußerte Jahre später auch Albert Vögler. Er war 1910 zum Mitglied des Vorstands von Deutsch-Lux berufen worden, stieg zum Vertrauten Hugo Stinnes auf und übernahm 1917 sowohl den Vorstandsvorsitz bei Deutsch-Lux als auch – als Nachfolger von Friedrich Springorum – beim VdEh. Im Dezember 1917 forderte Vögler als Vorsitzender des VdEh in einer Denkschrift an Reichskanzler Georg Graf von Hertling und an die OHL zusammen mit dem Verein deutscher Eisen- und Stahlindustrieller (VdESI) die Annexion des französisch-lothringischen Eisenerzbeckens von Briey und Longwy. Vögler und sein VdEh-Geschäftsführer Otto Petersen waren in diesem Fall jedoch nur Juniorpartner des VdESI mit seinem Vorsitzenden Wilhelm Meyer, Aufsichtsratsvorsitzender der AG Peiner Walzwerk und der Ilseder Hütte, der seit 1912 als Mitglied der nationalliberalen Fraktion im Reichstag saß, und dessen VdESI-Geschäftsführers Jakob Wilhelm Reichert.[841]

Angesichts des Siegs der Mittelmächte im Osten, der von deutscher Seite als ein Ende des Zweifrontenkriegs angesehen wurde, da man den Krieg des Osmanischen Reichs nur als einen Stellvertreterkrieg ansah, den man mit minimalen Kräften unterstützte, hoffte der VdEh-Vorstand, dass Deutschland auch im Westen bald einen Sieg erringe, und erneuerte die schon 1914/15 erhobene Forderung nach Annexionen im französischen Minettegebiet. Vögler, seit 1915 Mitglied im Vorstand des VdESI, übernahm die Forderungen des wirtschaftspolitischen Interessenverbands, war doch sein VdEh-Stellvertreter Wilhelm Beukenberg, Vorstandsvorsitzender der in [Dortmund-]Hörde beheimateten Phoenix AG für Bergbau und Hüttenbetrieb, in dieser Zeit Vorsitzender der einflussreichen Nordwestlichen Gruppe des VdESI. Die Professoren Franz Beyschlag,[842] wissenschaftlicher Direktor und ab 1922 Präsident der Preußischen Geologischen Landesanstalt in Berlin, und sein späterer Nachfolger als Präsident der Geologischen Landesanstalt Paul Krusch erklärten durch statistische Berechnungen die rohstofforientierten Gebietsforderungen gegenüber Frankreich als durchaus vertretbar. Vor allem schienen sie zur Sicherung der eigenen deutschen Eisenerzbasis für eine zukünftige militärische Auseinandersetzung notwendig zu sein, stammte doch in diesem Krieg mittlerweile ein großer Anteil produzierter deutscher Artilleriemunition aus verhütteten Minetteerzen, die zum Teil sogar in Französisch-Lothringen gefördert worden waren. Der Verein deutscher Eisen- und Stahlindustrieller und der VdEh veröffentlichten – als lagerstättenkundliches Gutachten von 154 Seiten tituliert – im Dezember 1917 „als Handschrift gedruckt" die Ansichten der beiden Fachleute unter dem Titel „Deutschlands künftige Versorgung mit Eisen- und Manganerzen". Im Schlusskapitel „Aus welchen Ländern muß die Eisen- und Stahlindustrie künftig Erze beziehen, wenn ihre Weiterentwicklung nicht gefährdet werden soll?" stellten die Autoren fest, dass die derzeitigen Eisenerzvorräte Frankreichs (inklusive Algerien) die Deutschlands um das Dreifache überstiegen, und dies bei einem geringeren französischen Verbrauch. Deshalb zogen sie den Schluss: „Die gewaltigen Eisenerzdistrikte der

---

[841] Rasch: Zwischen Politik und Wissenschaft, S. 104.
[842] Quiring: Beyschlag. Beyschlag hatte 1910 eine Monografie über die Eisenerzvorkommen der Welt und 1918 eine über die Versorgung Deutschlands mit Stahlveredelungsmitteln vorgelegt.

Normandie wurden bisher verschwindend in Anspruch genommen; sie können spielend die Produktion des französischen Minettedistriktes liefern, falls diese unsern [!] Hütten zugute kämen." Damit lagen die Autoren auf der Linie der rheinisch-westfälischen Montanindustrie. Auch bei der Manganerzversorgung sahen sie Deutschland benachteiligt und forderten: „Es ist also geradezu eine Lebensfrage für die rheinische Eisenindustrie, daß uns beim Friedensschluß die Erze von Tschiatura [!] oder Nicopol [!] und die brasilianischen in irgendeiner Weise zugänglich gemacht werden."

Reichstagsabgeordneter Matthias Erzberger begleitete im Mai 1916 eine bulgarische Delegation durch Deutschland.[843] Er hatte auch den Besuch auf Schloss Landsberg arrangiert. Das Gruppenbild mit der bulgarischen Delegation im Wintergarten von Schloss Landsberg entstand am 15. Mai 1916 nach dem Besuch der Gewerkschaft Deutscher Kaiser inklusive Grubenfahrt. Es wurde am 27. Mai 1916 in der Zeitschrift Die Woche veröffentlicht.[845] Untere Reihe v. l.: General Iwan Popow; August Thyssen; Egon von Gayl, stellvertretender kommandierender General des VII. Armeekorps; Erster Vizepräsident der bulgarischen Kammer Dr. Iwan Montchilow; Düsseldorfs Regierungspräsident Dr. Francis Kruse. Obere Reihe v. l.: Generaldirektor Arthur Jacob; Major Menz, stellvertretendes Generalkommando VII; Christo Panajodow; Assessor Dr. Conrad Roediger, Auswärtiges Amt; Nikola Altimierski; Alexander Stanciew; Dr. Christo Georgiew; Berghauptmann Franz Liebrecht, Oberbergamt Dortmund; Iwan Kostow; Michael Auramow; Major Dr. Kechlibarow; Dimo Kiortchew; Nikola Kaltchow; Peter Baskalow; Dr. Kyriat Prowadaliew; Wasil Koznitchky; Oberst Walter Giffenig, Generalstabschef des stellvertretenden Generalkommandos VII; Reichstagsabgeordneter Matthias Erzberger; Justiziar Dr. Wilhelm Späing; Oberbürgermeister Friedrich Schrecker, Hamborn. Quelle: thyssenkrupp Corporate Archives.

Krusch sprach sogar auf der Hauptversammlung des VdEh am 14. April 1918, um die Vereinsmitglieder auf die Position des Vorstands einzustimmen. Die vermeintlich moderaten Gebietsforderungen (Briey-Longwy) waren möglich, seit durch den Umsturz im zaristischen Russland die ukrainischen Eisenerzgruben im Einflussgebiet der Mittelmächte lagen und diese Eroberungen in der Folgezeit politisch abgesichert und wirtschaftlich ausgebeutet werden sollten.[845] Tatsächlich wäre dann der überwiegende Teil der französischen Erzförderung in deutscher Hand gewesen. Vögler, seit 1915 Mitglied im Vorstand des VdESI, war im Sommer 1917 beteiligt an einer breit angelegten Intrige von Militärs, Politikern und Industriellen gegen den Chef des Kriegsamts Wilhelm Groener, dessen Rede die Eisenhüttenleute noch auf ihrer Hauptversammlung am 4. März 1917 begeistert zugehört hatten.[846] Im Juli forderte Groener aber eine staatliche Kontrolle der Löhne und Unternehmensgewinne, was die Industrie durchweg missbilligte, und wurde als Chef des für die deutsche Kriegswirtschaft bedeutenden Amts abberufen und am 16. August 1917 an die Westfront versetzt (s. Kapitel 22).

Offiziell auf Initiative der deutschen, für Belgien zuständigen zivilen und militärischen Verwaltungen, tatsächlich im Hintergrund eingefädelt von Hugo Stinnes und dem Präsidenten der Zivilverwaltung der Provinz Brabant, Landrat Carl Gerstein, einst in Fragen der regionalen Stromerzeugung ein erfolgreicher Gegenspieler von Hugo Stinnes, gründeten am 12. Oktober 1916 in Essen Albert Vögler, Wilhelm Beukenberg, Emil Kirdorf, Paul Reusch u. a. für ihre jeweiligen Firmen die sogenannten drei belgischen Gesellschaften, deren Ziel die „Germanisierung" Belgiens auf wirtschaftlichem Gebiet war, u. a. durch Aufkauf von (zwangs-)liquidierten belgischen Unternehmen mit belgischen oder ausländischen Kapitaleignern. Die Satzungen der Industrie-, Boden- bzw. Verkehrsgesellschaft mbH hatten Stinnes und Gerstein ausgearbeitet.[847]

Die meisten Unternehmer und Manager an der Ruhr waren politisch aktiv, sei es im Stadtrat oder im Reichstag oder in ihren Verbänden und Interessenvertretungen. In politischen Dingen nach außen zurückhaltend war August Thyssen, er agierte eher im Hintergrund. Auch er wollte die Politik für seine Konzerninteressen instrumentalisieren, wie die Minenkonzessionsaffäre 1912 in Luxemburg zeigte mit den Folgen für ihn, als er mit Hilfe der katholischen Partei in die Innenpolitik Luxemburgs eingriff, um sich Minetteerzfelder mit nicht ganz lauteren Mitteln zu sichern.[848] Thyssen pflegte Kontakt zu Parteipolitikern, dazu zählte auch Matthias Erzberger von der katholischen Zentrumspartei, mit dem er schon bei Kriegsbeginn in engem (Brief-) Kontakt stand.[849] Eine Vermengung von privaten und politischen Interessen bzw. von politi-

---

[843] Im Kapitel 21 befinden sich Fotos von der Grubenfahrt der bulgarischen Delegation.
[844] Die Woche 18 (1916), S. 770.
[845] Stahl und Eisen 38 (1918), S. 62–64, 382; Wulf: Hugo Stinnes, S. 51 f.; Zitate aus: Beyschlag, Krusch: Deutschlands künftige Versorgung, S. 151–153. Ähnliches Exemplar: Zur Einverleibung der französisch-lothringischen Eisenerzbecken in das deutsche Reichsgebiet (Druckschrift), Dezember 1917, in: SIT FWH/1450.
[846] Stahl und Eisen 37 (1917), S. 259.
[847] Feldman: Hugo Stinnes, S. 463–465.
[848] Maas: August Thyssen.
[849] Rasch, Feldman (Hg.): August Thyssen und Hugo Stinnes, S. 567, 569.

schen und Konzerninteressen war bei Matthias Erzberger nicht ohne weiteres von der Hand zu weisen. Der umtriebige Zentrums-Politiker war nicht nur im Reichstag durch ungewöhnliche Arbeitskraft, stete Präsenz, gutes Gedächtnis und Detailkenntnisse aufgefallen, sondern trat mit Kriegsbeginn auch als Annexionist hervor, der nicht nur für die Angliederung Belgiens an Deutschland war, sondern auch entsprechende Mitteleuropa-Pläne verfolgte (s. Kapitel 21). Diesen Politiker berief August Thyssen im Sommer 1915 in die Aufsichtsratsgremien seiner wichtigen Firmen Gewerkschaft Deutscher Kaiser, AG für Hüttenbetrieb sowie Stahlwerk Thyssen AG, wofür dieser Tantieme erhielt. Über ihn erhoffte sich Thyssen Einfluss auf die Wirtschaftspolitik des Reichs bzw. auf einzelne Entscheidungsträger. Er befürchtete, dass andere Montankonzerne mit direkten Beziehungen zum Kaiserhaus – wie beispielsweise Krupp – nicht nur bei den Rüstungsgeschäften bevorzugt wurden. Dies würde auch erklären, warum Thyssen, der bis zum Beginn des Ersten Weltkriegs Rüstungsaufträge nicht angenommen hatte,[850] um nicht in die Abhängigkeit eines einzelnen Nachfragers zu gelangen, sich mit Kriegsbeginn um diese bemühte. Erzberger erfüllte die in ihn gesetzten Erwartungen jedoch nur zeitweilig. Als Erzberger im Frühjahr 1917 gegen den uneingeschränkten deutschen U-Boot-Krieg und für einen Verständigungsfrieden eintrat, trennten sich die Wege der beiden Katholiken wieder.[851] Wer nun für Thyssen Lobbyarbeit machte, ist nicht klar. Es wurde kein Politiker mehr in Unternehmensgremien berufen. Thyssen versuchte, Kontakt zum Militär zu halten. Zum 70. Geburtstag am 2. Oktober 1917 erhielt Generalfeldmarschall von Hindenburg ein Geldgeschenk in Höhe von 25.000 M vom Thyssen-Konzern. Die Stahlwerk Thyssen AG überwies separat weitere 3.000 M.[852]

Dass die Ruhrindustriellen während des Kriegs intensiv versuchten, auf Politiker und Militärs Einfluss zu nehmen, ist hinlänglich bekannt und im Vorangegangenen an Beispielen belegt worden. Dass sogar einer von ihnen während des Kriegs für das Amt des Reichskanzlers ins Gespräch gebracht wurde, dagegen kaum. Es handelt sich dabei um Eberhard Freiherr von Bodenhausen-Degener aus einem niedersächsischen Adelsgeschlecht, der seit 1906 für die Firma Krupp arbeitete, seit 1910 als Vorstandsmitglied. Er hatte für einen Adeligen eine beachtliche Karriere durch Ausübung einer Vielzahl bürgerlicher Berufe durchlaufen. Seine beruflichen Stationen waren Staatsbeamter, Kaufmann, Landwirt, Künstler, Kunsthistoriker, Volkswirt, Wissenschaftler, Schriftsteller und schließlich (Verbands-)Politiker und Vorstandsmitglied. Als Direktoriumsmitglied war er bei Krupp für den Verkauf ziviler Produkte (Radsätze, Eisenbahnmaterial etc.), das Kontor für Kruppsche Spedition und Reederei, Rotterdam, sowie für das Verbandswesen zuständig. In den Kartellen der Eisen- und Stahlindustrie erwarb er sich den Ruf eines fairen Vermittlers. 1912 gelang ihm die Neugründung

---

[850] Der Versuch, Panzerbleche herzustellen, war noch vor dem Krieg erfolglos abgebrochen worden.
[851] tkA A/501/13; Epstein: Matthias Erzberger, S. 129–131, 465–473; Rasch: August Thyssen, S. 98. Ob auch Erzbergers Votum gegen die Deportation belgischer Arbeiter nach Deutschland eine Rolle für die Trennung spielte, ist bisher nicht belegt.
[852] Protokoll der Grubenvorstandssitzung Gewerkschaft Deutscher Kaiser vom 21.09.1917, in tkA A/813/2.

Während der Kaiser der Firma Krupp die Ehre seines Besuchs gab, wurde Thyssens Hüttenwerk nur von seinem Neffen Waldemar, Kapitänleutnant à la suite der Kaiserlichen Marine und Kommandeur des Kaiserlichen Kraftfahrkorps am 14. Juni 1918 besucht (v. l.): Fregattenkapitän Richard von Usedom, Leutnant Göricke, Prinz Waldemar von Preußen, Hauptmann Trutz, Generaldirektor Franz Dahl, Oberbürgermeister Friedrich Schrecker, Hamborn. Quelle: thyssenkrupp Corporate Archives.

des Roheisen-Verbands und 1917 dessen Verlängerung. Nach seinem offensichtlich selbst initiierten Ausscheiden aus dem Direktorium der Fried. Krupp AG im Jahre 1917 wechselte von Bodenhausen-Degener in den Aufsichtsrat. Aufsichtsratsmandate nahm er auch wahr bei der Direction der Disconto-Gesellschaft, dem Norddeutschen Lloyd, der Mannesmannröhren-Werke AG und zahlreichen kleineren Unternehmen wie Westfälische Drahtindustrie, Hamm, AG für Verkehrswesen, Berlin, Kamerun Eisenbahn-Gesellschaft, Berlin, und der Deutschen Kolonial-Eisenbahn-Bau- und Betriebsgesellschaft. Außerdem behielt er den Vorsitz in der Roheisen-Verband GmbH. Er bewirtschaftete die ihm 1912 erblich zugefallenen Güter und wirkte zudem publizistisch. Noch im März 1918 äußerte er sich u. a. in den Süddeutschen Monatsheften zur „Gemeinwirtschaft". Ausgehend von den Veröffentlichungen Wichard von Moellendorffs und Walther Rathenaus setzte er sich mit privat- und gemeinwirtschaftlichen Unternehmen auseinander. Er lehnte die reine Staatswirtschaft als zu büro-

Eberhard Freiherr von Bodenhausen auf einem Gemälde von Sir Hubert Ritter von Herkomer, das Aufsichtsrat und Direktorium der Fried. Krupp AG zeigt, 1912/13 (v. l.): Ludwig Klüpfel, Kurt Sorge, Heinrich Vielhaber, Hans Sack, Max Dreger, Emil Ehrensberger, Otto Eccius, Alfred Hugenberg (vor dem Gemälde Alfred Krupps), Gustav Krupp von Bohlen und Halbach, Rudolf Hartwig, Ernst Haux, unbekannt (vermutlich ein Schreiber), Ludwig Delbrück (sitzend), Fritz Rausenberger, Tilo Freiherr von Wilmowsky, Eberhard Freiherr von Bodenhausen-Degener, Gisbert Gillhausen, August von Simson, Georg Frielinghaus. Quelle: Historisches Archiv Krupp.

kratisch ab, forderte in Kriegszeiten einen den „öden Mammonismus" verachtenden deutschen Idealismus, der nicht nur eine überlegene Technik (hier erwähnte er die Krupp-„Produkte": U-Boote, schwere Geschütze) entstehen lasse, sondern auch einen sozialen Idealismus. Beide zusammen würden zum Sieg führen. Bei solchen Äußerungen verwundert es nicht, dass einige – vor allem seine Freunde – ihn 1917 und wieder 1918 als Kandidaten für das Amt des Reichskanzlers ins Gespräch brachten, dem er selbst offensichtlich nicht abgeneigt schien.[853]

Eine Förderung dieser Pläne durch Gustav Krupp von Bohlen und Halbach oder – eher unwahrscheinlich – durch den Vorstandsvorsitzenden Alfred Hugenberg lässt sich nicht nachweisen. So scheint nicht nur von Bodenhausens unerwarteter Tod Anfang 1918 die Realisierung verhindert zu haben. Der ungewöhnlich umfangreiche Nachruf auf ihn in der Fachzeitschrift Stahl und Eisen zeigt die ihm unter den Stahlindustriellen entgegengebrachte Wertschätzung.[854]

Als Ludendorff schließlich den Krieg verloren gab und Waffenstillstandsverhandlungen forderte, da waren es nicht nur Politiker wie Matthias Erzberger, sondern auch Montanindustrielle wie Albert Vögler, Hugo Stinnes und Wilhelm Beukenberg aus

---

[853] Rasch: Adelige Unternehmer, S. 33–36.
[854] Stahl und Eisen 38 (1918), S. 505–507.

dem Ruhrgebiet sowie Ewald Hilger aus Oberschlesien, die sich diesen politischen Aufgaben stellten.

Fazit

Der Krieg zeigte den Ruhrindustriellen, wie wichtig der ständige Kontakt zu den politischen Stellen in Berlin, aber auch zu den Militärs im Großen Hauptquartier war, wenn sie ihre politischen und ökonomischen Ziele durchsetzen wollten. Wenn man nicht wie Krupp schon über ein entsprechendes Büro in Berlin verfügte, so forderte man – wie Albert Vögler[855] –, ein solches einzurichten. In der Weimarer Republik entstanden mehrere solcher Verbindungsbüros für politisches Lobbying. Die im Krieg einsetzende Diskussion über den Einfluss des Staats auf die Wirtschaft (Gemeinwirtschaft) förderte diese Entwicklung angesichts der Nachkriegsdebatten um die Verstaatlichung der Industrie, insbesondere der Montanindustrie. Nach dem Krieg nahm der Einfluss der Ruhrindustrie sogar noch zu, hatten ihre Vertreter doch an den Waffenstillstandsverhandlungen teilgenommen und 1923 sogar für den Staat über die Beendigung des passiven Widerstands und der Ruhrbesetzung mit Frankreich verhandelt. Doch danach verloren die montanindustriellen Verbände in der Weimarer Republik an Einfluss, während chemische Industrie und Elektrotechnik dazugewannen. Im Ersten Weltkrieg waren jedoch der VdESI und seine Nordwestliche Gruppe sowie der Bergbau-Verein wichtige Verbände, die – wie einzelne Industrielle schon zu Kriegsbeginn – weitgehende Annexionen forderten zur Sicherung der deutschen Erzbasis. Militärs und Politiker besuchten diese und ihre Mitgliedsunternehmen während des Kriegs, um sich über die Leistungsfähigkeiten und die Möglichkeiten zur Leistungssteigerung vor Ort zu informieren, aber auch aus Propagandazwecken. Häufiges Ziel war Krupp in Essen. Waren Unternehmer vor dem Krieg vor allem in Stadtparlamenten vertreten als Folge des Dreiklassenwahlrechts, um ihre Interessen auf lokaler Ebene zu artikulieren, so versuchten sie nach dem Krieg, Reichstagsmandate zu erringen (Stinnes, Vögler) und weiterhin auf die Politik mittelbar Einfluss zu nehmen (Krupp, Hugenberg).

---

[855] In seiner Denkschrift „Stahlbund", erste Version vom 25.10.1918 forderte Vögler dies, siehe Feldman, Homburg: Industrie und Inflation, S. 211–214.

21. BESUCHE IN DER „WAFFENSCHMIEDE" DES REICHS

Während des Ersten Weltkriegs besuchten in- und ausländische Militärs, Politiker, Journalisten und Industrielle sowie Vertreter des Kaiserhauses das Ruhrgebiet, das Jacob Reichert in einem 1918 erschienenen Büchlein erstmals als Rüstungsschmiede bezeichnete. Ihnen wurden im Laufe der Jahre vor allem die sich ausweitenden Rüstungsbetriebe und deren Leistungsfähigkeit gezeigt. Galt es zunächst, den Kriegseintritt neutraler Staaten wie Italien oder der USA durch eine Art Abschreckung zu verhindern, so rückte mit Verkündung des Hindenburg-Programms der Neubau ganzer Produktionsstätten und deren Leistungsfähigkeit in das Blickfeld. Als Besucher sind zunächst zu erwähnen die deutschen Militärs, aber auch die der Verbündeten, die man von der Leistungsfähigkeit der eigenen, hauptsächlich privatwirtschaftlich organisierten Rüstungsproduktion durch Besuche – nicht nur im Ruhrgebiet – überzeugen wollte. Diese mussten – so im Fall des Osmanischen Reichs – über das preußische Kriegsministerium mit Waffen und vor allem Munition mitversorgt werden. Die Militärs kamen aber auch – wie im Fall des 1916 frisch ernannten Chefs des Kriegsamts Wilhelm Groener oder seines Nachfolgers Heinrich Scheüch – zum Antrittsbesuch, um ihre Vorstellungen der zukünftigen Rüstungsstrategie zu verkünden bzw. zu besprechen und sich über die Leistungsfähigkeit der Rüstungsbetriebe zu informieren. Wenn der Chef des bayerischen Rüstungsamts jedoch die Firma Krupp besuchte, dann ging es um das privatwirtschaftliche Engagement des größten deutschen Rüstungsunternehmens im Königreich Bayern, um den Aufbau einer bayerischen Geschützfabrik mit Krupp'schem Know-how und dem Anlernen bzw. der Ausbildung von bayerischen Arbeitern in Essen. Militärs suchten die Rüstungsfirmen im Ruhrgebiet auf, um neue Waffen zu bestellen, kürzere Lieferfristen auszuhandeln, um sich über technische Innovationen zu informieren, aber auch, wie z. B. bei der Marine ab 1917, nicht benötigte, schon fertiggestellte schwere Geschütze für Großkampfschiffe zu stornieren bzw. diese anderen Verwendungen zuzuführen (Marinesoldaten bedienten die Eisenbahngeschütze, das Paris-Geschütz sowie die schweren Geschütze an Flanderns Küste). Preußische Offiziere kamen aber auch zur Abnahmekontrolle, bemängelten Lieferungen und konnten – wie bei der Friedrich Wilhelms-Hütte von Deutsch-Lux – bei zu hohem Ausschuss, also bei mangelnder Qualität, das Unternehmen zwingen, großzügig für Kriegsinvalidenheime oder ähnliches zu spenden. Die Militärs kamen – insbesondere in der zweiten Kriegshälfte –, um die Rüstungsanstrengungen zu loben, die x-te Ablieferung eines Geschütztyps zu feiern, um so die Unternehmen und vor allem die Mitarbeiter zu weiteren Anstrengungen zu motivieren. Die mangelhafte Ernährungslage sollte durch soziale Zugeständnisse wie Arbeiterausschüsse, zu denen die konservativen Arbeitgeber nie bereit gewesen wären, befriedet werden, so

21. Besuche in der „Waffenschmiede" des Reichs

Besichtigung der Gewerkschaft Deutscher Kaiser, Schachtanlage 3/7, am 29. August 1916 durch die Militärattachés neutraler Staaten. Im Hintergrund ist die Zechenkokerei zu sehen. (V. l.): Oberleutnant Rocholt; Hauptmann von Reitzenstein; Major Karl Schantz, Oberbergrat am Oberbergamt Dortmund; Oberleutnant Wu Kuang Djie, China; Bergwerksdirektor Adalbert Kleemann; Major von Adlercreutz, Schweden; Generaldirektor Arthur Jacob; Oberstleutnant Pertinè, Argentinien; Oberst von Castonier, Dänemark; Major le Dechamps, Brasilien; Oberstleutnant Ahumada, Chile; Hauptmann Lorentz; Bergingenieur Dr. Theodor Lange, für Entwurf und Planung großer Neuanlagen über und unter Tage der Gewerkschaft Deutscher Kaiser zuständig. Quelle: montan.dok

das durchaus modern wirkende Kalkül der preußischen Militärs, die den Arbeitern sonst nichts anzubieten hatten.

Bei den Offizieren der verbündeten Staaten ging es um Erfahrungsaustausch und ab 1917 um die Stärkung des Durchhaltewillens, während man die Militärs neutraler Staaten von der Unbesiegbarkeit Deutschlands überzeugen wollte, deren Rüstungsproduktion der zahlenmäßigen Überlegenheit der Entente Paroli würde bieten können. Im Ruhrgebiet war nur die konventionelle deutsche Rüstung zu besichtigen, nicht bzw. nur bedingt der Bau neuer, moderner Flugzeuge, Maschinengewehre, Lastkraftwagen und schwerer Zugmaschinen oder der von deutscher Seite lange versäumte Bau von Panzern.[856]

Im Ruhrgebiet wurde besichtigt, was die deutschen Militärs in ihrer konventionellen Vorstellung von Kriegsführung für wesentlich hielten: die für einen langandauernden

---

[856] Es ist fraglich, ob man beim Panzerbau wirklich von einem Versäumnis sprechen kann, da im Deutschen Reich Treibstoffmangel herrschte, also eine größere Anzahl an Panzerfahrzeugen nicht zu betreiben gewesen wäre.

Stellungskrieg notwendigen, manufakturell gefertigten Geschütze und die Unmengen von konventionellen Geschossen, nicht jedoch Gasmunition. Diese Besichtigungen konnten sicher beeindrucken, man denke nur an die bei Krupp gefertigten Marinegeschütze und Panzerkuppeln, aber sie konnten nicht unbedingt überzeugen. Der Kriegseintritt Italiens auf Seiten der Entente war durch Besichtigungstouren für italienische Journalisten nicht zu verhindern, während sich Bulgarien vornehmlich aus geopolitischen Gründen für die Mittelmächte entschied.

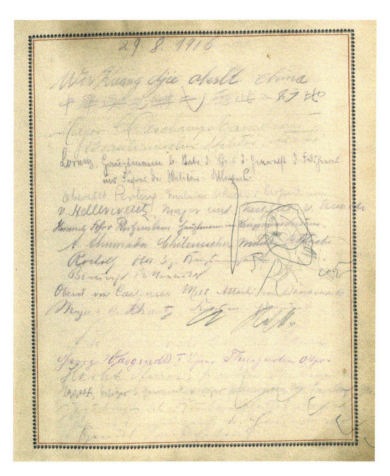

Die Militärattachés speisten am 29. August 1916 im Kasino der Gewerkschaft Deutscher Kaiser und trugen sich in das dortige Gästebuch ein. Gäste waren, v. o.: Oberstleutnant Wu Kuang Djie; Major le Dechamps; Hauptmann Pertinè; Major von Adlercreutz; Hauptmann Freiherr von Reitzenstein; Oberleutnant Ahumada; Oberstleutnant Rocholt; Rittmeister Böninger; Oberst von Castonier; Major d. R. Oberbergrat Schantz. Im unteren Teil trugen sich noch andere Gäste ein. Dieses Gästebuch wurde in den Nachkriegswirren von Unbekannten bekritzelt. Quelle: thyssenkrupp Corporate Archives.

Die Militärattachés der neutralen Staaten dürften auch Geschütze gegen besonders nachgefragte Konterbande, Rohstoffe wie Schwefel, Nickel, Chrom, Kupfer u. a. m. getauscht haben. Sie besichtigten in Gruppen unter anderem das Ruhrgebiet, wie Fotos und Einträge in Gästebüchern belegen, und sie kamen von weit her.

Durch Werksbesuche mit Pressevertretern ausländischer Staaten wollte Deutschland das veröffentlichte Meinungsbild in jenen Ländern beeinflussen, eine prodeutsche Stimmung erzeugen, um den Kriegseintritt dieser Länder auf Seiten der Entente zu verhindern. Für solche Pressegespräche standen ansonsten eher zurückhaltende Unternehmer wie August Thyssen durchaus zur Verfügung. Er empfing Journalisten aus neutralen Ländern in der Hauptverwaltung der Gewerkschaft Deutscher Kaiser, um auf die Leistungsfähigkeit seiner Werke hinzuweisen, aber auch um Deutschlands Kampfbereitschaft und die Massenfertigung von Waffen und Munition zu dokumentieren.

Deutsche Politiker kamen in das Ruhrgebiet, um sich – wie Düsseldorfs Regierungspräsident Dr. Francis Kruse – über die Rüstungsanstrengungen zu informieren, um – soweit möglich – staatliche Hilfestellung bei den kleinen und großen Problemen des Kriegsalltags zu gewähren. Es kamen aber auch Politiker aus Berlin, um sich über Wohnungsfragen angesichts des enormen Zuzugs von Rüstungsarbeitern zu unterrichten (Wohnungsausschuss des Reichstags, Ausschuss zum Studium des Kleinwohnungswesens), oder aber um ihrer parlamentarischen Kontrollfunktion angesichts der großen Gewinne mancher Unternehmen an Rüstungsgeschäften gerecht zu werden (Reichstagskommission zur Prüfung der Verträge über Kriegslieferungen, s. Kapitel 22).

Politiker wie Matthias Erzberger setzten sich in der ersten Kriegshälfte noch uneingeschränkt für Deutschlands Kriegsziele ein, begleiteten ausländische Delegationen in das Ruhrgebiet, um eine positive Propaganda für die Mittelmächte zu erzielen. Mit Kriegsbeginn trat der umtriebige Zentrumspolitiker nicht nur als Annexionist hervor, der die Angliederung Belgiens an Deutschland sowie im Osten entsprechende Hegemonialansprüche mit den Mitteleuropa-Plänen verfolgte, sondern der auch als Lobbyist für August Thyssen fungierte, welcher hoffte, so Einfluss auf die Wirtschaftspolitik des Reichs, Preußens bzw. auf einzelne Entscheidungsträger zu nehmen.[857]

Erzberger begleitete eine hochrangige Delegation des bulgarischen Parlaments (Sobranje) u. a. nach [Duisburg-]Hamborn und zu August Thyssen auf Schloss Landsberg bei Kettwig. Die 15-köpfige Delegation unter Führung des Vizeparlamentspräsidenten Dr. Iwan Montchilow besuchte auf ihrer über dreiwöchigen Reise in Deutschland u. a. Kiel, Hamburg, Altona, Köln, Koblenz, Frankfurt/Main, München und Berlin, wo sie am 8. Mai 1916 Reichskanzler Theobald von Bethmann Hollweg empfing. Der Delegation gehörten u. a. an der ehemalige Parlamentsvizepräsident Wasil Kosnitschki, der General der Balkankriege Iwan Popow, der ehemalige Justizminister Christo Panajodow sowie der Schwiegersohn des amtierenden Ministerpräsidenten Radoslawow Dr. Christo Georgiew. In Hamborn bei Duisburg besichtigten sie die Hüttenwerke, fuhren auf der Zeche der Gewerkschaft Deutscher Kaiser ein und wurden abends von August Thyssen im Beisein des stellvertretenden Kommandeurs des VII. Armeekorps

---

[857] Rasch: August Thyssen, S. 78.

21. Besuche in der „Waffenschmiede" des Reichs | 377

Am 2. September 1916 besichtigten die Militärattachés (s. S. 374) auch die Firma Krupp in Essen, wo ihnen u. a. eine beschossene Krupp'sche Panzerkuppel gezeigt wurde. Quelle: Historisches Archiv Krupp.

General der Infanterie Egon Freiherr von Gayl und seines stellvertretenden Generalstabschefs Oberst Walter Giffenig sowie des Düsseldorfer Regierungspräsidenten Dr. Francis Kruse auf Schloss Landsberg bei Kettwig empfangen. August Thyssen unterstützte die Idee eines mitteleuropäischen Wirtschaftsraums unter deutsch-österreichisch-ungarischer Hegemonie. Ein Telegramm an den bulgarischen Zaren Ferdinand unterzeichneten alle Teilnehmer. Einen Monat später weilte Matthias Erzberger in Sofia und wurde vom dortigen Ministerpräsidenten Dr. Wasil Radoslawow empfangen, der eine stärkere Anlehnung seines Landes an die Mittelmächte förderte.[858]

---

[858] Telegramm der Reichspost vom 23.05.1916, in: tkA A/887; Thimme: Bethmann Hollwegs Kriegsreden, S. 107. Offiziell führte Assessor Dr. Conrad Roediger vom Auswärtigen Amt die Reisegruppe. Die Schreibweise der bulgarischen Namen variiert, statt „ff" wurde „w" bevorzugt.

Gruppenfoto (Original und Zeitungsabdruck rechts) mit italienischen Journalisten auf der Schachtanlage Gewerkschaft Deutscher Kaiser 3/7 und dessen Verwendung für einen Zeitungsartikel. V. l. obere Reihe: Bergwerksdirektor Adalbert Kleemann; Carrara, Journalist, Bologna; Delbello, Journalist, Rom; Generaldirektor Arthur Jacob; Betriebsführer Zellerhoff. Untere Reihe: Dr. Wilhelm Späing; Chierici, Journalist, Genua; Secagno, Mailand; La Fratta, Rom; Segnano, Dolmetscher, Neapel; Direktor Carl Rabes; Bauinspektor Wilhelm Kern; Julius Thyssen, August Thyssens Neffe war Grubenvorstand Gewerkschaft Deutscher Kaiser. Quelle: thyssenkrupp Corporate Archives.

Nach dem Friedensschluss von Brest-Litowsk (3. März 1918 unterzeichnet) sandten auch die neu entstandenen Satellitenstaaten Ukraine und Georgien nicht nur Wirtschaftsdelegationen in das Ruhrgebiet, galt es doch die rüstungswirtschaftliche Potenz der deutschen „Schutzmacht" den neuen Verbündeten zu vermitteln und entsprechende Wirtschaftsbeziehungen für deutsche Unternehmen anzubahnen bzw. die unter der alten zaristischen Regierung getroffenen Vereinbarungen wieder zu beleben. So hatte sich August Thyssen schon 1909 um die eisenreichen Erze in der Ukraine bemüht und unter Ausschluss der bisher den Seeweg beherrschenden Handelsfirma Wm. H. Müller & Co. ein eigenes Handels- und Schifffahrtssystem mit eigenen Hafenanlagen in Nikolajew sowie in Batum am Schwarzen Meer für die kaukasischen Manganerze angelegt. Im Gegensatz zur Vorkriegszeit sollten 1918 die Erze, insbesondere das benötigte Mangan, nicht über das Mittelmeer, sondern über die Donau

Besuch italienischer Journalisten in Deutschland.

Das neutrale Ausland wird seit Anfang des Krieges überschwemmt durch eine Flut von Lügenberichten unserer Gegner. Dank einer energischen Aufklärungsarbeit ist es jedoch gelungen, den wahren Stand der Dinge auch bei den Neutralen bekanntzumachen. Zu den Ländern, die den Einflüssen des Dreiverbandes am stärksten ausgesetzt sind, gehört Italien. Neben dem leidenschaftlichen, außerordentlich leicht erregbaren Charakter der Italiener kommt dort vor allem die gewaltige Einwirkung der Presse auf Stimmung und Urteil ausgezeichnete Eindrücke erhielten. Das gleiche geschah in Berlin und zahlreichen anderen deutschen Städten. So kamen die italienischen Journalisten auch nach Westdeutschland und studierten hier eingehend Land und Leute, Handel und Industrie. Die auf den verschiedenen Reisen gewonnenen Eindrücke blieben nicht ohne Folgen für die Berichte, die unsere Gäste nach der Heimat entsandten. „Deutschland ist einfach nicht niederzuzwingen," so lautet der Kehrreim der Briefe aus Deutschland, die in der jüngsten Zeit selbst in der

Italienische Journalisten auf ihrer Informationsreise durch Deutschland: Besuch der Schachtanlagen der Thyssenschen Gewerkschaft „Deutscher Kaiser" in Hamborn.

(Von links nach rechts.) Obere Reihe: Direktor Kleemann; Carrara, Bologna; Delbello, Rom; Generaldirektor Jacob; Betriebsführer Zellerhoff. Untere Reihe: Dr. Späing; Chierici, Genua; Secagno, Mailand; La Fratta, Rom; Dolmetscher Segnano, Neapel; Direktor Rabes; Bauinspektor Kern; Julius Thyssen.

der Massen in Betracht. Diese Presse steht nun zum Teil im Dienst des Dreiverbandes. Unter solchen Umständen war es ein glücklicher Gedanke, daß seitens der unparteiischen Zeitungen Italiens Vertreter nach Deutschland entsandt wurden, um die Zustände hier nach Ausbruch des Krieges durch eigene Auffassung kennen zu lernen. Erweitert wurde der Rahmen des Unternehmens dadurch, daß man auch Abgeordnete der deutschfeindlichen Presse zuließ, um gerade hier, wo es am notwendigsten erschien, aufklärend zu wirken. Die italienischen Journalisten machten zuerst in München Halt, wo sie von Vertretern der staatlichen und städtischen Behörden, der Künstlerschaft und des Kaufmannsstandes glänzend empfangen wurden und deutschfeindlichen Presse Italiens erschienen. Hoffen wir, daß dieser Kehrreim sich möglichst nachhaltig dem Gedächtnis des italienischen Volkes nicht nur, sondern des gesamten Auslandes einpräge. Die selbstgewonnene Überzeugung von der Macht Deutschlands wird den italienischen Pressevertretern noch verstärkt werden, nachdem sie auf den verschiedenen Kriegsschauplätzen im Westen und Osten längere Zeit geweilt haben. Es ist vorgesehen, daß sie dorthin unter sachkundiger Leitung geführt werden. Sie können sich dann weiter davon überzeugen, wie verlogen auch die Kriegsberichte unserer Gegner waren; im Gegensatz dazu werden sie die wahrheitsgetreue Berichterstattung unseres Generalstabes überall bestätigt finden.

21. Besuche in der „Waffenschmiede" des Reichs

Journalisten aus dem neutralen Ausland empfing der Firmeninhaber August Thyssen persönlich in der Hauptverwaltung der Gewerkschaft Deutscher Kaiser am 11. Oktober 1916. V. l., sitzend: Philip M. Powers, Associated Press; Raymond Swing, Chicago Daily News, der als erster in den USA über die Existenz der Dicken Bertha berichtete; Major Kämmerling, Berlin; August Thyssen; Oberbürgermeister Dr. Paul Lembke, Mülheim/Ruhr. Stehend: Direktor Carl Rabes, Hamborn; Fritz Thyssen; Carl William Ackermann, United Press, USA, er sollte 1917 das Buch „Germany, the next Republic?" veröffentlichen; Bergwerksdirektor Adalbert Kleemann, Hamborn; Otto T. Schüller, Geschäftsführer Industrie-Club Düsseldorf; Generaldirektor Arthur Jacob, Hamborn; Chefredakteur Humme, Niederlande; Professor Dr. Coenraad Alexander Verrijn Stuart, erster Direktor (1899) des Centraal Bureau voor de Statistiek und Redakteur De Economist, 1908–1917 Ökonomie-Professor Universität Groningen, Niederlande; Direktor Schuhmacher, Berlin; Justitiar Dr. Wilhelm Späing, Hamborn; Legationsrat Köpke, Berlin; Chefredakteur Alwis Nießner, Rheinisch-Westfälisch Zeitung, Düsseldorf; Dr. Johannes Peder Lindbaek, der promovierte Historiker war Korrespondent der Zeitung Berlingske Tidende und veröffentlichte 1917 The Prelude of the World War – Great Power Politics 1871–1914, Kopenhagen, Dänemark; Gustaf Blomquist, bis 1916 in Berlin ansässiger Korrespondent des Aftonbladets, Stockholm, Schweden; Oberleutnant Wittlinger, Schweiz; Hauptmann Freiherr von Holzhausen, Münster; Journalist Dr. Schwarzenbach, Schweiz; Woldemar Galster, Kopenhagen, Dänemark; Regierungsgewerberat Fürst, Stockholm; Dr. Frederik Paasche, Christiania, Norwegen. Quelle: montan.dok.

bis nach Regensburg verschifft werden.[859] (Foto der georgischen Delegation mit August Thyssen in Kapitel 12)

Das Ruhrgebiet besuchten auch Vertreter des Kaiserhauses und sogar die Kaiserin Auguste Viktoria (1917) und Kaiser Wilhelm II. (1918) persönlich. Nicht die Verleihung von Orden und Ehrenzeichen war der Anlass, sondern – insbesondere im Jahr

---

[859] Rasch: Unternehmungen des Thyssen-Konzerns im zaristischen Rußland; ders.: Thyssen und das Erzgeschäft.

21. Besuche in der „Waffenschmiede" des Reichs | 381

Besichtigung der Gewerkschaft Deutscher Kaiser, Hamborn am Rhein am 11. Oktober 1916 durch die Pressevertreter des neutralen Auslandes.

Von links nach rechts Obere Reihe: *1.* **Bergwerksdirektor Kleemann**, *Hamborn am Rhein.* 2. **Raymund E. Swing**, *Chikago, Vereinigte Staaten von Nordamerika.* 3. **Philipp M. Powers**, *Vereinigte Staaten von Nordamerika.* 4. **Carl W. Ackermann**, *Vereinigte Staaten von Nordamerika.* Untere Reihe: 5. *Betriebsführer* **Kespelher**, *Hamborn am Rhein.* 6. *Bergingenieur* **Dr. Lange**, *Hamborn am Rhein.* 7. **Gustaf Blomquist**, *Stockholm (Schweden).* 8. *Advokat* **Dr. Werner**, *Genf (Schweiz).* 9. **Dr. Lindbaek**, *(Kopenhagen) Dänemark.* 10. **Dr. Schwarzenbach**, *Schweiz.* 11. *Generaldirektor* **Jacob**, *Hamborn am Rhein.* 12. *Chefredakteur* **Humme**, *Holland.* 13. **Major Kämmerling**, *Berlin.* 14. **Schüller**, *Düsseldorf.* 15. *Oblt.* **Wittlinger**, *Schweiz.* 16. *Direktor* **Schuhmacher**, *Berlin W.* 17. **Woldemar Galster**, *Kopenhagen (Dänemark).* 18. *Dr. phil.* **Frederik Paasche**, *Christiania (Norwegen).* 20. *Regierungsgewerberat* **Fürst**, *Stockholm (Schweden).* 21. *Chefredakteur* **Nissner**, *Düsseldorf.* 22. *Betriebsführer* **Guldner**, *Hamborn am Rhein.* 23. *Photograph* **Lux**, *Berlin.*

Die von August Thyssen empfangenen Journalisten fuhren am selben Tag in ein Bergwerk der Gewerkschaft Deutscher Kaiser ein. Interessant ist, dass auch der begleitende Fotograf Lux, Berlin, (rechts außen) auf dieser Aufnahme abgebildet ist. Quelle: montan.dok.

1918 – die Stärkung der (Arbeits-)Moral der unterernährten und überarbeiteten Bevölkerung, insbesondere der Arbeiterinnen und Arbeiter in der Rüstungsindustrie. Es sollten Streiks angesichts der Rückschläge an der Front vermieden werden. So besuchte Prinz Waldemar von Preußen, Sohn des Kaiser-Bruders Prinz Heinrich, studierter Jurist und im Krieg Kommandeur des Kaiserlichen Kraftfahrkorps sowie Kapitänleutnant à la suite, mit seinem Gefolge das Hüttenwerk der Gewerkschaft Deutscher Kaiser am 13. Juni 1918 (Foto s. Kapitel 20). Noch einmal eine große Propaganda-Veranstaltung war der letzte Kaiser-Besuch bei Krupp in Essen am 9./10. September 1918. Sie ging zurück auf eine schon im Frühjahr 1917 geäußerte Anregung von Gustav Krupp von Bohlen und Halbach, die bald fertiggestellten Krupp'schen „Hindenburg-Bauten" zu besichtigen. Der Kaiser besuchte an zwei Tagen einzelne Werkstätten, sah sich Maschinen an, sprach mit Arbeiterinnen und Arbeitern vor Ort oder schaute ihnen bei der Arbeit zu. Schließlich sprach der Kaiser vor einer ausgesuchten Gruppe von Krupp'schen Beamten und „Ehrenjungfern" in der Friedrichshalle zu Essen. Als Gastgeschenk hatte der Kaiser für den Firmeninhaber eine überlebensgroße Büste von sich des Bildhauers Max Bezner und für die einfachen Arbeiter 450 Ver-

382 | 21. Besuche in der „Waffenschmiede" des Reichs

Nur scheinbar protokollarisch weniger aufwendig war der Besuch einer Journalistengruppe aus neutralen Staaten am 12. Oktober 1916 bei Krupp in Essen. Quelle: Historisches Archiv Krupp.

dienstkreuze für Kriegshilfe mitgebracht. Letztere verteilte er nicht persönlich, sondern ließ sie – zusammen mit einer Kronenorden-Medaille für den zum Kriegsdienst eingezogenen Krupp'schen Diener Friedrich Tiefensee – vier Wochen später aushändigen. Der Vorsitzende des Krupp'schen Direktoriums, Alfred Hugenberg, erhielt erst im September 1918 das Eiserne Kreuz 2. Klasse vom Zivilkabinett des Kaisers verliehen.[860] Die hohe Anzahl von Kriegsverdienstkreuzen und Orden für Krupp'sche Mitarbeiter konnte den Zusammenbruch von Front und Heimatfront jedoch nicht verhindern. Zu groß war mittlerweile auch die Distanz zwischen dem mit Orden und Ehrenzeichen geschmückten Kaiser in seiner prächtigen Uniform und den einfachen, Hunger leidenden Arbeiterinnen und Arbeitern. Dies hinderte jedoch den Monarchisten Gustav Krupp von Bohlen und Halbach nicht daran, noch im März 1919 ganz offiziell Fotoabzüge seiner Werksfotografie vom Kaiser-Besuch an dessen ehemaligen Hofstaat, meist noch an deren alte Postanschrift, zu versenden.[861]

[860] Besuch seiner Majestät des Kaisers, September 1918, in: HAK FAH 4 C 120.
[861] Ebd.
[862] Der Empfang durch August Thyssen auf Schloss Landsberg am 15. Mai 1916 findet sich in Kapitel 20.

21. Besuche in der „Waffenschmiede" des Reichs | 383

Besichtigung der Gruben- und Hüttenanlagen der Gewerkschaft Deutscher Kaiser durch bulgarische Abgeordnete vor der Grubenfahrt und unter Tage.[862] Über Tage: Bergwerksdirektor Adalbert Kleemann; Dr. Kyriat Prowadaliew; Assessor Dr. Conrad Roediger, Auswärtiges Amt; Generaldirektor Arthur Jacob; Major Dr. Kechlibarow; Nikola Kaltchow; Nikola Altimierski; Justitiar Dr. Wilhelm Späing; Betriebsführer Zellerhoff; Diplom-Bergingenieur Dr. Theodor Lange; Wasil Koznitchky; Christo Panajodow, ehemaliger Justizminister; Dimo Kiortchew; Iwan Kostow; Dr. Iwan Montchilow, erster Vizepräsident der Kammer; Dr. Christo Georgiew; Iwan Popow, General der Reserve; Michael Auramow; Peter Baskalow; Alexander Stanciew; Bauinspektor Wilhelm Kern; Diplom-Bergingenieur Müller; Betriebsführer über Tage Diplom-Ingenieur Ludwig Guldner. Quelle: montan.dok.

Bertha Krupp von Bohlen und Halbach (links) führte im Juni 1917 Kaiserin Auguste Victoria durch die Margarethenhöhe begleitet von Schaulustigen und in gebührendem Abstand Ehemann Gustav Krupp von Bohlen und Halbach (rechts). Quelle: Historisches Archiv Krupp.

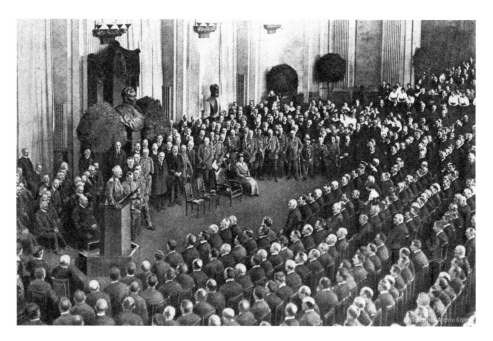

Neben der überlebensgroßen Büste Wilhelms II., die dieser Krupp als Gastgeschenk mitgebracht hatte, sprach der Kaiser in der Friedrichshalle am 9. September 1918, flankiert von der Büste Alfred Krupps. Quelle: Historisches Archiv Krupp.

Fazit

Das Ruhrgebiet war im Ersten Weltkrieg die oft besuchte Rüstungsschmiede des Reichs, und zwar im doppelten Sinne. Hier wurden – unter zum Teil nicht rationellen Arbeitsbedingungen – Geschütze und Munition gefertigt, was in- und ausländische Militärs zu Besuchen bewog, um die neuesten Waffenentwicklungen zu sehen oder um Geschütze und Munition zu bestellen. Die Besuche ausländischer Delegationen waren eindeutig Propagandaveranstaltungen, die deshalb fotografiert wurden. Gegen Kriegsende dienten die Besuche hoher deutscher Militärs und des Kaisers selbst ausschließlich dem Zweck, den Durchhaltewillen der überlasteten und unterernährten Arbeiterschaft zu stärken, denn außer Orden und Ehrenzeichen sowie der Realisierung einiger gewerkschaftlicher Forderungen (Arbeiterausschüsse) hatte der Staat seinen Bürgern nichts anzubieten.

Die bebilderte Reportage über den Kaiserbesuch bei Krupp in „Die Wochenschau", herausgegeben am 28. September 1918 vom Essener Verlag Giradet. Quelle: Historisches Archiv Krupp.

22. KRIEGSGEWINNE

Am 1. August 1916 hielt der Berliner Theologieprofessor, zugleich Generaldirektor der Königlich Preußischen Staatsbibliothek sowie seit 1911 Präsident der Kaiser-Wilhelm-Gesellschaft zur Förderung der Wissenschaften, Adolf von Harnack,[863] in der Philharmonie zu Berlin eine Rede zum zweiten Jahrestag des Kriegsbeginns. Die Vereinigung für vaterländische Vorträge hatte ihn als politisch Gemäßigten gegen die Propaganda der in Wort und Schrift sehr aktiven Alldeutschen eingeladen. Die Rede war patriotisch, voller Zuversicht und Rechtfertigung. Sie war wohl durchdacht. Von Harnack sprach nämlich auch Themen wie das Wahlrecht, die Beförderung im Staatsdienst ohne Rücksichtnahme auf die Religionszugehörigkeit sowie mögliche Annexionen bei einem Friedensschluss an. Er wies auf mögliche Kompensationen hin (Rückgabe der Kolonien gegen Verzicht auf Landgewinn in Europa), benannte übertriebene Ansprüche als Griff zur Weltherrschaft, die Deutschland nie angestrebt habe. Er warnte vor einem zweiten Irland als Folge solcher Annexionen (in Belgien) und forderte ein Völkerrecht zur Sicherung eines dauerhaften Friedens. Auch auf die nationale Wirtschaftsordnung ging er ein, die einer entscheidenden Änderung bedürfe, denn der Krieg habe „unerträgliche Mißstände" aufgedeckt: „Was haben wir vor dem Kriege besessen? Eine internationale Privatwirtschaft und neben ihr auf einigen Gebieten eine gut arbeitende fiskalische und militärische Staatswirtschaft. Was haben wir im Kriege erlebt? Die fiskalische und militärische Staatswirtschaft erweiterte sich und arbeitete in umfassendster Weise, geleitet von genialen Männern, bald ausgezeichnet. Aber dagegen: Die internationale Privatwirtschaft brach zusammen, die ausländische Konkurrenz fiel fort und eine unbekümmerte, lediglich auf den Profit gestimmte, heimische Privatwirtschaft trat in weiten Kreisen an ihre Stelle. Wucherei und Hamsterei wuchsen auf, und vom Geiste des August 1914 war hier wenig mehr zu spüren. Meine Damen und Herren! Ich klage nicht einzelne an, obwohl einzelne es verdienten; ich klage das ganze System an, dem sie unterlagen, das System, welches den vollen Handelsegoismus und das rücksichtslose Verdienen auch im Kriege erlaubt, weil man eben überhaupt Grenzen hier nicht gekannt hat und kennt."[864]

Aus den beschriebenen Missständen folgerte von Harnack notwendige Wirtschaftsreformen. Er entwickelte keine neuen Ideen, sondern benannte in seinem Ausblick „An der Schwelle des dritten Kriegsjahrs" das nicht unbedingt in konservativen Wirtschaftskreisen diskutierte Modell einer sozialen Gemeinwirtschaft mit gemischtwirtschaftlichen Unternehmen unter Beteiligung von Staat oder Kommunen. Letztlich

---

[863] Zu den hier geschilderten Vorgängen, jedoch mit wesentlich anderer Nuancierung siehe Burchardt: Zwischen Reformeifer.
[864] Harnack: An der Schwelle des dritten Kriegsjahrs, S. 341 f.

Bei der Einweihung des Kaiser-Wilhelm-Instituts für Kohlenforschung in Mülheim/Ruhr am 27. Juli 1914 war Emil Fischer u. a. mit mehreren Industriellen des Westens zusammengetroffen, v. l.: Emil Kirdorf, Vorstandsvorsitzender GBAG; Wilhelm Marx, Oberbürgermeister Düsseldorf; Paul Lembke, Oberbürgermeister Mülheim/Ruhr; Prof. Gustav Steinmann, Vorsitzender der Rheinischen Gesellschaft für Wissenschaften, Bonn; Emil Fischer, Chemie-Nobelpreisträger, Universität Berlin; Francis Kruse, Regierungspräsident Düsseldorf; Franz Fischer, 1. Direktor des Kohlenforschungsinstituts; Adolf von Harnack, Präsident der Kaiser-Wilhelm-Gesellschaft (KWG); Henry Theodor von Böttinger, Aufsichtsratsvorsitzender der Farbenfabriken vorm. Friedrich Bayer & Co., Senator der KWG; August Thyssen; Heinrich Pattberg, Bergwerksdirektor der linksrheinischen Zeche Rheinpreußen (Haniel); Carl Duisberg, Vorstandsvorsitzender Farbenfabriken Bayer; Prof. Bernhard Lepsius, TH Charlottenburg, Generalsekretär der Deutschen Chemischen Gesellschaft; Hugo Andres Krüß, Preußisches Kultusministerium; Hugo Stinnes. Ausschnitt. Quelle: Max-Planck-Institut für Kohlenforschung.

übertrug er das Fördersystem von Staat und Privatiers/privaten Unternehmen, wie es die Kaiser-Wilhelm-Gesellschaft praktizierte, um die unterschiedlichen Interessen zu moderieren, als gemischtwirtschaftliches Modell auf das Wirtschaftssystem. Deshalb forderte er „wir müssen viel mehr nationalen Gemeingeist in unser Wirtschaftsleben bekommen."[865] Die Rede selbst, auch einzelne Passagen, beanstandeten die Berliner Zuhörer offensichtlich nicht. Sie entsprach dem Zeitgeist. Die Zeitgenossen nahmen die Diskrepanz zwischen dem beschworenen Geist vom August 1914, der enormen Zunahme der Gewinne einzelner Rüstungsfirmen und der sich verschlechternden Lebenssituation der breiten Bevölkerungsschichten wahr. Auch der Reichstag diskutierte im Sommer 1916 diese Kriegsgewinne und ihre Ursachen.[866] Von Harnacks Rede wurde zunächst als Broschüre gedruckt und noch im gleichen Jahr in einen Sammelband mit von Harnacks Reden aufgenommen. Nun erst regte sich im Verborgenen der Protest der Ruhrindustriellen gegen den Präsidenten der Kaiser-Wilhelm-Gesellschaft. Gustav Krupp von Bohlen und Halbach als erster Vizepräsident der Kaiser-Wilhelm-Gesellschaft kanalisierte diesen und löste mit diplomatischem Geschick ohne allzu großes Aufsehen zu erregen das entstandene Problem zwischen etlichen

---

[865] Ebd., S. 13.
[866] Wette: Kriegsgewinnlerei, S. 43–45.

montanindustriellen Financiers der Kaiser-Wilhelm-Gesellschaft und ihrem Präsidenten. Von Harnack musste schließlich dem Gemeinwirtschaftsmodell abschwören, obwohl der Vorwurf unverhältnismäßiger Kriegsgewinne durchaus in politischen und militärischen Kreisen erhoben wurde. Die Kriegsgewinne waren ein innen- und ordnungspolitisches Problem, das bis Kriegsende allgemein diskutiert, aber nicht gelöst wurde. Seinen entsprechenden Vorwurf nahm von Harnack jedoch nicht zurück. 1917 soll er deshalb wohl nicht zum Kuratoriumsvorsitzenden des neu errichteten Kaiser-Wilhelm-Instituts für Eisenforschung gewählt worden sein.[867] Doch lassen sich die zeitgenössischen Vorwürfe von ungewöhnlich hohen Kriegsgewinnen tatsächlich auch mit Zahlen belegen?

Schon im Sommer 1916 – noch vor Berufung der 3. OHL – war es vermehrt zu Diskussionen über die Kriegsgewinne, deren Besteuerung und vor allem deren Ursachen gekommen. Während sich die wirtschaftliche Lage der Bevölkerung weiter verschlechterte, wiesen große, im Rüstungsgeschäft tätige Unternehmen ungewöhnlich hohe Gewinne und unverhältnismäßige Gewinnsteigerungen aus. Daraufhin erließ die Reichsregierung am 21. Juni 1916 ein Kriegssteuergesetz, das als zusätzliches Mittel der Kriegsfinanzierung dienen sollte, das aber nur einen geringen Teil der Kriegsgewinne zu erfassen vermochte.[868] Das Reich wollte finanzielle Anreize zu Leistungssteigerungen bieten, diese nicht wegbesteuern oder gar wie in Großbritannien die entsprechende Industrie verstaatlichen. Dennoch wollte das Parlament – wie schon 1913 infolge der sogenannten Kornwalzeraffäre[869] – das militärische Beschaffungswesen untersuchen. Gustav Noske (SPD) als Berichterstatter des Rechnungsausschusses brachte am 7. Juni 1916 im Reichstag einen entsprechenden Resolutionsentwurf ein, den das Parlament – über Parteigrenzen hinweg – mit großer Mehrheit annahm. Die von der Regierung eingesetzte „Kommission zur Prüfung von Verträgen über Kriegslieferungen", so ihr offizieller Name, kurz Kommission Kriegslieferungen, trat am 19. Dezember 1916 erstmals zusammen. Die Regierung verzögerte bewusst die aufklärerische, aber als geheim eingestufte Arbeit der Kommission. Den 13 Parlamentariern saßen in den einzelnen Sitzungen oftmals die zwei- bis dreifache Anzahl an Militärs und Zivilbeamten gegenüber. Vorsitzender war der Staatssekretär des Innern und Vizekanzler Karl Helfferich. Gustav Noske, der sich seit 1906 im Parlament als Fachmann für Haushalts-, Kolonial- und Militärpolitik profiliert hatte und der vor dem Krieg durchaus eine Verstaatlichung der Rüstungsindustrie gefordert hatte, stieg in der Kommission bald zu deren Geschäftsführer und Sprecher sowie eifrigsten Mitarbeiter auf. Er hielt sich jedoch an den „Burgfrieden" der SPD, wünschte den

---

[867] Burchardt: Zwischen Reformeifer; Rasch: Eisenforschung, S. 297.
[868] Kriegssteuergesetz vom 21.06.1916, in: RGBl 1916, S. 561–572. Unternehmen sollten einen Mehrgewinn der ersten drei Kriegsjahre, sofern dieser in erheblichem Umfang über dem durchschnittlichen Gewinn der letzten fünf Vorkriegsjahre lag, in deutlichen Teilen an den Staat abführen.
[869] Die Firma Krupp hatte einige preußische Offiziere mit vergleichsweise bescheidenen Summen bestochen, um Informationen über Rüstungsaufträge und Angebote der Konkurrenz zu erlangen, siehe Bösch: Kornwalzer.

22. Kriegsgewinne | 389

Besuch der Reichstagskommission zur Prüfung der Verträge über Kriegslieferungen auf dem Krupp'schen Schießplatz in Essen. Im Vordergrund sind eine 42 cm-Granate und eine Kartusche aufgebaut, hinter der Besuchergruppe kaum sichtbar das dazugehörige Geschützrohr. V. l.: Jakob; Eugen Hähnle, Fortschrittliche Volkspartei, Rechtsanwalt; Major Alfons Fonck; Julius Kopsch, Fortschrittliche Volkspartei, Lehrer; Landrat Gottfried von Jacobi, Reichsamt des Innern; Ministerialdirektor Theodor Lewald als Vertreter des Kommissionsvorsitzenden, des Vizekanzlers und Staatssekretärs des Innern Karl Helfferich; Fritz Homann, Besuchswesen Krupp; Gustav Noske, SPD, Redakteur; Heusinger; Johann Sophian Richter, Zentrum, Steuerbeamter; Hauptmann von Rieben; Hermann Krätzig, SPD, Redakteur; Rudolf Hartwig, Vorstand Krupp; Julius Heinrich Zimmermann, Nationalliberale Partei, Unternehmer Musikinstrumentenbau mit Dependance in St. Petersburg; Ritter; Ernst Haux, Vorstand Krupp; Friedrich List, Nationalliberale Partei, Rechtsanwalt; Hermann von Verschuer, Besuchswesen Krupp; Georg Baur, Vorstand der Krupp Germaniawerft. Quelle: Historisches Archiv Krupp.

militärischen Sieg Deutschlands und verschob deshalb alle Überlegungen zu einer Veränderung der bestehenden Wirtschaftsordnung auf die Zeit nach dem – natürlich siegreichen – Kriegsende. Die Erfordernisse der Rüstungsproduktion hatten für ihn Vorrang vor wirtschaftspolitischen Überlegungen, dennoch äußerte er schon während des Kriegs Überlegungen hinsichtlich der Rolle von Monopolisten wie Krupp bei der Lieferung schwerer Schiffsgeschütze. Solche Betriebe wollte er „unter eine weitgehende direkte Kontrolle des Reichs und Gewinnbeteiligung gestellt" sehen.[870] Pikanterweise stammt das einzige bisher bekannte Foto der Kommissionsmitglieder Kriegslieferungen von einem Besuch bei Krupp in Essen am 21. April 1917, aufgenommen von der Werksfotografie.

Am 16. Februar 1918 schloss die Kommission Kriegslieferungen ihre Arbeit ab. Trotz zahlreicher Behinderungen war der Kommission der Nachweis gelungen, dass es tatsächlich „skandalöse Kriegsgewinnlerei", so der zeitgenössische Begriff, gab und

---

[870] Kommission Kriegslieferungen, 10. Sitzung am 15.11.1917, S. 20 f., zitiert nach Wette: Kriegsgewinnlerei, S. 42; hier auch das Weitere.

dass dies nicht Einzelfälle waren. Die Ergebnisse der Kommission blieben zunächst geheim und wurden erstmals 1925 publik gemacht durch den einstigen Militär Wilhelm Groener, der der Kommission zwar nicht angehört, aber ihre Arbeit während des Kriegs wahrgenommen hatte, ja sie sogar als damaliger Leiter des Kriegsamts unterstützen wollte.

Etliche mit dem militärischen Beschaffungswesen vertraute Offiziere teilten die Ansicht der Parlamentarier über die Kriegsgewinnlerei, unter ihnen – wie schon gesagt – der Chef des 1916 neu geschaffenen Kriegsamts General Wilhelm Groener. Ihm oblag die Realisierung des sogenannten Hindenburg-Programms (s. Anhang 26.1), jener gigantischen deutschen Rüstungsanstrengungen, die einer Industrialisierung des Kriegs gleichkamen, um endlich den erhofften Ausschlag für das Deutsche Reich und die Mittelmächte zu erbringen. Diese Behörde sollte die noch vorhandenen personellen und materiellen Ressourcen sowohl an der Front als auch in der Rüstungsindustrie optimal einsetzen. Groener stand auch der von Walther Rathenau initiierten und mittlerweile von Joseph Koeth geleiteten Kriegsrohstoff-Abteilung vor, mit dem es zu Meinungsverschiedenheiten kommen sollte.

Nach neun Monaten im Amt legte Groener dem neu ernannten Reichskanzler Georg Michaelis die am 12. Juli 1917 verfasste Denkschrift „Über die Notwendigkeit eines staatlichen Eingriffs zur Regelung der Unternehmensgewinne und Arbeiterlöhne" vor. Ausgearbeitet hatte die Denkschrift Groeners Mitarbeiter Rittmeister d. R. Richard Merton, im Zivilberuf Vorstandsmitglied der Metallgesellschaft AG in Frankfurt/Main, die bisher nicht wie andere Unternehmen an der Sonderkonjunktur Erster Weltkrieg partizipiert hatte. Die Denkschrift war in ihren Forderungen radikal, da sie die bisher geltenden Gesetze des freien Markts außer Kraft setzen und Unternehmensgewinne ebenso wie Arbeitslöhne staatlich reglementieren wollte.

Neben neuen Gesetzen – u. a. einer Verschärfung des Kriegsgewinnsteuergesetzes – sollte auch die Zwangsverwaltung von Rüstungsbetrieben durch das Militär möglich sein. Die Groener-Denkschrift war in erster Linie gegen die Rüstungsunternehmer und ihre enormen Kriegsgewinne gerichtet und nicht gegen die Arbeiter und ihre Gewerkschaften, auch wenn Streiks, diese hatten Anfang 1917 infolge des Hungerwinters und der erfolgreichen Revolution in Russland zugenommen, die Rüstungsproduktion behinderten. Angesichts steigender Lebenshaltungskosten und steigender Unternehmensgewinne sahen etliche Militärs durchaus die Möglichkeit zu höheren Löhnen. Diese Überlegungen gingen einigen Industriellen, unter ihnen Hugo Stinnes, zu weit, zumal Groener Arbeitervertreter erstmals als gleichberechtigte Vertragspartner akzeptierte und er keinen Hehl aus den seiner Ansicht nach übermäßigen Kriegsgewinnen machte. So schrieb er am 29. Mai 1917 an den Werftbesitzer Hermann Blohm: „Ein gefährlicherer Feind als sämtliche Lloyd George[871] der Gegenwart und der Zukunft ist der Eigennutz, der in diesem Kriege im deutschen Volk in

---

[871] Lloyd George war im Krieg vom Munitions- über Kriegs- bis zum Premierminister aufgestiegen und hatte im März 1917 die Beseitigung der reaktionären Militärregierungen der Mittelmächte und deren Ersetzung durch Volksregierungen gefordert.

erschreckender Weise sich breit gemacht hat".[872] In seiner zeitlich später verfassten Denkschrift testierte er ähnlich wie Adolf von Harnack, dass während des Kriegs für deutsche Industrielle „nur in geringem Maße irgendwelche ethischen Motive wie Opfersinn, Vaterlandsliebe und dergleichen" eine Rolle spielten, vielmehr wollten sie „die Konjunktur nach Kräften ausnutzen".[873] Einige Industrielle intervenierten beim Ersten Generalquartiermeister der OHL, General Erich Ludendorff, und dessen engstem Mitarbeiter, Oberst Max Bauer. General Groener wurde am 16. August 1917 entmachtet und zunächst an die Westfront als Truppenführer versetzt. Zu seinem Nachfolger als Chef des Kriegsamts bestimmte man Generalmajor Heinrich Schëuch, der bei Kriegsende noch zum Kriegsminister aufsteigen sollte. Dieser entwickelte nicht vergleichbare Ideen wie sein Amtsvorgänger Wilhelm Groener, die die privatkapitalistische Wirtschaftsordnung und die unternehmerische Freiheit infrage stellten. Die Öffentlichkeit – und auch die Kommission Kriegslieferungen – erfuhren während des Kriegs zwar Etliches von diesen Intrigen, nichts aber über Groeners Denkschrift, die in die gleiche Richtung zielte wie Noskes Kommissionsarbeit; wobei der Sozialdemokrat nicht soweit in seinen Forderungen ging wie der Militär Groener. Dennoch wurde eine Idee Groeners, die einer Zwangsverwaltung eines Rüstungslieferanten, im März 1918 tatsächlich umgesetzt, und zwar bei der Daimler-Motoren-Gesellschaft in Untertürkheim bei Stuttgart. Dieses Werk stellte Motoren für Flugzeuge und Kraftfahrzeuge her, die die Heeresverwaltung bestellt hatte. Die Unternehmensleitung hatte im November/Dezember 1917 – trotz Streiks – Lohnerhöhung verweigert, forderte aber im Januar 1918 für ihre Produkte vom Heer eine 50-prozentige Preisanhebung und drohte sogar dem Heer mit Lieferverzögerungen, wenn ihre Forderungen nicht erfüllt würden. Am 6. März 1918 stellte das Königreich Württemberg die Daimler-Motoren-Gesellschaft unter militärische Aufsicht. Die sogenannte Militarisierung des Unternehmens bestand darin, dass der Vorstand abgesetzt wurde und an seiner Stelle zwei Offiziere die Produktion und die allgemeine Verwaltung kontrollierten. Zur neuen „Geschäftsführung" gehörte auch der Hauptmann der Landwehr, Wilhelm Häbich, der 1909–1912 Vorstand der GHH gewesen war und der dann als Professor an die neu errichtete TH Danzig wechselte, bevor er 1919 zum Professor für Fabrikorganisation an der TH Stuttgart ernannt wurde. Trotz aller Proteste der Eigentümervertreter blieb die militärische Leitung des Werks bis zum 9. Dezember 1918 aufrechterhalten.[874] Sie scheint der einzige Fall einer militärischen Zwangsverwaltung während des Ersten Weltkriegs zu sein, durchgeführt im Königreich Württemberg und nicht in Preußen. Dennoch gab es auch in Preußen Beispiele von Kriegsgewinnlerei, die die Kommission Kriegslieferungen benannte, unter ihnen waren die AEG, Aktiengesellschaft Goerz, Waffenwerke Oberspree Kornbusch & Co. (Gewehrproduktion) und einige Munitionshersteller. Namentlich von Historikern nicht genannt wurde die rheinisch-westfälische Schwerindustrie, die zwar nicht „militarisiert" wurde, aber die

---

[872] Schreiben Groener an Hermann Blohm vom 29.05.1917, zitiert nach Mertelsmann: Die Werft Blohm & Voss, S. 95.
[873] Zitat nach Tenfelde: Krupp in Krieg und Krise, S. 53.
[874] Wette: Kriegsgewinnlerei, S. 44; Buschmann: Unternehmenspolitik.

392 | 22. Kriegsgewinne

Die hohe Wertschätzung des von der Firma Krupp mit inthronisierten Heinrich Schëuch als Chef des Kriegsamts drückt dieses am 6. November 1917 in Essen entstandene Foto recht gut aus, insbesondere wenn man es vergleicht mit der Aufnahme vom 15. Dezember 1916, als Groener als Chef des Kriegsamts bei Krupp empfangen wurde (s. S. 476). V. l.: Kurt Sorge, Vorstand des Krupp Grusonwerks und Leiter des zivilen, technischen Stabes des Kriegsamts; Leutnant der Landwehr Figge, Leiter der Gefangenenwachmannschaften, danach Leiter der Essener Kriegsamtsstelle;[875] Bruno Bruhn, Chemiker, Direktoriumsmitglied Krupp; Fritz Rausenberger, Direktoriumsmitglied Krupp Artillerie-Abteilung; Generalmajor Heinrich Scheuch, Leiter des Kriegsamts und seit 13. Oktober 1917 zugleich Bevollmächtigter Preußens im Bundesrat; Konrad Wandel, stellvertretendes Direktoriumsmitglied, Justizrat; Hermann von Verschuer, Besuchswesen Krupp; Karl Wendt, Direktoriumsmitglied Krupp, promovierter Maschinenbauer; Gustav Krupp von Bohlen und Halbach, Vorsitzender des Direktoriums; Otto Heinemann, seit 1913 Leiter des Krupp'schen Büros für Arbeiterangelegenheiten, Befürworter der Zwangsrekrutierung belgischer Arbeitskräfte,[876] Vater des späteren Bundespräsidenten Gustav Heinemann;[877] Heinrich Vielhaber, Direktoriumsmitglied Krupp, Jurist, zuständig für Arbeiter- und Angestelltenangelegenheiten sowie Werkswohnungswesen; August Weyers, kriegsverwundeter Leutnant d. R., vor dem Krieg Vorsteher des Zentralbüros, jetzt Verbindungsmann zum Militär (Beschaffungswesen); Hauptmann Schäfer; Rudolf Hartwig, Direktoriumsmitglied Krupp, Artillerie-Abteilung/Marine. Quelle: Historisches Archiv Krupp.

die Militärs zu Spenden für wohltätige Zwecke zwangen, wenn Preise und Leistungen nicht stimmten, wie die Beispiele der GHH und Abteilung Friedrich Wilhelms-Hütte von Deutsch-Lux zeigen.[878]

Mit der Distanz von 100 Jahren lässt sich abgeklärter auf die Vorwürfe der schrankenlosen Kriegsgewinne und auf die Bilanzzahlen jener Jahre schauen, auch wenn viele Daten und Dokumente aus jener Zeit nicht mehr greifbar sind. Oft liegen nur noch die veröffentlichten Bilanzen vor, sodass deren Entstehung nicht mehr im Detail

---

[875] Tenfelde: Krupp in Krieg und Krise, S. 77, 599.
[876] Ebd., S. 65.
[877] Ebd.
[878] Marx: Paul Reusch, S. 94. Ohne Schuldeingeständnis zahlte die GHH 1917 100.000 M an die Stiftung Deutscher Kinder Dank; Spende der Friedrich Wilhelms-Hütte ebenfalls an das Kinderheim „Deutscher Kinder Dank", in: SIT FWH/1671–1672.

nachvollziehbar ist. Dass die Höhe der Unternehmensgewinne während des Kriegs tatsächlich selbst für Großindustrielle – besonders mit politischem Gespür – nicht unproblematisch war, belegt eine Äußerung Carl Duisbergs bei einer Besprechung am 19. August 1917 im Industrie-Club zu Düsseldorf, zu der er zwei Unternehmenskollegen und acht Militärs, u. a. Max Bauer, aber keinen zivilen Staatsbeamten (Oberpräsidenten, Regierungspräsidenten oder Oberbürgermeister) eingeladen hatte und an deren Ende er noch darauf hinwies, dass die Wirkung der Dividenden auf die Öffentlichkeit zu berücksichtigen sei und nach Möglichkeit das Niveau der Friedensdividende nicht überschreiten möge.[879] Andererseits sind die von Hans-Ulrich Wehler in seiner Deutschen Gesellschaftsgeschichte gemachten Angaben, „daß die 16 wichtigsten Stahl- und Montanbetriebe ihren Friedensgewinn (1913) bis 1917 um 800 Prozent hatten steigern können, wobei die Realgewinne noch höher lagen", in ihrer Allgemeinheit nicht nachvollziehbar.[880] Deshalb werden im Anhang 26.4 die Bilanzzahlen von 26 Unternehmen ausgewiesen mit Angaben über absoluten Gewinn, Kapitalrendite, Dividende, Eigenkapital- und Ausschüttungsquote für die Jahre 1913 bis 1920. Im nachfolgenden Text werden hauptsächlich relative Zahlen genannt, um die Auswirkungen der Kriegskonjunktur darzustellen, unabhängig von der jeweiligen Größe des Unternehmens. Für detaillierte Angaben und absolute Zahlen ist der Anhang zu nutzen.

War es im Spätsommer/Herbst 1914 infolge des Kriegsbeginns zu einem Einbruch bei der allgemeinen Geschäftstätigkeit gekommen, so hatten die meisten rüstungsrelevanten Firmen ab 1915 Vollbeschäftigung, d. h. eine bisher nicht gekannte optimale Auslastung ihrer Anlagen bei oft reduzierter Anzahl an Beschäftigten. Dies führte – bei konstanten fixen Kosten – automatisch zu höheren Gewinnen. Zusätzliche Gewinne entstanden durch die Weitergabe von Staatsaufträgen an Unterlieferanten, weil dabei zusätzliche Zwischenhandelsgewinne erzielt wurden. Trotzdem musste das Militär auch höhere Preise zahlen, die nicht nur durch höhere Rohstoff- oder gar Lohnkosten verursacht waren. Den in der Waffen- und Munitionsbeschaffung tätigen Staatsbeamten fehlten oftmals die notwendigen betriebswirtschaftlichen Kenntnisse, um die in den Unternehmen entstandenen Kostendegressionen in den Verhandlungen preissenkend zu nutzen. Vielmehr wurden die Preise wie vor dem Krieg frei ausgehandelt, sodass auch nicht so effektiv arbeitende Unternehmen mit Gewinn produzieren konnten, zumal die Nachfrage größer war als das Angebot. Anfang 1915 richtete die Feldzeugmeisterei eine Preisprüfstelle ein, um die Missbräuche der ersten Kriegsmonate zu korrigieren.[881] Eine Umstellung der Preise auf eine andere Vertragsbasis, z. B.

---

[879] Nach Langer: Macht und Verantwortung, S. 138 f. Bei der Besprechung ging es in erster Linie um Fragen der Arbeitskräfte und der Ernährung.

[880] Wehler: Deutsche Gesellschaftsgeschichte Bd. 4, S. 53 f. Aufgrund der von Wehler gewählten Anmerkungsart, bei der sich eine einzelne Fußnote auf mehrere Seiten bezieht und aus mehreren Dutzend Quellenangaben zusammensetzt, sind Angaben nur schwer überprüfbar. Stellwaag: Deutsche Eisenwirtschaft, S. 194 f. listet nur die Dividendenzahlungen auf ohne Berücksichtigung von Kapitalerhöhungen, Rückstellungen etc.

[881] Feldman: Armee, S. 64.

auf die sogenannten Kolonialverträge,[882] die die Selbstkosten zuzüglich eines festgelegten prozentualen Gewinnaufschlags garantierten, fand beim Heer nicht statt, da sich die betroffene Rüstungsindustrie dagegen vehement wehrte. Sie war erfolgreich, weil ihre Rüstungsprodukte benötigt wurden.[883] Ganz anders agierte das Reichsmarineamt ab dem zweiten Kriegsjahr 1915, das intensive Preiskontrollen einführte. So musste die Werft Blohm & Voss alle drei Monate eine detaillierte Übersicht über die Nettoselbstkosten und die allgemeinen Kosten beibringen. Die Preisverhandlungen über Reparatur- und Bauaufträge waren zudem hart und oft langwierig.[884] Dem Staat gelang es nur unzureichend, Preise und Qualität von Rüstungsgütern zu kontrollieren, schon eher bei der Qualität, da für jede Firma und jedes Produkt spezielle Abnahmekommissionen bestanden. Die Schwerindustrie weigerte sich geschlossen, Einblicke in die Selbstkosten zu gewähren. Auch die Möglichkeit, Unternehmensgewinne durch erhöhte Steuern abzuschöpfen, gelang nicht, da die Steuergesetzgebung unzureichend war, Lücken aufwies. Die erhobenen Kriegssteuern verhinderten nicht, dass hohe Dividenden ausgezahlt und stille Reserven angelegt wurden.[885]

Die Unternehmen wiesen in den Bilanzen nur einen Teil ihrer tatsächlichen Gewinne aus, u. a. indem sie hohe Rückstellungen bildeten. Diese Vorsorgemaßnahmen für später effektiv erwartete Ausgaben waren nicht selten in unverhältnismäßiger Höhe angesetzt und dienten der zeitweisen Gewinnverschleierung. Manche Unternehmen kauften auch andere Firmen und trieben so die horizontale oder vertikale Integration voran, z. B. durch den Erwerb von kleineren Erzgruben im Siegerland oder von Steinkohlenbergwerken, den Kauf von Weiterverarbeitungsbetrieben (s. Kapitel 23) oder der Arrondierung des Werksgeländes.[886] Weitere Maßnahmen waren die großzügige Dotierung von unternehmenseigenen Stiftungen für in Not geratene Mitarbeiter oder für Kriegerwitwen und deren Kinder, beim Gussstahl-Werk Witten sogar als Stiftung an die Stadt zur allgemeinen Linderung der finanziellen Nöte von Kriegerwitwen, deren Männer nicht beim Gussstahl-Werk beschäftigt waren. Mit oder ohne staatliche Subventionen wurden neue Fabrikanlagen oder durchaus repräsentative Verwaltungsbauten errichtet (s. Kapitel 14). Letzteres war keinesfalls im Interesse der deutschen Kriegswirtschaft und der Konzentration aller wirtschaftlichen Kräfte auf die Rüstungsproduktion, da sowohl Arbeitskräfte als auch Baumaterial – inklusive Stahlträger und Elektromotoren für Aufzüge, etc. – nicht für kriegswichtige Projekte eingesetzt wurden. Auch muss bezweifelt werden, ob jeder gebaute neue Hochofen kriegsbedingt unbedingt notwendig war, insbesondere wenn das Unternehmen ihn unmittelbar nach Kriegsende stilllegte (s. Kapitel 12). Hier wären gemeinwirtschaftliche Projekte durchaus angesagt gewesen. Die publizierten Geschäftsberichte lassen jedoch nur einen Bruchteil der bilanztechnisch durchaus legalen Maßnahmen erken-

---

[882] Ausführlicher dargestellt in Kapitel 15.
[883] Feldman: Armee, S. 66 f.
[884] Mertelsmann: Die Werft Blohm & Voss, S. 89–92.
[885] Feldman: Armee, S. 67 f.
[886] Der Kauf von Unternehmen führte nur dann zur Gewinnminderung, wenn das erworbene Anlagevermögen sofort ganz oder zu einem relativ großen Teil abgeschrieben wurde.

nen und nicht immer sind Akten überliefert, die die Investitionstätigkeit erkennen lassen. Dank der überlieferten Grundstücksakten der Friedrich Wilhelms-Hütte lassen sich deren Grundstücksankäufe nachweisen.[887] Diese nahmen ab 1916 deutlich zu.

Für die großen Montanunternehmen an der Ruhr ergibt sich ein durchaus disparates Zahlenbild ihres unternehmerischen Erfolgs. Sie lassen sich hinsichtlich ihrer Kriegsgewinne grob in drei Gruppen einteilen, und zwar in diejenigen Unternehmen, die nicht eine glänzende Kriegsbilanz aufwiesen, jene mit mittleren bis großen Gewinnen und in diejenigen, die exorbitante Zusatzgewinne erzielten. Zudem gab es Ausnahmen, die keiner der drei Gruppen zweifelsfrei zuzuordnen sind. Eine Sonderrolle nahmen die reinen Zechengesellschaften ein, die aufgrund der staatlich festgeschriebenen Kohlenpreise und ihrer Mitgliedschaft im RWKS bis 1916 nur eingeschränkt an der kriegsbedingten Sonderkonjunktur teilnehmen konnten. Sofern sie über eigene Handelsgesellschaften verfügten, erwirtschafteten sie durchaus lukrative Gewinne ebenso wie mit dem direkten Verkauf ab Zeche (Landabsatz), der erst im Sommer 1918 staatlicher Preisfestsetzungen unterworfen wurde. Als Beispiel für die Zechen mag die Arenberg'sche AG für Bergbau und Hüttenbetrieb gelten (s. Anhang 26.4.3), die trotz ihres Namens eine reine Zechengesellschaft war. Sie steigerte bis 1918 ihre Bilanzsumme auf 129 Prozent im Vergleich zu 1913, wies aber nur 1917 mit 110 Prozent einen höheren Gewinn als im Referenzjahr aus. Ansonsten blieb der Nettogewinn deutlich (1915: 79,6 Prozent, 1918: 55,4 Prozent) unter dem des Jahres 1913 und erreichte 1916 mit 91,4 Prozent annähernd den Stand von 1913. Dies verwundert, da die Zechengesellschaft auch über mehrere neue Kokereien verfügte. Die schlechte finanzielle Lage bei gleichzeitigem hohen finanziellen Nachholbedarf an kriegsbedingt unterlassenem Ausbau der Bergwerke, die Erschließung neuer Abbauorte, dürfte mit ein Grund gewesen sein für die 1919 erfolgte Übernahme durch die Rheinischen Stahlwerke, die sich schon im Krieg zu einem integrierten Hüttenwerk mit eigener Kohlenbasis wandelten. Die Fusion der Arenberg'sche AG für Bergbau und Hüttenbetrieb auf die Rheinischen Stahlwerke fand nicht auf gleichberechtigter Basis statt. Der Firmenname Arenberg ging für einige Zeit unter und wurde erst nach dem Zweiten Weltkrieg reaktiviert.[888]

Eine Ausnahme unter den Zechengesellschaften stellt jedoch der Köln-Neuessener Bergwerksverein dar (s. Anhang 26.4.16), der mit Beginn des Hindenburg-Programms deutliche Umsatz- und Gewinnsteigerungen auswies. Im Geschäftsjahr 1916 stieg die Bilanzsumme auf knapp 125 Prozent, der Gewinn jedoch auf über 151 Prozent, und das Kriegsjahr 1917 brachte eine Steigerung der Bilanzsumme auf über 151 Prozent im Vergleich zu 1913 bei einer Gewinnsteigerung auf über 161 Prozent. Im Jahr 1918 blieb die Bilanzsumme konstant und der Gewinn sank auf 146,4 Prozent. Die üppige Dividende von 66 $^{2}/_{3}$ Prozent (im Vorjahr nur 40 Prozent) wurde zur Hälfte in – mittlerweile fast wertlosen – Kriegsanleihen ausgezahlt. Offensichtlich hatte das Unternehmen versäumt, rechtzeitig die gezeichneten Kriegsanleihen

---

[887] Rasch (Hg.): Findbuch Friedrich Wilhelms-Hütte, S. 219–228.
[888] Gebhard: Ruhrbergbau, S. 83–93; Baumann: Stahlhütte, S. 24.

zu veräußern, z. B. zur Bezahlung von Steuerschulden. Die Kapital- und Gewinnsteigerungen rührten u. a. aus der besseren Auslastung der Kokerei.[889] Wegen der hälftigen Gewinnausschütuung für 1918 in nahezu wertlosen Kriegsanleihen scheint es für 1919 eine inflationsbedingte Ausschüttung aus den Rücklagen von über 250 Prozent gegeben zu haben. Trotz dieser relativ guten wirtschaftlichen Lage ging dieses Bergbauunternehmen zum 1. Juli 1920 eine Interessengemeinschaft mit dem Eisen- und Stahlwerk Hoesch ein, der 1930 die gleichberechtigte Fusion zur Hoesch-KölnNeuessen AG für Bergbau und Hüttenbetrieb folgte. Dem einen Partner fehlten feste Energieabnehmer, dem anderen die ausreichende Energiebasis.[890]

Besondere Schwierigkeiten hatten im und nach dem Krieg – betrachtet man die Bilanzen – Deutsch-Lux (s. Anhang 26.4.5), GBAG (s. Anhang 26.4.6) und GDK (s. Anhang 26.4.7). Diese drei Unternehmen besaßen in Deutsch-Lothringen bzw. Luxemburg Hüttenwerke auf den Minetteerzen. Diese Werke mussten zu Kriegsbeginn ihre Produktion drosseln. Der Eisenbahnpendelverkehr Eisenerz gegen Kohle bzw. Koks war zwischen Lothringen/Luxemburg und dem Ruhrgebiet beim Truppenaufmarsch unterbrochen und kam erst danach wieder langsam in Betrieb. Alle drei Unternehmen waren bei Kriegsbeginn nicht im Rüstungsgeschäft tätig. Bei Deutsch-Lux wies die Bilanz 1914/15 nur einen Gewinn von knapp 0,6 Mio. M aus, während er noch 1912/13 deutlich mehr als 13 Mio. M betragen hatte. Das Werk Differdingen lag zu Kriegsbeginn ebenso wie im letzten Kriegsjahr infolge von Koksmangel still und wies wieder einen Verlust aus. Zwar veränderte sich die Bilanzsumme von Deutsch-Lux im Krieg zunächst kaum, um dann mit dem Hindenburg-Programm über 124,6 Prozent (1916/17) und auf 138,9 Prozent (1917/18) zu steigen, dagegen war der Gewinn im ersten Kriegsjahr (1914/15) dramatisch auf 4,4 Prozent eingebrochen, wobei schon das Geschäftsjahr 1913/14 einen Gewinnrückgang auf knapp 67 Prozent verzeichnet hatte. Dieser Gewinn wurde im Geschäftsjahr 1915/16 mit 1 Mio. M leicht übertroffen, d. h. es wurden 75,4 Prozent des Gewinns aus dem Geschäftsjahr 1912/13 erzielt und eine entsprechende Dividende von sieben – statt zehn –Prozent gezahlt. Der Gewinn der Geschäftsjahre 1916/17 und 1917/18 blieb mit 115 bzw. 111 Prozent hinter der Steigerung der Bilanzsumme zurück. Als Erklärung hierfür dürften nicht nur die Investitionen in sogenannte Hindenburg-Werkstätten mit dem zeitweiligen Ziel, einen Rüstungskonzern zu bilden, sowie der Ankauf der Maschinenfabrik Wagner und des 50 Prozent-Anteils der Saar- und Mosel-Bergwerks-Gesellschaft von August Thyssen gelten, sondern auch der Wechsel im Vorsitz des Vorstands von Reinhard Eigenbrodt auf Albert Vögler zum 1. Januar 1917. Noch heute nutzen neu ernannte Vorstandsvorsitzende ihr erstes selbst zu verantwortendes Geschäftsjahr dazu, in der bisherigen Bilanz versteckte „Altlasten" ihrer Amtsvorgänger abzuschreiben. Dies dürfte auch hier der Fall gewesen sein, zumal Vögler versuchte, in den Vorstandssitzungen Transparenz in die Investitionstätigkeit der einzelnen Werke zu bringen.

---

[889] tkA, Hoesch-Archiv KBV/23, Geschäftsbericht für das 1. Quartal 1917, S. 7 f.
[890] Siehe Geschäftsberichte Hoesch 1920/21; Niederschrift über die Aufsichtsratssitzung des Köln-Neuessener Bergwerksvereins vom 26.11.1920, in: tkA, Hoesch-Archiv KBV/77.

Das Unternehmen erzielte – betrachtet auf die gesamte Kriegsdauer 1914 bis 1918 – also keinen zusätzlichen Gewinn, vielmehr sank die ausgewiesene Gewinnmarge. Mit Kriegsausgang mussten zudem die Erzgruben und Hüttenwerke in ehemals Deutsch-Lothringen und Luxemburg abgeschrieben werden. Die erst in der Inflation erfolgten Entschädigungszahlungen des Deutschen Reichs stellten wegen des mittlerweile eingetretenen Geldwertverlusts kein Äquivalent für die einstigen Investitionen dar.

Die gleiche Situation findet sich bei der GBAG, ursprünglich Deutschlands größter Steinkohlenförderer, der sich erst zu Beginn des 20. Jahrhunderts die Hüttenwerke Schalker Verein in Gelsenkirchen und Vulkan in Duisburg sowie das Stahlwerk Rothe Erde bei Aachen angegliedert und 1909 bis 1912 in Esch sur Alzette/Luxemburg ein modernes Hüttenwerk (Adolf-Emil-Hütte) errichtet hatte. Letzteres ging ebenso wie das Hochofenwerk in Deutsch-Oth (Audun-le-Tiche) in Deutsch-Lothringen mit Kriegsende verloren. Die GBAG, ein durchaus gewinnstarkes Unternehmen, musste in den Kalenderjahren 1914 und 1915 keine Umsatzeinbrüche hinnehmen. Die Bilanzsumme blieb dabei konstant, aber der Gewinn brach – im Vergleich zum Referenzjahr 1913 – auf 62,4 bzw. 82,3 Prozent ein, was sich mit kriegsbedingten Investitionen (Kriegskosten 1914: 842.309 M) bei der Bilanzsumme und im Gewinn mit kriegsbedingten Rückstellungen sowie dem temporären Ausfall der Adolf-Emil-Hütte und anderer Hochöfen erklären lässt. 1914 musste die GBAG infolge des deutschen Aufmarschs sämtliche Hochöfen in Deutsch-Oth, zwei in Esch und drei der Adolf-Emil-Hütte stillsetzen. Letztere konnten im Mai bis September des Folgejahres wieder in Betrieb gesetzt werden, jedoch lieferten die Gruben nicht genügend Eisenerz für einen Volllastbetrieb.[891] Im Kriegsjahr 1916 erreichte der ausgewiesene Gewinn mit 128,3 Prozent seinen Höhepunkt und lag signifikant über der auf 110,7 Prozent gestiegenen Bilanzsumme, um schon im Folgejahr auf 118,7 Prozent abzusacken bei einer auf 122,1 Prozent gestiegenen Bilanzsumme. 1916 konnte die GBAG in Deutsch-Oth den dritten Hochofen wieder in Betrieb setzen sowie zwei in Gelsenkirchen und einen auf der Hütte Vulkan in Duisburg. Aber schon 1917 machte sich im vierten Quartal ein Koksmangel bei den westlichen Hochofenwerken bemerkbar. In Esch und Deutsch-Oth mussten je zwei Hochöfen gedämpft werden im Gegensatz zur Adolf-Emil-Hütte, wo es nur einen Hochofen betraf. Dass die Gewinne dennoch stiegen lag an der lukrativen Rüstungsfertigung (Munitionsherstellung).[892] Neben Problemen der Adolf-Emil-Hütte mit Koks und Erz spielte die Versorgung des Stahl- und Walzwerks Rothe Erde bei Aachen mit Thomas-Roheisen aus Luxemburg und Lothringen eine nicht unerhebliche Rolle für die Bilanz. 1918 behinderte der Wagenmangel der Eisenbahn den Kokstransport nach Westen, die GBAG musste Koks auf Lager legen. Noch vor Kriegsende setzte die GBAG drei Hochöfen in Esch, vier in Deutsch-Oth und sechs Hochöfen der Adolf-Emil-Hütte vorübergehend und zuletzt sogar vollständig außer Betrieb, sodass ab Mitte November nur noch zwei Hochöfen in Esch und einer in Hüsten in Betrieb waren. Die Adolf-Emil-Hütte legte wegen Roheisenmangels daraufhin ihre Stahl- und

---

[891] Geschäftsbericht der GBAG für 1914, S. 14; für 1915, S. 10.
[892] Geschäftsbericht der GBAG für 1916, S. 9; für 1917, S. 8.

Walzwerke still. In 1919 sollte der Wagenmangel den Kohlenabtransport im Ruhrgebiet behindern, obwohl die Förderung schon um 20 Prozent gesunken war.[893]

Auch die Gewerkschaft Deutscher Kaiser (GDK) (s. Anhang 26.4.7) verlor mit Kriegsende ihre Stahlwerk Thyssen AG (s. Anhang 26.4.25) in Hagendingen, Deutsch-Lothringen, Europas größtes und modernstes Hüttenwerk.[894] Bei Kriegsausbruch befand sich das Unternehmen noch im Ausbau und hatte enorme Probleme mit der Erzversorgung, da die erworbenen Minette-Felder (Erzqualität) nicht den Erwartungen und die Förderung auch nicht der möglichen Verarbeitungskapazität des neuen Werks entsprachen. Dennoch hatte dieses Unternehmen schon 1913 knapp elf Prozent der Bilanzsumme als Gewinn ausgewiesen. Dies entsprach nicht der ansonsten konservativen Bilanzpolitik August Thyssens, sondern dürfte eine Geste in Richtung der kreditgewährenden Banken des gesamten Konzerns, allen voran der Deutschen Bank gewesen sein, obwohl es August Thyssen vermieden hatte, mit seinen Unternehmen in die Abhängigkeit einer oder mehrerer Banken zu geraten. Die Bilanzzahlen der Stahlwerk Thyssen AG (s. Anhang 26.4.25) dürften zwar zum einen das Engagement des Unternehmens in der deutschen Kriegswirtschaft spiegeln, zum anderen aber auch von weiteren Faktoren bestimmt gewesen sein, die bei den Bilanzen von Deutsch-Lux und GBAG für ihre lothringischen Gruben und Luxemburger Hüttenwerke keine Rolle spielten. So stieg die Bilanzsumme bis 1916 kontinuierlich auf 126,6 Prozent an, um 1917 auf 120,6 Prozent abzusacken und für 1918 mit 160 Prozent ausgewiesen zu werden. Da diese Bilanz erst nach Kriegsende erstellt wurde und die Rückgliederung Lothringens und eine Enteignung zu erwarten waren, dürfte diese Bilanz nicht von wirtschaftlichen, sondern eher von unternehmenspolitischen Überlegungen geprägt worden sein. Das nach Kriegsende unter französischer Zwangsverwaltung stehende Unternehmen wurde 1919 für 150 Mio. Francs, einem Bruchteil seines tatsächlichen Wertes, an die Union des Consommateurs de Produits Métallurgique et Industriels, Hagondange, verkauft. Von dem Verkaufspreis erhielt der Alteigentümer nichts.[895] Der Gewinn der Stahlwerk Thyssen AG war ab 1916 überproportional auf 151 und 1917 sogar auf 190 Prozent des letzten Vorkriegsjahres gestiegen. Auch für das Kalenderjahr 1918 wurde immerhin noch ein Gewinn von 150 Prozent ausgewiesen. Da in der gesamten Kriegszeit keine Gewinnausschüttung stattfand, dürften hier akkumulierte Gewinne abzüglich der zwischenzeitlich getätigten Investitionen in neue Anlagen sowie den Erwerb neuer Erzfelder ausgewiesen worden sein, sodass sich die Bilanzgewinne im Vergleich mit den Luxemburger Werken von Deutsch-Lux und GBAG relativierten.

Als bergrechtliche Gewerkschaft, zudem vollständig in Familienbesitz, war die GDK (s. Anhang 26.4.7) als Konzernmutter nicht verpflichtet, eine Bilanz zu publizieren, zudem nicht eine konsolidierte. Die überlieferten Geschäftszahlen zeigen einen kontinuierlichen, nicht übermäßigen Anstieg der Bilanzsumme, aber schon 1914

---

[893] Geschäftsbericht der GBAG für 1918, S. 8 f.; für 1919, S. 5.
[894] Dahl: Die Anlagen des Stahlwerks Thyssen AG; Prosic: L'usine Creatrice, S. 77–94.
[895] Rasch: August Thyssen, S. 80.

eine nahezu Halbierung des Gewinns. Auch 1915 wurde bei nur leicht angestiegener Bilanzsumme ein Gewinn von knapp über 73 Prozent zum Referenzjahr 1913 ausgewiesen. Der anschließende Anstieg von Bilanzsumme und Gewinn 1916/17 ist – wie bei allen Unternehmen – Folge des Hindenburg-Programms. Da GDK zudem keine Ausbeute verteilte, dürfte es sich um akkumulierte Gewinne handeln. Die deutlichen Verluste 1918 in Höhe von über 26 Mio. M und 1919 – bei weiterem Anstieg der Inflation – in Höhe von über 36 Mio. M rühren aus einer konservativen, äußerst vorsichtigen Bilanzpolitik, die – wie schon 1915 – sofort die kriegsbedingten Investitionen abschrieb. Außerdem sollten die 1918/19 ausgewiesenen hohen Verluste das Unternehmen wohl auch vor einer immer noch möglichen und von August Thyssen befürchteten Verstaatlichung schützen. Aus diesem Grund führte er mit Zustimmung der Bergbehörden eine Realteilung seiner Unternehmen durch. Den Bergbau gliederte er in die Gewerkschaft Friedrich Thyssen und die Hüttenbetriebe in die August Thyssen-Hütte, Gewerkschaft aus, war doch zunächst nicht klar, ob sowohl Bergbau als auch Hüttenindustrie oder nur eine von beiden Branchen verstaatlicht werden sollte. Außerdem wurde die Schachtbauabteilung der Gewerkschaft Deutscher Kaiser als Schachtbau Thyssen GmbH und die Gas- und Wasserabteilung zur lokalen Versorgung privater Haushalte als Niederrheinische Gas- und Wasserwerke GmbH rechtlich verselbstständigt.[896]

Die Bilanzpolitik August Thyssens und seines Finanzfachmannes Carl Rabes bei der GDK, der auch die Bilanzen der anderen Konzernunternehmen kontrollierte – u. a. mit Hilfe von Heinrich Dinkelbach, der seit 1913 mit nur 22 Jahren Leiter der Abteilung Buchhaltung und Revision der Maschinenfabrik Thyssen & Co. AG war[897] – und der 1915 erstmals einen Verbund der verschiedenen Unternehmen in Form einer Interessengemeinschaft errichtete, ist nicht ganz durchsichtig. Das war vermutlich auch die Absicht. Der am 20. Dezember 1915 gegründeten Interessengemeinschaft zum Gewinn- und Verlustausgleich gehörten an: Thyssen & Co., Maschinenfabrik Thyssen & Co. AG, Gewerkschaft Deutscher Kaiser, AG für Hüttenbetrieb, Stahlwerk Thyssen AG, Gewerkschaft Jacobus, Gewerkschaft Pierreville, Gewerkschaft Lohberg und Gewerkschaft Rhein I.[898] Obwohl die GDK an der Rüstungskonjunktur beteiligt war, ihre Hochöfen ab 1916 zumindest maximal Roheisen erzeugten, die Werkstätten Feldbahnschienen und -weichen sowie Eisenbahnwaggons lieferten, Granaten pressten und abdrehten, so waren die bilanzierten Gewinne vergleichsweise bescheiden. Eine Ausbeute wurde nicht ausgeschüttet. Die Bilanzsumme stieg langsam mit der Inflation an, erreichte 1917 126,2 Prozent und 1918 sogar 158,4 Prozent. Die nach Kriegsende aufgestellte Bilanz wies – wie schon gesagt – ein Verlust von über 26 Mio. M aus, dem 1919 nochmals ein Verlust von über 36 Mio. M folgten. Diese Verluste resultierten aus Abschreibungen auf die für die Kriegsproduktion erfolgten Investitionen in Anlagen und Erzgruben. Sie betrafen nicht Auslandsbeteiligungen,

---

[896] Ebd., S. 79 f.
[897] Ebd., S. 89.
[898] Ebd., S. 90.

insbesondere nicht die Stahlwerk Thyssen AG sowie das Hüttenwerk in Caen und die Erzgruben Gewerkschaft Jacobus in Lothringen und Gewerkschaft Pierreville im Departement Manche/Normandie, die auch verloren gingen ebenso wie die Beteiligungen in Russland. GDK hatte im Krieg in neue Anlagen und Hallen, neue Erzkonzessionen, Beteiligungen, Kriegsgefangenenlager u. a. m. investiert. Offensichtlich gelang es Thyssen, seine Gewinne durch direkte Abschreibungen der Investitionen zu verstecken. Auffällig ist dies besonders bei der AG für Hüttenbetrieb (s. Anhang 26.4.1), einem 1901 errichteten Hochofenwerk mit sechs Hochöfen, von denen einer 1918 stilllag. Seit 1911 verfügte der Hüttenbetrieb über eine Gießerei für Spezialroheisen, z. B. Walzenguss, aber auch für einfachen Kokillen- und Tübbingsguss. Während des gesamten Kriegs gelang es diesem Unternehmen nicht, den 1913 ausgewiesenen Gewinn wieder zu erreichen. 1916 wurden bei einer Bilanzsumme von 97,2 Prozent ein Gewinn von 60,8 Prozent ausgewiesen, aber erstmals eine Dividende von fünf Prozent auf das Aktienkapital von 4,4 Mio. M gezahlt. Im Jahr 1917 kletterte der Gewinn auf 86,9 Prozent, die Ausschüttung der Dividende sogar auf 7,5 Prozent bei einer Bilanzsumme von immerhin 103 Prozent. Im nach Kriegsschluss erstellten Geschäftsbericht für 1918 stieg die Bilanzsumme zwar auf 110,4 Prozent, aber der Gewinn brach auf 33,6 Prozent ein, sodass keine Dividendenzahlung erfolgte, vermutlich auch eine Vorsichtsmaßnahme gegen die befürchtete Verstaatlichung. Denn die im Krieg erfolgten Rückstellungen in Reservefonds beliefern sich Ende 1918 auf über 11,5 Mio. M, während sie 1913 nur 3,8 Mio. M betrugen. Teilweise waren Gewinne auch vorab in Stiftungen wie die Thyssen Dank GmbH ausgeschüttet worden.[899]

Eine mittlere Position bei den Kriegsgewinnen nahmen Rheinische Stahlwerke (RSW) (s. Anhang 26.4.22), Hoesch (s. Anhang 26.4.15) und Phoenix (s. Anhang 26.4.19) ein, deren Gewinne mit Kriegsbeginn zwar zurückgingen, die aber ab 1916 deutliche bis sehr große Zuwächse zu verzeichnen hatten. Ging die Bilanzsumme bei RSW im Geschäftsjahr 1914/15 nur marginal auf 99,8 Prozent im Vergleich zu 1912/13 zurück, so war der Gewinneinbruch auf 65 Prozent doch deutlich. Dementsprechend zahlte RSW eine reduzierte Dividende von sechs Prozent auf das Aktienkapital. Im folgenden Geschäftsjahr kletterte die Bilanzsumme zwar auf mehr als 115 Prozent, auch der Gewinn stieg wieder deutlich an, erreichte 103 Prozent des Vorkriegszeitraums, weshalb das Unternehmen eine Dividende – wie in Friedenszeiten – von zehn Prozent zahlte. Mit dem Hindenburg-Programm wuchsen die Bilanzsumme auf immerhin 165 Prozent und der Gewinn auf 138 Prozent, was zu einer Dividendenzahlung von immerhin 12,5 Prozent führte. Das Geschäftsjahr 1917/18 brachte einen Anstieg der Bilanzsumme auf über 252 Prozent, bedingt u. a. durch Investitionen in die eigene Energiebasis: Im Mai 1917 wurde die Gewerkschaft Brassert (Flammkohle) erworben. Im Juli/November 1917 fand in Zusammenarbeit mit Krupp und der BASF die Übernahme des Steinkohlenbergwerks Friedrich Heinrich (Fettkohle) statt (s. Kapitel 11). Diese Zeche war beschlagnahmtes Feindvermögen, das das Deutsche Reich erworben und vor der Fusion in eine Gewerkschaft umge-

---

[899] Geschäftsberichte zu den Bilanzen, in: tkA A/531/2, A/847/7.

wandelt hatte.[900] Im Juli 1918 übernahmen die Rheinischen Stahlwerke die Gewerkschaft Arenberg Fortsetzung. Der Gewinn stieg dagegen nur auf knapp 154 Prozent, die Dividende verblieb dennoch bei 12,5 Prozent. Dieser Geschäftsbericht bilanzierte schon das Kriegsende und den Rückgang der Kriegskonjunktur.

Hoesch (s. Anhang 26.4.15) hatte 1913/14 die Bilanzsumme auf 133,8 Prozent des Vorjahres gesteigert, wies jedoch – angesichts des Kriegs – nur einen Gewinn von 71,5 Prozent aus und kürzte die Dividende deutlich von 24 auf 15 Prozent. Im Geschäftsjahr 1914/15 ging die Bilanzsumme leicht auf 124,6 Prozent zurück, der Gewinn jedoch nochmals signifikant, und zwar auf 43,7 Prozent. Im Vorgriff auf die Ergebnisse des laufenden Geschäftsjahres mit anhaltend guter Rüstungskonjunktur stieg die Dividende jedoch schon auf 18 Prozent. Im Geschäftsjahr 1915/16 lag die Bilanzsumme bei fast 150 Prozent und der Gewinn wieder über 100 Prozent des Vorkriegsniveaus, dennoch erreichte die Dividendenzahlung mit 20 Prozent noch nicht den Vorkriegsstand von 24 Prozent. Dieser wurde erst in den beiden folgenden Geschäftsjahren erzielt, als sich der Gewinn mittlerweile (1916/17) verdoppelte, um im Folgejahr schon wieder auf 145,1 Prozent abzusacken. Im Geschäftsjahr 1917/18 zahlte das Unternehmen die Vorkriegsdividende von 24 Prozent und zusätzlich eine Sondergratifikation von 15 Prozent, gespeist aus akkumulierten Kriegsgewinnen der letzten Jahre. Diese wollte man angesichts des Kriegsendes noch auszahlen. Dabei erreichte die Bilanzsumme 1916/17 erst 184 Prozent, um im letzten Kriegsjahr 1917/18 auf 215,8 Prozent zu klettern. Im Revolutionsjahr 1918/19 sackte die Bilanzsumme auf 191,7 Prozent ab, bei einem Verlustausweis von -97,6 Prozent. Auf eine Dividendenzahlung verzichtete man, sehr wahrscheinlich auch aus politischen Gründen (drohende Verstaatlichung).

Der Phoenix (s. Anhang 26.4.19) hingegen partizipierte überdurchschnittlich am Hindenburg-Programm mit deutlich höheren Gewinnmargen als vor dem Krieg. Im Jahr 1912/13 wurde bei einer Bilanzsumme von fast 224 Mio. M ein Gewinn von über 32 Mio. M ausgewiesen und eine Dividende von 18 Prozent gezahlt, also über 14 Prozent der Bilanzsumme waren Gewinn. Dies änderte sich in den Jahren 1913/14 und 1914/15, als die Kriegskonjunktur noch nicht wirkte. 1913/14 wurde die Dividende auf zehn Prozent gesenkt, obwohl der Gewinn nur marginal auf 98,5 Prozent zurückgegangen war. Im folgenden Geschäftsjahr 1914/15 ging der Gewinn – bei gleichbleibender Bilanzsumme – auf 76,5 Prozent zurück, die Dividende erhöhte die Geschäftsleitung jedoch auf 12 Prozent, da sie die Auswirkungen der Kriegskonjunktur schon abschätzen konnte. Im Folgejahr stieg der Gewinn auf 130 Prozent bei einem Bilanzsummenanstieg auf 112 Prozent, d. h. fast 16 Prozent der Bilanzsumme waren Gewinn, weshalb das Unternehmen eine Dividende von 20 Prozent an die Aktionäre auszahlte. Im Geschäftsjahr 1916/17 stieg die Bilanzsumme auf 134 Prozent von 1912/13, der Gewinn jedoch auf 163 Prozent, was 17 Prozent der Bilanzsumme entsprach und wieder mit einer 20-prozentigen Dividende honoriert wurde. Im Kriegs-

---

900 Die Aktien mussten 1921 an den französischen Alteigentümer zurückgegeben werden, s. auch Kapitel 23.

jahr 1917/18 waren Bilanzsumme und Gewinn mit 147,3 Prozent bzw. 145,8 Prozent nahezu synchron. Im Revolutionsjahr 1918/19 sank der Gewinn auf 36,4 Prozent, während die Bilanzsumme inflationsbedingt weiter anstieg.

Zu den Kriegsgewinnlern zählen die reinen Gussstahlwerke in Gelsenkirchen und Witten sowie die integrierten Hüttenwerke Bochumer Verein, GHH und Hasper Eisen- und Stahlwerk sowie die Maschinenfabrik Thyssen und die beiden in Düsseldorf ansässigen Firmen Rheinmetall und Press- und Walzwerk AG, aber auch die Henrichshütte von Henschel & Sohn in Hattingen. GHH (s. Anhang 26.4.12) und Hoesch (s. Anhang 26.4.15) stiegen sofort in das Rüstungsgeschäft ein, wiesen den üblichen Gewinnrückgang 1914/15 aus, um dann deutlich an der Rüstungskonjunktion zu partizipieren. Die Sonderkonjunktur des Kriegs voll mitnehmen konnte auch der Bochumer Verein (s. Anhang 26.4.4), der schon vor dem Krieg Munition fertigte und der 1915 mit einem erweiterten Tiegelstahlwerk in die Geschützrohrproduktion eintrat. Die Bilanzsumme des Bochumer Vereins blieb trotz Kriegsbeginn konstant, jedoch ging der Gewinn aufgrund der vorsichtigen Bilanzierung auf knapp 68 Prozent zurück und die Firma senkte die Dividende von 14 auf 10 Prozent. Aber in den folgenden drei Geschäftsjahren stieg die Bilanzsumme über 108 auf 143 Prozent, um 1916/17 mehr als 180 Prozent zu erreichen. Der ausgewiesene Gewinn stieg jedoch überproportional von 115 Prozent auf ungefähr 240 Prozent in den Geschäftsjahren 1915/16 und 1917/18. Das Unternehmen hob die Dividende entsprechend von 14 Prozent (dem früheren Friedenswert) auf 25 Prozent für die beiden Geschäftsjahre 1915/16 bis 1916/17 an; tatsächlich aber sank die Ausschüttungsquote von knapp 80 Prozent vor dem Krieg auf unter 60 Prozent in den Jahren 1915–1918. Obwohl die Bilanzsumme im Geschäftsjahr 1917/18 auf 177 Prozent absank, erhöhte das Unternehmen das Aktienkapital um 25 Prozent von 36 Mio. M auf 45 Mio. M. Während die neuen Aktien an der Dividendenzahlung zur Hälfte (11,25 Prozent) teilnahmen, erhielten die alten Aktien eine Dividende von 22,5 Prozent. Dadurch schüttete das Unternehmen einen Teil der bisher akkumulierten Gewinne aus. Eine Aufstellung der Rohgewinne zeigt, dass die Gewinne ausschließlich von der Rüstungsproduktion stammten. (s. Tabelle). Vor dem Krieg hatten Gussstahlfabrik und Gesellschaft für Stahlindustrie als Beteiligung sowie Kohlen- und Erzbergbau jeweils ungefähr zur Hälfte zum Rohgewinn beigetragen. 1916 stammte ungefähr dreiviertel des Gewinns vor der Gussstahlfabrik, während die Erzgruben beträchtlichen Schwankungen unterlegen waren, sodass das fehlende Viertel auf die Steinkohlenbergwerke entfiel, hauptsächlich von der Zeche Carolinenglück.[901] Mit Einsetzen der großen Inflation 1919/20 senkte das Unternehmen seine Ausschüttungsquote auf unter 40 Prozent.

---

[901] Eine ausführliche Darstellung der Bilanzen findet sich bei Däbritz: Bochumer Verein, S. 380–387.

Herkunft des Rohgewinns beim Bochumer Verein[902]

Geschäfts-jahr	Gussstahl-fabrik	Stahl-industrie	Engels-burg	Carolinen-glück	Teuto-burgia	Eisenstein-gruben	Quarzit-gruben	Rohgewinn
1914	5.080.885	99.900	813.785	2.708.882	638.236	476.523	-14.258	9.803.953
1915	8.845.035	99.900	846.255	1.414.382	235.892	395.100	12.920	11.849.484
1916	19.161.076	399.600	885.617	2.061.831	472.274	-331.797	-24.695	22.623.906
1917	18.683.472	399.600	681.396	2.127.342	362.133	621.795	11.508	22.887.246
1918	20.769.951	399.600	1.200.800	2.156.926	583.893	-1.981.029	-78.673	23.051.467

Angesichts der getätigten Abschreibungen ergab sich für die Kriegsjahre folgendes Bild:

Die Bilanzgestaltung des Bochumer Vereins[903]

Geschäfts-jahr	Rohgewinn M	Abschreibungen M	Reingewinn M	Dividende M
1914	9.804.000	5.443.800	4.360.000	3.600.000
1915	11.849.500	4.436.200	7.413.300	5.040.000
1916	22.623.900	7.288.500	15.335.400	9.000.000
1917	22.887.200	7.329.000	15.558.200	9.000.000
1918	23.051.500	7.439.400	15.612.100	9.113.000

Zu den Kriegsgewinnlern gehörte sicherlich auch das Peter Klöckner gehörende Hasper Eisen- und Stahlwerk (s. Anhang 26.4.13), auch wenn es eine ganz ungewöhnliche Geschichte hatte. Die Bilanzsumme stieg im Krieg nicht wesentlich an, verharrte in den Geschäftsjahren 1916/17 bis 1918/19 um die 117 Prozent, aber die Gewinne stiegen nach einem Rückgang zu Beginn des Kriegs schon 1915/16 auf über 150 Prozent, erreichten im Geschäftsjahr 1916/17 mit über 236 Prozent ihren Höhepunkt und wiesen im letzten Kriegsjahr noch immer 192,9 Prozent aus. Die Dividendenausschüttung machte diesen Höhenflug nicht mit: waren 1912/13 12 Prozent Dividende gezahlt worden, so wiesen die Jahre 1913/14 und 1914/15 nur magere 5 bzw. 4 Prozent Dividende aus. Und selbst in den gewinnreichen Jahren 1915/16 bis 1917/18 erhöhte das Unternehmen die Dividendenzahlung nur um ein Drittel des letzten Friedensjahres auf 16 Prozent.

Obwohl die im Ruhrgebiet gelegenen Gussstahlwerke nicht ausgewiesene Rüstungsproduzenten waren, zählten mindestens zwei von ihnen zu den besonderen Nutznießern des Kriegs. Sie stiegen mit der Munitionskrise 1914 sofort in die Produktion von

---

[902] Ebd., Anhang Tabelle 5.
[903] Ebd., S. 387.

Gussstahlgranaten ein und erzielten damit exorbitante Gewinne, und dies, obwohl sie nicht über eigene Rohstoffbasen für Roheisen und Kohle/Koks verfügten. Hier sind die Stahlwerk Krieger AG (s. Anhang 26.4.24) im linksrheinischen Düsseldorf und vor allem die Gelsenkirchener Gussstahl- und Eisenwerke vorm. Munscheid & Co. (s. Anhang 26.4.8) zu nennen. Letztere konnte schon im ersten Kriegsjahr – als andere Unternehmen noch Gewinn- und Umsatzrückgänge verzeichneten – ihren Gewinn auf 316 Prozent steigern. Die schon vor dem Krieg geplante Übernahme der Hagener Gussstahlwerke [AG] wurde 1915 vollzogen, 1916 erfolgte zusätzlich die Übernahme der Stahlwerk Krieger AG, dessen Eigentümer Richard Krieger zwar gut im Gießerei- und Munitionsgeschäft vernetzt war, aber dessen Unternehmen mit einer Bilanzsumme von gerade mal 2–2,6 Mio. M zu unbedeutend war, um in das anstehende Rüstungsgeschäft groß einzusteigen und um die für Betriebserweiterungen notwendigen Investitionen tätigen zu können. Dazu war jedoch das Gelsenkirchener Gussstahlwerk unter ihrem Generaldirektor Martin Münzesheimer[904] in der Lage. Die Firma wies 1916/17 über 25 Prozent ihrer Bilanzsumme als Gewinn aus und hatte im nächsten Geschäftsjahr den Gewinn um mehr als das Achtfache im Vergleich zum Jahr 1913/14 gesteigert bei einer Erhöhung der Bilanzsumme um gerade mal das mehr als Fünffache. Doch nach dem Krieg brach die Konjunktur ab und das Unternehmen wurde ein Übernahmekandidat (s. Kapitel 23).

Nicht vergleichbare Gewinnmargen, wohl aber deutliche Gewinnsteigerungen wies die Maschinenfabrik Thyssen & Co. AG im Ersten Weltkrieg aus. Sie hatte August Thyssen 1911 aus dem Mülheimer Unternehmen Thyssen & Co. als Aktiengesellschaft ausgegliedert und umfasste den von ihm schon 1883 errichteten, zunächst werkseigenen Maschinenreparaturbetrieb, der sich schnell zu einer konzerneigenen Maschinenbauanstalt entwickelte. Mit seiner Ausgründung wollte er den internationalen Markt bedienen.[905] Die Maschinenfabrik Thyssen hatte vor dem Krieg keine Rüstungsgüter produziert. Mit Kriegsbeginn wurden die beiden Vorstände, der Ingenieur Edmund Roser und der Jurist Carl Härle zu den Waffen eingezogen. Roser diente in einer Marine-Artillerieeinheit und sollte – so wünschte es August Thyssen – schon in den ersten Monaten Tipps für eine fronttaugliche und von der Truppe benötigte Rüstungsproduktion geben.[906] Da die beiden Vorstände bis 1916 an der Front dienten, wurden August Thyssens Bruder Joseph und der Techniker Gottlob Fassnacht zu stellvertretenden Vorständen ernannt. Die Maschinenfabrik Thyssen stieg unter den neu ernannten Vorstandsmitgliedern sofort groß in das Rüstungsgeschäft ein. Insbesondere in den ersten beiden Kriegsjahren machte sich Gottlieb Fassnacht um die Rüstungsfertigung verdient. Die Maschinenfabrik fertigte Minenwerfer, Munition, Lafetten, Munitionswagen, Feldprotzen u. a. m. Einen Minenwerferschießplatz legte die Fabrik mithilfe des Konzerns 1916 in der Nähe der konzerneigenen Zeche Lohberg bei Dinslaken an. Seit der Rückberufung Rosers von der Front im Jahre 1916 stieg die Maschinenfabrik zusätzlich in die

---

[904] Pudor: Lebensbilder Jg. 1958–1959, S. 50 f.
[905] Rasch: Auch beim Bau, S. 213–218.
[906] Siehe Briefe in: tkA A/9964.

22. Kriegsgewinne | 405

Zu den Rüstungsanstrengungen der Maschinenfabrik Thyssen & Co., Mülheim/Ruhr, im Ersten Weltkrieg gehörte auch die Ausbildung von Praktikanten aus dem mit dem Deutschen Reich verbündeten Osmanischen Reich, die die Deutsch-Türkische Vereinigung ab April 1917 vermittelte, 1. November 1917. (Foto von türkischen Praktikanten im Bergbau s. Seite 360.) Quelle: thyssenkrupp Corporate Archives.

Gewinnung flüssiger Treibstoffe mittels Schwelverfahren ein, jedoch mit bescheidenem Erfolg (s. Kapitel 4).[907]

Schon 1915 stieg die Bilanzsumme der Maschinenfabrik auf über 240 Prozent im Vergleich zum Referenzjahr 1913, der ausgewiesene Gewinn jedoch auf über 550 Prozent. Kapitalerhöhungen auf 3,5 Mio. M (1913), 8,5 Mio. M (1914) und auf 15 Mio. M (1915) änderten aber nichts an der niedrigen Eigenkapitalquote von schließlich 8 Prozent in 1918. Die rasante Entwicklung der Bilanzsumme setzte sich im Kalenderjahr 1916 fort mit einer Steigerung auf 417 Prozent und des Gewinns auf sagenhafte 1.216 Prozent. Mehr als 16 Prozent der Bilanzsumme von 81 Mio. M waren Reingewinn (13,193 Mio. M). Diese Steigerungen von Bilanzsumme und Gewinn waren nur durch Produktion von diversen Rüstungsgütern, dem Ausbau der Fertigungshallen und der Erhöhung der Mitarbeiteranzahl erreichbar. Waren 1914 bei der Maschinenfabrik 3.700 Arbeiter und Angestellte beschäftigt, so stieg ihre Anzahl bis 1917 auf insgesamt 28.000 Personen an. Zusätzlich beteiligte sich die Ma-

[907] Rasch: Geschichte Kaiser-Wilhelm-Institut für Kohlenforschung, S. 74–80.

schinenfabrik an der Ausbildung von Praktikanten aus dem Osmanischen Reich, um die Rüstungsproduktion des Verbündeten zu stärken. Die Vertragsbedingungen mit dem Deutschen bzw. Osmanischen Reich sind leider nicht bekannt. 1916 zahlte die Maschinenfabrik erstmals eine Dividende von zehn Prozent – wie im Folgejahr auch, was einer Ausschüttungsquote von ca. 12 Prozent entsprach. August Thyssen bevorzugte die Reinvestition seiner Gewinne. Durch das Hindenburg-Programm stieg die Bilanzsumme auf 503 Prozent, in Zahlen auf fast 98 Mio. M, der Gewinn nahm leicht ab auf 12,9 Mio. M, was immerhin einer Gewinnsteigerung von immerhin noch 1.190 Prozent im Vergleich zu 1913 entsprach. 1918 sollte sich die Bilanzsumme nochmals fast verdoppeln auf annähernd 189 Mio. M, der ausgewiesene Gewinn fiel jedoch ab auf 7,7 Mio. M, entsprechend 713 Prozent. Dies verwundert nicht, da die Bilanz nach dem Waffenstillstand aufgestellt wurde und nach einer Fusion nun auch die Umsatzzahlen der Firma Thyssen & Co. KG umfasste. Aus Furcht vor Rechtsstreitigkeiten mit seinen Kindern, die bei seinem Tod zur unmittelbaren Liquidation der Kommanditgesellschaft Thyssen & Co. geführt hätten, hatte sich August Thyssen zu diesem Zusammenschluss entschieden. Um einen Teil der exorbitanten Gewinne der Maschinenfabrik zu verschleiern, kaufte Thyssen 1918 u. a. die Seilfabrik Klaproth sowie die elektrotechnische Fabrik Chr. Weuste & Overbeck GmbH, Duisburg. Mit letzterer hielt die Elektrotechnik nunmehr in großem Umfang Einzug in das Fertigungsprogramm der Maschinenfabrik. Schon vor dem Krieg hatte Thyssen elektrisch betriebene Förderanlagen für den Bergbau u. a. m. geliefert. Im Krieg war erstmals die Thyssen-Röder-Turbine, die spätere Siemens-Röder-Turbine mit Turbogenerator der Fachwelt vorgestellt worden, die nach dem Krieg auf Schiffen der zum Konzernverbund gehörenden Bremer Vulkan Schiffbau und Maschinenfabrik eingebaut wurden. Die Maschinenfabrik wurde Komplettanbieter für Gasdynamomaschinen und trat damit in Konkurrenz zur Allgemeinen Elektricitäts-Gesellschaft (AEG) und zu den Siemens-Schuckertwerken, die nicht über eine eigene Turbinenfertigung verfügten. Durch die gezielte Expansion in das Geschäft mit Elektrogeneratoren und Elektromotoren wurde Thyssen für die Montanunternehmen des Ruhrgebiets auch eine ortsnahe Reparaturwerkstatt, die sie im Krieg so sehr vermisst hatten.[908]

Hatte August Thyssen mit seinen Firmen Gewerkschaft Deutscher Kaiser und AG für Hüttenbetrieb nicht besonders an der Kriegskonjunktur teilgenommen, so hatte die in Lothringen liegende Stahlwerk Thyssen AG schon mittlere Gewinne ausgewiesen, während neben der Maschinenfabrik Thyssen auch die zum Konzern gehörende Press- und Walzwerk AG in Düsseldorf (s. Anhang 26.4.20) außergewöhnliche Gewinne erwirtschaftete. Die Aktienmehrheit an der Press- und Walzwerk AG war 1911 von Thyssen (AG für Hüttenbetrieb) erworben worden, um einen festen Abnehmer für seine Meidericher Roheisenproduktion zu haben und um die eigene Position auf dem Röhrenmarkt (größter deutscher Hersteller stumpf-geschweißter Stahlrohre/ Gasrohre) auszubauen. Das Unternehmen stellte in Konkurrenz zum Mannesmann-Verfahren nahtlose Rohre nach einer Ehrhardt'schen Erfindung in guter Qualität her,

---

[908] Rasch: Auch beim Bau, S. 216 f.

was zunächst nicht unbedingt vom eigenen Thyssen'schen Röhrenwalzwerk in Dinslaken zu sagen war. Die Press- und Walzwerk AG nahm an der Rüstungskonjunktur sofort teil, da ihre Pressen ohne Probleme Geschossrohlinge herstellen konnten. Außerdem errichtete das Werk eine Geschossfabrik, die 1918 55 Prozent der Produktmenge und 43,4 Prozent des Umsatzes erwirtschaftete.[909] War der Gewinn 1913 aufgrund der Unternehmensübernahme und des neu eingesetzten Managements und Aufsichtsrats nur mit 60.000 M ausgewiesen worden, so stieg er 1914 schon auf gut 319.000 M an, wobei sich die Bilanzsumme nur um knapp sieben Prozent erhöhte. Ab 1915 wurde die Rüstungskonjunktur sichtbar, die Bilanzsumme stieg auf 129,2 Prozent, der Gewinn im Vergleich zum Vorjahr um über 300 Prozent auf knapp eine Mio. M. Dabei war schon ein Teil der erzielten Gewinne in der Bilanz versteckt worden. Einschließlich des Gewinnvortrags aus 1914 betrug der Gewinn nämlich 1,92 Mio. M, zusätzlich waren in die außerordentliche Rücklage Rückstellungen von 1,4 Mio. M eingebucht worden. Im Jahr 1916 stieg der Gewinn auf 822 Prozent des Referenzjahres, während die Bilanzsumme nur knapp auf 150 Prozent anstieg. Die Gesamtkapitalrendite (hier als Verhältnis von Gewinn zur Bilanzsumme) betrug rund 15 Prozent und führte zu einer Dividende von sechs Prozent. 1917 stieg die Bilanzsumme auf nunmehr 191 Prozent an, der Gewinn aber nur auf 867 Prozent. Die Kapitalerhöhung um fünf Mio. M führte zu einem marginalen Zuwachs von 150.000 M in der Bilanz, doch lag die Gesamtkapitalrendite von rund 13 Prozent noch immer auf einem hohen Niveau. Unverändert zahlte das Unternehmen seinen Aktionären wieder sechs Prozent Dividende. 1918 wuchs die Bilanzsumme um weitere gut fünf Mio. M auf 27 Mio. M bzw. 237 Prozent des Referenzjahres, die Gesamtkapitalrendite sank jedoch auf rund vier Prozent, der ausgewiesene Gewinn entsprach nur noch jenem des Jahres 1915. Hier war schon Vorsorge angesichts des verlorenen Kriegs und der zu erwartenden Rüstungsbeschränkungen getroffen worden. Nach Friedensschluss mussten die verfügten alliierten Abrüstungsmaßnahmen umgesetzt und einzelne Anlagen der Presserei sowie die Geschossfabrik abgebrochen werden. Die relativ schwache Ertragssituation des Jahres 1918 setzte sich 1919 und 1920 fort (Renditen von rund vier und sechs Prozent). Die Gewinne lagen aber deutlich über denen anderer Firmen.

Nicht entsprechend den vorherigen Beispielen partizipierte die Firma Krupp (s. Anhang 26.4.17) an der Rüstungskonjunktur. Das verwundert auf den ersten Blick, da Krupp eigentlich das Synonym für einen deutschen, international tätigen Rüstungsproduzenten war. Mit Beginn des Kriegs stiegen zwar die Gewinne auf mehr als das Doppelte der Vorkriegsjahre, aber in der Folgezeit gingen sie stetig deutlich zurück, weil Gustav Krupp von Bohlen und Halbach auf eine Erhöhung seiner Preise bewusst verzichtete. Die Gewinnzunahme war in den ersten beiden Kriegsjahren ausschließlich das Ergebnis der optimalen Ausnutzung der vorhandenen und der im Krieg errichteten Produktionsanlagen sowie des kostengünstigen Einsatzes weiblicher Arbeitskräfte. Auf Preiserhöhungen verzichtete die Inhaberfamilie anfangs bewusst, wahrscheinlich als Nachwirkung der sogenannten Kornwalzer-Affäre und dem

---

[909] Rasch: Was wurde aus August Thyssens Firmen, S. 274.

Unter Zurhilfenahme von Reichsmitteln errichtete Krupp u. a. sogenannte Hindenburg-Werkstätten auf ihrem Essener Firmengelände. Zu den großen Neubauten zählte die Geschossdreherei VII mit einer 450 m langen dreigeschossigen Fassade, 1918. Am 9. November 1918 flatterte über diesem Gebäude eine rote Fahne, was der Werksfotograf ebenfalls festhielt (s. Seite 430). Quelle: Historisches Archiv Krupp.

seit Jahrzehnten nicht einfachen Verhältnis zum preußischen Militär. Infolge dieses Bestechungsskandals war die Essener Firma politisch angeschlagen. Am 30. Oktober 1914 wies Gustav Krupp von Bohlen und Halbach persönlich sein Direktorium an, keine Preisabsprachen mit anderen Unternehmen zu treffen und nur die in Friedenszeiten üblichen Gewinnaufschläge zu berechnen.[910]

Am 18. September 1915 wünschte Gustav Krupp von Bohlen und Halbach, auf eine Erhöhung der Dividende zu verzichten, um nicht zu deutlich auf die Kriegsgewinne hinzuweisen. Deshalb fiel die Ausschüttungsquote in jenem Jahr von bisher über 50 Prozent auf 26 Prozent, um – infolge der Kapitalerhöhungen – in den folgenden Kriegsjahren prozentual wieder die alte Höhe zu erreichen, um dann mit Kriegsende auf Null zu sinken. Außer einer Erhöhung des Aktienkapitals in zwei Schritten um fast 40 Prozent von 180 Mio. M auf 215 Mio. M (1915) bzw. 250 Mio. M (1916), was bei gleicher Dividendenhöhe von 12 Prozent eine zusätzliche Dividendenzahlung von 4,2 Mio. M bzw. insgesamt 8,4 Mio. M bedeutete, stiftete die Eigentümerfamilie 20 Mio. M u. a. zur Zahlung von Zusatzrenten an kinderreiche Familien von Gefallenen sowie 4 Mio. M für die Beseitigung von Kriegsschäden in Ostpreußen.[911]

[910] Burchardt: Kriegsgewinne und Kriegskosten, S. 101.
[911] Ebd., S. 102. Interessanterweise spricht Burchardt von 12 Prozent Dividende = 24 Mio. M, was ein Aktienkapital von 200 Mio. und nicht 215 Mio. M bedeutet, andernfalls wären 26,8 Mio. M

22. Kriegsgewinne | 409

Dennoch wies der Geschäftsbericht für 1914/15 bei einer Steigerung der Bilanzsumme auf 127 Prozent mehr als eine Verdoppelung des Gewinns auf 222,2 Prozent = 95,8 Mio. M aus, was einer Kapitalrendite von über 12 Prozent entsprach. Die Hälfte der Dividende 1915/16 wurde dem Unternehmen als Darlehen gewährt.[912]

Die Firma Krupp reinvestierte den größten Teil ihrer Gewinne und verzichtete 1917/18 bewusst auf deren Ausschüttung, um dem Vorwurf der Kriegsgewinnlerei zu entgehen, zumal die Firma verlorene Zuschüsse des Wumba zum Bau ihrer Hindenburg-Werkstätten in Höhe von 55 Mio. M erhielt, was ungefähr den ausgewiesenen Gewinnen des Vorjahres entsprach.[913] Tatsächlich wurden 230 Mio. M für die Hindenburg-Werkstätten ausgegeben, deren Fertigstellung sich zum Teil bis 1919 hinzog und deren Kosten ursprünglich mit 165 Mio. M veranschlagt waren. Insgesamt gab Krupp 629 Mio. M für Bauten und Einrichtungen während des Kriegs an seinen fünf Standorten aus. Die Kostenüberschreitungen und die verspäteten Fertigstellungen belasteten die Rentabilität, zumal Krupp im Hindenburg-Programm Festpreise mit dem Militär vereinbart hatte, die die zusätzlichen Kostensteigerungen für Rohstoffe und Arbeitskräfte offensichtlich nicht ausreichend berücksichtigten, sodass gegen Kriegsende die erzielten Preise kaum die Selbstkosten deckten, dies galt insbesondere für die Munitionsfertigung. Die Firma Krupp, die sich im Krieg mit ihrem Essener Werk ganz auf die Rüstungsfertigung konzentriert hatte, verfügte bei Kriegsende über zahlreiche Hindenburg-Werkstätten, die – von den Alliierten ihrer Maschinen beraubt – bald leer standen, wenn sie nicht sogar auf alliierte Anordnung abgerissen wurden. Krupp musste sich nach dem Krieg neu erfinden.[914]

Ganz anders stellt sich die Bilanz des anderen großen Rüstungsproduzenten dar, der Düsseldorfer Rheinmetall (s. Anhang 26.4.21). Das Unternehmen befand sich schon vor dem Krieg in einer Aufschwungphase. Hatte es noch im Geschäftsjahr 1912/13 bei einer Bilanzsumme von über 42 Mio. M fast 4,6 Prozent, nämlich 1,9 Mio. M als Gewinn ausgewiesen und eine sechsprozentige Dividende ausgezahlt, so waren es 1913/14 bei einem Anstieg der Bilanzsumme auf 115 Prozent eine Gewinnsteigerung auf fast 182 Prozent. Im ersten Kriegsgeschäftsjahr erhöhte sich die Bilanzsumme auf 167,2 Prozent, der ausgewiesene Gewinn stieg jedoch auf über 500 Prozent, d. h. über 14 Prozent der Bilanzsumme waren Gewinn, weshalb das Unternehmen eine Dividende von 11 Prozent auf Stamm- und 13 Prozent auf Vorzugsaktien ausschüttete. Die nächsten beiden Geschäftsjahre brachten einen Sprung der Bilanzsumme auf über 288 bzw. 435 Prozent und eine Gewinnsteigerung auf ca. 15 Mio. M, was einer Gewinnstei-

---

auszuschütten gewesen. Leider erwähnt Berdrow dies an keiner Stelle. Geschäftsbericht Fried. Krupp 1913/14, Bilanz zum 30.06.1916, in: HAK.

[912] Berdrow: Krupp im Weltkrieg, S. 315; Vgl. die Interpretation bei Tenfelde: Krupp in Krieg und Krise, S. 54 f.

[913] Burchardt: Kriegsgewinne und Kriegskosten, S. 108. Indiskutabel ist die von James: Krupp, S. 48, aus der Zahlung gezogene Folgerung „Die Firma war praktisch zu einer Abteilung des Deutschen Reichs geworden". Übrigens kam der Zuschuss vom Bundesstaat Preußen.

[914] Berdrow: Krupp im Weltkrieg, S. 305, 308; Essen, Rheinhausen, Annen, Magdeburg, Kiel, evtl. noch Bayerische Geschützwerke, München, waren die Krupp'schen Produktionsstätten.

gerung von 789,8 bzw. 767,4 Prozent für 1915/16 bzw. 1916/17 entsprach. Das Unternehmen schüttete in beiden Geschäftsjahren Dividenden von 20 Prozent auf Vorzugs- und 18 Prozent auf Stammaktien sowie zusätzlich eine Barauszahlung von 100 M bzw. 50 M für das jeweilige Geschäftsjahr aus. Schon im Geschäftsjahr 1916/17, als in der Politik über Kriegsgewinnlerei diskutiert wurde und der Reichstag eine entsprechende Kommission einsetzte, hatte der ausgewiesene Gewinn nicht mehr die Steigerung der Bilanzsumme mitgemacht, sondern war absolut sogar leicht gefallen. Rheinmetall reagierte anscheinend auf die politischen Diskussionen. 1917/18 stieg die Bilanzsumme zwar auf 1.259 Prozent[915], der Gewinn sackte jedoch auf 128 Prozent ab. Wegen der unsicheren weiteren wirtschaftlichen Entwicklung infolge des verlorenen Kriegs verzichtete das Unternehmen auf die Ausschüttung einer Dividende.

Ebenfalls zu den temporären Gewinnern der Rüstungskonjunktur gehörte die Abteilung Henrichshütte (s. Anhang 26.4.14) von Henschel & Sohn in Kassel. Glaubt man den Zahlen, die in den 1930er-Jahren für die Abteilung, nicht für das Gesamtunternehmen, ermittelt wurden, dann setzten die Kriegsgewinne auf der Henrichshütte erst mit dem Hindenburg-Programm und Karl Henschels Entscheidung von 1916 ein, groß in das Rüstungsgeschäft, nicht nur in die Produktion kriegswichtiger Güter wie Lokomotiven, Radsätze und Geschossrohlinge, einzusteigen. Die Henrichshütte errichtete 1916 ein Tiegelstahlwerk zur Geschützrohrproduktion, fertigte Hochdruckzylinder für die Stickstoff-Synthese in Leuna und schmiedete Kurbelwellen für U-Boote. Wurde 1916/17 bei einer internen Bilanzsumme von 163 Prozent der bis dahin unbedeutende Gewinn von 6 bzw. 14 Prozent auf fast 340 Prozent gesteigert, so war der Erfolg im letzten vollständigen Kriegsgeschäftsjahr 1917/18 mit fast 780 Prozent = knapp über 17 Mio. M beachtlich und zählte mit einer Gesamtkapitalrendite von rund 33 Prozent zu den Höchstwerten im hiesigen Unternehmensvergleich.

Andere im Ruhrgebiet angesiedelte Unternehmen weisen keine kriegsbedingte Sonderkonjunktur aus, hier sind neben den ortsansässigen Banken die Th. Goldschmidt AG (s. Anhang 26.4.10), eine Chemiefabrik, und das RWE (s. Anhang 26.4.23) zu nennen. Letztere steigerte zwar enorm die Stromproduktion, aber weder die Bilanzsumme noch die ausgewiesenen Gewinne stiegen adäquat, zumal das RWE trotz einer Gewinnsteigerung auf über 130 Prozent in den Geschäftsjahren 1914/15 bis 1917/18 konstant die Vorkriegsdividende von acht Prozent ausschüttete, wobei die Ausschüttungsquote immer deutlich über 90 Prozent lag. Als gemischtwirtschaftliches Unternehmen schien es offensichtlich nicht opportun, Kriegsgewinne besonders auszuweisen, wenn die Bevölkerung in den Städten vermehrt unter der Lebensmittelrationierung litt. Das RWE investierte einen Teil seiner Gewinne in neue Anlagen und Werke. Die Th. Goldschmidt AG, obwohl Aktiengesellschaft, noch ausschließlich im Familienbesitz und von den Söhnen der Unternehmensgründern, den Chemikern Dr. Karl Goldschmidt und Prof. Dr. Hans Goldschmidt geführt, nahmen durchaus die Produktion von kriegswichtigen Chemikalien auf, investierten jedoch auch große Summen in die Forschung (Kohleverflüssigung, Holzverzuckerung, Gly-

---

[915] Die Darstellung von Leitzbach: Rheinmetall gibt dafür leider keine Erklärung.

kolerzeugung), da kriegsbedingt ein großer Teil ihres bisherigen Geschäfts (Weißblechentzinnung) weggefallen war. Die Bilanzsumme stieg bis 1918 nur langsam, nahezu entsprechend der Inflation. Die Gewinne lagen 1915 bis 1917 jedoch nur bei etwas über 80 Prozent des Vorkriegswerts. Das Unternehmen investierte bis 1917 u. a. 3,2 Mio. M in die technische Umsetzung der von Friedrich Bergius und Mitarbeitern entwickelten Kohleverflüssigung (s. Kapitel 4). Trotz des geringeren Gewinns zahlte die Th. Goldschmidt AG in den Kriegsjahren wie im Referenzjahr 1913 12 Prozent Dividende. Offensichtlich benötigten die Eigentümerfamilien diese Einnahmen (900.000 M pro Familienzweig) für ihre Lebensführung. Die Ausschüttungen der Jahre 1915 und 1916 lagen sogar über dem erwirtschafteten Gewinn. 1918 fand eine Kapitalerhöhung von 15 auf 17 Mio. M statt, um die AG für Petroleumindustrie übernehmen zu können,[916] was pro Eigentümerfamilie 120.000 M mehr Dividendeneinnahmen bedeutete, aber die kriegsbedingte Teuerung nicht kompensierte, jedoch die Eigenkapitalquote etwas verbesserte. Auf sie achteten die beiden Goldschmidts.

Ebenfalls keine besonderen Gewinne wies die 1905 gegründete Gesellschaft für Teerverwertung (GfT) (s. Anhang 26.4.9) aus, ein Gemeinschaftsunternehmen mehrerer Ruhrgebietsunternehmen, die über eigene Kokereien mit Nebenproduktgewinnungsanlagen aber nicht über Betriebe zu deren Weiterverarbeitung verfügten. Um eine rentable Betriebsgröße zu erreichen, wollten die beteiligten Unternehmen in der GfT gemeinschaftlich die Kokereinebenprodukte aus dem Teer etc. gewinnen und vermarkten. Sie traten damit in Konkurrenz zu der bis dahin marktbeherrschenden Rütgerswerke AG auf. Nicht erst im Krieg nutzte die GfT das Mittel der verdeckten Gewinnausschüttung an ihre Gesellschafter, z. B. durch höhere Einstandspreise, um der doppelten Gewinnbesteuerung zu entgehen.

Neben den hier erwähnten Firmen gab es auch viele große und vor allem kleine Unternehmen, die nicht an der Kriegskonjunktur teilnahmen, weil sie u. a. falsche Unternehmensentscheidungen hinsichtlich der Rüstungskonjunktur trafen, oder aber – das war eher die Regel – an dieser nicht teilnehmen konnten, z. B. aufgrund ihres Produktionsprogramms oder ihrer Anlagen. Dennoch traf der Vorwurf der exorbitanten Kriegsgewinne zu, sogar noch viel mehr auf die zweite als auf die erste Kriegshälfte, als dieser zuerst massiv erhoben wurde.

Schaut man noch einmal zurück auf Adolf von Harnacks Rede vom 1. August 1916, so kann man feststellen, dass zahlreiche Ruhrgebiets-Unternehmen tatsächlich schon früh an der Rüstungskonjunktur mit deutlichen bis exorbitanten Gewinnen partizipierten, hier sind u. a. die Maschinenfabrik Thyssen, der Bochumer Verein, die GHH sowie die Gussstahl-Werke in Witten und Gelsenkirchener Gussstahl- und Eisenwerke zu nennen, während die meisten Montanunternehmen an der Ruhr erst nach Harnacks Rede enorme Gewinne auswiesen, bedingt vor allem durch das Hindenburg-Programm und weniger durch die einsetzende Inflation. Andererseits sieht es so aus, als ob einige Unternehmen zwar nicht auf Harnacks Rede reagiert hätten, wohl aber auf die am 7. Dezember 1916 erstmals zusammengetretene Kommission zur Prüfung von

---

[916] Däbritz, Paulick: Th. Goldschmidt AG, S. 77.

Verträgen über Kriegslieferungen, die der Reichstag im Juni 1916 beschlossen hatte. Etliche Unternehmen hielten sich beim Ausweisen der Gewinne zurück und tätigten stattdessen nicht unbedingt betriebsnotwendige Investitionen. In den ersten beiden Kriegsjahren hatten etliche Firmen sogar zum Teil deutliche Gewinnrückgänge, da zunächst Unsicherheit über den weiteren Kriegsverlauf und die kriegsbedingt getätigten Investitionen herrschte. Zwei Unternehmen mit Werken in Lothringen bzw. Luxemburg hatten in diesen bei Kriegsbeginn und im letzten Kriegsjahr tatsächlich deutliche Verluste hinzunehmen. Bedingt durch die Nähe zur Front kam es zu Versorgungsproblemen durch die überlastete Eisenbahn. Dennoch kann festgehalten werden, dass die rheinisch-westfälischen Montanunternehmen an der Kriegskonjunktur mit Gewinn teilgenommen haben. Sie haben in die Modernisierung ihrer Anlagen und in die energiewirtschaftliche Rationalisierung ihrer Werke investiert. Dies zeigt das Beispiel der Gussstahl-Werk Witten [AG], die über ein Aktienkapital von 6,5 Mio. M verfügte und während der Geschäftsjahre 1914/15 bis 1917/18 einen Gewinn von über 14 Mio. M auswies, in der gleichen Zeit wurden über 8 Mio. M in Neubauten und Erwerbungen investiert, davon allein 1,23 Mio. M in Grundstücke und Werkswohnungen. Solche Investitionen führten zu einer Verfestigung montanindustrieller Strukturen der Region. Die meisten Unternehmen erweiterten sich horizontal, aber investierten auch in vertikale Strukturen, nicht jedoch in neue Geschäftsfelder (Ausnahme: Maschinenfabrik Thyssen). Der Erwerb von Steinkohlenzechen und Erzgruben diente zwar auch der Verschleierung erzielter Kriegsgewinne, war aber wohl in erster Linie zur Sicherung des weiteren Betriebs angesichts der im Laufe des Kriegs immer eingeschränkteren Energie- und Rohstoffressourcen gedacht. Doch auch hier gab es Ausnahmen, und zwar nicht nur durch den Firmenerwerb eines oberschlesischen Unternehmens im Ruhrgebiet, wie das nächste Kapitel zeigt.

Neubauten und Erwerbungen der Gussstahl-Werk Witten [AG], 1914–1918[917]		
Dreherei I und II	1.356.757,49 M	= 16 %
Geschosspresswerk	1.285.828,56 M	= 16 %
Grundstücke und Kolonie	1.230.326,56 M	= 15 %
Blechwalzwerk und Kümpelei	576.482,09 M	= 7 %
Rohrwerkstatt für Geschützrohre	488.442,87 M	= 6 %
Werkstatt I und II	432.744,96 M	= 5 %
Blockstahlwerk II	404.351,74 M	= 5 %
Elektro-Reparaturwerkstatt	364.356,95 M	= 4 %
Fräserei und Oberbau-Kleineisenzeug-Werkstatt	325.858,84 M	= 4 %

[917] Eigene Aufstellung nach Rinne, Will: Die Ruhrstahl Aktiengesellschaft Witten. Die Entwicklung der Ruhrstahl Aktiengesellschaft und ihrer sechs Werke, Typoskript 1937, Band IV: Neuntes Kapitel, in: SIT GW/65.

Hammerwerk und Schmiedepressanlage	310.032,72 M	= 4 %
Bohrwerk und Bodenwerkstatt	239.323,38 M	= 3 %
Allgemeines (Aschenwäsche, Magazin, Auestraße, Brücke, etc.	231.880,88 M	= 3 %
Maschinen- und Kesselbetrieb	190.867,40 M	= 2 %
Dolomit- und Kalkwerk Fretter	112.166,55 M	= 1 %
Blechwalzwerk	107.276,98 M	= 1 %
Schmelzbau, Tiegelschmelze und Rüsterei	104.088,83 M	= 1 %
Arbeiter-Wohlfahrtseinrichtungen	97.306,78 M	= 1 %
Rangier- und Platzbetrieb	72.465,34 M	= 1 %
Drahtwalzwerk	65.551,21 M	= 1 %
Ziegelei Heven	58.654,34 M	= 1 %
Handschmiede	58.427,24 M	= 1 %
Grobwalzwerk	48.045,55 M	= 1 %
Material-Prüfanstalt	22.314,77 M	= < 1 %
Steinfabrik für ff. Material	19.408,86 M	= < 1 %
Germaniahütte Grevenbrück	18.396,00 M	= < 1 %
Verwaltung	10.104,87 M	= < 1 %
Feinwalzwerk	9.282,84 M	= < 1 %
Summe	8.240.744,60 M	= 100 %

Fazit

Die Höhe der Kriegsgewinne bei den einzelnen Unternehmen ist nicht mehr genau feststellbar, da auch schon damals Gewinne in der Bilanz verschleiert wurden, auch wenn es nicht in jedem Unternehmen einen CFO – einen Finanzvorstand – gab. Dennoch empfanden schon die Zeitgenossen manche Gewinne in ihrer Höhe als unmoralisch und zweifelten an den „vaterländischen" Interessen dieser Unternehmer und Manager.

Zu derjenigen Branche, die nicht besonders hohe Renditen auswies, gehörten die reinen Bergbauunternehmen an der Ruhr, sieht man von Einzelfällen ab, bei denen nennenswerte Gewinne anfielen durch Kohlenhandelsgesellschaften oder den Betrieb von Kokereien mit Nebenproduktengewinnung. Ebenfalls keine besonderen Erträge wiesen die beiden großen chemischen Unternehmen des Ruhrgebiets aus, die Gesellschaft für Teerverwertung (GfT) und die Th. Goldschmidt AG. Während die erstgenannte Firma mögliche Gewinne durch überhöhte Einstandspreise für Teer an ihre Aktionäre, die zugleich ihre Lieferanten waren, weitergab, sodass erst diese die Erträge versteuern mussten, investierte die Th. Goldschmidt AG einen großen Teil ihrer Profite in Forschungsprojekte von nationaler Bedeutung (Kohleverflüssigung, Glykolerzeugung), sodass sie Teile der Dividendenzahlungen an ihre zwei Eigentü-

Zu den illegalen Aktionen der deutschen Besatzungsmacht gehörte die Demontage von industriellen Werken im besetzten Nordfrankreich, wovon auch die Industrie an der Ruhr profitierte, wie beim Schienenwalzwerk der Forges et Aciéries du Nord et de l'Est in Trith-St. Léger, einem kurz vor dem Krieg fertiggestellten Werk, das 4.000 Mitarbeiter und ein Aktienkapital von 15 Mio. FF besaß. Es wurde von einem Fliegerabbaukommando demontiert, 1917/1918. Quelle: Stiftung zur Industriegeschichte Thyssen.

merfamilien in den beiden letzten Kriegsjahren aus der Rücklage finanzierte und zudem bei ihren Forschungsprojekten finanzielle Kooperationen eingehen musste, da die erhoffte schnelle Einführung eines industriellen Hydrierverfahrens zur Produktion von flüssigen Treibstoffen sich nicht realisieren ließ.

Auch die Stromerzeuger wiesen keine exorbitante Rentabilität aus, obwohl der Strombedarf im Krieg enorm stieg und beim RWE die Gestehungskosten aus Braunkohle nicht so hoch waren wie bei den beiden östlichen Erzeugern Westfälisches Verbands-Elektrizitätswerk AG und Elektrizitätswerk Westfalen AG aus Steinkohle. Das RWE als gemischtwirtschaftliches Unternehmen, an dem die Kommunen beteiligt waren, durfte schon aus politischen Gründen keine hohen Gewinne ausweisen. Es investierte u. a. in Beteiligungen (Rheinische Elektrowerke AG u. a. m.) Anders war dies bei der Stahl- und Eisenindustrie. Hier gab es Unternehmen, die kaum Sonderprofite erzielten, während andere mittlere bis große und eine dritte Gruppe sogar exorbitante Erträge auswiesen. Zu letzteren gehörten die reinen Gussstahlwerke in Gelsenkirchen und Düsseldorf. Aber auch die Maschinenfabriken erwirtschafteten besonders hohe Dividendenzahlungen aufgrund ihrer Beteiligung an der Rüstungsfertigung (Geschütze, Munition).

Die Firma Krupp, das Synonym für deutsche Rüstungsproduktion, konzentrierte sich im Laufe des Kriegs fast ausschließlich auf die Rüstungsfertigung. Ihre Gewinne blieben im Vergleich zu anderen im Mittelfeld, da sie aufgrund der Korruptionsaffäre von 1913 wohl nicht so offensiv agieren wollte. Dennoch waren die Dividendenzahlungen beachtlich. Aber die vom Reichstag eingesetzte Kommission zur Prüfung von Verträgen über Kriegslieferungen fand keine besonderen zu rügenden Vorgänge im Ruhrgebiet, was zum Teil auch am Militär selbst lag, das mit jedem Unternehmen die Verträge für jeden Auftrag neu aushandelte anstatt wie die Kriegsmarine feste Gewinnsätze zu vereinbaren, wie es schon vor dem Krieg in den sogenannten Kolonialverträgen vereinbart worden war. Dagegen hatte sich die Stahlindustrie vehement gewehrt. Sie wollte keinen Einblick in ihre Kostenkalkulation gewähren; gestattete diesen jedoch ab 1917/18 aufgrund des gewachsenen politischen Drucks.

Die ausschließliche Fokussierung auf die Kriegsgewinne lässt dabei unbeachtet, dass es durchaus zu Fehlallokationen von Kapital und Kapazitäten kommen konnte. Eine Wettbewerbsfähigkeit war trotz hoher Gewinne nicht notwendigerweise gegeben, wie das Beispiel Gelsenkirchener Gussstahlwerke zeigt. Das Hindenburg-Programm baute Kapazitäten auf, die zwar zum Teil vom Staat mitfinanziert waren, die aber nach dem Krieg nicht oder nur schwer anders genutzt werden konnten.[918] Letzteres bedeutete zusätzliche Investitionen in Zeiten einer hohen Inflation. Weitere Studien müssen sich dieser Frage annehmen, aber auch klären, welche Investitionen wurden schon während des Kriegs getätigt im Hinblick auf eine mögliche Verbesserung der Wettbewerbsposition nach dem Krieg. So wollte der Thyssen-Konzern ein Siemens-Martin-Stahlwerk im Westen erwerben und nach Bruckhausen bzw. Meiderich translozieren, um geeignetes Vormaterial für die drei eigenen Röhrenwerke selbst produzieren zu können.[919] Welchen Unternehmen gelang es, die eigenen Organisationsstrukturen zu modernisieren und zu verbessern? Die Rationalisierung betrieblicher Abläufe steckte im Ruhrgebiet noch in den Anfängen. Ein Strukturwandel unterblieb, das Ruhrgebiet war weiterhin montanindustriell geprägt. Nur beim Maschinenbau und bei den Kokereinebenbetrieben setzte eine merkliche Modernisierung ein.

---

[918] Eine Ausnahme waren die in Düsseldorf für die Rüstungsproduktion während des Kriegs errichteten Hallen von Rheinmetall, die vom KWI für Eisenforschung genutzt wurden.
[919] Protokoll der Grubenvorstandssitzung der Gewerkschaft Deutscher Kaiser am 28.04.1917, in: tkA A/813/2.

23. UNTERNEHMENSKONZENTRATION AN DER RUHR?

In den Jahrzehnten vor Beginn des Ersten Weltkriegs führte die Gründung von Kartellen in der rheinisch-westfälischen Montanindustrie als eine Folge zu Unternehmenszusammenschlüssen. Ab 1916 sollten die enormen durch Kriegsgewinne erzielten Finanzmittel einzelner Unternehmen zu einer weiteren Konzentrationsbewegung an der Ruhr führen.

Die 1893 erfolgte Gründung des Rheinisch-Westfälischem Kohlen-Syndikats (RWKS) hatte Bestrebungen in der Eisen- und Stahlindustrie gefördert, sich Bergbauunternehmen anzugliedern, um Kohle unabhängig vom Syndikatspreis zum Eigenverbrauch zu tatsächlichen Gestehungskosten zu beziehen. Die Eisen- und Stahlwerke benötigten enorme Mengen an Kohle und Koks zum Betrieb ihrer Hochöfen, Bessemer- und Thomas-Konverter, Siemens-Martin-Öfen, der Walzwerke, Pressen u. a. m. Der umgekehrte Prozess, dass sich eine finanzkräftige Bergbaugesellschaft einen festen Kohlenabnehmer angliederte, war auch zu beobachten, wenn auch nicht unmittelbar nach Gründung des RWKS. Die Bergbauunternehmen kauften eher Konkurrenten auf, arrondierten ihren Felderbesitz und wagten sich – meist zögerlich – in das weite Feld der Kohlenveredlung von Verkokung, Brikettierung und Verstromung, aber nur selten in die Eisen- und Stahlerzeugung. Die 1873 gegründete Gelsenkirchener Bergwerks-AG (GBAG) war eine Ausnahme. Sie hatte sich bis zur Jahrhundertwende zum größten deutschen Steinkohlenbergbauunternehmen hinsichtlich der Fördermenge entwickelt, ging dann 1904 einen Interessengemeinschaftsvertrag mit dem Aachener Hütten-Aktien-Verein und der AG Schalker Gruben- und Hüttenverein ein, der 1907 in der Fusion dieser beiden Unternehmen auf die GBAG endete. Die GBAG hatte damit den Schritt vom Bergbauunternehmen zum gemischtwirtschaftlichen Konzern getan. Sie dürfte hierzu durch die Gründung des Stahlwerks-Verbands 1904 und von dem Montanindustriellen August Thyssen angeregt worden sein, der über einen maßgeblichen Einfluss bei der AG Schalker Gruben- und Hüttenverein verfügte. Thyssen befürwortete vertikale Konzernbildungen, wie er sie selbst seit Ende der 1880er-Jahre für sein Unternehmen betrieb.[920] Die Kartellgründung in der Stahlindustrie löste weitere Fusionen aus. In der Regel waren die Eisen und Stahl weiterverarbeitenden Industrien nicht finanzkräftig genug, um sich einzelne Stahl- oder ganze Hüttenwerke anzugliedern. Eine Ausnahme stellte der Lokomotivbauer Henschel & Sohn in Kassel dar, der 1904 von der finanzschwachen Union AG für Bergbau, Eisen- und Stahl-Industrie, der berühmten Dortmunder Union, ihr Hüttenwerk in Hattingen, die Henrichshütte erwarb und sie im folgenden Jahrzehnt aufwändig für 43 Mio. M zu einem Qualitätsstahlerzeuger modernisierte. Schon 1899

---

[920] Rasch: August Thyssen, S. 39–49.

hatte das Gussstahl-Werk Witten [AG] das Hochofenwerk Germaniahütte (20.000 t/a Roheisen) in Grevenbrück an der Lenne erworben, um sich beim Roheisenbezug von möglichen Kartellen unabhängig zu machen, musste aber bald einsehen, dass der Roheisenbezug vom Kartell preiswerter war als die Eigenproduktion an diesem u. a. verkehrsungünstigen Ort, weshalb sie das Hochofenwerk 1912 stilllegte.[921]

Der Erste Weltkrieg sollte eine weitere Fusionswelle in der rheinisch-westfälischen Montanindustrie auslösen, und zwar vornehmlich bei den Hüttenwerken. Die reinen Zechengesellschaften hatten offensichtlich genug damit zu tun, die benötigten Kohlenmengen zu fördern, und – sofern dazu in der Lage – zu verkoken, als dass es zu nennenswerten Angliederungen gekommen wäre. Sie bauten die Nebenproduktengewinnung ihrer Kokereien aus, mit denen kriegsbedingt viel Geld zu verdienen war. Zudem sahen sie die aufkommende Konkurrenz für ihre Kokereinebenprodukte in der chemischen Industrie, gegen die sie sich gegen Kriegsende verbündeten (s. Kapitel 17, Gesellschaft für Kohlentechnik), nicht aber in der Eisen- und Stahlindustrie.

Die Kriegswirtschaft bescherte im Ruhrgebiet vornehmlich der Schwerindustrie eine unerwartete Konjunktur. Auch wenn die mengenmäßige Produktion mangels Arbeitskräften und Einsatzrohstoffen zurückging, erkannten einige Unternehmer die sich ergebenden neuen Möglichkeiten, den Einstieg in die Weiterverarbeitung durch Aufnahme der Munitions- und Rüstungsfertigung. Andere Unternehmer sahen dies nicht, sie blieben bei der Eisen- und Stahlerzeugung, bauten keine Beziehungen zu den Rohstoff- und Aufträge-verteilenden Kriegsgesellschaften und Ministerien in Berlin auf und gingen nicht den Weg in die Weiterverarbeitung. Sie erwirtschafteten folglich keine Extragewinne, sodass sie um 1916 mit den nun erstmals langfristig aufgestellten Rüstungsanforderungen des späteren Hindenburg-Programms zu Übernahmekandidaten finanzkräftiger Konzerne wurden. Einige Beispiele in alphabetischer Reihenfolge mögen diese Entwicklung veranschaulichen.

Bochumer Verein für Bergbau und Gussstahlfabrikation

Noch kurz vor Kriegsende, im September 1918, erwarb der Bochumer Verein die Gewerkschaft des Steinkohlenbergwerks Friedrich der Große in Herne, u. a. durch eine Kapitalerhöhung, indem er pro Kuxe eigene Aktien in Höhe von 12.000 M und 9.000 M in bar bot. Aber schon 1921 verkaufte der Bochumer Verein die Gewerkschaft des Steinkohlenbergwerks Friedrich der Große an die Ilseder Hütte, da er mittlerweile in eine Interessengemeinschaft mit Deutsch-Lux und GBAG eingebunden wurde. Schon 1916 hatte er zur Sicherung der Erzversorgung Gruben im Siegerland erworben.[922] Eine Expansion in neue Geschäftsfelder fand nicht statt, wohl aber eine vertikale Integration.

---

[921] Rasch: Granaten, S. 8 f.; Rasch: Zur Geschichte der Ruhrstahl-Gruppe, S. 37.
[922] Gebhardt: Ruhrbergbau, S. 184, 247. Wegen eigener hoher Gewinne konnten hohe Preise gezahlt werden, andererseits fehlten im Siegerland Arbeitskräfte. Deren Einsatz konnte die Zugehörigkeit zu einem Konzern erleichtern.

Deutsch-Luxemburgische Bergwerks- und Hütten-AG

Die von Hugo Stinnes dominierte und seit 1917 von Albert Vögler geleitete Deutsch-Lux hatte nicht nur in Luxemburg Werke, sondern auch im östlichen (Dortmund) und im westlichen (Mülheim/Ruhr) Ruhrgebiet sowie ihren Gesellschaftssitz im mittleren Ruhrgebiet, in Bochum, wo etliche ihrer Steinkohlenzechen lagen. 1916 prüfte Stinnes den Plan, einen eigenen Rüstungskonzern zur Fertigung von schweren und leichten Waffen (Geschütze, Minenwerfer etc.), aber auch Flugzeugen und Motoren zu gründen. Die Flugzeugproduktion sollte nicht im Ruhrgebiet, sondern in Brandenburg aufgebaut werden, wo im Geschäftsjahr 1917/18 die Ph. Weber GmbH, ein unmittelbar vor dem Krieg errichtetes Stahl- und Walzwerk, erworben worden war. Stinnes verwarf seinen Plan wegen langfristig nicht ausreichender Gewinne. Stattdessen gestaltete er die Dortmunder Union wie auch die Friedrich Wilhelms-Hütte in Mülheim/Ruhr zu großen, leistungsfähigen Granatenherstellern um und arrondierte im Dortmunder Raum seinen Unternehmensbesitz durch den Erwerb der Eisenwerk Rothe Erde AG, ein auf die Mitte des 19. Jahrhunderts zurückgehendes Hochofenwerk, das in den letzten Jahren an Kapitalmangel litt und an der kriegsbedingten Rüstungskonjunktur nicht partizipiert hatte. Für knapp 2 Mio. M erweiterte er seine Produktionskapazität an hochwertigem Siemens-Martin-Stahl um 4.500 t/m am Standort Dortmund. Zudem erwarb Deutsch-Lux 1916 für ca. 1 Mio. M die Maschinenfabrik Wagner & Co. und besaß damit in Dortmund – wie schon bei der Friedrich Wilhelms-Hütte – einen eigenen Maschinenbau, der im Bedarfsfall doch zu einem Rüstungsproduzenten hätte ausgebaut werden können. Denn Wagner & Co. fertigte im Krieg nicht nur Maschinen, sondern diese Firma bearbeitete die von der Dortmunder Union gelieferten Geschützrohre und Granaten fertig.[923] Übrigens hatte sich die Investition schon nach einem Jahr rentiert. Zusätzlich erwarb Deutsch-Lux zur Sicherung der eigenen Erzbasis 1916/17 Eisenerzgruben im Siegerland.[924] Zur Sicherung der Energiebasis der Luxemburger und Rümelinger Werke erwarb Stinnes 1916 von August Thyssen dessen hälftigen Besitz an der Saar- und Mosel-Bergwerksgesellschaft AG.[925] Außerdem gliederte sich Deutsch-Lux 1918 die AG Meggener Walzwerk in Meggen/Westfalen für 4,65 Mio. M Barzahlung an als Abnehmer ihrer Halbzeugfabrikation. Mit dem Erwerb tat Deutsch-Lux einen weiteren Schritt in die Weiterverarbeitung, was auch der Grund für die im gleichen Jahr erfolgte Eingliederung der Kettenfabrik von Carl Schlieper in Iserlohn war.[926]

---

[923] Feldman: Hugo Stinnes, S. 421 ff., 431 f.; Pfisterer: Maschinenbau, S. 295 f.
[924] Wiel: Wirtschaftsgeschichte, S. 249.
[925] Für die Aktien im Nennwert von 10,2 Mio. M wurde ein Kurs von 182,5 Prozent vereinbart, zahlbar in 10 jährlich gleichen Raten ab 2. Januar 1917, siehe Schreiben Deutsch-Lux an Bankier Max Hauck vom 31.07.1917, in: tkA Hoesch-Archiv DHHU/2592.
[926] Stahl und Eisen 38 (1918), S. 574, 973, 1048.

Eisen- und Stahlwerk Hoesch AG

Zur Sicherung der eigenen Energiebasis erwarb Hoesch mit Kriegsbeginn sukzessive Kuxe der Gewerkschaft Fürst Leopold und die Mehrheit der Kuxe der Gewerkschaft Fürst Leopold Fortsetzung, beide in [Dorsten-]Hervest. 1918 löste Hoesch die Gewerkschaft Fürst Leopold auf und übernahm die unmittelbare Leitung dieser Zeche.[927]

Gelsenkirchener Bergwerks-AG

Die zuvor schon erwähnte GBAG erwarb 1916 die Kuxenmehrheit der auf Erz verliehenen Gewerkschaft Henriette in Niederschelden im Siegerland, um ihre – vor dem Krieg auf Importe u. a. aus Russland, aber auch auf lothringische Minette – ausgerichtete Erzbasis für ihre Ruhrgebietshütten (Schalker Verein, Hütte Vulkan) zu verbessern, insbesondere weil manganreiche Eisenerze in Deutschland knapp waren, diese aber für die Stahlerzeugung benötigt wurden. Der Erwerb war eine Fehlinvestition. Die 1870 eröffnete Grube wurde 1923 stillgelegt und förderte bis dahin nur etwa 400.000 t Eisenerz.[928] Außerdem gliederte sich die GBAG am 7. Juni 1916 die Düsseldorfer Röhrenindustrie AG in Düsseldorf-Oberbilk an, mit der schon seit 1910 ein Interessengemeinschaftsvertrag bestand, sowie die Hüstener Gewerkschaft AG, die in [Neheim-]Hüsten im Sauerland zwei Hochöfen, ein Siemens-Martin-Stahlwerk, zwei Blechwalzwerke und ein Profileisenwalzwerk betrieb. Letzteres Werk erwarb die GBAG im Hinblick auf die große Thomasstahlproduktion ihres Werks Rothe Erde bei Aachen. Dessen Produktion sollte in Hüsten teilweise weiterverarbeitet werden, was den „Stahl-Tourismus" zusätzlich förderte, d. h. die Eisenbahn belastete und damit auch deren Kohlenverbrauch erhöhte.[929]

Gelsenkirchener Gussstahl- und Eisenwerke AG

Auch eher mittelständische Unternehmen wie die Gelsenkirchener Gussstahl- und Eisenwerke vorm. Munscheid & Co. [AG] unter ihrem umtriebigen Direktor Martin Münzesheimer[930] profitierten von der Rüstungskonjunktur.[931] Die ungewöhnlich hohen Gewinne (s. Kapitel 22) ermöglichten eine erhebliche Expansion. Die Firma gliederte sich mittels einer Kapitalerhöhung von 500.000 M 1915 die Hagener Gussstahlwerke [AG] an, ein in den 1840er-Jahren von Friedrich Huth gegründeter Pud-

---

[927] Gebhard: Ruhrbergbau S. 347 f., 149.
[928] Siehe hierzu die Gewerken-Versammlungsprotokolle der Jahre 1915–1927, in: SIT VSt/1046.
[929] Gebhardt: Ruhrbergbau, S. 221 f.
[930] Schon vor dem Ersten Weltkrieg hatte es Münzesheimer zum Millionär gebracht, 1922 erhielt er die Ehrendoktorwürde verliehen und 1929 stellte der mittlerweile in Düsseldorf Lebende seine Kunstsammlung aus. Pudor: Lebensbilder Jg. 1958–1959, S. 50 f.
[931] Rasch: Zur Geschichte der Ruhrstahl-Gruppe, S. 24 f.

del- und Gussstahlbetrieb. Der Kriegsbeginn und die darauf folgende Umstellung der Fertigung auf Kriegsprodukte ließen auf der außerordentlichen Hauptversammlung der Gelsenkirchener Gussstahl- und Eisenwerke die Fusion mit dem Hagener Unternehmen als kriegsbedingt erscheinen, offensichtlich waren die ursprünglichen Überlegungen mittlerweile nicht mehr so überzeugend.[932] Im Spätsommer 1916 übernahm das Gelsenkirchener Unternehmen die Stahlwerk Krieger AG, ein durchaus florierendes Unternehmen, durch erneute Kapitalerhöhung um 1 Mio. M. Vermutlich auf Wunsch von Richard Krieger, dessen Name sich in der neuen Gesellschaft nicht mehr wiederfand, trug diese nach der Fusion doch nur noch den Firmennamen Gelsenkirchener Gussstahl- und Eisenwerke AG. Das im heutigen Düsseldorf-Oberkassel gelegene ehemals selbstständige Werk firmierte von nun an als Gelsenkirchener Gussstahl- und Eisenwerke AG Abteilung Stahlwerk Krieger. Mit Beginn des Kriegs hatte das Stahlwerk Krieger seine Produktion um Stahlgussgranaten und Lafettenteile erweitert und 1915 zur Fertigung hochwertiger Stahlgüten sogar einen ersten Elektroofen System Héroult aufgestellt. Richard Krieger, der seine Firma bis 1916 als alleiniger Vorstand geleitet hatte und dann in den Aufsichtsrat des neuen Unternehmens wechselte, engagierte sich während des Kriegs besonders bei der Produktion von Gussgranaten und war von 1920 bis zu seinem Tod 1932 Vorsitzender des Vereins Deutscher Stahlgießereien e. V., des vormaligen Zweckverbands Deutscher Stahlgießereien.[933] Warum er die Selbstständigkeit aufgab, ist nicht bekannt. Vielleicht hatte er keinen geeigneten Nachfolger für das von ihm aufgebaute Unternehmen gefunden. Die Fusion erbrachte keine vertikalen unternehmerischen Vorteile, da beide Gussstahlwerke nicht über eine eigene Roheisenbasis verfügten, wohl aber eine horizontale Mengenaddition. Zudem dürfte die Stahlwerk Krieger AG mit einem Umsatz von maximal 2,6 Mio. M zu klein gewesen sein für eigene notwendige expansive Investitionen im Rüstungsgeschäft.

Gutehoffnungshütte Aktienverein für Bergbau und Hüttenbetrieb

Die GHH, die über umfangreichen Erzfelderbesitz in Frankreich, u. a. bei Caen, verfügte, der kriegsbedingt verlorengehen sollte, investierte in Neuerwerbungen und in neue Geschäftsfelder erst gegen Kriegsende, obwohl – oder gerade weil? – sie 1915/16 die höchsten Gewinne ausgewiesen hatte. 1918 erwarb sie die Altenhundemer Walz- und Hammerwerke GmbH zur Stärkung ihrer eigenen Weiterverarbeitungskapazitäten. Im gleichen Jahr beteiligte sie sich zusammen mit AEG und Hamburg-Amerikanische Packetfahrt-Actien-Gesellschaft an der Gründung der Deutsche Werft AG, Hamburg, die die Serienfertigung im Schiffsbau einführen wollte. Dies war schon eher eine Investition in die Nachkriegszeit, damals noch in der Hoffnung auf einen deutschen Siegfrieden. Auch ohne diesen sollte nach 1919 wegen der hohen zivilen

---

[932] Ebd., S. 24 f.
[933] Ebd., S. 69.

Während des Kriegs gaben verschiedene Unternehmen neue Aktien aus, so auch die Gutehoffnungshütte 1917. Quelle: Privatbesitz Claus Müller.

Schiffsverluste ein Neubauboom zur Auslastung der Werften führen, die ihrerseits ihr Schiffbaumaterial (Steven, Bleche, Anker, Nieten etc.) aus dem Ruhrgebiet bezogen.[934] Der eigentliche Expansionskurs der GHH unter Paul Reusch fand erst nach dem Krieg statt.

Fried. Krupp AG

Die Firma Krupp hatte in den ersten beiden Kriegsjahren bewusst auf eine Erhöhung ihrer Verkaufspreise verzichtet, zunächst auch keine Reichskredite für ihre Erweiterungsbauten in Anspruch genommen, dennoch stiegen ihre Gewinne, u. a. wegen einer verbesserten Auslastung ihrer Produktionskapazität. Auf bewusste Angliederungen weiterer Werke verzichtete Krupp, sieht man einmal von dem Erwerb einer Munitionsfabrik in Dresden ab, die über das Grusonwerk erfolgte, um dessen Fertigung zu erweitern. Krupp investierte lieber in die eigenen Anlagen in Essen und den Neubau eines Werks am Rhein-Herne-Kanal in Essen-Borbeck. Um die Zünderfertigung den Ansprüchen der Militärs entsprechend zu erhöhen, beteiligte sich Krupp zusammen mit seinem Unterlieferanten Uhren- und Metallwarenfabrik Gebr. Thiel, Ruhla, und Fritz Neumeyer an der Zünder- und Apparatebau GmbH in Nürnberg, die gegen Kriegsende monatlich ca. 140.000 Zeitzünder fertigte, und aus der sich unter Leitung von Fritz Neumeyer nach dem Krieg die bekannte Motorradfirma Zündapp entwickelte (s. Kapitel 9).[935] Auf Wunsch der bayerischen Regierung beteiligten sich am 26. Juni 1916 an der Gründung der Bayerische Geschützwerke Fried. Krupp AG

---

[934] Wiel: Wirtschaftsgeschichte, S. 253.
[935] Berdrow: Krupp im Weltkrieg, S. 190–197.

die Essener Fried. Krupp AG (50 Prozent), der in Österreich geschäftsansässige Arthur Krupp (10 Prozent), Gustav Krupp von Bohlen und Halbachs Schwager Tilo von Wilmowsky (5 Prozent) sowie andere vornehmlich bayerische Unternehmen und die Deutsche Bank (10 Prozent) (s. Kapitel 6).[936]

Phoenix AG für Bergbau und Hüttenbetrieb

Vor dem Krieg hatte das Unternehmen Phoenix einen enormen Expansionskurs verfolgt, u. a. 1906 den Hoerder Verein auf sich fusioniert und 1907 die Aktiengesellschaft Nordstern (Steinkohle) erworben, und war damit zu einem großen Montankonzern im Ruhrgebiet aufgestiegen. Auch im Krieg setzte der Phoenix die vertikale Konzernbildung fort und erwarb 1916 die Bandeisenwalzwerke Boecker & Haver GmbH in Nachrodt an der Lenne bei Hagen als Weiterverarbeitungsbetrieb. Erst nach dem Krieg sollte die Kokskohlenbasis durch eine Interessengemeinschaft mit der Gewerkschaft Zollverein (Haniel) gestärkt werden.[937]

Rheinische Stahlwerke

Die Rheinischen Stahlwerke setzten auch im Krieg ihren bisherigen Expansionskurs fort, konzentrierten sich jetzt jedoch auf die Sicherung ihrer betriebsnotwendigen Rohstoffe Eisenerz und Steinkohle. 1915 bzw. 1917 wurden die Siegerländer Erzgruben Ameise bzw. Georg & Sonne erworben. 1917 kauften die Rheinischen Stahlwerke die Gewerkschaft Brassert (Flammkohle) in Marl, wandelten sie jedoch erst 1922 auf sich um. Bis Ende November 1917 wurde vom Deutschen Reich die AG Steinkohlenbergwerk Friedrich Heinrich (Fettkohle) in Lintfort zusammen mit der Fried. Krupp AG und der BASF erworben, in eine Gewerkschaft umgewandelt und auf die Rheinische Stahlwerke fusioniert. Da es sich dabei um in Belgien beschlagnahmtes Feindvermögen eines französischen Eigentümers handelte, mussten die Aktien nach einem deutsch-französischen Schiedsgerichtsspruch 1921 an den französischen Alteigentümer zurückgegeben werden.[938] Zum 1. Juli 1918 wurde die Gewerkschaft Arenberg Fortsetzung übernommen. Die Verschmelzung mit der eigentlichen Arenberg'schen AG für Bergbau und Hüttenbetrieb fand nach Pachtvertrag und Aktientausch erst zum 1. Januar 1921 statt.[939]

Darüber hinaus wurde auch die Weiterverarbeitung gestärkt. Die seit 1911 bestehende Interessengemeinschaft mit der AG Balcke, Tellering & Co. mit Werken in Benrath, Immigrath und Hilden führte 1916 zur Fusion. Das eingegliederte Unternehmen firmierte fortan als Rheinische Stahlwerke Abteilung Röhrenwerke. Im gleichen Jahr

---

[936] Ebd., S. 185.
[937] Wiel: Wirtschaftsgeschichte, S. 265.
[938] Baumann: Stahlhütte, S. 24, dazugehörige Zeittafel S. 6.
[939] Ebd., Zeittafel S. 6 f.; Gebhardt: Ruhrbergbau, S. 88.

fand auch die Verschmelzung der Vereinigte Walz- und Röhrenwerke AG vorm. Böcker & König in Hohenlimburg auf die Rheinischen Stahlwerke statt, die nun als unselbstständiges Werk den Werksnamen Abteilung Wurag führte. Die Firma inklusive ihrer Tochtergesellschaften Röhrenwerke Hohenlimburg GmbH und Metallweberei Brünn GmbH (Thüringen) war schon 1912 erworben worden, die Umwandlung auf die Rheinischen Stahlwerke fand jedoch erst am 10. März 1916 statt. Weiterverarbeiter ohne eigene Roheisen- und Kohlebasis hatten enorme Schwierigkeiten mit der Versorgung mit Vormaterial, deshalb wurden im Sommer 1918 Interessengemeinschaftsverträge mit den Bandeisenwalzwerken Th. Wuppermann GmbH, Leverkusen, und Felser & Co., Kalk, abgeschlossen, um diesen Unternehmen die weitere Versorgung mit Rohstoffen und Halbzeug zu garantieren, dafür erhielten die Rheinischen Stahlwerke das Recht zum gemeinsamen Vertrieb der Produkte durch das ebenfalls im Sommer 1918 aufgebaute Netz von Rheinstahl Handelsgesellschaften.[940]

Thyssen-Konzern[941]

Auch August Thyssen gliederte sich während des Kriegs Unternehmen an. Zum einen wollte er seine Erzbasis und zum anderen seine Weiterverarbeitungskapazitäten stärken, aber darüber hinaus dachte er auch schon an die Nachkriegszeit, und dies nicht nur in seinen Denkschriften zu Beginn des Kriegs mit ihren Expansionswünschen (s. Kapitel 20). Ab 1915/16 erkannte er zudem nicht nur einen zukünftigen großen Stahlverbraucher, sondern auch ein von ihm bisher nicht beachtetes Geschäftsfeld.

Zur Absicherung seiner Rohstoffbasis erwarb Thyssen ab September 1917 Aktien der AG Charlottenhütte und der Bergbau- und Hütten-AG Friedrichshütte im Siegerland, die beide eigene Eisenerzgruben besaßen, und beteiligte sich gegen Kriegsende zusammen mit Peter Klöckner am Georgs-Marien-Bergwerks- und Hütten-Verein, der ebenfalls über eine inländische Kohle- und Erzbasis verfügte. Im Dezember 1918 ließen sich Thyssen und Klöckner in den Aufsichtsrat des bei Osnabrück gelegenen Unternehmens wählen.[942] Welche Strategie August Thyssen mit seinen Erwerbungen im Siegerland verfolgte, ist leider nicht bekannt. Wollte er diese Hüttenwerke im Krieg weiterbetreiben oder bei einer längeren Kriegsdauer kannibalisieren zur Sicherung der Erzversorgung seiner Duisburger Hochöfen?

Im Bereich Weiterverarbeitung baute August Thyssen seine bisher schon dominante Position aus bei der Press- und Walzwerk AG, Düsseldorf sowie beim Oberbilker Stahlwerk vorm. Poensgen, Giesbers & Co., Düsseldorf. Bei letzterer Gesellschaft war Thyssen seit 1906 über seine AG für Hüttenbetrieb zur Hälfte beteiligt. Die ande-

---

[940] Baumann: Stahlhütte, Anhang Zeittafel.
[941] Gewerkschaft Deutscher Kaiser, AG für Hüttenbetrieb, Thyssen & Co., Maschinenfabrik Thyssen AG, Stahlwerk Thyssen AG, diverse Bergbaugesellschaften auf Steinkohle und Eisenerz sowie Handelsgesellschaften.
[942] Aktienbesitz an den verschiedenen Unternehmen, siehe Aufstellung über Effektenbesitz, in: tkA A/1778; Sperling: Alles um Stahl, S. 181.

424 | 23. Unternehmenskonzentration an der Ruhr?

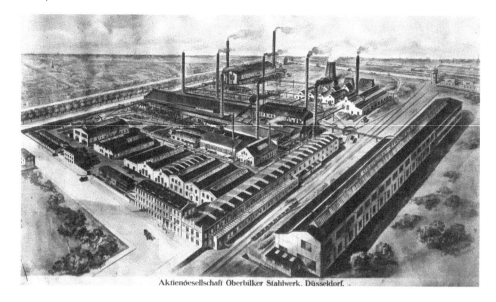

Aktiengesellschaft Oberbilker Stahlwerk, Düsseldorf.

Der Düsseldorfer Künstler Carl Brunotte zeichnete vermutlich Anfang der 1920er-Jahre diese isometrische Ansicht der AG Oberbilker Stahlwerk. Quelle: thyssenkrupp Corporate Archives.

re Hälfte der Geschäftsanteile erwarb er 1917 und übernahm den Vorsitz der nun in AG Oberbilker Stahlwerk umfirmierten Gesellschaft. Die Firma erzeugte hochwertige Schmiedestücke wie Kurbelwellen, Kolben- und Pleuelstangen sowie Dampfrohre und für den Schiffbau, Vorder- und Hintersteven, Heck- und Bugruder für Torpedoboote sowie rollendes Eisenbahnmaterial. Zudem besaß die Firma Erzgruben um Wissen und in Nassau, obwohl sie nicht über eigene Hochöfen verfügte.[943] Nicht nur diese Erze waren für Thyssen interessant. Das Oberbilker Stahlwerk bezog sein Qualitätsroheisen von der zum Thyssen-Konzern gehörenden AG für Hüttenbetrieb in Duisburg-Meiderich und lieferte Qualitätsstahl – sofern dieser nicht selbst weiterverarbeitet wurde – an die Press- und Walzwerk AG in Düsseldorf-Reisholz, an der August Thyssen eine Mehrheitsbeteiligung besaß.

Die 1899 von dem Ingenieur-Unternehmer Heinrich Ehrhardt zusammen mit mehreren Banken gegründete Press- und Walzwerk AG, Düsseldorf, war ein reines Weiterverarbeitungsunternehmen, an dem sich August Thyssen als größter deutscher Rohrhersteller im Herbst 1911 wegen der Rohrproduktion eine Mehrheitsbeteiligung gesichert hatte und sofort den Aufsichtsratsvorsitz übernahm. Die Erzeugung war noch im Sommer 1914 auf Kriegsbedarf umgestellt und u. a. eine Geschossfabrik errichtet worden. Unter Anwendung eines Ehrhardt'schen Verfahrenspatentes zur Herstellung von Hohlkörpern aus gepresstem Stahl, das im Übrigen auch die Gussstahl-Werk Witten [AG] anwandte, wurden nun Geschosse gefertigt.[944]

[943] Rasch: Was wurde aus August Thyssens Firmen, S. 229 f.
[944] Hausdrucke Däbritz, Heft 16, Vierter Hauptteil, Die Nachkriegszeit 1919 bis 1925, in: tkA A/15511.

23. Unternehmenskonzentration an der Ruhr? | 425

Im Krieg stieg August Thyssen mit seinen diversen Unternehmen zum drittgrößten deutschen Rüstungsproduzenten für Geschütze und Munition auf. Dazu trug im Wesentlichen die Maschinenfabrik Thyssen bei. Im Gegensatz zu Krupp und Rheinmetall konzentrierte sich Thyssen nicht auf die Fertigung großkalibriger Geschütze, deren Produktion hohe Investitionen in die Werksinfrastruktur benötigte (Kranbahnen, große Bearbeitungsmaschinen), sondern in eher kleinkalibrige Geschütze und Minenwerfer, Granatwerfer genannt. Er interessierte sich sogar für die entsprechende Kriegsführung, indem er Kontakt zu General Oskar von Hutier suchte, der mittels unerwarteter Minenwerferangriffe Bewegung in den Stellungskrieg bringen wollte. Zudem führte das Vorstandsmitglied der Maschinenfabrik Thyssen, der Jurist Carl Härle, bis 1916 eine Minenwerferkompanie.

Gegen Kriegsende gliederte August Thyssen der Maschinenfabrik die Seilfabrik Klaproth sowie die elektrotechnische Firma Chr. Weuste & Overbeck GmbH in Duisburg an, um in das erfolgversprechende Geschäftsfeld der elektrotechnischen Maschinen zu expandieren. Nach dem Krieg konnte Thyssen als einziger auf dem deutschen Markt Gasdynamomaschinen vollständig aus eigener Fertigung anbieten.[945] Er hatte seinen Maschinenbau technisch deutlich weiterentwickelt, und zwar trotz der Rüstungsproduktion.

Ein für ihn neues Geschäftsfeld sah August Thyssen im Schiffbau, weshalb er 1916 die Aktienmehrheit am Bremer Vulkan Schiffbau und Maschinenfabrik, Bremen-Vegesack, erwarb. Die Werft arbeitete ab 1916 ausschließlich für die Kaiserliche Marine. Eigentlich lehnte Thyssen unternehmerische Aktivitäten auf Geschäftsfeldern mit nur einem Nachfrager, z. B. bei Panzerblechen, ab, aber er erwartete aufgrund der zahlreichen im Seekrieg versenkten Handelsschiffe einen Nachkriegs-Neubauboom. An diesem wollte er teilnehmen durch Aufnahme des Handelsschiffbaus, besaß die Thyssen-Gruppe doch Binnen- und Seeschifffahrts-Reedereien mit eigenen und gepachteten Schiffen. Er war über die Verluste an Handelsschiffen im Seekrieg informiert. Zudem war die Werft ein potentieller Abnehmer nicht nur seiner Blechwalzwerke, sondern auch seiner Maschinenfabrik, auch wenn das Bremer Unternehmen über einen eigenen Schiffsmaschinenbau verfügte. Auf diesem Gebiet kooperierte das Unternehmen mit der Maschinenfabrik Thyssen erst nach dem Krieg, während eine noch im Krieg, Anfang 1918, geplante technische Führerschaft im Schiffbau durch Serienfertigung nicht zustande kam. Allgemeine Electricitäts-Gesellschaft und Hamburg-Amerikanische Packetfahrt-Actien-Gesellschaft (HAPAG) entschieden sich für eine Kooperation mit der GHH und gründeten am 6. Juni 1918 – ohne Thyssen – die Deutsche Werft AG, Hamburg.[946] Thyssen baute also im Krieg seinen Konzern weiter vertikal und horizontal aus, stimmte die Kapazitäten der einzelnen Produktionsstufen seines Firmenverbands aufeinander ab. Seine Beteiligungen in Frankreich und Russland spielten dabei keine Rolle, sieht man einmal von seinen Annexions-Eingaben an die Oberste Heeresleitung ab.

---

[945] Rasch: Auch beim Bau, S. 211–218.
[946] Rasch: Was wurde aus August Thyssens Firmen, S. 278 f.

Westfälische Stahlwerke AG / Bismarckhütte AG Abteilung Bochum

Zu den eher unbekannten Fusionen des Ersten Weltkriegs gehört, dass es einem zweiten oberschlesischen Montanunternehmen gelang, Fuß in der rheinisch-westfälischen Montanindustrie zu fassen. Nachdem schon 1907 Guido Graf Henckel Fürst von Donnersmarck aus Kartellgründen Einfluss auf die Niederrheinische Hütte der Rheinische Bergbau- und Hüttenwesen-AG in Duisburg-Hochfeld genommen und diese 1911 seiner Eisenwerk Kraft AG angegliedert hatte,[947] erwarb im Ersten Weltkrieg die Bismarckhütte AG für Eisenhüttenbetrieb die Westfälische Stahlwerke AG in Bochum-Weitmar. Diese hatte sich vor dem Ersten Weltkrieg mit einem umfangreichen Neubau- und Erweiterungsprogramm, das auch die Errichtung eines Hochofenwerks vorsah, für das die Unternehmensleitung schon Erzgruben im Siegerland erworben hatte, finanziell übernommen. Für die Bismarckhütte war die Westfälische Stahlwerke u. a. als Qualitätsstahlwerk mit der Erzeugung kompletter Radsätze und ihres entsprechenden Know-hows, aber vor allem wegen ihrer Erzgruben von Interesse, denn die oberschlesische Stahlindustrie wurde u. a. mit Minetteerzen versorgt, die quer durch Deutschland transportiert werden mussten, weil die ukrainischen Erzlieferungen mit Kriegsbeginn entfielen. Die treibende Kraft bei der Bismarckhütte war seit 1908 Max Meier, 1917 war Flick noch nicht Aktionär der Bismarckhütte. Die Westfälische Stahlwerke firmierte ab 1918 als Bismarckhütte, Abteilung Bochum. Gleichzeitig sicherte sich die Bismarckhütte eine zusätzliche Erzbasis durch Übernahme von Kuxen der Gewerkschaft Neue Haard. 1921 veräußerte die Bismarckhütte ihre Bochumer Abteilung ohne die Erzgruben an die Rombacher Hüttenwerke, die das Werk ebenfalls Abteilung Bochum nannten, bevor es 1925 an den Bochumer Verein verkauft wurde, der es als Abteilung Weitmar führte.[948]

Die Unternehmensfusionen und -angliederungen im Ruhrgebiet erreichten 1916/17 ihren Höhepunkt und gingen im letzten Kriegsjahr wieder zurück, obwohl die rheinisch-westfälische Montanindustrie noch bis (Früh-)Sommer 1918 auf einen deutschen Sieg im Westen hoffte. Auch mittelständische Unternehmen wie Flottmann ebenso wie der Anlagen- und Stahlbau (s. Kapitel 16) gliederten sich Firmen an. Die Ruhrindustrie wurde aber nicht erst nach dem verlorenen Krieg mit seinen Gebietsverlusten für Unternehmen aus anderen Montanrevieren von Interesse. Schon 1916 hatte sich der schlesische Zinkproduzent Georg von Giesche's Erben bei der Gewerkschaft Westfalen als Mehrheitseigentümer etabliert.[949]

---

[947] Rasch: Guido Graf Henckel Fürst von Donnersmarck, S. 61–92; ders.: Der Unternehmer, S. 118–128.
[948] Bauhoff: Meier. 1917 war Flick noch nicht Aktionär der Bismarckhütte; Däbritz: Bochumer Verein, S. 425 f.; Reckendrees: „Stahltrust"-Projekt, S. 247 f.; Stahl und Eisen 37 (1917), S. 1038; 38 (1918), S. 24.
[949] Treue: Georg von Giesche's Erben, S. 81.

Das Werk Westfälische Stahlwerke AG in Bochum-Weitmar unmittelbar vor dem Ersten Weltkrieg. Auf der Postkarte links ist das Verwaltungsgebäude zu erkennen. Quelle: Sammlung Dirk Ernesti, Bochum.

Fazit

Die hohen Kriegsgewinne einzelner – sowohl großer als auch mittlerer – Ruhr-Konzerne führten zur Akquisition kleinerer Firmen. Viele Eisen- und Stahlunternehmen sicherten sich eine zusätzliche Erzbasis durch Erwerb von Gruben im Siegerland. In der Regel handelte es sich dabei um Bergbauunternehmen, deren Betrieb oft schon in den ersten Nachkriegsjahren wegen mangelnder Rentabilität stillgelegt wurde, als im Ruhrgebiet wieder ausländische Erze bezogen werden konnten. Der Erwerb unmittelbarer Konkurrenten in der Region unterblieb, trotz horizontaler Erweiterungen durch Kauf von Spezialunternehmen oder zur Ergänzung von fehlenden Verarbeitungskapazitäten, meist jedoch außerhalb des eigentlichen Ruhrgebiets, weshalb hohe Logistikkosten anfielen. Mehrere Hüttenwerke betrieben eine vertikale Erweiterung zu voll integrierten Hüttenwerken durch Erwerb von Steinkohlenbergwerken. Auch die Rheinischen Stahlwerke betrieben eine vertikale Erweiterung durch Erwerb von Steinkohlenzechen, dabei nicht vor dem Kauf von sequestriertem Feindvermögen zurückschreckend, was nach dem Krieg zu Rückabwicklungen führte. Die anderen Montanunternehmen folgten nach dem Krieg der vertikalen Konzernbildung, zunächst mit Interessengemeinschaften (s. Kapitel 24).

Die montanindustrielle Struktur des Ruhrgebiets blieb erhalten, auch wenn der Grundstein gelegt wurde zur Expansion in die Kohlechemie, zumal Hugo Stinnes seinen Plan nicht realisierte, einen Rüstungskonzern mithilfe seiner Deutsch-Lux-Unternehmen zu errichten. Jedoch erweiterte er seinen Produktionsstandort Dortmund mit dem Erwerb von Eisenwerk Rothe Erde AG und der Maschinenfabrik Wagner & Co. sowohl horizontal als auch vertikal in die Weiterverarbeitung. Nur die Maschinenfabrik Thyssen wandte sich schon gegen Ende des Ersten Weltkriegs der Elektrotechnik zu und entwickelte sich zu einem Konkurrenten für AEG und Siemens-Schuckertwerke. Die Montanindustrie an der Ruhr ging um Beteiligungen deutlich erweitert aus dem Ersten Weltkrieg hervor, auch wenn ein zweites oberschlesisches Unternehmen sich in der Region einkaufte. Der Prozess sollte sich nach dem Krieg fortsetzen. Der Stumm-Konzern, schon seit 1901 an der Zeche Minister Achenbach beteiligt, erwarb nach dem Krieg als Ersatz für die verlorenen lothringischen Werke und für die Beteiligung französischen Kapitals an seiner saarländischen Firma im westlichen Ruhrgebiets-Unternehmen, u. a. die Gelsenkirchener Gussstahl- und Eisenwerke und die Niederrheinische Hütte der Eisenwerk Kraft AG.[950] Peter Klöckner gründete nach dem Verlust seiner lothringischen Beteiligungen im Ruhrgebiet, wo er schon die Hasper Eisen- und Stahlwerk AG und die Steinkohlenzeche Gewerkschaft Viktor besaß, 1923 einen Konzern neu unter dem Namen Klöckner-Werke AG (s. Kapitel 24).

Am 13. März 1918 besuchte Oberst Bouhler, Leiter des ebenfalls 1916 geschaffenen Bayerischen Kriegsamts die Firma Krupp. V. l.: Hermann von Verschuer, Besuchswesen Krupp; Konteradmiral Oscar Stiege, dessen Sohn Heinrich 1919 an der Ermordung Karl Liebknechts beteiligt war; Fritz Klassen, Vorstand des Rheinisch-Westfälischen Kohlen-Syndikats; Major Rentsch: Oberst Emil Bouhler; Fritz Homann, Besuchswesen Krupp; Georg Baur, Vorstand der Krupp Germaniawerft; Hauptmann Mayer; Karl Jüngst, Leiter der Zeche Sälzer & Neuack; Rudolf Hartwig, Vorstand Krupp. Quelle: Historisches Archiv Krupp.

[950] Gebhardt: Ruhrbergbau, S. 462 f.

24. DEMOBILMACHUNG, WIRTSCHAFTLICHE NEUAUSRICHTUNG UND MONTANINDUSTRIELLE INTERESSENGEMEINSCHAFTEN

Nach dem Durchbruch britischer Truppen durch die befestigte Siegfried-Linie am 27. September 1918 und dem Zusammenbruch der bisherigen Widerstandskraft im Westen der nun zurückweichenden deutschen Truppen im September/Oktober 1918 ergaben sich deutsche Soldaten erstmals in größerer Anzahl. Nachdem General Erich Ludendorff im Oktober 1918 sofortige Waffenstillstandsverhandlungen gefordert hatte, dann am 24. Oktober zusammen mit von Hindenburg die Kampfhandlungen wieder aufnehmen lassen wollte, kam es im Deutschen Reich zu revolutionären Unruhen, die über die bisher bekannten Streiks der letzten beiden Kriegsjahre hinausgingen. Die Entlassung Ludendorffs als Generalquartiermeister und die Ernennung Groeners (4. OHL) am 26. Oktober dürfte das ihre dazu beigetragen haben. Der Matrosenaufstand in Kiel mit Übernahme der lokalen Macht durch einen Arbeiter- und Soldatenrat (3./4. November) breitete sich innerhalb weniger Tage von Norddeutschland auf das gesamte Deutsche Reich aus. Die revolutionäre Bewegung forderte u. a. die sofortige Beendigung des Kriegs. Am 8. November besetzten revolutionäre Truppen Essen; die rote Fahne flatterte am folgenden Tag über der Krupp'schen Geschossdreherei VII. Am 11. November 1918 unterzeichnete Matthias Erzberger für das Deutsche Reich den Waffenstillstandsvertrag im Wald von Compiègne nordöstlich von Paris. Den wirtschaftlichen Sachverständigen der deutschen Waffenstillstandskommission gehörten u. a. an der rheinisch-westfälische Industrielle Wilhelm Beukenberg (Phoenix), u. a. Vorsitzender des Vereins zur Wahrung der gemeinsamen wirtschaftlichen Interessen in Rheinland und Westfalen sowie der Nordwestlichen Gruppe des Vereins deutscher Eisen- und Stahlindustrieller (VdESI) sowie Ewald Hilger, Generaldirektor der AG Vereinigte Königs- und Laurahütte in Oberschlesien und Vorsitzender der Östlichen Gruppe des VdESI, und der Gewerkschaftsführer Carl Legien. Hugo Stinnes war als Annexionist von Erzberger abgelehnt worden und konnte trotz zahlreicher Fürsprecher nicht als Sachverständiger, der er ohne Zweifel war, teilnehmen, während der ebenfalls politisch belastete Hermann Röchling – Frankreich sollte ihn verurteilen – zu den fast 100 Sachverständigen zählte.[951]

Parallel zu den politischen Bemühungen um einen Waffenstillstand mit den Entente-Mächten versuchten Arbeitgeber und Gewerkschaften, die revolutionäre Stimmung im Reich einzudämmen. Beide Seiten hatten im ungünstigsten Fall an Einfluss zu verlieren. Am 26. Oktober 1918 trafen sich in Düsseldorf auf Einladung von Wil-

---

[951] Leider fehlt bis heute eine Publikation über die Tätigkeit dieser wirtschaftlichen Sachverständigen.

Am 9. November flatterte über der Geschossdreherei VII von Krupp in Essen eine rote Fahne. Auf dem Schwarz-Weiß-Foto wurde diese von Hand rot nachkoloriert. Quelle: Historisches Archiv Krupp.

helm Beukenberg, Vorsitzender des Nordwestlichen Gruppe des Vereins deutscher Eisen- und Stahlindustrieller u. a. Hugo Stinnes, Albert Vögler und Jakob Haßlacher (Rheinische Stahlwerke) mit den Gewerkschaftern Alexander Schlicke, Erster Vorsitzender des Deutschen Metallarbeiterverbands, Franz Wieber, Vorsitzender des Christlich-Sozialen Metallarbeiterverbands, Wilhelm Gleichauf, Vorsitzender des Gewerkvereins deutscher Metallarbeiter, Otto Hue, Bergarbeiterführer für den „Alten Verband" und drei weiteren Arbeitervertretern zu einer Aussprache über „zukünftiges Zusammenarbeiten zwischen Vertretern der Arbeitgeber und der Arbeitnehmer im Hinblick auf die bevorstehende Demobilisierung des Feldheeres und der industriellen Kriegswirtschaft". Beide Seiten wollten Ordnung bewahren und Anarchie vermeiden. Hugo Stinnes suchte die Gewerkschaften als Verbündete gegen staatliche Bevormundung und Planwirtschaft. Das Ergebnis dieser und weiterer, auch vorangegangener Besprechungen war, dass am 6. November Gewerkschaften und Arbeitgeber von der Regierung die Errichtung eines Demobilmachungsamts unter Leitung von Joseph Koeth forderten, dem stattgegeben wurde, sowie dass am 15. November schließlich das sogenannte Stinnes-Legien-Abkommen, die Satzung für die Gemeinschaft der industriellen und gewerblichen Arbeitgeber und Arbeitnehmer Deutschlands, im Reichsgesetzblatt veröffentlicht wurde. Die Kollektivvereinbarung zwischen 21 gewerblichen und industriellen Arbeitgeberverbänden und 7 Gewerkschaften hatte seinen Namen von den beiden federführenden Unterzeichnern, dem Eigentümerunternehmer Hugo Stinnes, der keine exponierte Verbandstätigkeit ausübte, aber in dieser Zeit sowohl als Reichkanzler als auch Chef eines Demobilmachungsamts gehandelt worden war, und Carl Legien, dem Vorsitzenden der Generalkommission der Gewerkschaften Deutschlands. Im Abkommen erkannten die Arbeitgeberverbände die Gewerkschaften als Vertreter der Arbeiterschaft an, zudem, dass es Tarifverträge und Betriebsräte geben werde. Außerdem erkannten sie – nachträglich – die Einführung des 8-Stunden-Tages an, den die neue Regierung bereits per Erlass verfügt hatte. Das Abkommen verpflichtete die Arbeitgeberseite auch, alle aus dem Krieg zurückkehrenden Arbeiter wieder einzustellen. Diesen Vertrag unterzeichneten u. a. Alfred Hugenberg und Friedrich

Nachrichtenblatt der 18. Armee.

Nr. 24.   A. H. Q., den 14. 11. 1918.

Armeebefehl.

P/270

Es ist mit dem Feinde Waffenstillstand geschlossen, die Armeen kehren in die Heimat zurueck.

Unsere Truppen haben sich im groessten Krieg, den die Welt kennt, fast 4 1/2 Jahr gegen eine vielfache Uebermacht ruhmreich behauptet und Waffenerfolge erzielt, die keiner unserer vielen Feinde aufzuzählen hat. Als die Macht und Ungunst der Verhältnisse uns erst in jüngster Zeit zwangen, den im heissen Ringen erstrittenen Boden preiszugeben, geschah dies fast ueberall erst nach erfolgreicher Abwehr, planmässig und geordnet. Das Heer kann stolz sein auf das, was es in dieser langen Kriegszeit geleistet hat.

Alles wäre aber dahin, die Achtung vor unserem Volk und Heer, unser alter Kriegsruhm, unsere Soldatenehre, wenn in letzter Stunde das Heer seine Disziplin verlöre und in ungeordneten Massen durch feindliches Land zurückflutete. Jeder Einzelne auch würde sich dadurch aufs schwerste schädigen; denn jede Fürsorge für Verpflegung und dergl. würde dann aufhören, ebenso jede Sicherheit gegenüber der uns übel gesinnten feindlichen Bevölkerung.

Die Bewegung und Versorgung eines so grossen Heeres erfordert peinlichste Ordnung und straffste Disziplin, und jeder Einzelne, Mann und Offizier, hat dem Heer und vor allem dem Vaterland gegenüber die heilige Pflicht, an seiner Stelle bis zur letzten Minute in Treue und Gehorsam zu stehen, denn ohne das fällt das Heer rettungslos auseinander zum Verderben Aller. Mit nie endender Schmach würde dieser Krieg schliessen, der deutsche Name zum Gespött der Welt werden.

Tretet also jeder Versuchung zum Ungehorsam, zur Auflehnung mit Festigkeit entgegen, haltet fest an unserer, an Eurer Ehre!

Der Oberbefehlshaber
gez. von Hutier,
General der Infanterie.

Weitergeben von Hand zu Hand!

Den Soldaten an der Front, insbesondere in den Schützengräben, wurde der Waffenstillstand per Handzettel als Armeebefehl mitgeteilt, wie im Fall der im Westen zurückweichenden 18. Armee unter General Oskar von Hutier am 14. November 1918. Quelle: thyssenkrupp Corporate Archives.

In der ehemaligen Maschinenfabrik Thyssen AG, 1918 kurzfristig in eine Abteilung von Thyssen & Co. AG umgewandelt, fand die Neuwahl eines Arbeiterausschusses nicht unbedingt revolutionär statt. Die Wahlleitung hatte nicht ein Arbeiter, sondern der Oberingenieur und Erfinder Hans Holzwarth. Quelle: thyssenkrupp Corporate Archives.

Springorum, aber auch Carl Friedrich von Siemens, Walther Rathenau und Ernst Borsig, sowie auf Arbeitnehmerseite u. a. Adam Stegerwald (Christliche Gewerkschaften) und Anton Höfle (Deutscher Technikerverband).[952]

Schon am 9. November hatten in Berlin Philipp Scheidemann (SPD) die Deutsche Republik und Karl Liebknecht (USPD) die Sozialistische Republik ausgerufen. Am Tag darauf wurde Friedrich Ebert (SPD) zum Vorsitzenden des Rates der Volksbeauftragten ernannt. Politiker von SPD und USPD bildeten eine neue vorläufige Regierung. Diese forderte die Aufhebung aller Rüstungslieferverträge, gleichzeitig sollte jedoch kein Arbeiter entlassen werden. Das zivile Demobilmachungsamt, geleitet von Joseph Koeth, der dafür am 11. November 1918 aus dem Heeresdienst ausgeschieden war, hob die Kriegsaufträge auf und suspendierte jene Verträge mit den Firmen, die eine staatliche (Mit-)Finanzierung des Ausbaus der Rüstungsindustrie vorsahen. Im Sommer 1918 hatte das Wumba – damals in Siegeszuversicht – die zum 31. Dezember 1918 auslaufenden Verträge des Hindenburg-Programms mit sogenannten Demobilmachungsklauseln versehen, die ab 1919 eine vorzeitige dreimonatige Kündigung vorsahen, verbunden mit einer mehrmonatigen Auslaufzeit.[953] Die Unternehmen im Ruhrgebiet lösten die sich daraus ergebenden Aufgaben unterschiedlich, zumal sich in den Unternehmen Arbeiterräte bildeten, die die Unternehmensleitung übernehmen wollten. Die meisten Unternehmensleiter vertraten zunächst noch den „Herr im Haus"-Standpunkt. Carl Canaris als Werksleiter der Henrichshütte jedoch suchte den Kompromiss mit seinen Arbeitern und war eine Ausnahme. Er entließ offensichtlich nur Kriegsgefangene und Internierte, vermutlich auch ausländische Zivilarbeiter und Frauen, auch wenn entsprechende Unterlagen nicht mehr vorliegen. Gleichzeitig stellte er die von der Front heimkehrenden ehemaligen Mitarbeiter der Henrichshütte entsprechend dem Stinnes-Legien-Abkommen wieder ein, obwohl dem Werk nicht

---

[952] Feldman: Hugo Stinnes, S. 521–529, Langer: Macht und Verantwortung, S. 150 f.
[953] Berdrow: Krupp im Weltkrieg, S. 144.

ausreichend Arbeit vorlag, da bekanntlich die Rüstungsaufträge weggefallen waren. Aber Eisenbahnmaterial wurde weiterhin benötigt, sodass er auch nach Wegfall des Rüstungsgeschäfts zumindest mit Aufträgen, vor allem von der Muttergesellschaft in Kassel, rechnen konnte. Die Folge war, dass die Mitarbeiterzahl der Henrichshütte 1919 mit 4.646 über den Höchststand während des Kriegs (1917: 4.150) anstieg und das Werk nun Verluste erwirtschaftete, aber es kam nicht zu politischen Unruhen oder Arbeitsniederlegungen. Ab November 1918 leitete Canaris zudem den Demobilmachungsausschuss für das Amt Blankenstein. Am 2. März 1919 wurde er als Gemeindeverordneter in Welper für die Deutschnationale Volkspartei (DNVP) gewählt. Obwohl seine Partei gegen Gewerkschaften, SPD und Kommunismus war, gelang es Canaris, mit seinen Hüttenarbeitern Kompromisse auszuhandeln und Streiks zu vermeiden. Diese soziale Kompetenz dürfte für Fritz und August Thyssen mit ein Grund gewesen sein, Carl Canaris zum 1. Januar 1920 zum Generaldirektor der August Thyssen-Hütte, Gewerkschaft in Hamborn zu berufen, wo er die kriegsbedingt zurückgestellten Instandhaltungen sowie eine umfassende Modernisierung des Werks leiten sollte, das nicht mehr im Verbund stand mit den eigenen lothringischen Erzgruben und dem großen, modernen Hüttenwerk in Hagendingen (Stahlwerk Thyssen AG).[954]

Dagegen hatte die bei Bochum gelegene Gewerkschaft Lothringen unmittelbar nach dem Waffenstillstand mit der Arbeitsverweigerung ihrer ca. 1.200 Kriegsgefangenen zu kämpfen. Dieser „Streik" gefährdete die Licht- und Gasversorgung in Herne, Witten und Langendreer, weshalb der lokale Arbeiter- und Soldatenrat Gerthe vom Bochumer Arbeiter- und Soldatenrat die umgehende Gestellung von entlassenen Soldaten und „sonstigen Arbeitslosen" forderte.[955]

Anders als Carl Canaris auf der Henrichshütte verfuhr das Krupp'sche Direktorium unter Gustav Krupp von Bohlen und Halbach, das vor gleichen Problemen, aber anderer Dimension stand. Die Krupp'sche Gussstahlfabrik beschäftigte im November 1918 ungefähr dreimal so viele Mitarbeiter wie vor dem Krieg, in etwa 105.000 Menschen. Nach Kriegsende war jedoch Arbeit nur für etwa 30.000 Menschen in sogenannten Instandhaltungsmaßnahmen vorhanden. Zu diesen gehörten im Übrigen auch der Weiterbau bzw. die Instandsetzung von 550 Geschützen, die anschließend an die Entente ausgeliefert werden mussten. Nur die Munitionsfertigung stellte die Firma sofort ein.[956] Krupp richtete einen Demobilmachungsausschuss ein, der seine Maßnahmen mit dem lokalen Arbeiter- und Soldatenrat abstimmte.[957] Der firmeneigene Demobilmachungsausschuss entschied im Sinne der „echten" Kruppianer und der schon bisher bekannten sozialen Unternehmensfürsorge. Weiterbeschäftigt wurden jene Arbeiter, die schon Anfang 1914 bei Krupp beschäftigt waren, das waren etwa 21.000 Menschen, außerdem die „Schwerkriegsbeschädigten" sowie jene im Krieg eingestellten Arbeitskräfte, die ihre Familien hatten nachziehen lassen, die also mittlerweile Essener waren. Nicht einstellte man diejenigen heimkehrenden Soldaten,

---

[954] Rasch: Granaten, S. 8–11, 19 f., Nachruf in: Stahl und Eisen 54 (1934), S. 459.
[955] Schreiben vom 18.11.1918 abgedruckt in: Wölk: Zwischen Heimat, Front + Revolution, S. 281.
[956] Berdrow: Krupp im Weltkrieg, S. 288.
[957] Ebd., S. 285 f.

die erst nach dem 1. August 1914 bei Krupp gearbeitet hatten, also erst während des Kriegs ihre Arbeit bei Krupp aufgenommen hatten und dann eingezogen worden waren. Einigen von diesen unterstellte die Firma nämlich, dass sie sich ausschließlich bei ihr beworben hätten, um dem aktiven Kriegsdienst zu entgehen. In militärische Sammellager abgeschoben wurden hingegen die Kriegsgefangenen. Den zivilen Ausländern mit regulärem Arbeitsvertrag, stammten sie aus neutralen Staaten oder aus den von Deutschland besetzten Gebieten Nordfrankreichs, Belgiens, Luxemburgs oder aus Polen und anderen Territorien des ehemaligen russischen Zarenreichs, bot das Unternehmen bei freiwilligem Ausscheiden 14-Tage-Extralohn und eine kostenlose Rückfahrkarte. Die allermeisten von ihnen verließen Essen innerhalb von zehn Tagen. Das gleiche Angebot erhielten die ortsfremden deutschen Arbeitskräfte beiderlei Geschlechts bei freiwilligem Ausscheiden, jedoch ohne Freifahrkarte. Nur wer zudem in einem der Krupp'schen Arbeiterheime wohnte, dem offerierte die Firma zusätzlich eine kostenlose Heimfahrt, wenn er/sie sich innerhalb von drei Tagen dazu entschied.[958] Die Hilfsdienstverpflichteten mussten zunächst die behördliche Zustimmung abwarten, bevor sie ihre Arbeit in Essen aufgeben durften. Zusätzlich bemühte sich Krupp um Vermittlung von Arbeitsstellen in anderen Unternehmen, um auf diese Weise weitere Mitarbeiter zum Wechsel ihrer Stelle zu bewegen. Bis zum 31. November 1918 – also innerhalb von 20 Tagen – konnte das Unternehmen auf diese Weise 52.000 Mitarbeiter ohne Kündigung entlassen. Dabei ging es der Firma nicht nur um das Problem der Bezahlung von Untätigkeit, sondern auch darum, die Ernährung der (verbleibenden) Menschen sicherzustellen. In den revolutionären Wirren des Novembers war die Verkehrsinfrastruktur im Ruhrgebiet stellenweise zusammengebrochen. Nicht genügend Lebensmittel erreichten das Ruhrgebiet, durch das zeitgleich deutsche Truppen von der Front zurückzogen, die die Bevölkerung – trotz der Niederlage – feierlich mit gehissten Fahnen in den Straßen empfing. Die Lebensmittellager der Firma Krupp wurden offensichtlich nicht geplündert, dennoch war die allgemeine Versorgungslage extrem angespannt. Für die weitere Finanzierung der Löhne gelang es der Firma, den Arbeiterrat zu interessieren. Die Vertretung der Krupp'schen Arbeiterschaft fuhr Anfang Dezember 1918 aus eigenem Antrieb nach Berlin, um die Wiederaufnahme der ausstehenden staatlichen Zahlungen für schon geleistete Rüstungsarbeiten zu erreichen. Außerdem gelang es der Unternehmensleitung in schwierigen Verhandlungen, für Notstandsarbeiten und Halbfabrikate entschädigt zu werden, sodass zumindest ein Teil der hohen Personalaufwendungen in den ersten Nachkriegsmonaten durch staatliche Zahlungen – unabhängig von der Produktivität – gedeckt waren, denn diesen Ausgaben standen keine entsprechenden Einnahmen gegenüber.[959]

Zum 1. Januar 1919 schmolz Krupp seine Belegschaft auf 37.500 Personen ab. Noch immer standen über 3.800 Frauen auf den Lohn- und Gehaltslisten, trotzdem die Belegschaft in den Artilleriewerkstätten statt 29.000 nur noch 9.000 Mitarbeiter und in

---

[958] Ebd., S. 286 f.
[959] Ebd., S. 290 f.

24. Demobilmachung, wirtschaftliche Neuausrichtung | 435

Trotz der deutschen Niederlage wurden die zurückgeführten Truppen in Essen im November 1918 mit Fahnenschmuck empfangen. Eine von ca. 1.000 gebauten Zugmaschinen KD 1 mit Allradantrieb und typischer Geländebereifung zog ein schweres Geschützrohr auf einem Rohrwagen sowie einen weiteren Wagen mit Kutschbock, auf dessen Dach ein Fahrrad befestigt war. Quelle: Historisches Archiv Krupp.

Bei der Rückführung deutscher Truppen war in Essen auch ein schweres Geschütz ohne Schutzschild, aber mit Protze zu sehen, das von sechs Pferden gezogen wurde, November 1918. Quelle: Historisches Archiv Krupp.

24. Demobilmachung, wirtschaftliche Neuausrichtung

Die erste von Krupp nach dem Krieg gebaute Lokomotive vor der Auslieferung, Essen, 2. Dezember 1919. Noch sind einige Frauen unter der Belegschaft; deren Anteil die Firma nach dem Waffenstillstand konsequent reduzierte. Quelle: Historisches Archiv Krupp.

den Munitions- und Zünderwerkstätten sogar statt 31.500 nur noch 2.250 Personen umfasste.[960] Obwohl die Firma durchaus eine soziale Verantwortung gegenüber den beschäftigten Frauen sah, nicht nur wenn diese als Kriegerwitwen die einzige Ernährerin der (Rest-)Familie waren, so gelang es ihr doch, dem damaligen Zeitgeist über die Rolle der Frau als Mutter und Hausfrau entsprechend, die Anzahl der beschäftigten Frauen bis Mai 1919 auf nur noch 500 zu senken, „die aus besonderen Gründen weiter zu beschäftigen" waren.[961] Diese Anzahl dürfte in etwa das Doppelte gewesen sein von derjenigen Anzahl Frauen, die schon zu Beginn des Kriegs bei Krupp beschäftigt waren, als man noch nicht die Mitarbeiterstatistik nach Geschlechtern differenzierte, da man annahm, dass Frauen für die bei Krupp zu leistenden Industriearbeiten nicht geeignet seien, wie der Krupp-Historiograph Wilhelm Berdrow mehrfach in seiner Ausarbeitung über die Firma Krupp im Ersten Weltkrieg durchblicken ließ.[962]

Mit Friedensschluss im Januar 1920 sah auch die Firma Krupp die eigene Demobilmachung als beendet an. 42.000 Arbeiter und 22.500 Arbeiterinnen hatten zu diesem Zeitpunkt – neben den Kriegsgefangenen und zivilen Ausländern – die Gussstahlfabrik in Essen verlassen. Dass die Nachkriegsentwicklung durchaus auch anders verlaufen konnte, zeigt das Beispiel der Krupp'schen Friedrich-Alfred-Hütte in Rheinhausen, wo bei Kriegsende 8.900 Menschen beschäftigt waren, davon 2.600 Kriegsgefangene

[960] Ebd., S. 291, 288.
[961] Ebd., S. 291.
[962] Ebd., S. 73. „Sie [= weibliche Angestellte, d. V.] waren größtenteils brauchbar und willig, aber ihre Arbeitskraft musste erst entwickelt werden, […]".

24. Demobilmachung, wirtschaftliche Neuausrichtung | 437

und Internierte, also fast 30 Prozent der Belegschaft. Nach der firmeneigenen Kategorisierung der Arbeitskräfte arbeiteten dort nur 4.500 Inländer, das waren Männer, während die restliche Belegschaft aus Kriegsgefangenen, Internierten, Ausländern, aber auch Frauen, Jugendlichen und abkommandierten Soldaten bestand.[963]

In Rheinhausen brach die Produktion jedoch nicht in dem gleichen Maße weg wie bei Krupp in Essen. Hochöfen, Stahl- und Walzwerke arbeiteten weiter, nur die Geschosspressen legte die Firmenleitung still. Mit Einführung des 8-Stunden-Tages (Stinnes-Legien-Abkommen, 15. November 1918) und der Freisetzung der Kriegsgefangenen, etlicher ziviler Ausländer und der Frauen benötigte das Werk bei Vollbetrieb der Hochöfen und der nachgeschalteten Werksteile sogar mehr Mitarbeiter, sodass Entlassungen wie in Essen nicht in Frage kamen. In Rheinhausen arbeiteten im Februar 1919 ungefähr 7.500 Menschen, davon waren 6.500 deutsche erwachsene Männer, die anderen waren Jugendliche, Frauen und Ausländer.[964]

Das Hauptproblem der Arbeitgeber in jenen Tagen waren nicht die überzähligen Arbeitnehmer oder die Einführung des 8-Stunden-Tages, sondern die Forderung nach einer Sozialisierung der Grundstoffindustrie. Diese vertrat sowohl die regierende SPD als auch die Arbeiterschaft im Ruhrgebiet. Gerüchte geisterten nicht nur durch die Presse, sondern wurden auch durch Mund-zu-Mund-Propaganda verbreitet. Dazu gehörte in jenen Tagen auch der absurde Vorwurf, August Thyssen konspiriere mit Frankreich. Aufgrund solcher frei erfundenen Anschuldigungen verhafteten Männer des Mülheimer Arbeiter- und Soldatenrats Anfang Dezember 1918 nicht nur August und Fritz Thyssen sowie die Vorstände der Maschinenfabrik Thyssen, Edmund Roser und Carl Härle, sondern auch Hugo Stinnes mit seinem Sohn Edmund, sowie den Deutsch-Lux Vorstand und Leiter der Friedrich Wilhelms-Hütte Adolf Wirtz und Emil Stens, Vorstandsvorsitzender des Mülheimer Bergwerks-Vereins. Die Verhafteten wurden nach Berlin verbracht. Mülheims Oberbürgermeister Paul Lembke intervenierte beim Vorsitzenden des Rats der Volksbeauftragten Friedrich Ebert mit dem Hinweis, dass die Mülheimer Arbeiter für die Freilassung ihres „Fabrikherren" Thyssen demonstrieren würden. Die Deutsche Volkspartei ebenso wie das Zentrum hatten in Mülheim/Ruhr sowie die Gewerkschaft Deutscher Kaiser in [Duisburg-]Hamborn entsprechende Richtigstellungen per Flugblatt verteilt und Gegenpropaganda betrieben. Nicht nur August Thyssen wurde nach einigen Tagen freigelassen.[965]

Aufgrund solcher oder ähnlicher Erfahrungen hatten alle Montanindustriellen an der Ruhr Angst um ihr Leben – denn einige Direktoren wurden in der unmittelbaren Nachkriegszeit umgebracht. Sie hatten aber auch Angst vor Sozialisierung und Enteignung ihrer Unternehmen. Unter ihnen war jedoch August Thyssen derjenige, der durch organisatorisch-juristische Maßnahmen versuchte, den Sozialisierungsbestrebungen in der Grundstoffindustrie die geringste Angriffsfläche zu bieten. Er wollte sein Lebenswerk zumindest in Deutschland retten. Über das Schicksal seiner Aus-

---

[963] Ebd., S. 292–294.
[964] Ebd., S. 294.
[965] Rasch: August Thyssen, S. 98.

Thyssen verhaftet.

Unter dieser Ueberschrift verbreitet die

„Freiheit"

ein Flugblatt, in dem sie versucht, die brutale widerrechtliche Festnahme von 9 Mülheimer Bürgern zu rechtfertigen. Die 9 Herren „Großindustriellen" sollen nämlich in einer Sitzung im Fürstenhof in Dortmund am 5. dfs. Mts. vereinbart haben, daß es unbedingt erforderlich wäre, daß die Truppen der Entente möglichst rasch das ganze rheinisch-westfälische Gebiet besetzen müßten.

Hierdurch hätten sie

offenen Landesverrat

begangen. Acht von den Verhafteten hätten nach dem Flugblatt an der Sitzung teilgenommen. Nach der Erklärung der Herren in der Dortmunder Sitzung sollen die Ententetruppen die rote Gefahr unter allen Umständen beseitigen und den Achtstundentag sowie die anderen Vorteile, welche die Arbeiter durch die Revolution erlangt haben, aufheben.

Was ist an der ganzen Sache dran?
Nichts, rein garnichts!

Von den angeführten 8 Herren waren

nachweislich

5 den ganzen Tag auf ihrer Arbeitsstelle in Mülheim: (Härle, Wirtz, Stens, Edmund Stinnes, Küchen). August Thyssen in Osnabrück und Bremen. Fritz Thyssen in Bruckhausen. Becker in Duisburg und Mülheim.

Das sind die nackten klaren Tatsachen.

Was das Flugblatt sagt, sind nichts als ausgemachte

Lügen, aus den Fingern gesogene **Verleumdungen.**

Der Wahrheit wird ins Gesicht geschlagen und in schamloser Weise werden 8 unbescholtene Männer des Landesverrats beschuldigt. — Nachdem alle anderen Mittel erschöpft sind, versucht man mit dreisten Lügen die Bevölkerung

aufzuhetzen. Die Beweggründe für die Verleumdungen und die unrechtmäßige, widergesetzliche Verhaftung sind zu **durchsichtig,** um nicht jedem klar in die Augen zu springen.

Gewalt soll vor Recht gehen

nichts als die brutale Vergewaltigung aller anders Denkenden durch eine kleine Minderheit

Bürger, Arbeiter und Soldaten!

— ohne Unterschied der Partei — zeigt klar und deutlich, daß die Spekulation auf Eure Leichtgläubigkeit verfehlt ist.

Behaltet jetzt und später ruhig Blut, laßt Euch nicht ins Garn locken, laßt Euch nicht verhetzen und aufwiegeln!

Wir sind auf dem Posten!

Deutsche Volkspartei
Zentrumspartei Stadtkreis Mülheim-Ruhr.

Die Vorgänge um den 8. Dezember 1918 wurden je nach politischer Verortung unterschiedlich dargestellt, wie diese Flugblätter zeigen. Quelle: thyssenkrupp Corporate Archives.

Extrablatt der „Freiheit"

Verantwortlich: Redakteur C. Minster, Mülheim-Ruhr, Löhberg 49/51.

Mülheim a. d. Ruhr, den 8. Dezember 1918.   Preis 10 Pfg.

Thyssen verhaftet!
Entente-Truppen sollten deutsche Arbeiter züchtigen!

Wie flossen sie über von „wahrer Vaterlandsliebe" und von „treuer Ergebenheit", die Herren Großkapitalisten, wie oft hörten wir sie während der blutigen Kriegsjahre alle jene schmähen und beschimpfen, die nicht alles willig und freudig auf dem Altar des Vaterlandes, des Vaterlandes der Reichen und Mächtigen, opferten und nicht mit Freuden ihr Leben einsetzten und ihre Knochen zerschießen ließen

für die Interessen der Thyssen und Stinnes.

Bis zum letzten Mann, daß heißt bis zum letzten deutschen Arbeiter wollten die Herren Großindustriellen den Kampf fortsetzen, und nicht eher sollte das deutsche Schwert in die Scheide gesteckt werden, als bis die Feinde allesamt niedergerungen und zu einem deutschen Frieden bereit seien. Wußten doch die Industriebarone des rheinisch-westfälischen Gebiets, daß

ihre Profite um so größer

werden, je länger die deutschen Arbeiter sich zur Schlachtbank schleppen ließen und hofften sie doch außerdem, durch die Fortsetzung des Krieges die reichen Erzgebiete in Nordfrankreich in ihren Besitz zu bekommen.

Daß der Patriotismus und der Nationalismus der Herren, ihr Opfermut für das Vaterland nur ein frecher Schwindel war, darüber waren sich verständige Leute schon längst klar. Denn es war längst bekannt, daß gerade die Industriebarone aus dem Ruhrrevier nie von nationalen Bedenken geplagt wurden, sofern ihnen Profit winkte. Möglichst großer Profit war allezeit ihre Losung.

Um Profit verkauften sie ihr Vaterland.

Und wenn die Herren Thyssen und Stinnes während der Kriegsjahre jeden als Vaterlandsverräter bezeichneten, der zum Beispiel die Franzosen nicht als Menschen minderen Grades bezeichnete, so war dies nichts wie eine erbärmliche Heuchelei. Denn die Herren Thyssen und Stinnes saßen jahrelang mit den französischen

Kapitalisten freundschaftlich zusammen in einer Reihe großer Industrieunternehmungen. Und in den letzten Tagen gingen diese deutschen

Überpatrioten zum offenen Landesverrat

über. In einer Sitzung im Fürstenhof in Dortmund am 5. Dezember, an der die Herren

> August Thyssen, Fritz Thyssen jr., Direktor Herrle, Direktor Becker, Direktor Wirtz, Kommerzienrat Küchen, Bergassessor Stens und Edmund Stinnes

teilnahmen, wurde nach einer lebhaften Aussprache, an der auch Herr Thyssen sich beteiligte, von den Herren Großkapitalisten vereinbart, daß es unbedingt erforderlich wäre, daß die Truppen der Entente möglichst rasch das ganze rheinisch-westfälische Gebiet besetzen müssen.

Und womit begründen die Herren Patrioten den

Ruf nach Ententeheeren?

Mit nichts anderem als ihren gefährdeten Profitinteressen. Die Ententetruppen sollen, wie die Herren in der Sitzung im Fürstenhof in Dortmund ganz offen erklärten, die rote Gefahr unter allen Umständen beseitigen und den Achtstundentag sowie die anderen Vorteile, welche sie durch die Revolution erlangt haben, aufheben.

Und weiter wurde angeführt, daß vor und während des Krieges der deutsche Kapitalismus mit dem Entente-Kapitalismus verbrüdert war und daß diese Verbrüderung unter allen Umständen aufrecht erhalten werden müsse.

Deutsche Arbeiter!

Das sind die Leute, die sich als Deutsche Patrioten gebärdeten und sich als Muster hinstellten, während sie, wenn sie unter sich sind, unverblümt bekennen, daß sie stets mit dem Entente-Kapitalismus brüderlich vereint waren und daß diese Verbrüderung aufrecht erhalten werden müsse. Die Interessen mit dem Entente-Kapitalismus stehen den rheinisch-westfälischen Industriebaronen höher als ihre Phrasen von den „vaterländischen Interessen", mit denen sie das deutsche Volk vor ihren Karren spannten. — Glücklicherweise wurde der Plan rechtzeitig enthüllt, und dank des energischen Eingreifens des Arbeiter- und Soldatenrates in Mülheim-Ruhr wurden

die Uebeltäter festgenommen.

Damit ist zwar den Hauptschreiern nach Hilfe der Entente, den Rufern nach Ententetruppen das Handwerk gelegt, aber noch nicht alle Köpfe der Hydra sind abgeschlagen. **Arbeiter, seid deshalb auf der Hut,** denn es werden neue Anschläge gegen Euch folgen.

Arbeiter und Soldaten! Schart Euch fest um Eure Arbeiter- und Soldatenräte und sorgt dafür, daß in Euren Räten allezeit Männer sitzen, die Eure Interessen mit fester Entschlossenheit und ohne Rücksicht auf die Interessen der Kapitalisten wahrnehmen!

24. Demobilmachung, wirtschaftliche Neuausrichtung | 441

landsbeteiligungen dürfte er sich keine Illusionen gemacht haben, gehörte er doch im Krieg nicht nur zu den Annexions-Befürwortern, sondern auch zu denjenigen, die ohne rechtliche Grundlage den de Wendel-Konzern in Deutschland enteignen wollten. Zur Rettung seines Lebenswerks in Deutschland verzichtete er – pragmatisch wie er war – im Frühjahr 1919 auf den mit der nun verhassten Wilhelminischen Epoche verbundenen Firmennamen „Gewerkschaft Deutscher Kaiser" für das mittlerweile wichtigste Unternehmen seines Konzerns. Mit Zustimmung der Bergbehörden führte er eine Realteilung dieser Gewerkschaft in die nach seinem Vater benannte Gewerkschaft Friedrich Thyssen für die Bergbaubetriebe und die August Thyssen-Hütte, Gewerkschaft zum ausschließlichen Betrieb des Hüttenwerks durch. Auch wenn die Firmenbenennung nach seiner Person ihm eher unangenehm war, so hoffte er doch, auf diese Weise bei einer Sozialisierung des Bergbaus zumindest sein Hüttenwerk zu retten bzw. bei einer Sozialisierung der Stahlindustrie die Bergbaubetriebe der ehemaligen Gewerkschaft Deutscher Kaiser behalten zu können. Außerdem wurden die Schachtbauabteilung der Gewerkschaft Deutscher Kaiser als Schachtbau Thyssen GmbH und die Gas- und Wasserabteilung zur lokalen Versorgung privater Haushalte als Niederrheinische Gas- und Wasserwerke GmbH rechtlich verselbstständigt. Seine lothringischen Unternehmen übertrug er auf niederländische Strohfirmen.[966]

Ebenfalls recht einfallsreich bekämpfte Albert Vögler als Vorsitzender des VdEh die Sozialisierungsbestrebungen. Unter seiner unmittelbaren Leitung wurde 1919 ein Erzausschuss beim VdEh eingerichtet, der durch Optimierung der heimischen Erzgewinnung die drohende Sozialisierung des Erzbergbaus abwenden sollte, indirekt wurde kolportiert, dass die Erzgewinnung z. Z. nicht rentabel sei, der Staat also kein gewinnbringendes Geschäft machen werde. Das gleiche politische Ziel verfolgte die am 1. Juli 1919 eingerichtete Beratungsstelle für die Überwachung der Brennstoffwirtschaft auf Hüttenwerken, so der vollständige Name des später nur „Wärmestelle" genannten Fachausschusses. Auch sie war ursprünglich gegen die Sozialisierung und staatliche Überwachung der industriellen Energiewirtschaft gerichtet.[967] Die trotz des Kohlenmangels während des Kriegs vernachlässigte industrielle Feuerungstechnik, man konstatierte nach dem Krieg eine Effektivität von nur 2 bis maximal 40 Prozent, sollte nach dem Vorbild der im Krieg geschaffenen und vom VdEh geführten Beratungsstelle für Schmiermittel bzw. der Riemenfreigabestelle als freiwillige Selbstverpflichtung ohne Weisungscharakter organisiert werden.[968]

Mit dem Friedensschluss und der damit verbundenen deutlichen Einschränkung der Rüstungsproduktion auf ein Bruchteil der Vorkriegszeit musste August Thyssen nicht – wie viele andere Ruhrindustrielle – nach neuen Geschäftsmodellen Ausschau halten, hatten doch seine Werke vor dem Krieg hauptsächlich zivile Produkte erzeugt, die wieder nachgefragt waren. Allein seine Waggon-Produktion, u. a. für Reparationslieferungen, übertraf schon 1920 den im Krieg erreichten Höchststand (s. Kapitel

---

[966] Ebd., S. 79 f.
[967] Siehe Budraß: „Kalorienjäger"; Vorläuferideen lassen sich schon vor dem Ersten Weltkrieg nachweisen.
[968] Rasch: Zwischen Politik und Wissenschaft, S. 105 f.

10). Zudem hatte Thyssen schon im Krieg mit dem Erwerb des Bremer Vulkans einen Neubauboom für Frachtschiffe infolge der hohen Kriegsverluste für die Nachkriegszeit erwartet. Damit besaß er nicht nur einen Abnehmer für seine Blechwalzwerke, sondern konnte im Dampfmaschinenbau des Bremer Vulkans mit seiner Maschinenfabrik Thyssen kooperieren und hatte zudem eine eigene Werft zum Neubau von Schiffen für seine eigenen Transportunternehmen. Da er schon einen vollintegrierten Konzern besaß, bei dem die Kohlenförderung auf den Energiebedarf der Hüttenwerke abgestimmt war, die Roheisenerzeugung mit dem Bedarf der Stahl- und Walzwerke übereinstimmte, musste er sich keine Kooperationspartner zur Sicherung von Energie und Rohstahlabsatz suchen. Jedoch zertrennte die französische Enteignung deutschen Industrieeigentums im wieder an Frankreich zurückgegliederten Elsaß-Lothringen den für etliche rheinisch-westfälische Montanunternehmen bedeutenden betriebswirtschaftlichen Rohstoff-Verbund zwischen der lothringischen Minette und dem rheinisch-westfälischen Koks bzw. der Kohle, auch wenn die für die Stahlindustrie beiderseits der neuen Grenze benötigten Rohstoffe bald nach Kriegsende wieder zwischen beiden Regionen gehandelt wurden. Anders war dies beim Lokomotivbauer Henschel & Sohn und seiner Henrichshütte in Hattingen. Hier fehlte ein solcher Verbund für den Energieträger Kohle, weshalb sich die drei Unternehmen Bergbau AG Lothringen, Essener Steinkohlen-Bergwerke AG und Henschel & Sohn – auf wessen Initiative auch immer – im Dezember 1920 zur Henschel-Lothringen-Steinkohlen-Vereinigung zusammenschlossen. Dadurch entstand der größte Magerkohlenproduzent an der Ruhr mit zahlreichen industriellen Beteiligungen. Ziel der auf fünfzig Jahre abgeschlossenen Henschel-Lothringen-Steinkohlen-Vereinigung, Bochum, war es, unter Wahrung der rechtlichen Selbstständigkeit der drei Gesellschaften deren Unternehmenspolitik einheitlich zu lenken. Der Bergbau erhielt in der Eisenindustrie einen festen Abnehmer für seine Kohle und bezog im Gegenzug deren Erzeugnisse zum Selbstkostenpreis, während die Eisenindustrie ihren Energiebedarf gesichert sah. Der Weiterverarbeiter (Lokomotivhersteller) hingegen sicherte den Energiebedarf sowie den Bezug der Halbfabrikate für seine Produktion. Dies war eine Symbiose in Form einer Interessengemeinschaft.[969]

Die Interessengemeinschaft war der zeitlich befristete Zusammenschluss wirtschaftlich gleich geordneter, aber selbstständig bleibender Unternehmen in Form einer Gewinngemeinschaft unter gemeinsamer Geschäftsführung. Sie war in den 1920er-Jahren eine häufig genutzte Gesellschaftsform, immer dann angewandt, wenn andere Gründe zunächst eine engere Bindung erschwerten oder verhinderten. Die Interessengemeinschaft war immer eine Übergangsform, die nach etlichen Jahren zur Vollfusion führte, oder zur vorzeitigen Vertragskündigung, wenn die erhofften Vorteile nicht zu realisieren waren.[970] Im Gegensatz zur Fusion sparte die Interessengemeinschaft die sonst fällige, sehr hohe Fusionssteuer.

---

[969] Rasch: Ruhrstahl-Gruppe, S. 53 f.
[970] Schauenburg: Ursachen.

Innerhalb der Interessengemeinschaft Henschel-Lothringen-Essener Steinkohle lieferte die Henrichshütte dem Bergbau Schienen und Schwellen, Stabeisen und Förderwagen, dem Schiffbau Bleche, Schmiede- und Stahlformgussstücke und ergänzte die Lieferungen von Maschinenteilen und Schiffsmaschinen der Elsaß Maschinenbau AG (Beteiligung der Bergbau AG Lothringen), die sie als Konzernwerk mit Halbzeug versorgte. Als Folge der Interessengemeinschaft gewann die Henrichshütte neue „interne" Kunden und erweiterte ihr Produktionsprogramm. Ihre Spezialität blieb weiterhin der Lokomotivguss; 30 Prozent ihrer Erzeugnisse nahm Kassel ab.[971]

Durch Unternehmensverluste in Lothringen und Luxemburg kamen sich auch andere Firmen näher. Schon im August 1920 bildeten Deutsch-Lux und GBAG eine Interessengemeinschaft, um die Kohlenbasis zu verbreitern (Deutsch-Lux) bzw. um verloren gegangene Hüttenwerke (GBAG) zu substituieren. Als zentrales Lenkungsgremium fungierte die Rhein-Elbe-Union GmbH. Mit der Rhein-Elbe-Union GmbH besaß eine Interessengemeinschaft unter gleichberechtigten Partnern erstmals auch eine gesellschaftsrechtliche Form. Stinnes und Vögler hatten jedoch schon 1917 an eine größere Interessengemeinschaft unter Einschluss der Weiterverarbeitung gedacht. Die „Montangruppe", wie sie sich selbst bezeichnete, schloss im Dezember 1920 eine Interessengemeinschaft mit den Elektrizitätskonzernen Siemens & Halske AG, Berlin, und der Siemens-Schuckertwerke GmbH, Nürnberg. Die Lenkungsgesellschaft hieß nun entsprechend Siemens-Rheinelbe-Schuckert-Union GmbH. Am 21. März 1921 wurde auch der Bochumer Verein für Bergbau und Gussstahlfabrikation in die Interessengemeinschaft mit einbezogen, seine Aktienmehrheit hatte zuvor Hugo Stinnes für Deutsch-Lux erworben. Damit war innerhalb Deutschlands der größte industrielle vertikale, branchenübergreifende Verbund vom Rohstoff bis zur Weiterverarbeitung entstanden. Es gelang jedoch nicht, die Maschinenfabrik Augsburg-Nürnberg AG in diese Interessengemeinschaft mit einzubeziehen. Die GHH gliederte sie sich an. Erst dann hätte der Verbund einen größeren Stahlverbraucher besessen. Die von der Elektroindustrie erwarteten Verbundvorteile bestätigten sich nicht; auch die Hoffnungen der Montangruppe gingen nicht voll in Erfüllung.[972]

Zwei in Lothringen beheimatete Hüttenwerke, die bei Kriegsende und der Rückgliederung Elsaß-Lothringens ihren dortigen Besitz verloren hatten, verlegten ihren Firmensitz in das Ruhrgebiet, wo sie sich schon vor dem Krieg eine eigene Energiebasis verschafft hatten. Aus dem Lothringer Hütten- und Bergwerks-Verein, ursprünglich ein belgisches Unternehmen, das schon vor dem Krieg Peter Klöckner dominierte, wurde 1923 die Klöckner-Werke AG mit zahlreichen Zechen und Hüttenwerken. Aus der Rombacher Hüttenwerke AG mit den 1914 gepachteten Concordia-Zechen wurde 1925 wieder die Concordia Bergbau AG, eine reine Zechengesellschaft, nachdem die Rombacher Hütte von 1921 bis 1925 u. a. das Hüttenwerk Westfälische Stahlwerke als Abteilung Bochum besessen hatte. Das Werk war 1917 von der Bismarckhütte AG

---

[971] Jahrbuch für den Oberbergamtsbezirk Dortmund 14-21 (1923), S. 408.
[972] Feldman: Hugo Stinnes, S. 634 ff.; Reckendrees: „Stahltrust"-Projekt, S. 100–108; Feldenkirchen: Siemens, S. 188–193; Kleinschmidt: Die Siemens-Rheinelbe-Schuckert-Union; Verträge, in: SIT FWH/2487.

gekauft worden und wurde vom Hauptaktionär Flick wieder verkauft, nachdem er die Siegerländer Erzbergwerke seiner Charlottenhütte angegliedert hatte.[973]

Vor ganz anderen Problemen stand die Firma Krupp, die infolge des Friedensvertrags kaum noch Waffen und Munition fertigen durfte, die sich während des Kriegs aber fast ausschließlich darauf konzentriert hatte. Sie musste mittels ihrer schweren Pressen über 75.000 t Stahl, ausreichend für 4.600 Geschützrohre und 1.600 Lafetten verschrotten und wieder einschmelzen. Die Interalliierte Militär-Kontroll-Kommission, sie traf erst am 20. Mai 1920 in Essen ein, ließ 150 Geschütze und 1.100 t Munition vernichten, darunter auch Versuchsmaterial. Nur einige Museumsstücke und Rohre blieben auf dem Schießplatz Meppen erhalten.[974] Erstaunlich ist, dass dieses Material nicht im März 1920 der Roten Ruhrarmee in die Hände gefallen war. Vernichtet bzw. abtransportiert wurden 9.000 Maschinen und über 800.000 Werkzeuge und Vorrichtungen. Nur einige Maschinen, Apparate und Werkzeuge für die Herstellung einer beschränkten Anzahl schwerer Geschütze für die Reichswehr oder die Reichsmarine blieben erhalten.[975] Anlagen, Maschinen u. a. m. im Wert von 100 Mio. M wurden laut Krupp vernichtet. Dennoch hatte eine Modernisierung des Maschinenparks und der Anlagen stattgefunden, denn bei Kriegsbeginn verfügte Krupp über 5.800 Maschinen, bei Kriegsende waren es 17.000, d. h. bei einer Demontage von 9.000 Maschinen blieben immer noch 8.000 über, das waren rechnerisch 2.000 Maschinen mehr als bei Kriegsbeginn.[976] Die Daten dürften bei den anderen Werken ähnlich gewesen sein, sagen aber letztendlich nichts über die Qualität der Maschinen aus.

Krupp musste sich neue Geschäftsfelder suchen, wollte die Firma ihre Hochöfen und Stahlwerke weiterhin auslasten. Der Weiterbau des Borbecker Werks wurde zurückgestellt, die Panzerplattenwalzwerke stillgelegt, da diese Schiffspanzerungen in Deutschland zunächst nicht mehr hergestellt werden durften. Darüber hinaus mussten die Geschosspressen und spezielle Bearbeitungsmaschinen für die Geschützrohrfertigung auf alliierte Anordnung zerstört werden, wie übrigens bei allen anderen Unternehmen auch, die im Krieg Rüstungsgüter hergestellt hatten. Neue Geschäftsfelder fand Krupp u. a. im Lokomotiv- und Lkw-Bau, stellte man doch schon seit Jahrzehnten Radsätze und hochbeanspruchbare Bleche für Dampfmaschinen her, hatte im Krieg mit der Germaniawerft stationäre Dampfmaschinen konstruiert und Rahmen und Gestelle für Eisenbahngeschütze gebaut, die nun zu Lokomotivrahmen umgebaut wurden. Im Krieg hatte Krupp mit Daimler beim Bau von Zugmaschinen für schwere Geschütze kooperiert, dies wurde nun ebenfalls ein eigener Geschäftsbereich, zumal die Germaniawerft über Erfahrungen im Bau von schweren Dieselmotoren verfügte. Hatte Henschel im Krieg Krupp als Rüstungslieferant Konkurrenz machen wollen, so machte nun Krupp Henschel Konkurrenz im Verkehrswesen.

---

[973] Gebhardt: Ruhrbergbau, S. 103 f., 367 f.; Däbritz: Bochumer Verein, S. 426.
[974] Berdrow: Krupp im Weltkrieg, S. 319.
[975] Ebd., S. 319 f.
[976] Ebd., S. 283. Da alle ausschließlich für militärische Zwecke nutzbaren Maschinen zu verschrotten waren, dürften die übrig gebliebenen für verschiedene Zwecke einsetzbar gewesen sein, d. h. auch für neue Produktionszwecke.

24. Demobilmachung, wirtschaftliche Neuausrichtung | 445

Selbstzerstörung von schweren Geschützteilen (Mantelrohren) vom Typ „Langer Max" des Kalibers 38 cm bei Krupp in Essen, vermutlich 28. Oktober 1919. Quelle: Historisches Archiv Krupp.

Für viele kam das Kriegsende – wie schon gesagt – unerwartet, überraschend, obwohl schon seit Jahren auch die Demobilmachung – in Erwartung eines bald gewonnenen Kriegs – geplant worden war. Angesichts des Friedens von Brest-Litowsk und der ersten Erfolge bei den deutschen Offensiven im Frühsommer 1918 hatten auch Unternehmer über ihre zukünftige Rolle in der Weltwirtschaft nachgedacht. Nicht nur die Montanindustrie hatte schon im 19. Jahrhundert zur Lösung ihrer strukturellen Probleme Kartelle und Syndikate gebildet. Diese schienen einigen Unternehmern nicht mehr ausreichend geeignet, denn der Erste Weltkrieg hatte die strukturellen Probleme der deutschen Eisen- und Stahlindustrie durch rüstungsbedingte Kapazitätserweiterungen enorm verstärkt. Die Kartelle und Syndikate hatten sich als nicht geeignet erwiesen, die Anforderungen der Nachfrager aus Militär und (Rüstungs-)Wirtschaft mit den Liefermöglichkeiten der Eisen- und Stahlindustrie zu koordinieren. Für die Zukunft wurde eine andere, neue Lösung gesucht. Schon unmittelbar vor Kriegsende forderte Albert Vögler in einer später mehrfach unwesentlich modifizierten Denkschrift, dass sich die „verwandten Konzerne" zu Interessengemeinschaften – vergleichbar jenen in der chemischen Industrie (sogenannte kleine „IG Farben" von 1915)[977] – zusammenschließen müssten, um die Gewinnaussichten der Eisen- und Stahlunternehmen durch Zurücknahme der Produktion sowie Verringerung der Verwaltungs- und Verkaufskosten zu verbessern. Die technische Rationalisierung innerhalb einer größeren Interessengemeinschaft, am besten innerhalb der gesamten Bran-

---

[977] Treue: Carl Duisbergs Denkschrift; Plumpe: Die IG Farbenindustrie AG, S. 96–100; Plumpe: Carl Duisberg, S. 677–679.

Gruppenbild auf Schloss Landsberg anlässlich der Überreichung der Ehrenmitgliedschaft des Vereins deutscher Eisenhüttenleute an August Thyssen am 5. Mai 1917 (v. l.): Edmund Roser, Albert Vögler, Arthur Jacob, Amélie Thyssen, Margot (?) Schumacher, Friedrich Springorum, August Thyssen, Julius Kalle, Margarethe Ludendorff, Ernst Becker, Frau König, Otto Petersen, Margot Pernet, Tochter von Margarethe Ludendorff aus erster Ehe, Fritz Thyssen, Franz Dahl, Foto angeschnitten. Quelle: thyssenkrupp Corporate Archives.

che, sollte zudem die Produktionskosten senken, um die deutsche Schwerindustrie (nach Kriegsende) wieder weltmarktfähig zu machen.[978]

Die Denkschrift des gerade Einundvierzigjährigen – einzelne Aspekte davon hatte Vögler schon in seiner ersten Hauptversammlungsrede als Vorsitzender des VdEh im April 1918 vorgestellt – zeigt die Weite seines Problembewusstseins. Der Ingenieur Vögler sah Problemstellungen und Lösungswege nicht ausschließlich unter technischbetriebswirtschaftlichem Aspekt, sondern berücksichtigte soziale Gesichtspunkte ebenso wie betriebsorganisatorische. So forderte er einen Erfahrungsaustausch der einzelnen Werke zur Senkung der Selbstkosten, wollte aber gleichzeitig die interne Konkurrenz der verbundenen Werke durch eine gewisse Selbstständigkeit aufrechterhalten. Zur Vertiefung der – nach seiner Meinung – bisher wenig erfolgreichen deutschen Forschung auf dem Gebiet des Eisenhüttenwesens sollte eine betriebsunabhängige Forschungsabteilung errichtet werden. Der in Deutschland damals neuen „Psychotechnik" stand er äußerst positiv gegenüber und forderte eine bessere Auswahl und Ausbildung der Angestellten. Auch die Ausbildung der Lehrlinge wünschte er – nach dem Krieg – zu verbessern. Außerdem hoffte er, aufgrund der erreichten Unternehmensgröße „in weit größerem Maße den Bau von Wöchnerinnen- und Kin-

---

[978] Bis heute fehlt ein Vergleich der verschiedenen Versionen dieser Denkschrift. „Stahlbund", 25.10.1918, in: tkA VSt/3049; ohne Titel, 12.07.1919, in: RWWA 130-3000030, abgedruckt bei: Feldman, Homburg: Industrie und Inflation, S. 219–224. Zitiert wird aus der Version von 1918; weitere Version, o. D. in: Siemens-Archiv 54/Ld 273.

derheimen, Lehr- und Erholungsanstalten für Arbeiter und Beamte [= Angestellte, d. V.] ins Auge zu fassen."

Vögler ging auch auf mögliche Probleme für die Vorstände der beteiligten Unternehmen ein, für die ein wie auch immer gearteter Zusammenschluss einen Verzicht auf Einfluss und Macht bedeutete. Er sah voraus, dass die Frage nach dem Sitz des neuen Unternehmens ein Politikum sein könnte. Unabhängig vom Unternehmenssitz forderte er die Errichtung einer „Verbindungsstelle Berlin", um den Kontakt zu den maßgeblichen politischen und administrativen Stellen zu halten. Offensichtlich hatte der Krieg ihn von dieser Notwendigkeit überzeugt. Vögler war sich bewusst und sprach es auch an, dass ein solches Großunternehmen eine „Macht" darstelle, die als eine Gefahr für die „Allgemeinheit" angesehen werden könne. Diese problematische Außenwirkung tat er mit dem Hinweis ab: Die gesetzgebenden Körperschaften würden ein solches Unternehmen weniger „lieben", je mehr sie politisch links stünden. Dann ging er in seiner Denkschrift unvermittelt auf die Gefahr zu hoher Gehaltsansprüche der Angestellten bei einem erfolgreichen Unternehmen ein.

Nur einer großen, wesentliche Unternehmen einer Branche umfassenden Interessengemeinschaft, nicht aber einem Kartell traute Vögler also die Lösung der sich nach dem verlorenen Krieg verschärfenden strukturellen Probleme der Eisen- und Stahlindustrie zu. Auf einer Sitzung der Stahlwerks-Verband AG am 16. Juli 1919 unterstützte uneingeschränkt nur August Thyssen diesen Vorschlag,[979] der damit auf Branchenebene zunächst gescheitert war. Dennoch gingen etliche Unternehmer der rheinisch-westfälischen Schwerindustrie den von Vögler vorgezeichneten Weg und bildeten zwischen 1920 und 1923 Interessengemeinschaften, um betriebswirtschaftliche Vorteile im Verbund mit im Produktionsprozess vor- oder nachgelagerten Unternehmen zu realisieren. Als weitere Beispiele seien aufgezählt die Interessengemeinschaft (1. Januar 1920) zwischen der Phoenix AG für Bergbau und Hüttenbetrieb und der Gewerkschaft Zollverein (Haniel), die dem Phoenix Leitung und Ausbeute der Zeche übertrug; die Interessengemeinschaft (1. Januar 1921) der Fried. Krupp AG mit der Gewerkschaft ver. Constantin der Große, deren Felder mit denen der der Firma Krupp gehörenden Zechen Hannover und Hannibal markscheideten, sowie mit der Gewerkschaft Vereinigte Helene & Amalie (1. Januar 1921) aus ähnlichen betriebswirtschaftlichen Gründen; die Interessengemeinschaft (1. Januar 1920) der Gewerkschaft Minister Achenbach (Stumm-Konzern) mit Essener Bergwerks-Verein „König Wilhelm" AG; die Interessengemeinschaft (1. Juli 1920) der Eisen- und Stahlwerk Hoesch AG mit dem Köln-Neuessener Bergwerksverein, die der Firma Hoesch die gesamte Kohlenförderung der unmittelbar zuvor fusionierten Zechengesellschaften sicherte und die am 22. Dezember 1930 zur Fusion zu der Hoesch-KölnNeuessen AG für Bergbau und Hüttenbetriebe führte.[980]

Die Klöckner-Werke AG entstand am 9. Februar 1923 aus der Fusion einer am 9. Dezember 1920 geschlossenen Interessengemeinschaft zwischen der Lothringer

---

[979] Sitzungsprotokoll, in: RWWA 130-3000030/17, p. 16–36, hier p. 26 f.
[980] Jahrbuch für den Oberbergamtsbezirk Dortmund 14-21 (1923), S. 505 f., 324, 84 f., 578, 361 f.; ebd. 1933, S. 117.

Hütten- und Bergwerks-Verein AG, der Georgs-Marien-Bergwerks- und Hütten-Verein AG in Osnabrück, der Hasper Eisen- und Stahlwerk AG in Haspe bei Hagen sowie der „Königsborn" AG für Bergbau, Salinen und Soolbadbetrieb in Unna sowie den seit dem 15. Januar 1912 bestehenden Interessengemeinschaften des Lothringer Hütten- und Bergwerks-Verein mit der Façoneisenwalzwerk L. Mannstaedt & Cie AG in Troisdorf sowie der Düsseldorfer Eisen- und Draht-Industrie AG in Düsseldorf. Der Lothringer Hütten- und Bergwerks-Verein hatte seine lothringische Basis nach dem Krieg verloren. Das Zentrum des neuen Konzerns sollte das Ruhrgebiet werden, wo Peter Klöckner 1912 die Gewerkschaft Victor, Castrop-Rauxel, übernommen hatte.[981] Große Erfahrungen mit Interessengemeinschaften besaßen auch die Rheinischen Stahlwerke, die schon 1911 mit der Balcke, Tellering & Co. AG einen Interessengemeinschaftsvertrag geschlossen hatten, der 1916 zur Fusion führte. 1918 waren die Rheinischen Stahlwerke mit der Th. Wuppermann GmbH und der Firma Felser & Co. ebenfalls eine Interessengemeinschaft eingegangen und 1921 eine mit dem Bergbauunternehmen Arenbergsche Actien-Gesellschaft für Bergbau und Hüttenbetrieb. Diese wurde 1922 ganz übernommen und als Arenberg'sche Gesellschaft für Bergbau und Hüttenbetrieb mbH fortgeführt.[982]

Alle diese Interessengemeinschaften entsprachen Vöglers Intention, die im Sommer 1919 noch im Stahlwerks-Verband abgelehnt worden war. Die realisierten Interessengemeinschaften waren aber nicht der „große Wurf", an den Vögler schon 1918/19 gedacht hatte. Vöglers Handeln war nämlich weniger auf den kurzfristigen Erfolg des eigenen Unternehmens gerichtet. Auch wenn er es nie öffentlich als seine unternehmerische Leitlinie formulierte, so war er doch davon überzeugt, dass nicht Kartelle und Syndikate, sondern die gesamte Branche umfassende Unternehmenskooperationen dem einzelnen Unternehmen, genauer dessen Aktionären, langfristig Vorteile bringen würden; nur im Konzernverbund seien technische und betriebswirtschaftliche Synergien zu realisieren. Er war nicht der Erfinder dieser Ideen, aber ihm bot sich in der Weimarer Republik die Möglichkeit, sie zumindest für einen Teil der rheinisch-westfälischen Montanindustrie in Form der 1926 gegründeten Vereinigte Stahlwerke AG umzusetzen. Seine entsprechenden Ideen hatte er – wie schon gesagt – 1917 mit Hugo Stinnes entwickelt und kurz vor Kriegsende 1918 erstmals in einer Denkschrift zur Diskussion gestellt. Er sah die dringende Notwendigkeit, die deutsche Montanindustrie beim Übergang von der Kriegswirtschaft, als sie nur auf sich und ihre nationalen Ressourcen gestellt war, zur Marktwirtschaft mit internationalem Wettbewerb konkurrenzfähig zu machen. Eine ähnliche Entwicklung fand nach dem Krieg in den anderen Montanrevieren an der Saar, das unter französischer Kontrolle stand, oder in Oberschlesien, das in ein polnisches und in ein deutsches Gebiet geteilt war, nicht statt. Mit der partiellen Umsetzung seiner Ideen musste Albert Vögler bis 1926 warten, als die Vereinigte Stahlwerke AG als Zusammenschluss der Unterneh-

---

[981] Ebd. 1922/25, S. 204, 207; Reichert: Peter Klöckner, S. 91–95.
[982] Jahrbuch für den Oberbergamtsbezirk Dortmund 14-21 (1923), S. 531 f., Gebhardt: Ruhrbergbau, S. 85 f.

men GBAG, Bochumer Verein, Deutsch-Lux, Thyssen-Konzern (in großen Teilen), Phoenix und Rheinische Stahlwerke (ohne Bergbau) gegründet wurde.[983]

Fazit

Das unerwartete Kriegsende stellte die Unternehmen vor neue Aufgaben: Einen Personalabbau in kürzester Zeit, obwohl anderslautende Arbeitsverträge abgeschlossen waren, bei gleichzeitiger Integration der von der Front zurückkehrenden ehemaligen Arbeitskräfte. Der Prozess war durch politische Unruhen erschwert, Unternehmer und Manager wurden verhaftet und in einigen Fällen auch umgebracht.[984] Die Frauen, die jahrelang die deutsche Kriegswirtschaft aufrecht gehalten hatten, protestierten jedoch nicht gegen ihre Entlassung.

Die politischen Unruhen betrafen nicht nur die Mitarbeiterverhältnisse, sondern auch die zukünftige Wirtschaftsform. Um eine Sozialisierung ihrer Betriebe zu erschweren bzw. ganz zu verhindern, waren die Unternehmer durchaus kreativ, benannten Firmen um, teilten sie in verschiedene Gesellschaften auf und vor allem wiesen sie in den Bilanzen durchweg hohe Verluste aus, weit über das handelsrechtlich Notwendige, um die gewünschten Verstaatlichungen wirtschaftlich unattraktiv erscheinen zu lassen. Auch die Verbände unterstützten die Unternehmen. Neu errichtete Ausschüsse wie der Erzausschuss oder die Wärmestelle des VdEh sollten dokumentieren, dass die Montanindustrie nicht mehr ein gewinnbringendes Geschäft sei wie noch im Krieg, als z. T. exorbitante Gewinne erwirtschaftet wurden. Gleichzeitig versuchten sie, mittelbar oder unmittelbar Einfluss auf die Reichspolitik zu nehmen, hier sind u. a. zu nennen Alfred Hugenberg, Hugo Stinnes und Albert Vögler.

Nach dem Friedensschluss mussten die für die Rüstung tätigen Maschinen und Anlagen demontiert werden. Da aber im Krieg durchaus viele Maschinen neu angeschafft worden waren – die aus den besetzten Gebieten Translozierten mussten zurückgegeben werden – war der Maschinenpark nicht unbedingt verschlissen, da es offensichtlich mehrfach gelang, ältere gegen neue Maschinen auszutauschen und erstere demontieren zu lassen.

Durch die Rückgliederung Elsaß-Lothringens an Frankreich war die Verbundwirtschaft der Ruhrindustrie mit dieser Region unterbrochen, zumal auch Luxemburg aus dem Wirtschaftsverbund mit dem Deutschen Reich austrat. Die Montanunternehmen an der Ruhr mussten sich neu orientieren. Sie folgten zunächst nicht Albert Vöglers Vorschlägen, statt wie bisher mit Kartellen und Syndikaten den Markt zu regulieren, sondern viel mehr einen Unternehmensverbund, ein Gemeinschaftsunternehmen der gesamten Branche zu bilden, denn es galt zum einen, die im Krieg aufgebauten Überkapazitäten zu reduzieren und zum anderen wieder auf dem internationalen Markt Fuß

---

[983] Reckendrees: Vereinigte Stahlwerke.
[984] Der Betriebsdirektor der Thyssen-Zeche Lohberg Heinrich Sebold wurde am 23. März 1920 ermordet.

zu fassen. GBAG, Deutsch-Lux und Bochumer Verein, sogar Rheinische Stahlwerke, Phoenix und Thyssen-Konzern (in Teilen) folgten der Idee erst 1926 (Gründung Vereinigte Stahlwerke AG). Zwischenzeitlich wurden Interessengemeinschaften gebildet, die vor allem den Eisen- und Stahlunternehmen die notwendige Energiebasis sicherten, denn die Steinkohle war begehrt, zumal Frankreich sie – trotz der Besetzung des Saargebiets und der Angliederung der dortigen Staatsgruben – als Reparationsleistung forderte zum Betrieb der eigenen und im ehemaligen Reichsland Elsaß-Lothringen zusätzlich übernommenen Hüttenwerke. Frankreich war nämlich ein Netto-Kohlenimporteur.

Zwei lothringer Hüttenwerke, der Lothringer Hütten- und Bergwerks-Verein und die Rombacher Hüttenwerke, die über Steinkohlenbergwerke an der Ruhr verfügten, verlegten nach dem Verlust ihres lothringischen Besitzes ihren Gesellschaftssitz nach Umwegen ins Ruhrgebiet und starteten eine neue Unternehmensgeschichte, sei es als Bergbauunternehmen (Concordia Bergbau AG) oder als gemischter Konzern (Klöckner-Werke AG).

Neue Impulse kamen – neben Vöglers Ideen – von außen, von Peter Klöckner, der nach dem Krieg das Ruhrgebiet zum Zentrum seines Konzerns machte, und von Friedrich Flick, der vom Siegerland kommend weit über das Ruhrgebiet hinaus, reichsweit dachte.

25. RESÜMEE

Diese letztlich überblicksartige Darstellung, eine regionale Studie mit technikgeschichtlichen Fragen, zeigt, dass viele Aspekte einer – nicht nur ruhrgebietszentrierten – Geschichte des Ersten Weltkriegs im Hinblick auf Technik und Wirtschaft noch nicht hinreichend aufgearbeitet sind. Im Gegensatz zu einer Stadtgeschichte zeigt die Darstellung eines industriellen Ballungsraums die Vielfalt von kriegswichtigen Tätigkeiten, Produktionsverfahren sowie von Ressourcenproblemen und Rohstoffersatzverfahren auf, aber auch das Versagen der Militärs (Generalkommando VII, Kriegsamt, Wumba) in der kriegswirtschaftlichen Steuerung einer Region. Die Vielfalt an kriegswirtschaftlich wichtigen Tätigkeitsfeldern bedarf – trotz einiger jüngerer Studien – noch einer vertiefenden Darstellung. Dennoch verdeutlichen die aufgeführten Kapitel und Beispiele, dass das Deutsche Reich 1914 – im Gegensatz zum Zweiten Weltkrieg – wirtschaftlich unvorbereitet in diesen Krieg eintrat. Ohne die nicht ganz uneigennützigen Sofortmaßnahmen der AEG-Manager Walther Rathenau und Wichard von Moellendorff zur Rohstoffsicherung sowie im Ruhrgebiet durch die vom Chemie-Nobelpreisträger Emil Fischer angeregten Arbeiten und Projekte wären die Munitionskrise und der Treibstoffmangel 1914/15 für die deutsche Heeresführung militärisch nicht so glimpflich abgelaufen. Die Front im Westen wäre wegen Munitionsmangels vermutlich schon 1915 nicht mehr zu halten gewesen, auch wenn Frankreich dem gleichen Problem gegenüberstand. Es ist auch festzuhalten, dass die preußischen Militärs in den ersten Monaten zunächst allen schon vorhandenen Rüstungsbetrieben nicht ihre volle Leistungsfähigkeit abverlangten. Sie entwickelten erst eine neue Wirtschaftsstrategie angesichts des Stellungskriegs mit seinem hohen Verbrauch an Kriegsmaterial und Menschen, jedoch nicht so schnell wie es möglich und vor allem notwendig gewesen wäre.

Die Produktion an Rüstungsgütern aller Art – außer Munition – blieb bis Mitte 1916 eher handwerklich manufakturell, ist kaum als industrielle Serienfertigung zu bezeichnen. Selbst die Munitionserzeugung glich nach Einführung der Stahl- und Graugussgranaten eher einer Kreislaufwirtschaft mit hohem Ausschuss und noch höherem Schrottanfall, der immer wieder eingeschmolzen werden musste. Deutlich weniger als 50 Prozent des eingesetzten Gussmaterials wurde in funktionsfähige Geschosse umgewandelt.[985] Dieser Kreislauf kostete erneut Stahlwerkskapazität, Energie und Arbeitskraft. Hinzu kam, dass die Weiterbearbeitung der Geschossrohlinge größtenteils nicht in unmittelbarer Nähe der Hochöfen und Gießereien stattfand, da den Firmen selbst Bearbeitungsmaschinen fehlten. Rohlinge wurden vom Ruhr-

---

[985] Es ist nicht bekannt, ob diese Quote bei den anderen kriegsführenden Industrienationen besser war.

gebiet zum Abdrehen in zum Teil entlegene Gegenden gesandt. Da weiterhin das kapitalistische Wirtschaftssystem galt, nahm der Staat zunächst keinen Einfluss auf die Wahl der Bearbeitungsstätten, obwohl es sicherlich näher gelegene gegeben hätte. So belastete der Transport der Halbfabrikate zusätzlich die Eisenbahn und erhöhte deren Kohlenverbrauch, der sich bis Kriegsende im Vergleich zum letzten Friedensjahr verdoppelte.

Jedoch setzten Bemühungen um Rationalisierung der Fertigung zahlreicher Rüstungsgüter schon im Frühjahr 1916 ein, als deutlich wurde, dass mit dem vorhandenen Kriegsmaterial und der stetig abnehmenden Anzahl an Soldaten und männlichen Arbeitskräften der Krieg nicht zu gewinnen war, also zeitlich noch vor dem sogenannten Hindenburg-Programm und der verheerenden Somme-Schlacht (s. Anhang 26.1). Die Geschützkonstruktion wurde vereinfacht (weniger Materialverbrauch, schnellerer Rohrtausch) und vor allem modernisiert (Rohrrücklauf). Dennoch besaß die Munitionsfertigung bis Kriegsende einen hohen Anteil an Ausschuss seitens der Produzenten und vor allem keine rationale staatliche Auftragsvergabe in den einzelnen Bundesstaaten mit eigenen Beschaffungsämtern. Erst mit den extremen Anforderungen des Hindenburg-Programms zur Produktionssteigerung wurden Rationalisierungen und Normierungen (DIN) vom preußischen Staat und den Militärs, aber auch von den Ruhrindustriellen selbst vorangetrieben. Die Bemühungen der Ruhrindustriellen kamen jedoch erst nach dem Ersten Weltkrieg zum Tragen, wie beispielsweise die Gründung zahlreicher überbetrieblicher Fachausschüsse durch den VdEh belegt: 1919 Errichtung von Werkstoffausschuss, Maschinenausschuss, Erzausschuss sowie die Gründung der Wärmestelle Düsseldorf als Überwachungsstelle für Brennstoff- und Energiewirtschaft mit Zweigbüros in Kattowitz (später in Gleiwitz), 1920 folgte eine Zweigstelle in Siegen, 1921 die Zweigstelle im besetzten Saarbrücken.[986] Diese Ausschüsse sollten aber auch eine befürchtete Sozialisierung der Grundstoffindustrie verhindern, indem sie eine Unwirtschaftlichkeit von Teilen der Produktion andeuteten. Auch die Normierung mittels DIN kam erst in den 1920er-Jahren zum Tragen.

Der Versuch einer systematischen staatlichen Rationalisierung und Koordination der deutschen Kriegswirtschaft setzte erst 1916 ein und war mit einem hohen Verwaltungsaufwand und entsprechendem Arbeitskräftebedarf verbunden. Um die Ziele zu erreichen, beteiligten sich Militärs und auch Ruhrindustrielle an der völkerrechtswidrigen Ausbeutung der besetzten Gebiete. War zu Kriegsbeginn noch ausländisches Privateigentum respektiert worden, so wurde bald sogenanntes Feindvermögen liquidiert und an deutsche Interessenten verkauft (Zeche Friedrich Heinrich), auch wenn Angehörige der Eigentümerfamilie de Wendel Mitglieder des deutschen Reichstages gewesen waren. In den besetzten Gebieten wurden zeitweise Menschen als Zwangsarbeiter nach Deutschland verschleppt und bis Kriegsende Hallen, Anlagen und Maschinen demontiert und nach Deutschland transportiert. Der deutsche Maschinen- und Anlagenbau konnte den überdimensionierten Bedarf des Hindenburg-Pro-

---

[986] Maier, Zilt, Rasch (Hg.): 150 Jahre Stahlinstitut, S. 858; Rasch: Zwischen Politik und Wissenschaft, S. 105 f.

gramms nicht befriedigen. Wegen Material- und Arbeitskräftemangels sollten Teile dieser „Hindenburg-Werkstätten" selbst bis Kriegsende nicht voll ausgenutzt werden.

Der Staat schränkte immer mehr die Mechanismen der Marktwirtschaft ein durch Höchstpreise, privatwirtschaftliche Verteilorganisationen und Zwangskartelle, hob sie aber nicht gänzlich auf durch gemeinwirtschaftliche Projekte einer Roheisengemeinschaft etc.

Das Militär konnte erst gegen Kriegsende nicht kriegswirtschaftlich sinnvolle Prestigeobjekte im Ruhrgebiet unterbinden wie den Bau neuer, großer Verwaltungsgebäude der Gelsenkirchener Gussstahlwerke sowie der Dortmunder Union. Letztere nur eine, wenn auch kriegswichtige Produktionsstätte von Deutsch-Lux, sollte unter Vögler zum neuen Zentrum des Konzerns anstelle des Gesellschaftssitzes Bochum ausgebaut werden. Einigen Unternehmen ging es bei diesen Bauten um Repräsentation und um Verschleierung ihrer zum Teil exorbitanten Kriegsgewinne. Auch beim Neubau von Fertigungsanlagen blieben ausschließlich privatwirtschaftliche Interessen ausschlaggebend. (Staatliche bzw. staatlich initiierte) Gemeinschaftsprojekte – z. B. zur gemeinsamen Roheisenversorgung der im Dortmunder Raum gelegenen rüstungswichtigen Betriebe – unterblieben, ebenso wie eine staatlich gesteuerte Konzentration des Steinkohlenbergbaus auf leistungsstarke Zechen. Dagegen stieg der staatliche Verwaltungsaufwand enorm an, zum Teil auch in Projekten, deren unmittelbarer Nutzen für die aktuelle Kriegsführung bezweifelt werden muss, die aber für den Historiker äußerst interessant sind. Hier ist z. B. die „Wissenschaftliche Kommission des Königlich Preußischen Kriegsministeriums" zu erwähnen, die die deutsche Heereswirtschaft unter historischem und volkswirtschaftlichem Blickwinkel betrachten und aufzeichnen sollte. Bei ihrer Gründung im Herbst 1915 bestand sie aus drei Mitgliedern, bei Kriegsende aus über 20, „dazu die erforderlichen wissenschaftlichen und technischen Hilfskräfte."[987] Wollte das Militär etwa aus der Geschichte lernen oder sich nur glorifizieren lassen?

Das Hindenburg-Programm, das im Kern eigentlich nur eine Absichtserklärung war, ohne vorherige koordinierte Überprüfung der technischen und wirtschaftlichen Möglichkeiten (s. Kapitel 26.1), führte zur Einbeziehung zahlreicher zusätzlicher Unterlieferanten für einzelne Rüstungsaufträge an den verschiedensten Standorten, zum Teil weit entfernt vom Ruhrgebiet. Ludendorff, der eigentlich starke Mann der neu ernannten 3. OHL verstand es, mit dem Nimbus des Siegers von Tannenberg, der gegen einen zahlenmäßig überlegenen Feind gewonnen hatte, Propaganda zu machen am Beginn des dritten Kriegsjahres ohne realistische Aussicht auf einen deutschen Sieg und Frieden. Durch das Hindenburg-Programm entstanden zusätzliche logistische Probleme: Der bisher schon existente „Stahltourismus", der Transport einzelner (Rüstungs-)Halbfabrikate bis zur Endfertigung, nahm – nicht nur innerbetrieblich – deutlich zu. So betrug er innerbetrieblich bei Krupp schon zu Kriegsbeginn bei schweren Geschützen 54 km und vervielfachte sich bis Kriegsende. Da Krupp schon unmittelbar nach Kriegsbeginn bei der Granatenfertigung die Rohlinge bei Fremdfirmen, u. a.

---

[987] Max Serings Vorwort, in: Weyrauch: Waffen- und Munitionswesen, S. V.

Blohm & Voss in Hamburg und bei der Siemens-Schuckertwerke in Nürnberg, aber auch im formal neutralen, jedoch von Deutschland besetzten Luxemburg, abdrehen ließ,[988] lag der Gesamtwert der Transportleistung vermutlich noch deutlich höher. Damit verbunden war auch ein Anstieg des innerbetrieblichen Verwaltungsaufwands, mussten doch Versandpapiere ausgestellt, Transportmöglichkeiten geordert, der Verbleib der Halbfabrikate kontrolliert, der Eingang der bearbeiteten Halbfabrikate bestätigt und die Rechnungen der Unterlieferanten nach Prüfung bezahlt werden. Vice versa galt dies für die Unterlieferanten und die eingeschalteten Transporteure, in der Regel die Eisenbahn. Hinzu kam noch das vom Staat initiierte Kontrollsystem mit seinen verschiedenen Formularen und Antragsstellen. Zudem verzögerte der Transport zu weit entfernten Unterlieferanten die Fertigstellung der dringend benötigten Militärgüter, ganz zu schweigen von dem schon erwähnten zusätzlichen Energiebedarf der schon überlasteten Eisenbahn. Hier hätten Möglichkeiten bestanden, den herrschenden Kohlenmangel abzumildern, mussten doch ab 1917 auch kriegswichtige Rüstungsbetriebe ihren Kohlenbedarf einschränken bzw. bekamen nicht die zugesagten, benötigten Mengen geliefert. Übrigens förderte der Kohlenmangel die Umstellung der Heißbetriebe in Hüttenwerken auf Gasbeheizung, ergänzt von Kohlenschwelanlagen mit Nebenproduktgewinnung. Der Bau unterschiedlichster Konstruktionen von Tieftemperaturschwelanlagen ist ein treffendes Beispiel für das deutsche Streben nach bester Lösung anstatt schneller Massenfertigung (s. Kapitel 16). Der innerbetriebliche Energieverbund, schon vor dem Ersten Weltkrieg entwickelt, wurde gefördert, aber in der Stahlindustrie erst 1919 mit der Gründung der Wärmestelle Düsseldorf als Gemeinschaftsaufgabe auf wissenschaftliche Basis gestellt. Die das Ruhrgebiet umfassende Gasfernversorgung in Form der späteren Ruhrgas AG entstand noch später, erst 1926, als es auch darum ging, überzählige Kokereikapazitäten (mit verpflichtenden Gaslieferverträgen) vom Markt zu nehmen.[989] Der Erste Weltkrieg führte jedoch dazu, dass alle Kokereien mit Nebenproduktgewinnungsanlagen ausgestattet wurden und der Anfall an Kokereigas und Teer weiter zunahm. Mit seinem hohen, vornehmlich gewinnorientierten Export trug das RWKS während des Kriegs indirekt zum Bedeutungsverlust der Steinkohle auf dem Energiemarkt bei. Die Braunkohle gewann an Bedeutung bei der Elektrizitätserzeugung und der Produktion von Ersatzstoffen.

Die Leistungssteigerungen im Rüstungsbereich wären – angesichts der zahlreichen eingezogenen Männer – ohne Ersatzarbeitskräfte nicht möglich gewesen. Waren im Zweiten Weltkrieg die Kriegsgefangenen und Zwangsarbeiter für die Rüstungsfertigung unverzichtbar, so spielten diese Gruppen im Ersten Weltkrieg eine untergeordnete Rolle. Bis zu einem Viertel der Arbeitskräfte waren bei Kriegsende nämlich deutsche Frauen, eingesetzt in allen Bereichen, im Gleisbau ebenso wie in den Heißbetrieben der Hüttenwerke. Nur unter Tage durften sie im Ruhrgebiet nicht arbeiten, da war der Aberglaube – trotz der weiblichen Schutzheiligen Barbara – im Bergbau zu groß. Dafür sah man Frauen auf den Zechen an den Lesebändern und auf dem Holz-

---

[988] Berdrow: Krupp im Weltkrieg, S. 68.
[989] Rasch: Kohlechemie; Bleidick: Ruhrgas.

hof, Grubenstempel für den Transport nach Untertage vorbereiten. Erst im Kriegsjahr 1918 kamen auch zahlreiche zivile Ausländer aus neutralen oder Satellitenstaaten, insbesondere aus den Niederlanden, in der Rüstungsproduktion zum Einsatz. Im Gegensatz zum Zweiten Weltkrieg arbeiteten sie jedoch nur selten in „sensiblen" Bereichen, da die deutsche Militärführung ebenso wie die „Fabrikherren" Angst vor Spionage und Sabotage hatte. Trotz höherer Beschäftigtenzahlen und erhöhter Mechanisierung und Elektrifizierung konnte die Stahlindustrie des Ruhrgebiets Roheisen und Rohstahl nicht in den Quantitäten der Vorkriegsjahre erzeugen. Dies geschah erst wieder nach Hyperinflation und Ruhrbesetzung Mitte der 1920er-Jahre. Neben 16 Prozent weniger in Betrieb befindlicher Hochöfen fehlten vor allem Fe-reiche ausländische Eisenerze sowie Mangan für die Verhüttung bzw. Stahlerzeugung. Die im Ruhrgebiet liegenden, spätestens in den 1880er Jahren stillgelegten Kohle-Erz-Gruben bzw. Erzgruben sollten im Krieg nicht wieder angefahren werden. Das geschah erst wieder unter der nationalsozialistischen Autarkiewirtschaft.

Die vorangetriebene Elektrifizierung der Betriebe anstelle des Einsatzes von Dampfmaschinen mit ihren Transmissionen bedeutete eine höhere Energieausnutzung. Diese führte ebenso wie die Elektrifizierung der Haushalte als Substitution z. B. des nordamerikanischen Beleuchtungspetroleums zu enormen Steigerungen beim Stromverbrauch und förderte das Vordringen des Braunkohlenstroms in das Ruhrgebiet. 1917 gelang dem RWE die Rheinquerung mittels Hochspannungsleitung bei Düsseldorf. Sie konnte nun Strom ihrer Kraftwerke vom linksrheinischen Braunkohlenrevier in das Ruhrgebiet liefern. Dies war notwendig geworden, weil der Ruhrbergbau die Energienachfrage nicht deckte. Es mangelte an gelernten Bergleuten und am Ausbau der Förderung. Hingegen wurde die linksrheinische Braunkohle mechanisiert im Tagebau gewonnen, erforderte also viel weniger Fachkräfte und Vorbereitung. Das RWE steigerte die Stromproduktion im Vergleich zur Vorkriegszeit um 266 Prozent, wobei der Strombedarf des Ruhrgebiets nicht im gleichen Maßstab anstieg, vielmehr waren zahlreiche Ersatzstofffabriken in der Nähe der linksrheinischen RWE-Braunkohlenkraftwerke errichtet worden. Der Gewinn des gemischtwirtschaftlichen RWE stieg jedoch aus politischen Gründen nicht parallel zur Bilanzsumme oder zum Absatz. Die Elektrifizierung von Industrie und Haushalten stieß aber bald schon auf einen enormen Kupfermangel, da Kupfer u. a. für die Führungsringe der Munition benötigt wurde. Obwohl dieser Mangel absehbar war, wurde noch 1915 der private Lkw-Verkehr wegen Treibstoffmangels auf batteriebetriebene Fahrzeuge umgestellt, was angesichts von Kupfer-, Blei- und Gummimangel nicht sinnvoll war. Ersatzprodukte für Kupfer waren Aluminium für Stromleitungen und Elektromotorenwicklungen, Eisen für Stromleitungen, sowie Zinn als Führungsringe für Geschosse mit den damit verbundenen technischen Problemen. Beispielsweise mussten die Elektromotoren für Aluminiumwicklungen umkonstruiert werden, da die Leitfähigkeit des Aluminiums eine andere war als die von Kupfer. Ab 1917 herrschte selbst ein Mangel an Eisen für Rüstungsgüter, Maschinenbau und zivile sowie militärische Baumaßnahmen. Die staatliche Ersatzstoffwirtschaft verschob den Mangel von einem Bereich in einen anderen ohne langfristige Lösungen anbieten zu können.

Durch die in Hagen ansässige Produktion von U-Boot-Batterien geriet diese Stadt gegen Kriegsende auf die Liste möglicher Ziele für britische Langstreckenbomber, sollte jedoch wegen des dann überraschend schnellen Kriegsendes nicht mehr angegriffen werden. Fälschlicherweise hatten die Briten angenommen, dass es sich um eine deutsche Engpassproduktion handele, deren Zerstörung wesentlichen Einfluss auf den U-Boot-Krieg habe. Die Luftverteidigung des Ruhrgebiets band Flakbatterien und Luftschiffe, die die Verdunkelung prüften. Bei der Entwicklung von Flak-Geschützen war die Firma Krupp führend.

Betrachtet man die Kriegsgewinne der an der Rüstungsfertigung direkt oder indirekt beteiligten Ruhrgebietsunternehmen, so lassen sich diese grob in drei Gruppen einteilen, und zwar in jene mit exorbitanten Gewinnen, jene mit mittleren bis großen Gewinnen und jene ohne besondere Gewinne im Vergleich zu ihren vor dem Krieg veröffentlichten Bilanzen. Dabei muss berücksichtigt werden, dass die Unternehmen zum Teil die handelsrechtlichen Möglichkeiten nutzten, um vielleicht als unmoralisch empfundene Profite zu kaschieren, zumal der Reichstag 1916 eine „Kommission zur Prüfung von Verträgen über Kriegslieferungen" eingesetzt hatte. Neben den Sonderabschreibungen auf Kriegsinvestitionen sind in diesem Zusammenhang Grundstückserwerb, Stiftungen, Rückstellungen, Kapitalerhöhungen, Bauten von Verwaltungsgebäuden und Werkswohnungen, Erwerb von Kohle- und Erzgruben zur Sicherung der eigenen Rohstoff- und Energiebasis u. a. m. zu nennen.

Zu den Unternehmen mit exorbitanten Gewinnen gehören diejenigen Firmen, die – wie Rheinmetall – schon im Rüstungsgeschäft tätig waren und höherwertige Rüstungsgüter produzierten wie Geschütze bzw. Geschützrohre. Hierzu zählten auch der Bochumer Verein und das Gussstahl-Werk Witten, die schon vor dem Krieg Geschäftsbeziehungen zum Militär unterhielten, aber auch die Maschinenfabrik Thyssen und die Press- und Walzwerk AG, die erst mit Kriegsbeginn in das Rüstungsgeschäft – und dann sehr massiv – einstiegen. Die Maschinenfabrik Thyssen produzierte nicht nur Rüstungsmaterial, sondern auch kriegswichtige Güter wie Tieftemperaturschwelanlagen zur Gaserzeugung mit zusätzlicher Gewinnung von flüssigen Treibstoffen. Zu den außergewöhnlichen Kriegsgewinnlern gehörte auch das Gelsenkirchener Gussstahlwerk, das die Massenfertigung von Gussgranaten aufnahm und 1915/16 und 1916/17 zwischen 25 und 33 Prozent seiner Bilanzsumme als Gewinn auswies. Es konnte zudem das Stahlwerk Krieger auf sich fusionieren und im Krieg mit dem Bau eines repräsentativen Verwaltungsgebäudes als neuen Firmensitz von drei weit auseinander liegenden Werken beginnen, um zumindest einen Teil seiner Gewinne vorab zu reinvestieren.

Als 1916 auch Henschel & Sohn, Kassel, groß in das Rüstungsgeschäft einstieg und sich nicht mehr ausschließlich auf die Herstellung von gegossenen oder gepressten und abgedrehten Geschosshüllen in Hattingen sowie die Produktion kriegswichtiger Lokomotiven in Kassel beschränkte, sondern auf der Henrichshütte ein Tiegelstahlwerk errichtete, um Qualitätsstahl für Geschützrohre zu produzieren, da stiegen die ausgewiesenen Gewinne dieser Abteilung nahezu explosionsartig an. Dies verwundert umso mehr, da einige Unternehmen ab 1916 eher zurückhaltend beim Ausweis ihres wirtschaftlichen Erfolgs waren, denn im Sommer 1916 hatte der Reichstag – wie schon gesagt – eine „Kommission zur Prüfung von Verträgen über Kriegslieferungen" eingesetzt, um dem auch öffentlich geäußerten Vorwurf der Kriegsgewinnlerei nachzugehen. Dass die Kommission erfolglos bleiben würde, war zunächst nicht abzusehen, zumal der Sozialdemokrat Gustav Noske schnell zu ihrer treibenden Kraft wurde. Dennoch bleibt festzustellen, dass bei einigen Firmen die Gewinne erst in der zweiten Kriegshälfte – infolge der vermehrten deutschen Rüstungsanstrengungen des sogenannten Hindenburg-Programms – ungewöhnlich schnell anstiegen; andere hingegen hatten sich in den ersten Kriegsjahren 1914/15 mit Dividendenausschüttungen zurückgehalten, Rückstellungen infolge der nicht absehbaren Rentabilität ihrer Kriegsinvestitionen gebildet.

Die Firma Krupp nahm nicht überdurchschnittlich an den Gewinnen der Kriegskonjunktur teil, hatte doch Gustav Krupp von Bohlen und Halbach schon im Herbst 1914 festgelegt, die Preise für Kriegsmaterial nicht zu erhöhen. Dies war – neben Patriotismus – vermutlich eine Reaktion auf das seit 1912 angespannte Verhältnis zum preußischen Militär, nachdem eine Bestechungsaffäre publik geworden war, in der Krupp versucht hatte, Informationen über Angebote von Konkurrenten auf illegale Weise zu erlangen. Dennoch sprudelten auch bei Krupp die Gewinne (1915 Steigerung um mehr als 100 Prozent), u. a. durch den nun erreichbar hohen Auslastungsgrad der Maschinen und Mitarbeiter. Das Militär hingegen versäumte es, – vermutlich in Unkenntnis von betriebswirtschaftlichen Zusammenhängen – aufgrund der Massenaufträge bei den Produzenten eine Preisreduktion infolge der Kostendegression einzufordern oder die Vertragsbasis komplett zu ändern auf Selbstkosten plus Gewinnzuschlag, wie dies schon vor dem Krieg bei den sogenannten Kolonialverträgen üblich war, oder wie es das Reichsmarineamt seit 1915 mit genauer monatlicher bis vierteljährlicher Kontrolle der Kosten mit sogenannten Regieverträgen einführte. Vereinzelte Versuche der Beschaffungsstellen zur Preisreduktion scheiterten an den kartellartigen Strukturen der Eisen- und Stahlindustrie. Trotz Verzicht auf Preiserhöhungen waren die Krupp'schen Gewinne sehr hoch und wurden zum Teil für Kapitalerhöhungen genutzt. Dass bei Kriegsende ein Teil der Maschinen verschlissen, andererseits zahlreich neue Maschinen angeschafft worden waren, die aufgrund des Versailler Friedensvertrags nur zu einem Bruchteil demontiert bzw. zerstört wurden, eröffnete in der Phase 1919/20 die Möglichkeit zu hohen Abschreibungen mit Ausweisung von Verlusten, nicht nur bei Krupp, sondern auch bei zahlreichen anderen Unternehmen. Diese leisteten einerseits den handelsgesetzlichen Vorschriften Genüge, zum anderen versuchten sie, auf diese Weise auch einer drohenden Sozialisierung zumindest den wirtschaftlichen Anreiz zu nehmen. Dennoch ist festzustellen, dass bei allen im Rüstungsgeschäft tätigen Unternehmen der Anlagenbestand durch die hohen Investitionen vor allem im Zuge des sogenannten Hindenburg-Programms zu einer Modernisierung des Maschinenparks bei gleichzeitiger Rationalisierung infolge von Arbeitskräftemangel führte, zudem wurde die Energiewirtschaft auf den Werken verbessert. Andererseits konnte es auch wegen Materialmangels zu personalintensiven Lösungen kommen, z. B. bei den Krupp'schen Energiebetrieben. Die Kriegsgewinne führten noch während des Kriegs zu einer Modernisierung der Unternehmen, aber auch einer Unternehmenskonzentration (sowohl horizontal als auch vertikal) in der bisherigen Montanindustrie ohne wesentliche Impulse zu neuen Unternehmungen, regionale Konkurrenten wurden nicht übernommen. Nur die Nebenproduktengewinnung auf den Kokereien und die Kohlechemie erhielt im Ruhrgebiet neue Impulse. Außerdem stieß die Maschinenfabrik Thyssen in den Bereich Elektrotechnik vor und wurde nach dem Krieg ein ernster Konkurrent für AEG und Siemens-Schuckertwerke, u. a. weil sie Innovationen durch eigene Forschungen ermöglichte. Der Erste Weltkrieg förderte zahlreiche technische Entwicklungen wie die Einführung der Sinteranlagen zur Erzaufbereitung, der industriellen Herstellung des V2A-Stahls vornehmlich für die Stickstoffgewinnung nach Haber-Bosch. Der Mangel an Legierungsmetallen führte zu einer vermehrten chemischen Stahlforschung, die in die Gründung des KWI für Eisenforschung mit Sitz schließlich in Düsseldorf mündete. Der Thomasstahl fand neue, hochwertigere Anwendungen, während der Tiegelgussstahl seine letzte Hochzeit erlebte, da das Militär seine Qualität für die Herstellung von Geschützrohren forderte, bevor gegen Ende des Kriegs auch andere Stahlgüten zugelassen wurden bzw. werden mussten. Das Kriegsende war auch das Ende für die Tiegelgussstahlerzeugung in großen Quantitäten.

Neben diesen o. g. „erfolgreichen" Unternehmen gab es auch Firmen, die nicht sonderlich an der Rüstungskonjunktur teilnahmen und keine zusätzlichen Gewinne auswiesen, ja sogar zu Übernahmekandidaten mutierten. Unterdurchschnittlich an den Kriegsgewinnen nahmen etliche Zechengesellschaften teil, die Th. Goldschmidt AG, weil sie nicht sonderlich viele Chemikalien für den Krieg herstellte, andererseits mit ihrer Weißblechentzinnung vor dem Krieg auf Importe angewiesen war und nun Umsatzeinbußen hinnehmen musste, obwohl Weißblech vom Heer für Konserven sehr gefragt war. Zudem investierte sie hohe Beträge in die Entwicklung eines industriellen Hydrierverfahrens für Mineralöle und Kohle zur Gewinnung flüssiger Kohlenwasserstoffe, das sie jedoch nicht in Essen sondern in Mannheim-Rheinau realisieren wollte – was ihr aber nicht gelang. Auch das RWE, ein gemischtwirtschaftliches Unternehmen, wies keine besonderen Gewinnsteigerungen aus, vielmehr verliefen diese nahezu parallel mit dem Anstieg der Bilanzsumme. Für die städtischen Anteilseigner des RWE wäre der Ausweis von Sondergewinnen angesichts einer sich im Laufe des Kriegs immer weiter einschränken müssenden Bevölkerung vielleicht nicht opportun gewesen.

Unterdurchschnittlich an der Kriegskonjunktur partizipierten – wenn man sich die Geschäftsberichte anschaut – GBAG, Deutsch-Lux und GDK. Ein Grund hierfür dürfte – neben einer sicherlich äußerst konservativen Bilanzpolitik – gewesen sein, dass diese rheinisch-westfälischen Montanunternehmen nicht nur über eigene Minettegruben in Deutsch-Lothringen und Luxemburg verfügten, sondern dass sie dort auch eigene Hüttenwerke betrieben. Bei Kriegsbeginn litten diese unter der Einschränkung des zivilen Eisenbahnverkehrs im deutschen Aufmarschgebiet. Kohle und Koks konnten weder von der Ruhr noch von der Saar angefahren werden, im letzten Kriegsjahr war das Eisenbahnsystem wieder so überlastet, dass die benötigte Energie nicht in ausreichenden Mengen zur Verfügung stand und die dortigen Werke erneut Verluste auswiesen, die von den anderen im Ruhrgebiet gelegenen Hüttenwerken und Zechen des jeweiligen Konzerns nicht bzw. nicht ausreichend kompensiert werden konnten.

Zu den Verlierern des Ersten Weltkriegs gehörte der Steinkohlenbergbau an der Ruhr in zweifacher Weise, nicht nur bilanztechnisch. Der Bedeutungsverlust des Ruhrbergbaus spiegelt sich u. a. in den Förderzahlen. Obwohl bis 1923/24 ein deutlicher Kohlenmangel herrschte, erreichte die deutsche Steinkohlenförderung – u. a. bedingt durch Gebietsverluste – erst 1926 wieder den Vorkriegsstand, während die Braunkohle zur gleichen Zeit ihre 1913er-Förderung schon um 50 Prozent übertraf. Der Bedeutungsverlust resultierte u. a. aus dem Verlust des Strommarktes. Verstromt wurde im wachsenden Maße die Braunkohle, weshalb eine große Anzahl von Ruhrzechen 1926 auf dem Werksgelände der Ruhrchemie in Oberhausen ein Gemeinschaftskraftwerk zur Verstromung von schwer absetzbarem Kohlenklein errichteten. Erst unter der NS-Autarkie- und Kriegswirtschaft sollte mit Gründung der Steinkohlen-Elektrizität AG (Steag) die Verstromung der Steinkohle einen neuen Aufschwung nehmen.

Die Energieversorgung mit Strom und Gas hatte sich schon vor dem Ersten Weltkrieg von lokalen Anbietern zu Verbundsystemen entwickelt. Da im Krieg der Ausbau der Zechen- und Hüttenkraftwerke nicht mit der jeweiligen betrieblichen Stromnachfrage Schritt gehalten hatte, konnten das RWE und die beiden westfälischen Stromanbieter immer mehr industrielle Betriebe als Abnehmer ihres Stroms gewinnen. Ein Stromverbundnetz der Zechen für das Ruhrgebiet wurde jedoch erst 1937/38 diskutiert.[990] Den Kokereigasproduzenten gelang schon 1926 die Gründung eines hauptsächlich auf das Ruhrgebiet beschränkten Gasnetzes in Form der späteren Ruhrgas AG. Zuvor waren nur Thyssen und RWE als (über-)regionale Gasanbieter hervorgetreten.

Die Mangelwirtschaft und die ab 1916 zunehmende staatliche Planwirtschaft mit ihren immer weitere Bereiche der Wirtschaft erfassenden Zuteilungssystem konnten die Bedürfnisse von Handwerk und vor allem Industrie nicht ausreichend berücksichtigen. Diese „Planwirtschaft" reagierte auf unerwartete Schadensfälle nicht flexibel genug, was bei der Industrie zu Anlagenstillständen und den damit verbundenen Produktions- und Geldverlusten führte. Deshalb bauten große Unternehmen ihre Reparaturwerkstätten personell und maschinell aus, da sie nicht wie bisher schnell von außen qualifizierte Hilfe inklusive notwendiger Ersatzteile erhalten konnten. Soweit möglich wurden diese dann selbst hergestellt, was nur in einer Planwirtschaft bedingt produktiv war. Aus diesem Grund gliederte sich die Stahlbaufirma C. H. Jucho im Krieg eine eigene Maschinenbau-Abteilung an. Durch die Zunahme der Elektromotoren in den Werken mussten dort – sofern nicht schon vorhanden – eigene große Elektrowerkstätten aufgebaut werden. Dies förderte in Teilen eine werkseigene Autarkiewirtschaft, um sich von der staatlichen Plan- und Zuteilungswirtschaft des Kriegsamts größtmöglich unabhängig zu machen. Die aufgebauten werkseige-

---

[990] Döring: Ruhrbergbau, S. 288–299, Plan eines eigenen Stromverbundnetzes der Vereinigte Stahlwerke AG von 1937, siehe S. 281.

nen Reparaturbetriebe sollten die Kriegszeit überstehen und zu einem Merkmal der Großindustrie – nicht nur des Ruhrgebiets – werden. Auch August Thyssen hatte diesen Mangel wahrgenommen und erweiterte 1918 seine Maschinenfabrik um eine Elektroabteilung, indem er die Duisburger Firma Chr. Weuste & Overbeck GmbH aufkaufte und seinem Unternehmen als unselbstständige Abteilung angliederte. Mit seiner im Ruhrgebiet ansässigen, für zahlreiche Kunden nahegelegenen Maschinenfabrik, umbenannt 1918 in Thyssen & Co. AG, auf die er seine Kommanditgesellschaft Thyssen & Co. fusionierte, machte er den großen Elektrofirmen AEG und Siemens-Schuckertwerke mit Drehstromgeneratoren von 10 m Außendurchmesser, aber auch kleinen Elektromotoren Konkurrenz, jedoch erst nach dem Krieg. Im Gegensatz zu den genannten Firmen, die über keine eigene Turbinenfertigung verfügten, sondern diese zukaufen mussten, konnte die ehemalige Maschinenfabrik Thyssen nun als Komplettanbieter auftreten, u. a. für Gasdynamomaschinen. Diese Entwicklung hatte der Krieg befördert, ebenso wie Holzwarths Bemühungen bei Thyssen um die Entwicklung einer industriell nutzbaren Gasturbine. Das Projekt scheiterte letztlich.

Die Mangelwirtschaft bei Lebensmitteln führte dazu, dass vor allem die über großen Landbesitz verfügenden Montanunternehmen des Ruhrgebiets eine Eigenwirtschaft aufbauten, um – trotz des Gesetzes über den vaterländischen Hilfsdienst (Hilfsdienstgesetz) vom 5. Dezember 1916, das einen Arbeitsplatzwechsel erschweren sollte – durch zusätzliche Lebensmittelzuteilungen aus eigener Land- und Viehwirtschaft qualifizierte Arbeitskräfte an den eigenen Betrieb zu binden bzw. Anreize für einen entsprechenden Arbeitsplatzwechsel zu schaffen. Die zusätzlichen Arbeitskräfte wurden in den größeren Unternehmen – insbesondere nach dem Hindenburg-Programm von 1916 – durch neu errichtete Werkskantinen zentral verpflegt. Diese überdauerten den Krieg und sollten die bis dahin übliche Eigenverpflegung durch den Henkelmann ablösen.

Das Ruhrgebiet war – vor und vor allem im Krieg – tatsächlich die Waffenschmiede des Deutschen Reichs (Jakob Reichert), im doppelten Sinne des Wortes. Hier fertigten die meisten Unternehmen klassische Rüstungsgüter wie Geschütze und Munition, Uniformteile und Pferdegeschirr, nicht jedoch im nennenswerten Umfang Flugzeuge, Motoren und Kraftfahrzeuge und Zugmaschinen für schwere Geschütze, Fernsprecher oder optische Geräte. Betrachtet man die Herstellungsverfahren, so kann man – polemisch – tatsächlich von „Schmiede" sprechen, da oft noch nicht einmal industrielle Produktionsverfahren Anwendung fanden. Eine Rationalisierung von Betriebsabläufen – wie sie z. B. in Berlin die Ludw. Loewe & Co., A. Borsig und Siemens-Schuckertwerke mit Hilfe deutscher und z. T. noch US-amerikanischer Fachleute anstrebten – fand hier nicht ausreichend statt, auch wenn beispielsweise Krupp und andere Firmen auf eine Rationalisierung durch Mechanisierung setzten und vermehrt Maschinenbauer auch in leitenden Positionen einstellten wie z. B. Richard Stribeck bei Krupp. Die unternehmensübergreifende Rationalisierung sollte zum ersten Mal zwei Wochen vor dem Waffenstillstand von Albert Vögler als großer Unternehmensverbund gefordert werden, um die strukturellen Probleme der Branche mit ihren kriegsbedingten Überkapazitäten zu lösen. Erst zu Beginn der Weimarer Republik versuchte er, die auf Kohle, Stahl und Maschinenbau fußende rheinisch-westfälische Montanindustrie mit der Elektrotechnik als Siemens-Rheinelbe-Schuckert-Union in engeren Kontakt zu bringen. So aber blieb bis Kriegsende der nahezu manuell erzeugte Tiegelstahl die von den Militärs geforderte Standard-Stahlqualität für die Geschützrohr- und Lafettenfertigung, auch wenn der Bochumer Verein und Krupp (Friedrich-Alfred-Hütte) selbst schon längst bewiesen hatten, dass im Siemens-Martin-Ofen, im Elektrostahl-, aber auch im Thomasstahlwerk gleiche Stahlqualitäten – zudem massenhaft und preisgünstiger, u. a. wegen eines geringeren Energieverbrauchs – herstellbar waren. Nur dem aus vergleichsweise reichlich vorhandenen Minetteerzen erzeugten Thomasstahl gelang es – aufgrund der hohen Nachfrage und fehlender Alternativen –, als Granatstahlqualität anerkannt zu werden.

Der Erste Weltkrieg führte zwar zu einzelnen Innovationen, zu Rationalisierungsmaßnahmen und zu Unternehmenszusammenschlüssen, auch zu einem größeren Verständnis für Fragen der Kohlechemie und zu langfristig angelegten Gemeinschaftsprojekten, nicht nur im Bereich der Forschung (Kaiser-Wilhelm-Institut für Kohlenforschung/Eisenforschung, Gesellschaft für Kohlentechnik), aber der große Modernisierungsschub für das Ruhrgebiet durch neue Branchen fand nicht statt, sieht man einmal ab von der Organisationsinnovation des Siedlungsverband Ruhrkohlenbezirk (1920). Dessen Verwaltungsgeschichte ist bislang nicht aufgearbeitet, obwohl mit dem Generalkommando des VII. Armeekorps erstmals das gesamte Ruhrgebiet unter einheitlicher staatlicher Verwaltung stand.

Obwohl einige Hüttenwerke Zylinder für Motoren und Kurbelwellen für Motoren hergestellt hatten, nahmen sie – nach dem Krieg – zunächst nicht die Fertigung von kompletten Motoren auf. Nur der einstige Rüstungslieferant Krupp wandte sich notgedrungen neuen Tätigkeitsfeldern zu, dem Lokomotiv- und Lkw-Bau, jedoch nicht ohne schon während der Weimarer Republik sich an der verbotenen Aufrüstung zu beteiligen. In der NS-Rüstungspolitik führte dies u. a. zur Panzerproduktion, die Krupp im Ersten Weltkrieg vernachlässigt hatte, aber auch wieder – auf staatliche Nachfrage – zum Bau von Riesengeschützen wie der „Dora". An der von alliierter Seite verbotenen Flugzeugproduktion zeigte man im Ruhrgebiet jedenfalls kein Interesse mehr.

Die wirtschaftliche Expansionskraft des Ruhrgebiets näherte sich Anfang des 20. Jahrhunderts ihrem Ende. Hatte ausländisches Kapital zusammen mit rheinischen und lokalen Geldgebern Mitte des 19. Jahrhunderts die Industrialisierung des Ruhrgebiets befördert, so war die Region seit dem letzten Drittel des 19. Jahrhunderts eher ein autochthoner Raum, der Kohle und Eisenfabrikate exportierte, im Ausland Niederlassungen anlegte, dort Rohstoffgruben erwarb und sie ausbeutete, dort aber auch Waren herstellte. Seit Anfang des 20. Jahrhunderts wurde vermehrt Kapital und Know-how in die Minette-Region Lothringens und Luxemburgs investiert, wo neue Hüttenwerke entstanden. Nach dem Weltkrieg war das Ruhrgebiet – auch infolge der deutschen Gebietsverluste – wieder Investitionsregion für andere deutsche Montanreviere wie das Saarland, das Siegerland und den Raum Salzgitter (Ilseder-Hütte). Schon vor dem Krieg hatte der französische de Wendel-Konzern ebenso wie der saarländische Stumm-Konzern seine Kohlenbasis im Raum Hamm-Lünen gesichert, der oberschlesische Magnat Guido Graf Henckel Fürst von Donnersmarck hatte die Niederrheinische Hütte in Duisburg erworben und sich an der Gewerkschaft Trier beteiligt. Im Krieg kaufte die Bismarckhütte AG, auf die Guido Henckel von Donnersmarck ebenfalls Einfluss hatte, die Westfälische Stahlwerke AG in Bochum. Nach dem Krieg sollte sich zudem der saarländische Stumm-Konzern, der schon vor dem Krieg in die Zeche Minister Achenbach im Raum Lünen investiert hatte, an Übernahmen im Ruhrgebiet beteiligen, indem er die Niederrheinische Hütte in Duisburg sowie den Konzern Gussstahlwerk Gelsenkirchen mit seinen drei Produktionsstandorten erwarb, um seine Verluste in der lothringer Eisenindustrie zu kompensieren. Ähnlich ging Peter Klöckner mit dem 1923 nach ihm benannten Konzern vor. Er verlegte den Gesellschaftssitz seines Lothringer Hütten- und Bergwerks-Verein nach Rauxel und machte das Ruhrgebiet zum Zentrum seines Konzerns. Die Rombacher Hüttenwerke, die sich noch vor dem Krieg ihre Energiebasis im Ruhrgebiet gesichert hatten, sollte nach dem Verlust Lothringens als Zechengesellschaft (Concordia Bergbau AG) weiter bestehen.

Das Ruhrgebiet erlebte im Ersten Weltkrieg seinen Höhepunkt als montanindustrielles Zentrum und gewann zusätzlichen Einfluss auf die Berliner Politik, da die Stahlindustrie noch vor den Sprengstofffabriken das Rückgrat der deutschen militärischen Rüstung war. Ihre Vertreter nahmen folglich auch an den Waffenstillstands- und Friedensverhandlungen teil und sie waren es, die bei der Ruhrbesetzung 1923 mit Frankreich die Micum-Verträge für Deutschland aushandelten und unterzeichneten. Die Montanindustrie erlebte innerhalb kurzer Zeit einen Modernisierungsschub durch Unternehmenskonzentration, Elektrifizierung, Energieverbund und Ausbau kohlechemischer Aktivitäten sowie Aufbau einer betrieblichen Autarkiewirtschaft durch unternehmenseigene Reparaturbetriebe. Mit neuen Anlagen, Hallen und sogar einigen neuen durchaus repräsentativen Verwaltungsgebäuden verließ die Montanindustrie die Kriegsphase. Außer bei der Maschinenfabrik Thyssen in Mülheim/Ruhr fanden jedoch keine Investitionen in die neuen Branchen Elektrotechnik oder Chemie statt. Die chemischen Aktivitäten des Ruhrbergbaus blieben als Kohlechemie beschränkt auf die Kokerei-Nebenbetriebe und die Stickstoffgewinnung mittels Synthese auf Basis von Kokereigas, diesmal jedoch nicht zur Herstellung von Sprengstoffen sondern für Düngezwecke. Nur Albert Vögler sollte mit der Siemens-Rheinelbe-Schuckert-Union versuchen, die Montanindustrie zu modernisieren und zu rationalisieren sowie mit der Elektrotechnik zu verbinden (s. Kapitel 24). Letzteres gelang ihm genausowenig wie der Firma Krupp, die mit der AEG Gespräche über eine „Krupp-AEG-Kraftanlagenbau GmbH, Essen" führte. Otto Wiedfeldts Ideen einer Neuorganisation der Firma durch Dezentralisierung in einzelne, selbstständige Gesellschaften fanden nicht die Zustimmung von Gustav Krupp von Bohlen und Halbach, der an alten Strukturen festhalten wollte.[991] Neue Impulse in das Ruhrgebiet brachte neben Peter Klöckner

---

[991] Gesellschaftsvertrag Krupp-AGE-Kraftanlagenbau GmbH, Essen, Entwurf vom 18.10.1919 in: HAK WA 4/2004. Es sollten ehemalige Werkshallen genutzt und 6.000 neue Arbeitsplätze durch den Bau von Transformatoren und Hochspannungsapparaten geschaffen werden. Denkschrift von Otto Wiedfeldt zur Neuorganisation der Gesellschaft, 1919, in: ebd. WA 4/2575; Tenfelde: Krupp in Krieg und Krisen, S. 150–160.

Friedrich Flick, der vom Siegerland kommend, weit über das Ruhrgebiet hinaus unternehmerisch dachte und entsprechende Ideen umsetzte.

Während des Kriegs hatte die deutsche Industrie – nicht nur die des Ruhrgebiets – viele ihrer ausländischen Absatzmärkte verloren, die sie in den 1920er-Jahren nur langsam wiedergewann. Die durch die Kriegsfinanzierung initiierte Hyperinflation mit Währungsreform 1923 half dem wirtschaftlichen Aufschwung im Ausland. Der Kriegsausgang bedeutete für die Ruhrgebietsfirmen – und nicht nur für diese – jedoch auch den Verlust ihres Auslandsbesitzes inklusive dortiger Tochtergesellschaften, Patente und Lizenzen. Die Investitionen in die Rüstungsproduktion erwiesen sich im Nachhinein als Fehlallokation von Kapital. Es wäre jedoch zu prüfen, ob die Kriegsgewinne diese Fehlinvestitionen nicht kompensierten.

Ob dem Ruhrgebiet durch die kriegsbedingte einheitliche Verwaltung des stellvertretenden Generalkommandos VII eine neue einheitliche Identität gegeben wurde, muss noch erforscht werden, zumal in dieser Zeit konkurrierende militärische Institutionen in Düsseldorf und Münster im Ruhrgebiet agierten. Der 1920 gegründete Siedlungsverband Ruhrkohlenbezirk scheint nicht nur zivile Wurzeln zu haben,[992] auch wenn Alfred Hugenberg im Juni 1917 und die Handelskammer für die Kreise Essen, Mülheim/Ruhr und Oberhausen zu Essen, deren Präsident er war, im Oktober 1917 zu Besprechungen über die Errichtung einer rheinisch-westfälischen Industrieprovinz innerhalb Preußens einluden. Der Krieg förderte die Zentralisierung, wenn auch nicht in Form einer neuen preußischen Provinz oder eines neuen Regierungsbezirks, wie sie einige Montanindustrielle wünschten, wohl aber als Vereinigung von Handelskammern des niederrheinisch-westfälischen Industriebezirks und der 1920 erfolgten Gründung des Siedlungsverbands Ruhrkohlenbezirk.[993] Eine Geschichte des Ruhrgebiets in den 1920er-Jahren hätte diesen und anderen Fragestellungen nachzugehen.

---

[992] Leider geht Heinz Wilhelm Hoffacker weder auf Hugenbergs Initiative noch auf die Rolle des stellvertretenden Generalkommandos ein, sondern datiert die Debatte recht allgemein erst auf Sommer 1917, siehe Hoffacker: Siedlungsverband Ruhrkohlenbezirk, S. 51.

[993] Vorbereitung des Schreibens und Absagen wegen Terminkollision 19.06.1917, in: HAK WA4/1246. Schreiben Handelskammer zu Essen an Beukenberg vom 18.10.1917, in: MA P 8 2562, Bl. 003.

26. ANHANG

26.1 Hindenburgs Wunschzettel in imperativer Form: Das Hindenburg-Programm, kein Wirtschaftsprogramm, sondern militärisches Wunschdenken

Das sogenannte Hindenburg-Programm war kein Programm im Sinne eines durchdachten, systematischen Ablaufplans. Es war eine Proklamation bar jeglicher Realität, reines Wunschdenken, was man in der Politik durchaus auch als Programm bezeichnet, nicht – bzw. selten – jedoch im Wirtschaftsleben. Das so bezeichnete Hindenburg-Programm war von Hindenburgs Wunschzettel, geschrieben von General Erich Ludendorff und Oberstleutnant Max Bauer. Das Verhalten der neuen OHL entsprach der klassischen Molkeschen Auftragstaktik mit ihren Zielvorgaben, nur dass die beiden neu berufenen Heerführer keine Ahnung von der Wirtschaft und damit von der Erreichbarkeit ihrer Zielvorgaben besaßen.[994] Das Hindenburg-Programm war angeblich vorher mit einigen (nationaldenkenden) Wirtschaftsführern besprochen worden. Tatsächlich fanden die eigentlichen Besprechungen mit einem größeren Kreis von Industriellen jedoch erst am 16. September 1916 statt, als die Vorgaben schon über 14 Tage im internen Umlauf waren; aber keineswegs die Mehrheit der Industriellen kannte sie zu diesem Zeitpunkt schon.

Die klassisch ausgebildeten Militärs kannten das System von Befehl und Gehorsam, sie konnten Truppenstärken in Mann und Geschützen berechnen und diese auf einem Schlachtfeld verschieben, um operative Vorteile zu erzielen. Sie waren strategisch geschult und kannten die von Helmuth von Moltke d. Ä. entwickelte Führungsmethode der Auftragstaktik, die den Untergebenen Selbstständigkeit gewährte zum Erreichen vorgegebener Ziele. Im Generalstab beherrschten sie diesen Teil ihres Kriegshandwerks. Sie kannten auch das Problem der Verkehrswege und des Nachschubs, machten sich jedoch zu Beginn des Kriegs kaum Gedanken, woher der befohlene bzw. bestellte zusätzliche Nachschub kommen sollte, als die Munitionslager schneller leer waren als geplant, oder zu Beginn des Stellungskriegs wie sie bei einem

---

[994] Pöhlmann: Waffen- und Munitionswesen, S. 189 beschreibt das Scheitern des Hindenburg-Programms als Zuständigkeitskonflikt zwischen OHL und Kriegsministerium ohne die tatsächlich vorhandenen wirtschaftlichen Möglichkeiten des Deutschen Reichs wahrzunehmen, wobei er die „teilweise dramatischen Steigerungen" der Rüstungsproduktion im 1. Halbjahr 1917 dem Hindenburg-Programm zuschreibt, nicht den notwendigen Vorlauf bei der Industrie berücksichtigend, der sich – wie viele Beispiele belegen – auf die 1. Jahreshälfte 1916 datieren lässt. Pöhlmanns diesbezügliche Bemerkung (ebd.) erscheint dennoch als zutreffend: „Das Hindenburg-Programm wird daher heute in der Regel als Ausdruck eines rüstungspolitischen Voluntarismus der Operateure des Krieges gesehen, der selbst bei den militärischen Rüstungsfachleuten auf Kritik stieß."

Durchbruch Nachschub in großen Mengen über ein durch den Stellungskrieg mit Kratern übersätes Schlachtfeld von bald mehreren Kilometern Tiefe ihren vorwärts schreitenden Truppen zur Verfügung stellen konnten. Zunächst galt ihr Interesse der Vernichtung der feindlichen Schützengräben. Die meisten Militärs hatten im Allgemeinen kein Verständnis für Wirtschaftsfragen, abhängig von Produktionsanlagen, Rohstoffen, Arbeitskräften und privatwirtschaftlichen Rentabilitätsüberlegungen. Solche Offiziere überwogen sowohl in der preußischen Armee als auch in denen der anderen Bundesstaaten mit eigenen Heeren. Jedoch zeigten sich immer wieder einzelne Offiziere rüstungswirtschaftlichen Fragen und Zusammenhängen gegenüber ungewöhnlich offen, so auch im August 1914, als innerhalb von nur wenigen Tagen die Kriegsrohstoff-Abteilung im preußischen Kriegsministerium gegründet und deren Leitung mit einem Zivilisten (Walther Rathenau), was ein Novum war, besetzt wurde. Doch den in den Beschaffungsstellen und -ämtern tätigen militärtechnischen Offizieren und Beamten wurde von den Zeitgenossen nicht erst nach dem Krieg ein äußerst negatives Zeugnis ausgestellt. So sagte der Chemiker Fritz Haber, im Rang eines Hauptmanns seit 1914 im preußischen Kriegsministerium herausragend tätig, auf der Hauptversammlung der Deutschen Bunsengesellschaft für angewandte physikalische Chemie im April 1918: „Das Verhältnis zwischen Heereswesen und exakten Naturwissenschaften: Dieses Verhältnis war vor dem Kriege ein unvollkommenes. Der General wohnte gewissermaßen in der Beletage und grüßte zwar den Gelehrten, der in demselben Hause wohnte, aber ein innerer Zusammenhang bestand nicht. Zur Vermittlung bediente er sich des im gleichen Hause wohnenden Industriellen. Dieses Verhältnis ist bedingt gewesen durch die bis zum Kriege bei weitem untergeordnete Stellung der Technik gegenüber der Taktik. Heute ist dies anders."[995] Fritz Haber verbreitete Optimismus, nach vier Jahren Kriegstätigkeit wohl wissend, wie schwierig in „seinem" Haus Änderungen zu erzielen waren. Nach dem Krieg ging es dann auch um gegenseitige Schuldzuweisung für die deutsche Niederlage. Den Militärs fehlte in der Regel aktuelles Wirtschaftswissen. Ihre Laufbahn im Beschaffungswesen erwies sich oft als Sackgasse ohne große Kompetenzen und mit geringeren Aufstiegsmöglichkeiten.[996] Doch es gab auch Ausnahmen.

Die Ernennung Wilhelm Groeners, eines württembergischen Offiziers, zum Leiter des neu geschaffenen Kriegsamts am 1. November 1916 war eine optimale personelle Lösung für die herrschenden kriegswirtschaftlichen Probleme, für die Realisierung des Hindenburg-Programms, denn diese hing von Rohstoffen, Produktionsanlagen und Arbeitskräften ab. Als Chef des Feldeisenbahnwesens hatte Groener nicht nur bei Kriegsbeginn, sondern auch in den folgenden beiden Jahren gezeigt, dass er hohe Anforderungen und vorhandene, beschränkte Kapazitäten geschickt ausgleichen konnte. Seit Mai 1916 war er auch in das neu geschaffene Kriegsernährungsamt delegiert (Foto Seite 225). Unter ihm führte der Leiter des Krupp Grusonwerks in Magdeburg, der Multifunktionär Kurt Sorge, der seit 1915 zugleich Vorsitzender des Vereins deut-

[995] Chemiker-Zeitung 42 (1918), S. 197.
[996] Weyrauch: Waffen- und Munitionswesen, S. 7–9.

scher Maschinenbau-Anstalten war, den zivilen, technischen Stab des Kriegsamts. Trotz der richtigen personellen Entscheidung für jene neu geschaffene Behörde, die militärischen Bedarf, wirtschaftliche Leistungsfähigkeit und vorhandene Ressourcen in Einklang bringen sollte,[997] gilt das obige Lob nicht im gleichen Maße für die zuvor ernannte 3. OHL mit Paul von Hindenburg und seinem Generalquartiermeister Erich Ludendorff, die erste wirtschaftliche Erfahrungen bei der diktatorischen Verwaltung von Ober Ost, dem Gebiet des Oberbefehlshabers Ost hatten sammeln können.[998] Sie stellten am 31. August 1916, also zwei Tage nach ihrer Ernennung zur neuen OHL, gegenüber dem Kriegsminister realitätsferne kriegswirtschaftliche Forderungen auf,[999] dabei sollen sie von den von ihnen befragten Unternehmern, u. a. Gustav Krupp von Bohlen und Halbach und Carl Duisberg – aus welchen Gründen auch immer – in ihren Forderungen eher bestärkt als gemäßigt worden sein. Das stimmt so nicht. Die Unterredung mit beiden fand getrennt erst am 9. September auf einer Eisenbahnfahrt zwischen Köln und Hannover statt. Angeblich soll Krupp dabei – nach Angaben des eigenen Hausarchivars Berdrow – auch die Ernennung eines Sachverständigen zur Feststellung der tatsächlich noch erreichbaren Leistungsfähigkeit der deutschen Industrie angeregt haben und dafür Gisbert Gillhausen, ein ehemaliges Krupp-Vorstandsmitglied mit großen Erfahrungen im Bau neuer Werke (Friedrich-Alfred-Hütte), vorgeschlagen haben. Das Kriegsamt griff erst im Februar 1917 auf Gillhausen zurück, einen Monat vor dessen unerwartetem Tod,[1000] als sich deutlich abzeichnete, dass das Hindenburg-Programm fristgerecht nicht realisierbar war. Am 9. September 1916 hatte auf der Strecke Köln – Hamm Carl Duisberg, Generaldirektor der Farbenfabriken Bayer, mit der neuen OHL konferiert. Er war von den beiden Kriegshelden sehr beeindruckt, hielt es aber „für ganz ausgeschlossen, dass dies [=die Forderungen], wie verlangt wurde, in relativ kurzer Zeit geschehen könnte", wie er am nächsten Tag Max Bauer schrieb.[1001] Denn diesem hatte er einen Monat zuvor angeboten, die Sprengstoffproduktion um immerhin 20–40 Prozent zu steigern.[1002] Diese Produktionssteigerung schien realistisch angesichts des vom Konkurrenten BASF begonnenen Baus eines Haber-Bosch-Ammoniakwerks in Leuna bei Merseburg, dessen Errichtung schon seit Mai 1916 tatkräftig voranschritt. Also hatte Bauer beim Verfassen des Hindenburg-Programms dessen Angaben ignoriert und nicht mit Industriellen abgestimmte Zahlen niedergeschrieben, denn die Sprengstoff-Produktion sollte – laut Hindenburg-Programm – verdoppelt werden.

Offensichtlich wollte niemand ein Defätist genannt oder von der neuen, zu erwartenden Rüstungskonjunktur ausgeschlossen werden, nur weil er auf sich abzeichnen-

---

[997] Organisatorische Strukturen zur Zentralisation des Bestellwesens in Form des späteren Kriegsamts wurden u. a. in einer Denkschrift des VdEh's vom 23.08.1916 an Vizekanzler und Innenminister Karl Helfferich genannt, siehe Stellwaag: Deutsche Eisenwirtschaft, S. 53–55.
[998] Liulevicius: Kriegsland im Osten.
[999] Siehe die am Ende dieses Kapitels abgedruckten Quellen.
[1000] Berdrow: Krupp im Weltkrieg, S. 125.
[1001] Zitiert nach Plumpe: Duisberg, S. 498.
[1002] Ebd., S. 499.

Vor und nach der Grubenfahrt: Dem am 1. Oktober 1916 geschaffenen Kriegsamt unterstand die Kriegsrohstoff-Abteilung, geleitet weiterhin von Major Joseph Koeth, der sich am 16. Dezember 1916 tatsächlich vor Ort bei der Gewerkschaft Deutscher Kaiser Schachtanlage 3/7 über die Kohlenkrise und Möglichkeiten zu deren Behebung informierte. Ihn begleiteten die beiden Hauptleute Florian Klöckner und Franz Burgers, die vor Kriegsbeginn in der Montanindustrie tätig waren. An der Grubenfahrt nahm Florian Klöckner nicht teil, da er in den ersten Kriegstagen eine Verletzung erlitten hatte, die einen erneuten Fronteinsatz ausschloss. Vor der Grubenfahrt v. l.: Bergwerksdirektor Adalbert Kleemann, Direktor Gottlieb Fassnacht, Hauptmann Florian Klöckner, Major Joseph Koeth, Hauptmann Franz Burgers, Bauinspektor Wilhelm Kern, Bergingenieur Dr. Theodor Lange. Nach der Grubenfahrt v. l.: Betriebsführer unter Tage Johann Kespelher, Bergwerksdirektor Adalbert Kleemann, Major Joseph Koeth, Hauptmann Franz Burgers, Generaldirektor Arthur Jacob, Betriebsführer über Tage Ludwig Guldner. Quelle: montan.dok.

de Probleme hinwies. Bis zur nächsten Frühjahrsoffensive – also innerhalb eines halben Jahres – sollte die Produktion an Munition verdoppelt, diejenige an Geschützen und Maschinengewehren sogar verdreifacht werden, was wiederum Steigerungen bei der Produktion von Stahl sowie vor allem von Sprengstoffen (Stickstoff-Synthese) bedeutete. Teile des später sogenannten Hindenburg-Programms waren von Industrie und Militär schon im Frühjahr 1916 eingeleitet worden, also sowohl vor dem Schreiben des Hindenburg-Programms am 31. August 1916, als auch vor der Schlacht an der Somme (Beginn 1. Juli 1916), als die materielle Übermacht der Alliierten augenscheinlich wurde. Den deutschen Truppen fehlte seit Frühsommer 1916 Munition. Die damals schon angestrebte Produktionssteigerung war auch eine Reaktion auf die hohen Verluste vor Verdun (Beginn der Schlacht 21. Februar 1916), wo die deutschen Angriffe bis in den Herbst fortgeführt wurden, sowie auf die russische Brussilow-Offensive im Osten (Beginn 4. Juni 1916), die die k. u. k. Armee ins Wanken brachte, weshalb deutsche Truppen zur Frontstabilisierung von Verdun abgezogen werden mussten. Außerdem war Rumänien Ende August 1916 auf Seiten der Alliierten in den Krieg getreten. An allen Fronten benötigte das Deutsche Reich jetzt mehr Waffen und Munition, aber auch mehr Soldaten. Auf den erhöhten Waffen- und Munitionsbedarf hatte der Kriegsminister Adolf Wild von Hohenborn schon mit der Erweiterung der Rüstungsfertigung reagiert. Einige Industrieunternehmen – auch im Ruhrgebiet (z. B. beauftragten GHH und Krupp schon im Juli 1916 Erweiterungsbauten)[1003] – hatten schon mit der Umsetzung begonnen, ohne dass dies nach dem Krieg besonders betont wurde, vielmehr sind diese Rüstungsanstrengungen aus der Rückschau mit dem Hindenburg-Programm gleichgesetzt worden. Einige Zechen hatten bereits im Frühjahr 1916 mit dem Abteufen neuer Schächte begonnen, was kontraproduktiv war, da diese Arbeiten nicht nur Arbeitskräfte banden, sondern auch wegen ihrer Langfristigkeit zu keiner kurz- bis mittelfristigen Entlastung der Kohlenkrise führen konnten.[1004] Gleichzeitig begann die deutsche Plünderung der besetzten Gebiete. So genehmigte der Vorstand der Rheinischen Stahlwerke am 11. Juli 1916 den Erwerb von zwei im nordfranzösischen Lens installierter Großgasmaschinen einschließlich dazugehöriger Drehstrom-Generatoren, jedoch ohne die dazugehörigen, für den Staat reservierten Kupferleitungen zur Schalttafel für 472.000 M, zu zahlen an die Kriegswirtschafts-AG, Berlin.[1005] Und das bekannteste Rüstungsprojekt des Ersten Weltkriegs, die industrielle Durchführung der Haber-Bosch-Synthese zur Stickstoffgewinnung, hatte schon am 25. Mai 1916 seine Grundsteinlegung im mitteldeutschen Leuna, d. h. die Planungen hatten Monate zuvor begonnen. Die Fertigstellung dauerte bis April

---

[1003] Büchner: Gutehoffnungshütte, S. 56–58; Berdrow: Krupp im Weltkrieg, S. 112 f.; Ebd., S. 117: „Die Heeresverwaltung hatte allerdings über weitere Rüstungsanstrengungen schon vorher [= schon vor September 1916] mit Krupp und wahrscheinlich auch mit anderen Firmen Verhandlungen eingeleitet, die dann durch das Gewaltprogramm der neuen Heeresleitung [= Hindenburg-Programm] gewissermaßen überrannt wurden."
[1004] Die Gewerkschaft Deutscher Kaiser hatte im Mai 1916 mit den Vorarbeiten zum Abteufen der Schachtanlage Beeckerwerth I/II begonnen, s. tkA F/Alb/66.
[1005] Protokoll der Vorstandssitzung der Rheinischen Stahlwerke am 11.07.1916, in: tkA RSW/4013.

1917, bevor am 28. April 1917 der erste Kesselwagen mit Ammoniak das Werk verließ. Wegen der hochgespannten Ziele des Hindenburg-Programms wurde die Kapazität des ursprünglich für 30.000 t/a Stickstoff geplanten Leuna-Werks erstmals schon im Dezember 1916 durch Verträge mit dem Reich/Wumba auf schließlich 200.000 t/a erhöht, ohne dass diese Nennkapazität schon bei Kriegsende erreicht worden wäre.[1006]

Obwohl der Versuch des Chefs des Generalstabs Erich von Falkenhayn einer Materialschlacht, eines Abnutzungskriegs vor Verdun offensichtlich schon gescheitert war, setzten seine Nachfolger von Hindenburg und Ludendorff im Herbst 1916 weiterhin auf dieses Konzept der Materialschlacht. Sie wollten alle materiellen und personellen Ressourcen mobilisieren, um durch materielle (und personelle?) Überlegenheit den Sieg im Westen zu erringen, ohne sich zu fragen, woher im mittlerweile dritten Kriegsjahr zusätzlich Material und Personal kommen und in der festgesetzten Frist bis Frühjahr 1917 die Produktionssteigerungen überhaupt möglich sein sollten. Zu Recht notierte Gerald D. Feldman schon 1965, dass das Hindenburg-Programm der Ausdruck radikalen Militarismuses sei mit willkürlich festgesetzten Fristen ohne ausreichende Berücksichtigung objektiver wirtschaftlicher Gesichtspunkte.[1007] Seine Untersuchung stützte sich vor allem auf ein im Bayerischen Heeresarchiv überliefertes Wortprotokoll einer Besprechung des Kriegsministers Adolf Wild von Hohenborn mit 39 Industriellen am Samstag, den 16. September 1916, an der auch Vertreter des Reichsamts des Innern, des preußischen Landwirtschaftsministeriums, des Reichsschatzamts, des Reichsmarineamts, des preußischen Kriegsministeriums/ Feldzeugmeisterei, jedoch kein Vertreter der drei eigene Truppen stellenden und ein eigenes Beschaffungsamt unterhaltenden Bundesstaaten teilnahmen, während die Industriellen aus dem gesamten Reichsgebiet kamen.[1008] Außerdem gibt es ein maschinenschriftliches 18 Seiten umfassendes Inhaltsprotokoll.[1009] Darüber hinaus gibt es einen weiteren Bericht, verfasst vom Leiter des Krupp Grusonwerks Kurt Sorge, der ab Ende 1916 den zivilen technischen Stab des Kriegsamts führte und der zu den Sitzungsteilnehmern gehörte. Er verfasste seinen Bericht jedoch erst nach dem Krieg für eine Ausarbeitung der Firma Krupp über ihre Leistungen im Krieg.[1010] Der Bericht ist einseitig, auch wenn er die Schuld für das Scheitern des Hindenburg-Programms nicht ausschließlich bei den Militärs sieht. Dieser Bericht erwähnt eine zweite Zusammenkunft am 16. September 1916 nachmittags sowie zwei weitere Besprechun-

---

[1006] Szöllösi-Janze: Fritz Haber, S. 287; Fehr: Ersatz, S. 249 f.

[1007] Zu den maßgeblichen Architekten dieses Programms zählte er „selbstsüchtige" Industrielle und einen „rücksichtslosen Intriganten vom Militär", Oberstleutnant Max Bauer. Feldman: Armee, S. 133.

[1008] Ebd., S. 144, Bay HStA/Abt. IV, MKr 14192, Protokoll „Verhandlungen im Kaisersaale des Königlich preußischen Kriegsministeriums am 16. September 1916, vormittags 11 Uhr". Insgesamt waren etwa 80 Personen anwesend.

[1009] Überliefert in tkA A/712/2. Das Protokoll könnte auch von Militärs verfasst worden sein, da der Verfasser die Industrievertreter nicht kennt, den Namen Rathenau in drei Varianten schreibt, dafür aber die Ziele der Maßnahmen klar herausstellt.

[1010] Typoskript zu: Hindenburg-Programm. Bericht des Herrn Sorge, o. D. in: HAK WA VII f 1077, im Folgenden zitiert als Sorge-Bericht.

gen am 26. September 1916, die belegen, dass damals sowohl die Militärs als auch etliche Industrielle nicht alle Probleme sahen, die mit der Umsetzung des Hindenburg-Programms verbunden waren. Nur die offensichtliche Arbeiterfrage besprach man äußerst ausführlich; jedoch erst zwei Monate nach dem ersten Schreiben von Hindenburgs wurde hierzu ein Lösungsvorschlag präsentiert.[1011]

In der vertraulichen Besprechung am Vormittag des 16. Septembers stimmte der Kriegsminister ganz allgemein mit den Forderungen der 3. OHL überein, ohne diese genauer zu quantifizieren, vielmehr sollten „… Pulver, Eisen und Stahl in denkbar größter und denkbar schnellster Produktion" gesteigert werden.[1012] Dies entsprach allgemein auch seiner Forderung vom Juli 1916. Entsprechende Maßnahmen hatten er und der Chef der Kriegsrohstoff-Abteilung, Major Joseph Koeth, schon längst eingeleitet. Die „Wissenschaftliche Kommission" unter Leitung von Max Sering beschäftigte sich seit Monaten mit der Reorganisation des Beschaffungswesens zur Effizienzsteigerung. Im September 1916 legte Dr. Wilhelm Büsselberg im Rang eines Hauptmanns der Landwehr seine Studie vor: „Die Kriegsorganisation zur Beschaffung und Lieferung des Heeresbedarfs an Waffen, Geschossen, Geräten und Baustoffen im Heimatgebiet". Sering sollte die Denkschrift jedoch erst am 16. Januar 1917 an den Chef des neu geschaffenen Kriegsamts Wilhelm Groener weiterleiten mit der Absicht, eine Zentralstelle für kriegswirtschaftlichen Erfahrungsaustausch einzurichten.[1013] Die Rohstofffrage sah der Kriegsminister dank Walther Rathenau (anwesend) und der Kriegsrohstoff-Abteilung als gelöst an, wohl aber stellten die Logistik und vor allem die Arbeitskräfte enorme Probleme dar. Er wollte die Abteilung für Zurückstellungswesen Sichler – eine unvollkommene Art Reichsarbeitsamt – effektiver gestalten, wollte aber keinesfalls der Forderung aus der Industrie nachgeben, die Zurückstellungsfragen von den Beschaffungsstellen bearbeiten zu lassen, was der Rüstungsindustrie mehr Einfluss auf Personalfragen eingeräumt hätte. Schließlich kündigte er die Schaffung eines Waffen- und Munitionsbeschaffungsamts unter Leitung von Generalmajor Carl-Friedrich Coupette[1014] an, der bisher Inspekteur der Technischen Institute der Artillerie war, und umriss dessen Aufgaben. Der neue Leiter wollte – wie er mehrfach bei anderen Gelegenheiten betonte – zur Steigerung der Arbeitsleistung den Rüstungsarbeitern einen Arbeitsurlaub gewähren,[1015] was die Industriellen jedoch vehement missbilligten. Coupette dürfte in seiner neuen Stellung nicht der uneinge-

---

[1011] Siehe Denkschrift von Hindenburgs an den Reichskanzler vom 2. November 1916, abgedruckt am Ende dieses Kapitels.

[1012] Bay HStA/Abt. IV, MKr 14192, Protokoll S. 3, Unterstriche im Original.

[1013] Typoskript September 1916, S. 30, in: BA-MA N 46/120. Büsselberg (*1876) hatte an der Universität Berlin 1908 bei Adolf Wagner und Max Sering über „Die Erschließung von städtischem Baugelände" promoviert und nach dem Krieg die Monographie „Technik und Landwirtschaft. Ingenieuraufgaben der nächsten Zukunft" Berlin 1920, publiziert, bevor er sich dem Nationalsozialismus zuwandte. Eine biografische Darstellung scheint lohnend.

[1014] Kerkhoff: Public-Private-Partnership, S. 113, verwechselt ihn mit Gustav Coupette (1869–1937), 1903 bis 1926 Vorstandsmitglied des Phoenix. Eine Biografie des für die Kriegswirtschaft bedeutenden Carl-Friedrich Coupette ist noch immer ein Desiderat.

[1015] Sorge-Bericht, S. 2.

schränkte Kandidat der Industrie gewesen sein, wie ein Brief Carl Duisbergs an Max Bauer vom 3. September 1916 vermuten lässt, als sich dieser über Coupette beschwerte.[1016] Coupette leitete seit Kriegsbeginn die Technischen Institute der Artillerie und hatte im Herbst 1914 die Munitionskrise mit gemeistert, war aber auch für das Chaos bei den Munitionsbestellungen im Frühjahr 1915 mitverantwortlich, als unkoordiniert Geschützmunition beliebiger Kaliber produziert wurde ohne Rücksicht auf die verfügbaren Roheisenmengen und den tatsächlichen Frontbedarf. Coupette war der Kandidat des Kriegsministers und des Chefs der Kriegsrohstoff-Abteilung, er fand auf der Sitzung am 16. September 1916 auch eine lobende Erwähnung durch Rathenau. Ihn akzeptierte die 3. OHL, da er sich – im Gegensatz zu seinem Vorgesetzten, dem Chef der Feldzeugmeisterei Generalleutnant Johannes Franke – die Forderungen des Hindenburg-Programms zu eigen machte. Franke wurde demissioniert, obwohl er an der Besprechung am 16. September noch teilnahm.[1017] Die Entlassungsgründe sind nicht bekannt. Franke kannte jedoch die im Laufe des Kriegs aufgebaute statistische Erfassung von Produktionskapazitäten, Rohstoffreserven etc. und konnte daraus ableiten, dass die kriegswirtschaftlichen Zielvorgaben der von Hindenburg'schen Auftragtaktik nicht erreichbar waren, und schon gar nicht bis zur Frühjahrsoffensive 1917. Ein dem Hindenburg-Programm vergleichbarer militärischer Befehl wäre die Eroberung Wladiwostoks auf dem Landweg gewesen. Nicht realisierbar! Auch der Kriegsminister Adolf Wild von Hohenborn dürfte ähnlich gedacht haben, denn er verschwieg die ihm bekannten Zielvorgaben am 16. September 1916, und zwar nicht aus Geheimhaltungsgründen.

Nachdem auch Oberstleutnant Bauer als Vertreter des Großen Hauptquartiers gesprochen hatte, ergriffen Carl Duisberg (Bayer), Walther Rathenau (AEG) und Anton von Rieppel, Generaldirektor der MAN, Direktoriumsmitglieder im Centralverband Deutscher Industrieller und Vorsitzender des VDI (1915–1917) das Wort. Sie beklagten, so Sorge, „…daß mit allgemeinen Wünschen nach Steigerung der Leistungen praktisch nicht viel anzufangen sei, sondern daß dafür die Vorlage eines ganz bestimmten Programms unter Detaillierung der gewünschten Lieferungen gefordert werden müsse".[1018] Für die Firma Krupp, von der anwesend waren die Vorstände Eberhard von Bodenhausen-Degener, zugleich Vorsitzender des Roheisen-Verbands (1911–1918), und Rudolf Hartwig sowie der Maschinenbauer Richard Stribeck, gab Kurt Sorge als ältester anwesender Kruppianer die Erklärung ab, dass man im vaterländischen Interesse die Produktion steigern werde, aber dass man neben Arbeitern und Lebensmitteln auch konkrete Vorgaben benötigte, denn die Einladung war ohne Tagesordnung erfolgt. Die Industrie wünschte auch Leitungskräfte, Ingenieure und

---

[1016] Feldman: Armee, S. 142.
[1017] Ebd., S. 137; Sorge-Bericht, S. 1. Bay HStA/Abt. IV, MKr 14192, Protokoll S. 12. Leider fehlt zu Johannes Franke (1858–1935) eine Kurzbiografie über seine Leitung der Feldzeugmeisterei. Auch über seine weitere Verwendung ist nichts bekannt.
[1018] Sorge-Bericht, S. 3.

Techniker freigestellt.[1019] Albert Vögler von Deutsch-Lux ging konkret auf ein Problem ein, indem er klarstellte, dass zur Erreichung der Ziele vermehrt Thomasstahl anstelle von Siemens-Martin-Stahl verwendet werden müsse, da für letzteren zur Produktionssteigerung die notwendigen Zuschlagstoffe nicht in ausreichenden Mengen zu besorgen seien.[1020] Das Militär bestand aus Qualitätsgründen auf Siemens-Martin-Stahl für seine Geschosse. Unbeabsichtigt führte dies im Winter 1916/17 zu einer Entlastung der Eisenbahn, da diese für die Produktion von Siemens-Martin-Stahl (Schrott, Kohle) mengenmäßig ein Drittel weniger transportieren musste als für die Erzeugung von Thomasstahl (Erz, Kohle/Koks, Kalk).[1021] Erst auf mehrfache Nachfrage gaben militärische Stellen am 16. September nachmittags unverbindlich einen Mehrbedarf von monatlich 260.000 t Eisen und Stahl für Heeres- und 100.000 t für Eisenbahnzwecke bekannt.[1022] Das wäre ein Mehrbedarf von über 4 Mio. t/a Roheisen gewesen, was ungefähr 40 Prozent der Hochofenerzeugung im Zollvereinsgebiet im Jahre 1915 entsprach. Hauptmann Florian Klöckner von der Kriegsrohstoff-Abteilung[1023] – der jüngere Bruder von Peter Klöckner war kein Eisenhüttenmann, sondern hatte eine Banklehre absolviert, bevor er 1907 Teilhaber von Klöckner & Co. wurde – argumentierte, dass im Deutschen Reich 26 Hochöfen still lägen, die bei einer monatlichen Leistung von 5.000 t 130.000 t/m Roheisen erzeugen würden, was der Hälfte des Heeresbedarfs entspräche. Da zudem 150.000 t/m exportiert würde, könne hiervon ein Teil an das Heer umgeleitet werden, außerdem könnte vermehrt Schrott im Siemens-Martin-Verfahren eingeschmolzen werden. Weitere konkrete Angaben unterblieben, u. a. wie der Eisenbahnbedarf von 100.000 t/m gedeckt werden sollte oder woher Eisen und Stahl für die notwendigen zivilen Baumaßnahmen zur Leistungssteigerung kommen sollten. Rohstofffragen (Koks, Erz etc.) wurden ebenso wenig berücksichtigt wie Fragen, welche strategische Bedeutung der Stahlexport (Devisen, Unterstützung der Verbündeten) besaß. Hierzu hatte der Kriegsminister am Vormittag unmissverständlich festgestellt, dass ein Export trotz der hohen Gewinne für die Beteiligten zu unterbleiben habe, sofern es nicht gelänge, den Heeresbedarf vollständig zu befriedigen. Ungestellt war auch die Frage, woher die Bedienungsmannschaften für die zusätzlichen Hochöfen kommen sollten. Diese waren nämlich z. T. eingezogen oder sogar schon gefallen, weshalb die Buderus'sche Eisenwerke AG in Wetzlar für ihre Hochöfen forderten, Kriegsgefangene nicht im Erzbergbau in Lothringen und im Siegerland, sondern an ihren Hochöfen einzusetzen.[1024] Der Erzbergbau musste jedoch

---

[1019] Diese Forderung wurde erfüllt, wie zahlreiche Beispiele (Härle, Dobrowohl, Roser, Brunck) in diesem Band belegen, s. Kapitel 19.
[1020] Sorge-Bericht, S. 4.
[1021] Stellwaag: Deutsche Eisenwirtschaft, S. 95.
[1022] Da diese Zahlen nicht im Wortprotokoll genannt sind, können diese aus dem Protokoll gestrichen worden sein, oder, was wahrscheinlicher ist, erst am Nachmittag genannt worden sein, zumal Florian Klöckner nicht als Redner verzeichnet ist.
[1023] Seine Zuständigkeiten in der Sektion E der Kriegsrohstoff-Abteilung bei Kerkhoff: Public-Private-Partnership, S. 115.
[1024] Bay HStA/Abt. IV, MKr 14192, Protokoll S. 33.

auch gesteigert werden, um den Bedarf der zusätzlichen Hochöfen zu decken, denn mit zusätzlichen Importen aus Schweden war nicht zu rechnen.

Ein auf der Sitzung kontrovers diskutiertes Thema war die Einbindung kleinerer Firmen in die Rüstungsanstrengungen, wofür sich verständlicherweise kaum einer der anwesenden Großindustriellen einsetzte. Walther Rathenau erachtete die Einbindung kleinerer Unternehmen zunächst als wünschenswert und war damit auf der politischen Linie vieler Militärs in den Beschaffungsämtern, die schon vor dem Krieg ein Oligopol der Rüstungsfirmen verhindern wollten. Er stellte jedoch fest, dass nationale Belange Vorrang vor sozialen hätten und deshalb eine Vollbeschäftigung der großen Gesellschaften anzustreben sei, zumal dort die Arbeitskräfte aufgrund von Mechanisierung und Automatisierung effektiver eingesetzt würden. Nur Anton von Rieppel sprach sich vorbehaltlos für die Einbindung kleinerer Firmen aus, während die anderen Unternehmer Rathenaus Ansicht teilten, der letztlich auch Generalmajor Coupette zustimmte. Er wollte Aufträge nur an die Großen der Branche vergeben.

Letztere Zusage wurde nicht eingehalten. Neben dem schon vor dem Krieg feststellbaren Interesse der Militärs, in der privaten Rüstungsindustrie monopolartige Strukturen zu verhindern, machte Kurt Sorge hierfür vor allem den Leiter der Technischen Zentralabteilung innerhalb der preußischen Feldzeugmeisterei, den späteren Chefingenieur des Wumba, den Professor für Maschinenelemente und Verbrennungsmaschinen an der TH Berlin-Charlottenburg (Abteilung IV für Schiffs- und Schiffsmaschinenbau) Friedrich Romberg[1025] verantwortlich. Romberg, der sich für die Standardisierung einsetzte und zu den Vätern des Fabrikationsbüros, eines Vorläufers des DIN zählt (s. Kapitel 18), glaubte durch eine Arbeitsteilung eine Produktivitätssteigerung herbeiführen zu können. Dabei übersah er die logistischen Probleme der schon überlasteten Eisenbahn als Haupttransportmittel ebenso wie die zu erwartende mangelhafte Termingenauigkeit bei den Unterlieferanten infolge von Energie- oder Rohstoffmangel. Andererseits entschärfte eine Dislozierung der Produktion Wohnraum- und Ernährungsprobleme, da ein hoher Anteil an Arbeitskräften an ihren angestammten Arbeitsplätzen bei kleineren Firmen mit eigenen Wohnungen und eventueller Zusatzernährung durch Schrebergärten und Schwarzhandel bleiben konnte. Bei Kriegsende gab es schließlich 25 Geschütze fertigende Unternehmen mit über 500

[1025] Friedrich Romberg (1871–1956). Der in Hamm Geborene hatte Maschinenbau an der TH [Berlin-] Charlottenburg studiert und dann bei der Kokereimaschinen, Kolbenpumpen u. a. m. bauenden Firma Gewerkschaft Schüchtermann & Kremer in Dortmund, zuletzt als Oberingenieur, gearbeitet, bevor er 1899 in das Konstruktionsbüro von Prof. Alois Riedler, TH Charlottenburg, wechselte. Schon ab 1901 wirkte er als Professor auf dem neu errichteten Lehrstuhl für Maschinenelemente und Verbrennungskraftmaschinen und Vorsteher des Versuchsfeldes für Maschinenelemente in der Abteilung IV für Schiffs- und Schiffsmaschinenbau. 1913/14 war er Rektor und 1914/15 Prorektor der TH Berlin. Gleichzeitig übte Romberg während des Kriegs verschiedene Tätigkeiten in der preußischen Feldzeugmeisterei aus, zunächst als technischer Referent, dann ab Mai 1916 als Leiter der Technischen Zentralabteilung und mit Gründung des Wumba im September 1916 als dessen Chefingenieur. 1919 wählte ihn der Arbeiter- und Soldatenrat zum Leiter der Technischen Institute der TH. S. auch Flachowsky: Krisenmanagement, S. 87.

Unterlieferanten sowie zahlreichen Dysfunktionalitäten der staatlichen Lenkungswirtschaft (Beispiele s. Kapitel 5 und 6).

Die Nachmittagssitzung fand unter Leitung von Generalmajor Coupette im Hotel Cumberland statt, das für das noch zu schaffende Waffen- und Munitionsbeschaffungsamt (30. September 1916) schon requiriert worden war.[1026] Das einzig zu erwähnende Resultat dieser Sitzung war für Sorge „… die auf Antrag von Fritz Baare, Bochum, vorgenommene Schaffung des Namens 'Wumba' für das neu ins Leben gerufene Amt."[1027] Tatsächlich war dessen Wortbeitrag schon auf der Vormittagssitzung gefallen. Die Militärs blieben in der stundenlangen Besprechung erneut konkrete Forderungen schuldig und vertrösteten auf eine in Kürze stattfindende nächste Sitzung, was die industriellen Sitzungsteilnehmer eher ratlos zurückließ.[1028] Vermutlich war die Gemütslage der fachlich involvierten Militärs nicht anders. Sie kannten – im Gegensatz zu den Industriellen – seit 14 Tagen die Vorgaben des Hindenburg-Programms und sie kannten aufgrund ihrer Arbeit – wenn auch nicht tagesaktuell – die derzeit verfügbaren Mengen an Rohstoffen, Produktionsstätten und Arbeitskräften. Ein entsprechendes statistisches Erfassungssystem war – wenn auch nicht ohne Reibungsverluste unter den Ämtern und Kriegsgesellschaften und nicht ohne Lücken – in den beiden Kriegsjahren sukzessive aufgebaut worden.[1029] Mit den vorhandenen Ressourcen waren die vorgegebenen Ziele nicht zu erreichen, schon gar nicht in der vorgegebenen Zeit von nur 6 – 8 Monaten. Vermutlich deshalb hatte der Kriegsminister am Vormittag auch keine konkreten Forderungen an die Industriellen gestellt.

Das Kriegsministerium hatte auf die Munitionskrise im Juli 1916 und auf die wiederholten Vorwürfe aus der Industrie zur Überbürokratisierung des Beschaffungswesens reagiert, und zwar schon vor der Ernennung der 3. OHL und deren Forderung an den Kriegsminister. Das Militär wollte das kriegswirtschaftliche Bestellwesen im Wumba zentralisieren, zumindest für das preußische Heer, denn Marine, Pioniere und die Fliegertruppen behielten ebenso wie die drei Bundesstaaten mit eigenen Armeen (Bayern, Sachsen und Württemberg) ihr eigenes Bestellwesen. Das kritisierten auf der Vormittagssitzung am 16. September 1916 sowohl ein Bayer (Anton von Rieppel, MAN) als auch ein Sachse (Johann Reinecker, Reinecker AG), ohne dass sich die preußischen Militärs um eine Integration des Beschaffungswesens der anderen drei Bundesstaaten bemühten. Offensichtlich sollte die Souveränität der Bundesstaaten nicht angetastet werden, ein Phänomen, was sich bei der zeitgleich gegründeten Kaiser-Wilhelm-Stiftung für kriegstechnische Wissenschaft zur Koordination kriegswichtiger Forschung ebenfalls feststellen lässt,[1030] die trotz ihres Namens nur auf Preußen beschränkt war. Eine Zentralisation der Kriegswirtschaft sollte sowohl räumlich

---

[1026] Anfang September 1916 hatte das Kriegsministerium unabhängig vom Hindenburg-Programm schon ein Munitionsbeschaffungsamt innerhalb der Feldzeugmeisterei geschaffen, s. Pöhlmann: Waffen- und Munitionswesen, S. 186.
[1027] Bay HStA/Abt. IV, MKr 14192, Protokoll S. 37; Sorge-Bericht, S. 5.
[1028] Ebd.
[1029] Siehe Boldorf: Ordnungspolitik.
[1030] Rasch: Wissenschaft, S. 82 f.

Am 15. Dezember 1916 besuchte der neu ernannte Chef des Kriegsamts General Wilhelm Groener offenbar ohne großen Empfang die Firma Krupp. Quelle: Historisches Archiv Krupp.

als auch thematisch nur sehr eingeschränkt stattfinden. Zumindest die Industriellen waren aus dem gesamten Reich eingeladen worden. Eine Kooperation mit dem k.u.k. Kriegsministerium erwog das preußische Militär erst garnicht, obwohl der Verbündete bei schwerer Artillerie und Zugmaschinen auch etwas zu bieten hatte. Auch Bayern, Sachsen und Württemberg waren nicht eingeladen.

Das am 1. November 1916 errichtete Kriegsamt fasste noch andere Probleme der Kriegswirtschaft an. Es gliederte sich zunächst in sechs Hauptabteilungen: das Kriegsersatz- und Arbeitsdepartement, das Waffen- und Munitionsbeschaffungsamt, die Kriegsrohstoff-Abteilung, das Bekleidungsbeschaffungsamt, die Ein- und Ausfuhrabteilung und die Abteilung für Volksernährung. Dem Chef des Kriegsamts stand zudem ein Stab zur Koordinierung und Führung der Geschäfte zur Verfügung, in dem Zivilisten aus der Wirtschaft aufgrund ihrer speziellen Kenntnisse berufen wurden.[1031] Damit wurde sukzessive eine Organisation (Feldzeugmeisterei) umgestaltet bzw. eine neu geschaffen, deren Aufgabe eine umfassende Realisierung des Hindenburg-Programms sein sollte. Das Kriegsamt hatte seine neuen Zielvorgaben mit der Denkschrift von Hindenburgs und Ludendorffs vom 31. August 1916 erhalten. Sein Versagen war, dass es die Zielvorgaben und den Zeitplan nie in Frage stellte. Dazu

[1031] Ehlert: Wirtschaftliche Zentralbehörden, S. 48 f.

hätten nämlich sowohl die Militärs als auch die eingebundenen Industriellen Gelegenheit gehabt, und zwar am 26. September auf der ersten offiziellen Sitzung des Wumba. Damals nannten die Militärs erstmals einige konkrete Zahlen hinsichtlich der gewünschten Produktionssteigerung, blieben aber oft auch unpräzise. Damals hätten die Industriellen die Möglichkeit gehabt, die Erreichbarkeit der Zielvorgaben innerhalb des Zeitplans anzuzweifeln. Dies taten einige, während andere wie der Generaldirektor Martin Münzesheimer von der Gelsenkirchener Gussstahl- und Eisenwerke AG die Erfüllung der Vorgaben zusagten, weil sie sich vielleicht keine weiteren Gedanken über Rohstoffe und Energie machten, sondern nur die Gestellung von Arbeitskräften forderten. Wer kleine Stückzahlen produzierte, der konnte leichter Steigerungen von 100 Prozent erzielen, wer aber schon hohe Stückzahlen lieferte, der musste zusätzliche Hallen errichten und neue Maschinen bestellen. Da dies nicht ausreichend möglich war, begann schon ab Sommer 1916 die verstärkte Ausplünderung der besetzten Gebiete, insbesondere Belgiens. Im März 1917 errichteten das im Kriegsamt zuständige Wumba und der VdEh in den Düsseldorfer Geschäftsräumen des VdEh speziell dafür die „Wumba-Zweigstelle für die Vermittlung von Hüttenanlagen aus den besetzten Gebieten",[1032] aber schon vorher wurde Belgien von Militär und Industrie ausgeplündert.

Für Münzesheimer waren Zusagen am 26. September leichter möglich als z. B. für die Firma Krupp, die über eigene Steinkohlenbergwerke und Hochöfen verfügte, während die Gelsenkirchener Gussstahl- und Eisenwerke sowohl Roheisen als auch Kohle und Elektrizität von Dritten bezogen, so dass bei Nichterfüllung von Liefervereinbarungen aufgrund von Rohstoff-, Energie- oder Arbeitskräftemangel auf andere als Verursacher verwiesen werden konnte. Auch Münzesheimer dürfte bewusst gewesen sein, dass seine Werke ihre Munitionsproduktion nicht ohne weiteres – wie gefordert – auf 360 Prozent steigern konnten. Neubauten mussten errichtet werden.

Das Manko des Hindenburg-Programms war im September 1916, dass es im eigentlichen Sinne nicht ein Plan war, dass nicht vom Rohstoff bis zum Endprodukt alle Schritte sowie die dazugehörigen Arbeitskräfte und die Logistik durchgerechnet waren. Es war in Wirklichkeit ein Wunschzettel, der militärischer Auftragstaktik entsprach. Die Forderungen des Hindenburg-Programms waren maßlos, realitätsfern und geben keinen Hinweis darauf, dass ihre Autoren die mit der jeweiligen Produktionssteigerung verbundenen Probleme erkannt, geschweige denn auch nur ansatzweise schon durchdacht hatten. Auf der Zusammenkunft am 26. September 1916 unter Leitung von Generalmajor Carl-Friedrich Coupette, dem Leiter des Wumba, wurden für die noch zu planende deutsche Frühjahrsoffensive ab März 1917 folgende Vorgaben gemacht: Steigerung der Sprengstoffproduktion von 6.000 t/m auf 14.000 t/m, der Feldgeschütze von 800 auf 3.000 monatlich und der Feldartillerie-Munition von 2,5 Mio. auf 9 Mio. Geschosse pro Monat.[1033] Neben Rohstoffen und Produktionsan-

---

[1032] Stahl und Eisen 37 (1917), S. 257; Protokoll der VdEh-Vorstandssitzung am 03.04.1917, in: SIT FWH/1571.
[1033] Berdrow: Krupp im Weltkrieg, S. 130, Sorge-Bericht, S. 7.

lagen fehlten Arbeitskräfte, um diese Vorgaben zu erreichen. Dass die Steigerung der Sprengstofferzeugung deutlich niedriger als die der Geschossproduktion angesetzt war, bedeutete auch einen beabsichtigten erhöhten Einsatz von Giftgasgranaten. Da die Rohstahlerzeugung nicht entsprechend gesteigert werden sollte und konnte (s. Kapitel 12), aber schon 80 Prozent der Produktion für Kriegszwecke reserviert waren, implizierte dies allein eigentlich schon das Scheitern des Hindenburg-Programms. Nur in einzelnen Bereichen, wie z. B. bei den MG's wurden die Zielvorgaben erreicht bzw. sogar deutlich übertroffen (s. Tabelle). Die Tabelle zeigt aber auch, welche Leistungssteigerungen schon in der ersten Kriegshälfte erzielt wurden.

Monatsproduktion ausgewählter Rüstungsprodukte und deren prozentuale Steigerung[1034]

	Pulver		Sprengstoff		Patronen		Gewehre		MG's	
	t	%	t	%	t	%	Stück	%	Stück	%
1914 Oktober	1.112	19	1.000	10	150	70	44.039	21	216	18
1915 März	2.615	44	2.484	24	172	80	82.130	39	543	45
1915 Oktober	4.812	80	4.797	47	202	94	144.617	69	776	64
1916 März	5.997	100	10.262	100	214	100	209.806	100	1.208	100
1916 Oktober	6.624	110	10.380	101	194	91	234.000	112	2.200	182
1917 März	7.335	122	12.246	119	258	121	217.292	104	6.163	510
1917 Oktober	10.519	175	12.924	126	172	80	155.000	74	14.819	1.227
1918 März	11.780	196	12.076	118	173	81	111.052	53	12.524	1.037
1918 Oktober	13.933	232	10.723	104	232	108	61.476	29	17.652	1.461

Die auf der Vormittagssitzung am 26. September geäußerten Zweifel an der Durchführbarkeit ignorierte das Wumba, indem es die Industrie gegeneinander ausspielte, denn einige Unternehmen hielten die Vorgaben für umsetzbar. Krupp, das wegen seiner Thomasstahl-Granaten von Coupette gelobt worden war, bezweifelte dennoch – wie andere große Unternehmen auch – die Realisierbarkeit.

Am Nachmittag des 26. September ging es speziell um die Geschützlieferungen. Obwohl die mittlerweile konkretisierten Anforderungen der Militärs den Industriellen nicht vorab bekannt gegeben worden waren, erwarteten diese verbindliche Zusagen. Offensichtlich hofften die Militärs, dass die Industriellen Lösungsmöglichkeiten fänden, die sie selbst nicht sahen. Die Berufung von Zivilisten in den technischen Stab des im November gegründeten Kriegsamts spricht für diese Möglichkeit. Sie stand in der Tradition der im August 1914 geschaffenen Kriegsrohstoff-Abteilung. Krupp, von Generalmajor Coupette als erster nach ihrer Zusage gefragt, verweigerte konkrete Angaben, ließ aber auch keine Zweifel an der eigenen Leistungsbereitschaft;

[1034] Boldorf: Ordnungspolitik, S. 56. Boldorf setzte die Monatsproduktion März 1916 gleich 100 Prozent, um die vermeintlichen Effekte des Hindenburg-Programms hervortreten zu lassen.

Vorstandsmitglied Sorge betonte, dass „…wir noch nicht übersehen können, welche Anlagen wir überhaupt in rascher Frist zu schaffen in der Lage seien und wann dieselben in Betrieb genommen werden könnten". Sie seien „nicht in der Lage, bestimmte Lieferungsangaben mit bindenden Zahlen zu nennen und müssten [sich] vorbehalten, dieselben in einiger Zeit, natürlich so rasch wie möglich, nach Durcharbeitung der Sache aufzugeben".[1035] Mag dies auch die Nachkriegssicht auf diese Sitzung sein, so benennt sie ein wesentliches Problem, die eingeschränkte Datenbasis.

Dass weder im August 1916, also vor Ernennung der 3. OHL, noch bei der Zugfahrt mit von Hindenburg und Ludendorff zwischen Hamm und Hannover am 9. September Gustav Krupp von Bohlen und Halbach irgendwelche Zusagen gemacht hatte – übrigens auch Carl Duisberg nicht – belegt der weitere Planungsablauf bei Krupp. Denn hätte Gustav Krupp von Bohlen und Halbach die Höhe der geforderten Produktionszahlen und den gesetzten Zeitplan für eine reale Forderung gehalten, dann wären bei Krupp vermutlich schon eher die notwendigen Maßnahmen angelaufen, so aber scheint Gustav Krupp von Bohlen und Halbach geglaubt zu haben, dass die in seinem Konzern im Juli/August eingeleiteten Maßnahmen zur Produktionssteigerung ausreichen würden. Offensichtlich nahm er an, dass die gewünschte Steigerung unter Berücksichtigung der Möglichkeiten erfolgen würde. Auffällig ist in diesem Zusammenhang, dass weder Gustav Krupp von Bohlen und Halbach als Vertreter der Eigentümerin noch Alfred Hugenberg als Vorstandsvorsitzender an der Sitzung am 16. September im Kriegsministerium teilnahmen. Auch wenn letztlich vier Vorstandsmitglieder die Firma Krupp vertraten, waren diese jedoch nicht so hochrangig wie die Vertreter der meisten anderen Unternehmen, dafür aber Spezialisten für (Marine-)Artillerie (Rudolf Hartwig, vorher Leiter Technisches Büro) und Maschinenbau/Rationalisierung (Richard Stribeck). Die Gründe für das Fehlen von Gustav Krupp und Alfred Hugenberg sind nicht bekannt. Vielleicht wollte Gustav Krupp nicht auf sein Vorwissen und die bisher unterbliebenen Vorbereitungen für eine weitere Produktionssteigerung angesprochen werden.

Zur weiteren Planung bei Krupp fand am 5. Oktober 1916 eine Direktoriumssitzung in Essen statt, an der als externer Berater auch das ehemalige Vorstandsmitglied Gisbert Gillhausen teilnahm, der Erbauer der Friedrich-Alfred-Hütte in Rheinhausen. Entscheidungen fielen jedoch noch nicht. Danach gab es eine Besprechung in der Feldzeugmeisterei, in der es in erster Linie um die Erhöhung der Sprengstoffproduktion ging, zu der aber auch Krupp-Mitarbeiter hinzugezogen wurden, weil die Sprengstoffvorgaben nicht ohne Neuanlagen zu erreichen waren, für diese benötigte man jedoch Sprengstoffpressen wie sie das Grusonwerk in Magdeburg herstellte.[1036] Bei dieser Gelegenheit dürften die Krupp-Vertreter auch erfahren haben, wie weit mittlerweile die Planungen bei Bayer gediehen waren. Auch wenn Carl Duisberg auf der Zugfahrt am 9. September erstmals von den Produktionssteigerungen gehört und

---

[1035] Sorge-Bericht, S. 10.
[1036] Berdrow: Krupp im Weltkrieg, S. 129–131, Protokolle der Direktoriumssitzungen sind nicht überliefert.

anschließend bei Max Bauer deren Durchführbarkeit angezweifelt hatte, so bemühte er sich nach dem 16. September in Berlin um weitergehende Informationen unmittelbar von der OHL und dem Kriegsministerium, sodass Duisberg schon am 21. September aus Berlin durch Boten seinem Direktorium die zu ergreifenden Maßnahmen für die Produktionssteigerungen mitteilen und deren sofortige Umsetzung anordnen konnte. Am 3. Oktober hatte er nicht nur schon einen Vertragsentwurf mit dem Wumba und Zuschüsse von 15 Mio. M ausgehandelt, sondern auch schon Terrain für Neubauten erworben und die notwendigen Genehmigungsverfahren eingeleitet, war doch sein Wunsch nach Grundstücksenteignung zum Bau neuer Werke von Generalmajor Coupette schon am 16. September unmittelbar weitergeleitet worden.[1037]

So schnell war die eigentümergeführte Firma Krupp nicht. Am 9. Oktober fand schließlich in Köln eine Direktoriumssitzung unter Leitung von Gustav Krupp von Bohlen und Halbach statt, für die erstmals die notwendigen konkreten Planungsdaten vorlagen, um den Bau der sogenannten Hindenburg-Werkstätten in Essen und Magdeburg beauftragen zu können.[1038] Die Firma trat in Vorlage, denn die unkündbaren Lieferverträge mit dem Militär sowie über einen Bauzuschuss in Höhe von 55 Mio. M wurden erst im Januar/Februar 1917 unterzeichnet,[1039] als sich abzeichnete, dass der Hindenburg-Plan kurzfristig Wunschdenken bleiben würde.

Das Wumba kannte bei der Geschütz- und Munitionsfertigung durchaus die begrenzten Produktionskapazitäten, weshalb sein Chefingenieur Prof. Friedrich Romberg auf dislozierte Teilefertigung setzte und den Kreis der Geschütze fertigenden Unternehmen deutlich vergrößern wollte. Dagegen wandte sich der frühere Krupp-Manager Gisbert Gillhausen am 26. September. Er wollte die Geschützproduktion nur in den Händen großer, gut aufgestellter Werke sehen, die für eine Ablieferung in entsprechender Qualität auch Gewähr leisteten. Kleinere, auf dem Gebiet der Geschützherstellung unerfahrene Werke würden – so Gillhausen – nur von den Gewinnaussichten angezogen und könnten ihre technischen Fähigkeiten überschätzen.[1040] Dennoch wurden schließlich 25 Firmen an der Geschützfertigung beteiligt. Romberg, der Ende Dezember 1916 das Fabrikationsbüro errichten ließ, um die Standardisierung in allen rüstungsrelevanten Bereichen voranzutreiben (s. Kapitel 18), setzte zudem durch, dass einzelne Geschützteile Unterlieferanten fertigten. Dies hatte offensichtlich nicht nur in Einzelfällen zur Folge, dass Geschütze wegen kleiner, an sich nicht komplizierter Teile, z. B. eines Sporns, nicht fertiggestellt werden konnten, da die Unterlieferanten ihre Produkte nicht pünktlich zur Verfügung stellten. Die heute bekannten Probleme einer Just-in-Time-Fertigung durch mehrere Zulieferer wurden den Zeitgenossen erstmals bewusst. Sie waren gravierender als heute, wo adäquate Kommunikations- und Transportsysteme zur Verfügung stehen, die es damals nur in Ansätzen bei der Kommuni-

---

[1037] Plumpe: Carl Duisberg S. 503, S. 916 Fußnote 28; Bay HStA/Abt. IV MKr 14192, Protokoll S. 35 f.
[1038] Berdrow: Krupp im Weltkrieg, S. 130 f. Für die Planung der Hindenburg-Werkstätten war Rudolf Hartwig zuständig, siehe Nachruf in: ZVDI 68 (1924), S. 1124.
[1039] Tenfelde: Krupp in Krieg und Krisen, S. 50.
[1040] Sorge-Bericht, S. 9 f.

kation (Telefon, Telegraphie, mehrmals tägliche Postzustellung) aber nicht im Transportbereich gab, der sich hauptsächlich auf die Eisenbahn stützte.

Es ist nicht eindeutig klar, ob sich Romberg schon im September 1916 für die dislozierte Fertigung in verschiedenen Firmen aussprach, oder erst später, nachdem er bei Coupette mit seiner Forderung nach einer abgestimmten Dringlichkeitsliste für verschiedene Produkte und Vorprodukte nicht durchgedrungen war. Er wollte offensichtlich zunächst die notwendigen Planungsunterlagen erarbeiten, um – im wahrsten Sinne des Wortes – planvoll die Leistung der Rüstungswirtschaft zu steigern. Denn in der unmittelbar nach dem Krieg fertig gestellten Studie stellte Alfred Stellwaag fest: „Der Chef-Ingenieur wurde bei dem militärischen Leiter des Waffen- und Munitionsamts [!] in diesem Sinne vorstellig. Dieser einzig mögliche Plan der Programmdurchführung drang jedoch nicht durch, weil man plötzlich glaubte, die vier Wochen Zeit nicht mehr zur Verfügung stellen zu können, die eine solche eindeutige Analyse der Kriegswirtschaft erfordert hätte, nachdem mehr als zwei Jahre ungenutzt verstrichen waren."[1041] Dass sich Romberg noch nicht im September 1916 für eine dislozierte Teilefertigung entschieden hatte, dafür spricht, dass das Kriegsministerium die dafür notwendige Normierung der Teile erst am 21. Dezember 1916 mit der Errichtung des Königlich Preußischen Fabrikationsbüros (Fabo) (s. Kapitel 18) einleitete. Vermutlich hatte Romberg in einem ersten Schritt nur die Anzahl der Geschütze fertigenden Werke erhöhen, d. h. stillliegende Fabriken und Hallen nutzen wollen, um den Produktionsausstoß zu erhöhen und sich schon damit das Missfallen der ein Oligopol bildenden Rüstungsfirmen zugezogen, die entsprechende Bestrebungen des Militärs bisher hatten abwehren können.

Offensichtlich hatten von Hindenburg/Ludendorff und Bauer mittlerweile soviel Druck aufgebaut, dass sich aus Militär oder Industrie niemand erfolgreich gegen das sogenannte Hindenburg-Programm stellte, vielmehr Generalmajor Coupette willfährig deren Umsetzung fordern konnte. Andererseits wäre eine vierwöchige Planungsphase, wie sie Stellwaag retrospektiv forderte, wahrscheinlich nicht ausreichend gewesen. Beispielsweise dauerten die Verhandlungen zwischen Rohstahlausgleichstelle und Beschaffungsstellen von Oktober 1916 bis Januar 1917, um die Forderungen den tatsächlichen Leistungsmöglichkeiten anzupassen.[1042] Ähnlich lange Verhandlungen führte auch die Firma Krupp.[1043] Tatsächlich wurden ab Oktober 1916 weitere Kriegsgesellschaften gegründet, um die benötigten Rohstoffe nicht nur wie bisher zu verteilen, sondern um diese aktiv zu erschließen. Die finanzielle Unterstützung von Bergbauunternehmen, auch im Ausland, durch die zuständigen Kriegsgesellschaften setzte ein, um die dringend benötigten Stahlveredler zu bekommen. Der schon beklagte Bürokratismus nahm zu, auch wenn manche Bestellwege wegen militärischer Durchgriffsrechte abgekürzt werden konnten. Was im Zweiten Weltkrieg der Führerbefehl war, den Hitlers Handlanger durchaus missbrauchten, war im Ersten

---

[1041] Stellwaag: Deutsche Eisenwirtschaft, S. 91. Zu Stellwaag siehe Haus: Die deutsch Eisenwirtschaft.
[1042] Ebd., S. 76.
[1043] Tenfelde: Krupp in Krieg und Krise, S. 50.

Weltkrieg der Befehl Ludendorffs, oft ausgenutzt von Max Bauer und seinen Mitarbeitern. Ein polykratisches System entstand mit zum Schluss über 200 Kriegsgesellschaften und -ausschüssen mit um die 33.000 Mitarbeitern.[1044] Daneben wurden die militärischen Verwaltungsstrukturen (Kriegsamt) ausgebaut. Die Bürokratie nahm zu statt verschlankt zu werden. Es entstand eine Militärdiktatur. Das Friedensangebot der Mittelmächte vom 16. Dezember 1916, initiiert von Österreich-Ungarn, nachdem Rumänien zu großen Teilen besetzt war, war zu unkonkret, als dass es die neue OHL von ihren Plänen abgehalten hätte, zunächst im Osten zu siegen, um dann im Westen einen Sieg durch materielle und personelle Überlegenheit zu erzwingen.

Zur Problemlösung des Heeresersatzes (nach zwei personell verlustreichen Kriegsjahren) verbunden mit dem Arbeitskräftemangel für die angestrebte Leistungssteigerung in der Kriegswirtschaft – nur 125.000 anstatt geforderter 164.000 Soldaten konnten für das Hindenburg-Programm abgestellt werden[1045] – erließ das Reich am 6. Dezember 1916 das „Gesetz über den vaterländischen Hilfsdienst", das alle nicht zur Armee eingezogenen Männer zwischen 17 und 60 Jahren zur Arbeit in der Rüstungsindustrie verpflichtete. Von Hindenburg hatte es in einer Denkschrift an den Reichskanzler am 2. November 1916 gefordert.[1046] Die Schließung nicht kriegswichtiger Betriebe waren parallele Bemühungen zur Lösung des Arbeitskräftemangels. Der im Dezember 1916 beim Technischen Stab des Kriegsamts geschaffene „Ständige Ausschuß zur Zusammenlegung von Betrieben" (SAZ) hatte die Aufgabe, die Arbeit in kriegswirtschaftlich unwichtigen Betrieben zu unterbinden und durch örtliche Zusammenlegungen den rationellen Einsatz von Rohstoffen, Transportmitteln und Arbeitskräften zu verbessern.[1047] Der Ausschuss verfolgte kein alle Branchen umfassendes Konzept, beispielsweise bei der Roheisenproduktion oder der Steinkohlenförderung, wo die Konzentration auf leistungsstarke Werke und Zechen einen massiven Eingriff in die Eigentumsrechte bedeutet hätte. Dass die Kriegswirtschaft bis dahin die Möglichkeiten der Rationalisierung, Mechanisierung und Automatisierung nur zu einem geringen Bruchteil ausgenutzt hatte, also mit den vorhandenen Anlagen und dem Personal durchaus noch Leistungssteigerungen möglich waren, nahmen damals einige Zeitgenossen wahr. Betriebsstilllegungen nicht rüstungsrelevanter Produktionsstätten führten ab Ende 1917 u. a. zu einer Konzentration auf Großbetriebe, z. B. in der Textilindustrie. Die damit verbundene Wirtschaftskonzentration wünschte der „Ständige Ausschuß für die Zusammenlegung von Betrieben" eigentlich nicht, weil diese Konzentration Eingriffen in das Privateigentum gleichkam, aber er konnte sie kaum verhindern.[1048] Einen allgemeinen Produktionsstopp für nicht kriegsrelevante Güter hat Ludendorff jedoch nie gefordert.[1049]

[1044] Roth: Staat und Wirtschaft, S. 107; Im Februar 1916 waren es nur 16 Kriegsgesellschaften gewesen, s. Kerkhoff: Public-Private-Partnership, S. 118.
[1045] Stellwaag: Deutsche Eisenwirtschaft, S. 80 f.
[1046] Abgedruckt am Schluss dieses Kapitels.
[1047] Ehlert: Wirtschaftliche Zentralbehörden, S. 50.
[1048] Geyer: Deutsche Rüstungspolitik, S. 109.
[1049] Nebelin: Ludendorff, S. 277 f.

Die Bauarbeiten für die Geschossdreherei VII begann die Firma Krupp im Winter 1916/17, wie diese Aufnahmen vom Februar bzw. April 1917 zeigen. Im November 1918 sollte über diesem Gebäude die rote Fahne wehen (s. Seite 430). Quelle: Historisches Archiv Krupp.

Um die gewünschten bzw. befohlenen Produktionssteigerungen in der vorgegebenen Zeit zu realisieren, waren nicht nur Arbeitskräfte, sondern auch zusätzliche Anlagen und Maschinen notwendig, denn die deutsche Rüstungsindustrie hatte die Maschinenlaufzeiten durch Schichtbetrieb schon nahezu ausgereizt: 6 Tage-Woche mit 2×12 Stundenschichten waren in der Rüstungsindustrie die Regel. Der deutsche Maschinen- und Anlagenbau konnte in der vorgegebenen Zeit nicht das Benötigte liefern, zumal viele Werkzeugmaschinen schon für das bisherige Munitions- und Geschützprogramm eingesetzt waren, also gar nicht zum Bau neuer Maschinen und Anlagen zur Verfügung standen. Die deutschen Militärs und die Industrie behalfen sich u. a. mit der Ausplünderung vornehmlich der belgischen und nordfranzösischen Industrie. Ab Winter 1916/17 wurden ganze Fabrikhallen mit Maschinen, aber auch nur benötigte Anlagenteile, zum Beispiel Krane, demontiert und nach Deutschland geschafft, um diese in sogenannten Hindenburg-Werkstätten einzubauen. Dass die Bauphase für das Hindenburg-Programm in die Wintermonate fiel, war bautechnisch zeitverzögernd, angesichts der beschränkten Transportkapazitäten aber auch notwendig, da in den Wintermonaten die allgemeine Kriegstätigkeit nachließ, also zusätzlich Transportkapazitäten eher zur Verfügung standen.

Für die befohlenen Produktionssteigerungen benötigte das Deutsche Reich zusätzliche Energie, diese stand ebenfalls nicht in ausreichenden Quantitäten zur Verfügung. Die Vergabe von Unteraufträgen zur Teilefertigung belastete das Verkehrssystem Eisenbahn zusätzlich, verbunden mit einer weiteren Steigerung des Energiebedarfs (Kohle). Der Ende Februar 1917 eingesetzte Kohlenkommissar Oberbergrat Ottmar Fuchs verwaltete den Mangel, zumal Steigerungen der Förderung trotz enormen Einsatzes von Kriegsgefangenen nur beschränkt gelangen (s. Kapitel 11), denn bei der Kontingentierung des zivilen Bedarfs an Eisen und Stahl war der Bergbau nicht ausreichend berücksichtigt worden (Förderseile und -wagen). Der Kohlenkommissar respektierte jedoch die Eigentumsrechte und konzentrierte die Förderung nicht auf leistungsfähige Zechen bei gleichzeitiger Schließung leistungsschwacher (s. Kapitel 11).

Auf alle diese Probleme gibt das sogenannte Hindenburg-Programm keine Antworten. Weder fachkundige Militärs, Staatsbeamte noch Großindustrielle wiesen auf die sich zwangsläufig ergebenden Probleme der beabsichtigten Leistungssteigerungen hin bzw. wurden mit ihrer Kritik wahrgenommen, sofern sie diese überhaupt äußerten. Dagegen scheinen Paul von Hindenburg und Erich Ludendorff im Sinne der Moltkeschen Auftragstaktik gehandelt zu haben: Sie – und der im Hintergrund agierende Oberstleutnant Max Bauer, der eigentliche Autor – gaben per Befehl das Ziel der (realitätsfernen) Produktionssteigerung vor. Deren Sinnhaftigkeit scheint niemand hinterfragt zu haben, auch nicht die Militärs in dem sie betreffenden Bereich. Dass die Produktion der Geschütze auf 375 Prozent, die der Munition auf 350 Prozent gesteigert werden sollte, scheint miteinander zu korrelieren, nicht jedoch die Erhöhung der Sprengstofferzeugung auf nur 233 Prozent, auch wenn man vermehrt Giftgas- anstatt Sprenggranaten herstellte. Um große Teile der Wirtschaft militärisch organisieren zu können, schufen Kriegsministerium und OHL am 1. November 1916, also zwei Monate nach Verkündung des Hindenburg-Programms, das Kriegsamt. Die

Wirtschaft gehorchte und versuchte mit Hilfe des Kriegsamts vorgegebene Ziele zu erreichen. Dabei verhielt die Wirtschaft sich keinesfalls rational, forderte – wie die Militärs auch – ein Vielfaches des tatsächlich Benötigten und brachte die sich immer weiter ausdifferenzierende Lenkungs- und Planwirtschaft an die Grenzen ihrer Leistungsfähigkeit, überforderte sie zum Teil mit der Folge, dass die Kriegsproduktion in etlichen Bereichen ab Winter 1916/17 rückläufig war.[1050] Aber auch das Kriegsministerium stellte offenbar nicht (mehr) die Sinnhaftigkeit des militärischen Teils des Hindenburg-Programms in Frage. Die Geschützproduktion sollte von 800 Kanonen pro Monat auf 375 Prozent (= 3.000 Stück) gesteigert werden. Bei willkürlicher Annahme von 50 Prozent als Frontersatz, wären dennoch 1.500 Geschütze gleich 375 Batterien neu aufzustellen gewesen. Das hätte die Ausbildungskapazität der Feldrekrutendepots überfordert. Jedes Feldgeschütz besaß mindestens eine 5–6 Mann starke Bedienungsmannschaft, davon ein Geschützführer und ein Richtkanonier, zusätzlich kamen Munitionskolonnen, Küche und Pferde dazu, da es sich um bespannte Artillerie handelte, sodass eine Batterie durchaus bis zu 200 Mann umfassen konnte. Über entsprechende Personalreserven verfügte das Deutsche Reich nicht mehr. Tatsächlich befanden sich am 21. März 1918 nur 14.777 Geschütze und 8.845 Minenwerfer an der Westfront, während die deutschen Armeen an der Ostfront über 2.728 Geschütze, 282 Minenwerfer und 925 russische Beutegeschütze verfügten.[1051] Also hätte im Erfolgsfall das Hindenburg-Programm das Militär überfordert, da es für Geschütze und bedingt auch für Maschinengewehre nicht die notwendigen Bedienungsmannschaften stellen konnte, die zudem zunächst hätten ausgebildet werden müssen.

Der mit dem Hindenburg-Programm durchaus verbundene Rationalisierungsschub wird öfters auch als Industrialisierung der Kriegsführung bezeichnet.[1052] So – und wahrscheinlich nur so – kann das Hindenburg-Programm verstanden werden: Militärisches Wunschdenken bar jeglicher Realitätsnähe, zumal weiterhin an der Front täglich Menschen und Material in großer Anzahl vernichtet wurden, sodass den Mittelmächten das Erlangen einer materiellen und personellen Übermacht kaum möglich war, auch nicht nach dem Waffenstillstand im Osten, als riesige Landgewinne mehr Besatzungstruppen erforderten als gewünscht. Das Hindenburg-Programm, das zu viel zugleich wollte, wurde im Mai 1917 schließlich der Realität angepasst und das große weitergehende Neubauprogramm für Fabrikanlagen eingestellt. Zutreffend stellte Stellwaag schon 1919 fest: „Ungezählte Arbeitskräfte wurden auf dem Gebiete der Eisenwirtschaft auf unfruchtbare Arbeiten festgelegt und Material in größter Menge zwecklos vertan, während an den tatsächlich ausschlaggebenden Punkten trotz genauer Kenntnis der Sachlage nicht Material und Arbeitskräfte genug beschafft werden konnten."[1053] Schon vorher war das im Herbst 1916 angelaufene große Programm, die in Belgien gelegenen Hochöfen zur Produktion von Thomasroheisen

---

[1050] Boldorf: Ordnungspolitik, S. 56–62. Siehe Tabelle in diesem Band S. 478.
[1051] Statistisches Jahrbuch 1921/22, S. 27. Die in Rumänien, Mazedonien, dem Osmanischen Reich und auf Transport befindlichen Geschütze sind zu vernachlässigen.
[1052] Geyer: Deutsche Rüstungspolitik, S. 102.
[1053] Stellwaag: Deutsche Eisenwirtschaft, S. 91.

heranzuziehen, gestoppt worden, da die dazu notwendigen Rohstoffe und Transportleistungen nicht zur Verfügung standen. Vor dem Krieg hatte Belgien seine Erze vornehmlich aus dem nordfranzösischen Erzbecken von Briey und Longwy bezogen. Zugleich konnten die vorhandenen deutschen Hochöfen wegen Rohstoffmangels nicht voll ausgenutzt werden.[1054] Ressourcen und Produktion wurden auf das Erreichbare konzentriert, 1918 stieg die Rüstungsfertigung wieder an. Jetzt zeigte sich, dass das Hindenburg-Programm nicht auf verfügbare Personal- und Rohstoffkapazitäten abgestimmt war. Als 1918 bei Krupp die sogenannten Hindenburg-Werkstätten für die Geschützproduktion fertiggestellt waren, mangelte es an Personal und Rohstoffen. Die Krupp'sche Kanonenwerkstatt erreichte nur zwei Drittel ihrer installierten Kapazität, die Lafettenwerkstatt drei Viertel. Es fehlten ca. 25 Prozent der notwendigen Belegschaft. Im Geschosspresswerk IIIb wurden statt möglicher 2 Mio. Granaten nur 1,66 Mio. gefertigt, da kein Granatstahl zu beschaffen war. Die Inbetriebnahme neuer, zusätzlicher Siemens-Martin-Öfen im Rheinhausener Krupp-Werk änderte daran nicht viel, da Roheisen und Schrott weiterhin fehlten.[1055] Gleichzeitig wurden im Oktober 1918 weitere 2.742 Krupp-Mitarbeiter zu den Soldaten eingezogen.[1056]

Die installierte Rüstungskapazität war – nicht nur bei Krupp – überdimensioniert und hatte für ihren Bau 1917/18 Personal und Rohstoffe gebunden. Bei koordinierter Leistungssteigerung entsprechend der vorhandenen Personal- und Rohstoffreserven wäre die deutsche Kriegswirtschaft früher zu höheren Leistungen befähigt gewesen, was wiederum eine Verlängerung des Kriegs bedeutete hätte, denn gewinnbar war dieser Krieg für die Mittelmächte schon lange nicht mehr, weder politisch noch militärisch.[1057]

Dennoch kann man dieses Programm nicht als Hybris bezeichnen, da sich die beiden letztlich verantwortlichen Militärs von Hindenburg[1058] und Ludendorff[1059] keine Gedanken über die Wirtschaftskraft Deutschlands gemacht hatten, nichts davon wussten (und verstanden). Dem sogenannten Hindenburg-Programm lag ein einheitlicher, nach allen Richtungen durchdachter, Plan nicht zugrunde, und ihn konnten weder Wilhelm Groener noch sein Nachfolger im Amt Joseph Koeth schaffen,

---

[1054] Ebd., S. 94, 84.
[1055] Berdrow: Krupp im Weltkrieg, S. 259 f., 239 f., 165a.
[1056] Tenfelde: Krupp in Krieg und Krise, S. 57 f.
[1057] Man muss unterscheiden zwischen gewinnbar und fortführbar. Gewinnbar setzt eine Überlegenheit bei der Produktion von Rüstungsgütern voraus, die war nicht gegeben. Eine andere, noch negativere Einschätzung bei Boldorf: Ordnungspolitik, S. 64, der meint, dass „die deutsche Wirtschaft seit 1916/17 nicht mehr in der Lage [war], die Basis für eine Fortführung der Kampfhandlungen zu bieten." Boldorf setzt den Zeitpunkt meines Erachtens ein Jahr zu früh an.
[1058] Pyta: Hindenburg, S. 247–252 geht beim Hindenburg-Programm nur auf die Arbeitskräfte- und Ernährungsprobleme ein, steht jedoch den technisch-wirtschaftlichen Problemen des Plans genauso interessenlos gegenüber wie sein Protagonist von Hindenburg.
[1059] Nebelin geht in seiner Ludendorff-Biografie (S. 251–278) nicht ausreichend auf das von diesem unter dem Namen Hindenburg mitverantwortete Rüstungsprogramm ein; er beschränkt sich nur auf den schon von Feldman: Armee erörterten Arbeitskräftemangel, ohne die ebenso relevanten Defizite in der Produktionskapazität anzusprechen. Auf die ebenso fehlende personelle Kapazität der Militärs zum Einsatz der Geschütze und Maschinengewehre wird ebenfalls weder von Nebelin noch Pyta in seiner Hindenburg-Biografie verwiesen.

sie konnten nur Schwerpunkte innerhalb einer Mangelwirtschaft setzen. Schon 1919 hatte Alfred Stellwaag, ehemaliger Mitarbeiter der von Max Sering geleiteten „wissenschaftlichen Kommission des Königlich Preußischen Kriegsministeriums" in seiner Studie „Die deutsche Eisenwirtschaft während des Kriegs" über das Hindenburg-Programm festgestellt: „Bei der praktischen Durchführung im Einzelnen hätte aber der Soldat hinter dem Techniker und dem Volkswirtschaftler zurücktreten müssen. Es wäre Sache der Fachleute gewesen, in einer angemessenen kurzen Frist aus den Grundforderungen mengenmäßige Teilprogramme abzuleiten, die technisch und wirtschaftlich gegeneinander abgestimmt und den tatsächlichen Möglichkeiten entsprechend gestaltet waren. Da man jedoch diesem richtigen Gedanken nicht Raum gab, so wurde durch das Hindenburg-Programm eine Bewegung ausgelöst, welche letzten Endes die Erfüllung der gestellten Forderung unmöglich gemacht hat. Das Produktionsprogramm wuchs sich zu einem uferlosen Bauprogramm aus."[1060]

Das Hindenburg-Programm war nicht ein Wirtschaftsprogramm der 3. OHL, obwohl von Hindenburg und Ludendorff im Befehlsbereich Ober Ost kriegswirtschaftliche Erkenntnisse in einer weniger industrialisierten Region hatten sammeln können. Das Hindenburg-Programm sollte die materiellen Nachteile gegenüber der Entente kompensieren für die nächste Frühjahrsoffensive (1917), es sollte aber zugleich die Zuversicht in den Sieg stärken, ging man doch gerade in das dritte Kriegsjahr, ohne dass ein Kriegsende abzusehen war. Die Initiatoren, vor allem Ludendorff als Propagandist, wollten vom Mythos des Siegers der Schlacht von Tannenberg leben, der gegen einen zahlenmäßig überlegenen Feind gewonnen hatte.[1061] Es war also auch Psychologie, um die letzten materiellen und personellen Ressourcen zu mobilisieren, ohne dass die schrecklichen Verhältnisse des Kriegswinters 1916/17 für die Bevölkerung schon vorausgeahnt wurden, weil die entscheidenden Militärs die Statistiken nicht lesen konnten, d. h. sie nicht verstanden, sie vermutlich erst garnicht anforderten. In der Namensgebung war das Hindenburg-Programm Psychologie. Es stand jedoch nicht der Gedanke dahinter: Fordere das Unmögliche, um das Mögliche zu erreichen. Dann hätten die einzelnen Programmteile sowohl wirtschaftlich als auch militärisch aufeinander abgestimmt werden müssen. Das Hindenburg-Programm war in seiner Grundstruktur nur eine Fortführung des bisherigen Material- und Abnutzungskriegs ohne besonderes Interesse an Innovationen wie sie Flugzeuge und Panzer, aber auch U-Boote darstellten.

Über die Verhandlungen zwischen Juli und November 1916, die zur Umgestaltung des preußischen Kriegsministeriums und der militärischen Kriegswirtschaft führten, sind noch weitergehende Forschungen notwendig. Auch wenn im Zweiten Weltkrieg das preußische Heeresarchiv zum überwiegenden Teil vernichtet wurde, so gibt es doch noch zahlreiche Ersatzüberlieferungen in Nachlässen beteiligter Militärs und Zivilisten sowie in den Staatsarchiven in Dresden, München und Stuttgart, wo die Akten der selbstständige Truppenkontingente stellenden Staaten Bayern, Sachsen

---

[1060] Stellwaag: Deutsche Eisenwirtschaft, S. 73 f.
[1061] Auf diesen Aspekt weisen weder Nebelin: Ludendorff noch Pyta: Hindenburg hin.

und Württemberg sowie des Bayerischen Kriegsamts aufbewahrt werden, die bisher noch nicht ausreichend ausgewertet wurden. Diese Bundesstaaten hatten Offiziere an das preußische Kriegsministerium sowie zur OHL delegiert. Diese berichteten regelmäßig über ihre neuesten Erkenntnisse. Zudem ist in den Akten der zivilen Ministerien (Auswärtiges Amt, Reichsamt des Innern etc.) nach zusätzlichen Überlieferungen zu recherchieren ebenso wie in Unternehmensarchiven (Siemens, MAN, AEG), da Industrielle an etlichen Sitzungen teilnahmen und sie später sogar beratende Funktionen in staatlichen Organisationen innehatten.

Quellen:

Zur Überprüfung des hier Dargelegten über die Unzulänglichkeit des Hindenburg-Programms sollen die beiden von von Hindenburg unterzeichneten Schreiben,[1062] die das sogenannte Hindenburg-Programm darstellen, hier wiedergegeben werden:

Schreiben von Hindenburgs an den preußischen Kriegsminister vom 31. August 1916

Chef des Generalstabes des Feldheeres.
Nr. 33 825   Gr.H.Qu., den 31.8.1916*)[1063].

An den Herrn Kriegsminister.
Die Offensiven unserer Gegner zeigen, daß sie mit jedem Mal erhebliche Fortschritte sowohl in der Anlage wie in der Durchführung machen.

Es unterliegt keinem Zweifel, daß künftige Offensiven noch stärkere Proben an unsere Widerstandskraft stellen werden, da unseren Gegnern nicht nur 1. ein fast unerschöpfliches Menschenmaterial, sondern 2. auch die Industrie fast der gesamten übrigen Staaten zur Verfügung steht.

Zu 1: Dem feindlichen Menschenmaterial gegenüber sind unsere Menschenvorräte beschränkt. Dieser schlimmste Übelstand ist nur dadurch einigermaßen auszugleichen, daß mit der Zeit alle kriegsverwendungsfähigen Leute an die Front gehen. Ihre Stellen müssen in der Etappe und in der Heimat durch garnisondienstfähige Leute – deren Zahl möglichst einzuschränken ist – ersetzt werden.

Zu 2: Auch bei rücksichtsloser Durchführung der Grundsätze zu 1 werden wir an Zahl unseren Gegnern mehr und mehr unterlegen sein. Um so mehr ist es nötig, daß unsere Industrie diesen Mangel ausgleicht. Die Menschen – ebenso die Pferde – müssen mehr und mehr durch die Maschinen ersetzt werden. Dies wird um so schwieriger, als auch der Feind diesen Grundsatz erkannt hat. Der von mir (d. h. General v. Fal-

---

[1062] Die Quelle stammt aus: Hindenburg, Paul von Beneckendorff und von: Denkschrift an den Reichskanzler für die Erweiterung der Wehrpflicht, in: Ludendorff, Erich (Hg.): Urkunden der Obersten Heeresleitung über ihre Tätigkeit 1916/18, Berlin 1920, S. 83 f.

[1063] *): Am 29. 8. waren der Generalfeldmarschall und ich in die O. H. L. gekommen. Der Verfasser [=Ludendorff].

kenhayn. Der Verfasser.) schon früher ausgesprochene Gedanke, daß es eine Schraube ohne Ende ist, bei der es nur darauf ankommt, wer die Schraube rechtzeitig am weitesten andrehen kann, trifft heute in noch höherem Grade zu. Für seine Durchführung ist in erster Linie die Arbeiterfrage ausschlaggebend. Es wird nötig sein, die Zahl der Arbeiter durch Kriegsbeschädigte, Kriegsgefangene, Frauen und Minderjährige zu erhöhen. Staatliche Lehrkurse zur Ausbildung dieser Kräfte sind unumgänglich und in größtem Umfange nötig. Wenn es unter diesen Umständen nötig ist, einige tausend hochqualifizierter Facharbeiter aus der Front für längere oder kürzere Zeit herauszuziehen, bin ich bereit, den damit verbundenen Nachteil in den Kauf zu nehmen. Alle anderen Industriezweige müssen gegen die Kriegsindustrie zurücktreten. Gegebenenfalls müssen wir wie in England zu Zwangsmaßregeln schreiten. So befürworte ich schon jetzt, die Sonntagsarbeit einzuführen. Eine entsprechende Belehrung des Volkes über den Ernst der Lage und die für jeden daraus erwachsenden Pflichten dürfte gleichzeitig angezeigt sein und seine Wirkung nicht verfehlen.

Außerdem bleibt anzustreben, mehr und mehr den Arbeiter durch zweckmäßig konstruierte Maschinen zu entlasten und zu höherer Arbeitsleistung zu befähigen.

Die Steigerung der Fertigung muß sich auf alle Zweige der Kriegsindustrie erstrecken. Besonders nötig sind folgende Gegenstände:

1. Munition aller Arten,
2. Geschütze, Feldartillerie, schweres Steil- und mittleres Flachfeuer,
3. Maschinengewehre,
4. Minenwerfer,
5. Flugzeuge,
6. Handwerkszeug und Baustoffe für den Stellungsbau.

Um bestimmte Anhaltspunkte zu geben, bitte ich, bis zum Frühjahr eine Verdoppelung der jetzigen Munitionsfertigung zu erreichen. Die Fertigung der Geschütze muß dagegen beträchtlich höher – rund auf das Dreifache – gesteigert werden, denn in den letzten Monaten hat der Abgang an Gerät bei der Feldartillerie die Neufertigung erheblich (mehrere hundert Rohre), bei der Fußartillerie in geringerem Maße, überschritten. Da bei der hohen Schußzahl der größere Teil der Geschütze durch eigenes Feuer verloren geht, würde mithin bei nur doppelter Steigerung der Fertigung ein Zunehmen an Geschützen in der Front nicht oder nur langsam eintreten.

Bei den Minenwerfern wird die Fertigung mindestens zu verdoppeln sein, Maschinengewehre sind zu verdreifachen, betr. Flugzeuge folgen noch im näheren Wünsche. Die bisherigen hervorragenden Leistungen des Kriegsministeriums werden voll gewürdigt. Es ist mir auch bekannt, daß auf allen Gebieten große Steigerungen bereits dauernd im Gange sind. Es ist aber wichtig, daß diese Steigerungen beschleunigt eintreten und die oben angegebenen Zahlen möglichst bald erreicht werden.

Ich schlage vor, daß vor allem und sofort die Hauptvertreter der in Betracht kommenden Industriezweige zu einer Besprechung eingeladen werden, wo ihnen der Ernst der Lage entwickelt und sie aufgefordert werden, umgehend bestimmte Vorschläge für die Steigerung der Fertigung und die dazu nötigen Maßnahmen zu machen. Ich bitte, mir von der Besprechung rechtzeitig Kenntnis zu geben, damit ich einen Vertreter entsenden kann.

Ich muß zum Schluß nochmals darauf hinweisen, daß nur unbedingtes Ausnutzen aller unserer Kräfte und vor allem unserer hochentwickelten Industrie im Dienste des Krieges uns zu einem endlichen Siege verhelfen kann und daß jede unterlassene Ausnutzung einer Möglichkeit die schwerste Belastung bildet.

Ich bitte den Herrn Kriegsminister, mich mit allen dort zu Gebote stehenden Mitteln in der Durchführung meiner Forderungen zu unterstützen. Finanzielle und andere Bedenken können jetzt nicht mehr mitsprechen.

gez. v. Hindenburg.

Denkschrift von Hindenburgs an den Reichskanzler vom 2. November 1916

Gr. H. Qu., den 2.11.1916

Im Laufe des Kriegs ist der Einfluß der Maschine immer mehr in den Vordergrund gerückt; die Bedeutung der lebenden Kräfte hat sich dagegen verringert; entscheidend ist nicht mehr allein der höhere Wert der Truppe, der nie hoch genug gestellt werden kann, sondern in steigendem Maße die Überlegenheit an Kanonen, Munition und Maschinengewehren.

Unsern Gegnern stehen die Fabriken und die Arbeiterschaft der gesamten neutralen Welt zur Verfügung; Deutschland und seine Verbündeten sind lediglich auf die eigenen Mittel angewiesen. Das geistige Übergewicht des deutschen Soldaten, sein größerer Mut und sein höheres Pflicht- und Ehrgefühl können diese Überlegenheit allein um so weniger ausgleichen, als uns die Feinde auch an Zahl der Menschen weit überlegen sind.

Ähnlich liegen die Dinge für die Volksernährung. Auch diese Frage kann von entscheidender Bedeutung für den Ausgang des Kriegs werden, und auch auf diesem Gebiete stehen dem Gegner die reicheren Hilfsquellen zur Verfügung.

Wir können daher den Krieg nur gewinnen, wenn wir dem Heere soviel Kriegsgerät zuführen, daß es den feindlichen Armeen gleich stark gegenübersteht, und wenn wir die Ernährung des gesamten Volkes sicherstellen. Das ist bei den reicheren Mitteln, die unsere Feinde haben, nur möglich, wenn alles, was unser Land an Bodenschätzen birgt und was die Industrie und der Acker hergeben können, ausgenutzt wird lediglich für die Förderung des Kriegs. Dieses Höchstmaß an Leistungen kann aber nur erreicht werden, wenn das gesamte Volk sich in den Dienst des Vaterlandes stellt. Alle anderen Rücksichten müssen dagegen zurücktreten; sie können in einem Kampf, der um Sein oder Nichtsein des Staates, um die Unabhängigkeit, die Wohlfahrt und die Zukunft unseres Volkes entscheiden wird, keine Rolle spielen. Nach einem siegreichen Kriege wird die heimische Friedenswirtschaft in neuer Blüte erstehen, gleichgültig, ob wir uns jetzt von ihr trennen oder nicht; nach einem verlorenen Feldzug aber wird uns das Festhalten an friedensmäßigen Zuständen nichts genützt haben.

Wir würden aus der Geschichte der Völker gestrichen und wirtschaftlich zu völliger Abhängigkeit verurteilt sein. […]

Es ist nach meiner Überzeugung von höchster Wichtigkeit, daß ein Gesetz zustande kommt, in welchem ausdrücklich die Wehrpflicht für die gesamte männliche Bevölkerung hinsichtlich der Dauer auf das 16. bis 60. Lebensjahr und hinsichtlich der Verwendung auf die gesamte Kriegswirtschaft ausgedehnt wird. Wir müssen eine klare Lösung finden und das Ziel auf geradem Wege erreichen, sonst wird dem Volke der Umfang und die Bedeutung der ganzen Frage nicht klar.

Jeder Mann muß seinem Können entsprechend in den Dienst gestellt werden, an der Drehbank, in der Schreibstube oder zu jeder anderen Betätigung, in der er dem Staat am meisten nützt. Dem werden die Ausführungsbestimmungen zu entsprechen haben.

Ein Gesetz ist nötig, weil die Volksvertretung an der Verantwortung mittragen muß und weil bei einer Mitwirkung des Reichstages die Bevölkerung sich der neuen Aufgabe mit größerer Bereitwilligkeit unterziehen wird. Ich bin der Überzeugung, daß die Volksvertretung sich der Zustimmung zu dem Gesetz nicht entziehen wird, daß vielmehr die Annahme des Gesetzes sich zu einer Kundgebung unserer Stärke und unseres Willens von so ungeheurer Wucht gestalten wird, daß der Eindruck auf unsere Feinde groß sein wird und wir dem Frieden ein gutes Stück näher kommen. Zum Schluß muß ich aber pflichtgemäß betonen, daß wir zu schneller Entscheidung kommen müssen und daß die Zeit in keiner Weise zu langen Erwägungen angetan ist. Einzel- und Ausführungsbestimmungen können daher erst getroffen werden, wenn die Aufgabe im großen gelöst ist.

gez. v. Hindenburg

26.2 Hochöfen im Ruhrgebiet und ihre Produktion im Sommer 1918[1064]

Hochofenwerke im Ruhrgebiet im Sommer 1918	Anzahl der Hochöfen			Durchschnittliche Leistungsfähigkeit der in Betrieb befindlichen Öfen Gesamt/Einzel in t/d
	in Betrieb	außer Betrieb	im Bau	
AG für Hüttenbetrieb, Duisburg-Meiderich	5	1	-	1.000/200
Bochumer Verein für Bergbau und Gussstahlfabrikation, Bochum	5	2	-	1.000/200
Deutsch-Luxemburgische Bergwerks- und Hütten-AG,				
- Abt. Dortmunder Union, Dortmund	3	1	1	1.500/500
- Abt. Friedrich Wilhelms-Hütte, Mülheim/Ruhr	2	1	-	600/300
- Abt. Horst, [Essen-]Horst	2	-	-	400/200
Duisburger Kupferhütte [AG], Duisburg	4	3	-	225/56,25
Eisen- und Stahlwerk Hoesch AG	5	2	-	1500/300
Eisenwerk Kraft AG, Abt. Niederrheinische Hütte, Duisburg-Hochfeld	4	-	-	1.000/250
Gelsenkirchener Bergwerks-AG,				
- Abt. Gelsenkirchen-Schalke	6	1	-	1.000/166,67
- Werk Vulkan, Duisburg	3	-	-	450/150
Gewerkschaft Deutscher Kaiser, [Duisburg-] Bruckhausen	5	1	-	2.700/540
Gutehoffnungshütte Aktienverein für Bergbau und Hüttenbetrieb, Oberhausen (Rhld.)	10	1	-	2.700/270
Hasper Eisen- und Stahlwerk, [Hagen-]Haspe	4	-	-	1.200-1.300/300-325
Henschel & Sohn, Abt. Henrichshütte, Hattingen-Ruhr	1	3	-	350/350
Fried. Krupp AG, Friedrich-Alfred-Hütte, [Duisburg-] Rheinhausen	10	1	-	3.700/370

[1064] Nach: Verein deutscher Eisenhüttenleute (Hg.): Gemeinfassliche Darstellung des Eisenhüttenwesens. 10. Aufl., Düsseldorf 1918, S. 342–344.

Phoenix AG für Bergbau und Hüttenbetrieb,				
- Abt. Hoerder Verein, [Dortmund-]Hörde	6	-	1	1680/280
- Abt. Bergeborbeck, Essen-Bergeborbeck	2	1	-	400/200
- Abt. Dortmunder Hochofenwerk, Dortmund[1065]	2	-	-	400/200
- Abt. Ruhrort, Duisburg-Ruhrort	7	1	-	1.500/214
Rheinische Stahlwerke, Duisburg-Meiderich	5	1	-	1.950/390
Westfälische Eisen- und Drahtwerke AG, Abt. Aplerbecker Hütte, [Dortmund-]Aplerbeck	2	1	-	300/150
Summe/Durchschnittsleistung der Werke/Hochöfen in t/d	93	21	2	24.555–24.655/264,03

26.3 Eisen- und Stahlgießereien im Ruhrgebiet 1918[1066]

Bochum

Bismarckhütte AG, Abt. Bochum*
Bochumer Eisenhütte Heintzmann & Dreyer*
Bochumer Verein für Bergbau und Gussstahlfabrikation*

[Bochum-]Dahlhausen
Vereinigte Press- und Hammerwerke Dahlhausen-Bielefeld AG**

[Bochum-]Linden
E. Wolf jr. ***

Dortmund

Deutsch-Luxemburgische Bergwerks- und Hütten-AG, Abt. Dortmunder Union*
Eisengießerei Dortmund W. Suhrmann
Eisenwerk Hugo Brauns
Eisengießerei und Maschinenfabrik A. Kloth
Eisen- und Stahlwerk Hoesch AG*
Maschinenfabrik Deutschland AG
Rudolf Meißner
Gewerkschaft Schüctermann & Kremer
Louis Schwarz & Co.*
Wagner & Co., Werkzeugmaschinenfabrik GmbH

[1065] 1898 wurde die ehemalige Hütten-Aktiengesellschaft Carl von Born vom Hoerder Bergwerks- und Hüttenverein übernommen und als Abteilung Dortmunder Hochofenwerk geführt. Nach dessen Fusion auf den Phoenix wurde er nun als Phoenix, Abteilung Dortmunder Hochofenwerk bezeichnet. Hier war 1917/18 ein neuer Hochofen gebaut worden.

[1066] Zusammengestellt nach Verein deutscher Eisenhüttenleute (Hg.): Gemeinfassliche Darstellung des Eisenhüttenwesens, 10. Aufl., Düsseldorf 1918, S. 399–404, 412–416; sortiert nach heutiger Ortszugehörigkeit.

* Eisen- und Stahlgießereien
** Stahlgießereien
*** Tempergießereien

Wencker & Berninghaus, Carlshütte

[Dortmund-]Aplerbeck
Westfälische Eisen- und Drahtwerke AG

[Dortmund-]Eving
Eisen- und Stahlwerk, Maschinenfabrik Wilh. Dreyfus vorm. Meißner

[Dortmund-]Hörde
Phoenix AG für Bergbau und Hüttenbetrieb, Abteilung Hoerder Verein*

Duisburg
Ewald Berninghaus
Felix Bischoff**
Deutsche Maschinenfabrik AG*
Georg Otto Schneider, Maschinenbauanstalt GmbH
Gebr. Scholten

[Duisburg-]Bruckhausen
Gewerkschaft Deutscher Kaiser*

Duisburg-Hochfeld
Esch & Stein
Eisenwerk Kraft AG, Abt. Niederrheinische Hütte*

Duisburg-Meiderich
AG für Hüttenbetrieb
Maschinenbau AG Tigler
Rheinische Stahlwerke*

[Duisburg-]Rheinhausen-Friemersheim
Fried. Krupp [AG], Friedrich-Alfred-Hütte*

Duisburg-Ruhrort
Emscherhütte, Eisengießerei und Maschinenfabrik vorm. Heinrich Horlohé AG
Phoenix AG für Bergbau und Hüttenbetrieb, Abteilung Ruhrort*

Duisburg-Wanheim
Maschinenfabrik Augsburg-Nürnberg, Werk Duisburg*

Essen
Fried. Krupp [AG]*
Gebr. Ständer
Emil Wolff

Essen-Altenessen
Altenessener Eisenwerke Franz Stolle
Gebr. Ständer[1067]

Essen-Bergeborbeck
Borbecker Maschinenfabrik und Eisengießerei

[Essen-]Katernberg
Essener Eisenwerke Schnutenhaus & Linnmann [!] GmbH

[Essen-]Kettwig
Gebr. Ruhrmann, Eisengießerei und Maschinenfabrik

[Essen-]Kray
Westdeutsches Eisenwerk AG

[Essen-]Steele
M. Maesch & Söhne
R. W. Dinnendahl AG

[1067] Die Firma wird auch unter Essen aufgeführt.

Gelsenkirchen
Gelsenkirchener Gussstahl- und
Eisenwerke AG*
F. Küppersbusch & Söhne AG
Gelsenkirchener Bergwerks AG,
Gießerei*

[Gelsenkirchen-]Horst
Grolman & Co.
Hermann Steimann

[Gelsenkirchen-]Horstermark
Ebert & Co.

Gelsenkirchen-Schalke
Gewerkschaft Schalker Eisenhütte

Hagen
Aug. Bisterfeld jr.***
Boecker & Voormann***
Eicken & Co. **
Erkenzweig & Schwemann**
Gelsenkirchener Gussstahl- u. Eisenwerke AG, Abt. Hagener Gussstahlwerke*
Wilh. Holthaus***
F. W. Killing***
Oberhagener Maschinenfabrik Daniel Heuser
Joh. Casp. Post Söhne***
Proll & Lohmann
Heinrich Remy GmbH**
Carl Ruthenkolk***

Hagen-Eckesey
P. W. Hassel GmbH

[Hagen-]Hohenlimburg
Boecker & Volkenborn
Gebr. Bongardt & Co.**

Hamm
J. Banning AG
A. H. Meier & Co.

Hattingen
Henschel & Sohn, Abt. Henrichshütte*

[Hattingen-]Winz
R. Berninghaus Nachf. W. Köppern,
Berninghaushütte

Herne
Maschinenbau-AG H. Flottmann &
Comp.
Maschinenfabrik Baum AG
Maschinenfabrik und Eisengießerei A.
Beien

Lüdinghausen
Eisenwerk Lüdinghausen Koehne &
Ricke

Lünen
Gewerkschaft Eisenhütte Westfalia
Lüner Eisengießerei Flume & Lenz
Lüner Hütte Ferd. Schultz & Co.
Potthoff & Flume, Louisenhütte

Mülheim/Ruhr
Rich. Cleff
Deutsch-Luxemburgische Bergwerks- und Hütten-AG, Abt. Friedrich
Wilhelms-Hütte*
Fischer & Demmler
Maschinenfabrik Thyssen & Co. *
H. Wilhelmi GmbH

Mülheim/Ruhr-Saarn
Saarner Eisenhütte H.
Winnesberg & Co.

Oberhausen
Deutsche Babcock- &
Wilcox-Dampfkessel-Werke AG
Gutehoffnungshütte Aktienverein für
Bergbau und Hüttenbetrieb*
Oberhausen Stahl- und Eisengießerei*

Phoenix AG für Herd- und
Ofenindustrie
Herm. Sellerbeck*

[Oberhausen-]Sterkrade
Eisengießerei und Maschinenfabrik
Ludwigshütte AG
Gutehoffnungshütte Aktienverein
für Bergbau und Hüttenbetrieb, Abt.
Sterkrade*

[Ratingen-]Lintorf
Eisengießerei Karl Knapp

Recklinghausen
Eisenwerk Stolle & Co.

Wetter
Carl Bönnhoff**
Ludwig Bönnhoff**
Emil Brüninghaus
Deutsche Maschinenfabrik AG, Werk Wetter*
Peter Harkort & Sohn GmbH*

[Wetter-]Volmarstein
Ewald Schmidt***

[Wetter-]Wengern
Eisen- und Stahlwerk Mark GmbH

Wickede/Ruhr
Wickeder Eisengießerei, W. Hibbeln

Witten
E. van Apeldorn
Gust. Brinkmann & Co. GmbH
Gussstahl-Werk Witten**
Friedr. Lohmann**
Lohmann & Stolterforth
Heinr. Schaub
Gebr. Schüren***
Wittener Hütte AG*
Wittener Stahlformgießerei GmbH**

[Witten-]Annen
Annener Gussstahlwerke AG**
Annener Stahl-, Eisen- und Tempergießerei Roos & Schulte GmbH*** und *
H. Knapmann*** und *
Fried. Krupp [AG], Stahlwerk Annen**

26.4 Bilanzen rheinisch-westfälischer Unternehmen im Ersten Weltkrieg[1068]

26.4.1   AG für Hüttenbetrieb
26.4.2   AG Oberbilker Stahlwerk
26.4.3   Arenberg'sche AG für Bergbau und Hüttenbetrieb
26.4.4   Bochumer Verein für Bergbau und Gussstahlfabrikation
26.4.5   Deutsch-Luxemburgische Bergwerks- und Hütten-AG
26.4.6   Gelsenkirchener Bergwerks-AG (GBAG)
26.4.7   Gewerkschaft Deutscher Kaiser (Thyssen)
26.4.8   Gelsenkirchener Gussstahl- und Eisenwerke AG
26.4.9   Gesellschaft für Teerverwertung mbH
26.4.10   Th. Goldschmidt AG
26.4.11   Gussstahl-Werk Witten AG
26.4.12   Gutehoffnungshütte Aktienverein für Bergbau und Hüttenbetrieb (GHH)
26.4.13   Hasper Eisen- und Stahlwerk AG
26.4.14   Henschel & Sohn, Abteilung Henrichshütte
26.4.15   Hoesch (Eisen- und Stahlwerk Hoesch AG)
26.4.16   Köln-Neuessener Bergwerksverein
26.4.17   Fried. Krupp [AG]
26.4.18   Maschinenfabrik Thyssen & Co. AG
26.4.19   Phoenix AG für Bergbau und Hüttenbetrieb
26.4.20   Press- und Walzwerk AG
26.4.21   Rheinische Metallwaaren- und Maschinenfabrik AG
26.4.22   Rheinische Stahlwerke
26.4.23   Rheinisch-Westfälisches Elektrizitätswerk AG (RWE)
26.4.24   Stahlwerk Krieger AG
26.4.25   Stahlwerk Thyssen AG (Hagendingen)
26.4.26   Westfälische Stahlwerke AG

[1068]   Gewinn ist Netto-Gewinn, also nach Rückstellungen, Abschreibungen, Sonderrückstellungen, Steuern usw. Es wurden folgende Formeln angewandt: Kapitalrendite: Gewinn/Bilanzsumme; Eigenkapitalquote: Aktienkapital/Bilanzsumme; Ausschüttungsquote: Dividende (Betrag)/Gewinn.

26.4 Anhang

26.4.1 AG für Hüttenbetrieb

Jahr	Bilanzsumme (M)	Bilanz- summe (%)	Gewinn (M)	Kapital- rendite	Eigen- kapital- quote	Gewinn (%)	Divi- dende	Aus- schüttungs- quote
1913	30.655.472	100,0 %	2.279.776	7,4 %	14,4 %	100,0 %	0,0 %	0,0 %
1914	28.490.829	92,9 %	1.698.432	6,0 %	15,4 %	74,5 %	0,0 %	0,0 %
1915	29.850.400	97,4 %	1.368.612	4,6 %		60,0 %	0,0 %	0,0 %
1916	29.782.351	97,2 %	1.386.866	4,7 %		60,8 %	5,0 %	
1917	31.618.049	103,1 %	1.980.566	6,3 %	13,9 %	86,9 %	7,5 %	16,7 %
1918	33.840.986	110,4 %	765.921	2,3 %	13,0 %	33,6 %	0,0 %	0,0 %
1919	82.967.847	270,6 %	2.934.015	3,5 %	5,3 %	128,7 %	0,0 %	0,0 %
1920	116.380.549	379,6 %	4.347.319	3,7 %	3,8 %	190,7 %	0,0 %	0,0 %

Quelle: Geschäftsberichte Aktiengesellschaft für Hüttenbetrieb. Rückstellungen während des Kriegs in Reservefonds, Ende 1918: über 11,5 Mio. M, 1913 darin ca. 3,8 Mio. M, Gewinne teilweise ausgeschüttet in Stiftungen: Thyssen Dank GmbH; 1916 in: tkA A/531/2; Bilanz 1915 in: A/847/7.

26.4.2 AG Oberbilker Stahlwerk

Jahr	Bilanz- summe (M)	Bilanz- summe (%)	Gewinn (M)	Kapital- rendite	Eigen- kapital- quote	Gewinn (%)	Dividen- de	Aus- schüttungs- quote
1912/13	12.171.151	100,0 %	650.631	5,3 %	24,6 %	100,0 %	6,0 %	13,8 %
1913/14	11.053.852	90,8 %	793.258	7,2 %	27,1 %	121,9 %	6,0 %	11,3 %
1914/15	10.625.991	87,3 %	943.447	8,9 %	28,2 %	145,0 %	6,0 %	9,5 %
1915/16	11.762.749	96,6 %	1.213.707	10,3 %	25,5 %	186,5 %	5,0 % *	17,3 %
1916/17	13.322.315	109,5 %	1.753.696	13,2 %	22,6 %	296,5 %	10,0 %	17,1 %
1917/18	17.285.051	142,0 %	1.620.725	9,4 %	17,4 %	249,1 %	10,0 %	18,5 %
1918/19	15.454.720	127,0 %	722.114	4,7 %	19,4 %	111,0 %	0,0 %	0,0 %
1919/20	28.439.885	233,7 %	1.316.716	4,6 %	10,5 %	202,4 %	0,0 %	0,0 %

Quelle: Geschäftsberichte AG Oberbilker Stahlwerk vormals Poensgen, Giesbers & Cie.; * 6 % Vorzugsaktien, 4 % restl. Aktien.

26.4.3 Arenberg'sche AG für Bergbau und Hüttenbetrieb

Jahr	Bilanzsumme (M)	Bilanzsumme (%)	Gewinn (M)	Kapitalrendite	Eigenkapitalquote	Gewinn (%)	Dividende	Ausschüttungsquote
1913	54.854.632	100,0 %	4.205.828	7,7 %	26,3 %	100,0 %	25,0 %	85,6 %
1914	58.269.135	106,2 %	2.626.681	4,5 %	24,7 %	62,5 %	17,0 %	93,2 %
1915	60.936.440	111,1 %	3.346.686	5,5 %	23,6 %	79,6 %	22,0 %	94,7 %
1916	65.362.626	119,2 %	3.842.591	5,9 %	22,0 %	91,4 %	25,0 %	93,7 %
1917	69.701.467	127,1 %	4.636.588	6,7 %	20,7 %	110,2 %	30,0 %	93,2 %
1918	70.872.871	129,2 %	2.330.656	3,3 %	20,3 %	55,4 %	15,0 %	92,7 %
1919	79.784.170	145,4 %	2.372.059	3,0 %	18,0 %	56,4 %	15,0 %	91,1 %
1920	144.378.783	263,2 %	3.890.374	2,7 %	14,8 %	92,5 %	29,0 %	85,1 %

Quelle: Geschäftsberichte Arenberg'sche AG für Bergbau und Hüttenbetrieb / (Übernahme durch Rheinstahl 1919); Dividende nach Jahrbuch für den Oberbergamtsbezirk Dortmund 1913/21, S. 21.

26.4.4 Bochumer Verein für Bergbau und Gussstahlfabrikation

Jahr	Bilanzsumme (M)	Bilanzsumme (%)	Gewinn (M)	Kapitalrendite	Eigenkapitalquote	Gewinn (%)	Dividende	Ausschüttungsquote
1912/13	78.133.706	100,0 %	6.419.345	8,2 %	46,1 %	100,0 %	14,0 %	78,5 %
1913/14	79.475.651	101,7 %	4.360.142	5,5 %	45,3 %	67,9 %	10,0 %	82,6 %
1914/15	84.375.961	108,0 %	7.413.268	8,8 %	42,7 %	115,5 %	14,0 %	68,0 %
1915/16	111.725.159	143,0 %	15.335.365	13,7 %	32,2 %	238,9 %	25,0 %	58,7 %
1916/17	141.156.583	180,7 %	15.558.260	11,0 %	25,5 %	242,4 %	25,0 %	57,8 %
1917/18	138.618.561	177,4 %	15.612.068	11,3 %	32,5 %	243,2 %	22,5 / 11,25 *	58,4 %
1918/19	149.413.503	191,2 %	3.373.894	2,3 %	38,1 %	52,6 %	5,0 %	66,7 %
1919/20	266.654.944	341,3 %	17.492.496	6,6 %	26,3 %	272,5 %	15,0 %	38,6 %

Quelle: Geschäftsberichte Bochumer Verein für Bergbau und Gußstahlfabrikation; * Erhöhung des Aktienkapitals von 36 Mio. M um 9 Mio. M auf 45 Mio. M; die neuen Aktien erhielten 11,25 % Dividendenzahlung.

26.4.5 Deutsch-Luxemburgische Bergwerks- und Hütten-AG

Jahr	Bilanzsumme (M)	Bilanzsumme (%)	Gewinn (M)	Kapitalrendite	Eigenkapitalquote	Gewinn (%)	Dividende	Ausschüttungsquote
1912/13	278.240.281	100,0 %	13.343.368	4,8 %	76,7 %	100,0 %	10,0 %	89,9 %
1913/14	298.271.904	107,2 %	8.923.449	3,0 %	43,6 %	66,9 %	0,0 %	0,0 %
1914/15	285.437.766	102,6 %	592.578	0,2 %	45,5 %	4,4 %	0,0 %	0,0 %
1915/16	302.092.793	108,6 %	10.061.320	3,3 %	43,0 %	75,4 %	7,0 %	90,4 %
1916/17	346.834.552	124,6 %	15.429.521	4,4 %	37,5 %	115,6 %	10,0 %	84,3 %
1917/18	386.495.307	138,9 %	14.879.885	3,8 %	33,6 %	111,5 %	10,0 %	87,4 %
1918/19	486.978.231	175,0 %	16.111.293	3,3 %	26,7 %	120,7 %	11,0 %	88,8 %
1919/20	838.677.399	301,4 %	27.404.371	3,3 %	15,5 %	205,4 %	12,0 %	56,9 %

Quelle: Geschäftsberichte Deutsch-Luxemburgische Bergwerks- und Hütten-AG

26.4.6 GBAG (Gelsenkirchener Bergwerks-AG)

Jahr	Bilanzsumme (M)	Bilanzsumme (%)	Gewinn (M)	Kapitalrendite	Eigenkapitalquote	Gewinn (%)	Dividende	Ausschüttungsquote
1913	394.928.556	100,0 %	24.140.838	6,1 %	45,6 %	100,0 %	11,0 %	82,0 %
1914	393.880.819	99,7 %	15.062.325	3,8 %	45,7 %	62,4 %	6,0 %	71,7 %
1915	401.142.335	101,6 %	19.877.474	5,0 %	44,9 %	82,3 %	8,0 %	72,4 %
1916	437.355.228	110,7 %	30.978.350	7,0 %	43,0 %	128,3 %	12,0 %	72,8 %
1917	482.312.877	122,1 %	28.647.795	5,9 %	39,0 %	118,7 %	12,0 %	78,7 %
1918	479.206.432	121,3 %	13.257.755	2,8 %	39,2 %	54,9 %	6,0 %	85,1 %
1919	619.496.021	156,9 %	23.191.288	3,7 %	30,3 %	96,1 %	11,0 %	89,2 %
1920	974.496.585	246,8 %	13.091.974	1,3 %	19,3 %	54,2 %	12,0 %	89,4 %

Quelle: Geschäftsberichte Gelsenkirchener Bergwerks-AG

26.4.7 Gewerkschaft Deutscher Kaiser (Thyssen)

Jahr	Bilanzsumme (M)	Bilanz- summe (%)	Gewinn (M)	Kapital- rendite	Eigen- kapital- quote	Gewinn (%)	Divi- dende	Aus- schüttungs- quote
1913	249.925.226	100,0 %	10.798.000	4,3 %		100,0 %	0,0 %	
1914	253.430.558	101,4 %	5.236.802	3,3 %		48,5 %	0,0 %	
1915	266.201.175	106,5 %	7.915.700	3,0 %		73,3 %	0,0 %	
1916	279.417.669	111,8 %	13.117.800	4,7 %		121,5 %	0,0 %	
1917	315.359.921	126,2 %	12.707.800	4,0 %		117,7 %	0,0 %	
1918	395.876.467	158,4 %	- 26.353.300	-6,7 %		-244,1 %	0,0 %	
1919	387.169.828	154,9 %	-36.208.630	-9,4 %		-335,3 %	0,0 %	
1920	1.018.165.705	407,4 %	15.588.499	1,5 %		144,4 %	0,0 %	

Quelle: Geschäftsberichte Gewerkschaft Deutscher Kaiser. Däbritz, Hausdruck, tkA A/15510, Erläuterungen und Schriftwechsel, teilweise mit etwas anderen Zahlen in: tkA A/1754 und A/1777, Treue: Die Feuer verlöschen nie, Bd. 1: S. 179; etwas andere, aber verbindliche Zahlen nach: Gewerkenversammlungsprotokolle in: tkA A/787/1+2 und tkA A/788/1, die wurden hier verwendet für Gewinn/Verlust und Dividende

26.4.8 Gelsenkirchener Gussstahl- und Eisenwerke AG [vorm. Munscheid & Co.]

Jahr	Bilanzsumme (M)	Bilanz- summe (%)	Gewinn (M)	Kapital- rendite	Eigen- kapital- quote	Gewinn (%)	Divi- dende	Aus- schüttungs- quote
1912/13	5.021.121	100,0 %	624.944	12,4 %	59,7 %	100,0 %	6,0 %	28,8 %
1913/14	4.905.730	97,7 %	729.160	14,7 %	61,2 %	116,7 %	6,0 %	24,7 %
1914/15	10.578.997	210,7 %	1.978.519	18,7 %	33,1 %	316,6 %	12,0 %	21,2 %
1915/16	11.474.074	228,5 %	3.894.023	33,9 %	30,5 %	623,1 %	25,0 %	22,0 %
1916/17	20.035.579	399,0 %	5.468.088	27,3 %	22,5 %	875,0 %	25,0 %	20,6 %
1917/18	26.730.518	532,4 %	6.149.389	23,0 %	16,8 %	984,0 %	25 % + 5 % Bonus	22,0 %
1918/19	25.042.275	498,7 %	592.919	2,4 %	18,0 %	94,9 %	10,0 %	75,9 %
1919/20	105.740.697	2.105,9 %	5.053.081	4,7 %	23,6 %	808,6 %	10,0 %	49,5 %

Quelle: Geschäftsberichte Gelsenkirchener Gussstahl- und Eisenwerke vorm. Munscheid & Co., ab 1916 ohne den Zusatz „vorm. Mundscheid & Co."

26.4.9 Gesellschaft für Teerverwertung mbH

Jahr	Bilanz-summe (M)	Bilanz-summe (%)	Gewinn (M)	Kapital-rendite	Eigen-kapital-quote	Gewinn (%)	Dividende	Aus-schüttungs-quote
1913	17.631.751	100,0 %	310.562	1,8 %	22,7 %	100,0 %	236.100 M	76,0 %
1914	17.221.852	97,7 %	311.078	1,8 %	23,4 %	100,2 %	236.820 M	76,1 %
1915	20.253.700	114,9 %	349.653	1,7 %	20,4 %	112,6 %	240.630 M	68,8 %
1916	26.523.834	150,4 %	419.862	1,6 %	19,1 %	135,2 %	304.080 M	72,4 %
1917	33.637.043	190,8 %	393.094	1,2 %	15,1 %	126,6 %	302.430 M	76,9 %
1918	36.395.244	206,4 %	406.796	1,1 %	14,1 %	131,0 %	302.480 M	74,4 %
1919	69.240.637	392,7 %	437.546	0,6 %	7,1 %	140,9 %	0 M	0 %

Quelle: Geschäftsberichte Gesellschaft für Teerverwertung. tkA A/676/1+2 und tkA A/677/1+2

26.4.10 Th. Goldschmidt AG

Jahr	Bilanz-summe (M)	Bilanz-summe (%)	Gewinn (M)	Kapital-rendite	Eigen-kapital-quote	Gewinn (%)	Divi-dende	Aus-schüttungs-quote
1913	31.911.092	100,0 %	2.158.620	6,8 %	47,0 %	100,0 %	12,0 %	83,4 %
1914	30.911.336	96,9 %	1.325.230	4,3 %	48,5 %	61,4 %	8,0 %	90,6 %
1915	33.762.356	105,8 %	1.756.684	5,2 %	44,4 %	81,4 %	12,0 %	102,5 %
1916	35.725.338	112,0 %	1.766.480	4,9 %	42,0 %	81,8 %	12,0 %	101,9 %
1917	39.892.151	125,0 %	1.833.156	4,6 %	37,6 %	84,9 %	12,0 %	98,2 %
1918	41.934.580	131,4 %	2.119.172	5,1 %	40,5 %	98,2 %	12,0 %	96,3 %
1919	52.026.901	163,0 %	2.147.785	4,1 %	32,7 %	99,5 %	12,0 %	95,0 %
1920	84.558.798	265,0 %	7.564.518	8,9 %	36,1 %	350,4 %	20,0 %	80,6 %

Quelle: Geschäftsberichte Th. Goldschmidt AG. Walther Däbritz: Th. Goldschmidt A.-G. Essen. Neun Jahrzehnte Geschichte einer deutschen Chemischen Fabrik, Essen 1937, Anhang: Bilanzübersichten, 1919 und 1919–1923 nicht ausgewiesen; Auskunft Ralf Peters, Konzernarchiv der Evonik Industries AG, E-Mail vom 01.06.2015: Zahlen für die Jahre 1919 und 1920 sowie Information über Kapitalerhöhung: 1913: Aktienkapital 15 Mio. M, 1918 Aktienkapital 17 Mio. M, 1920 Aktienkapital 30,5 Mio. M.

26.4.11 Gussstahl-Werk Witten AG

Jahr	Bilanz-summe (M)	Bilanz-summe (%)	Gewinn (M)	Kapital-rendite	Eigen-kapital-quote	Gewinn (%)	Divi-dende	Aus-schüttungs-quote
1912/13	12.164.432	100,0 %	1.199.423	9,9 %	53,4 %	100,0 %	14,0 %	75,9 %
1913/14	11.773.919	96,8 %	1.002.340	8,5 %	55,2 %	83,6 %	10,0 %	64,8 %
1914/15	14.469.129	118,9 %	2.248.243	15,5 %	44,9 %	187,4 %	18,0 %	52,0 %
1915/16	18.528.335	152,3 %	3.070.853	16,6 %	35,1 %	256,0 %	27,0 %	57,1 %
1916/17	24.048.010	197,7 %	4.574.473	19,0 %	27,1 %	381,4 %	27,0 %	38,4 %
1917/18	28.113.912	231,1 %	4.114.223	14,6 %	23,1 %	343,0 %	27,0 %	42,7 %
1918/19	22.428.478	184,4 %	1.487.126	6,6 %	29,0 %	124,0 %	15,0 %	65,6 %
1919/20	56.793.235	466,9 %	7.988.926	14,1 %	22,9 %	666,1 %	30,0 %	48,9 %

Quelle: Geschäftsberichte Gussstahl-Werk Witten [AG]

26.4.12 Gutehoffnungshütte Aktienverein für Bergbau und Hüttenbetrieb

Jahr	Bilanzsumme (M)	Bilanz-summe (%)	Gewinn (M)	Kapital-rendite	Eigen-kapital-quote	Gewinn (%)	Divi-dende	Aus-schüttungs-quote
1912/13	130.450.362	100,0 %	9.854.172	7,5 %	23,0 %	100,0 %	20,0 %	60,9 %
1913/14	137.662.292	105,6 %	7.590.819	5,5 %	21,8 %	77,0 %	10,0 %	39,5 %
1914/15	135.531.408	103,9 %	5.910.999	4,4 %	22,1 %	60,0 %	15,0 %	76,1 %
1915/16	174.792.644	134,0 %	24.168.815	13,8 %	17,1 %	245,3 %	20,0 %	24,8 %
1916/17	205.877.228	157,8 %	19.326.347	9,4 %	19,4 %	196,1 %	20,0 %	41,4 %
1917/18	227.571.497	174,5 %	17.014.045	7,5 %	17,6 %	172,7 %	20,0 %	47,0 %
1918/19	222.028.882	170,2 %	2.825.343	1,3 %	18,0 %	28,7 %	6,0 %	84,9 %
1919/20	716.574.076	549,3 %	35.837.699	5,0 %	5,6 %	363,7 %	20,0 %	44,6 %

Quelle: Geschäftsberichte Gutehoffnungshütte Aktienverein für Bergbau und Hüttenbetrieb

26.4.13 Hasper Eisen- und Stahlwerk AG

Jahr	Bilanz-summe (M)	Bilanz-summe (%)	Gewinn (M)	Kapital-rendite	Eigen-kapital-quote	Gewinn (%)	Divi-dende	Aus-schüttungs-quote
1912/13	27.726.014	100,0 %	2.534.953	9,1 %	46,9 %	100,0 %	12,0 %	61,5 %
1913/14	30.159.654	108,8 %	1.631.234	5,4 %	43,1 %	64,3 %	5,0 %	39,8 %
1914/15	29.147.596	105,1 %	925.503	3,2 %	44,6 %	36,5 %	4,0 %	56,2 %
1915/16	29.982.541	108,1 %	3.862.579	12,9 %	43,4 %	152,4 %	16,0 %	53,9 %
1916/17	32.181.694	116,1 %	5.993.694	18,6 %	40,4 %	236,4 %	16,0 %	34,7 %
1917/18	32.655.724	117,8 %	4.889.161	15,0 %	39,8 %	192,9 %	16,0 %	42,5 %
1918/19	32.547.067	117,4 %	2.119.654	6,5 %	39,9 %	83,6 %	10,0 %	61,3 %
1919/20	53.426.025	192,7 %	5.870.608	11,0 %	24,3 %	231,6 %	20,0 %	44,3 %

Quelle: Geschäftsberichte Hasper Eisen- und Stahlwerk AG

26.4.14 Henschel & Sohn, Abteilung Henrichshütte

Jahr	Bilanzsumme (M)	Bilanz-summe (%)	Gewinn (M)	Kapital-rendite	Eigen-kapital-quote	Gewinn (%)	Divi-dende	Aus-schüttungs-quote
1912/13	29.331.614	100,0 %	2.197.333	7,5 %		100,0 %		
1913/14	29.617.349	101,0 %	3.671.820	12,4 %		167,1 %		
1914/15	28.750.651	98,0 %	129.108	0,4 %		5,9 %		
1915/16	34.797.077	118,6 %	300.000	0,9 %		13,7 %		
1916/17	47.975.624	163,6 %	7.432.461	15,5 %		338,2 %		
1917/18	51.785.892	176,6 %	17.083.612	33,0 %		777,5 %		
1918/19	47.372.192	161,5 %	4.011.638	8,5 %		182,6 %		
1919/20	137.028.025	467,2 %	7.096.445	5,2 %		323,0 %		

Quelle: Henschel & Sohn, Abtlg. Henrichshütte. Zahlen für Henschel & Sohn, Abteilung Henrichshütte nach: Rinne, Will: Die Ruhrstahl Aktiengesellschaft Witten. Die Entwicklung der Ruhrstahl Aktiengesellschaft und ihrer sechs Werke, Typoskript 1937, Band IV: Neuntes Kapitel, Zahlenübersichten Henrichshütte, in: SIT GW/65; keine Dividende ausgewiesen, Henrichshütte war Betriebsabteilung einer Einzelfirma; Gewinnzahlen nach Bilanzzahlen von Rinne.

26.4.15 Hoesch (Eisen- und Stahlwerk Hoesch AG)

Jahr	Bilanzsumme (M)	Bilanz-summe (%)	Gewinn (M)	Kapital-rendite	Eigen-kapital-quote	Gewinn (%)	Dividende	Aus-schüttungs-quote
1912/13	62.862.465	100,0 %	8.662.056	13,8 %	31,8 %	100,0 %	24,0 %	55,4 %
1913/14	84.098.122	133,8 %	6.190.784	7,4 %	33,3 %	71,5 %	15 %	48,5 %
1914/15	78.343.840	124,6 %	3.784.548	4,8 %	35,7 %	43,7 %	12,0 + 6,0 %	82,4 %
1915/16	94.112.615	149,7 %	9.005.834	9,6 %	29,8 %	104,0 %	20,0 %	62,2 %
1916/17	115.650.251	184,0 %	17.529.284	15,2 %	24,2 %	202,4 %	24,0 %	38,3 %
1917/18	135.643.004	215,8 %	12.566.952	9,3 %	20,6 %	145,1 %	24,0 + 15,0 %*	86,9 %
1918/19	120.525.295	191,7 %	-8.450.988	-7,0 %	23,2 %	-97,6 %	0 %	0,0 %
1919/20	340.989.530	542,4 %	31.789.597	9,3 %	11,73 %	367,0 %	24,0 / 12,0 / 5,0 %**	23,8 %

Quelle: Geschäftsberichte Eisen- und Stahlwerk Hoesch AG; * Dividende für 1917/18: Neben der 24 % Dividende wurden 4,2 Mio. M = 15 % Dividenden-Ergänzung ausgezahlt; **Dividende für 1919/20: 24 % von 28 Mio. M, 12 % von 7 Mio. M, 5 % von 1,25 Mio. M, (auf 25 % Einzahlung auf 5 Mio. M) insgesamt also 7,58 Mio. M, entsprechend 23,84 % vom Reingewinn.

26.4.16 Köln-Neuessener Bergwerksverein AG

Jahr	Bilanzsumme (M)	Bilanz-summe (%)	Gewinn (M)	Kapital-rendite	Eigen-kapital-quote	Gewinn (%)	Dividende	Aus-schüttungs-quote
1913	36.026.000	100,0 %	5.028.695	14,0 %	24,1 %	100,0 %	40,0 %	83,5 %
1914	35.010.174	97,2 %	4.066.739	11,6 %	30,0 %	80,9 %	25,0 %	64,5 %
1915	38.411.603	106,6 %	4.708.043	12,3 %	27,3 %	93,6 %	35,0 %	78,1 %
1916	45.010.968	124,9 %	7.628.695	16,9 %	23,3 %	151,7 %	40,0 %	55,1 %
1917	54.520.165	151,3 %	8.128.695	14,9 %	14,2 %	161,6 %	40,0 %	51,6 %
1918	54.818.620	152,2 %	7.361.739	13,4 %	19,2 %	146,4 %	33 1/3 % + 33 1/3 % in Kriegs-anleihen	94,1 %
1919	61.442.132	170,5 %	5.262.964	8,6 %	73,2 %	104,7 %	30,0 %	256,5 %
1920/21	267.835.486	743,5 %	21.316.956	8,0 %	18,3 %	423,9 %	27,0 %	62,1 %

Quelle: Geschäftsberichte Köln-Neuessener Bergwerksverein (1920 Umstellung des Geschäftsjahres, IG-Vertrag mit Eisen- und Stahlwerk Hoesch AG). Aktienkapital 1912: 10,5 Mio. M, 1919: 45 Mio. M, 1920: 44 Mio. M. lt. Jahrbuch für den Oberbergamtsbezirk.

26.4.17 Fried. Krupp AG

Jahr	Bilanzsumme (M)	Bilanzsumme (%)	Gewinn (M)	Kapitalrendite	Eigenkapitalquote	Gewinn (%)	Dividende	Ausschüttungsquote
1912/13	599.571.372	100,0 %	43.138.087	7,2 %	30,0 %	100,0 %	14,0 %	58,4 %
1913/14	616.418.383	102,8 %	40.830.557	6,6 %	29,2 %	94,7 %	12,0 %	52,9 %
1914/15	763.101.851	127,3 %	95.850.958	12,6 %	28,2 %	222,2 %	12,0 %	26,9 %
1915/16	967.168.712	161,3 %	59.634.986	6,2 %	25,8 %	138,2 %	12,0 %	50,3 %
1916/17	1.260.366.574	210,2 %	51.978.576	4,1 %	19,8 %	120,5 %	10,0 %	48,1 %
1917/18	1.495.699.923	249,5 %	19.607.697	1,3 %	16,7 %	45,5 %	0,0 %	0,0 %
1918/19	1.139.516.077	190,1 %	- 92.449	< 0,0 %	21,9 %	-0,2 %	0,0 %	0,0 %
1919/20	1.902.311.659	317,3 %	79.565.577	4,2 %	13,1 %	184,4 %	0,0 %	0,0 %

Quelle: Geschäftsberichte Fried. Krupp AG (Jahresberichte und Bilanzen); andere Zahlen bei Gall: Krupp im 20. Jahrhundert. Anhang, S. 669 f., dort Unterscheidung zwischen Außen- und Binnenumsatz sowie Gewinn nach Abzug von Steuern; Burchardt: Zwischen Kriegsgewinnen und Kriegskosten, S. 71–123.

26.4.18 Maschinenfabrik Thyssen & Co. AG

Jahr	Bilanzsumme (M)	Bilanzsumme (%)	Gewinn (M)	Kapitalrendite	Eigenkapitalquote	Gewinn (%)	Dividende	Ausschüttungsquote
1913	19.439.631	100,0 %	1.084.453	5,6 %	18,0 %	100,0 %	0,0 %	0,0 %
1914	20.737.894	106,7 %	1.065.731	5,1 %	38,6 %	98,3 %	0,0 %	0,0 %
1915	47.035.000	242,0 %	5.987.318	12,7 %	31,9 %	552,1 %	0,0 %	0,0 %
1916	81.066.906	417,0 %	13.193.300	16,3 %	18,5 %	1.216,6 %	10,0 %	11,4 %
1917	97.864.300	503,4 %	12.915.200	13,2 %	15,3 %	1.190,9 %	10,0 %	11,6 %
1918*	188.929.700	971,9 %	7.739.500	4,1 %	8,0 %	713,7 %	0,0 %	0,0 %

Quelle: Geschäftsberichte Maschinenfabrik Thyssen & Co. AG tkA A/681/1–2; Geschäftsbericht 1914; Dividende für 1916 und 1917 aus A/1783, (dort aber für 1916 andere Gewinnzahlen: 8,6 Mio. M.); Bilanzsumme 1915, 1917 und 1918 in: tkA A/15510; Gewinnzahlen z. T. nach tkA A/15510; ursprüngliches Aktienkapital 1 Mio. M, Erhöhung des Aktienkapitals 1913 auf 3,5 Mio. M, 1914 auf 8 Mio. M sowie 1915 auf 15 Mio. M; * August Thyssen hatte 1918 die Kommanditgesellschaft Thyssen & Co., Mülheim/Ruhr, auf die Maschinenfabrik Thyssen & Co. AG fusioniert und nannte sie anschließend in Thyssen & Co. AG um.

26.4.19 Phoenix AG für Bergbau und Hüttenbetrieb

Jahr	Bilanzsumme (M)	Bilanzsumme (%)	Gewinn (M)	Kapitalrendite	Eigenkapitalquote	Gewinn (%)	Dividende	Ausschüttungsquote
1912/13	223.987.986	100,0 %	32.193.433	14,4 %	47,3 %	100,0 %	18,0 %	59,3 %
1913/14	225.482.724	100,7 %	31.700.428	14,1 %	47,0 %	98,5 %	10,0 %	33,4 %
1914/15	223.897.081	100,0 %	24.636.538	11,0 %	47,3 %	76,5 %	12,0 %	51,6 %
1915/16	250.810.660	112,0 %	42.052.521	16,8 %	42,3 %	130,6 %	20,0 %	50,4 %
1916/17	300.096.954	134,0 %	52.482.157	17,5 %	35,3 %	163,0 %	20,0 %	40,4 %
1917/18	330.028.433	147,3 %	46.935.767	14,2 %	32,1 %	145,8 %	20,0 %	45,2 %
1918/19	356.739.649	159,3 %	11.729.173	3,3 %	29,7 %	36,4 %	8,0 %	72,3 %
1919/20	784.143.408	350,1 %	50.484.152	6,4 %	13,5 %	156,8 %	20,0 %	42,0 %

Quelle: Geschäftsberichte Phoenix AG für Bergbau und Hüttenbetrieb.

26.4.20 Press- und Walzwerk AG

Jahr	Bilanzsumme (M)	Bilanzsumme (%)	Gewinn (M)	Kapitalrendite	Eigenkapitalquote	Gewinn (%)	Gewinn (%)	Dividende	Ausschüttungsquote
1913	11.401.977	100,0 %	60.413	0,5 %	42,1 %	100,0 %		0,0 %	0,0 %
1914	12.180.368	106,8 %	319.181	2,6 %	39,4 %	528,3 %	100,0 %	0,0 %	0,0 %
1915	14.731.020	129,2 %	987.548	6,7 %	32,6 %	1.634,7 %	309,4 %	0,0 %	0,0 %
1916	16.969.693	148,8 %	2.625.899	15,5 %	28,3 %	4.346,6 %	822,7 %	6,0 %	17,4 %
1917	21.851.080	191,6 %	2.769.617	12,7 %	22,0 %	4.584,5 %	867,7 %	6,0 %	16,5 %
1918	27.063.155	237,4 %	956.752	3,5 %	17,7 %	1.583,7 %	299,8 %	0,0 %	0,0 %
1919	29.825.680	261,6 %	1.145.168	3,8 %	15,7 %	1.895,6 %	358,8 %	6,0 %	39,8 %
1920	61.486.217	539,3 %	3.449.084	5,6 %	7,6 %	5.709,2 %	1.080,6 %	0,0 %	0,0 %

Quelle: Geschäftsberichte Press- und Walzwerk AG in Reisholz, 1915 einschließlich Gewinnvortrag aus 1914: Gewinn: 1.921.496 M, Rückstellung außerordentliche Rücklagen: 1.407.118 M.

26.4.21 Rheinische Metallwaaren- und Maschinenfabrik AG

Jahr	Bilanz-summe (M)	Bilanz-summe (%)	Gewinn (M)	Kapital-rendite	Eigen-kapital-quote	Gewinn (%)	Dividende	Aus-schüttungs-quote
1912/13	42.008.420	100,0 %	1.937.731	4,6 %	29,3 %	100,0 %	6,0 %	26,2 %
1913/14	48.561.223	115,6 %	3.524.439	7,3 %	25,3 %	181,9 %	6,0 %	47,6 %
1914/15	70.255.536	167,2 %	9.876.619	14,1 %	17,5 %	509,7 %	13 % Vorzugs-aktien, 11 % Stammaktien	16,0 %
1915/16	121.378.843	288,9 %	15.303.675	12,6 %	10,1 %	789,8 %	20 % Vorzugs-aktien, 18 % Stammaktien + 100 M pro Aktie	24,0 %
1916/17	182.768.669	435,1 %	14.870.067	8,1 %	6,7 %	767,4 %	20 % Vorzugs-aktien, 18 % Stammaktien + 50 M pro Aktie	20,6 %
1917/18	251.181.806	1.259,3 %	2.493.018	1,0 %	4,9 %	128,7 %	0,0 %	0,0 %
1918/19	165.813.386	831,3 %	- 1.607.331	-1,0 %	7,4 %	-82,9 %	0,0 %	0,0 %
1919/20	336.862.887	1.688,9 %	2.650.034	0,8 %	7,6 %	136,8 %	0,0 %	0,0 %

Quelle: Geschäftsberichte Rheinische Metallwaaren- und Maschinenfabrik AG.

26.4.22 Rheinische Stahlwerke

Jahr	Bilanzsumme (M)	Bilanz-summe (%)	Gewinn (M)	Kapital-rendite	Eigen-kapital-quote	Gewinn (%)	Divi-dende	Aus-schüttungs-quote
1912/13	84.355.708	100,0 %	5.891.821	7,0 %	54,5 %	100,0 %	10,0 %	78,1 %
1913/14	84.621.583	100,3 %	5.905.213	7,0 %	54,4 %	100,2 %	10,0 %	77,9 %
1914/15	84.209.532	99,8 %	3.830.280	4,5 %	54,6 %	65,0 %	6,0 %	72,1 %
1915/16	97.448.448	115,5 %	6.092.905	6,3 %	49,3 %	103,4 %	10,0 %	75,5 %
1916/17	139.536.407	165,4 %	8.146.111	5,8 %	43,0 %	138,3 %	12,5 %	80,0 %
1917/18	213.146.566	252,7 %	9.069.810	4,3 %	28,1 %	153,9 %	12,5 %	82,7 %
1918/19	272.140.164	322,6 %	3.724.116	1,4 %	22,0 %	63,2 %	6,0 %	69,7 %
1919/20	520.415.301	616,9 %	14.139.318	2,7 %	12,5 %	240,0 %	20 %	91,9 %

Quelle: Geschäftsberichte Rheinische Stahlwerke. Mai 1917 Erwerb der Gewerkschaft Brassert, Juli / November 1917 Erwerb aller Aktien der AG Steinkohlenbergwerk Friedrich Heinrich und Fusion mit den Rheinischen Stahlwerken, Juli 1918 Übernahme der Gewerkschaft Arenberg Fortsetzung.

26.4.23 Rheinisch-Westfälisches Elektrizitätswerk AG (RWE)

Jahr	Bilanzsumme (M)	Bilanz-summe (%)	Gewinn (M)	Kapital-rendite	Eigen-kapital-quote	Gewinn (%)	Divi-dende	Aus-schüttungs-quote
1912/13	130.798.782	100,0 %	3.212.167	2,5 %	29,1 %	100,0 %	8,0 %	94,6 %
1913/14	147.713.166	112,9 %	3.973.611	2,7 %	33,8 %	123,7 %	8,0 %	100,7 %
1914/15	148.214.362	113,3 %	4.226.331	2,9 %	33,7 %	131,6 %	8,0 %	94,7 %
1915/16	151.119.839	115,5 %	4.225.813	2,8 %	33,1 %	131,6 %	8,0 %	94,7 %
1916/17	176.971.774	135,3 %	4.269.995	2,4 %	28,3 %	132,9 %	8,0 %	93,7 %
1917/18	203.268.841	155,4 %	4.225.838	2,1 %	24,6 %	131,6 %	8,0 %	94,7 %
1918/19	229.631.487	175,6 %	4.670.416	2,0 %	21,8 %	145,4 %	8,0 %	102,8 %
1919/20	283.246.662	216,6 %	4.838.308	1,7 %	21,2 %	150,6 %	8,0 %	99,2 %

Quelle: Geschäftsberichte Rheinisch-Westfälisches Elektrizitätswerk AG.

26.4.24 Stahlwerk Krieger AG

Jahr	Bilanz-summe (M)	Bilanz-summe (%)	Gewinn (M)	Kapital-rendite	Eigen-kapital-quote	Gewinn (%)	Divi-dende	Aus-schüttungs-quote
1913	2.094.275	100,0 %	118.561	5,7 %	71,6 %	100,0 %	7,5 %	95,0 %
1914	2.054.995	98,1 %	61.421	3,0 %	73,0 %	51,8 %	4,0 %	97,7 %
1915	2.633.468	125,7 %	217.662	8,3 %	57,0 %	183,6 %	10,0 %	69,0 %

Quelle: Geschäftsberichte Stahlwerk Krieger AG (1916 Fusion mit Gelsenkirchener Gussstahl- und Eisenwerke).

26.4.25 Stahlwerk Thyssen AG (Hagendingen)

Jahr	Bilanzsumme (M)	Bilanz-summe (%)	Gewinn (M)	Kapital-rendite	Eigen-kapital-quote	Gewinn (%)	Divi-dende	Aus-schüttungs-quote
1913	78.422.530	100,0 %	8.513.917	10,9 %	1,3 %	100,0 %	4,0 %	0,5 %
1914	90.261.211	115,1 %	7.151.453	7,9 %	1,1 %	84,0 %	0,0 %	0,0 %
1915	91.824.632	117,1 %	9.420.101	10,3 %	1,1 %	110,6 %	0,0 %	0,0 %
1916	99.298.167	126,6 %	12.905.643	13,0 %	1,0 %	151,6 %	0,0 %	0,0 %
1917	94.600.773	120,6 %	16.169.252	17,1 %	1,1 %	190,0 %	0,0 %	0,0 %
1918	125.477.055	160,0 %	12.789.323	10,2 %	0,8 %	150,2 %	0,0 %	0,0 %

Quelle: Geschäftsberichte Stahlwerk Thyssen AG Hagendingen 1913, 1915, 1916, 1917, Gewinn 1913 und 1915, 1916: Brutto-Überschuss, Netto-Gewinn nur zum Teil ausgewiesen: 1917: 10.033.141 M, 1913: 5.092.128 M; tkA A/793/2, etwas andere Zahlen Bilanzsumme in Däbritz tkA A/15510.

26.4.26 Westfälische Stahlwerke AG

Jahr	Bilanz-summe (M)	Bilanz-summe (%)	Gewinn (M)	Kapital-rendite	Eigen-kapital-quote	Gewinn (%)	Divi-dende	Aus-schüttungs-quote
1912/13	21.748.829	100,0 %	766.915	3,5 %	57,5 %	100,0 %	0,0 %	0,0 %
1913/14	19.679.246	90,5 %	158.409	0,8 %	63,5 %	20,7 %	0,0 %	0,0 %
1914/15	21.700.518	99,8 %	279.057	1,3 %	57,6 %	36,4 %	0,0 %	0,0 %
1915/16	23.062.315	106,0 %	1.789.935	7,8 %	54,2 %	233,4 %	20,0 %	27,9 %
1916/17	31.243.120	143,7 %	2.092.239	6,7 %	40,0 %	272,8 %	8,0 %	47,8 %

Quelle: Geschäftsberichte Westfälische Stahlwerke AG; Die Westfälische Stahlwerke AG wurde 1918 von der Bismarckhütte AG übernommen und als Betriebsabteilung weitergeführt.

27. QUELLEN- UND LITERATURVERZEICHNIS

27.1 Quellenverzeichnis

Archives National de Luxembourg, Luxemburg
Archiv für Christlich-Demokratische Politik, St. Augustin
BASF-Archiv, Ludwigshafen
Bayerisches Hauptstaatsarchiv, München
Bayerische Staatsbibliothek, Bildarchiv, München
Bürgervereinigung Laar, Duisburg
Bundesarchiv, Koblenz
Bundesarchiv – Militärarchiv, Freiburg/Breisgau
Deutsches Museum, Archiv, München
Emschertal-Museum, Herne
Essener Luftfahrtarchiv, Essen
Evonik Industries AG, Standortarchiv Marl (= Evonik Services GmbH, Konzernarchiv)
Flottmann Archiv, Herne
Förderverein Friedrichsfeld, Voerde
Geheimes Staatsarchiv Preußischer Kulturbesitz, Berlin
Henschel Museum + Sammlung e. V., Kassel
Historisches Archiv Krupp, Essen
Historisches Centrum Hagen, Hagen
Historisches Konzernarchiv RWE, Essen
Institut für Zeitungsforschung, Dortmund
LWL-Industriemuseum, Sammlung, Dortmund
LWL-Medienzentrum für Westfalen, Münster
Max-Planck-Institut für Kohlenforschung, Archiv, Mülheim/Ruhr
Memorial de Verdun, Verdun
Montanhistorisches Dokumentationszentrum (montan.dok) beim Deutschen Bergbau-Museum, Bochum
Ruhr Museum, Essen
Sammlung Dirk Ernesti, Bochum
Salzgitter AG – Konzernarchiv, Mannesmann-Archiv, Mülheim/Ruhr
Siemens-Archiv, Berlin/München
Stadtarchiv – Bochumer Zentrum für Stadtgeschichte, Bochum
Stadtarchiv Essen (= Haus der Essener Stadtgeschichte/Stadtarchiv), Essen
Stadtarchiv Hattingen, Hattingen
Stadtarchiv Mülheim an der Ruhr, Mülheim/Ruhr

Stahlinstitut VDEh, Archiv, Düsseldorf (jetzt Stiftung zur Industriegeschichte Thyssen, Duisburg)
Stahlinstitut VDEh, Bibliothek, Düsseldorf (jetzt Bergakademie Freiberg/Sachsen)
Stiftung Rheinisch-Westfälisches Wirtschaftsarchiv, Köln
Stiftung Westfälisches Wirtschaftsarchiv, Dortmund
Stiftung zur Industriegeschichte Thyssen, Archiv, Duisburg
thyssenkrupp Corporate Archives, Duisburg
thyssenkrupp Corporate Archives, Hoesch-Archiv, Duisburg

27.2 Literaturverzeichnis

50 Jahre Kaiser-Wilhelm-Institut für Eisenforschung. Max-Planck-Institut für Eisenforschung in Düsseldorf, Düsseldorf 1967
Accumulatoren-Fabrik AG (Hg.): 50 Jahre Accumulatoren-Fabrik Aktiengesellschaft 1888–1938, Berlin u. a. 1938
Alfried Krupp von Bohlen und Halbach-Stiftung (Hg.): Krupp. Fotografien aus zwei Jahrhunderten, Berlin 2011
Aug. Klönne (Hg.): Aug. Klönne Dortmund 1879–1929. Denkschrift zum Goldenen Jubiläum am 1. Juli 1929, Dortmund 1929
Badische Anilin- & Soda-Fabrik AG (Hg.): Die Badische Anilin- & Soda-Fabrik AG, Ludwigshafen 1922
Bähr, Johannes: Die MAN. Eine deutsche Industriegeschichte, München 2008
Banken, Ralf: Fliegerangriffe, Zwangsarbeit und Panzerplatten. Die Saareisenindustrie im Ersten Weltkrieg, in: Stahl und Eisen 138 (2018), Heft 3, S. 78–81
Banken, Ralf: Röchling, Hermann, in: NDB 21 (2003), S. 705 f.
Bauhoff, Günter: Meier, Max, in: NDB 16 (1990), S. 645 f.
Baumann, Carl-Friedrich: Von der Stahlhütte zum Verarbeitungskonzern. Thyssen Industrie 1870–1995, Essen 1995
Behrens, Hedwig: Haßlacher, Jacob, in: NDB 8 (1969), S. 50 f.
Bengs, Carsten: Orenstein & Koppel. 125 Jahre Baumaschinen, Lokomotiven, Traktoren, Brilon 2002
Bentivegni, Richard von: Flugwesen, in: Miethe, Adolf (Hg.): Die Technik im zwanzigsten Jahrhundert. Bd. 6: Die Technik im Weltkriege, Braunschweig 1921, S. 341–400
Berdrow, Wilhelm: Die Firma Krupp im Weltkrieg und in der Nachkriegszeit, Bd. 1, 1914–1918, Typoskript in: HAK FAH 4 E 10.1
Bergius, Friedrich: Chemische Reaktionen unter hohem Druck. Nobelvortrag, gehalten am 21.05.1932 in Stockholm, Stockholm 1932
Bernstein, Peter: Die Anlage zur Erzeugung flüssiger Luft für Sprengzwecke auf der Gottessegengrube in Antonienhütte (O.-S.), in: Glückauf 51 (1915), S. 1235–1242
Beukenberg, Wilhelm: Die Schwerindustrie nach dem Kriege, in: Nord und Süd. Monatsschrift für internationale Zusammenarbeit 39 (1915), S. 160–164

Beyer, Burkhardt: Vom Tiegelstahl zum Kruppstahl. Technik- und Unternehmensgeschichte der Gussstahlfabrik von Friedrich Krupp in der ersten Hälfte des 19. Jahrhunderts, Essen 2007

Beyschlag, Franz; Krusch, Paul: Deutschlands künftige Versorgung mit Eisen- und Manganerzen, Berlin 1917

Beyschlag, Franz; Krusch, Paul: Die Versorgung Deutschlands mit Stahlveredlungsmitteln (Nickel, Chrom, Wolfram, Molybdän und Vanadin) nach dem Kriege, Berlin 1918

Bihr, Simon: „Entkrüppelung der Krüppel." Der Siemens-Schuckert-Arbeitsarm und die Kriegsinvalidenfürsorge in Deutschland während des Ersten Weltkriegs, in: NTM 21 (2013), S. 107–141

Blank, Ralf: Hagen 1914. Eine Stadt und der Krieg, in: Belgin, Tayfun; ders.; Schulte, Birgit (Hg.): Weltenbrand. Hagen 1914, Essen 2014, S. 19–99

Bleidick, Dietmar: Die Hibernia-Affäre. Der Streit um den preußischen Staatsbergbau im Ruhrgebiet zu Beginn des 20. Jahrhunderts, Bochum 1999

Bleidick, Dietmar: Die Ruhrgas 1926 bis 2013. Aufstieg und Ende eines Marktführers, München 2017

Bleidick, Dietmar: Vom Hoerder Verein zur Dortmund-Hörder Hüttenunion, in: Rasch, Manfred; Zilt, Andreas (Hg.): Findbuch zum Bestand Dortmund-Hörder Hüttenunion AG und Vorläuferunternehmen (1841–1966), Bd. 1, Duisburg 2020, S. 3–76

Bösch, Frank: Krupps „Kornwalzer". Formen und Wahrnehmungen von Korruption im Kaiserreich, in: Historische Zeitschrift 281 (2005), S. 337–379

Böse, Christian: Kartellpolitik im Kaiserreich. Das Kohlensyndikat und die Absatzorganisation im Ruhrbergbau 1893–1919, Berlin/Boston 2018

Böse, Christian; Farrenkopf, Michael, Weindl, Andrea: Kohle – Koks – Öl. Die Geschichte des Bergwerks Prosper-Haniel, Münster 2018

Böse, Christian; Ziegler, Dieter: Die Ruhrkohle in der kriegswirtschaftlichen Regulierung, 1914–1918, in: Jahrbuch für Wirtschaftsgeschichte 56 (2015), S. 421–449

Bösenberg, Heinrich: Arbeiten deutscher Eisenbauwerke aus den Kriegsjahren 1914 bis 1918, in: Stahl und Eisen 40 (1920), S. 105–111, 227–232, 262–265, 358–364, 510–514, 541–546

Bötticher, Karl Wilhelm: Hundert Jahre Neuschottland – Eisenwerk Steele (1856–1956). Wechsel und Wandel, Darmstadt 1956

Boldorf, Marcel (Hg.): Deutsche Wirtschaft im Ersten Weltkrieg, Berlin/Boston 2020

Boldorf, Marcel: Forschungsfragen und Wissensstände, in: ders. (Hg.): Deutsche Wirtschaft im Ersten Weltkrieg, Berlin/Boston 2020, S. 3–19

Boldorf, Marcel: Ordnungspolitik und kriegswirtschaftliche Lenkung, in: ders. (Hg.): Deutsche Wirtschaft im Ersten Weltkrieg, Berlin/Boston 2020, S. 23–65

Boldorf, Marcel; Haus, Rainer (Hg.): Die deutsche Kriegswirtschaft im Bereich der Heeresverwaltung 1914–1918. Studien der Wissenschaftlichen Kommission des Preußischen Kriegsministeriums, 3 Bde., Berlin/Boston 2016

Bosch, Carl: Über die Entwicklung der chemischen Hochdrucktechnik bei dem Aufbau der neuen Ammoniakindustrie, in: Die Chemische Fabrik 6 (1933), S. 127–142

Braun, Klaus: Konservatismus und Gemeinwirtschaft. Eine Studie über Wichard von Moellendorff, Duisburg 1978

Bremm, Klaus-Jürgen: Armeen unter Dampf. Die Eisenbahnen in der europäischen Kriegsgeschichte 1871–1918, Hövelhof 2013

Breyer, Siegfried: Schlachtschiffe und Schlachtkreuzer 1905–1970, München 1970

Brinkmann, Karl: Die Geschichte der Flottmann Werke, Bochum 1955

Brunswig, H.: Die Zentralstelle für wissenschaftlich-technische Untersuchungen in Neubabelsberg. Zur 25. Wiederkehr ihres Gründungstages, in: Zeitschrift für angewandte Chemie 36 (1923), S. 255–257

Budraß, Lutz: Essen, Krupp und das Ruhrgebiet. Erinnerungsort Waffenschmiede, in: Berger, Stefan; Borsdorf, Ulrich; Claßen, Ludger u. a. (Hg.): Zeit-Räume Ruhr. Erinnerungsorte des Ruhrgebiets, Essen 2019, S. 770–787

Budraß, Lutz: Flugzeugindustrie und Luftrüstung in Deutschland 1918–1945, Düsseldorf 1998

Budraß, Lutz: „Kalorienjäger", Physiker und Betriebswirte. Von der Wärmestelle zum Betriebsforschungsinstitut des Vereins Deutscher Eisenhüttenleute, in: Maier, Helmut; Zilt, Andreas; Rasch, Manfred (Hg.): 150 Jahre Stahlinstitut VDEh 1860–2010, Essen 2010, S. 639–670

Büchner, Fritz: 125 Jahre Geschichte der Gutehoffnungshütte, Düsseldorf 1935

Bührer, Werner: Sorge, Kurt, in: NDB 24 (2010), S. 599 f.

Burchardt, Lothar: Eine neue Quelle zu den Anfängen der Kriegswirtschaft in Deutschland 1914, in: Tradition 16 (1971), S. 72–77

Burchardt, Lothar: Friedenswirtschaft und Kriegsvorsorge. Deutschlands wirtschaftliche Rüstungsbestrebungen vor 1914, Boppard 1968

Burchardt, Lothar: Standespolitik, Sachverstand und Gemeinwohl: Technisch-wissenschaftliche Gemeinschaftsarbeit 1980 bis 1918, in: Ludwig, Karl-Heinz; König, Wolfgang (Hg.): Technik, Ingenieure und Gesellschaft. Geschichte des Vereins Deutscher Ingenieure 1856–1981, Düsseldorf 1981, S. 167–234

Burchardt, Lothar: Walther Rathenau und die Anfänge der deutschen Rohstoffbewirtschaftung im Ersten Weltkrieg, in: Tradition 15 (1970), S. 169–196

Burchardt, Lothar: Zwischen Kriegsgewinnen und Kriegskosten: Krupp im Ersten Weltkrieg, in: Zeitschrift für Unternehmensgeschichte 32 (1987), S. 71–123

Burchardt, Lothar: Zwischen Reformeifer und KWG-Raison. Adolf von Harnack und die Industrie, in: Nowak, Kurt; Oexle, Otto Gerhard (Hg.): Adolf Harnack. Theologe, Historiker, Wissenschaftspolitiker, Göttingen 2001, S. 157–187

Burghardt, Uwe: Die Mechanisierung des Ruhrbergbaus 1890–1930, München 1995

Buschmann, Birgit: Unternehmenspolitik in der Kriegswirtschaft und in der Inflation. Die Daimler-Motoren-Gesellschaft 1914–1923, Stuttgart 1998

C. H. Jucho (Hg.): Die Hochbrücke bei Rendsburg, Dortmund o. J.

Corleis, Ehrenfried: Bericht über die letzten Arbeiten der Chemikerkommission (= Verein deutscher Eisenhüttenleute, Chemikerkommission Bericht Nr. 1), [Düsseldorf] 1911

Däbritz, Walther: Bochumer Verein für Bergbau und Gusstahlfabrikation [!] in Bochum. Neun Jahrzehnte seiner Geschichte im Rahmen der Wirtschaft des Ruhrbezirks, Düsseldorf 1934

Däbritz, Walther; Paulick, Wendt: Th. Goldschmidt AG Essen. Neun Jahrzehnte Geschichte einer deutschen Fabrik, Essen 1937

Däbritz, Walther; Stupp, Wilhelm: Die Forschungsinstitute im Ruhrgebiet innerhalb der Wirtschafts- und Sozialwissenschaften, der Naturwissenschaften, Medizin und Technik. Eine Übersicht, Düsseldorf 1956

Dahl, Franz: Die Anlagen des Stahlwerkes Thyssen AG in Hagendingen (Lothringen), in: Stahl und Eisen 41 (1921), S. 430–443

Deutsch-Luxemburgische Bergwerks- und Hütten-AG (Hg.): Deutsch-Luxemburgische Bergwerks- und Hütten-Aktiengesellschaft Abteilung Dortmunder Union, Dortmund o. D.

Deutsche Babcock & Wilcox-Dampfkessel-Werke AG (Hg.): 1898–1948. 50 Jahre Deutsche Babcock & Wilcox-Dampfkessel-Werke, Mülheim/Ruhr 1948

Didier-Kogag Koksofenbau- und Gasverwertungs-AG (Hg.): 25 Jahre Didier Kogag, Berlin 1941

Diederichs, H.: Die Erzeugung und Verwendung flüssiger Luft zu Sprengzwecken, in: Stahl und Eisen 35 (1915), S. 1145–1151, 1177–1181

Dillinger Hüttenwerke AG (Hg.): Die Dillinger Hüttenwerke 1685 bis 1905, Berlin 1905

Dobbelstein, [Otto]: Ausnutzung der Koksofengase zur Gewinnung von Salpetersäure aus dem Stickstoff der Luft, in: Glückauf 48 (1912), S. 289–300

Döring, Peter: Ruhrbergbau und Elektrizitätswirtschaft. Die Auseinandersetzung zwischen dem Ruhrbergbau und der öffentlichen Elektrizitätswirtschaft um die Steinkohlenverstromung von 1925 bis 1951, Essen 2012

Ehlert, Hans Gotthard: Die wirtschaftliche Zentralbehörde des Deutschen Reiches 1914 bis 1919: Das Problem der „Gemeinwirtschaft" in Krieg und Frieden, Wiesbaden 1982

Epkenhans, Michael: Die wilhelminische Flottenrüstung 1908–1914. Weltmachtstreben, industrieller Fortschritt, soziale Integration, München 1991

Epstein, Klaus: Matthias Erzberger und das Dilemma der deutschen Demokratie, Berlin/Frankfurt am Main 1962

Erbslöh, Dieter: Heinrich Reisner (1881–1969), in: Weber, Wolfhard (Hg.): Ingenieure im Ruhrgebiet (= RWWB Bd. 17), Münster 1999, S. 257–274

Der Erzberger-Prozeß. Stenographischer Bericht über die Verhandlungen im Beleidigungsprozeß des Reichsfinanzminister Erzberger gegen den Staatsminister a. D. Dr. Karl Helfferich, Teil 1, 1.–9. Verhandlungstag, Berlin 1920

Evers, Jürgen; Möllendorff, Ulrich von; Marsch, Ulrich: Wichard von Moellendorff (1881–1937): Materialprüfer, Metallforscher, Wirtschaftspolitiker, in: Technikgeschichte 71 (2004), S. 139–157

Ewald, Kurt: 125 Jahre Henschel 1810–1935, Hannover 1935

Farbwerke Hoechst AG (Hg.): Dokumente aus den Hoechster Archiven. Beiträge zur Geschichte der Chemie, Bd. 5: Wilhelm Ostwald und die Stickstoffgewinnung aus der Luft, o. O. 1964

Farbwerke Hoechst AG (Hg.): Dokumente aus Hoechster Archiven. Beiträge zur Geschichte der Chemie, Bd. 18: Griesheimer Versuche zur Stickstoffgewinnung aus der Luft, o. O. 1966

Farbwerke Hoechst AG (Hg.): Dokumente aus Hoechster Archiven. Beiträge zur Geschichte der Chemie, Bd. 25: Gewinnung von Stickoxyden aus Verbrennungskraftmaschinen, o. O. 1967

Fear, Jeffrey: Organizing Control, August Thyssen and the Construction of German Corporate Management, Cambridge, Massachusetts/London 2005

Fehr, Sandro: Ersatz für den Chilesalpeter. Die Versorgung mit Stickstoffverbindungen während des Ersten Weltkriegs, in: Vaupel, Elisabeth (Hg.): Ersatzstoffe im Zeitalter der Weltkriege. Geschichte, Bedeutung, Perspektiven, München 2021, S. 237–259

Feldenkirchen, Wilfried: Siemens 1918–1945, München/Zürich 1995

Feldman, Gerald D.: A German Scientist between Illusion and Reality: Emil Fischer, 1909–1919, in: Geiss, Imanuel; Wendt, Bernd Jürgen (Hg.): Deutschland in der Weltpolitik des 19. und 20. Jahrhunderts, Fritz Fischer zum 65. Geburtstag. Düsseldorf 1973, S. 341–362

Feldman, Gerald D.: Armee, Industrie und Arbeiterschaft in Deutschland 1914 bis 1918, Berlin/Bonn 1985

Feldman, Gerald D.: Hugo Stinnes. Biographie eines Industriellen 1870–1924, München 1998

Feldman, Gerald D.; Homburg, Heidrun: Industrie und Inflation. Studien und Dokumente zur Politik der deutschen Unternehmer 1916–1923, Hamburg 1977

Fischer, Wolfram: Herz des Reviers. 125 Jahre Wirtschaftsgeschichte des Industrie- und Handelskammerbezirks Essen – Mülheim – Oberhausen, Essen 1965

Flachowsky, Sören: Kohle – Koks – Kanonen. Die Kooperation zwischen Wissenschaft, Armee und rheinisch-westfälischer Industrie im Ersten Weltkrieg am Beispiel der Kommission zur Beschaffung von Kokereiprodukten, in: Westfälische Forschungen 60 (2010), S. 19–50

Flachowsky, Sören: Krisenmanagement durch instituionalisierte Gemeinschaftsarbeit. Zur Kooperation von Wissenschaft, Industrie und Militär zwischen 1914 und 1933, in: Grüttner, Michael u. a. (Hg.): Gebrochene Wissenschaftskulturen. Universität und Politik im 20 Jahrhundert, Göttingen 2010, S. 83–106

Flachowsky, Sören: „Soviel ich kann, bemühe ich mich der Heeresverwaltung nützlich zu sein." Wissenschaftsmanager als Krisenmanager zwischen 1914 und 1945: Emil Fischer – Rudolf Schenck – Adolf Fry, in: Berg, Matthias; Thiel, Jens; Walther, Peter Th. (Hg.): Mit Feder und Schwert. Militär und Wissenschaft – Wissenschaftler und Krieg, Stuttgart 2009, S. 107–135

Flachowsky, Sören: Von der Wagenburg der Autarkie zu transnationaler Zusammenarbeit. Der Verein Deutscher Eisenhüttenleute und das KWI/MPI für Eisenforschung 1917–2009, in: Maier, Helmut; Zilt, Andreas; Rasch, Manfred (Hg.): 150 Jahre Stahlinstitut VDEh 1860–2010, Essen 2010, S. 671–708

Friedensburg, Ferdinand: Kohle und Eisen im Weltkriege und in den Friedensschlüssen, Berlin 1934

Fried. Krupp (Hg.): 50 Jahre Krupp-Erfindung nichtrostender Stahl 1912–1962, o. O. [1962]

Fried. Krupp AG (Hg.): Die Forschungsanstalten der Firma Krupp. Zum 25jährigen Bestehen des neuen Hauses, Essen 1934

Fritz, Martin: Sweden in World War I – iron ore mining, iron and steel industry, in: Stahl und Eisen 136 (2016), Heft 11, S. 160–166

Gall, Lothar: Krupp. Der Aufstieg eines Industrieimperiums, Berlin 2000

Gebhardt, Gerhard: Ruhrbergbau. Geschichte, Aufbau und Verflechtung seiner Gesellschaften und Organisationen, Essen 1957

Gerstein, Barbara: Funke, Carl, in: NDB 5 (1961), S. 733 f.

Gerstein, Barbara: Jucho, Heinrich, in: NDB 10 (1974), S. 634

Gerstein, Barbara: Klönne, August, in: NDB 12 (1980), S. 108 f.

Gesellschaft Harkort (Hg.): 75 Jahre Deutscher Brückenbau, Duisburg 1922

Geyer, Michael: Deutsche Rüstungspolitik 1860–1980, Frankfurt/Main 1984

Golla, Heiko: Heimatfront und Kriegseinsatz – Thale 1914 bis 1918, o. O. 2016

Greiling, Walter; Horalek, Kurt: 75 Jahre Duisburger Kupferhütte 1876 – 1951, Düsseldorf 1951

Grosz, Peter M.; Koos, Volker (Hg.): Die Fokker-Flugzeugwerke in Deutschland, 1912–1920, Königswinter 2004

Grütter, Heinrich Theodor; Hauser, Walter (Hg.): 1914 Mitten in Europa. Die Rhein-Ruhr-Region und der Erste Weltkrieg, Essen 2014

Günther, Renate: Das Petroleumabkommen im Bukarester Friedensvertrag von 1918. Die Gegensätze zwischen den verschiedenen Interessengruppen bei seiner Vorbereitung, Ausarbeitung und vorläufigen Durchführung, in: Jahrbuch für Wirtschaftsgeschichte 1968, Heft IV, S. 1–187

Häusser, Fritz: Die technische Darstellung der Luftsalpetersäure mittels Gasexplosionen, in: Stahl und Eisen 41 (1921), S. 956–962, 999–1003

Haissig, K.: Geschichte des Werkes Düsseldorf, in: Gebr. Böhler & Co AG Edelstahlwerke (Hg.): 1870–1970. 100 Jahre Böhler Edelstahl, Wien 1970, S. 201–212

Hamdi, Mohamed: Die luxemburgische Schwerindustrie während des Ersten Weltkrieges. Kriegswirtschaft und Rüstungsproduktion von 1914–1918, in: Archives nationales de Luxembourg (Hg.): Terres rouges. Histoire de la sidérurgie luxembourgeoise, Bd. 5, Luxemburg 2018, S. 8–83

Hamdi, Mohamed: „Ihre herrlichen Granaten aus Esch". Die Beteiligung der Luxemburger Hüttenindustrie an der deutschen Kriegsmaterialbeschaffung während des Ersten Weltkrieges und die Frage der Neutralität, BA-Arbeit Université du Luxembourg 2016

Harnack, Adolf von: An der Schwelle des dritten Kriegsjahrs. Rede am 1. August 1916 in Berlin gehalten, in: ders. (Hg.): Aus der Friedens- und Kriegsarbeit, Gießen 1916, S. 331–348

Hartmann, Konrad: Die Prüfstelle für Ersatzglieder, in: Borchardt, Moritz; Hartmann, Konrad; Leymann; Radike, Richard; Schlesinger, Georg; Schwiening, Heinrich (Hg.): Ersatzglieder und Arbeitshilfen für Kriegsbeschädigte und Unfallverletzte, Berlin/Heidelberg 1919, S. 18–57

Haßler, Friedrich; Bihl, Adolf (Bearb.): 50 Jahre Deutsche Waffen- und Munitionsfabriken Aktiengesellschaft, Berlin 1939

Hatzfeld, Lutz: Thyssens Denkschriften an Reichskanzler und Auswärtiges Amt 1914/15. Anmerkungen zu F. Fischers „Griff nach der Weltmacht", in: Düsseldorfer Jahrbuch 51 (1963), S. 307–314

Haus, Rainer: „Die deutsche Eisenwirtschaft während des Krieges" von Alfred Stellwaag. Ein Standardwerk zur Eisen- und Stahlindustrie des Ersten Weltkriegs, in: Boldorf, Marcel; ders. (Hg.): Die Ökonomie des Ersten Weltkriegs im Licht der zeitgenössischen Kritik, Berlin/Boston 2016, S. 193–221

Hilliger: Schmiermittel, in: Kessner, Arthur (Hg.): Ausnutzung und Veredlung deutscher Rohstoff. (= 3. Aufl. des Buches „Rohstoffersatz"), Berlin 1921, S. 342–374

Hinteregger, Christian; Antensteiner, Helmut: Steyr-Daimler-Puch AG. Historie der ehemaligen Gründerfirmen in Mitteleuropa. Imperiale Zeit 1864–1918, 2. Aufl., Wien 2016

Hoffacker, Heinz Wilhelm: Der Siedlungsverband Ruhrkohlenbezirk in den Jahren 1920–1945, in: Geiß-Netthöfel, Karola; Nellen, Dieter; Sonne, Wolfgang (Hg.) für den Regionalverband Ruhr (RVR): Vom Ruhrgebiet zur Metropole Ruhr. SVR KVR RVR 1920 – 2020, Berlin 2020, S. 48–67

Hofmann, Werner: Hofmann, Friedrich (Fritz), in: NDB 9 (1972), S. 452 f.

Hohensee, Heinz: Duisburger Notgeld (= Duisburger Forschungen 28), Duisburg 1980

Hohensee, Heinz: Mülheimer Notgeld (= Zeitschrift des Geschichtsverein Mülheim an der Ruhr Heft 49/1970), o. O. 1970

Holzwarth, Hans: Die Entwicklung der Holzwarth-Turbine seit 1914, in: ZVDI 64 (1920), S. 197–201

Horstmann, Theo: Weidtmann, Julius, in: Bohrmann, Hans (Hg.): Biographien bedeutender Dortmunder, Bd. 2, Essen 1998, S 136–138

Hütten- und Walzwerks-Berufsgenossenschaft (Hg.): Verwaltungsberichte für die Rechnungsjahre 1913–1918, (Essen) o. J.

Huske, Joachim: Die Steinkohlenzechen im Ruhrrevier. Daten und Fakten von den Anfängen bis 1997, 2. überarbeitete und erweiterte Fassung, Bochum 1998

James, Harold: Krupp. Deutsche Legende und globales Unternehmen, München 2011

Jucho, Heinrich: Die Selbstkosten-Berechnung im Eisenhoch- und Brückenbau, Dortmund 1917

Kanther, Michael A.: Thyssengas. Die Geschichte des ersten deutschen Unternehmens der Ferngasversorgung von 1892 bis 2020, Münster 2021

Karlsch, Rainer; Stokes, Raymond G.: Faktor Öl. Die Mineralölwirtschaft in Deutschland 1859–1974, München 2003

Kerkhoff, Stefanie van de: Public-Private-Partnership im Ersten Weltkrieg? Kriegsgesellschaften in der schwerindustriellen Kriegswirtschaft des Deutschen Reiches, in: Berghoff, Hartmut; Kocka, Jürgen; Ziegler, Dieter (Hg.): Wirtschaft im Zeitalter der Extreme. Beiträge zur Unternehmensgeschichte Deutschlands und Österreichs im Gedenken an Gerald D. Feldman, München 2010, S. 106–133

Kerkhof, Stefanie van de: Von der Friedens- zur Kriegswirtschaft. Unternehmensstrategien der deutschen Eisen- und Stahlindustrie vom Kaiserreich bis zum Ende des Ersten Weltkriegs, Essen 2006

Kieckebusch, Werner von: Geschichte des kurhessischen Geschlechtes Henschel, Kassel 1931

Kiep, J.: Die Seemine, in: Miethe, Adolf (Hg.): Die Technik im zwanzigsten Jahrhundert. Bd. 6: Die Technik im Weltkriege, Braunschweig 1921, S. 283–314

Kirdorf, Emil: Landwirtschaft, Handel und Schwerindustrie im Weltkrieg, in: Nord und Süd. Monatsschrift für internationale Zusammenarbeit 39 (1915), S. 152–159

Kleinschmidt, Christian: Die Dortmunder Stahlindustrie zwischen Mitte des 19. und Mitte des 20. Jahrhunderts, in: Fischer, Manfred; ders. (Hg.): Stahlbau in Dortmund. Unternehmen, Technik und Industriekultur im 19. und 20. Jahrhundert. Essen 2001, S. 11–24

Kleinschmidt, Walther: Die Siemens-Rheinelbe-Schuckert-Union GmbH, ein Beispiel heutiger Konzentrationsbewegung, Berlin 1927

Klöckner, Peter: Der Weltkrieg und die Erwartungen der Montan-Industrie, in: Nord und Süd. Monatsschrift für internationale Zusammenarbeit 39 (1915), S. 164–167

Klotzbach, Arthur: Der Roheisen-Verband. Ein geschichtlicher Rückblick auf die Zusammenschlußbestrebungen in der deutschen Hochofen-Industrie, Düsseldorf 1926

Knepper, Gustav; Oberste-Brink, Karl; Haack, Werner: Die Steinkohlenbergwerke der Vereinigte Stahlwerke AG. Die Schachtanlage Lohberg in Dinslaken, Essen 1935

Köllmann, Wolfgang u. a. (Hg.): Das Ruhrgebiet im Industriezeitalter. Geschichte und Entwicklung, 2 Bde., Düsseldorf 1990

Kopper, Christopher: Transport und Verkehr, in: Boldorf, Marcel (Hg.): Deutsche Wirtschaft im Ersten Weltkrieg, Berlin/Boston 2020, S. 105–122

Langenberg, Silke: Universität Dortmund – von der Maschinenbauschule zum neuen Hochschulmodell, in: Geschichte im Westen 20 (2005), S. 74–88

Langer, Peter: Macht und Verantwortung. Der Ruhrbaron Paul Reusch, Essen 2012

Lehnstaedt, Stephan: Besatzungswirtschaft im Generalgouvernement Warschau und in Osteuropa, in: Boldorf, Marcel (Hg.): Deutsche Wirtschaft im Ersten Weltkrieg, Berlin/Boston 2020, S. 575–598

Leitzbach, Christian: Rheinmetall. Vom Reiz, im Rheinland ein großes Werk zu errichten, Bd. 1, Köln 2014

Liulevicius, Vejas Gabriel: Kriegsland im Osten. Eroberung, Kolonialisierung und Militärherrschaft im Ersten Weltkrieg, Hamburg 2002

Ludendorff, Erich (Hg.): Urkunden der Obersten Heeresleitung über ihre Tätigkeit 1916/18, Berlin 1920

Maas, Jacques: August Thyssen und die luxemburgische Minenkonzessionsaffäre von 1912, in: 900 Jahre Mülheim an der Ruhr. 1093–1993 (= Zeitschrift des Geschichtsvereins Mülheim an der Ruhr Heft 66/1993), o. O. 1993, S. 433–466

Mai, Gunther: Das Ende des Kaiserreichs, München 1987

Maier, Helmut: Forschung als Waffe. Rüstungsforschung in der Kaiser-Wilhelm-Gesellschaft und das Kaiser-Wilhelm-Institut für Metallforschung 1900–1945/48, Göttingen 2007

Maier, Helmut: Unbequemer Newcomer? Legierungen der Nichteisenmetalle (Al, Cu, Zn) vom Ersten Weltkrieg bis in die 1970er Jahre, in: Vaupel, Elisabeth: Ersatzstoffe im Zeitalter der Weltkriege. Geschichte, Bedeutung, Perspektiven, München 2021, S. 83–133

Maier, Helmut; Zilt, Andreas; Rasch, Manfred (Hg.): 150 Jahre Stahlinstitut VdEh 1860–2010, Essen 2010

Marsh, Ulrich: Zwischen Wissenschaft und Wirtschaft. Industrieforschung in Deutschland und Großbritannien 1880–1936, Paderborn u. a. 2000

Marx, Christian: Paul Reusch und die Gutehoffnungshütte. Leitung eines deutschen Großunternehmens, Göttingen 2013

Maschinenfabrik Deutschland AG (Hg.): 1872–1952. Herausgegeben aus Anlass des 80jährigen Bestehens, Darmstadt 1952

Matis, Herbert: Wirtschaft, Technik und Rüstung als kriegsentscheidende Faktoren, in: ders.; Mikoletzky, Juliane; Reiter, Wolfgang (Hg.): Wirtschaft, Technik und das Militär 1914–1918. Österreich-Ungarn im Ersten Weltkrieg. Wien/Berlin 1914, S. 11–50

Matschoß, Conrad: Ein Jahrhundert deutscher Maschinenbau. Von der mechanischen Werkstätte bis zur deutschen Maschinenfabrik, 2. erw. Aufl., Berlin 1922

Matuschka, Edgar Graf von: Organisation des Reichsheeres, in: Militärgeschichtliches Forschungsamt (Hg.): Handbuch zur deutschen Militärgeschichte 1648–1939, Bd. III, Absch. VI, München 1979, S. 305–343

Mauderer, Franz: Die Fertigung von Artilleriegerät und Munition, in: Verein deutscher Ingenieure (Hg.): Technische Kriegserfahrung für die Friedenswirtschaft, Berlin/Leipzig 1923, S. 315–359

Meisner, E[rich]: Das Unterseeboot, in: Miethe, Adolf (Hg.): Die Technik im zwanzigsten Jahrhundert. Bd. 6: Die Technik im Weltkriege, Braunschweig 1921, S. 159–242

Mertelsmann, Olaf: Zwischen Krieg, Revolution und Inflation. Die Werft Blohm & Voss 1914–1923, München 2003

Metallgesellschaft AG (Hg.): Statistische Zusammenstellung über Aluminium, Blei, Kupfer, Zink, Zinn, Kadmium, Magnesium, Nickel, Quecksilber und Silber, Bd. 42 (1946–1953), Frankfurt/Main 1954

Milkereit, Gertrud: Kalle, Julius, in: NDB 11 (1977), S. 65

Moitra, Stefan: Tief im Westen: Ein Jahrhundert Steinkohlenförderung am linken Niederrhein. Von Friedrich Heinrich zum Bergwerk West, Bochum 2012

Mühl, Albert: Berger, Louis, in: NDB 2 (1955), S. 82

Müller, Alfred: Die Kriegsrohstoffbewirtschaftung 1914–1918 im Dienste des deutschen Monopolkapitals, Berlin (Ost) 1955

Müller, Theodor: Die deutsche Eisenindustrie im Weltkriege, in: Nord und Süd. Monatsschrift für internationale Zusammenarbeit 39 (1915), S. 143–152

Muthesius, Hermann: Kleinhaus und Kleinsiedlung, München 1918
Nebelin, Manfred: Ludendorff: Diktator im Ersten Weltkrieg, München 2010
Nedelmann, Heinz: Ein Jahrhundert Chemie im Ruhrgebiet, Düsseldorf o. J.
Niedt, Otto: Die oberschlesische Montanindustrie im Zeichen des Weltkrieges, in: Nord und Süd. Monatsschrift für internationale Zusammenarbeit 39 (1915), S. 270–274
Nierhaus, Hans-Werner: Zwischen Kriegsbegeisterung, Hunger und Umsturz. Mülheim an der Ruhr im Ersten Weltkrieg, Essen 2015
Nievelstein, Markus: Der Zug nach der Minette. Deutsche Unternehmen in Lothringen 1871–1918. Handlungsspielräume und Strategien im Spannungsfeld des deutsch-französischen Grenzgebietes, Bochum 1993
N. N.: Bismarckhütte in Bismarckhütte OS, in: Der Oberschlesische Turm, Festschrift den Besuchern des Turmes gewidmet, Berlin/Breslau/Kattowitz 1911, S. 28–30
Nolteklocke, Tobias: Wer hat es erfunden? Vorschlag einer Innovationsgeschichte nichtrostender Stähle, in: Rasch, Manfred (Hg.): 100 Jahre nichtrostender Stahl. Historisches und Aktuelles, Essen 2012, S. 13–36
Ortner, M. Christian: Zwischen Innovation und Stagnation, Die technische Entwicklung der österreichisch-ungarischen Artillerie 1914–1918, in: Matis, Herbert; Mikoletzky, Juliane; Reiter, Wolfgang (Hg.): Wirtschaft, Technik und das Militär 1914–1918: Österreich-Ungarn im Ersten Weltkrieg, Wien 2014, S. 119–155
Passaqui, Jan Phillip: Frankreichs Stahlproduktion im Ersten Weltkrieg, in: Rasch, Manfred (Hg.): Europas Stahlindustrie im Ersten Weltkrieg, Münster [im Druck]
Petzold, Max: Die Gasfernleitung und ihre wirtschaftliche Bedeutung, Darmstadt 1912
Pfisterer, Stephan: Maschinenbau im Ruhrgebiet: Wagner & Co., 1865–1913, Stuttgart 2005
Plücker, Friedhelm: Der schwedische Eisenerzbergbau und seine Beziehungen zur westdeutschen Eisenhüttenindustrie 1880–1965, (Diss.) Köln 1968
Plumpe, Gottfried: Die IG Farbenindustrie AG. Wirtschaft, Technik, Politik 1904–1945, Berlin 1990
Plumpe, Gottfried: Industrie, technischer Fortschritt und Staat. Die Kautschuksynthese in Deutschland 1906–1944/45, in: Geschichte und Gesellschaft 9 (1983), S. 564–597
Plumpe, Werner: Carl Duisberg 1861–1935. Anatomie eines Industriellen, München 2016
Plumpe, Werner: Chemische Industrie, in: Boldorf, Marcel (Hg.): Deutsche Wirtschaft im Ersten Weltkrieg, Berlin/Boston 2020, S. 193–225
Plumpe, Werner: Die Logik des modernen Krieges und die Unternehmen: Überlegungen zum Ersten Weltkrieg, in: Jahrbuch für Wirtschaftsgeschichte 56 (2015), S. 325–357
Pöhlmann, Markus: Der Panzer und die Mechanisierung des Krieges. Eine deutsche Geschichte 1890 bis 1945, Paderborn 2016
Pöhlmann, Markus: Waffen- und Munitionswesen. Eine kritische Einleitung in das Werk von Robert Weyrauch, in: Boldorf, Marcel; Haus, Rainer (Hg.): Die Öko-

nomie des Ersten Weltkriegs im Licht der zeitgenössischen Kritik, Berlin/Boston 2016, S. 174–192

Poggendorff, Johann C.: Biographisch-literarisches Handwörterbuch der exakten Naturwissenschaften, Bd. 5,1: 1904–1922, Leipzig 1925

Pohl, Hans: Vom Stadtwerk zum Elektrizitätsgroßunternehmen. Gründung, Aufbau und Ausbau der „Rheinisch-Westfälischen Elektrizitätswerk AG" (RWE) 1898–1918, Stuttgart 1992

Pohl, Hans; Markner, Johannes: Verbandsgeschichte und Zeitgeschichte. VDMA – 100 Jahre im Dienste des Maschinenbaus, Bd. 1, Frankfurt/Main 1992

Pomiluek, Klaus-Dieter Walter: Heinrich Wilhelm Beukenberg, Ein Montanindustrieller seiner Zeit, Diss. Universität Düsseldorf 2002

Preuss, Johannes: Zahlencode-System des Heeres von 1925 bis 1940. Kennziffern für die Hersteller neu gefertigter Waffen, Munition und Gerät, Schwäbisch Hall 2002

Prosic, Michel: L'usine Creatrice. L'usine de HAGONDANGE: Naissance de la vie ouvrière (1910–1938), Edité par la Ville de HAGONDANGE 1996

Przigoda, Stefan: Unternehmensverbände im Ruhrbergbau. Zur Geschichte von Bergbau-Verein und Zechenverband 1858–1933, Bochum 2002

Pudor, Fritz (Bearb.): Lebensbilder aus dem rheinisch-westfälischen Industriegebiet. Jahrgang 1952–1954, Düsseldorf 1957

Pudor, Fritz (Bearb.): Lebensbilder aus dem rheinisch-westfälischen Industriegebiet. Jahrgang 1958–1959, Düsseldorf 1962

Pudor, Fritz (Bearb.): Nekrologe aus dem rheinisch-westfälischen Industriegebiet. Jahrgang 1939–1951, Düsseldorf 1955

Pyta, Wolfram: Hindenburg. Herrschaft zwischen Hohenzollern und Hitler, München 2007

Quiring, Heinrich: Beyschlag, Franz, in: NDB 2 (1955), S. 209

Racine, Hugo: Erhardt, Heinrich, in: NDB 4 (1959), S. 579

Rasch, Manfred (Hg.): 100 Jahre nichtrostender Stahl. Historisches und Aktuelles, Essen 2012

Rasch, Manfred: 100 Jahre Stahlwerksausschuss des Stahlinstituts VDEh. Aus der Frühgeschichte des Stahlwerksausschusses, in: Stahl und Eisen 131 (2011), S. 201–206

Rasch, Manfred: Adelige Unternehmer am Ende der Wilhelminischen Epoche, in: Berghoff, Hartmut; Kocka, Jürgen; Ziegler, Dieter (Hg.): Wirtschaft im Zeitalter der Extreme. Beiträge zur Unternehmensgeschichte Deutschlands und Österreichs. Im Andenken an Gerald D. Feldman, München 2010, S. 21–46

Rasch, Manfred: Adelige Unternehmer im bürgerlichen Zeitalter: Fragen nach Spezifika unternehmerischen Handelns, in: ders.; Pierenkemper, Toni; Reimann, Norbert (Hg.): Adel als Unternehmer im bürgerlichen Zeitalter, Münster 2006, S. 13–48

Rasch, Manfred: Albert Vögler, die Industrie und die Wissenschaften. Annäherung an ein Thema, in: Soénius, Ulrich S. (Hg.): Bewegen – Verbinden – Gestalten. Unternehmer vom 17. bis zum 20. Jahrhundert, Köln 2003, S. 313–333

Rasch, Manfred: Alfred Pott (1882–1951), in: RWWB Bd. 17 (1999), S. 275–317

Rasch, Manfred: Auch beim Bau von Großgasmaschinen war August Thyssen Pionier. Die Thyssen & Co. Maschinenfabrik, in: Wessel, Horst A. (Hg.): „… doch das ganze Leben in Mülheim war ein anderes geworden!". Wirtschaft und Gesellschaft in der Stadt am Fluss seit Ende des 18. Jahrhunderts (= Pioniere der Wirtschaft Bd. 3), Essen 2017, S. 198–221

Rasch, Manfred: August Thyssen. Der katholische Großindustrielle der Wilhelminischen Epoche, in: ders.; Feldman, Gerald D. (Hg.): August Thyssen und Hugo Stinnes. Ein Briefwechsel 1898–1922, München 2003, S. 13–107

Rasch, Manfred: Aus dem Mikrokosmos von Verbänden. Der Verein deutscher Eisenhüttenleute und die Gründung der Kokereikommission, in: 100 Jahre Kokereiausschuss des Stahlinstituts VDEh. 25 Jahre Verein Deutscher Kokereifachleute e. V. (VDKF), Düsseldorf 2012, S. 5–19

Rasch, Manfred: Baltische Ausstellung Malmö 1914. Krupp präsentiert zum ersten Mal öffentlich nichtrostenden Stahl, in: Stahl und Eisen 132 (2012), Heft 12, S. 154–157

Rasch, Manfred: Baugeschichte des Kaiser-Wilhelm-Instituts für Kohlenforschung 1912–1945 (= Zeitschrift des Geschichtsvereins Mülheim a. d. Ruhr Heft 65/1993), o. O. 1993

Rasch, Manfred: Bergius, Friedrich Carl Rudolf, in: Archiv der Geschichte der Naturwissenschaften (Vorauslexikon in Form einer Zeitschrift zum „Lexikon der Geschichte der Naturwissenschaften") Heft 14/15 (1985), S. 709–715

Rasch, Manfred: Das Schlesische Kohlenforschungsinstitut der Kaiser-Wilhelm-Gesellschaft: Ein Gegenbeispiel zum angeblichen Harnack-Prinzip, in: Brocke, Bernhard vom; Laitko, Hubert (Hg.): Die Kaiser-Wilhelm-/Max-Planck-Gesellschaft und ihre Institute. Studien zu ihrer Geschichte, Bd. 1 Das Harnack-Prinzip, Berlin 1996, S. 173–210

Rasch, Manfred: Der Unternehmer Guido Graf Henckel von Donnersmarck. Eine Skizze, Essen 2016

Rasch, Manfred: Die Montanindustrie und ihre Beziehung zum Schlesischen Kohlenforschungsinstitut der Kaiser-Wilhelm-Gesellschaft. Ein Beitrag zu Wissenschaft und Wirtschaft in der Zwischenkriegszeit, in: Technikgeschichte 55 (1988), S. 7–24

Rasch, Manfred: Dr. Adolf Spilker. Werkleiter, Techniker und Forscher auf dem Gebiet der Kohlenchemie, in: Burkhard, Wolfgang (Hg.): Niederrheinische Unternehmer. 111 Persönlichkeiten und ihr Werk, Duisburg 1990, S. 160 f.

Rasch, Manfred: Ein verschollenes Meisterwerk der Technik: Der 1915 gebaute Hochdruckzylinder für die erste großtechnische Kohleverflüssigung nach dem Bergius-Verfahren, in: Kultur und Technik 1/1986, S. 30–32

Rasch, Manfred: Erfahrung, Forschung und Entwicklung in der (west-)deutschen Eisen- und Stahlerzeugung. Versuch einer Begriffserklärung und Periodisierung der letzten 200 Jahre, in: Ferrum 68 (1996), S. 4–29

Rasch, Manfred (Hg.): Findbuch zum Bestand Friedrich Wilhelms-Hütte (1811–1969), bearbeitet von Michael Moos und Andreas Zilt, Duisburg 1997

Rasch, Manfred: Flüssige Treib- und Schmierstoffe. Substitutionsmöglichkeiten für Deutschlands Industrie und Militär während des Ersten Weltkriegs, in: Vaupel, Elisabeth (Hg.): Ersatzstoffe im Zeitalter der Weltkriege. Geschichte, Bedeutung, Perspektiven, München 2021, S. 183–235

Rasch, Manfred: Friedrich Bergius und die Kohleverflüssigung – Stationen einer Entwicklung, Bochum 1985

Rasch, Manfred: Geschichte des Kaiser-Wilhelm-Instituts für Kohlenforschung 1913–1943, Weinheim u. a. 1989

Rasch, Manfred: Granaten, Geschütze und Gefangene. Zur Rüstungsfertigung der Henrichshütte in Hattingen während des Ersten und Zweiten Weltkriegs, Essen 2003

Rasch, Manfred: Guido Graf Henckel Fürst von Donnersmarck, sein Engagement in der Stahlindustrie des Ruhrgebiets und der Bau des ersten Drahtwalzwerks in Duisburg vor dem Ersten Weltkrieg. Nicht nur ein Beitrag zur Kartell- und Ruhrgebietsgeschichte, in: ArcelorMittal Duisburg (Hg.): 100 Jahre Walzdraht aus Duisburg – 100 Jahre Geschichtsausschuss Stahlinstitut VDEh, Essen 2014, S. 61–92

Rasch, Manfred: Industrieforschung im „Dritten Reich": Die Kohle- und Eisenforschung GmbH der Vereinigte Stahlwerke AG 1934–1947. Entstehung – Entwicklung – Ende, in: Dascher, Ottfried; Kleinschmidt, Christian (Hg.): Die Eisen- und Stahlindustrie im Dortmunder Raum. Wirtschaftliche Entwicklung, soziale Strukturen und technologischer Wandel im 19. und 20. Jahrhundert, Dortmund 1992, S. 375–400

Rasch, Manfred: Industrielle thermisch-chemische Kohlenveredelung in Deutschland bis zum Ende des Zweiten Weltkriegs in Deutschland und insbesondere im Ruhrgebiet. Ein Überblick, in: Bayerl, Günter (Hg.): Braunkohleveredlung im Niederlausitzer Revier: 50 Jahre Schwarze Pumpe, Münster u. a. 2009, S. 35–72

Rasch, Manfred: Kohlechemie im Revier. Zur Geschichte der Ruhrchemie AG 1927–1966, Münster 2018

Rasch, Manfred: Kohlechemie im Ruhrgebiet: Wirtschaft, Technik und Patente. Zur Vor- und Gründungsgeschichte der Ruhrchemie AG 1926–1928, in: ders.; Bleidick, Dietmar (Hg.): Technikgeschichte im Ruhrgebiet – Technikgeschichte für das Ruhrgebiet, Essen 2004, S. 785–815

Rasch, Manfred: Kohlenforschung und elektrochemische Stromerzeugung. Aus der Forschungsgeschichte des Kaiser-Wilhelm-Instituts für Kohlenforschung in Mülheim an der Ruhr, in: Technikgeschichte 58 (1991), S. 127–150

Rasch, Manfred: Mehr als nur ein werkeigenes Elektrizitätswerk? Zur Baugeschichte des Kraftwerks der Ruhrchemie AG (1927–1930), in: Buschmann, Walter (Hg.): KohleKraftwerke. Kraftakte für die Denkmalpflege, Essen 1999, S. 48–65

Rasch, Manfred: Nichtrostender Stahl: Eine Zufalls- und Parallelerfindung, in: ders. (Hg.): 100 Jahre nichtrostender Stahl. Historisches und Aktuelles, Essen 2012, S. 161–191

Rasch, Manfred: Spilker, Heinrich Ludwig Adolf, in: NDB 24 (2010), S. 698

Rasch, Manfred: Still, Carl, in: NDB 25 (2013), S. 345 f.

Rasch, Manfred: Techniker und Ingenieure im Ruhrgebiet. Biografische Anmerkungen zu den Anfängen der Eisen-, Stahl- und Metall verarbeitenden Industrie im Raum Gelsenkirchen bis zum Ersten Weltkrieg, in: Goch, Stefan; Heidemann, Lutz (Hg.): 100 Jahre Bismarck. Ein Stadtteil mit „besonderem Erneuerungsbedarf", Essen 2001, S. 91–115, 173–178

Rasch, Manfred: Technische und chemische Probleme aus dem ersten Dezennium des Berginverfahrens zur Hydrierung von Kohlen, Teeren und Mineralölen, in: Technikgeschichte 53 (1986), S. 81–122

Rasch, Manfred: The Internationalization of the Thyssen Group before the First World War, in: Barthel, Charles; Kharaba, Ivan; Mioche, Philippe (Hg.): The Transformation of the World Steel Industry from the XXth Century to the Present, Brüssel u. a. 2014, S. 72–91

Rasch, Manfred: Thesen zur Preußischen Wissenschaftspolitik gegen Ende des Wilhelminischen Zeitalters, in: Berichte zur Wissenschaftsgeschichte 12 (1989), S. 240–252

Rasch, Manfred: Thyssen und das Erzgeschäft, in: Dahlmann, Dittmar; Heller, Klaus; Igumnowa, Tamara; Petrow, Jurij; Reschke, Kai (Hg.): „Eine große Zukunft". Deutsche in Russlands Wirtschaft, Berlin 2000, S. 252–265

Rasch, Manfred: Uhde, Friedrich, in: NDB 26 (2016), S. 530 f.

Rasch, Manfred: Unternehmungen des Thyssen-Konzerns im zarischen Rußland, in: Dahlmann, Dittmar; Scheide, Carmen (Hg.): „… das einzige Land in Europa, das eine große Zukunft vor sich hat". Deutsche Unternehmen und Unternehmer im Russischen Reich im 19. und 20. Jahrhundert, Essen 1998, S. 225–271

Rasch, Manfred: Vor 100 Jahren wurde der VDEh-Kokereiausschuss gegründet. Technischer Informationsausschuss unter den deutschen Kokereien, in: Stahl und Eisen 132 (2012), Heft 11, S. 134–137

Rasch, Manfred: Vorgeschichte und Gründung des Kaiser-Wilhelm-Instituts für Kohlenforschung in Mülheim a. d. Ruhr (= Zeitschrift des Geschichtsvereins Mülheim a. d. Ruhr Heft 60/1987), Hagen 1987

Rasch, Manfred: „Waffenschmiede des Reiches"?, in: Possek, Achim; Schneider, Helmut; Wessel, Horst A.; Wetterau, Burkhard; Wiktorin, Dorothea (Hg.): Atlas der Metropole Ruhr. Vielfalt und Wandel des Ruhrgebiets im Kartenbild, Calbe 2009, S. 90–93

Rasch, Manfred: Was wurde aus August Thyssens Firmen nach seinem Tod 1926? Genealogie seiner größeren Konzernunternehmen, in: Wegener, Stephan (Hg.): August und Joseph Thyssen. Die Familie und ihre Unternehmen. 2. überarb. u. erw. Aufl., Essen 2008, S. 213–332

Rasch, Manfred: Wissenschaft und Militär: Die Kaiser Wilhelm Stiftung für kriegstechnische Wissenschaft, in: Militärgeschichtliche Mitteilungen 44 (1991), S. 73–120

Rasch, Manfred: Wissenslandschaft Ruhrgebiet: Der lange Weg von den Anfängen bis zu den Universitätsgründungen der 1960er-Jahre, in: Farrenkopf, Michael; Goch, Stefan; ders.; Wehling, Hans-Werner (Hg.): Stadt der Städte – Das Ruhrgebiet und seine Umbrüche, Essen 2019, S. 399–418

Rasch, Manfred: Zur Geschichte und Überlieferung der Ruhrstahl-Gruppe, in: ders. (Hg.): Findbuch zu den Beständen der Ruhrstahl-Gruppe, Duisburg 1998, S. 3–72

Rasch, Manfred: Zur Gründungsgeschichte des Kaiser-Wilhelm-Institutes für Eisenforschung, in: Düsseldorfer Jahrbuch 88 (2018), S. 247–270

Rasch, Manfred: Zur Vorgeschichte der Kohlenverflüssigung bis 1945, in: Energie in der Geschichte. 11th Symposium of the International Cooperation in History of Technology Committee. Hg. Verein Deutscher Ingenieure, Düsseldorf 1984, S. 469–477

Rasch, Manfred: Zwischen Politik und Wissenschaft. Albert Vögler und der Verein Deutscher Eisenhüttenleute, in: Maier, Helmut; Zilt, Andreas; ders. (Hg.): 150 Jahre Stahlinstitut VDEh 1860–2010, Essen 2010, S. 95–138

Rasch, Manfred; Feldman, Gerald D. (Hg.): August Thyssen und Hugo Stinnes. Ein Briefwechsel 1898–1922, München 2003

Rasch, Manfred; Hoffmann, Dieter: Die Kaiser Wilhelm Stiftung für kriegstechnische Wissenschaft, in: Debru, Claude (Hg.): Akademien im Krieg – Akadémies en Guerre – Academies in War (= Acta Historia Leopoldina 76), Halle 2019, S. 109–121

Rasch, Manfred; Maas, Jacques; Toncourt, Manfred (Hg.): Das Thomas-Verfahren in Europa. Entstehung – Entwicklung – Ende, Essen 2009

Rawe, Kai: Kriegsgefangene, Freiwillige und Deportierte. Ausländerbeschäftigung im Ruhrbergbau während des Ersten Weltkriegs, in: Tenfelde, Klaus; Seidel, Hans-Christoph (Hg.): Zwangsarbeit im Bergwerk. Der Arbeitseinsatz im Kohlenbergbau des Deutschen Reiches und der besetzten Gebiete im Ersten und Zweiten Weltkrieg. Bd. 1: Forschungen, Essen 2005, S. 35–61

Reckendrees, Alfred: Das „Stahltrust"-Projekt. Die Gründung der Vereinigte Stahlwerke A.G. und ihre Unternehmensentwicklung 1926–1933/34, München 2000

Reckendrees, Alfred: Die Vereinigten Stahlwerke A.G. 1926–1933 und das „glänzende Beispiel Amerika", in: Zeitschrift für Unternehmensgeschichte 41 (1996), S. 161–186

Reibert, Tillmann: Die Entwicklung des Granatwerfers im Ersten Weltkrieg. Die Entstehung eines neuartigen Waffentyps als Reaktion auf die Bedingungen des Stellungskrieges, Diss. Universität Hamburg 2013

Reichert, Jakob W.: Aus Deutschlands Waffenschmiede, Berlin 1918

Reichert, Jakob W.: Peter Klöckner (1863–1940), in: RWWB Bd. 7, Münster 1960, S. 85–104

Reichsarchiv (Hg.): Der Weltkrieg 1914 bis 1918. Kriegsrüstung und Kriegswirtschaft, Bd. 1 und Anlagenband, Berlin 1930

Reininghaus, Wilfried: Der lange Weg zur Universität Dortmund. Eine Dokumentation zu ihrer Vorgeschichte von 1900 bis 1968, Dortmund 1993

Ress, Franz Michael: Geschichte der Kokereitechnik, Essen 1957

Rißmann-Otto, Guido: Glück ab! Frühe Luftfahrt im Revier, Essen 2002

Ritter, Ursula: Spuren aus Stahl. Eine Industriellenfamilie im 20. Jahrhundert, Münster 2008

Roelevink, Eva-Maria: Organisierte Intransparenz. Das Kohlensyndikat und der Niederländische Markt 1915–1932, München 2015

Roelevink, Eva-Maria; Ziegler, Dieter: Rohstoffwirtschaft: die bergbaulichen Rohstoffe, in: Boldorf, Marcel (Hg.): Deutsche Wirtschaft im Ersten Weltkrieg, Berlin/Boston 2020, S. 125–155

Roth, Regina: Staat und Wirtschaft im Ersten Weltkrieg. Kriegsgesellschaften als kriegswirtschaftliche Steuerungsinstrumente, Berlin 1997

Ruhr-Bezirksverein des Vereins deutscher Ingenieure (Hg.): 50 Jahre Ingenieurarbeit zwischen Rhein und Ruhr 1872–1922, Essen 1922

Rumpler, Helmut: Die Habsburgermonarchie 1848–1918. Bd. 11: Die Habsburgermonarchie und der Erste Weltkrieg. Teilbd. 2: Weltkriegsstatistik Österreich–Ungarn 1914–1918 (bearbeitet von Helmut Rumpler und Anatol Schmied-Kowarzik), Wien 2014

Schätzung der Werte des Erz- und Kohlenbergwerksbesitzes in Deutsch-Lothringen und Westfalen, der Hüttenanlagen im Fentsch- und Ornetal sowie des gesamten Grundbesitzes in Deutschland der de Wendelschen Berg- und Hüttenwerke in Hayingen, Straßburg 1917

Schaper: Zum fünfzigjährigen Bestehen der Firma C. H. Jucho in Dortmund, in: Die Bautechnik 5 (1927), S. 437–439

Schauenburg, Paul: Ursachen, Formen und Wirkungen der Zusammenschlussbewegung unter besonderer Berücksichtigung der rheinisch-westfälischen Eisen- und Stahlindustrie, Leipzig 1925

Scherner, Jonas: Metallbewirtschaftung, in: Boldorf, Marcel (Hg.): Deutsche Wirtschaft im Ersten Weltkrieg. Berlin/Boston 2020, S. 67–87

Schlüter, Brigitte: Verwaltungsbauten der rheinisch-westfälischen Stahlindustrie 1900–1930, Bonn 1991

Scholl, Lars U.: Schiffbau und die Eisen- und Stahlindustrie. Die Entwicklung in Deutschland zwischen 1850 und 1914, in: Rasch, Manfred; Bleidick, Dietmar (Hg.): Technikgeschichte im Ruhrgebiet – Technikgeschichte für das Ruhrgebiet, Essen 2004, S. 641–663

Schrödter, Emil: Die Eisenindustrie unter dem Kriege, in: Stahl und Eisen 35 (1915), S. 125–140

Schunder, Fritz: Lehre und Forschung im Dienste des Ruhrbergbaus. Westfälische Berggewerkschaftskasse 1864–1964, Herne 1964

Seherr-Thoß, Hans Christoph Graf von: Lindenberg, Richard, in: NDB 14 (1985), S. 595 f.

Seherr-Thoß, Hans Christoph Graf von: Neuhaus, Fritz, in: NDB 19 (1999), S. 125 f.

Simmersbach, Oskar: Die oberschlesische Eisenindustrie und der Krieg, in: Nord und Süd. Monatsschrift für internationale Zusammenarbeit 39 (1915), S. 277–281

Slotta, Rainer: Standortbedingungen der Eisen- und Stahlindustrie. Der Eisensteinbergbau im Dortmunder Raum, in: Dascher, Ottfried; Kleinschmidt, Christian (Hg.): Die Eisen- und Stahlindustrie im Dortmunder Raum. Wirtschaftliche Entwicklung, soziale Strukturen und technologischer Wandel im 19. und 20. Jahrhundert, Hagen 1992, S. 13–26

Smith, Tim: The Iron and Steel Industry of the United Kingdom 1914–1918, in: Stahl und Eisen 134 (2014) Heft 11, S. S2–S6

Spähn, Heinz: 75 Jahre Materialprüfung im Dienst der Anlagentechnik und Produktentwicklung, in: BASF (Hg.): 75 Jahre Materialprüfung der BASF, Speyer 1988, S. 11–80

Sperling, Erich: Alles um Stahl. Wirtschaftsgeschichtliche Erzählung um die Klöckner-Georgsmarienwerke AG, Osnabrück/Bremen 1956

Spilker, Adolf: Die Entwicklung der Gesellschaft für Teerverwertung, in: Gesellschaft für Teerverwertung mbH (Hg.): Gesellschaft für Teerverwertung mbH Duisburg-Meiderich 1905–1930, Essen 1930, S. 7–27

Stellwaag, Alfred: Die deutsche Eisenwirtschaft während des Krieges, [1919/1922] hg. von Marcel Boldorf und Rainer Haus, Berlin/Boston 2016

Stodola, Aurel: Dampf- und Gasturbinen, 5. umgearb. u. erw. Aufl., Berlin 1922

Stoltzenberg, Dietrich: Fritz Haber. Chemiker, Nobelpreisträger, Deutscher, Jude, Weinheim u. a. 1998

Storm, Ernst: Geschichte der deutschen Kohlenwirtschaft von 1913–1926, Berlin 1926

Storz, Dieter: Kraftfahrzeug, in: Hirschfeld, Gerhard; Krumeich, Gerd; Renz, Irina (Hg.): Enzyklopädie Erster Weltkrieg, 2. Aufl., Paderborn 2014, S. 626

Stremmel, Ralf: Benno Strauß. Skizze eines Forscherlebens, in: Rasch, Manfred (Hg.): 100 Jahre nichtrostender Stahl. Historisches und Aktuelles, Essen 2012, S. 37–64

Stremmel, Ralf: Klönne, Franz Mathias Moritz, in: Hans Bohrmann (Hg.): Biographien bedeutender Dortmunder Menschen in, aus und für Dortmund. Bd. 3, Essen 2001, S. 112–115

Szöllösi-Janze, Margit: Fritz Haber 1868–1934. Eine Biographie, München 1998

Taube, Gerhard: Deutsche Eisenbahn-Geschützte – Rohr-Artillerie auf Schienen, Stuttgart 1991

Tenfelde, Klaus: Krupp in Krieg und Krisen. Unternehmensgeschichte der Fried. Krupp AG 1914 bis 1924/25, in: Gall, Lothar (Hg.): Krupp im 20. Jahrhundert. Die Geschichte des Unternehmens vom Ersten Weltkrieg bis zur Gründung der Stiftung, Berlin 2002, S. 15–165

Tenfelde, Klaus; Urban, Thomas (Hg.): Das Ruhrgebiet. Ein historisches Lesebuch, 2 Bde., Essen 2010

Thiel, Jens: Menschenbassin Belgien. Anwerbung, Deportation und Zwangsarbeit im Ersten Weltkrieg, Essen 2007

Thimme, Friedrich (Hg.): Bethmann Hollwegs Kriegsreden, Stuttgart 1919

Thyssen, August: Offener Brief an den Herausgeber, in: Nord und Süd. Monatsschrift für internationale Zusammenarbeit, Heft Juli 1912, S. 75–79

Todd, Edmund Neville III.: Technology and interest group politics. Electrification of the Ruhr, 1886–1930, Diss. Philadelphia 1984

Treue, Wilhelm: Carl Duisbergs Denkschrift von 1915 zur Gründung der „kleinen IG", in: Tradition 8 (1963), S. 193–227

Treue, Wilhelm: Die Geschichte der Ilseder Hütte, Peine 1960

Treue, Wilhelm: Georg von Giesche´s Erben 1704–1967, Hamburg 1964

Triest, Reinhard: Katalog des Papiergeldes der deutschen Kriegsgefangenenlager im I. Weltkrieg. 2. Aufl., Bremen 2007

Ullmann, Fritz (Hg.): Enzyklopädie der technischen Chemie, Bd. 9, Berlin/Wien 1921

Vaupel, Elisabeth: Ersatzstoffe – Geschichte, Bedeutung, Perspektiven, in: dieselbe (Hg.): Ersatzstoffe im Zeitalter der Weltkriege. Geschichte, Bedeutung, Perspektiven. München 2021, S. 9–81

Verein deutscher Eisenhüttenleute (Hg.): Gemeinfassliche Darstellung des Eisenhüttenwesens. 9. Aufl., Düsseldorf 1915; 10. Aufl., Düsseldorf 1918

Verein deutscher Ingenieure (Hg.): Kriegserfahrungen für die Friedenswirtschaft, Berlin/Leipzig 1923

Vereinigte Stahlwerke AG (Hg.): 50 Jahre Rillenschiene, Aachen 1929

Voß, Heinfried: Rausenberger, Friedrich, in: NDB 21 (2003), S. 213 f.

Waeser, Bruno: Die Luftstickstoff-Industrie mit Berücksichtigung der chilenischen Industrie und des Kokereistickstoffs, Berlin 1932

Weber, Wolfhard: Walter Borbet (1881–1942), in: ders. (Hg.): Ingenieure im Ruhrgebiet (= RWWB Bd.17), Münster 1999, S. 224–256

Wefeld, Hans-Joachim: Ingenieure aus Berlin. 300 Jahre technisches Schulwesen, Berlin 1988

Wehler, Hans-Ulrich: Deutsche Gesellschaftsgeschichte Bd. 4: Vom Beginn des Ersten Weltkrieges bis zur Gründung der beiden deutschen Staaten 1914–1949, 3. Aufl. München 2008

Weitensfelder, Hubert: Metalle, Sprengstoff, Pflanzenfasern. Kriegsbedingte Ersatzmittel und Ersatzverfahren, in: Matis, Herbert; Mikoletzky, Juliane; Reiter, Wolfgang (Hg.): Wirtschaft, Technik und das Militär 1914–1918: Österreich-Ungarn im Ersten Weltkrieg, Wien 2014, S. 227–251

Welsch, Fritz: Bemerkungen über die Zusammenarbeit der chemischen Fabrik Griesheim-Elektron mit Wilhelm Ostwald und Walther Nernst nach 1900, in: NTM 22 (1985), S. 77–82

Wessel, Horst A.: Die Lazarett-Werkstätten für Industriearbeiter in Düsseldorf-Oberbilk. Eine in Vergessenheit geratene Initiative während des Ersten Weltkriegs, in: Düsseldorfer Jahrbuch 88 (2018), S. 155–181

Wessel, Horst A.: Karl Ludwig (Lutz) Hatzfeld, in: Der Archivar 60 (2007), S. 279–280

Wessel, Horst A.: Kontinuität im Wandel. 100 Jahre Mannesmann 1890–1990, Gütersloh 1990

Wette, Wolfram: Reichstag und „Kriegsgewinnlerei" (1916–1918). Die Anfänge parlamentarischer Rüstungskontrolle in Deutschland, in: Militärgeschichtliche Mitteilungen 2/84 (1984), S. 31–56

Weyrauch, Robert: Waffen- und Munitionswesen [1919/1922], hg. von Marcel Boldorf und Rainer Haus, Berlin/Boston 2016

Wiel, Paul: Wirtschaftsgeschichte des Ruhrgebiets. Tatsachen und Zahlen, Essen 1970

Wilberg, Gustav: Die deutschen Bandeisen-Kaltwalzwerke und ihre Bedeutung im Weltkriege, Bochum 1917

Windelschmidt, Sönke; Klee, Wolfgang: Kleine Eisenbahngeschichte des Ruhrgebiets, 2. Aufl., Hövelhof 2007

Wölk, Ingrid: Zwischen Heimat, Front + Revolution – Bochum 1914 bis 1920, Münster 2020

Wölker, Thomas: Die Geschichte des DIN – Deutsches Institut für Normung e. V., in: Geuther, Albrecht (Hg.): Deutsches Institut für Normung. 75 Jahre DIN. 1917 bis 1992, Berlin/Köln 1993, S. 87–134

Wulf, Peter: Hugo Stinnes. Wirtschaft und Politik 1918–1924, Darmstadt 1979

Ziegler, Dieter: Kriegswirtschaft, Kriegsfolgenbewältigung, Kriegsvorbereitung. Der deutsche Bergbau im dauernden Ausnahmezustand (1914–1945), in: ders. (Hg.): Rohstoffgewinnung und Strukturwandel. Der deutsche Bergbau im 20. Jahrhundert (= Geschichte des deutschen Bergbaus, Bd. 4), Münster 2013, S. 15–182

Ziesing, Dirk: Waffen aus Witten. Das Gussstahlwerk als Gewehrfabrik, in: Märkisches Jahrbuch für Geschichte 110 (2010), S. 239–248

Zilt, Andreas: Carl Härle: Manager bei Thyssen und Bürger Mülheims, in: Wessel, Horst A. (Hg.): Mülheimer Unternehmer und Pioniere im 19. und 20. Jahrhundert. Flexibel – Kreativ – Innovativ (= Pioniere der Wirtschaft Bd. 2), Essen 2012, S. 291–306

Zilt, Andreas: „Die Mangannot verlangt ganze Arbeit!" Manganersatzverfahren und Sparstrategien der deutschen Stahlindustrie, in: Vaupel, Elisabeth (Hg.): Ersatzstoffe im Zeitalter der Weltkriege. Geschichte, Bedeutung, Perspektiven, München 2021, S. 135–165

Zilt, Andreas: „Seine Majestät unser Kaiser, hurra!" Die deutsche Stahlindustrie im Ersten Weltkrieg, in: Stahl und Eisen 134 (2014), Heft 8, S. 94–98

Zschorsch: Torpedowesen, in: Miethe, Adolf (Hg.): Die Technik im zwanzigsten Jahrhundert. Bd. 6: Die Technik im Weltkriege, Braunschweig 1921, S. 243–282

Zuckerkandl, Viktor: Die deutsche Eisen- und Stahlindustrie vor, während und nach dem Kriege, in: Nord und Süd. Monatsschrift für internationale Zusammenarbeit 39 (1915), S. 274–277

Zeitschriften und Periodika

Chemiker-Zeitung
Glückauf
Jahrbuch der deutschen Braunkohlen-, Steinkohlen-, Kali- und Erzindustrie
Jahrbuch des deutschen Bergbaus
Jahrbuch für den Oberbergamtsbezirk Dortmund
Kruppsche Mitteilungen
Reichsgesetzblatt
Ruhrstahl Werkszeitschrift
Saling's Börsen-Jahrbuch
Stahl und Eisen
Statistisches Jahrbuch für das Deutsche Reich
Zeitschrift des Vereins deutscher Ingenieure
Zeitschrift für das gesamte Schiess- und Sprengstoffwesen

28. NAMENSREGISTER

Das Register enthält die Namen aller natürlichen und juristischen Personen. Unselbstständige Werke stehen unter dem Namen der Muttergesellschaft, z. B. Deutsch-Luxemburgische Bergwerks- und Hütten-AG Abteilung Friedrich Wilhelms-Hütte.

Steinkohlenbergwerke sind unter dem Begriff Zeche zusammengefasst bis auf die großen, mehrere Zechen betreibenden Bergbaugesellschaften wie z. B. Gelsenkirchener Bergwerks-AG und Gewerkschaft Deutscher Kaiser oder die namentlich genannten Gewerkschaften. Erzbergwerke sind unter Erzgrube zu suchen.

Bei der alphabetischen Sortierung sind die Umlaute (ä, ö, ü) aufgelöst wie ae, oe, ue.

Beginnt der Name eines Unternehmens mit einem persönlichen Vor- und Zunamen, so ist das Unternehmen unter dem Zunamen zu suchen: d. h. C. H. Jucho steht unter „J"; die Namen juristischer Personen folgen denen natürlicher Personen, die C. H. Jucho (Firma) steht folglich hinter Jucho, Max.

Behörden und andere staatliche Institutionen sind unter den jeweiligen Ländernamen Deutsches Reich, Bayern und Preußen zu finden. Selbstständige Unterorganisationen suche man unter dem Namen der Unterorganisation. Herrscher und ihre Verwandten sind unter ihrem jeweiligen Vornamen zu suchen, z. B. Auguste Victoria.

A
Aachener Hütten-Aktien-Verein 416
Accumulatoren-Fabrik AG 125, 128–130, 136, 144, 151, 186, 351
Ackermann, Carl William 380
Actien-Gesellschaft für Locomotivenbau Hohenzollern 160
Adlercreutz, von 374 f.
AG Charlottenhütte 167, 219, 221, 423, 444
AG der Dillinger Hüttenwerke 74, 120, 124
AG für Eisenindustrie und Brückenbau (vorm. Johann Caspar Harkort in Duisburg) 133, 135, 167, 262–265, 272 f.
AG für Hüttenbetrieb 172, 193, 207, 341, 369, 406, 423 f., 492 f., 497 f.
AG für Petroleumindustrie 37, 42
AG für Steinkohleverflüssigung und Steinkohleveredlung 43
AG für Verkehrswesen 370
AG Goerz 391
AG Meggener Walzwerk 418
AG Nordstern 422
AG Oberbilker Stahlwerk 424, 497 f.
AG Peiner Walzwerk 366
AG Rolandshütte 219
AG Schalker Gruben- und Hüttenverein 416
AG Vulkan 109
AG Weser 120
Ahumada, Offizier 374 f.
Albatros Flugzeugwerke GmbH 139
Alexander, Helene 358

Allgemeine Elektricitäts-Gesellschaft (AEG) 13, 20, 190, 223, 291, 361, 391, 406, 420, 425, 428, 458, 460, 462, 488
Alteisenverwertungsgesellschaft 227
Altenessener Eisenwerke Franz Stolle 494
Altenhundemer Walz- und Hammerwerke GmbH 420
Alters- und Invalidenwerk GmbH 353
Altimierski, Nikola 367, 383
Aluminium Industrie AG 192
Aluminiumwerk Horrem 182
Annener Gussstahlwerke AG 496
Annener Stahl-, Eisen- und Tempergießerei Roos & Schulte GmbH 496
E. van Apeldorn (Firma) 496
Arenberg'sche AG für Bergbau und Hüttenbetrieb 172, 180, 422, 448, 497, 499
Armaturen- und Maschinenfabrik AG 314
Assall, Carl 222
Auguste Viktoria, Kaiserin (Deutsches Reich) 380
Auramow, Michael 367, 383

B
Baare, Fritz 200, 475
Baare, Louis 284
Back-Begavár, Alfred von 142
Badische Anilin- und Soda-Fabrik AG (BASF) 24, 27, 34, 36, 42, 48, 104, 170, 180, 182, 294, 296, 313–316, 422, 467
Balcke Tellering & Co. AG 422, 448
Ballin, Albert 41
J. Banning AG 495
Baskalow, Peter 367, 383
Bauer, Max 32, 79, 111, 391, 465, 467, 472, 480–482, 484
Baur, Georg 389
Bayerische Geschützwerke Fried. Krupp AG 87, 99 f., 104, 106, 159, 247, 342, 421
Bayerische Motoren Werke GmbH 142
Bayern
    Kriegsministerium
        Artilleriewerkstatt München 319
    Geschossfabrik München 85
    Geschützgießerei Ingolstadt 74
    Kriegsamt 373
    Technikum Nürnberg 25
Bayerische Stickstoffwerke AG 182
Becker, Ernst 446
Beckmann, Ernst 304
Beckmann, Hermann 351
Benedikt XV., Papst 348
Berchem, Walther Graf von 236
Berdrow, Wilhelm 9 f., 53, 90, 92, 96, 106, 247, 307, 329, 436, 467
Bergbau AG Lothringen 442 f.
    s. a. Zeche Lothringen, Gewerkschaft Lothringen
Bergbau- und Hütten-AG Friedrichshütte 221, 423
Berger, Carl Ludwig 151
Berger, Louis 151
Berger & Co. 50, 102
Bergius, Friedrich 9, 36–38, 40, 42 f., 48, 298–300, 317, 326 f., 411
Bergschule Bochum 23
Bergwerksgesellschaft Hibernia 13, 177, 180, 182, 198
Bergwerksgesellschaft Westfalen 180
Ewald Berninghaus (Firma) 494
R. Berninghaus Nachf. W. Köppern 495
Bernuth, Julius von 117, 149, 154, 163
Bethmann Hollweg, Theobald von 362, 364, 376
Beukenberg, Wilhelm 259, 296, 327, 364, 366, 368, 372, 429 f.
Beyschlag, Franz 366
Bild- und Filmamt (Bufa) 10
Billwiller, John 37 f., 327
Felix Bischoff (Firma) 494
Bismarckhütte AG 50, 120, 426, 443, 462, 510
    Abteilung Bochum 167, 426, 493
Bissing, Moritz Ferdinand von 346 f.
Aug. Bisterfeld jr. 495
Blohm, Hermann 390

Blohm & Voss 54, 454
Blomquist, Gustaf 380
Bochumer Eisenhütte Heintzmann & Dreyer 59, 493
Bochumer Verein für Bergbau und Gussstahlfabrikation 22, 50, 57, 63 f., 74–76, 85, 98, 100–102, 104, 114 f., 137, 164, 167, 199 f., 205, 207, 216, 218, 229, 255, 284, 306, 411, 417, 426, 443, 449 f., 456, 461, 492 f., 497, 499
Bodenhausen-Degener, Eberhard von 369–371, 472
Bodenstein, Max 36, 308
Boecker & Haver GmbH 422
Boecker & Röhr 148
Boecker & Volkenborn 495
Boecker & Voormann 495
Böninger, (Rittmeister) 375
Carl Bönnhoff (Firma) 496
Ludwig Bönnhoff (Firma) 496
Bösenberg, Heinrich 264
Böttinger, Henry Theodor von 387
Bohlen und Halbach, Alfried von 132
Bois-Reymond, René du 352
Boldorf, Marcel 10
Bollhagen, Otto 305
Borbecker Maschinenfabrik und Eisengießerei 57, 494
Borbet, Walter 218, 306
Borsig, Albert 284
Borsig, Ernst 432
A. Borsig 74 f., 99, 167, 323, 460
Bosch, Carl 28, 36, 48
Bouhler, Emil 428
Brand, Dr. (Geschäftsführer) 63
Braunkohlenkraftwerk Golpa 182
Bremer Vulkan Schiffbau- und Maschinenfabrik 406, 425, 442
Gust. Brinkmann & Co. GmbH 496
Bronn, Jegor Isidor 303
Brückenbau Flender AG 262, 273
Emil Brüninghaus (Firma) 496
Bruhn, Bruno 392

Brunck, Rudolf 325
Franz Brunck (Firma) 325
Brunotte, Carl 424
Buchau, Dr. 101
Buchner, Alois 325
Buderus'sche Eisenwerke AG 473
Büsselberg, Wilhelm 471
Bungardt, (Vorstand) 57 f.
Burgers, Franz jr. 207 f., 468

C
Canaris, Carl 432 f.
Capito & Klein AG 314
Carrara, (Journalist) 378
Castonier, von 374 f.
Cemal, Ahmet 132
Centralverband Deutscher Industrieller 472
Chemische Fabrik Griesheim-Elektron 24
Chemische Fabrik Hönningen AG 30
Chemische Fabrik Holten GmbH 301
Chemische Werke Lothringen GmbH 9, 25 f., 159, 182, 286
Chemische Werke Rombach GmbH 30
Chierici, (Journalist) 378
Chromerzgesellschaft mbH 214
Clausius, Rudolf 287
Rich. Cleff (Firma) 495
Cloos, Hans 132, 212
F. J. Collin AG 287
Concordia Bergbau AG 303, 443, 450, 462
Coupette, Carl-Friedrich 63, 471, 474 f., 477 f., 480 f.
Cranz, Carl 82
Crass, Paul 132
Cuno, Wilhelm 41

D
Daelen, Reiner 311
Dahl, Franz 370, 446
Daimler-Motoren-Gesellschaft 107, 117, 139, 391, 444
Dechamps, le (Militär) 374 f.
Delbello, (Journalist) 378

Delbrück, Ludwig 371
Delbrück, Max 363
Dellwik-Fleischer-Wassergas-Gesellschaft 298
Deutsch-Amerikanische Petroleum-Gesellschaft 41
Deutsche Ammoniak-Verkaufs-Vereinigung 30, 34, 170
Deutsche Babcock & Wilcox-Dampfkessel-Werke AG 282 f., 292, 495
Deutsche Bank 41, 43, 104, 153, 422
Deutsche Bunsengesellschaft für angewandte physikalische Chemie 466
Deutsche Chemische Gesellschaft 387
Deutsche Erdöl AG (DEA) 41, 45
Deutsche Forschungsgemeinschaft 308
Deutsche Forschungsgemeinschaft für Gewächshaus- und Hydrokultur 242
Deutsche Kolonial-Eisenbahn-Bau- und Betriebsgesellschaft 370
Deutsche Maschinenfabrik AG 76, 281, 287, 494, 496
Deutsche Petroleum AG 41
Deutscher Metallarbeiter Verband (DMV) 335
Deutscher Stahlbund 76
Deutsches Industriebüro, Brüssel 343, 347
Deutsches Reich 25
    Auswärtiges Amt 361, 488
    Kaiserliche Marine 9, 15, 17, 36, 44, 52, 64 f., 85, 87, 89, 94, 98, 119, 121, 125, 128–131, 133–135, 137, 425
        Marine-Infanterie-Regiment 3 159
        Reichsmarineamt 64 f., 119, 121, 133 f., 457, 470
        SMS Cyclop 150
        SMS Gneisenau 131
        SMS Kronprinz 121
        SMS Prinz Eitel Friedrich 109
        SMS Sachsen 121, 130
        SMS Württemberg 109
        Werft Danzig 52
        Werft Wilhelmshaven 120, 136
    Kaiserliches Militär
        Oberste Heeresleitung 32, 47, 79, 110, 139, 248, 346 f., 366, 388, 391, 429, 453, 467, 471 f., 475, 479 f., 482, 484, 487 f.
        Bild- und Filmamt (Bufa) 10
        Verwaltung in Rumänien, Mineralölabteilung 40
    Kriegsernährungsamt 234
    Reichsamt des Innern 327, 338, 363, 470, 488
    Reichsanstalt Ständige Ausstellung für Arbeiterwohlfahrt 351
        Prüfstelle für Ersatzglieder 351 f.
    Reichskommissar für die Kohlenverteilung (Reichskohlenkommissar) 177 f.
    Reichsmarine
        Panzerschiff Admiral Scheer 136
        Panzerschiff Deutschland 135 f.
        Leichter Kreuzer Emden 136
    Reichsschatzamt 155, 192, 470
Deutsches Rotes Kreuz 21
Deutsche Volkspartei 437
Deutsche Waffen- und Munitionsfabriken AG 100
Deutsche Werft AG 420, 425
Deutsch-Luxemburgische Bergwerks- und Hütten-AG 120, 178, 184, 207–209, 213, 218, 221, 268, 285, 297, 323, 339, 366, 417 f., 427, 437, 443, 449 f., 453, 458, 473, 497, 500
    Abteilung Differdingen 266, 268
    Abteilung Dortmunder Union 76, 103, 115, 146, 164, 167, 206, 208 f., 225 f., 262, 266 f., 270–272, 278, 281, 289, 304, 353, 418, 453, 492, 493
        Brückenbau 229, 261, 265–269, 271, 279
        Wagenbau 165, 167
    Abteilung Friedrich Wilhelms-Hütte 60–62, 76, 158, 184 f., 281, 373, 392, 395, 418, 437, 492, 495

Abteilung Horst 148, 208, 210 f., 238 f., 316 f., 492
Grube Wohlverwahrt 213
Kettenfabrik Carl Schlieper 120, 418
Deutschnationale Volkspartei (DNVP) 433
Deutsch-Türkische Vereinigung 360, 405
R. W. Dinnendahl AG 494
Disconto-Gesellschaft 266, 370
Dobrowohl, Hermann 324
Dörnemann, Astrid 10
Donnersmarck, Guido Graf Henckel Fürst von 426, 462
Dortmunder Actien-Brauerei 187
Dortmunder Brückenbau AG (vorm. Karl Backhaus) 278
Dortmunder Union AG für Eisen- und Stahlindustrie 178
Dr. C. Otto & Comp. GmbH 18, 25, 227, 286 f., 298
Dreger, Max 89, 371
Düsseldorfer Eisen- und Draht-Industrie AG 448
Düsseldorfer Röhrenindustrie AG 419
Duisberg, Carl 32, 79, 346, 352, 387, 467, 472, 479
Duisburger Kupferhütte [AG] 28, 207 f., 213, 219, 492
Dyle & Bacalan 227

E
Eberhard, Otto von 79, 110 f.
Eberhard, Walter von 138
Ebert, Friedrich 432, 437
Ebert & Co. 495
Eccius, Otto 371
Ehrensberger, Emil 106, 371
Ehrhardt, Heinrich 51, 57, 364, 424
Ehrhardt & Sehmer, Maschinenfabrik 294
Eichhoff, Franz 59
Eicken & Co. 225, 495
Eisenbahngesellschaft Tschiaturi AG 221
Eisengießerei Dortmund W. Suhrmann 493
Eisengießerei Karl Knapp 496
Eisengießerei und Maschinenfabrik A. Kloth 493
Eisengießerei und Maschinenfabrik Ludwigshütte AG 496
Eisenhüttenwerke Thale AG 129
Eisen- und Stahlwerk Hoesch AG 218, 284, 310, 419, 447, 492 f., 497, 505
Eisen- und Stahlwerk Mark GmbH 496
Eisen- und Stahlwerk, Maschinenfabrik Wilh. Dreyfus vorm. Meißner 494
Eisenwerk Hugo Brauns 493
Eisenwerk Kraft AG 120, 426
Abteilung Niederrheinische Hütte 62, 428, 492, 494
Eisenwerk Lüdinghausen Koehne & Ricke 495
Eisenwerk Rothe Erde AG 418, 428
Eisenwerk Stolle & Co. 496
Eisenzentrale GmbH 220
Elektrische Straßenbahn Mülheim-Ruhr 353
Elektrizitätswerk Westfalen AG 183, 414
Elsaß Maschinenbau AG 443
Emscherhütte, Eisengießerei und Maschinenfabrik vorm. Heinrich Horlohé AG 494
Eppner, Ernst L. 106
Erdöl- und Kohleverwertungs-AG 36
Erftwerke AG 192
Erkenzweig & Schwemann 495
Erzberger, Matthias 155, 348, 367–369, 371, 376 f., 429
Erzgrube Adenstedt 220
Erzgrube Adler 221
Erzgrube Ameise 422
Erzgrube Bülten 220
Erzgrube Eiserne Hardt 218
Erzgrube Ferdinand 221
Erzgrube Georg & Sonne 422
Erzgrube Hahn 221

Erzgrube Heinrich 221
Erzgrube Isernhagen 220
Erzgrube Silberwiese 218
Erzgrube Wilhelm 221
Esch & Stein 494
Essener Bergwerks-Verein König Wilhelm AG 447
Essener Eisenwerke Schnutenhaus & Linnmann GmbH 494
Essener Steinkohlenbergwerke AG 178, 442
Essener Straßenbahngesellschaft 255
Exner, Wilhelm 352

F
Fabrique Nationale d'Armes de Guerre 100
Façoneisenwalzwerk L. Mannstaedt & Cie AG 448
Falkenhayn, Erich von 32, 470
Farbenfabriken vorm. Friedrich Bayer & Co. 28, 32, 129, 303, 352, 387, 467
Farbwerke vorm. Meister Lucius & Brüning 24
Fassnacht, Gottlieb 98, 468
Feldman, Gerald D. 8, 470
Fellner-Feldhaus, Manuela 10
Felser & Co. 423, 448
Ferdinand I., Zar (Bulgarien) 377
Fichtner, Richard 113, 286
Figge, (Leutnant) 392
Fischer, Emil 15, 17–19, 21, 34, 43, 296, 303 f., 308, 310, 314, 387, 451
Fischer, Franz 25, 30, 44–46, 48, 294, 303, 308 f., 387
Fischer, Fritz 8
Fischer, Philipp 162
Fischer, Wolfram 195, 228
Fischer & Demmler 495
Flick, Friedrich 219, 426, 444, 450, 463
Flottmann, Heinrich 282
Fokker, Anton Herman Gerard 142 f.
Fonck, Alfons 389
Forges et Aciéries du Nord et de l'Est 414

Forster, Richard 202
Fortuna AG für Braunkohlenbergbau und Brikettfabrikation 182
Franke, Johannes 472
Frielinghaus, Georg 202, 371
Frölich, Friedrich 291
Fuchs, Ottmar 484
Funke, Carl 24, 25
Fürst, (Stockholm) 380
Fürstliche Henckel-Donnersmarck'sche Verwaltung 43

G
Galster, Woldemar 380
Gaswerk Kiel-Wick 18
L. Gauthier & Cie. 148
Gayl, Egon von 367, 377
Gebken, Gustav 324
Gebr. Böhler & Co. AG Stahlwerk Düsseldorf 338
Gebr. Bongardt & Co. 495
Gebr. Körting 283
Gebr. Ruhrmann, Eisengießerei und Maschinenfabrik 494
Gebr. Scholten 494
Gebr. Schüren 496
Gebr. Ständer 494
Gebr. Sulzer AG 314
Gebrüder Giulini GmbH 192
Gebrüder Stumm GmbH 365, 428, 461 f.
Gelsenkirchener Bergwerks-AG (GBAG) 17, 180, 206 f., 218, 221, 338, 416 f., 419, 443, 449 f., 458, 497, 500
  Abteilung Adolf-Emil-Hütte 207
  Abteilung Rothe Erde 207
  Abteilung Schalker Verein 80, 201, 206, 353, 419, 492, 495
  Abteilung Vulkan 206, 419, 492
Gelsenkirchener Gussstahl- und Eisenwerke AG (vorm. Munscheid & Co.) 57, 63, 74, 76, 411, 415, 419 f., 428, 453, 456, 462, 495, 497, 501
  Abteilung Hagener Gussstahlwerke 495

Abteilung Stahlwerk Krieger 420
George, Lloyd 390
Georgiew, Christo 367, 376, 383
Georgische Manganerzgesellschaft AG 221
Georgs-Marien-Bergwerks- und Hütten-Verein AG 74, 221, 423, 448
Germaniahütte Grevenbrück 417
Gerstein, Carl 368
Gerstner, Karl 304
Gesellschaft für Kohlensäuredüngung Friedrich Riedel & Co. 241
Gesellschaft für Kohlentechnik mbH 28, 296 f., 318, 417, 461
Gesellschaft für Linde's Eismaschinen 303
Gesellschaft für Teerverwertung mbH 33, 35 f., 43, 215, 225, 297, 301, 320, 411, 413, 497, 502
Gesellschaft für Wissenschaft und Leben 309
Gesellschaft Harkort s. AG für Eisenindustrie und Brückenbau
Gewerkschaft Alte Dreisbach 211
Gewerkschaft Arenberg Fortsetzung 422
Gewerkschaft Brassert 422
Gewerkschaft Braunsteinbergwerke Dr. Geier 220
Gewerkschaft des Steinkohlenbergwerks Friedrich der Große 30, 200, 417
Gewerkschaft Deutscher Kaiser 21, 32, 67, 76, 128, 162–164, 166, 168, 180 f., 186, 190 f., 193, 196, 201, 205–207, 215, 221 f., 224 f., 231, 235 f., 238, 241, 245, 256, 324, 326, 330, 332, 334, 337, 339, 341, 345, 348–351, 358, 367, 369, 374–376, 380 f., 383, 406, 437, 441, 458, 468, 492, 494, 497, 501
   Abteilung Bergbau 243, 360
   Abteilung Schachtbau 154
   Eisenbahnwerkstätten 162, 164
   Hüttenwerk Bruckhausen 206, 222, 414, 492
   Walzwerk Dinslaken 149, 152, 155–157, 407

Gewerkschaft Eisenhütte Westfalia 495
Gewerkschaft Ewald 196
Gewerkschaft Fernie 220
Gewerkschaft Friedrich Heinrich 422
Gewerkschaft Friedrich Thyssen 441
Gewerkschaft Fürst Leopold (Fortsetzung) 419
Gewerkschaft Henriette 419
Gewerkschaft König Ludwig 301
Gewerkschaft Lohberg 253
Gewerkschaft Lothringen 24 f., 286, 294, 301
Gewerkschaft Mathias Stinnes Chemische Versuchsanstalt 298
Gewerkschaft Messel 35
Gewerkschaft Minister Achenbach 447
Gewerkschaft Neue Haard 426
Gewerkschaft Orange 281
Gewerkschaft Schalker Eisenhütte 495
Gewerkschaft Schlesische Nickelwerke 132, 212
Gewerkschaft Schüchtermann & Kremer 281, 474, 493
Gewerkschaft ver. Constantin der Große 447
Gewerkschaft Vereinigte Helene & Amalie 447
Gewerkschaft Westfalen 180, 426
Gewerkschaft Zollverein 422, 447
Gibbels, Leonhard 154
Georg von Giesche´s Erben 180, 426
Giffenig, Walter 367, 377
Gilbreth, Frank Bunker 319
Gillhausen, Gisbert 371, 467, 479 f.
Gleichauf, Wilhelm 430
Gluud, Wilhelm 28, 45, 295
Göricke, (Leutnant) 370
Goldschmidt, Bernhard 137
Goldschmidt, Hans 298, 410
Goldschmidt, Karl 40, 137, 139, 410
Th. Goldschmidt AG 36 f., 42, 43, 48, 142, 238, 296, 298–302, 327, 410 f., 413, 458, 497, 502

Gräflich Henckel von Donnersmarck'sche Grubenverwaltung 32
Grillo, Friedrich 281
Groener, Wilhelm 235, 320, 368, 373, 390–392, 429, 466, 471, 476, 486
Grolman & Co. 495
Grün & Bilfinger AG 268, 273
Guldner, Ludwig 383, 468
Gummert, Fritz 241
Gussstahl- und Waffenfabrik Witten vormals Berger & Co. [AG] 50, 102
Gussstahl-Werk Witten AG 50–52, 59 f., 64 f., 68 f., 72, 76, 85, 98, 100, 102, 104, 113, 133, 137, 148, 150–152, 189 f., 227, 322, 394, 402, 411 f., 417, 424, 456, 496 f., 503
Gutehoffnungshütte Aktienverein für Bergbau und Hüttenbetrieb 15, 68, 70, 72, 74, 76, 90, 93, 100, 103, 105, 112 f., 115 f., 128, 133, 145 f., 153, 175, 202 f., 206, 211, 218 f., 221, 225, 231, 234 f., 237, 259, 262, 324, 331, 340, 344 f., 363, 391, 411, 420 f., 425, 443, 469, 492, 495, 497, 503
    Abteilung Gelsenkirchen vorm. Boecker & Comp. 150, 331
    Abteilung Sterkrade 496
    Brückenbauanstalt 217, 263, 265, 273–275, 279
Guttmann, Arthur 305
Gwinner, Arthur von 43
Gwinner, Hans von 43

H
Haber, Fritz 27 f., 36, 42, 44, 46, 296, 307, 310, 466
Häbrich, Wilhelm 391
Hägglund, Erik 299
Hähnle, Eugen 389
Härle, Carl 152, 324, 425, 437
Häusser, Friedrich 25, 27 f., 296
Hafenbetriebsgesellschaft Poti AG 221
Hagener Gussstahlwerke [AG] 419
Hallensleben, Adolf 331
Hamburg-Amerikanische Packetfahrt-Actien-Gesellschaft 41, 420, 425
Hamburgische Elektritcitäts-Werke AG 40
Hannoversche Maschinenbau AG 99
Harkort, Friedrich 272
Harkort, Johann Caspar 272 f.
Peter Harkort & Sohn GmbH 496
Harnack, Adolf von 311, 346, 386–388, 391, 411
Hartwig, Rudolf 371, 389, 392, 428, 472, 479 f.
Hasper Eisen- und Stahlwerk AG 428, 448, 492, 497, 504
P. W. Hassel GmbH 495
Haßlacher, Jakob 325, 430
Hatzfeld, Lutz 8
Haus, Rainer 10
Haux, Ernst 371, 389
Heimann, Jean Maria 284
Heinemann, Gustav 392
Heinemann, Otto 392
Hein, Lehmann & Co. AG 262
Heinrich von Preußen, Prinz 381
Helfferich, Karl 153, 388 f., 467
Hellmich, Waldemar 321
Henrichshütte s. Henschel & Sohn
Henschel, Karl 112, 113, 116, 216, 410
Henschel-Lothringen-Steinkohlen-Vereinigung 442 f.
Henschel & Sohn 95, 99, 112 f., 116, 211, 216, 285, 416, 442, 444, 456
    Abteilung Henrichshütte 42, 69 f., 74, 76, 95, 112 f., 115, 124, 135–137, 152, 159, 167 f., 211, 216, 341, 345, 353, 402, 410, 416, 432 f., 442 f., 456, 492, 495, 497, 504
    Werk Mittelfeld 113
Herkomer, Hubert von 371
Héroult, Paul 225
Hertling, Georg Graf von 366
Heusinger, 389
Hilgenstock, Paul 25

Hilger, Ewald 331, 372, 429
Hilpert, Siegfried 297, 318
Hindenburg, Paul von 79, 110, 236, 275, 369, 465, 467, 470 f., 476, 479, 481, 484, 486 f., 491
Hitler, Adolf 481
Hochofenwerk Lübeck AG 219
Höfle, Anton 432
Hoerder Bergwerks- und Hütten-Verein 51
Hoesch s. Eisen- und Stahlwerk Hoesch AG
Hoesch-KölnNeuessen AG für Bergbau und Hüttenbetrieb 447
Hoffacker, Heinz Wilhelm 463
Hofmann, Fritz 129, 303
Hollederer, Hans 106
Wilh. Holthaus (Firma) 495
Holzhausen, von 380
Ph. Holzmann & Co. 267
Holzwarth, Hans 283 f., 312, 432
Holzwarth-Gasturbinen GmbH 284, 292
Homann, Fritz 132, 236, 389, 428
Hue, Otto 335, 430
Hüstener Gewerkschaft AG 419
Hütten-AG Carl von Born 208
Hüttengewerkschaft und Handlung Jacobi, Haniel & Huyssen 160
Hugenberg, Alfred 363, 371 f., 382, 432, 449, 463, 479
Humann, Carl 132
Humann, Klaus 132
Humme, (Redakteur) 380
Huth, Friedrich 419
Hutier, Oskar von 425, 431

I
IG Farbenindustrie AG 25, 43, 48, 301, 445
Ilseder Hütte 200, 220, 366
Industrie-Club Düsseldorf 380, 393
Ismet, (Leutnant d. R.) 132

J
Jacob, Arthur 153, 367, 374, 378, 380, 383, 446, 468
Jacobi, Gottfried von 389
Jakob, 389
Jucho, Caspar Heinrich 276
Jucho, Heinrich 276, 278
Jucho, Max 276
C. H. Jucho 192, 262, 276–278, 459
Jüngst, Karl 428
Junkers, Hugo 142

K
Kaeferstein, Alfred 106
Kaiser-Wilhelm-Gesellschaft zur Förderung der Wissenschaften 15, 293, 296, 307, 310, 311, 386–388
Kaiser-Wilhelm-Institut für Eisenforschung 311 f., 318, 388, 461
Kaiser-Wilhelm-Institut für Kohlenforschung 17, 25, 28, 44, 46, 48, 293–297, 308 f., 387, 458, 461
Kaiser-Wilhelm-Institut für physikalische Chemie und Elektrochemie 46, 296, 307
Kaiser-Wilhelm-Stiftung für kriegstechnische Wissenschaft 307–310, 318, 475
Kalle, Julius 156, 446
Kalnin, Paul 327
Kaltchow, Nikola 367, 383
Kamerun Eisenbahn-Gesellschaft 370
Kämmerling, 380
Kechlibarow, 367, 383
Kelting, Max 25
Kerkhof, Stefanie van de 9
Kern, Wilhelm 378, 383, 468
Kerpely (von Krassai), Anton 46
Kerschner, Hermann von 132
Kespelher, Johann 468
Kettenfabrik Carl Schlieper 120, 418
F. W. Killing (Firma) 495
Killing & Köttgen 192
Kind, Robert 222

Kiortchew, Dimo 367, 383
Kirchner, Walther 132
Kirdorf, Emil 338, 363, 365, 368, 387
Klassen, Fritz 428
Kleemann, Adalbert 374, 378, 380, 383, 468
Klingenberger, Georg 361
Klöckner, Florian 59, 208, 468, 473
Klöckner, Peter 59, 221, 327, 364, 423, 428, 443, 450, 462, 473
Klöckner & Co. 473
Klöckner-Werke AG 428, 443, 447, 450
Klönne, Max 278
Klönne, Moritz 278
Aug. Klönne 144, 146, 262, 264, 278, 279
Klüpfel, Ludwig 371
H. Knapmann (Firma) 496
Köln-Mindener-Eisenbahn, Brückenbauanstalt 284
Köln-Neuessener Bergwerksverein 447, 497, 505
König, (Frau) 446
König, Paul 127
„Königsborn" Aktiengesellschaft für Bergbau, Salinen und Soolbadbetrieb 448
Köpke, (Legionsrat) 380
Koepke, (Oberst) 63
Koeth, Joseph 390, 430, 432, 468, 471, 486
Kohlenstoffbiologische Forschungsstation e. V. 241
Kohle- und Eisenforschung GmbH 304
Koholyt AG 297
Koksofenbau- und Gasverwertungs-AG (Kogag) 279
Kolbe, Werner 110 f.
Kondor-Flugzeugwerke GmbH 137–140, 142, 147
Kondor-Werk – Gesellschaft für Holzbearbeitung mbH 142
Konsortium für Kohlechemie 43
Kontor für Kruppsche Spedition und Reederei 369

Koppel, Leopold 307
Heinrich Koppers GmbH 279, 287
Kopsch, Julius 389
Kornbusch & Co. 100
Kosnitschki, Wasil 376
Kostow, Iwan 367, 383
Koznitchky, Wasil 367, 383
Krätzig, Hermann 389
Kreis Ruhrorter Straßenbahn AG 358
Krieger, Richard 420
Kriegschemikalien AG 13, 30, 213
Kriegsgetreide GmbH 234
Kriegsmetall AG 214
Kriegswirtschafts-AG 469
Krüger, Friedrich 308
Krupp, Alfred 85, 169, 304, 371, 384
Krupp, Arthur 104, 422
Krupp, Barbara 104
Krupp, Friedrich Alfred 304
Krupp von Bohlen und Halbach, Bertha 132, 138, 143, 352, 384
Krupp von Bohlen und Halbach, Gustav 19, 21, 81, 94, 106, 125, 132, 137, 143, 304, 314, 346, 353, 363 f., 371, 381 f., 384, 387, 392, 407 f., 433, 457, 462, 467, 479 f.
Fried. Krupp AG 7, 11, 13, 25, 42, 47 f., 50, 53–56, 64 f., 69, 71–79, 82, 85–130, 133, 136–138, 143–148, 152, 156 f., 159, 162, 167, 169, 180, 184, 186, 190, 202, 205–207, 212, 214, 216, 218, 221, 223, 225, 227 f., 231–237, 247–249, 255, 260, 281, 287 f., 291, 304 f., 307 f., 313 f., 316, 319 f., 323 f., 328 f., 332, 335, 338, 342, 347, 353, 363, 369–373, 377, 381 f., 388 f., 392, 407–409, 414, 421 f., 425, 430, 433–437, 444 f., 447, 453, 456 f., 460–462, 469–472, 477–481, 486, 494, 497, 506
Friedrich-Alfred-Hütte 56, 78, 125, 128, 175, 205 f., 212, 218, 229, 262, 303, 307, 436, 461, 467, 479, 492, 494

Germaniawerft 85, 120–122, 125 f., 186, 389, 428, 444
Geschossdreherei VI 325
Grusonwerk 33, 53 f., 86, 96, 98–100, 108, 120, 175, 205, 291, 320, 323, 392, 466, 470, 479
Gussstahlfabrik 333, 433
Konsumanstalt 231, 238, 340
Stahlwerk Annen 53, 108, 496
Krüß, Hugo Andres 387
Krusch, Paul 366, 368
Kruse, Francis 367, 376 f., 387
F. Küppersbusch & Söhne AG 495

L
La Fratta, (Journalist) 378
Lange, Theodor 374, 383, 468
Legien, Carl 429 f.
Lembke, Paul 380, 387, 437
Lepsius, Bernhard 387
Les Petits-Fils de François de Wendel & Cie. 27, 179, 292, 363, 441, 452, 461
Lewald, Theodor 389
Liebknecht, Karl 428, 432
Liebrecht, Franz 367
Lindbaek, Johannes Peder 380
Linde, Carl von 32
Lindenberg, Richard 225
Linke-Hoffmann-Werke AG 143
List, Friedrich 389
Ludw. Loewe & Co. 88, 319, 460
Friedr. Lohmann (Firma) 496
Lohmann & Stolterforth 496
Lonza AG 182
Lorentz, (Hauptmann) 374
Lothringer Hütten- und Bergwerks-Verein 443, 448, 450
Lübb, (Oberingenieur) 101
Ludendorff, Erich 79, 110, 236, 371, 391, 429, 465, 467, 470, 476, 479, 481 f., 484, 486 f.
Ludendorff, Margarethe 446
Ludwig III., König von Bayern 104–106

Lueg, Carl 311
Lüner Eisengießerei Flume & Lenz 495
Lüner Hütte Ferd. Schultz & Co. 495
Lulea Verfrachtungsgemeinschaft 216
Luther, Hans 309

M
M. Maesch & Söhne 494
Maffei, Hugo von 104
J. A. Maffei AG 104, 286
Maier, Helmut 308
Manganerz GmbH 220, 221
Mannesmannröhren-Werke AG 205, 370
Marx, Wilhelm 387
Maschinenbau-AG H. Flottmann & Comp. 76, 173, 282 f., 495
Maschinenbau AG Tigler 494
Maschinenbau-AG vorm. Heinrich Rockstroh & Comp. 282
Maschinenbauanstalt Humboldt AG 74
Maschinenfabrik Augsburg-Nürnberg AG (MAN) 25, 45, 113, 162, 223, 285, 298, 443, 472, 475, 488
Werk Gustavsburg 262, 264 f., 271
Werk Wanheim 281, 292, 494
Maschinenfabrik Baum AG 495
Maschinenfabrik Deutschland AG 281, 284, 493
Maschinenfabrik Foerster 58
Maschinenfabrik Sürth 32
Maschinenfabrik Thyssen & Co. AG 45 f., 76, 96, 100 f., 115, 152, 160, 162, 174, 181, 190 f., 198, 281, 283 f., 294, 312, 324, 342, 405 f., 411 f., 425, 428, 432, 442, 456, 458, 460, 462, 495, 497, 506
Maschinenfabrik und Eisengießerei A. Beien 495
Maschinen- und Apparate-Fabrik Ahrendt & Co. 32
Massar, (Hauptmann) 132
Maurer, Eduard 304
Mayer, (Hauptmann) 428
Meier, Adolf 321

Meier, Max 426
A. H. Meier & Co. 495
Rudolf Meißner (Firma) 493
Menz, (Major) 367
Merton, Richard 390
Metallgesellschaft AG 30, 212, 279, 390
Metallurgische Gesellschaft mbH 279
Metallweberei Brünn GmbH 423
Meyer, Richard (ab 1933 Meyer von Achenbach) 236
Meyer, Wilhelm 366
Michaelis, Georg 390
Mineralöl-Handels- und Beteiligungsgesellschaft mbH 41
Moellendorff, Wichard von 13, 18, 20, 361, 371, 451
Moltke, Helmuth von 465
A. Monfort Maschinen-Fabrik 69
Montchilow, Iwan 367, 376, 383
Morange, (Frau) 132
Morro, (k.u.k. Hauptmann) 132
Mülheimer Bergwerks-Verein 437
Müller, (Diplom-Bergingenieur) 383
Müller, (Hauptmann, Hamburgische Elektricitäts-Werke AG) 40 f.
Müller, Theodor 365
Müller, Theodora (verheiratete Röchling) 365
Wm. H. Müller & Co. 378
Münzesheimer, Martin 419, 477
Muthesius, Volker 251

N
Nernst, Walther 36, 310
Neuhaus, Fritz 323
Neumeyer, Fritz 105, 159, 421
Fritz Neumeyer AG 105
Niederlausitzer Kraftwerke AG, Großkraftwerk Trattendorf 182
Niederrheinische Gas- und Wasserwerke GmbH 441
Nießner, Alwis 380
Nikoladzé, Nikolaus 222

Norddeutsche Affinerie AG 213
Norddeutscher Lloyd [AG] 125, 370
Nordische Erzkontor GmbH 218
Normenausschuss der deutschen Industrie 225, 321
Noske, Gustav 388 f., 391, 457
Nussret, (Kapitänleutnant) 132

O
Oberbilker Stahlwerk vorm. Poensgen, Giesbers & Co. 423
Oberhagener Maschinenfabrik Daniel Heuser 495
Oberhausen Stahl- und Eisengießerei 495
Oberschlesischer Berg- und Hüttenmännischer Verein 227
Orenstein & Koppel – Arthur Koppel AG 164
Osnabrücker Kupfer- und Drahtwerke AG 64

P
Paasche, Frederik 380
Panajodow, Christo 367, 376, 383
Pattberg, Heinrich 387
Pernet, Margot 446
Perfall, Emanuel von 106
Pertinè, (Oberstleutnant) 374 f.
Petersen, Otto 366, 446
Peterson, Max 155
Petroleum-Hilfs-Industrie AG 41
Theodor Pfingstmann (Firma) 164
Phoenix AG für Bergbau und Hüttenbetrieb 27, 50, 207–209, 216, 218, 228, 231, 243, 296, 341, 366, 422, 447, 449–450, 497, 507
  Abteilung Bergeborbeck 493
  Abteilung Dortmunder Hochofenwerk 208, 493
  Abteilung Düsseldorfer Röhren- und Eisenwalzwerke 352
  Abteilung Hoerder Verein 76, 128, 162, 167, 208 f., 225, 493 f.

Abteilung Ruhrort 76, 128, 162, 331, 493 f.
Abteilung Westfälische Union 148, 150
Phoenix AG für Herd- und Ofenindustrie 496
Physicochemische Werke GmbH 353
Pier, Matthias 36
Plumpe, Werner 9
Polytechnikum Karlsruhe 304
Popow, Iwan 367, 376, 383
Porsche, Ferdinand 106
Joh. Casp. Post Söhne 495
Pott, Alfred 25, 45, 298, 318
Potthoff & Flume, Louisenhütte 495
Powers, Philip M. 380
Press- und Walzwerk AG 74, 406 f., 423 f., 456, 497, 507
Preußen
  Akademie der Wissenschaft 308
  Eisenbahn-Zentralamt, Berlin 56, 321, 323
  Geologische Landesanstalt 366
  Handelsministerium 13
  Kriegsministerium 13, 19, 25, 37, 41, 53, 76, 79, 98, 100, 307, 309, 320, 332, 340, 351, 373, 453, 470, 480 f., 484
    VII. Armeekorps, stellvertretendes Generalkommando 7, 40, 144, 342, 347, 352, 367, 376, 388 f., 451, 461
    Aluminiumkommission 219
    Artillerieprüfungskommission 78, 92, 94, 102, 113–115, 152, 306
    Artilleriewerkstatt Danzig 319
    Artilleriewerkstatt Lippstadt 319
    Artilleriewerkstatt Spandau 319
    Beschussanstalt zu Frankfurt/Oder 151
    Fabrikationsbüro (Fabo) 320, 474, 480 f.
    Generalinspektion des Ingenieur- und Pionierkorps und der Festungen 154
    Geschossfabrik Siegburg 50, 85, 282
    Geschossfabrik Spandau 50, 59 f., 63, 78, 85, 113
    Geschützgießerei Essen 106
    Ingenieur-Komitee 152
    Inspektion der Fliegertruppen 139
    Kriegsamt 152, 177, 209, 220, 287, 291, 368, 390 f., 451, 459, 466–468, 470, 476 f., 484
      Rheinisch-Westfälische Riemenbeschaffungsgesellschaft mbH 290
      Waffen- und Munitionsbeschaffungsamt (Wumba) 73, 76, 99, 114, 156, 226, 287, 320 f., 409, 432, 451, 471, 474 f., 477 f., 480 f.
      Zweigstelle für die Vermittlung von Hüttenanlagen aus den besetzten Gebieten 292, 477
      Kriegsrohstoff-Abteilung 13, 20, 30, 390, 468, 471–473
      Manganversorgungsstelle Düsseldorf 220, 228
      Metall-Freigabe-Stelle 65, 214
    Pionier-Regiment 35 155
    Vereinigte Artillerie- und Ingenieurschule 89
  Kultusministerium 308
  Landwirtschaftsministerium 13, 34, 470
  Oberbergamt Dortmund 7, 32, 34, 173, 177, 195, 197, 326, 329, 367, 374
  Regierungspräsidium Arnsberg 7
  Regierungspräsidium Düsseldorf 7
  Regierungspräsidium Münster 7
Probst, Paul 352
Proll & Lohmann 495
Provinzialverband der Rheinprovinz 352
Prowadaliew, Kyriat 367, 383
André Puchscher & Cie. 54

R
Rabes, Carl 180, 362, 378, 380

Radoslawow, Wasil 377
Raky, Anton 41
Ratibor und Corvey, Prinz Karl von 351
Rathenau, Walther 13, 18, 20, 346, 361, 371, 390, 432, 451, 466, 470–472, 474
Rauf Orbay, Hüseyin 132
Rausenberger, Fritz 79, 82 f., 88 f., 92, 94, 110 f., 307, 318, 371, 392
Raven, Wienfried 132
Rawack & Grünfeld AG 220
Reichel, Georg 335
Reichert, Jakob Wilhelm 50, 366, 373, 460
Reichsflugzeugwerke AG 139
Reichsstickstoffwerk Piesteritz 182
Reinecker, Johann 475
Reinecker AG 475
Reisner, Heinrich 309
Reitzenstein, von (Hauptmann) 374 f.
Heinrich Remy GmbH 495
Rentsch, (Major) 428
Rethel, Walter 142
Reusch, Hermann 324
Reusch, Paul 234 f., 237, 324, 327, 331, 363, 366, 368, 421
Reuschling, Karl 160
Reuter, Wolfgang 287
Rhein-Elbe-Union GmbH 443
Rheingauer Conservenfabrik Marienburg M. Fromen GmbH 231
Rheinische Bergbau- und Hüttenwesen-AG 426
Rheinische Elektrowerke AG 78, 192, 220, 414
Rheinische Gesellschaft für Wissenschaften 387
Rheinische Metallwaaren- und Maschinenfabrik AG 50 f., 57, 74, 85, 90, 99, 102, 116, 154, 221, 312, 319, 402, 409 f., 415, 425, 456, 497, 508
Rheinische Stahlwerke 76, 128, 180, 196, 207, 218 f., 225, 237, 304, 325, 422 f., 448–450, 469, 493 f., 497, 508
  Abteilung Röhrenwerke 422
  Abteilung Wurag 423
Rheinisch-Westfälisches Elektrizitätswerk AG (RWE) 78, 182 f., 187, 192 f., 213, 220, 293, 410, 414, 455, 458 f., 497, 509
  Goldenberg-Kraftwerk 78, 183, 192, 213, 220
  Kraftwerk Reisholz 183, 192
Rheinisch-Westfälisches Kohlen-Syndikat (RWKS) 17, 34, 172, 177 f., 196 f., 199, 416, 428, 454
Richter, Johann Sophian 389
Rieben, von (Hauptmann) 389
Riedel, Fritz 238, 241, 316
Riedemann, Heinrich 41
Riedler, Alois 309, 474
Rieppel, Anton von 472, 474 f.
Rifki, Talich 132
Ritter, (Mann) 389
Rocholt, (Oberleutnant) 374 f.
Röchling, Hermann 225, 365, 429
Röchling, Theodora (geb. Müller) 365
Röchling'sche Eisen- und Stahlwerke GmbH 98
Roediger, Conrad 367, 383
Röhrenwerke Hohenlimburg GmbH 423
Roheisen-Verband GmbH 59, 211, 228, 370, 472
Rombacher Hüttenwerke AG 30, 303, 426, 443, 450, 462
Romberg, Friedrich 99, 117, 320, 474, 480 f.
Roser, Edmund 45, 46, 98, 101, 324, 437, 446
Roth, Regina 9
Royal Navy, Naval Air Services 144
Rütgerswerke AG 301, 411
Ruhfus, Heinrich 284
Ruhrchemie AG 193, 301, 459
Ruhrgas AG 196, 241, 454, 459
Ruhrstahl AG 135
Ruhrtaler Maschinenfabrik H. Schwarz & Co. 160
Ruhr-Universität Bochum 8

Carl Ruthenkolk (Firma) 495

S
Saarner Eisenhütte H. Winnesberg & Co. 495
Saar- und Mosel-Bergwerks-Gesellschaft AG 396, 418
Sachsen
  Kriegsministerium
    Artilleriewerkstatt Dresden 74, 319
    Geschossfabrik Dresden 85
Sack, Hans 371
Sächsische Maschinenfabrik vorm. Rich. Hartmann AG 99
SA Métallurgique de Sambre et Moselle 362
Sauerbruch, Ferdinand 352
Schachtbau Thyssen GmbH 441
Schaechterle, Heinrich 320 f.
Schäfer, (Hauptmann) 392
Heinr. Schaub (Firma) 496
Schalker Verein für Kesselfabrikation 281
Schantz, Karl 374 f.
Scharf, Felix 218, 306
Scheidemann, Philipp 432
Schëuch, Heinrich 373, 391 f.
F. Schichau (Werft) 134
Schlesinger, Georg 88, 319, 352
Schlesisches Kohlenforschungsinstitut der Kaiser-Wilhelm-Gesellschaft 296, 303
Schlicke, Alexander 430
Schlieper, Hans 330
Eduard Schloemann GmbH 285
Franz Schlüter Spezialgeschäft für Beton- und Monierbau 150
Schmidt, Albrecht 307
Ewald Schmidt (Firma) 496
Schmidt[-Ott], Friedrich 307, 310
Schmitz, K. L. 352
Wilh. Schmitz-Scholl (Firma) 63
Schnakenbeck, Heinrich 142
Georg Otto Schneider, Maschinenbauanstalt GmbH 494

Schöning, (Oberleutnant) 236
Schrecker, Friedrich 367, 370
Schröder, Hugo 279
Schrödter, Emil 305
Schroeter, Georg 43
Schüller, Otto T. 380
Schuhmacher, (Direktor) 380
Schumacher, Margot 446
Louis Schwarz & Co. 493
Schweinfurter Präcisions-Kugellagerwerke Fichtel & Sachs [oHG] 104
Secagno, (Journalist) 378
Segnano, (Dolmetscher) 378
Seilfabrik Klaproth 406, 425
Herm. Sellerbeck (Firma) 496
Selteniewski, (Rittmeister) 236
Senarclens de Grancy, Alexander von 132
Sering, Max 471, 487
Siedlungsverband Ruhrkohlenbezirk 7, 461, 463
Siemens, Carl Friedrich von 432
Siemens AG 488
Siemens & Halske AG 130, 304, 443
Siemens-Rheinelbe-Schuckert-Union GmbH 443
Siemens-Schuckertwerke GmbH 54, 146, 190, 291, 352, 406, 428, 443, 454, 458, 460
Simmersbach, Oskar 310, 365
Simson, August von 371
Simson, Ernst von 222
Škoda, Karl Freiherr von 364
Škodawerke AG 85, 104, 115
Skoropadskij, Pawlo 236
Société Générale de Crédit industriel et commercial 179
Société Métallurgique de Sambre et Moselle 289
Société Schneider Frères & Cie. 85
Sorge, Kurt 96, 291, 320, 323, 371, 392, 466, 470, 472, 474
Sozialdemokratische Partei Deutschlands (SPD) 348, 388, 432 f.

Späing, Wilhelm 367, 378, 380, 383
L. H. Spatz (Firma) 148
Spiegel, Karl 335
Spilker, Adolf 43, 301, 303
Sprengluft-GmbH 33, 330
Springorum, Friedrich 310 f., 327, 366, 432, 446
Stahlwerk Becker AG 74
Stahlwerk Krieger AG 407, 420, 456, 497, 509
Stahlwerk Richard Lindenberg AG 156, 225
Stahlwerks-Verband AG 227, 264 f., 416, 447 f.,
Stahlwerk Thyssen AG 180, 223, 326, 362 f., 369, 406, 433, 497, 510
Stanciew, Alexander 367, 383
Stegerwald, Adam 235, 432
Hermann Steimann (Firma) 495
Steinkohlenbergwerk Friedrich Heinrich AG 179
Steinkohlen-Elektrizität AG (Steag) 193, 459
Steinmann, Gustav 387
Stellwaag, Alfred 481, 485, 487
Stens, Emil 437
Stickstoffwerke AG 27
Stiege, Heinrich 428
Stiege, Oskar 428
Stiftung Werksdank (GHH) 237
Still, Carl 28, 287, 296
Stinnes, Edmund 437
Stinnes, Hugo 41, 115, 137–139, 142, 184, 193, 199, 255, 285, 293, 296–298, 326, 346 f., 362 f., 366, 368, 372, 387, 390, 418, 427, 429 f., 437, 443, 448 f.
Hugo Stinnes GmbH 326
Stinnes-Konzern 28, 142, 193, 298
Stodola, Aurel 284
Strauß, Benno 304
Stremmel, Ralf 10
Stribeck, Richard 460, 472, 479
Süddeutsche Eisenbahn AG 255

Sumbatow, Alexander 222
Suwelack, Josef 137
Swing, Raymond 380

T
Tautphoeus, Arthur von 330
Taylor, Frederick W. 323
Technische Hochschule Aachen 287, 293, 304, 311 f.
Technische Hochschule Berlin-Charlottenburg 59, 304, 387, 474
Technische Hochschule Braunschweig 264
Technische Hochschule Breslau 293, 304, 365
Technische Hochschule Danzig 293, 391
Technische Hochschule Hannover 36, 278
Technische Hochschule Karlsruhe 42, 304, 311
Technische Hochschule Stuttgart 391
Tenfelde, Klaus 8
Tetralin GmbH 43
Thyssen, Amélie 446
Thyssen, August 32 f., 41, 98, 101, 120, 152, 155, 160, 177, 180, 190, 193, 199, 207, 221–223, 231, 289, 294, 301, 324, 327, 361–364, 367–369, 376–378, 380, 387, 406, 416, 418, 423–425, 433, 437, 441 f., 446 f., 460
Thyssen, Fritz 222, 301, 362, 380, 433, 437, 446
Thyssen, Joseph 324
Thyssen, Julius 378
Thyssen & Co. [AG] 47, 99, 116, 193, 218, 231, 406, 432, 460
 Abteilung Maschinenfabrik 312
 Röhrenwalzwerk 40
August Thyssen-Hütte, Gewerkschaft 332, 334, 358, 433, 441
Thyssen-Konzern 28, 31, 167, 172, 175, 186, 193, 196, 207, 238, 243, 252, 362 f., 369 f., 415, 423, 425, 449 f.
Tiefensee, Friedrich 382
Tirpitz, Alfred von 125, 130

Tröger, Richard 361
Trutz, (Hauptmann) 370

U
Uhde, Friedrich 25, 286, 291
Uhren- und Metallwarenfabrik Gebr. Thiel 157, 421
Ullstein Bilderdienst 10
Unabhängige Sozialdemokratische Partei Deutschlands (USPD) 432
Unger, Kurt von 154
Union AG für Bergbau, Eisen- und Stahl-Industrie 266, 416
Universität Berlin 308
Universität Bonn 94
Universität Leipzig 304
Universität Würzburg 326
Usedom, Richard von 370

V
Verband deutscher Feinblech-Walzwerke GmbH 152
Verein deutscher Eisenhüttenleute 44, 46, 65, 73, 76, 79, 144, 198, 214, 219, 225 f., 228, 230, 282, 287 f., 290 f., 305, 309–311, 318, 320, 323, 327, 366, 368, 441, 446, 477
    Beratungsstelle für die Überwachung der Brennstoffwirtschaft auf Hüttenwerken 441
    Beratungs- und Freigabestelle für Schmiermittel der Rheinisch-Westfälischen Montanindustrie 44, 441
    Chemikerkommission 310
    Erzausschuss 441, 452
    Hochofenkommission 219, 305, 310
    Kokereikommission 310
    Maschinenkommission 291, 452
    Riemenfreigabestelle 441
    Stahlwerkskommission 307, 310
    Walzwerkskommission 291 f., 310
    Wärmestelle 441, 449, 452, 454
    Werkstoffausschuss 452

Verein deutscher Eisenportlandzement-Werke e. V. 219, 305
Verein deutscher Eisen- und Stahlindustrieller 347, 366, 368
    Nordwestliche Gruppe 44, 234, 290, 343, 366, 372, 429 f.
    Östliche Gruppe 429
Verein deutscher Ingenieure 47, 320 f., 350, 472
Verein Deutscher Maschinenbau-Anstalten 62, 76, 282, 291, 320
Verein Deutscher Stahlgießereien e. V. 420
Verein für die bergbaulichen Interessen im Oberbergamtsbezirk Dortmund (Bergbau-Verein) 44, 198, 290, 347, 372
Vereinigte Aluminium-Werke AG 182
Vereinigte Deutsche Nickelwerke AG 156
Vereinigte Köln-Rottweiler Pulverfabriken AG 24
Vereinigte Königs- und Laurahütte AG für Bergbau und Hüttenbetrieb 218, 331, 429
Vereinigte Press- und Hammerwerke Dahlhausen-Bielefeld AG 56 f., 64, 493
Vereinigte Stahlwerke AG 181, 448, 450
Vereinigte Stahlwerke van der Zypen und Wissener Eisenhütten AG 221
Vereinigte Walz- und Röhrenwerke AG vorm. Böcker & König 423
Vereinigung der Deutschen Arbeitgeberverbände 320
Vereinigung der Geschützrohre bearbeitenden Werke 282, 291, 307, 320
Vereinigung der Geschützwerke 115
Vereinigung der Pressgeschosswerke 73, 75–78, 282
Vereinigung deutscher Kaltwalzwerke 156
Verein zur Wahrung der gemeinsamen wirtschaftlichen Interessen in Rheinland und Westfalen 429

Verrijn Stuart, Coenraad Alexander 380
Verschuer, Hermann von 236, 389, 392, 428
Vestische Kleinbahnen GmbH 258
Vickers Ltd. 85
Vielhaber, Heinrich 371, 392
Vögler, Albert 142, 209, 311, 323, 366, 368, 372, 430, 441, 443, 445–449, 460, 462, 473
Volks- und Betriebswirtschaftliche Vereinigung im rheinisch-westfälischen Industriegebiet 309
Volkswirtschaftliche Vereinigung im rheinisch-westfälischen Industriegebiet 309
J. H. Vygen & Comp. 227

W
Waffenfabrik Mauser AG 352
Waffen- und Munitionsbeschaffungsamt (Wumba) s. Preußen/Kriegsamt
Waffenwerke Oberspree Kornbusch & Co. 100, 391
Wagner, Heinrich Oskar 285
Wagner & Co. Werkzeugmaschinenfabrik GmbH 494
Wahid, (Kapitänleutnant, Marineattaché) 132
Waldemar, Prinz von Preußen 370, 381
Walderstätten, Wilhelm Walther von 106
Waldthausen, Gustav 284
Wallach, Otto 308
Walzdraht-Verband 365
Wandel, Konrad 392
Warburg, Max 41
Wassif, (Kapitän z. S.) 132
Ph. Weber GmbH 142, 418
Weidtmann, Julius 284
Weißblech-Verkaufskontor 365
Wencker & Berninghaus, Carlshütte 494
Wendel, Henri de 179
Wendel, Robert de 179
de Wendel-Konzern 292, 441, 452, 461

s. a. Les Petits-Fils de François de Wendel & Cie.
Wendt, Karl 392
Westdeutsches Eisenwerk AG 494
Westfälisch-Anhaltische Sprengstoff AG Chemische Fabriken 24
Westfälische Berggewerkschaftskasse 298
Westfälische Drahtindustrie AG 370
Westfälische Eisen- und Drahtwerke AG 494
  Abteilung Aplerbecker Hütte 206, 493
Westfälische Lokomotiv- und Maschinen-Industrie GmbH 160
Westfälische Stahlwerke AG 167, 426 f., 462, 497, 510
Westfälisches Verbands-Elektrizitätswerk AG 183, 414
Chr. Weuste & Overbeck GmbH 190, 406, 425, 460
Weyers, August 392
Wickeder Eisengießerei, W. Hibbeln 496
Wieber, Franz 430
Wiedfeldt, Otto 462
Wild von Hohenborn, Adolf 59, 469 f., 472
Wilhelm II., Kaiser 73, 81, 111, 119, 307, 348, 370, 380–382, 384
H. Wilhelmi GmbH 495
Willstätter, Richard 238, 299, 327
Wilmowsky, Tilo von 104, 371, 422
Winkel, Leo 245, 341
Wirtz, Adolf 437
Wittener Hütte AG 496
Wittener Stahlformgießerei GmbH 496
Wittener Stahlröhren-Werke [AG] 76
Wittlinger, (Oberleutnant) 380
Wolff & Co. 24
E. Wolf jr. (Firma) 493
Emil Wolff (Firma) 494
Wu, Kuang Djie 374 f.
Wüst, Fritz 310, 312
Wullstein, Ludwig Louis 352
Th. Wuppermann GmbH 423, 448

Z

Zeche Alstaden 173
Zeche Beeckerwerth 171, 173, 175
Zeche Carl Friedrich Erbstollen 178
Zeche Caroline 211
Zeche Carolinenglück 199
Zeche Concordia 30, 194
Zeche de Wendel 25, 27, 29
Zeche Engelsburg 199
Zeche Friederica 211
Zeche Friedrich der Große 200
Zeche Friedrich Heinrich 179 f., 452
Zeche Fröhliche Morgensonne 30
Zeche Glückauf Tiefbau 178
Zeche Gottessegen 211
Zeche Gottessegen, Antonienhütte 32
Zeche Graf Bismarck 45 f.
Zeche Hannibal 447
Zeche Hannover 447
Zeche Heinrich Robert 179
Zeche Kaiser Friedrich 178
Zeche Lohberg 152–154, 171, 174, 177, 238, 252
Zeche Louise Erbstollen 178
Zeche Ludwig 211
Zeche Mathias Stinnes 195, 298
    Kokerei III/IV 45, 298
Zeche Minister Achenbach 428
Zeche Neumühl 215
Zeche Pauline 178
Zeche Prinz Friedrich 178
Zeche Rhein I 177
Zeche Rheinpreußen 387
Zeche Sälzer & Neuack 233
Zeche Shamrock 3/4 177
Zeche Stolberg I 211
Zeche Teutoburgia 199 f.,
Zeche Tremonia 32
Zeche Wehofen 31–33, 174, 339
Zeche Westende 341
Zeche Wiendahlsbank 178
Zeche Zollverein 180
Zellerhoff, (Betriebsführer) 378, 383
Zentralstelle für wissenschaftlich-technische Untersuchungen [GmbH] 24, 82
Zentrum (Partei) 368, 437
Zimmermann, Julius Heinrich 389
Johannes Zimmermann Maschinenfabrik 285
Zsigmondy, Richard 308
Zünder- und Apparatebau GmbH 159, 421
Zweckverband Deutscher Stahlgießereien 62 f., 420

29. ABKÜRZUNGSVERZEICHNIS

ACDP	Archiv für Christlich-Demokratische Politik
AEG	Allgemeine Electricitäts-Gesellschaft
AFA	Accumulatoren-Fabrik AG
AG	Aktiengesellschaft
BASF	Badische Anilin- & Soda-Fabrik
BA	Bundesarchiv
BA-MA	Bundesarchiv-Militärarchiv
Bay HStA	Bayerisches Hauptstaatsarchiv, München
Bay-HStA/Abt. IV	Bayerisches Hauptstastsarchiv/Kriegsarchiv, München
BBA	Bergbau-Archiv, Kurzform für Montanhistorisches Dokumentationszentrum (montan.dok) beim Deutschen Bergbau-Museum, Bochum
Berdrow: Krupp im Weltkrieg	Berdrow, Wilhelm: Die Firma Krupp im Weltkrieg und in der Nachkriegszeit. Bd. 1, 1914–1918, Typoskript in: HAK FAH 4 E 10.1
Bochumer Verein	Bochumer Verein für Bergbau und Gussstahlfabrikation
Bremer Vulkan	Bremer Vulkan Schiffbau und Maschinenfabrik [AG]
Deutsch-Lux	Deutsch-Luxemburgische Bergwerks- und Hütten-AG
Diss.	Dissertation
DNVP	Deutschnationale Volkspartei
Dortmunder Union	Deutsch-Luxemburgischen Bergwerks- und Hütten-AG, Abteilung Dortmunder Union
d. V.	der Verfasser
d. R.	der Reserve
Essener Steinkohle	Essener Steinkohlenbergwerke AG
Fabo	Königlich Preußisches Fabrikationsbüro
Flak	Flugabwehrkanone
FN	Fußnote
GBAG	Gelsenkirchener Bergwerks-AG
GDK	Gewerkschaft Deutscher Kaiser
GfT	Gesellschaft für Teerverwertung mbH
GHH	Gutehoffnungshütte Aktienverein für Bergbau und Hüttenbetrieb
GmbH	Gesellschaft mit beschränkter Haftung
GStA	Geheimes Staatsarchiv Preußischer Kulturbesitz
Gutehoffnungshütte	Gutehoffnungshütte Aktienverein für Bergbau und Hüttenbetrieb

HAK	Historisches Archiv Krupp
HAPAG	Hamburg-Amerikanische Packetfahrt-Actien-Gesellschaft
Hoesch	Eisen- und Stahlwerk Hoesch AG
KRA	Kriegsrohstoff-Abteilung
Krupp	Fried. Krupp [AG]
KWG	Kaiser-Wilhelm-Gesellschaft zur Förderung der Wissenschaft
KWI	Kaiser-Wilhelm-Institut
KWKW	Kaiser-Wilhelm-Stiftung für kriegstechnische Wissenschaft
LWL	Landschaftsverband Westfalen-Lippe
M	Mark
MA	Salzgitter AG-Konzernarchiv/Mannesmann-Archiv
MAN	Maschinenfabrik Augsburg-Nürnberg AG
Micum	Mission interalliée de Contrôle des Usines et des Mines
MPI-Archiv	Max-Planck-Institut für Kohlenforschung, Archiv
NDB	Neue Deutsche Biographie
NL	Nachlass
NTM	NTM Zeitschrift für Geschichte der Wissenschaften, Technik und Medizin
OHL	Oberste Heeresleitung
Phoenix	Phoenix AG für Bergbau und Hüttenbetrieb
RGBl	Reichsgesetzblatt
Rheinmetall	Rheinische Metallwaaren- und Maschinenfabrik AG
RSW	Rheinische Stahlwerke
RWE	Rheinisch-Westfälisches Elektrizitätswerk AG
RWKS	Rheinisch-Westfälisches Kohlen-Syndikat
RWWA	Stiftung Rheinisch-Westfälisches Wirtschaftsarchiv zu Köln
RWWB	Rheinisch-Westfälische Wirtschaftsbiographien
SIT	Stiftung zur Industriegeschichte Thyssen, Archiv
Sorge-Bericht	Hindenburg-Programm, Bericht des Herrn Sorge, Typoskript o. D., in: HAK WA 7 f 1077
SPD	Sozialdemokratische Partei Deutschlands
SSW	Siemens-Schuckertwerke GmbH
StA	Stadtarchiv
Steag	Steinkohlen-Elektrizität AG
t/a	Jahrestonnen
t/d	Tagestonnen
t/m	Monatstonnen
tkA	thyssenkrupp Corporate Archives
ts	tons = 1016,04 kg
USPD	Unabhängige Sozialdemokratische Partei Deutschland
VdEh	Verein deutscher Eisenhüttenleute
VdESI	Verein deutscher Eisen- und Stahlindustrieller
VDI	Verein deutscher Ingenieure

VDMA	Verein deutscher Maschinenbau-Anstalten
Wumba	Waffen- und Munitionsbeschaffungsamt (zeitgenössische Schreibweise)
WWA	Stiftung Westfälisches Wirtschaftsarchiv
ZVDI	Zeitschrift des Vereins deutscher Ingenieure